Buch-Updates
Registrieren Sie dieses Buch auf unserer Verlagswebsite. Sie erhalten dann Buch-Updates und weitere, exklusive Informationen zum Thema.

Galileo
BUCH UPDATE

Und so geht's
> Einfach www.galileodesign.de aufrufen
<<< Auf das Logo **Buch-Updates** klicken
> Unten genannten **Zugangscode** eingeben

Ihr persönlicher Zugang zu den Buch-Updates | 151757250460

Carsten Kaiser

Cubase 4
Das Praxisbuch

Galileo Design

Liebe Leserin, lieber Leser!

Wer mit Cubase 4 oder Cubase Studio 4 Musik produzieren möchte, hat sich ohne Zweifel eine ganze Menge vorgenommen: Die Software bietet unzählige Funktionen, die sich nicht auf den ersten Blick erschließen, der Workflow ist komplex und aufwändig und zusätzlich benötigt man noch einiges an Hintergrundwissen, um zu ansprechenden und professionellen Ergebnissen zu gelangen. Ein gut strukturiertes und umfassendes Handbuch, in dem man während der Arbeit an seinen Songs immer wieder nachschlagen kann, ist da natürlich Gold wert.

Umso glücklicher bin ich, mit Carsten Kaiser einen Autor gefunden zu haben, der Cubase seit mehr als zwölf Jahren für professionelle Musikproduktionen einsetzt. Er zeigt Ihnen in diesem Buch vom Setup Ihres Systems über Aufnahme und Monitoring bis hin zur professionellen Bearbeitung Ihrer Audio- und MIDI-Daten, wie Sie dieses mächtige Tool in den Griff bekommen und so das Beste aus Ihren Produktionen herausholen können. Sie lernen, wie Sie mit Spuren und Kanälen arbeiten, wie im Mixer Automationsdaten aufgezeichnet werden, wie Sie Effekte und VST-Instrumente in Ihre Produktionen einbinden können und nutzen Pool und die neue MediaBay, um Ihre Daten zu verwalten und zu organisieren. Die jahrelange Erfahrung des Autors kommt Ihnen dabei in zahlreichen Schritt-für-Schritt-Anleitungen und Tipps & Tricks zur Workflow-Optimierung zu Gute und Sie lernen (ganz nebenbei) die gängige Audio-Terminologie.

Auf der CD zum Buch finden Sie zusätzlich alle Cubase-Projekte aus den Workshops im Buch, die Sie dank des mitgelieferten Audio- und MIDI-Materials sofort in Ihrer eigenen Studio-Umgebung nachvollziehen können.

Nun bleibt mir nur noch, Ihnen viel Spaß beim Lesen zu wünschen. Wenn Sie für die Neuauflage dieses Buchs Verbesserungsvorschläge oder Wünsche haben, können Sie mir gerne schreiben.

Ihre Katharina Geißler
Galileo Design
katharina.geissler@galileo-press.de

Galileo Press · Rheinwerkallee 4 · 53227 Bonn
www.galileodesign.de

Auf einen Blick

1	Einleitung	17
2	Installation	23
3	Programmgrundlagen	29
4	Verbindungen einrichten	61
5	Effekte und VST-Instrumente	99
6	Arbeiten mit Cubase	113
7	Aufnahme	219
8	Wiedergabe	241
9	Events und Parts	293
10	Audio-Bearbeitung	325
11	Arbeiten mit MIDI-Daten	369
12	Mixer	411
13	Medienverwaltung	461
14	Tipps	497
15	Glossar	505

Inhalt

Workshops			12
Die CD zum Buch			14
Vorwort			15
1	**Einleitung**		17
1.1	Versionsüberblick		17
1.2	Neue Funktionen in Cubase 4		18
	1.2.1	Neues Design der Benutzeroberfläche	19
	1.2.2	SoundFrame	19
	1.2.3	Instrumentenspuren	19
	1.2.4	Spur-Presets	19
	1.2.5	MediaBay	20
	1.2.6	Neue VST3-PlugIn-Effekte	20
	1.2.7	Neue VST-Instrumente	20
	1.2.8	Mixer	20
	1.2.9	Verbesserter Noteneditor	21
2	**Installation**		23
2.1	Technische Voraussetzungen		23
	2.1.1	Dongle (Kopierschutzstecker)	23
	2.1.2	Cubase am PC	23
	2.1.3	Cubase am Mac	24
2.2	Installation von Cubase 4		25
	2.2.1	Festplatte vorbereiten	25
	2.2.2	Installation durchführen	26
2.3	Update auf Cubase 4.0.1		27
2.4	Probleme mit dem Dongle		27
3	**Programmgrundlagen**		29
3.1	Die Arbeitsoberfläche von Cubase		29
	3.1.1	Projektfenster	29
	3.1.2	Hilfszeilen	30
	3.1.3	Inspector	31
	3.1.4	Spurspalte/Spurliste	31
	3.1.5	Sequenzerbereich	31
	3.1.6	Transportfeld	32

	3.1.7	Vergrößern und Verkleinern von Fensterinhalten	32
3.2		Arbeiten mit Arbeitsbereichen	38
3.3		Anlegen und Verwalten von Projekten	41
	3.3.1	Projekte erzeugen	41
	3.3.2	Projekte einrichten	43
3.4		Projekte speichern	50
	3.4.1	Vorlagen speichern	51
	3.4.2	Speichern einer neuen Version	51
	3.4.3	Speichern in neuem Ordner	52
	3.4.4	Standard-Projekt speichern	53
3.5		Projekte öffnen	54
	3.5.1	Zuletzt geöffnete Projekte	54
	3.5.2	Zur letzten Version zurückkehren	55
3.6		Programminterne Dateiverwaltung	55
	3.6.1	Bibliotheken	55
3.7		Projektfenster organisieren	57
	3.7.1	Navigation	57
	3.7.2	Fenster anordnen	57
	3.7.3	Fensteraktionen	58
4		**Verbindungen einrichten**	**61**
4.1		DAW-System zusammenstellen	61
4.2		MIDI-Verbindungen	62
	4.2.1	Einleitung zu MIDI	62
	4.2.2	Externe MIDI-Verbindungen	64
	4.2.3	Spuren und Kanäle	65
	4.2.4	Bänke und Programme	66
	4.2.5	MIDI-Controller	67
	4.2.6	Synchronisation	67
	4.2.7	Interne MIDI-Verbindungen	70
4.3		Audio-Verbindungen	73
	4.3.1	Hardware installieren	74
	4.3.2	Hardware einrichten	76
	4.3.3	VST-Verbindungen einrichten	82
	4.3.4	Audiospuren einrichten	97
5		**Effekte und VST-Instrumente**	**99**
5.1		Interne FX-Verbindungen	99
	5.1.1	Inserts	100
	5.1.2	Sends	103

5.2		Interne VSTi-Verbindungen	105
	5.2.1	Virtuelle Instrumente laden	106
	5.2.2	Virtuelle Instrumente im Mixer	108
	5.2.3	Probleme bei der VSTi-Wiedergabe	110
6		**Arbeiten mit Cubase**	**113**
6.1		Spuren	113
	6.1.1	Spuren über das Projekt-Menü erzeugen	113
	6.1.2	Spuren über die rechte Maustaste erzeugen	115
	6.1.3	Spuren per Doppelklick erzeugen	115
	6.1.4	Auswahl von Spuren	116
	6.1.5	Audiospuren	116
	6.1.6	Effektkanal-Spuren	130
	6.1.7	Ordnerspuren	131
	6.1.8	Gruppenspuren	133
	6.1.9	MIDI-Spuren	134
	6.1.10	Instrumentenspuren	134
	6.1.11	Markerspuren	136
	6.1.12	Projektstruktur-Spuren	138
	6.1.13	Linealspuren	139
	6.1.14	Videospuren	140
	6.1.15	Audiokanäle für VST-Instrumente	141
	6.1.16	Quick-Kontextmenüs der Spurspalten	142
	6.1.17	Spuren löschen	146
6.2		Inspector	146
	6.2.1	Allgemeine Parameter	147
	6.2.2	Spezifische Inspector-Parameter von Audiospuren	151
	6.2.3	Menüs und Felder im Inspector	152
	6.2.4	Register für Schnellzugriff	156
	6.2.5	Spezifische Inspector-Parameter von Ordnerspuren	163
	6.2.6	Spezifische Inspector-Parameter von Gruppenspuren	165
	6.2.7	Spezifische Inspector-Parameter von MIDI-Spuren	165
	6.2.8	Spezifische Inspector-Menüs und -Felder von MIDI-Spuren	166
	6.2.9	Inspector-Registerkarte »Spur-Parameter«	168
6.3		Werkzeugzeile	172
	6.3.1	Projekt aktivieren	173
	6.3.2	Verzögerungsausgleich einschränken	173

	6.3.3	Systemleistung	174
	6.3.4	Ansichten/Fenster	175
	6.3.5	Automationsmodus	176
	6.3.6	Locatoren	176
	6.3.7	Transport-Button	177
	6.3.8	Projektstruktur-Bedienelemente	177
	6.3.9	Zeitanzeige	178
	6.3.10	Marker	179
	6.3.11	Werkzeuge	179
	6.3.12	Kicker	187
	6.3.13	Automatischer Bildlauf	188
	6.3.14	Raster/Quantisierung	188
	6.3.15	Farben-Menü	194
	6.3.16	Weitere Werkzeugzeilen-Funktionen	195
6.4	Infozeile		197
	6.4.1	Werte modifizieren	198
	6.4.2	Anzeigemöglichkeiten der Infozeile	200
	6.4.3	Sonderfunktionen	205
6.5	Übersichtszeile		206
	6.5.1	Projektausschnitt ändern	206
	6.5.2	Darstellung	207
6.6	Linealzeile		207
	6.6.1	Cycles und Locatoren	208
	6.6.2	Format	208
6.7	Werkzeugkasten & Kontextmenü		210
	6.7.1	Der Werkzeugkasten	210
	6.7.2	Das Quick-Kontextmenü im Sequenzerbereich	211
6.8	Transportfeld		212
	6.8.1	Kontextmenü	213
	6.8.2	Systemauslastung	214
	6.8.3	MIDI-Aktivität	214
	6.8.4	Audioaktivität	216
	6.8.5	Audiolautstärkeregler	216
6.9	Nummernfeld		217

7	**Aufnahme**		219
7.1	Aufnahmefunktionen		219
	7.1.1	Aufnahmeaktivierung einer Spur	219
	7.1.2	Monitoring	220
7.2	Aufnahmearten		223
	7.2.1	Punch-In	225

	7.2.2	Punch-Out	226
	7.2.3	AutoQ (MIDI)	228
	7.2.4	Metronom/Click	229
7.3	Aufnahmemodi		230
	7.3.1	Lineare Aufnahmemodi	230
	7.3.2	Standard-Modi der Cycle-Aufnahme	231
	7.3.3	Erweiterte Modi der Cycle-Aufnahme	235
7.4	CPU-Limits und Workflow-Tipps		237
	7.4.1	Automatisch Audio-Images erzeugen	237
	7.4.2	Verzögerungsausgleich	238
	7.4.3	Arbeiten mit Aufnahme-Ebenen	239
8	**Wiedergabe**		**241**
8.1	Transportfeld		241
	8.1.1	Hauptfelder	241
	8.1.2	Projektstruktur	243
	8.1.3	Marker	244
8.2	Positionszeiger		245
	8.2.1	Positionszeiger ausrichten	246
	8.2.2	Jog/Scrub	247
	8.2.3	Positionszeiger finden	250
8.3	Locatoren		251
	8.3.1	Locatoren und einschließender Cycle/Loop	252
	8.3.2	Locatoren und ausschließender Cycle/Loop	252
	8.3.3	Verschieben der Locatoren	252
	8.3.4	Ansteuern der Locatorpunkte	253
8.4	Markerspur		253
	8.4.1	Standard-Marker	254
	8.4.2	Cycle-Marker	254
	8.4.3	Marker bearbeiten	255
	8.4.4	Marker erzeugen und ansteuern	255
	8.4.5	Marker-Übersichten	257
	8.4.6	Workflow-Tipps zur Markerspur	260
8.5	Tempospur		262
	8.5.1	Tempospur bearbeiten	262
	8.5.2	Werkzeugzeile der Tempospur	264
	8.7.3	Linealzeile der Tempospur	272
	8.5.4	Taktartzeile der Tempospur	274
	8.5.5	Quick-Kontextmenü der Tempospur	275
	8.5.6	Analysefunktionen der Tempokurve	281
8.6	CPU-Limits & Workflow-Tipps		289
	8.6.1	VST-Leistung anzeigen	289

9	**Events und Parts**	293
9.1	Begriffsüberblick	293
9.2	Arbeiten mit Events und Parts	294
	9.2.1 Events erzeugen	295
	9.2.2 Parts erzeugen	295
	9.2.3 Events und Parts auswählen	296
	9.2.4 Events und Parts kopieren	297
	9.2.5 Eventbezeichnungen	298
	9.2.6 Event-Farben	298
9.3	Das Bearbeiten-Menü	301
	9.3.1 Arbeiten mit dem Locator-Bereich	303
	9.3.2 Bestimmen von Auswahlbereichen	310
	9.3.3 Arbeiten mit auswahlbezogenen Bearbeitungsfunktionen	314
	9.3.4 Arbeiten mit den Verschieben-Befehlen	320
	9.3.5 Optionen für die Bearbeitung	322
	9.3.6 Zoom-Bearbeitung	323
10	**Audio-Bearbeitung**	325
10.1	Bearbeitungszusammenhänge	325
	10.1.1 Audio-Bearbeitung und Audiodateien	326
10.2	Interne Effekte	327
	10.2.1 Hüllkurve	328
	10.2.2 Fade-In und Fade-Out	330
	10.2.3 Gain	331
	10.2.4 Mit Zwischenablage mischen	332
	10.2.5 Noisegate	332
	10.2.6 Normalisieren	336
	10.2.7 Phase umkehren	337
	10.2.8 Pitch-Shift	338
	10.2.9 DC-Offset entfernen	341
	10.2.10 Resample	342
	10.2.11 Umkehren	342
	10.2.12 Stille	342
	10.2.13 Stereo-Modifikation	342
	10.2.14 Time-Stretch	345
10.3	Crossfades	347
	10.3.1 Crossfades erstellen und bearbeiten	347
	10.3.2 Auto-Fades	349
10.4	Sample-Editor	351
	10.4.1 Werkzeuge	352
	10.4.2 Weitere Funktionen und Optionen	358

	10.4.3	Nulldurchgänge finden	360
	10.4.4	Hitpoint-Optionen	361
10.5	Audio-Part-Editor	364
10.6	Workflow-Tipps	367
	10.6.1	Zeitbasis nutzen	367
	10.6.2	Events anhand von Rasterpunkten ausrichten	368

11 Arbeiten mit MIDI-Daten … 369

11.1	MIDI-Editoren		369
	11.1.1	Key-Editor	369
	11.1.2	Schlagzeug-Editor	380
	11.1.3	Listen-Editor	387
	11.1.4	Special – Der Logical-Editor	391
	11.1.5	Noten-Editor	391
	11.1.6	Kontext-Editor	394
11.2	MIDI-Daten bearbeiten	398
	11.2.1	Quantisierung	398
	11.2.2	Bearbeitungsfunktionen	402
	11.2.3	Funktionen	404

12 Mixer … 411

12.1	Grundfunktionen		412
	12.1.1	Mixer öffnen	412
	12.1.2	Mixer- und Kanalaufbau	412
	12.1.3	Kanal-Schaltflächen	419
	12.1.4	Sektions-Schaltflächen	421
12.2	Kanaloptionen	423
	12.2.1	Auswahl von Kanälen	423
	12.2.2	Kanaldarstellung	424
	12.2.3	Kanäle verbinden	425
12.3	Globale Anzeigen-Einstellungen	428
	12.3.1	Spitzenwert-Verhalten der Pegelanzeigen	429
	12.3.2	Darstellungsgrundlage der Pegelanzeigen	430
12.4	Preset-Verwaltung	431
	12.4.1	Spur-Presets	431
	12.4.2	Insert-Presets	434
	12.4.3	Equalizer-Presets	436
	12.4.4	Presets verwalten	436
	12.4.5	SoundFrame	436
12.5	Speicher- und Kopierfunktionen des Mixers	437
	12.5.1	Kanäle speichern und laden	437

		12.5.2	Mixer-Einstellungen speichern und laden	439
		12.5.3	Mixerdarstellung speichern	439
		12.5.4	Kanaleinstellungen kopieren	440
	12.6	Spezialfunktionen		442
		12.6.1	Kanäle ausblenden	442
		12.6.2	Solo ablehnen	443
	12.7	Control Room		443
		12.7.1	Control Room aktivieren	444
		12.7.2	Main-Mix festlegen	445
		12.7.3	Click einem Bus zuweisen	446
		12.7.4	Control Room-Übersicht	446
		12.7.5	Control Room-Mixer	446
	12.8	Automation		451
		12.8.1	Automationsdaten aufnehmen und wiedergeben	451
		12.8.2	Automationsmodus wählen	454
		12.8.3	Automationsdaten bearbeiten	456

13	**Medienverwaltung**			461
13.1	Die Oberfläche des Medien-Pools			461
		13.1.1	Werkzeugzeile des Pools	462
		13.1.2	Pool-Spalten	464
		13.1.3	Infozeile des Pools	467
13.2	Clips importieren und exportieren			467
		13.2.1	Medien importieren	468
		13.2.2	Pool exportieren	470
13.3	Clips und Mediendateien verwalten und bearbeiten			471
		13.3.1	Clips löschen	471
		13.3.2	Unbenutzte Medien entfernen	473
		13.3.3	Dateien rekonstruieren	473
		13.3.4	Audio aus Videodatei extrahieren	474
		13.3.5	Ordnerstruktur anlegen	474
		13.3.6	Archivierung vorbereiten	475
		13.3.7	Datei minimieren	476
		13.3.8	Clips kopieren	476
		13.3.9	Medien in das Projekt einfügen	477
		13.3.10	Medien im Projekt auswählen	479
		13.3.11	Medien suchen	481
13.4	MediaBay			483
		13.4.1	Unterstütze Dateiformate	484
		13.4.2	Bedienelemente der MediaBay	484
		13.4.3	Weitere SoundFrame-Dialoge	495

14	**Tipps**	497
14.1	Programmeinstellungen speichern	497
14.2	Kompatibilität von Projekten (PC und Mac)	501
14.3	Startup-Optionen	502
14.4	Links	502
15	**Glossar**	505
Index		511

Workshops

1.	IDs für Arbeitsbereiche nutzen	41
2.	Standard-Projekt erzeugen	53
3.	MIDI-Verbindungen erstellen	71
4.	Neue Audio-Hardware einrichten	76
5.	Externe Effekte einbinden	91
6.	Insert-Effekte öffnen	100
7.	Send-Effekte einbinden	104
8.	Punch-In verwenden	226
9.	Punch-Out verwenden	227
10.	Aufnehmen mit Cycle-Modus	233
11.	Take als Grundlage eines Zusammenschnitts nutzen	239
12.	Auswahl per Marker	261
13.	Tempowerte in der Tempospur korrigieren	270
14.	Tempo berechnen mit dem Tempospur-Dialog	281
15.	Tempospur aus MIDI-Noten erzeugen	285
16.	Audio-Parts aus Audio-Events erzeugen	295
17.	Bearbeitungsoptionen kombinieren	307
18.	Wiederholungen grafisch erzeugen	316
19.	Noisegate in der Praxis	334
20.	Karaoke-Track mithilfe einer Phasendrehung erstellen	337
21.	Künstliches Fundament	343
22.	Projektübergreifende Vorgaben für Auto-Fades	350
23.	Audiotempo für einen Audio-Clip definieren	353

24.	Audio-Events mittels Hitpoints in Sinneinheiten zerschneiden	363
25.	Step- und MIDI-Eingabe	375
26.	Grooves erstellen mit dem Schlagzeug-Editor	385
27.	Schlagzeugaufnahme quantisieren	400
28.	Ein- und Ausgangskanäle im Mixer anzeigen	413
29.	Kanäle verbinden	426
30.	Insert-Preset anwenden	434
31.	Einzelne Mixerkanäle speichern	437
32.	Mixerkanäle laden	438
33.	Mixer-Preset speichern	439
34.	Automationsdaten des Mixers aufzeichnen	452
35.	Automationspunkte hinzufügen	457
36.	Mediendatei von Festplatte löschen	471
37.	Fehlende Dateien rekonstruieren	474
38.	Clips aus dem Pool in das Projekt einfügen	477
39.	Clips aus dem Pool im Projekt finden	479
40.	Objektauswahl im Pool suchen	481
41.	Clips im Pool suchen	481
42.	Detailsuche der MediaBay anwenden	487
43.	Scope-Wiedergabe im Kontext	493

Die CD zum Buch

01 – Workshops

In diesem Ordner befinden sich alle Beispieldateien für die Schritt-für-Schritt-Anleitungen im Buch. Ein CD-Icon in der Randspalte des Buchs weist Sie zusammen mit dem Namen der verwendeten Cubase-Datei darauf hin.

Damit Sie das gewünschte Projekt auf der CD schnell finden, befinden sich die Beispiele in ihren jeweiligen Kapitel-Ordnern »Kapitel 01« bis »Kapitel 13«. Im Ordner selbst finden Sie das Cubase-Projekt sowie alle benötigten Materialien (Audio, Images und Edits).

02 – Updates

Im Ordner UPDATES habe ich für Sie die offiziellen Steinberg-Updates und -Hotfixes für Cubase 4 und Cubase Studio 4 zusammengestellt.

- **Cubase 4**

  Hier finden Sie das Update Patch 4.0.2 für Mac und PC. Das PDF »Cubase_4.0.2_Version_History_Issues_Solutions.pdf« gibt Ihnen eine Übersicht über die mit dem Patch behobenen Fehler und Probleme der Version 4.

  In einem zweiten Ordner finden Sie das Hotfix 4.0.3, ebenfalls für Mac und PC. Beachten Sie bitte, dass Hotfixes nicht den gesamten Testprozess durchlaufen und daher technische Support bei Steinberg nur bedingt möglich ist. Installieren Sie das Hotfix daher nur, wenn Ihre Arbeit mit Cubase 4.0.2 von Fehlern eingeschränkt wird, die im Hotfix behoben wurden. Eine Liste der behobenen Fehler finden Sie im PDF »Cubase_4_Studio_4_4.0.3_Hotfix_VH_IS.pdf«

- **Cubase Studio 4**

  Auch für die Version Cubase Studio 4 gibt es das Update Patch 4.0.2 (für Mac und PC) sowie das Hotfix 4.0.3 (für Mac und PC). Eine Übersicht über die behobenen Fehler finden Sie in den PDF-Dateien »Cubase_4.0.2_Version_History_Issues_Solutions.pdf« und »Cubase_4_Studio_4_4.0.3_Hotfix_VH_IS.pdf«.

Vorwort

Seit vielen Jahren schon gibt es für deutsche Leser keine aktuelle Praxisliteratur für die neueren Cubase-Versionen jenseits der VST-Generation. So gab mir Galileo Press die Chance, meine über viele Jahre gewonnene Praxiserfahrung mit Cubase in Worte zu fassen und darauf aufbauend Ihnen, den Lesern, Tipps zu Installation, Anwendung und Hintergründen der aktuellen Version Cubase 4 und Cubase Studio 4 an die Hand zu geben.

Das Ergebnis ist dieses Buch, in dem Sie nicht nur weit reichende Beschreibungen relevanter Programmfunktionen finden, sondern auch zahlreiche Workshops, in denen Sie lernen, wie leicht es ist, Cubase 4 und Cubase Studio 4 in konkreten Produktions-Situationen anzuwenden. Die Buch-CD hält für Sie über 150 Projektfiles bereit, anhand derer Sie das Gelesene sofort praktisch ausprobieren können.

Ziel dieses Buchs ist es, dass Sie nach der Lektüre Ihre Projektumgebungen zielgerichtet planen und einrichten können, Projekte erstellen und Audio- und MIDI-Daten aufzeichnen und bearbeiten können. Abschließend lernen Sie, wie Sie mit dem virtuellen Mischpult von Cubase Ihre Projekte mixen können. Ein besonderes Augenmerk habe ich dabei stets auf Praxistipps gelegt, die Ihnen einen individuellen Workflow ermöglichen. Wenn Sie so wollen, kann Ihnen dieses Buch also dabei helfen, Ihren »eigenen Stil« für die Arbeit mit Cubase 4 zu finden.

Möglicherweise kommen Sie beim Lesen auch auf Fragen zu Themen wie Arrangement, Komposition oder Tontechnik. In diesem Buch können solche Inhalte leider nur am Rande angeschnitten werden, da Cubase 4 allein schon sehr komplex ist. Antworten auf diese Fragen kann Ihnen Literatur, die sich konkret mit diesen Themen befasst, weitaus gezielter geben.

Auf der CD zum Buch finden Sie als Bonus die zum Zeitpunkt der Drucklegung dieses Buchs aktuellen Updates und Hotfixes für Cubase 4 und Cubase Studio 4 (z. B. 32-Bit-Installer für Windows Vista).

[»] Falls Sie übrigens Besitzer von Cubase Studio 4 sind, achten Sie auf das Hinweiszeichen in der Marginalie. Es weist Sie darauf hin, wenn Funktionen nur in der »großen« Programmversion Cubase 4 vorhanden sind.

Nun wünsche ich Ihnen viel Spaß beim Lesen und Ausprobieren der Workshops.

Dortmund, Mai 2007
Carsten Kaiser

1 Einleitung

Cubase ist am schnelllebigen IT-Markt eine vergleichsweise »alte« Software, die eng mit der Firmengeschichte von Steinberg verknüpft ist. Seit 1983 arbeiten die Entwickler an Cubase und erweitern und verbessern dabei ständig den Funktionsumfang. In diesem Kapitel erfahren Sie, wie sich die aktuelle Softwareversion Cubase 4 in die Cubase-Evolution einordnet und welche Neuerungen sie bietet.

1.1 Versionsüberblick

1989 startete die Steinberg Soft- und Hardware GmbH die erste Version von »Cubase«. Seinen Vorgängern war es nicht nur hinsichtlich grafischer Benutzeroberfläche und Bedienungskomfort weit überlegen. Nachdem 1990 auch die erste Version für den Apple Macintosh entwickelt wurde, gelang Steinberg 1991 der nächste große Schritt für seine Software. »Cubase Audio« bietet erstmals die Möglichkeit, auch Audiodaten per Computer aufzuzeichnen. Und auch der Weg zur echten Konkurrenz für die alteingesessenen Bandmaschinen sollte nicht mehr weit sein. 1992 wurde dann in logischer Konsequenz auf die Marktentwicklungen bei Personal-Computern auch eine »Cubase«-Version für Windows angeboten.

Audio-Effekte am Computer | Als es 1994 mittels DSP-Audiokarten möglich wurde, digitale Audio-Effekte per Computer zu berechnen, gründete Steinberg zur eigenständigen Entwicklung entsprechender PlugIn-Software die Firma Spectral Design GmbH.

Virtuelle Instrumente | Nachdem man 1995 mit »WaveLab« einen reinen Editor zur Bearbeitung digitalisierter Wellenformen auf den Markt brachte, folgte 1996 der Ausbau des Softwarestudios »Cubase« durch Einsatz einer selbst entwickelten virtuellen Studio Technologie (VST). Dadurch wurde Studioarbeit in Echtzeit am PC ermöglicht. Dabei bot »Cubase VST« erstmals alles, was zu einem Studio gehört: Effekte, Equalizer, Mixer und sogar Automation. Auch die Leistungsfähigkeit sah bereits damals gut aus, denn »Cubase VST« bot eine maximale Wiedergabe von 24 Audiospuren (für Apple Macintosh) und eine unbegrenzte Anzahl von MIDI-Spuren.

1997 folgte die PC-Version von »Cubase VST«, wobei die Eigenentwicklungen VST und ASIO (durch welche die Software noch mal so richtig in Fahrt kam) auch für Dritte geöffnet wurde, damit diese eigene VST-PlugIns entwickeln konnten.

Bereits 1999 wurde dann VST 2.0 veröffentlicht, wodurch erstmals die Einbindung virtueller Instrumente möglich war. Für eine bessere Kommunikation zwischen Hard- und Software sorgte der ebenfalls überarbeitete ASIO-Standard, der damit ebenfalls in der Version 2.0 vorlag. ASIO 2.0 und Remote-Control ließen Hard- und Software noch enger zusammenwachsen.

Nuendo | Im Jahr 2000 bekam »Cubase« dann seinen ›großen Bruder‹ »Nuendo« an die Seite gestellt – eine Audio-Workstation, die mit Ihren weit reichenden Tools und flexiblen Bearbeitungsschritten auf die Bedürfnisse professioneller Anwender abzielt.

Cubase SX und SL | Nachdem die Steinberg Soft- und Hardware GmbH noch im selben Jahr zur Aktiengesellschaft Steinberg Media Technologies AG wurde, präsentierte diese AG 2002 die Technik »VST System Link«, welche die Vernetzung mehrerer Computer zu einem Studionetzwerk ermöglicht. Dargeboten wurde das alles in der Produktversion »Cubase SX«, der auch eine leicht abgespeckte SL-Version zur Seite stand.

Als Steinberg 2003 vom US-Konzern Pinnacle übernommen wurde, widmete man sich dem weiteren Ausbau und der Verfeinerung des eigenen Software-Flaggschiffs (»Cubase SX 2«), das 2004 zur Version »SX 3« weiterentwickelt wurde und etliche Detailverbesserungen gegenüber seinen Vorgängern bot.

Seit Januar 2005 gehört die Steinberg Media Technologies GmbH zur Yamaha Corporation und arbeitet als eigenständiges Tochterunternehmen der Yamaha-Gruppe. Seit Oktober 2006 ist nun »Cubase 4« erhältlich.

1.2 Neue Funktionen in Cubase 4

Cubase 4 wartet mit einer Menge Neuerungen und zahlreichen Verbesserungen auf, die Ihren Arbeitsfluss mit diesem Softwarestudio vereinfachen und zugleich Ihre Möglichkeiten erweitern sollen. Aufgrund der nahtlosen Integration der neuen Funktionen finden ehemalige Anwender von Cubase SX 3 jedoch mühelos in die Bedienung von Cubase 4 hinein. Einige dieser neuen Möglichkeiten stehen Ihnen in der Programmausführung Cubase Studio 4 nicht oder nur eingeschränkt zur Verfügung. Im Detail wird später im Buch mit dem Icon, das Sie hier in der Marginalspalte sehen, immer gekennzeichnet, wenn eine Funktion in Cubase Studio 4 nicht verfügbar ist.

[«]

1.2.1 Neues Design der Benutzeroberfläche

Cubase 4 strahlt Ihnen in einem neuen Interface-Design entgegen, das höhere Kontraste als die Vorgängerversion bietet. Auf diese Weise können aktive und inaktive Elemente deutlicher vom Anwender unterschieden werden. Einige Schalter wurden aus dem Blickfeld genommen und werden nun nur noch beim Überfahren mit dem Mauszeiger sichtbar. Das sorgt insgesamt für mehr Übersicht. Außerdem verfügen Sie nun über die Möglichkeit, den Inspector-Bereich und die Kanal-Ansicht von Spuren individuell an diese anzupassen und abzuspeichern.

1.2.2 SoundFrame

Das SoundFrame-Konzept ermöglicht die Katalogisierung und damit eine Kategorisierung von Presets verschiedenster Arten. Die Vorteile dieser neuen Einbindung für Sound-, Loop- und Preset-Libraries machen sich in Cubase 4 in drei großen Neuerungen bemerkbar: Instrumentenspuren, Spur-Presets und der MediaBay (Abschnitt 12.4.5).

1.2.3 Instrumentenspuren

Der neue Spurtyp »Instrumentenspuren« bietet Ihnen eine Alternative zur Verwendung des VST-Racks für virtuelle Instrumente (siehe Abschnitt 6.1.10). Über die Instrumentenspuren haben Sie die Möglichkeit, virtuelle Instrumente noch einfacher in Ihr Projekt einzubinden als zuvor. Während bei Cubase SX 3 noch eine Kombination aus MIDI-Kanal, Instrumentenzuweisung und einem Kanal für die Audioausgänge zum Ziel führte, bieten Instrumentspuren im Mixer nun eine integrierte Kanalverbindung von MIDI-Eingang und Audioausgang.

1.2.4 Spur-Presets

Die in Cubase 4 erstmals vorhandenen Spur-Presets können die Arbeit mit Cubase enorm erleichtern (siehe Abschnitt 12.4.1). So können Sie ab sofort mit Cubase schon beim Anlegen einer Spur bestimmen, welche PlugIns in welchem Slot mitgeladen werden sollen. Auch die Einstellungen der verschiedenen Parameter dieser PlugIns werden dabei unmittelbar aufgerufen.

1.2.5 MediaBay

Die neue MediaBay verschafft Ihnen einen schnellen Zugriff auf bestehende oder neu anzulegende Presets (siehe Abschnitt 13.4). Dabei spielt es keine Rolle, ob Sie Audio-, MIDI- oder Videodaten verwalten oder durchstöbern möchten, ob es sich um Voreinstellungen für Instrumente, Effekte oder komplette Spuren handelt: In der MediaBay finden Sie hilfreiche Filter, mit denen Sie Ihre Suche nach dem richtigen File oder Preset schnell auf den Punkt bringen können.

1.2.6 Neue VST3-PlugIn-Effekte

Die neue VST3-Spezifikation erlaubt Ihnen nicht nur eine flexible Anpassung der Ausgänge eines Effektes an die Projektumgebung (Mono, Stereo, 5.1 usw.), sondern vermindert darüber hinaus auch die CPU-Auslastung durch verwendete PlugIns. Dies geschieht mittels der »Silence Detection«, welche die Effekt-Berechnungen automatisch einstellt, wenn am virtuellen Effekt kein Signal anliegt. Mit einer Gesamtzahl von nun 50 mitgelieferten PlugIns bietet Cubase 4 Ihnen 30 neue PlugIns. Neu in Cubase 4 ist allerdings auch, dass DirectX-PlugIns nicht länger unterstützt werden. Das gilt sowohl für virtuelle Effekte als auch für Instrumente.

1.2.7 Neue VST-Instrumente

Neben neuen virtuellen Effekten verfügen Sie mit Cubase 4 erstmals auch über vier zusätzliche VST-Instrumente. »HALion One« ist ein Sample-Player, der auf Steinbergs prämiertem HALion-Sampler aufsetzt und Ihnen über 600 Sounds bietet. »Mystic« empfiehlt sich mit einer Verbindung aus Physical Modeling und Spektrumfiltern, »Prologue« und »Spector« ermöglichen Ihnen dagegen die Einbindung klassischer analoger Synthesizerklänge in Ihre Audio-Projekte.

1.2.8 Mixer

Insert-Effekte sind seit Cubase 4 nun auch per Drag & Drop verschiebbar. Und dies nicht nur innerhalb eines Kanals, sondern auch zwischen verschiedenen Kanälen oder Kanaltypen. Außerdem wurde der Mixer (siehe Kapitel 12) in Cubase 4 um eine Control Room-Sektion erweitert. Hier können Sie für verschiedene Aufnahme- und Monitoring-Situationen bis zu vier unterschiedliche Setups für Studio-Mischungen anlegen und auf weitere neue Cubase-Funktionen wie Talkback oder separate Kopfhörerkanäle zurückgreifen.

1.2.9 Verbesserter Noteneditor

Der Notensatz in Cubase wurde noch einmal verbessert und der zugehörige Editor bietet nun neben neuen Kontextmenüs und besserer Konfigurierbarkeit mit den Notensatz-Fonts »Jazz« und »Classical« auch zwei gänzlich neue Schriftsätze.

2 Installation

In diesem Kapitel lernen Sie, wie Sie Cubase 4 sicher und schnell installieren. Dabei gebe ich Ihnen Tipps und Hinweise, die über diejenigen im mitgelieferten Cubase-Handbuch hinausgehen. Außerdem zeige ich Ihnen, wie einfach es ist, Ihre Software auf die neueste Version upzudaten.

2.1 Technische Voraussetzungen

2.1.1 Dongle (Kopierschutzstecker)

Zu den technischen Voraussetzungen gehört bei Cubase schon seit eh und je ein Kopierschutzstecker, der so genannte Dongle. Ohne diesen kommen Sie nicht aus. Vorsicht ist daher geboten beim Kauf von gebrauchter Software via Internet-Auktion. Hier wird oftmals versprochen, dass der Dongle problemlos nachbestellt werden kann oder eine Aktivierung jederzeit möglich sei. Diese Punkte sollten Sie vor dem Ersteigern einer gebrauchten Cubase-Version unbedingt mit dem Verkäufer und dem Support der Firma Steinberg klären, um spätere unliebsame Überraschungen zu vermeiden.

2.1.2 Cubase am PC

Betriebssystem und Anschlüsse | Für die Arbeit mit Cubase 4 auf Ihrem PC muss dieser mit Windows XP ausgestattet sein, einen freien USB-Anschluss für den Kopierschutzstecker und ein DVD-ROM-Laufwerk haben. Außerdem müssen für die Soundkarte des Rechners kompatible ASIO-Treiber installiert sein, sofern diese nicht mit den Windows Multimedia-Treibern oder via DirectX-Treiber angesprochen werden kann. Die installierte Soundkarte sollte über einen MIDI-Port verfügen oder es sollte eine externe MIDI-Schnittstelle vorhanden sein. Dass Ihre Audio-Hardware mindestens Audio-Material mit den Eigenschaften 16 Bit/44,1 kHz/Stereo verarbeiten können muss, wird Ihnen sicher bekannt sein.

CPU und RAM | Die erforderlichen Leistungsspannen für Ihren Rechner sind dabei recht groß. Den Kern Ihrer »Maschine« sollte ein Pentium- oder Athlon-Prozessor mit mindestens 1,4 MHz bilden. Beim Arbeitsspeicher sind mindestens 512 MB RAM erforderlich. So richtig Spaß macht das Arbeiten mit Cubase (besonders beim Mix und dem Verwenden vieler Echtzeiteffekte und VSTi) mit 1 GB RAM oder mehr. Hier sollten Sie nicht an der falschen Stelle sparen. Dies gilt besonders dann, wenn Sie gerne aufwändige Projekte mit sehr vielen Kanälen anlegen, denn die Größe des Arbeitsspeichers ist ausschlaggebend für die Anzahl der Kanäle, die Sie in Cubase 4 anlegen können.

Grafikkarten-Setup | Die Grafikkarte sollte mindestens 1024 × 768 Pixel, besser aber 1152 × 864 Pixel darstellen können. Nicht unerheblich für viele Arbeitsvorgänge ist darüber hinaus das Einrichten eines Dual-Monitor-Systems. Mithilfe einer Dual Head-Grafikkarte können Sie schneller und übersichtlicher arbeiten. So lässt sich beispielsweise auf dem einen Monitor der Cubase-Mixer mit den wichtigsten Kanälen anzeigen und auf dem anderen zugleich das Arrangement im Cubase-Projekt verfolgen oder bearbeiten.

Harddisk | Da kaum noch Festplatten mit Umdrehungen unter 7.200 U/Min (Umdrehungen pro Minute) verkauft werden, ist das wichtigste Entscheidungskriterium beim Kauf einer Festplatte längst deren Kapazität geworden. Da bei einem Projekt schnell mehrere hundert MB und sehr viel mehr zusammenkommen, sollten Sie sich auch hier im Zweifelsfall für mehr als nur einige Gigabyte entscheiden.

Der Grundsatz »mehr ist besser« gilt auch für weitere wichtige Faktoren bei der Festplattenwahl, Datentransferrate und Cache. Diese Angaben bezeichnen die Geschwindigkeit, mit der Daten auf der Festplatte ausgelesen werden, und den Pufferspeicher einer Festplatte. Besonders Festplatten für den Einsatz von Sample-Streaming benötigen einen Cache von mindestens 8 MB.

2.1.3 Cubase am Mac

Für den Einsatz von Cubase 4 auf einem Mac benötigen Sie mindestens Mac OS X 10.4. Beim Prozessor sollte es sich um einen Power Mac G4 1 GHz oder einen Core Solo 1,5 GHz handeln, damit die Arbeit beginnen kann.

Neben einem freien USB-Platz gelten bei Monitor, Monitorauflösung, Arbeitsspeicher, Festplatte und Audio-Hardware die unter Abschnitt 2.1.2 aufgeführten Leistungsmerkmale auch für den Mac.

Hersteller Steinberg weist ausdrücklich darauf hin, dass es sich sowohl bei Cubase 4 als auch bei Cubase Studio 4 um die ersten Cubase-Versionen handelt, die auch mit Apples neuer Intel-basierter Hardware laufen.

2.2 Installation von Cubase 4

2.2.1 Festplatte vorbereiten

Vor der Installation der neuen Version empfiehlt es sich allerdings, die entsprechende Festplattenpartition erst zu defragmentieren. Damit optimieren Sie die Nutzung des Speicherplatzes auf der Festplatte, was sich positiv auf die spätere Performance von Hard- und Software auswirkt. Auch zu späteren Zeitpunkten sollten Sie regelmäßig eine Defragmentierung vornehmen, um Aufnahme und Wiedergabe mit optimaler Leistung Ihres Systems durchführen zu können.

Mehr Stabilität durch Defragmentierung | Wenn Sie kein Defragmentierungsprogramm von Dritten verwenden möchten, können Sie auf das Windows-Programm »Defragmentierung« zurückgreifen. Sofern installiert, finden Sie es im Startmenü unter START • ALLE PROGRAMME • ZUBEHÖR • SYSTEMPROGRAMME • DEFRAGMENTIERUNG. Die Defragmentierung kann erfahrungsgemäß einige Zeit in Anspruch nehmen.

Im folgenden Screenshot (siehe Abbildung 2.1) sehen Sie, wie durcheinander die Daten auf einer Festplatte abgelegt worden sein können, ganz gleich wie ordentlich und übersichtlich Sie Ihre Ordnerstrukturen angelegt haben.

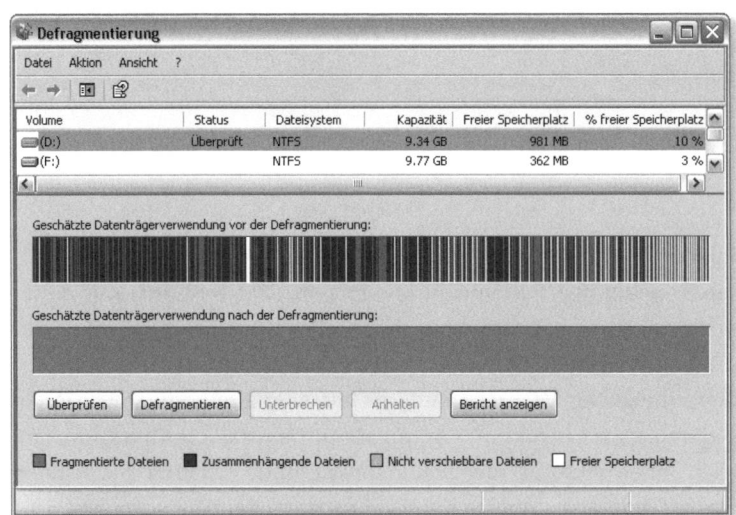

◄ **Abbildung 2.1**
Fragmentierte Daten

2.2.2 Installation durchführen

Ziehen Sie vor dem Einlegen der Installations-DVD den Kopierschutzstecker (den »Dongle«) aus dem USB-Port. So verhindern Sie, dass während der Installation versehentlich ein falscher USB-Treiber installiert wird. Der richtige Treiber für den Kopierschutzstecker wird von der Cubase-Installationsroutine automatisch installiert.

Nachdem Sie die Cubase-DVD in Ihr DVD-ROM-Laufwerk eingelegt haben, führen Sie zur Installation die Datei »Cubase4.msi« beim PC bzw. die Datei »Cubase4.mpkg« bei einem Mac aus. Daraufhin erscheinen nacheinander die zur Installation zugehörigen Auswahlfenster. Dabei können Sie den Schritten im mitgelieferten Handbuch folgen. Während der Installation werden auch die Samples des mitgelieferten Software-Samplers »HALion« in einen frei wählbaren Festplattenbereich kopiert.

Parallele Installation von SX 3 und Cubase 4 | Bei der Abfrage des Installationsverzeichnisses können Sie sich entscheiden, ob Sie weitgehend denselben Pfad angeben, wie für die bereits installierte Vorgängerversion Cubase SX 3. Ist dies der Fall, so wird Cubase 4 parallel zu SX 3 installiert. Sie finden dann beide Programme unter demselben Zielpfad in zwei verschiedenen Ordnern.

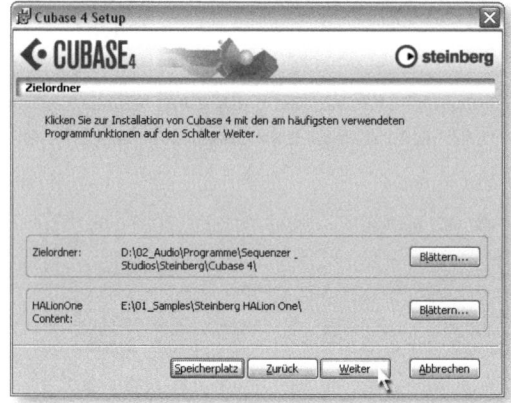

Abbildung 2.2 ▶
Zielordner für Programm und Samples bestimmen

Probleme mit der gleichzeitigen Installation von zwei unterschiedlichen Programmversionen sind mir zurzeit nicht bekannt. Mit dieser Vorgehensweise stellt Steinberg Ihnen eine Upgrade-Möglichkeit zur Verfügung, die Ihnen einen Versionswechsel in laufenden Arbeitsprozessen ermöglicht. Während andere Hersteller alte Softwareversionen und deren Ordnerstrukturen automatisch deinstallieren und löschen, bleiben Ihnen diese bei der Steinberg-Methode erhalten. Sie können die Installation also unbesorgt und ohne Datenverluste vornehmen.

Nach erfolgreicher Installation stecken Sie den USB-Dongle in den Port ein, folgen den Abläufen im Handbuch und sind bereits fertig.

2.3 Update auf Cubase 4.0.1

Wenn Sie Cubase auf die neueste Version (zum Zeitpunkt der Drucklegung war das v4.0.1.2074) updaten wollen, benötigen Sie einen Rechner mit Internetzugang. Das ist notwendig, weil der Hersteller Steinberg das Update ausschließlich auf dem Downloadweg zur Verfügung stellt. Dafür ist es allerdings auch kostenlos. Sie finden das Update online unter **http://www.steinberg.de** und dort im Bereich SUPPORT • DOWNLOADS.

Nach dem Speichern können Sie die Update-Datei öffnen und den gleichen Schritten folgen wie bei der herkömmlichen Programminstallation.

Nach abgeschlossenem Update ist ein Neustart erforderlich. Dann können Sie auch schon sämtliche in diesem Buch beschriebenen Funktionen nutzen.

Besonderheiten eines Upgrades | Hersteller Steinberg unterscheidet zwischen »Updates« und »Upgrades«. Ein Update bietet Verbesserungen innerhalb einer Softwareausführung. So können Sie beispielsweise für Cubase 4 ein Update mit Neuerungen installieren. Dadurch haben Sie dann die Version Cubase 4.0.1 zur Verfügung. Beim Upgrade handelt es sich hingegen um den Wechsel zwischen zwei Programmversionen, wie etwa von Cubase SX 3 auf Cubase 4.

Für ein Internet-Upgrade von einer älteren auf eine neuere Cubase-Version müssen Sie eine neue Lizenz auf Ihren Kopierschutzstecker herunterladen. Dies geschieht über das »Lizenz Kontroll Center«. Sie finden die Software, die automatisch mit Cubase installiert wird, im Startmenü unter START • ALLE PROGRAMME • SYNCROSOFT. Das Lizenz-Kontroll-Center enthält alle gültigen Lizenzen, die auf dem Kopierschutzstecker gespeichert sind.

2.4 Probleme mit dem Dongle

Je nach Version und Dongle kann es zu Komplikationen beim Erkennen der aktuellen Lizenzen oder sogar des gesamten Kopierschutzsteckers kommen. Wenn das System die zugewiesenen Files nicht findet, gibt es eine Insiderlösung. Hierzu überprüfen Sie die Windows-Registry und modifizieren sie gegebenenfalls.

Registry-Schlüssel für Dongle selbst anlegen | Dabei gehen Sie wie folgt vor: Wählen Sie START • AUSFÜHREN und geben Sie in dem folgenden Fenster unter ÖFFNEN den Befehl »regedit« ein.

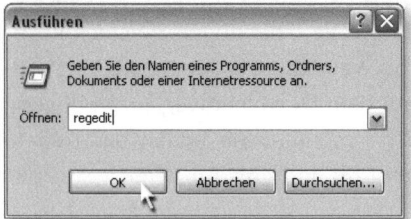

Abbildung 2.3 ▶
Regedit ausführen

Im Menü der Registry wählen Sie BEARBEITEN • SUCHEN und tragen in die Suchmaske nacheinander die folgenden Suchstrings ein:
- HKEY_LOCAL_MACHINE\Software\Microsoft\Windows\CurrentVersion\RunOnce
- HKEY_LOCAL_MACHINE\Software\Microsoft\Windows\CurrentVersion\RunOnceEx

Beide sollten in der Registry vorhanden sein. Ist dies nicht der Fall, können Sie die Schlüssel selbst anlegen.

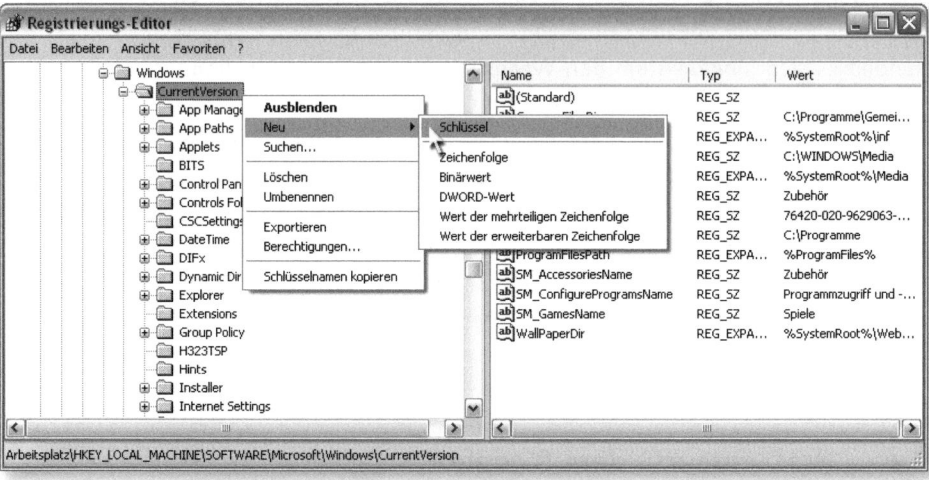

Abbildung 2.4 ▲
Registry-Schlüssel anlegen

Hierfür verfolgen Sie die angegebenen Pfade und kreieren die Ordner RUNONCE und RUNEX über NEU • SCHLÜSSEL im Menü der rechten Maustaste.

3 Programmgrundlagen

»Ordnung ist das halbe Leben.« – und so kommt man auch bei Cubase nicht an einer gut strukturierten Arbeitsumgebung vorbei. Dieses Kapitel zeigt Ihnen, aus welchen Grundelementen die Arbeitsumgebung von Cubase besteht und wie Ihnen das Programm bei der Verwaltung von Daten behilflich sein kann. Abschließend erfahren Sie noch, wie Sie viele der Vorgänge und Fenster innerhalb von Cubase individualisieren können.

3.1 Die Arbeitsoberfläche von Cubase

3.1.1 Projektfenster

Wenn Sie sich die folgende Abbildung des Beispielprojekts ansehen, wirkt dessen Erscheinungsbild für einen Cubase-Einsteiger auf den ersten Blick zwar vielfältig, aber auch ein wenig unübersichtlich. Sie werden aber trotzdem erkennen, dass es im Projektfenster verschiedene, sinnvoll unterteilte Bereiche gibt.

Links sehen Sie die Info- und Inspector-Spalte ❶, daneben die Spurspalte ❷ und rechts davon den Sequenzerbereich ❸, der den größten Teil des Projektfensters einnimmt. Neben den verschiedenen Hilfszeilen sind dies die drei großen Unterteilungen, die Sie bei Ihrer Arbeit mit Cubase im Kopf haben sollten. Diese verschiedenen Darstellungsbereiche arbeiten weitgehend Hand in Hand miteinander. Da die Bezeichnungen für diese Arbeitsbereiche immer wieder auftauchen werden, sollten Sie sie unbedingt im Kopf behalten.

Im oberen Bereich der Hilfszeilen finden Sie zusätzlich die Werkzeugzeile ❹, die Infozeile ❺ sowie die Übersichtszeile ❻ und – untrennbar verbunden mit dem Sequenzerbereich – die Linealzeile ❼.

Diese verschiedenen Bereiche stelle ich Ihnen nun im Folgenden kurz vor. Wie bereits oben angesprochen, finden Sie nähere Erläuterungen zu den einzelnen Funktionen im Anschluss an dieses Kapitel.

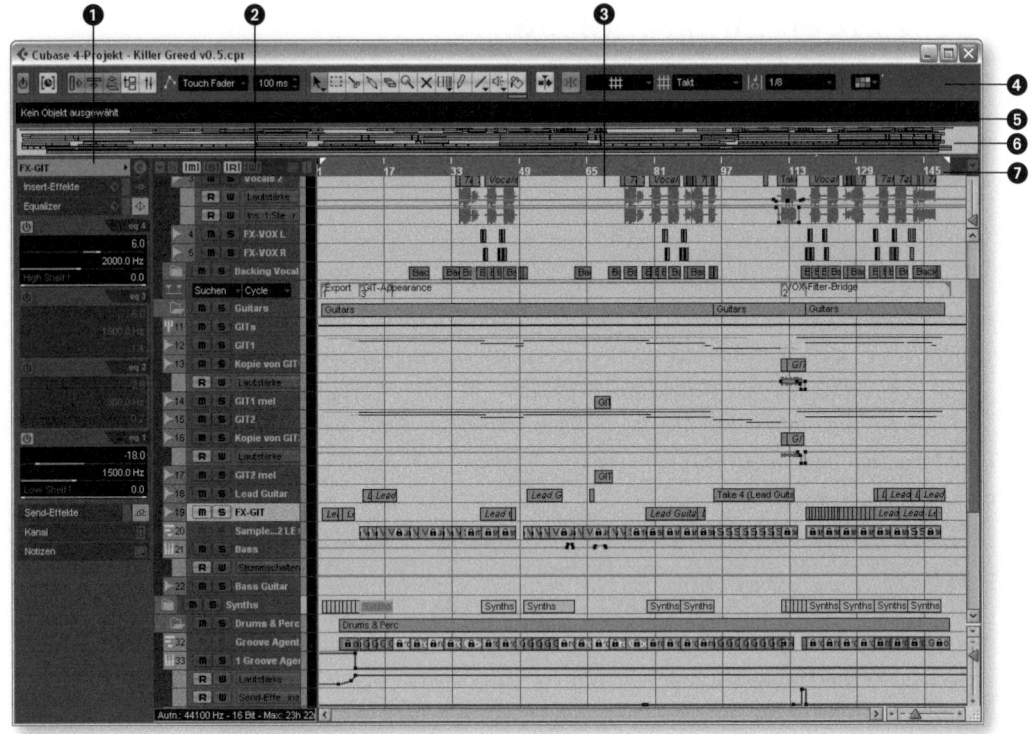

▲ Abbildung 3.1
Ein gewachsenes
Cubase-Projekt

3.1.2 Hilfszeilen

Im oberen Bereich des Projektfensters befindet sich die Werkzeugzeile ❹. Hier finden Sie schnelle Einstellmöglichkeiten für die Transportfunktionen des Sequenzers, für die Arbeit mit Markern, Schaltflächen für Bearbeitungsfunktionen, Parameter-Menüs für Darstellung, Quantisierung und Strukturierung von Events etc. Also allerhand Nützliches, das Sie bei der regelmäßigen Arbeit mit Cubase benötigen werden. Welche Funktionen und Schaltflächen sich hier im Einzelnen verbergen, lesen Sie in Abschnitt 6.3.

Die Infozeile ❺ gibt Ihnen einen Überblick über wichtige Parameter der von Ihnen aktuell ausgewählten Events, Parts und anderer Objekte. Hinweise zum Arbeiten mit der Infozeile lesen Sie in Abschnitt 6.4.

Unter der Werkzeugzeile können Sie anhand der Übersichtszeile ❻ wichtige Informationen über die aktuelle Fensterposition des Sequenzerbereichs, die Projektlänge, Organisation von Spuren und Events sowie einige Informationen mehr ablesen. Die Übersichtszeile stelle ich Ihnen eingehend in Abschnitt 6.5 vor.

In der Linealzeile ❼ können Sie nicht nur ablesen, wo Sie ein Element innerhalb des Sequenzerbereichs abgelegt haben. Die Linealzeile ermöglicht Ihnen auch einen schnellen Eingriff in die Positionierung von Cycle-Locatoren oder dem Positionszeiger, die Vergrößerung oder

Verkleinerung des dargestellten Projektausschnitts im Sequenzerbereich oder elementare Wiedergabefunktionen. Eine detaillierte Beschreibung der Linealzeile finden Sie in Abschnitt 6.6.

3.1.3 Inspector

Links im Projektfenster sehen Sie die Inspector-Spalte ❶. Zu den in der Spurspalte angelegten Spuren finden Sie in der Inspector-Spalte weitere zugehörige Einstellmöglichkeiten und Steuerelemente. Dabei werden jeweils diejenigen Inspector-Bereiche angezeigt, die zu der gerade ausgewählten Spur gehören. – Näheres zur Inspector-Spalte finden Sie in Abschnitt 6.2.

3.1.4 Spurspalte/Spurliste

Rechts neben der Inspector-Spalte befindet sich die Spurspalte, auch Spurliste genannt ❷. Hier werden alle sichtbaren Spuren aufgelistet und mit ihren Bezeichnungen und zahlreichen Einstellmöglichkeiten sowie auch den zugehörigen Automationsspuren angezeigt. Die Einstellmöglichkeiten, die so genannten »Steuerelemente«, sind je nach Spurart (Audio, MIDI, Video etc.) unterschiedlich. Die Einstellmöglichkeiten und Eigenschaften der Spurspalte werden in Abschnitt 6.1.16 erklärt.

3.1.5 Sequenzerbereich

Als Sequenzerbereich bezeichne ich in diesem Buch im weiteren Verlauf den Arbeitsbereich innerhalb des Projektfensters ❸, in dem Cubase Ihnen zu den Spuren gehörigen »Arrangierraum« anbietet. Hier können Sie Objekte wie etwa Events, Parts und Automationsdaten erzeugen, importieren, verschieben und verändern. Alles Wissenswerte über die verschiedenen Objekttypen und Bearbeitungsweisen können Sie in Kapitel 9 erfahren.

Events | Die im Sequenzerbereich angezeigten, veränderbaren Daten werden innerhalb von Cubase als »Events« bezeichnet. Sie sind die Struktureinheiten innerhalb eines Projekts.

Cubase verarbeitet Events verschiedener Arten. Neben Audio- ❶ und MIDI-Events ❷ (siehe Abbildung 3.2) sind dies auch Video- und Automations-Events ❸. Die im Sequenzerbereich angezeigten Audio-Events können Sie dort auch schon eingeschränkt bearbeiten. So können Sie hier beispielsweise die Events einfaden und ausfaden, Start und Endpunkte des hörbaren Bereichs eines Events festlegen oder auch einen positiven oder negativen Gainwert einstellen. Für eine gezielte, nähere Bearbeitung sind dann die Funktionen der Menüpunkte BEARBEITEN, AUDIO und MIDI zuständig.

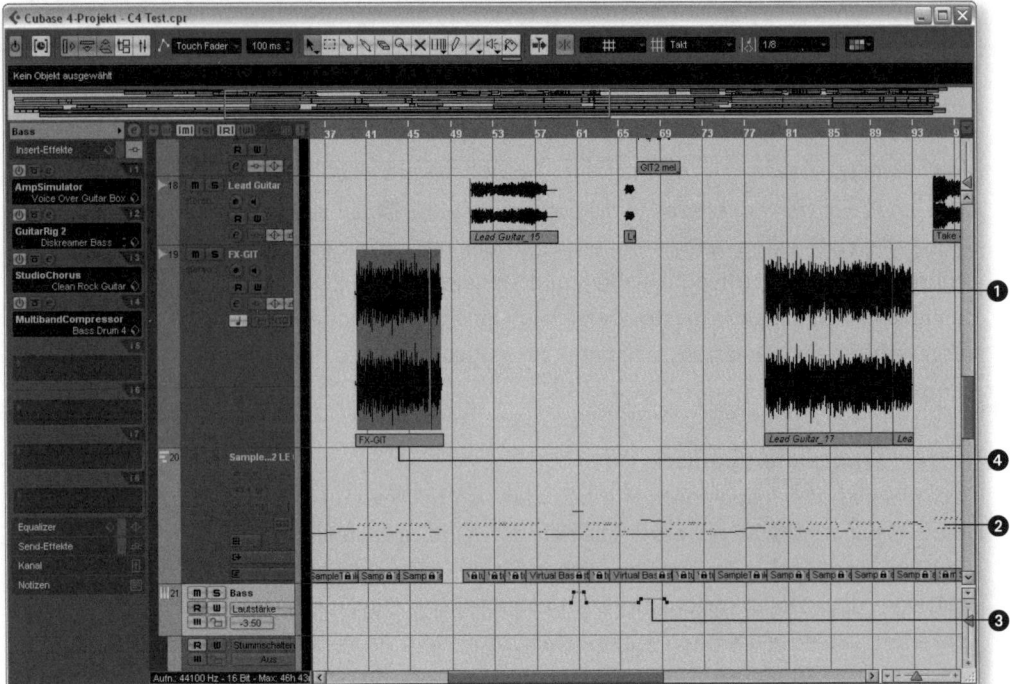

Abbildung 3.2 ▲
Events und Parts verschiedener Datentypen

Event-Parameter

Oftmals gibt es für Events so genannte Parameter-Handler, mit deren Hilfe Sie grundlegende Parameter dieser Struktureinheiten schnell und einfach modifizieren können.

Parts | Auch eine Zusammenfassung von mehreren Audio-Events zu übergeordneten Parts ❹ ist möglich. Diese können Sie dann in ihrer Gesamtheit bearbeiten. Den Events und Parts ist in diesem Buch ein eigener, ausführlicher Abschnitt gewidmet. Sie finden ihn in Kapitel 9.

3.1.6 Transportfeld

Das Transportfeld bietet Ihnen die Möglichkeit zur Aufnahme- und Wiedergabesteuerung. Auf ihm finden Sie sowohl gängige Transport-Buttons wie »Play«, »Stop«, »Vorlauf/Rücklauf« als auch Aufnahme. Doch das Transportfeld bietet Ihnen noch mehr als diese Standard-Buttons. Es ist vielmehr die Schaltzentrale Ihres Audio-Projekts. Alle relevanten Details zum Transportfeld finden Sie in Abschnitt 6.8.

3.1.7 Vergrößern und Verkleinern von Fensterinhalten

Um sich in einem komplexen Projekt zurechtzufinden, existieren in Cubase mehrere Möglichkeiten, den Fensterinhalt zu vergrößern oder zu verkleinern. Eine sehr übersichtliche Variante stellt die Größenänderung der Ansichtsfenster über die Zoom-Handler eines Fensters dar. Hierzu finden Sie in der rechten unteren Ecke des Projektfensters wie auch der Editoren horizontale und vertikale Schienen, auf denen sich ein Schieberegler befindet.

▲ **Abbildung 3.3**
Die Zoom-Handler des Projektfensters

Durch Verschieben der Regler ❺ wie auch durch Anklicken der »+«- und »-«-Symbole ❻ nehmen Sie Größenänderungen von Projekt- und Editoransichten vor. Sofern Sie Änderungen der Darstellungsgröße über andere Wege (z. B. Shortcuts) vornehmen, dienen Ihnen die Schieberegler auch als Indikator für den Grad der Vergrößerung/Verkleinerung einer Ansicht, da sich die Position der Schieberegler dabei ebenfalls »on the fly« ändert.

Zusätzliche Zoom-Menüs | Sowohl der horizontale wie auch der vertikale Schieberegler besitzen ein Menü, welches Ihnen in spezifischen Zoom-Situationen zur Hilfe steht. Um diese Menüs zu öffnen, müssen Sie auf die mit einem Dreieckssymbol versehenen Schaltflächen ❼ neben bzw. über den Schiebereglern klicken.

Horizontaler Zoom | Das horizontale Menü bietet Ihnen die folgenden Zoom-Funktionen:

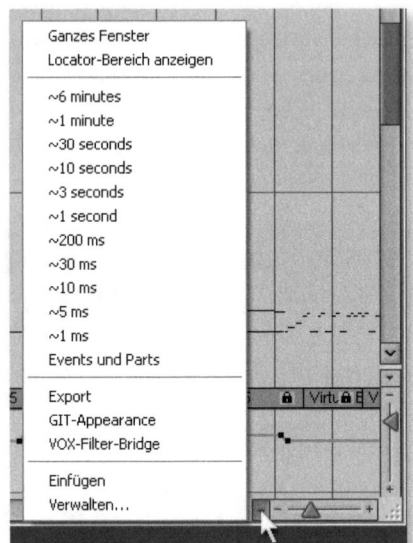

Abbildung 3.4 ▶
Zoom-Menü des horizontalen Zoom-Bereichs

- **Ganzes Fenster:** bewirkt eine horizontale Größenänderung des Projekts, sodass dieses in voller Projektlänge (nach Vorgabe der Projekteinstellungen) im Sequenzerbereich des Projektfensters zu sehen ist (Shortcut: ⇧ + F).
- **Locator-Bereich anzeigen:** bewirkt eine horizontale Größenänderung des Projekts, sodass der Bereich zwischen den Locatoren in voller Breite im Sequenzerbereich des Projektfensters zu sehen ist.
- **Preset-Auswahl:** Hier finden Sie die von Ihnen abgelegten Zoom-Presets, in Abbildung 3.5 ist das beispielsweise der Eintrag EVENTS UND PARTS. Angelegte Zoom-Presets gelten in Cubase global. Sie müssen sie also nicht mit jedem neuen Projekt neu anlegen.

Abbildung 3.5 ▶
Zoom-Presets übersichtlich und schnell verwalten

- **Cycle-Marker:** Sofern Sie im Projekt Cycle-Marker verwenden, werden diese ebenfalls im horizontalen Zoom-Menü aufgeführt. Dadurch können Sie die Bereiche von Cycle-Markern zur weiteren

Bearbeitung mit einem einzigen Mausklick optimal auf dem Bildschirm darstellen. In der Abbildung oben sehen Sie beispielsweise Zoom-Einträge für Cycle-Marker mit den Namen EXPORT, GIT-APPEARANCE und VOX-FILTER-BRIDGE.

- **Einfügen:** Über diesen Eintrag können Sie Zoom-Presets ablegen, die später in der Preset-Auswahl des Menüs verfügbar sind.
- **Verwalten:** Wenn Sie diesen Eintrag wählen, öffnet sich ein Dialog zur Verwaltung vorhandener Zoom-Presets.

Vertikaler Zoom | Im vertikalen Menü stehen Ihnen die folgenden Zoom-Funktionen zur Verfügung:

◄ **Abbildung 3.6**
Zoom-Menü des vertikalen Zoom-Bereichs

- **Spuren ein- bis vierzeilig:** bewirkt eine vertikale Größenänderung aller im Projekt angelegten Spuren auf eine Höhe von ein bis vier Zeilen. Dabei entspricht eine Zeile jeweils derjenigen Höhe, die ein Spureintrag benötigt, um eine neue Funktionsreihe von Buttons und Bezeichnungsfeldern darstellen zu können.

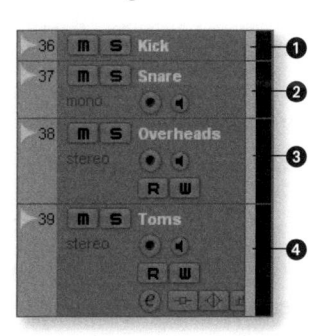

◄ **Abbildung 3.7**
Ein- ❶ bis vierzeilige ❹ Darstellung von Spuren

- **Spuren mit N Zeilen:** Nach Anwahl dieses Menüpunkts erscheint ein Auswahldialog, in dem Sie die Spurhöhe für alle Spuren mit einem einzigen Schritt auf eine Höhe von bis zu 29 Zeilen setzen können.
- **Alle Spuren anzeigen:** Bewirkt eine vertikale Größenänderung aller Spuren, sodass alle im Projekt enthaltenen Spuren des Projekts zu sehen sind.
- **4 bzw. 8 Spuren anzeigen:** Bewirkt eine vertikale Größenänderung aller Spuren, sodass vier (bzw. acht) Spuren des Projekts zu sehen sind.
- **N Spuren anzeigen:** Nach Anwahl dieses Menüpunkts erscheint ein Auswahldialog, in dem Sie die Anzahl der im Projektfenster auf einen Blick überschaubaren Spuren in einem Schritt auf bis zu 44 setzen können.
- **Alle Spuren minimieren:** bewirkt, dass alle Spuren die kleinstmögliche Höhe aufweisen. Die kleinstmögliche Spurhöhe beträgt dabei eine halbe Zeile.

Abbildung 3.8 ▶
Minimale Spurhöhe von einer halben Zeile

Zoom-Einstellungen | Über den Weg BEARBEITEN • ZOOM haben Sie Zugriff auf ein Untermenü, das eine Vielzahl von Funktionen zum Vergrößern und Verkleinern von Fensterinhalten enthält.

Die verfügbaren Befehle haben dabei folgende Funktionen und Shortcuts:

- **Vergrößern:** horizontale Vergrößerung des Fensterinhalts um einen Schritt, zentriert den Positionszeiger (Shortcut: [H])
- **Verkleinern:** horizontale Verkleinerung des Fensterinhalts um einen Schritt, zentriert den Positionszeiger (Shortcut: [G])
- **Ganzes Fenster:** horizontale Größenänderung des Projekts, sodass dieses in voller Projektlänge (nach Vorgabe der Projekteinstellungen) im Sequenzerbereich des Projektfensters zu sehen ist (Shortcut: [⇧] + [F])
- **Ganze Auswahl:** horizontale und vertikale Größenänderung des Fensterinhalts, sodass alle ausgewählten Objekte im Sequenzerbereich des Projektfensters zu sehen sind (Shortcut: [Alt] + [S])
- **Auswahl vergrößern (horiz.):** horizontale Größenänderung des Fensterinhalts, sodass alle ausgewählten Objekte im Sequenzerbereich des Projektfensters zu sehen sind (kein Shortcut vorgegeben)
- **Ganzes Event:** horizontale Größenänderung eines Clips bis auf die Größe des kompletten Audio-Events – nur im Sample-Editor verfügbar (Shortcut: [⇧] + [E])

- **Vertikal vergrößern:** vertikale Vergrößerung des Fensterinhalts um einen Schritt (kein Shortcut vorgegeben)
- **Vertikal verkleinern:** vertikale Verkleinerung des Fensterinhalts um einen Schritt (kein Shortcut vorgegeben)
- **Spuren vergrößern:** vertikale Vergrößerung ausgewählter Spuren um einen Schritt (Shortcut: [Alt] + [↓])
- **Spuren verkleinern:** vertikale Verkleinerung ausgewählter Spuren um einen Schritt (Shortcut: [Alt] + [↑])
- **Ausgewählte Spuren vergrößern:** vertikale Vergrößerung ausgewählter Spuren um einen Schritt bei gleichzeitiger vertikaler Minimierung nicht ausgewählter Spuren (Shortcut: [Strg] bzw. [⌘] + [↓])
- **Zoom rückgängig machen:** Undo-Funktion für Zoomvorgänge (kein Shortcut vorgegeben)
- **Zoom wiederholen:** Wiederherstellen-Funktion für Zoomvorgänge (kein Shortcut vorgegeben)

Zoomen mit der Lupe | Wenn Sie das Lupen-Werkzeug in der Werkzeugzeile oder aus dem Quick-Kontextmenü angewählt haben, so vergrößern Sie den Fensterinhalt mit einem einzelnen Mausklick in den gewünschten Bereich um einen Schritt, wobei die Position des Mauszeigers automatisch als Zentrum der Darstellung gewählt wird. Mit einem Doppelklick verkleinern Sie die Auswahl dementsprechend. Beachten Sie aber, dass mit dem Lupen-Werkzeug ausschließlich horizontale Vergrößerungen/Verkleinerungen möglich sind.

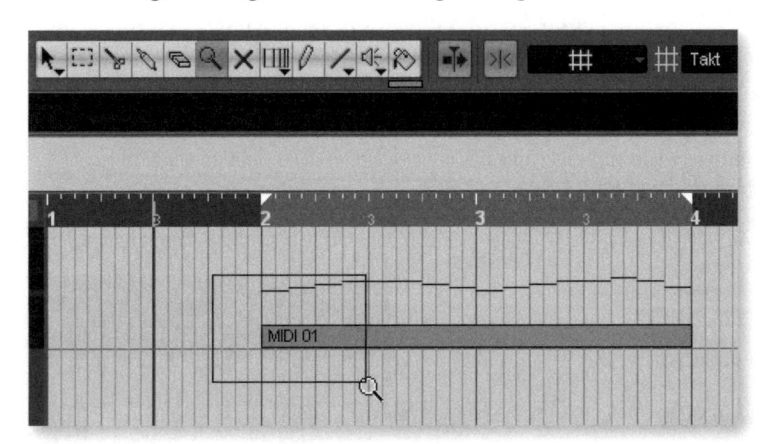

◀ **Abbildung 3.9**
Zoomen mit dem Lupen-Werkzeug

Bereich zoomen | Wenn Sie bei gehaltener Maustaste mit dem Lupen-Werkzeug eine Rechteckauswahl treffen, so wird die (horizontale) Auswahl nach dem Loslassen der Maustaste das jeweilige Projekt- oder Editorfenster füllen.

Zoom rückgängig machen | Auch ein Rückgängigmachen durchgeführter Zoom-Schritte ist mit dem Lupen-Werkzeug möglich. Halten Sie hierfür die [Alt]-Taste gedrückt und führen Sie zugleich einen Doppelklick mit der linken Maustaste aus.

Zoomen mit dem Lineal | Ein weiterer Weg, Ansichten von Projekt- und Editorenfenstern zu vergrößern und zu verkleinern führt über die Linealzeile. Bewegen Sie den Mauszeiger in der Linealzeile bei gedrückter Maustaste nach oben oder unten. Mit der Mausbewegung nach oben zoomen Sie aus der Ansicht hinaus, mit einer Mausbewegung nach unten zoomen Sie in diese hinein. Voraussetzung hierfür ist allerdings, dass Sie die Funktion ZOOM-FUNKTION BEIM POSITIONIEREN IN ZEITSKALA im Dialog DATEI • PROGRAMMEINSTELLUNGEN • TRANSPORT aktiviert haben.

Abbildung 3.10 ▶
Zoomen mit Lineal und Maus

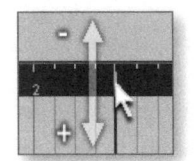

3.2 Arbeiten mit Arbeitsbereichen

Da es beim Arbeiten in großen Projekten mitunter zu recht komplexen Anordnungen der verschiedenen Bereiche und Programmfenster kommen kann, haben Sie in Cubase die Möglichkeit, diese Fensteranordnungen abzuspeichern und damit jederzeit wieder aufrufen zu können. Ein konkretes Setting von Fenstern wird dabei als Arbeitsbereich bezeichnet.

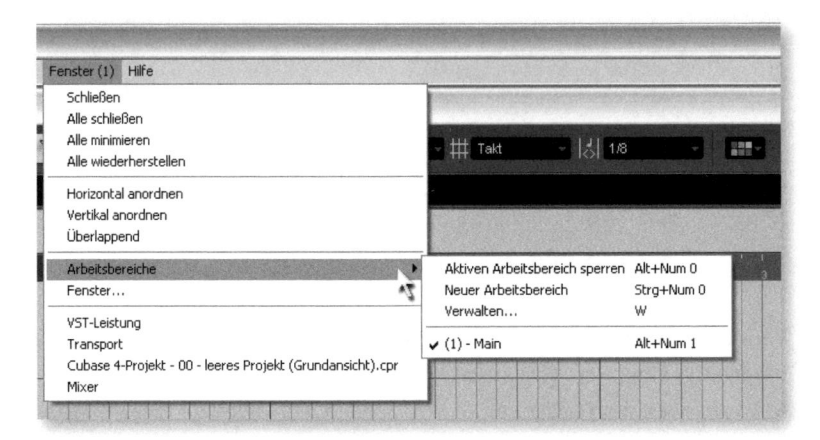

Abbildung 3.11 ▶
Untermenü
ARBEITSBEREICHE

Im Fenster-Menü haben Sie im Bereich ARBEITSBEREICHE folgende Möglichkeiten:

- **Aktiven Arbeitsbereich sperren:** Indem Sie diese Funktion anwählen, legt Cubase einen Snapshot des aktuellen Arbeitsbereichs an. Auf diese Weise haben Sie die Möglichkeit, zu einer Fenster-Ausgangskonfiguration zurückzukehren, ohne dafür ein eigenes Preset anlegen zu müssen. Um den Vorgang wieder rückgängig zu machen und die damit verbundene Sperrung des Arbeitsbereichs aufzuheben, wählen Sie den Eintrag AKTIVEN ARBEITSBEREICH FREIGEBEN. Danach werden sich Ihre Änderungen wieder so auswirken, wie es vor der Sperrung der Fall war.
- **Neuer Arbeitsbereich:** Durch Anwahl dieses Eintrags legen Sie ein neues Arbeitsbereichs-Preset für die Presetliste an. Dabei wird neben der Position und der Größe aller Fenster auch deren inhaltliche Darstellungsweise, wie Spurhöhen und Zoomfaktoren (auch von Editoren), gespeichert. Nach Auswahl des Eintrags erscheint ein Dialog, in dem Sie dem Arbeitsbereichs-Preset einen Namen geben können. Alle Änderungen der Fensteranordnung wirken sich nun ausschließlich auf diesen Arbeitsbereich aus.
- **Verwalten:** Nach Anwahl dieses Eintrags öffnet Cubase einen Dialog, mit dem Sie Arbeitsbereiche verwalten können. Mehr dazu im Anschluss.
- **Presetliste:** Diese Liste enthält alle von Ihnen angelegten Vorlagen für die Zusammensetzung von Arbeitsbereichen. Die Auswahl eines Eintrags ist die schnellste Variante, zwischen komplexen Fensteranordnungen zu wechseln und diese abzurufen.

Haben Sie noch keinen Arbeitsbereich gespeichert, so gilt die jeweils aktuelle Anordnung von Fenstern als Arbeitsbereich.

Arbeitsbereiche per Tastatur aktivieren | Bis zu neun verschiedene Arbeitsbereiche können Sie in Cubase auch über Tastaturkürzel [Alt] + [Num1] bis [Num9] direkt ansteuern. Die Tastaturbelegung ist aber über den Dialog DATEI • TASTATURBEFEHLE modifizierbar.

Arbeitsbereiche verwalten | Wenn Sie FENSTER • ARBEITSBEREICHE • VERWALTEN… im Menü wählen, können Sie komfortabel die Liste verfügbarer Arbeitsbereiche modifizieren. Dabei sehen Sie in der linken Hälfte die Arbeitsbereiche des momentan aktiven Projekts ❶ (Abbildung 3.12) sowie in der rechten Hälfte die global gültigen Arbeitsbereich-Presets ❷. So können Sie Arbeitsbereiche erstellen, die Sie auch in anderen Projekten verwenden können. Die Arbeitsbereich-Presets enthalten jedoch keine Informationen über die Fensterinhalte, sondern lediglich über die Größe und die Position der beinhalteten Fenster.

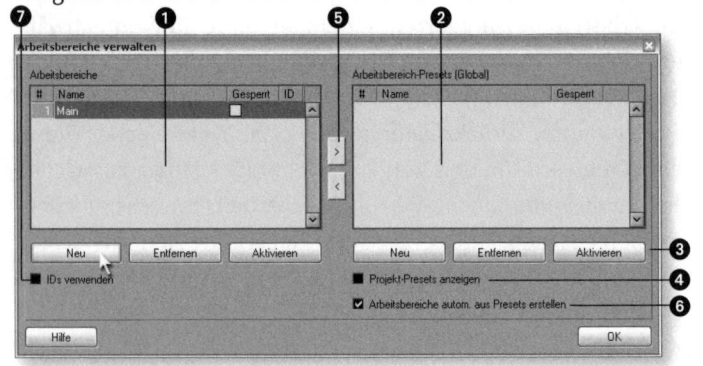

Abbildung 3.12 ▶
Dialog zur Verwaltung von Fenster-Presets

In beiden Bereichen finden Sie die Buttons Neu, Entfernen und Aktivieren ❸. Mit diesen können Sie neue Presets anlegen, löschen oder dem aktuell geöffneten und aktivierten Projekt zuweisen. Wenn Sie die Checkbox des Eintrag Projekt-Presets anzeigen ❹ anwählen, so erscheinen in der Liste der globalen Arbeitsbereich-Presets nur die projektweiten Arbeitsbereiche. Mit den Pfeil-Tasten ❺ zwischen den Bereichen können Sie Arbeitsbereich-Einträge von einer Rubrik in die andere übertragen. Die Reihenfolge der Einträge in dieser Liste entspricht der Shortcut-Anordnung. Das heißt, dass stets dasjenige Arbeitsbereich-Preset mit der Tastaturkombination ⎡Alt⎤ + ⎡Num1⎤ aufgerufen wird, das an erster Stelle der Liste steht.

Globale Presets beim Start übernehmen | Wenn Sie die Checkbox von Arbeitsbereiche automatisch aus Presets erstellen ❻ anwählen, so werden beim Start eines Projekts automatisch alle globalen Arbeitsbereich-Presets als Projekt-Presets von Arbeitsbereichen verfügbar gemacht. Dies bietet sich vor allem dann an, wenn Sie häufig auf dieselbe Arbeitsumgebung und Fensteranordnung zurückgreifen müssen. Weniger sinnvoll ist es, wenn Sie eine sehr große Anzahl von Arbeitsbereich-Presets angelegt haben, die hoch spezialisiert sind. Hilfreich kann auch das projektweite Abspeichern von Arbeitsbereich-Presets in Verbindung mit der Nutzung von Projektvorlagen sein. Kombinieren Sie verschiedene Techniken, um Ihren Arbeitsfluss zu beschleunigen und zu vereinfachen.

IDs für Arbeitsbereiche | Mit der Verwendung von Arbeitsbereichs-IDs ❼ können Sie diese Verkettung zwischen Listenposition und Tastatur-Shortcut umgehen. Dies ist besonders dann sinnvoll, wenn Sie mehr als neun Arbeitsbereich-Presets angelegt haben.

Schritt für Schritt: IDs für Arbeitsbereiche nutzen [**.**]

1 Dialog öffnen
Öffnen Sie den Dialog ARBEITSBEREICHE VERWALTEN über das Menü FENSTER • ARBEITSBEREICHE • VERWALTEN.

2 IDs aktivieren
Setzen Sie einen Haken in der Checkbox IDS VERWENDEN ❼ unter den Dialog-Buttons. Nur bei Anwahl dieser Checkbox werden die vergebenen Arbeitsbereich-IDs aktiv und das Menü zur ID-Vergabe anwählbar.

3 ID vergeben
Klicken Sie mit der Maus in das ID-Feld eines Listeneintrags ❽. Eine Auswahl erscheint, aus der Sie die gewünschte Identifikationsnummer für den gewählten Arbeitsbereich aussuchen können.

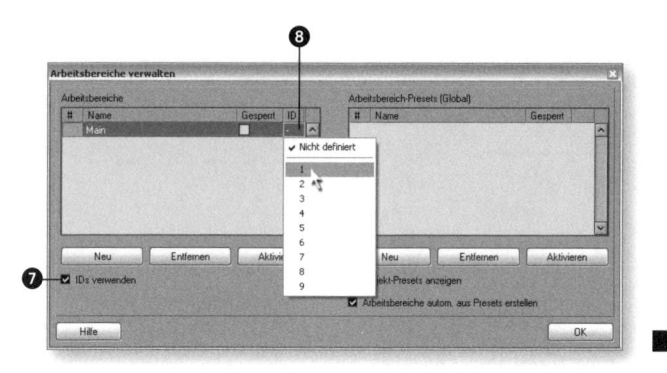

3.3 Anlegen und Verwalten von Projekten

3.3.1 Projekte erzeugen
Ihre Songs und Bearbeitungen nehmen Sie in Cubase in so genannten Cubase-Projekten vor. Diese speichern Sie mit der Dateinamenerweiterung ».cpr« als Cubase-Projekt-Dateien. Die cpr-Dateien enthalten alle relevanten Informationen über Ihr Projekt, wie z. B. die Daten über die Audio-Bearbeitung, Daten zur Verwaltung Ihrer Audio-Recordings, MIDI-Daten, Mixer-Settings, Automationsdaten, FX-Einstellungen etc.

Nach dem Starten von Cubase legen Sie ein Projekt über die Auswahl DATEI • NEUES PROJEKT oder den Shortcut [Strg] bzw. [⌘] + [N] an. Es erscheint ein Auswahlfenster, in dem Sie zwischen einem leeren Projekt oder Projekt-Vorlagen mit vorgegebenen Eigenschaften auswählen können.

Abbildung 3.13 ▶
Vorlagen für neue Projekte

Projektordner auswählen | Nach dem Auswahlfenster NEUES PROJEKT erscheint der Dialog ORDNER AUSWÄHLEN. Hier legen Sie fest, unter welchem Verzeichnispfad Ihre Projektdaten und projektbezogenen Audiodaten während des Arbeitens abgelegt werden sollen. Um ein neues Verzeichnis anzulegen, wählen Sie ERZEUGEN ❶.

Abbildung 3.14 ▶
Ordner auswählen

Sinnvolle Dateinamen | Speichern Sie das leere und noch unbenannte Cubase-Projekt über DATEI • SPEICHERN UNTER... unter einem beliebigen, sinnvollen Namen. Ich betone dabei »sinnvoll«, weil es im Verlauf einer Produktion nicht unerheblich ist, zu bestimmten Vorgängerversionen Ihres Projektes zurückzugehen, die Sie deutlich von anderen unterscheiden können müssen.

Sinnvoll könnte also eine Bezeichnung sein, die sich aus [Bandnamen] + [Songnamen] + [laufender Versionsnummer] oder [Songnamen] + [laufender Versionsnummer] zusammensetzt. Wenn Sie bei einstelligen Versionsnummern dann noch darauf achten, dass Sie ein oder zwei Nullen voranstellen, sichern Sie sich rechtzeitig einen guten Dateiüberblick. So können Sie sich mithilfe sinnvoller Dateibezeichnungen und der Anzeige von Dateitypen und Änderungszeitpunkten problemlos in Ihren Projektversionen zurechtfinden.

Weniger sinnvoll sind Dateinamen, deren Zusätze immer weiter anwachsen, ohne den Dateiinhalt hinreichend zu beschreiben oder der Übersicht zu dienen (also nicht: »Mein Song – letzte Version«, »Mein Song – allerletzte Version« oder »Mein Song – absolut letzte Version«).

Die Dateibezeichnung erscheint entweder in der Kopfzeile des Projekts oder in der Kopfzeile des Programms, sollte das Projekt maximiert dargestellt werden.

Ab jetzt wird das Projekt automatisch immer wieder unter diesem Dateinamen am vorgegebenen Ort gespeichert, wenn Sie DATEI • SPEICHERN oder die Tastenkombination [Strg] bzw. [⌘] + [S] wählen.

Zusammenhängende Projektdateien | Um Ihr Projekt unter einem anderen als dem vergebenen Namen zu speichern (z. B. »Beispielsong 01 v00.02«) wählen Sie wieder DATEI • SPEICHERN UNTER... Achten Sie hierbei aber in jedem Fall darauf, dass Sie den richtigen Speicherort wählen. Zusammenhängende Projektdateien sollten sich des besseren Überblicks wegen in einem gemeinsamen Ordner befinden.

3.3.2 Projekte einrichten

Sobald Sie ein neues Projekt erstellt haben, sollte es Ihr erster Schritt sein, dessen Grundeinstellungen vorzunehmen. Dies geschieht im Dialog PROJEKTEINSTELLUNGEN. Die Projekteinstellungen können aber auch während des laufenden Arbeitens mit einem Projekt noch geändert werden.

◀ **Abbildung 3.15**
Zentrale Anlaufstelle für die Projekteinstellungen

Anlegen und Verwalten von Projekten **43**

Um ein Projekt einzurichten, stehen Ihnen die folgenden Optionen zur Verfügung:

Projektanfang für Synchronisation anpassen | Unter ANFANG ❶ können Sie als Startpunkt für das Projekt eine andere Anfangszeit als 0 Sekunden festlegen. Dies ist dann sinnvoll, wenn Sie Cubase zu einer externen Quelle synchronisieren, die zu einem anderen Synchronisationszeitpunkt auf das Cubase-Projekt zurückgreifen soll als bei 0 Sekunden.

Projektlänge ausreichend wählen | Die Auswahl der Projektlänge im Punkt LÄNGE ❷ erscheint auf den ersten Blick nicht sonderlich wichtig. Sie sollten es jedoch vermeiden, hier einfach stets einen »ausreichend hohen Wert« einzustellen, den Sie für sämtliche Projekte gelten lassen. Technisch gesehen erscheint dies zwar zuerst einmal sinnvoll, in der Praxis mit Cubase können sich daraus für Sie aber deutliche Nachteile im Workflow ergeben. So ist etwa die horizontale Darstellungsweite der Übersichtsanzeige, die sich unterhalb der Werkzeugzeile befindet, abhängig von der Einstellung der Projektlänge. Sollten Sie den Wert für die Projektlänge allzu groß wählen, wird die Darstellungsweise der Übersichtsanzeige verkleinert und das Arbeiten mit diesem nützlichen Tool unnötig erschwert. Versuchen Sie deshalb also bereits zu Beginn eines Projekts abzuschätzen, wie lang dieses in etwa werden wird. Sollte die gewählte Projektlänge einmal nicht ausreichen, so können Sie sie jederzeit in diesem Dialog neu an die jeweils aktuellen Bedürfnisse anpassen.

Ein wichtiger Hinweis ist auch, dass die Projektlänge sich immer auf die Werte der Anfangsposition bezieht. So sehen Sie etwa in Abbildung 3.16 ein Projekt, dass von der Timecode-Position 0:01:00:00 bis zur Position 0:05:30:00 reicht, da seine Länge mit 0:04:30:00 festgelegt wurde. Sie sollten also nicht die Länge (also: Dauer) des Projekts mit der Timecode-Position des Projekt-Endpunkts verwechseln.

Abbildung 3.16 ▶
Verändern der Zeitwerte mit der Maus

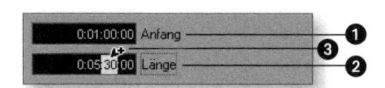

Zeitwerte durch Tastatur oder Maus ändern | Sowohl die Zeitwerte für den Projektanfang als auch für die Projektlänge können Sie entweder mit einer Feldaktivierung per Mausklick und der nachfolgende Eingabe von Zahlenwerten über die Tastatur ändern oder aber durch eine schrittweise Werteänderung mit den Maustasten. Hierfür platzieren Sie den Mauszeiger in den oberen bzw. unteren Bereich eines durch

Doppelpunkte abgetrennten Wertebereichs. Befindet sich der Mauszeiger in der oberen Hälfte einer Werteanzeige erscheint ein mit einem Pluszeichen versehener Dreieckspfeil ❸. Durch einen Klick mit der rechten/linken Maustaste können Sie den Wert nun erhöhen. Bewegen Sie den Mauszeiger in die untere Anzeigehälfte, so erscheint ein mit einem Minuszeichen versehener Dreieckspfeil, wobei ein ausgeführter Mausklick den ausgewählten Wertebereich vermindert.

Bildwechselfrequenz einstellen | Der Begriff »Framerate« kommt aus dem Bereich der Filmbearbeitung und bezeichnet die Anzahl von Bildern (»Frames«), die pro Sekunde abgespielt oder aufgezeichnet werden. Der Begriff lässt sich deshalb als »Bildwechselfrequenz« übersetzen.

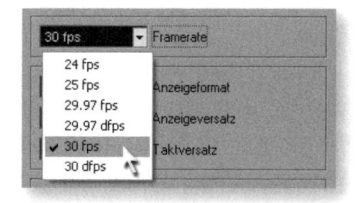

◀ **Abbildung 3.17**
Auswahl der Projekt-Framerate

Im Dialog PROJEKTEINSTELLUNGEN stehen Ihnen sechs gebräuchliche Frameraten zur Auswahl:

- **24 fps:** Framerate für 35 mm-Filme
- **25 fps:** Framerate für Video- und Audiomaterial nach Vorgabe der European Broadcast Union (EBU)
- **29,97 fps:** exakte Bildwechselfrequenz (Framerate) der US-amerikanischen Fernsehnorm
- **29,97 dfps:** häufig verwendeter Drop Frame-Code, der bestimmte Bilder innerhalb der Abfolge weglässt, um Abweichungen zwischen Bildwechselfrequenz und Timecode auszugleichen
- **30 fps:** näherungsweise Framerate (Bildwechselfrequenz) US-amerikanischer Filmproduktionen
- **30 dfps:** selten verwendeter Drop Frame-Code

Die gebräuchlichste Framerate in Europa ist diejenige der oben angeführten EBU, die mit 25 Frames pro Sekunde arbeitet.

Master und Slave

Bei der Synchronisation von Cubase mit externen Geräten kommt die Auswahl der Framerate zum Tragen, sofern Cubase dabei Ausgang der Synchronisation, also so genannter Master ist. Läuft Cubase dagegen im »Slave-Modus«, empfängt es mit den Synchronisationsinformationen auch die Framerate und stellt auch die projektinterne Framerate automatisch darauf ein.

Anzeige an Arbeitsbedürfnisse anpassen | Die Wahl des Anzeigeformats wirkt sich auf die Darstellungsweise der primären Anzeige von Positionswerten im Transportfeld, der Werkzeugzeile und der Linealzeile aus.

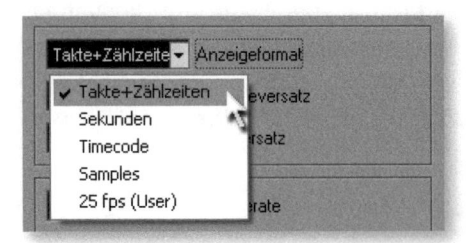

Abbildung 3.18 ▶
Auswahl des Anzeigeformats

Die Auswahl 60 FPS (USER) steht dabei für die über den Dialog DATEI • PROGRAMMEINSTELLUNGEN... • TRANSPORT einstellbare benutzerdefinierte Framerate. Diesen Wert können Sie also mühelos modifizieren. Da Sie die einzelnen Lineale auch separat konfigurieren können, sind die Einstellungen hier zwar hilfreich, aber nicht zwingend erforderlich.

Anzeigeversatz | Mithilfe des Anzeigeversatzes können Sie die Zeitpositionen von Linealen und Transportanzeigen in einem Projekt versetzen. Hierbei berücksichtigt Cubase automatisch auch die von Ihnen vorgenommene Einstellung für den Projektanfang. Den Anzeigeversatz sollten Sie nutzen, wenn Ihr Projekt zu einem externen Gerät synchronisiert wird und der Startpunkt des Projekts nicht bei null liegt. Praktisch wirkt sich das dann folgendermaßen aus:

Wenn das Projekt zu einem externen Gerät synchronisiert wird, dessen Startpunkt nicht bei null liegt, so stellen Sie den Anfangswert des Cubase-Projekts auf den Startpunkt des externen Geräts ein. Das Cubase-Projekt beginnt nun bei derselben Timecode-Einstellung wie das externe Gerät.

Wenn Sie zusätzlich zur Einstellung des Anfangswerts zusätzlich den Anzeigeversatz so groß einstellen wie den Startpunkt des externen Geräts, beginnt das Cubase-Projekt bei der Timecode-Einstellung 0:00:00:00.

Taktversatz | Sofern Sie TAKTE+ZÄHLZEITEN als Anzeigeformat gewählt haben, wirken sich die Einstellungen des Taktversatzes auf Ihr Projekt aus. Die Spannweite des Versatzes reicht hierbei von −5.000 bis +5.000

Takten. Durch Anwendung des Taktversatzes bewirken Sie (wie auch durch den Anzeigeversatz) ein Verschieben der Zeitpositionen zum Ausgleich eines von null abweichenden Anfangswerts des Projekts.

Maximaler Frequenzumfang | Mit der Samplerate eines Projekts bestimmen Sie, wie fein die Abtastung aufgezeichneter und wiedergegebener Audiodateien sein soll. Je größer Sie die Samplerate wählen, desto besser ist die Signalabbildung der Höhenanteile eines Audiosignals und damit auch seiner möglichen Brillanz. Aufgrund der Arbeitsweise des digitalen Samplings analoger Signale sollte die Samplerate einer Aufzeichnung stets mindestens doppelt so hoch sein wie die höchste darin enthaltene Frequenz (Nyquist-Shannonsches-Abtasttheorem).

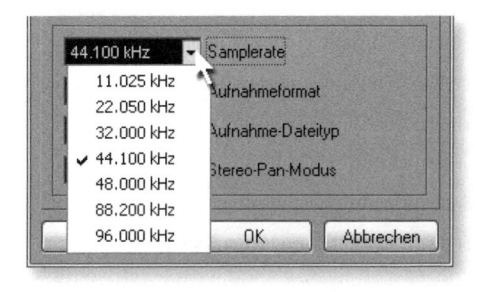

◀ **Abbildung 3.19**
Auswahl der Samplerate

Abhängig von der verwendeten Audio-Hardware können beispielsweise diese Samplefrequenzen- oder Samplingraten für Ihre Cubase-Projekte verfügbar sein:
- **11,025 kHz:** sehr geringe Abtastfrequenz mit niedrigster Qualität
- **22,5 kHz/32 kHz:** Abtastfrequenzen mit vergleichsweise geringer Qualität, die häufig bei Multimedia-Anwendungen zum Einsatz kommen
- **44,1 kHz:** Abtastfrequenz für eine »herkömmliche« Signalqualität (CD-Standard)
- **48 kHz:** gebräuchlicher Audio-Produktionsstandard
- **88,2 kHz:** weniger übliche Abtastfrequenz mit vergleichsweise hoher Qualität
- **96 kHz:** moderner Audio-Produktionsstandard für professionelle Tonstudios

Dynamikumfang | Bei der Digitalisierung analoger Audiosignale bestimmt die Bittiefe des Aufnahmeformats die Anzahl der möglichen Dynamikabstufungen. Die Auswahl des Aufnahmeformats ist damit entscheidend für den Dynamikumfang der aufgezeichneten Soundinformationen.

Anlegen und Verwalten von Projekten

Abbildung 3.20 ▶
Auswahl des Aufnahmeformats

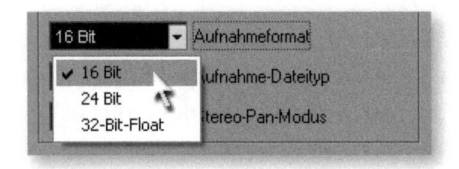

Je größer Sie den Wert wählen, desto feiner ist die dynamische Auflösung und damit auch das mögliche Nutzsignal.

- **16 Bit:** Bitauflösung für eine »herkömmliche« Signalqualität (CD-Standard)
- **24 Bit:** Bitauflösung für Tonstudios und DVD-Produktionen
- **32-Bit-Float:** Bitauflösung für High-End-Produktionen mit extremem Dynamikumfang (z. B. Konzertaufnahmen)

> **Höhere Auflösung – bessere Qualität?**
>
> Diese Gleichung gilt nur teilweise. Entscheidend für die Wahl der Auflösung sollte stets die Qualität der vorausgehenden A/D-Signalwandlung sein. Erfolgt eine Wandlung mit 20 Bit, so würden Sie durch die Auswahl eines projektinternen Aufnahmeformats von 16 Bit Dynamikverluste hinnehmen müssen. Hier ist also die Wahl des nächsthöheren Aufnahmeformats (24 Bit) angemessen.
>
> Wird die eingehende A/D-Signalwandlung vom Wandler jedoch lediglich mit 16 Bit vorgenommen, bringt Ihnen die Auswahl eines Aufnahmeformats, das eine größere Bittiefe als 16 Bit ermöglicht, keinerlei Vorteile, sondern eher Nachteile. Denn durch die höhere Bitauflösung sind aufgezeichnete Dateien deutlich größer als bei niedrigerer Bitrate.

Aufnahme-Dateityp | Über diese Auswahl bestimmen Sie, in welchem Dateiformat die in Ihrem Projekt aufgezeichneten Audiosignale abgelegt werden. Dabei stehen Einträge für diese Dateiformate bereit:

- **Wave-Datei:** PC-typisches Dateiformat mit der Dateinamenerweiterung ».wav«
- **Broadcast-Wave-Datei:** Wave-Datei, die Textinhalte als Metainformationen enthält (z. B. über die Produktion, das Studio)
- **AIFF-Datei:** Mac-typisches Dateiformat mit der Dateinamenerweiterung ».aif«. (Die Abkürzung »AIFF« steht für »Audio Interchange File Format«.) Auch hier können Textinhalte als Metainformationen enthalten sein.
- **Wave-64-Datei:** Hierbei handelt es sich um eine von SONY weiterentwickelte Version des Wave-Dateiformats, durch das bestehende Datei-Konventionen (z. B. die Begrenzung der Dateigröße von Audiodateien auf 2 GB) überschritten werden können.

Bitte beachten Sie, dass der Dateityp Wave-64 nicht in der Cubase-Programmausführung Studio verfügbar ist. [«]

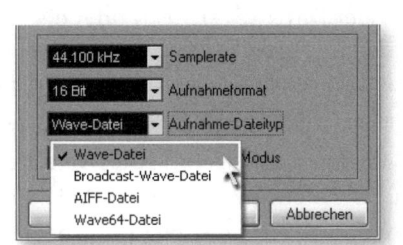

◀ **Abbildung 3.21**
Auswahl des Aufnahme-Dateityps

Metainformationen speichern

Um Metainformationen zu Dateien in selbigen als Text zu speichern, müssen Sie als Aufnahme-Dateityp entweder den Eintrag BROADCAST-WAVE-DATEI oder AIFF-DATEI ausgewählt haben. Standardeinträge zu Informationen wie Autorenschaft, Beschreibung und Referenz können Sie im Dialog PROGRAMMEINSTELLUNGEN vorgeben. Öffnen Sie hierzu den Dialog über DATEI • PROGRAMMEINSTELLUNGEN… und tragen Sie die gewünschten Standardeinträge im Bereich AUFNAHME • BROADCAST WAVE ein. (Erläuterungen zum Broadcast-Wave-Format im Glossar in Kapitel 15)

Stereo-Pan-Modus | Hier haben Sie die Auswahl zwischen verschiedenen Modi für die Verteilung des Audiomaterials im Stereobild. Da die Mittelposition eines Stereo-Kanals durch die 100 %ige Addition seiner Einzelkanäle lauter wird als gegenüber deren größtmöglicher Auslenkung, ist ein Leistungsausgleich notwendig, der diesen Unterschied egalisiert.

- **–6 dB:** konstanter Leistungsausgleich mit größtmöglicher Dämpfung von Signalen in der Stereomitte
- **–4,5 dB:** konstanter Leistungsausgleich mit vergleichsweise moderater Dämpfung von Signalen in der Stereomitte
- **–3 dB:** Standard-Leistungsausgleich mit vergleichsweise geringer Dämpfung von Signalen in der Stereomitte
- **0 dB:** Abschalten des konstanten Leistungsausgleichs
- **Konst. Leistung:** konstanter Leistungsausgleich ohne Dämpfung von Signalen in der Stereomitte

◀ **Abbildung 3.22**
Auswahl des Stereo-Pan-Modus

Anlegen und Verwalten von Projekten

3.4 Projekte speichern

Ihre Cubase-Projekte sichern Sie über Datei • Speichern oder die Tastenkombination [Strg] bzw. [⌘] + [S]. Dies sollten Sie sicherheitshalber sofort nach Erstellen eines neuen Projekts tun. So wird gleich zu Beginn einer Arbeitssession Ihre Arbeitsumgebung gesichert und es werden die entsprechenden Unterordner erzeugt. Dies verschafft Ihnen einen guten Überblick bei der Dateiverwaltung Ihrer Projekte.

Um einen neuen Namen für Ihr Projekt zu vergeben (z. B. eine neue Versionsnummer), wählen Sie Datei • Speichern unter… oder die Tastenkombination [Strg] bzw. [⌘] + [⇧] + [S].

Automatisch speichern | Sie können auch veranlassen, dass Cubase Ihre Projekte während der Bearbeitung in regelmäßigen Abständen automatisch speichert. Sehen Sie sich hierzu im Menü Datei • Programmeinstellungen… den Unterpunkt Allgemeines ❶ an. Wenn Sie für die Auswahl Automatisches Speichern ein Häkchen setzen, übernimmt die Software das Speichern in einem von Ihnen definierbaren Intervall für das automatische Speichern ❷.

Backup-Dateien | Die gespeicherten Dateien werden im jeweiligen Projektordner mit der Dateinamenerweiterung »bak« abgelegt. Diese Backupdateien werden von Cubase automatisch fortlaufend durchnummeriert. Mit der Auswahl für die maximale Anzahl der Backup-Dateien ❸ legen Sie fest, wie viele der Backup-Dateien angelegt werden sollen. Die Backup-Funktion wird dabei nur dann aktiv, wenn auch tatsächlich Änderungen am Projekt vorgenommen werden.

Als bak-Datei werden im Projektordner auch Projekte abgelegt, für die Sie vor dem Schließen keine Speicherung bestätigen.

Abbildung 3.23 ▶
Automatisches Speichern

Automatisches Speichern und Performance

Beachten Sie, dass das automatische Speichern mit Festplattenaktivität zusammenhängt, durch welche die Performance Ihres Systems bei starker Auslastung (z. B. gleichzeitige Aufnahme und Wiedergabe) zusätzlich belastet wird. Auf älteren Systemen empfiehlt es sich daher, eine moderate Zeitspanne für das automatische Speichern zu wählen. Am besten passen Sie die Anzahl der Backup-Dateien wie auch die Zeitspanne des Speicherungsintervalls an Ihre Arbeitsgeschwindigkeit an.

3.4.1 Vorlagen speichern

Sie haben zudem die Möglichkeit, Vorlagen in Cubase zu speichern, mit deren Hilfe Sie z. B. auf häufig verwendete Projekt-Setups zurückgreifen können. Als Grundlage hierfür dient jeweils das aktuell geöffnete und aktivierte Projekt. In einer Vorlage werden nicht nur alle Clips und Events gespeichert, die sich im Pool befinden, sondern – viel wichtiger noch – auch alle von Ihnen vorgenommenen Bus-Konfigurationen und Einstellungen, wie etwa das Spuren-Layout.

Das Erstellen von Vorlagen ist ganz einfach: Den Speichern-Befehl zum Erstellen einer Vorlagen-Datei finden Sie im Menü unter dem Pfad Datei • Als Vorlage speichern. Sobald Sie den Eintrag auswählen, öffnet sich ein Eingabefeld, in dem Sie einen Namen für Ihre Vorlage vergeben können. Durch Bestätigung per OK wird Ihr Projekt dann als Vorlage abgelegt.

Wohin »wandern« meine Vorlagen nach dem Speichern?

Projekt-Vorlagen werden unter dem Installationspfad (also z. B. C:\ Programme\) im Ordner \Steinberg\Cubase 4\Templates gespeichert, wenn Sie mit Windows als Betriebssystem arbeiten.

3.4.2 Speichern einer neuen Version

Ihre Projekte können Sie mit einer fortlaufenden Versionsnummer abspeichern. So sichern Sie das aktuell aktive Projekt in einer neuen Version, wobei die Datei denselben Namen erhält, jedoch um eine fortlaufende Nummer ergänzt wird. In der folgenden Abbildung sehen Sie ein Beispiel.

◄ **Abbildung 3.24**
Fortlaufende Nummern erzeugen? In Cubase kinderleicht!

Diese Funktion ist in Cubase ausschließlich als Tastaturbefehl verfügbar, und zwar über [Strg] + [Alt] + [S] (Mac: [⌘] + [⌥] + [S]).

> **Praxis-Tipp**
>
> Nutzen Sie das Speichern neuer Versionen im Arbeitsablauf. So können Sie etwa verschiedene Evolutionsstufen eines stetig wachsenden Projekts festhalten. Kombinieren Sie auch Funktionen: Auf die letzten Versionen Ihres Projekts können Sie schnell und unkompliziert mit der Funktion ZULETZT GEÖFFNETE PROJEKTE über das Menü DATEI • PROJEKTE zurückgreifen.

3.4.3 Speichern in neuem Ordner

Wenn Sie das Menü PROJEKT IN NEUEM ORDNER SPEICHERN... im Bereich DATEI anwählen, haben Sie die Möglichkeit, Ihr Projekt in einen anderen Ordnerbereich zu migrieren. Aber keine Angst: Das Ursprungs-Projekt geht dabei nicht verloren. Dennoch sollten Sie sich mit den von Cubase beim Verschieben eines Projekts gebotenen Optionen erst vertraut machen, um ungewollte Ergebnisse zu verhindern. Denn nachdem Sie über einen Dialog die Auswahl des neuen Zielordners getroffen haben, können Sie noch nähere Einstellungen für das Speichern im neuen Ordner vornehmen.

Abbildung 3.25 ▶
Nutzen Sie die Chance und räumen Sie beim Speichern Ihres Projekts in einem neuen Ordner auch gleich im Audio-Pool auf!

Speicherbedarf optimieren | Nutzen Sie die Möglichkeit, das Projekt am neuen Speicherort zugleich hinsichtlich seines Speicherbedarfs zu optimieren. Hierfür können Sie folgende Punkte anwählen:

- **Projektname ❶:** Hier wird standardmäßig der aktuelle Projektname angezeigt. Mit einem Klick in das Namensfeld können Sie diesen jedoch ändern.
- **Audiodateien minimieren ❷:** Aktivieren Sie diese Checkbox, wenn Sie nicht verwendete Audio-Segmente aus den verwendeten Audiodateien nicht länger benötigen. Je nach Arbeitsweise kann diese Funktion die Größe des Audio-Pools beträchtlich verringern, Sie sollten aber bedenken, dass die entfernten Datei-Segmente im neu abgelegten Projekt nicht wiederherstellbar sind!

- **Audioprozesse festsetzen ❸:** Durch das Anwählen dieser Checkbox veranlassen Sie, dass bei allen Dateien, die an dem neu gewählten Speicherort abgelegt werden, die auf sie angewendeten Schritte der Audiobearbeitung unwiderruflich eingerechnet werden. Ein Undo ist danach im »neuen« Projekt nicht mehr möglich. (Beachten Sie, dass dies **nicht** für die Insert- und Send-Effekte innerhalb des Mixers gilt. Das Festsetzen der Audioprozesse ist kein Downmix.)
- **Unbenutzte Dateien löschen ❹:** Wenn Sie diese Checkbox aktivieren, entfernen Sie nicht verwendete Dateien aus dem Audio-Pool des Projekts und vermeiden dadurch, dass diese Dateien auch in die neuen Projekt-Ordner kopiert werden. Die Ursprungsdateien bleiben jedoch erhalten. Lediglich die Einträge im Audio-Pool werden gelöscht.

3.4.4 Standard-Projekt speichern

Durch das Speichern eines Standard-Projekts öffnet Cubase beim Programmstart automatisch das von Ihnen gestaltete Standard-Projekt. So können Sie viel Zeit und Mühe sparen. Dafür gehen Sie wie folgt vor:

Schritt für Schritt: Standard-Projekt erzeugen [▪]

1 *Standard-Projekt einrichten*
Modifizieren Sie ein Projekt so, dass es als Ausgangspunkt für eine gewisse Arbeitssituation (z. B. Sprachaufnahmen, Nachvertonung) oder für eine spezielle Arbeitsumgebung gelten kann (z. B. auf einem Notebook).

2 *Projekt als Standard festlegen*
Speichern Sie das Projekt unter dem Namen »default.cpr« im Cubase-Programmordner. Wählen Sie hierfür im Menü DATEI • SPEICHERN UNTER ... und suchen Sie als Zielordner unter dem Installationspfad (also z. B. C:\PROGRAMME\) den Ordner \STEINBERG\CUBASE 4\TEMPLATES. In diesem legen Sie die Datei »default.cpr« ab.

3 *Startoptionen auswählen*
Nun müssen Sie das neu abgespeicherte Standard-Projekt nur noch als Startdatei festlegen. Dies erfolgt im Dialog DATEI • PROGRAMMEINSTELLUNGEN... im Bereich ALLGEMEINES. Hier wählen Sie im Dropdown-Menü BEI PROGRAMMSTART die Aktion STANDARD-VORLAGE LADEN ❺ (siehe nächste Seite) aus.

3.5 Projekte öffnen

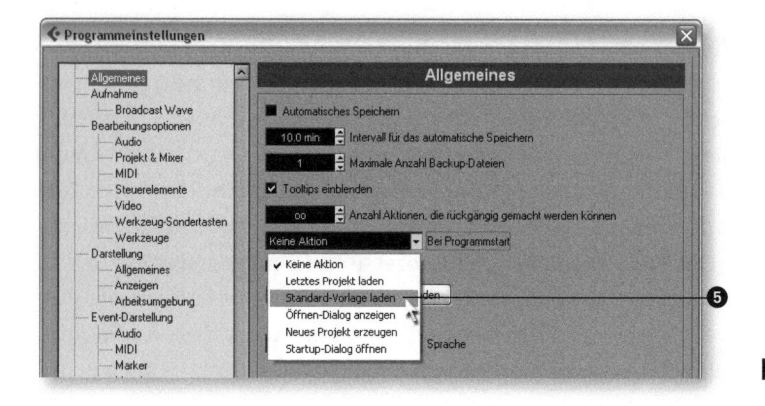

Einmal angelegte und geschlossene Dateien können Sie in Cubase auf vielfältige Weisen öffnen. Die offensichtlichste führt über DATEI • ÖFFNEN. Das entsprechende Tastaturkürzel ist ⌨Strg bzw. ⌘ + O. Bei beiden Wegen öffnet sich automatisch immer derjenige Ordner, aus dem Sie zuletzt ein Projekt geöffnet haben.

Cubase kann dabei sowohl Cubase-Projekte mit der Dateiendung ».cpr« als auch Nuendo-Projekte mit der Endung ».npr« öffnen. Entgegen früherer Cubase VST-Versionen können Sie in Cubase auch mehrere Projekte zugleich öffnen.

3.5.1 Zuletzt geöffnete Projekte

Eine Liste der zuletzt geöffneten Projekte finden Sie unter DATEI • PROJEKTE sowie über die Tastenkombination Alt + D, J. Die Reihenfolge der Projekte entspricht einer umgekehrten History. Das oberste Projekt ist also das zuletzt geöffnete. Sie können Projekte aus dieser Liste per Tastenkombination auch direkt anwählen, indem Sie hinter die Tastenfolge noch die jeweilige Eintragsnummer eintippen (z. B. Alt + D, J, 1).

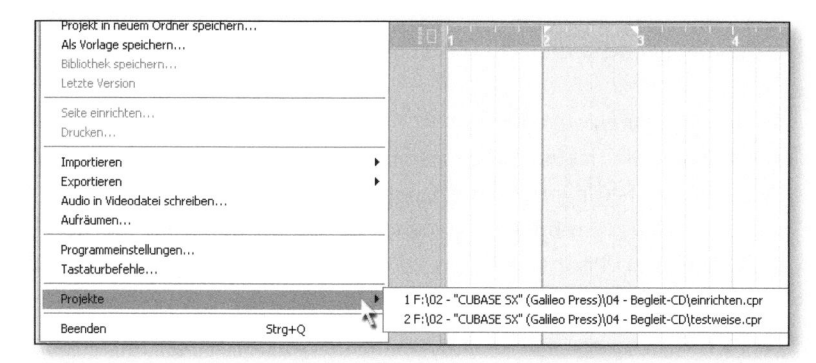

Abbildung 3.26 ▶
Zuletzt geöffnete Projekte

3.5.2 Zur letzten Version zurückkehren

Cubase bietet Ihnen die Möglichkeit, zur letzten Version eines Projekts zurückzukehren. Sie leiten diesen Schritt über DATEI • LETZTE VERSION oder über die Tastenkombination [Alt] bzw. [⌥]+ [D], [L] ein. Eine letzte Abfrage verhindert, dass Sie allzu überstürzt all jene Arbeitsvorgänge verlieren, die Sie seit dem letzten Speichern vorgenommen haben.

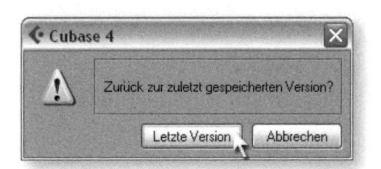

◀ **Abbildung 3.27**
Nur zur Sicherheit – der Dialog zur Funktion LETZTE VERSION

Indem Sie den Button LETZTE VERSION drücken, bestätigen Sie das Verwerfen der zuletzt durchgeführten Änderungen am Projekt. Eine weitere »Sicherheitsabfrage« erscheint, sofern Sie seit dem letzten Speichern neue Audioaufnahmen mit dem betroffenen Projekt durchgeführt haben. In dieser Abfrage haben Sie dann die Möglichkeit, alle zuletzt getätigten Aufnahmen auf einmal löschen zu lassen.

3.6 Programminterne Dateiverwaltung

Beim Anlegen eines neuen Projekts erzeugt Cubase in dem von Ihnen ausgewählten oder erzeugten Projektordner automatisch den Unterordner AUDIO. In diesem Ordner werden standardmäßig alle aufgenommenen oder importierten Audiodaten als Datei abgelegt. Doch es gibt auch weitere automatisch erzeugte Ordner, auf die Cubase während Ihrer Arbeit mit Projekten zurückgreift. Hierzu gehören etwa Freeze-, Edits-, Images- und Bibliotheken-Ordner. In diesen werden bearbeitete oder temporäre Versionen von Clips, Events und/oder Spureninhalten als Audiofiles abgelegt, sofern eine Funktion solche anlegt (etwa beim »Freeze«-Vorgang, siehe Abschnitt 6.22).

3.6.1 Bibliotheken

Bei Bibliotheken handelt es sich in Cubase um Medien-Pools, die nicht an das jeweilige Projekt gebunden sind. Sie sind etwa vergleichbar mit Medienbibliotheken, wie sie auch mit dem Windows Media Player verwaltet werden können. Bibliotheken in Cubase können sowohl Audio- als auch Videodateien enthalten. Damit eignen Sie sich besonders gut dafür, wiederkehrende Elemente in unterschiedlichen Projekten zu verwenden (z.B. Effekte, Loops, Jingles, Clips).

Anlegen von Bibliotheken | Mit dem Befehl NEUE BIBLIOTHEK ❶ im Menü DATEI können Sie eine neue Medien-Bibliothek anlegen (auch: Tastatur-Kombination [Alt] + [D], [E]). Auch hier müssen Sie zunächst einen Ordner bestimmen, der die Mediendateien zukünftig enthalten soll. Daraufhin erscheint bereits das Pool-Fenster der neu angelegten Bibliothek. Wie Sie mit diesem Bibliothek arbeiten können, erfahren Sie in Abschnitt 3.6.1.

[»] Die Arbeit mit Bibliotheken ist in der Programmversion Cubase Studio 4 nicht möglich.

Abbildung 3.28 ▶
Eine neue Bibliothek über das Datei-Menü anlegen

Öffnen von Bibliotheken | Durch Auswahl des Menü-Befehls BIBLIOTHEK ÖFFNEN ❷ oder die Tastatur-Kombination [Alt] + [D], [B] gelangen Sie in einen Auswahl-Dialog, den Sie durchbrowsen können, um zuvor angelegte Bibliotheken zu öffnen. Als Bibliothek können Sie dabei alle Medien-Pools öffnen, die im Format ».npl« abgespeichert wurden.

Speichern von Bibliotheken | Da es sich bei den Cubase-Bibliotheken um Medien-Pools handelt, werden diese im selben Format (».npl«) wie diese abgespeichert. Im Datei-Menü können Sie eine Programm-Bibliothek über den Befehl DATEI • BIBLIOTHEK anlegen oder mit dem Befehl BIBLIOTHEK ÖFFNEN aufrufen. Die Tasten-Kombination für das Speichern geöffneter Bibliotheken lautet [Alt] + [D], [B], [B].

3.7 Projektfenster organisieren

Haben Sie mehrere Projekte gleichzeitig geöffnet, verstecken sich im Menü FENSTER in Cubase zahlreiche Funktionen zur Organisation verschiedener Projektfenster.

3.7.1 Navigation

Mit den ersten vier Funktionen des Menüs FENSTER führen Sie einfache Navigationsbefehle zur Aktivierung und Schließung von Projektfenstern aus.
- **Schließen:** Schließt das aktuell aktive Fenster und ggf. das Projekt.
- **Alle schließen:** Schließt alle Fenster und ggf. Projekte.
- **Alle minimieren:** Minimiert alle momentan verfügbaren Fenster.
- **Alle wiederherstellen:** Maximiert alle momentan minimierten Fenster.

3.7.2 Fenster anordnen

Die Anordnung von Fenstern kann entscheidend für den notwendigen Überblick bei der Arbeit mit einem Projekt sein. Probieren Sie in unterschiedlichen Arbeitssituationen verschiedene Varianten aus, Sie werden überrascht sein:
- **Horizontal anordnen:** organisiert alle aktiven Fenster untereinander. Die Fenster werden also horizontal aufgezogen und auf der vertikalen Ebene verteilt.
- **Vertikal anordnen:** organisiert alle aktiven Fenster nebeneinander. Die Fenster werden also vertikal aufgezogen und auf der horizontalen Ebene verteilt.
- **Überlappend:** ordnet alle geöffneten Fenster horizontal wie auch vertikal leicht versetzt hintereinander an.

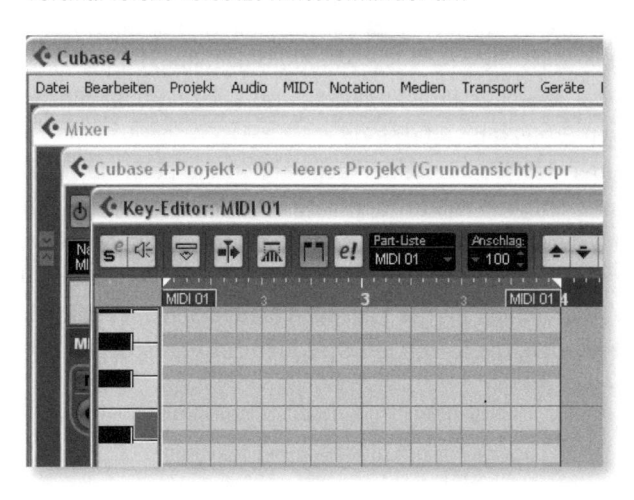

◄ Abbildung 3.29
Überlappende Fensteranordnung

Fenster von Anordnung ausschließen | Um einzelne Fenster (z. B. den Mixer) aus dieser Organisation auszuschließen, können Sie diese in den Vordergrund stellen. Wählen Sie hierfür das Quick-Kontextmenü in einem leeren Bereich des entsprechenden Fensters und aktivieren Sie die Funktion IMMER IM VORDERGRUND. Die so modifizierten Fenster sind damit von der automatischen Anordnung nicht betroffen.

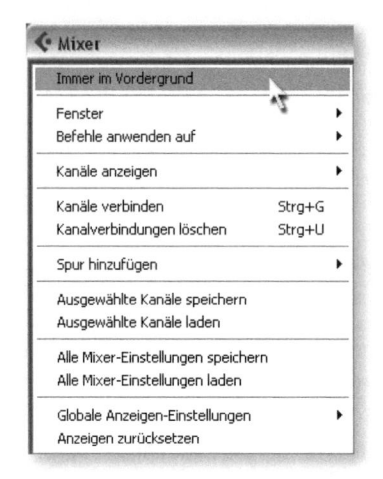

Abbildung 3.30 ▶
Fenster-Workaround mit Quick-Kontextmenü

Zugriff auf geöffnete Projekte | Eine Liste ganz unten im Fenster-Menü enthält alle aktuell geöffneten Fenster, auch die minimierten. Wählen Sie ein Projekt aus, um es in den Vordergrund zu holen.

3.7.3 Fensteraktionen

Den Dialog für das Einstellen und Abstimmen der einzelnen geöffneten Fenster erreichen Sie über den Weg FENSTER • FENSTER... Es erscheint ein Dialog, in dem Sie in der linken Hälfte eine Übersicht über die aktuell im Arbeitsbereich von Cubase geöffneten Fenster sehen ❶ und rechts davon einige Schaltflächen ❷ zur Modifikation finden.

Beachten Sie, dass die hier ausgewählten Einstellungen global und nicht nur für das jeweilige Projekt gelten, also auch darüber hinaus in neuen, anderen Projekten gültig sind.

Unterhalb der Bestätigungsschaltfläche sehen Sie das Feld MODUS ❸, das den momentanen Modus der Fensteranordnung angibt. Durch einen Klick mit der linken Maustaste in dieses Feld können Sie ändern, wie sich die hier gewählte Aktion auswirkt. Dabei stehen Ihnen hinsichtlich der Hierarchie, in der die verschiedenen Fensteraktionen durchgeführt werden, die folgenden Optionen zur Verfügung:

- **Auswahl:** Fensteraktionen werden ausschließlich auf ausgewählte Fenster angewendet.
- **Kaskadiert:** Fensteraktionen werden auf ausgewählte Fenster und deren untergeordnete Fenster angewendet.
- **Alle:** Fensteraktionen werden auf alle (auch nicht ausgewählte) Fenster angewendet.

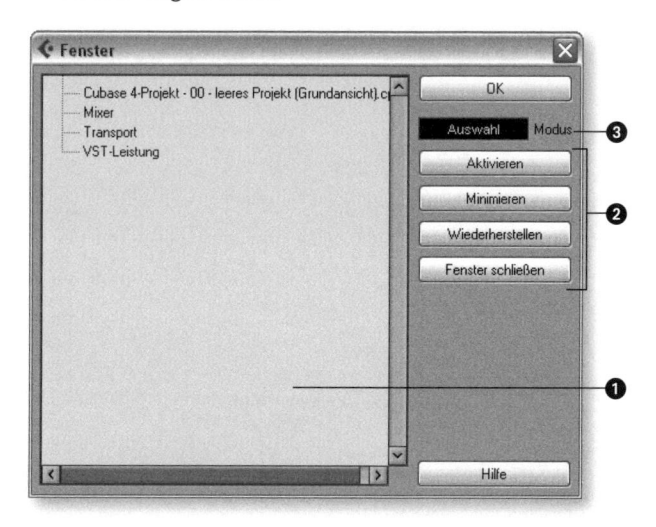

◄ **Abbildung 3.31**
Der Fenster-Dialog

Übersicht schaffen | Mit den Buttons auf der rechten Seite können Sie das Verhalten von Fenstern bestimmen. Das ist beispielsweise dann sinnvoll, wenn Sie sehr viele Fenster geöffnet haben und ein bestimmtes nicht mehr wieder finden, das Sie gerade benötigen.

Um die Anzeigefunktionen MINIMIEREN, WIEDERHERSTELLEN oder FENSTER SCHLIESSEN anzuwenden, wählen Sie zuerst ein oder mehrere Fenster aus der Liste in der linken Hälfte des Dialogs FENSTER (Mehrfachauswahl durch Drücken einer Funktionstaste, ⇧, Strg bzw. ⌘ oder Alt Gr) und klicken dann die gewünschte Aktion mit der Maus an. Beachten Sie, dass beim Schließen eines Fensters dieses selbstverständlich automatisch nicht mehr in der Liste links auftaucht. Mit der Bestätigung OK beenden Sie den Dialog.

4 Verbindungen einrichten

Bei der Musikproduktion mit Cubase werden Sie in den meisten Fällen nicht nur die Software selbst, sondern auch externe Geräte wie Synthesizer oder Instrumente einsetzen wollen. Dieses Kapitel gibt Ihnen daher alle Informationen über die Einbindung Ihrer Recording-Umgebung in Cubase, das Cubase-Bussystem sowie Rüstzeug zum Einrichten von Audio-, VSTi- und FX-Verbindungen.

4.1 DAW-System zusammenstellen

Die Abkürzung »DAW« steht für »Digital Audio Workstation« und bezeichnet im Fall der Cubase-Nutzung den Rechner, auf dem die Fäden Ihrer Audio-Produktion zusammenlaufen. Dabei können Sie selbstverständlich auch mehrere PCs oder Macs miteinander verbinden. Dafür stehen Ihnen verschiedene Netzwerklösungen zur Verfügung, auf die ich später näher eingehen werde.

Verbindungsplan eines DAW-Systems | Mittlerweile sind auf dem Markt so viele virtuelle Instrumente als PlugIn erhältlich, dass Sie keine weiteren Verbindungen nach außen benötigen, um eine DAW für den Projektstudio- oder Heimgebrauch Ihr Eigen zu nennen. Da neben dem Rechner-Kern aber weitaus mehr zu Ihrem DAW-System gehören kann, zeige ich Ihnen in Abbildung 4.1, wie ein möglicher Verbindungsplan aussehen kann. Dabei werden Sie später weitgehend alle Signale und Informationen von Geräten, die in direkter Verbindung mit Ihrer DAW stehen, über die Software steuern können.

Wie Sie in der Abbildung sehen können, bedarf es einiger Erläuterungen, um die verschiedenen Signalwege, Datenströme und Steuersignale zu verstehen, die dabei zusammenkommen können.

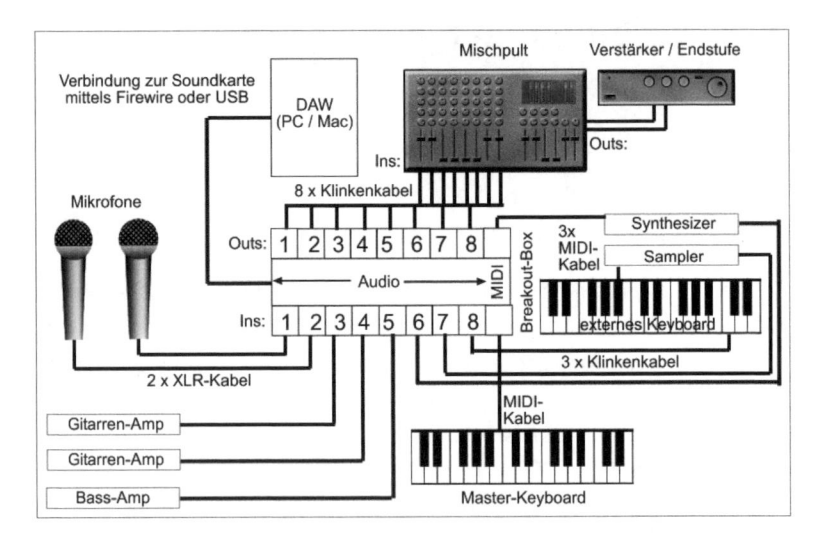

Abbildung 4.1 ▶
Exemplarischer Verbindungsplan

> **Eigener Verbindungsplan schafft Übersicht**
>
> Mit Cubase 4 liegt Ihnen eine Software vor, die den Kern Ihres Recording-Studios bilden kann. Voraussetzung hierfür ist, dass Sie die Audio-Umgebung entsprechend gestalten und sicherstellen, dass alle benötigten Signale das Programm auch tatsächlich erreichen und/oder verlassen. Meine Empfehlung hierfür: Machen Sie sich einen Verbindungsplan, der alle relevanten Geräte und deren Verkabelungen (auch außerhalb von Cubase) abbildet. Bedenken Sie dabei bereits die verschiedenen Formate und Anschlusstypen und auch die möglichen Kapazitäten von Soundkarte(n), Mischpult und die zur Verfügung stehende Rechnerleistung.

4.2 MIDI-Verbindungen

Im Folgenden zeige ich, wie Sie externe MIDI-Geräte mit Ihrem Rechner verbinden und diese dann mit Cubase ansteuern können. Für eine funktionierende technische Umgebung hole ich dabei kurzzeitig etwas aus, um Ihnen ein wenig beim Setup Ihrer MIDI-Umgebung unter die Arme zu greifen.

4.2.1 Einleitung zu MIDI

Die Abkürzung »MIDI« steht für »Musical Instruments Digital Interface« und bezeichnet ein Datenformat zur Übertragung von Klangerzeugungs-, Spiel- und Geräteparametern. Selbst für viele Keyboarder bleibt das Anwenden von MIDI zur Steuerung der Instrumente oftmals ein großes Rätsel. Besonders Musiker, die ihre Keyboards oder Synthesizer hauptsächlich live spielen, tun sich dabei ein ums andere Mal schwer.

Informationen in Audiodaten | Betrachten wir den Unterschied zwischen den Informationen von Audio- und MIDI-Daten genauer. Wenn Sie ein analoges Audiosignal digitalisieren, so zeichnen Sie ein digitales Abbild der physikalischen Information auf. Dabei werden vom A/D-Wandler, der das analoge Signal in ein digitales Format verwandelt, Faktoren wie Wellenlänge (Tonhöhe) und Amplitude (Lautstärke) in Einsen und Nullen umgewandelt und als einzelne Samples aufgezeichnet.

Durch das zusammenhängende Abspielen dieser Samples ergibt sich (nachdem das Signal durch Rückwandlung in ein analoges Signal wieder hörbar gemacht wurde) der Eindruck von stetigen Schallwellen, obwohl (streng genommen) einfach sehr kurze Ausschnitte des ursprünglich aufgezeichneten Originalsignals wiedergegeben werden. Digitalisierte Audiodaten enthalten also stückchenweise Informationen über die physikalische Beschaffenheit eines Klangs.

Informationen in MIDI-Daten | Demgegenüber enthalten MIDI-Daten keinerlei Information über die physikalische Beschaffenheit eines konkreten Klangs. Stattdessen überträgt das MIDI-Protokoll einzelne Spielparameter, die universell und ganz generell von Klangerzeugern interpretiert werden können, die in der Lage sind, MIDI-Daten umzusetzen.

Parameter als MIDI-Events | Zu diesen Spielparametern gehören etwa Tonhöhe, Anschlagsstärke, Dauer und Veränderung eines Tastendrucks, Tonhöhenveränderung, Modulation und Ähnliches. All diese Spielparameter werden als einzelne MIDI-Events in Form von Controller-Daten gespeichert. Beim Verwenden eines Sequenzers, wie es beim Aufnehmen und Abspielen von Projekten in Cubase der Fall ist, werden diese Daten in den zeitlichen Ablauf von Audio-Aufnahme/-Wiedergabe, Effektverwendung und Mixernutzung integriert. Bei MIDI-Daten handelt es sich also vielmehr um **Steuerdaten** und nicht um Informationen über konkrete physikalische Klänge. Dies sollten Sie bei der Anwendung von MIDI stets im Hinterkopf behalten.

> **Was bedeutet »GM« und »GS«?**
>
> »GM« ist die gebräuchliche Abkürzung für »General MIDI« und bezeichnet den Standard, welcher für die MIDI-Controller- und

Sound-Belegung festgelegt wurde. Hierzu gehören neben Effekte-Controllern auch Bankwechsel sowie eine Auswahl von 128 oft verwendeten Sounds. Auch auf eine Standardbelegung von Schlagzeugsounds kann bei Geräten, die den General-MIDI-Standard unterstützen, zurückgegriffen werden. Bei Verwendung von GM-fähigen Daten kann deshalb auf eine zeitraubende manuelle Zuordnung von Geräte-Sounds verzichtet werden.

Bei »GS« handelt es sich um den erweiterten General-MIDI-Standard, der in erster Linie Informationen über Sounds und Controller enthält. Diese werden von Geräten erkannt, die vom jeweiligen Hersteller als GS-fähig ausgezeichnet sind.

4.2.2 Externe MIDI-Verbindungen

Die korrekte Verkabelung von MIDI-Geräten außerhalb Ihrer DAW ist eine Grundvoraussetzung dafür, dass eine Software wie Cubase die verbundenen Geräte überhaupt ansteuern oder von diesen Daten erhalten kann. Dies gilt selbstverständlich gleichermaßen für Eingabe- wie auch für Ausgabegeräte. Dabei muss ein Eingabegerät nicht zwangsläufig eine Tastatur sein. Auch andere Steuergeräte, wie etwa Fußschaltleisten für Effektgeräte, nutzen den Übertragungsweg via MIDI-Verbindung. Zu den externen Empfängern von MIDI-Daten, die von Cubase »nach draußen« gesendet werden, gehören in erster Linie Synthesizer, Sampler und Effektgeräte. Umgangssprachlich wird hier oftmals von »Expandern« gesprochen, wenn es sich um tastaturlose Sounderzeuger handelt, die über MIDI-Befehle angesprochen werden können.

Gameport als MIDI-Schnittstelle | Als Schnittstelle für MIDI-Verbindungen wird am PC in der Regel der Gameport der Soundkarte genutzt. Hierfür benötigen Sie ein MIDI-Adapter wie in Abbildung 4.2 zu sehen.

Abbildung 4.2 ▶
Gameport-Adapter

MIDI-Anschlüsse | Die runden Anschlussbuchsen und Stecker für MIDI-Verbindungen erkennen Sie sofort. Man verwendet hierfür standardmäßig so genannte 5-Pol-DIN-Stecker und -Buchsen, wie in Abbildung 4.3 zu sehen.

Abbildung 4.3
MIDI-Stecker

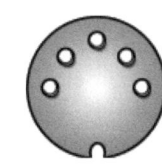

Selbsterklärend ist, dass aus Buchsen mit der Bezeichnung »Out« MIDI-Daten an die Ausgangsbuchsen (selbstredend mit »Out« beschriftet) gesendet werden. Die Geräte werden also jeweils »MIDI-In« an »MIDI-Out« verbunden, wobei es allerdings gegenüber einer herkömmlichen Audioverkabelung ein kleines Extra gibt: Da es auch Geräte gibt, die empfangene MIDI-Dateien an weitere Geräte weitergeben können, gibt es zusätzlich zu den In- und Out-Buchsen oftmals auch MIDI-Thru-Buchsen (Thru = through, engl. für »hindurch«). Beim Weitersenden empfangener MIDI-Daten spricht man auch vom »Durchschleifen«.

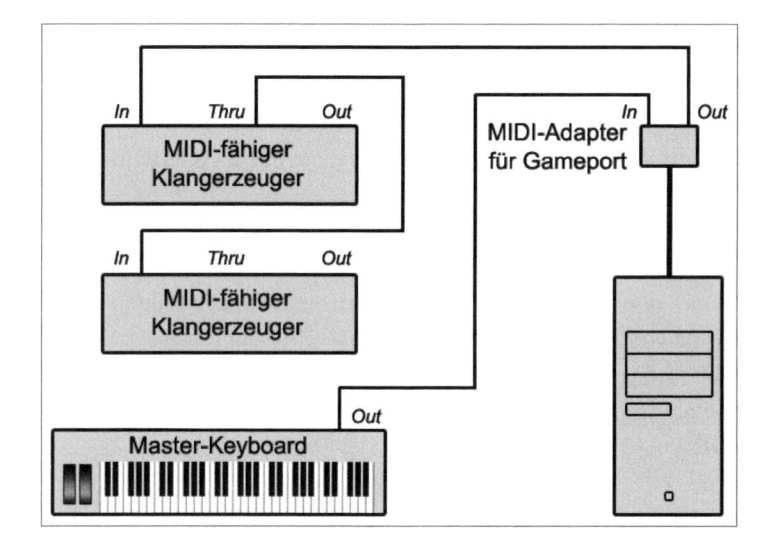

Abbildung 4.4
Einfache MIDI-Verkabelung mit Durchschleifen

»Out« oder »Thru«?

Die Frage, ob Sie für den MIDI-Datenausgang eines Gerätes die Out- oder die Thru-Buchse nutzen sollten, ist schnell beantwortet:
- Nutzen Sie den MIDI-Out-Ausgang eines Gerätes, wenn dieses aktiv Daten sendet (z. B. eine Tastatur oder Fußschaltleiste).
- Nutzen Sie den MIDI-Thru-Ausgang eines Gerätes, wenn dieses nicht aktiv Daten sendet, sondern über MIDI-In empfangene Daten lediglich an andere Geräte weitergeben soll.

4.2.3 Spuren und Kanäle

Woher weiß ein Gerät, welche MIDI-Daten es verarbeiten und welche es weiterleiten soll? Hängt dies ausschließlich mit der Verkabelung zusammen? Die Antwort ist »nein« und der Grund dafür liegt in der Organisation der MIDI-Daten. Der MIDI-Standard stellt eine Unterteilung des Datenstroms in 16 verschiedene Kanäle zur Verfügung. Das heißt, dass Sie theoretisch bis zu 16 verschiedene Geräte über unterschiedliche MIDI-Kanäle unabhängig ansteuern können. Pro Spur können Sie in Cubase einen MIDI-Kanal für das Empfangen und Senden von Daten vergeben.

> **Multimode**
>
> Einige Geräte auf dem Markt stellen den so genannten »Multimode« zur Verfügung. Solche Soundmodule, Keyboards oder Synthesizer können dann acht bis sechzehn verschiedene Klänge gleichzeitig verwenden.

Kanalzuweisung beachten | Um ein Gerät anzusprechen, muss es auf demselben Kanal empfangen, auf dem die MIDI-Daten gesendet werden. Wollen Sie Geräte unabhängig voneinander ansprechen, müssen Sie also stets dafür Sorge tragen, dass diese auch über unterschiedliche MIDI-Kanäle angesteuert werden.

Andererseits können Sie aber natürlich auch gezielt mehrere Geräte über denselben MIDI-Kanal ansteuern, wenn diese tatsächlich dieselben Klang- oder Controller-Informationen verarbeiten sollen. Durch den Einsatz von MIDI-Interfaces kann die Anzahl der MIDI-Kanäle auf bis zu 64 erhöht werden.

Wenn ein Gerät auf allen MIDI-Kanälen empfangen soll, können Sie dieses in den »OmniMode« versetzen.

4.2.4 Bänke und Programme

Das Ansprechen einer Klangquelle über die MIDI-Schnittstelle beginnt mit der Soundbank, wobei der Steuerbefehl »Bank Select« benutzt wird. In einer Bank werden die verschiedenen Programme eines MIDI-Instruments verwaltet. Der Wechsel zwischen Geräte-Programmen findet dann über den MIDI-Befehl »Program Change« statt und wählt einen von 128 möglichen Klängen pro Soundbank. Solange allerdings kein Befehl zum Bank- oder Programmwechsel gesendet wird, kann kein eindeutiger Klang außer dem aktuell am Gerät eingestellten abgerufen werden.

Ein Problem beim bank- und programmweisen Ansprechen von Klängen via MIDI sind die verschiedenen Herstellerstandards. Oftmals wird der erste im Gerät verfügbare Klang nicht mit dem Program Change-Befehl für Programm »1«, sondern erst mit dem Befehl für Programm »2« angesprochen usw. Ähnliches kann auch im Bereich der Soundbänke vorkommen. In einer solchen Situation hilft nur ein Blick ins Begleitmaterial des jeweiligen Geräts – oder Sie müssen einfach ausprobieren.

4.2.5 MIDI-Controller

Als Controller werden MIDI-Steuerbefehle bezeichnet, über die Sie standardmäßig festgelegte Klangparameter (wie etwa Sustain und Lautstärke) verändern können. So spricht etwa ein an ein Keyboard angeschlossenes Haltepedal den Sustain-Controller an, auch wenn das Pedal hierfür in der Regel keinen MIDI-Kanal, sondern ein Klinkenkabel nutzt.

4.2.6 Synchronisation

Ein besonderes Thema, dass auch einem Einsteiger in die Recording-Materie bei der Verwendung von MIDI-Geräten schnell als relevant bewusst wird, ist die Synchronisation von MIDI-Datenströmen. Das klingt erst einmal sehr technisch, kann aber in der Praxis dazu führen, dass externe Instrumente, die Sie via MIDI ansteuern, einfach nicht grooven wollen.

Grenzen von MIDI-Thru | Besonders beim Durchschleifen von MIDI-Daten durch mehrere Geräte stößt die MIDI-Kette schnell an Ihre Grenzen. Die Experten sind sich hierbei nicht ganz einig, raten jedoch von Geräte-Verkettungen von mehr als drei bis vier Geräten ab. Die auftretenden Probleme können sich durch leichte Ungenauigkeiten beim Abspielen über die Verzögerung kompletter MIDI-Daten-Pakete bis hin zu vereinzelten Ausfällen der MIDI-Datenströme bemerkbar machen. Je mehr Geräte hintereinander geschaltet werden, desto größer ist die Wahrscheinlichkeit, dass es zu solchen Komplikationen kommt. Besonders wenn ein Gerät auf mehreren Kanälen empfangen soll, ist es ratsam, dieses direkt anzusteuern und die ankommenden Daten nicht zuvor durch ein weiteres Gerät zu schicken.

MIDI contra USB und Firewire | Ein Grund für diese Komplikationen ist unter anderem, dass es sich bei der MIDI-Schnittstelle um eine (vergleichsweise) veraltete Übertragungsart handelt. Nur 31 250 Bits können pro Sekunde auf maximal 16 Kanälen gesendet werden. Das ergibt eine maximale Bandbreite von 500 000 Bits pro Sekunde, also 0,5 MBit/Sek. Zum Vergleich: USB 2.0 bietet etwa die 1 000fache Übertragungsrate von 480 MBit/Sek. und die neueste Firewire-Generation IEEE 1394b gar 3 200 MBit/Sek.

Abbildung 4.5 ▲
Einfache MIDI-
Synchronisation
– Soundkarte mit
Breakout-Box

Gameport-Adapter ungeeignet | Um den MIDI-Datenstrom zum übrigen Audiogeschehen auf Ihrer DAW zu synchronisieren, gibt es verschiedene Möglichkeiten. Die standardmäßig eingebauten Gameports von On-Board-Soundkarten gehören jedenfalls nicht dazu. Ihre Anwendung kann dazu führen, dass die gesendeten und empfangenen MIDI-Daten nicht mit dem restlichen Audiodatenstrom Hand in Hand gehen. Auch einfache Multimedia-Soundkarten sind hier selten eine gute Lösung.

Semi-professionelle Soundkarten | Besser sind da schon spezielle Soundkarten, die für den professionellen und semi-professionellen Audio-Anwender entwickelt wurden. In Abbildung 4.5 sehen Sie beispielsweise die Soundkarte Phase 88 Rack von Terratec. Hier gehört eine so genannte Breakout-Box mit zum Lieferanfang. In einer Breakout-Box werden alle diejenigen Funktionen und Anschlüsse untergebracht, die nicht durch den begrenzten Platz einer einfachen Soundkarte für Motherboard-Steckplätze geboten werden können.

Wie Sie in der Abbildung sehen können, bietet diese 19"-Breakout-Box neben Reglern für die einzelnen Kanalpegel ❶ des Gerätes auch MIDI-Anschlüsse ❷ an der Gerätefront. Dadurch lässt sich externes MIDI-Equipment schnell und einfach mit der Soundkarte verbinden. Auch für die Synchronisation sorgt dann die interne Verarbeitung der Phase 88. Zusammen mit acht Audio-Ein- und Ausgängen bietet dieses Paket also eine komplette Audio-Lösung für Semi-Profis.

Audio-Interfaces mit MIDI-Ports | Auch viele Audio-Interfaces, die Sie über USB oder Firewire mit der DAW verbinden, bieten zusätzlich MIDI-Ein- und -Ausgänge. Dies kann nicht nur sehr schick, sondern zugleich auch hinsichtlich der Synchronisation der MIDI-Daten zum Audiodatenstrom auch sehr effektiv sein. Denn in der Regel werden die MIDI-Daten von solchen Geräten nicht nur intern durchgeschliffen, sondern auch automatisch zum Geschehen in der DAW synchronisiert.

MIDI-Interfaces | Noch einen Schritt spezialisierter sind spezielle Mehrkanal-MIDI-Interfaces. Sie dienen ausschließlich der Synchronisation von MIDI-Datenströmen und bieten oftmals gleich mehrere parallele MIDI-Ein- und Ausgänge. In Abbildung 4.6 sehen Sie beispielsweise das MIDI-Interface »micro express« von Mark Of The Unicorn (MOTU).

◄ **Abbildung 4.6**
MIDI-Interface »micro express« von MOTU

Wie Sie sehen bietet es insgesamt vier MIDI-Eingänge für den Anschluss von MIDI-sendenden Geräten wie etwa Tastaturen. Dazu können insgesamt sechs MIDI-Ausgänge durch das Gerät verwaltet werden. Die Verbindung mit der DAW findet via USB statt und auch eine Synchronisation zu einem externen Taktgeber via SMPTE-Code ist möglich.

Verbindungsarten | Zum Vergleich der Verbindungsarten sollten Sie sich Abbildung 4.4 und Abbildung 4.7 ansehen. Sie können auf einen Blick erkennen, dass der Zugewinn an Stabilität immens sein muss. Denn wenn die Daten eines Gerätes erst durch ein weiteres Gerät laufen müssen, bevor sie weiterverarbeitet werden können, muss logischerweise gegenüber der direkten Verbindung mit einem MIDI-Interface unweigerlich eine geringe Verzögerung auftreten.

Sofern Sie die Wahl haben, sollten Sie sich selbstverständlich immer für eine Variante entscheiden, die Synchronisation und Stabilität Ihres MIDI-Setups unterstützt.

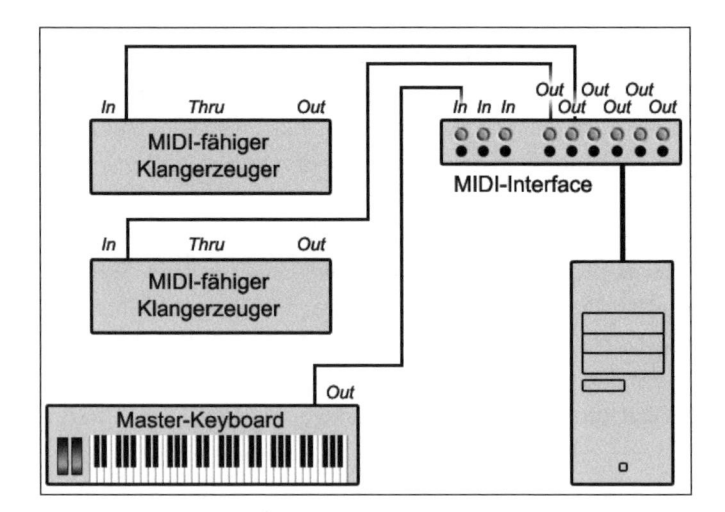

Abbildung 4.7 ▶
Parallele MIDI-
Verbindungen mit
MIDI-Interface

4.2.7 Interne MIDI-Verbindungen

Wir gehen davon aus, dass Sie alle externen Anschlüsse vorgenommen haben. Damit Sie nun auf einer MIDI-Spur von Cubase Daten aufzeichnen können, müssen Sie für diese Spur erst Verbindungen für deren Ein- und Ausgänge zuweisen.

Probieren Sie es aus, es ist ganz einfach. Und das Beste ist, dass es sich gleich doppelt bezahlt macht, denn auch für das Einrichten von Spuren für das Benutzen virtueller Instrumente (so genannte VSTi – Virtual Studio Technology Instruments) benötigen Sie diese Kenntnisse.

MIDI-Eingang einer Spur | In Abbildung 4.8 sehen Sie das Dropdown-Menü für die Zuweisung von MIDI-Eingangsgeräten einer Spur über die Inspector-Spalte in Cubase. Die gleiche Auswahl finden Sie auch im Kopf des Mixers.

Abbildung 4.8 ▶
Auswahl des MIDI-
Eingangs

Schritt für Schritt: MIDI-Verbindungen erstellen [**]

Um eine MIDI-Verbindung in Cubase einzurichten, können Sie folgenden Weg wählen.

1 MIDI-Spur erzeugen
Erzeugen Sie eine MIDI-Spur, indem Sie in der Spurspalte das Quick-Kontextmenü nutzen oder über den Weg PROJEKT • SPUR HINZUFÜGEN • MIDI gehen.

2 Eingang auswählen
Wählen Sie die Spur in der Spurliste aus und öffnen Sie im Inspector das Dropdown-Menü IN. Hier suchen Sie denjenigen MIDI-Port, über den diese Spur einkommende MIDI-Signale empfangen soll (siehe auch Abbildung 4.8).

3 Ausgang auswählen
Öffnen Sie im Inspector das Dropdown-Menü OUT. Suchen Sie hier denjenigen MIDI-Port, über den die ausgewählte Spur ausgehende MIDI-Signale senden soll.

MIDI-Thru-Einstellungen beachten | Wenn Sie mit externen MIDI-Geräten arbeiten, sollten Sie unbedingt sicherstellen, dass die Funktion MIDI-THRU in Cubase nicht aktiv ist, sofern nicht erwünscht. Ergebnis könnte sonst das Durchschleifen eingehender MIDI-Daten sein. Dieses macht sich unter Umständen durch das doppelte Ansprechen von Klängen bemerkbar und fällt durch einen Klang auf, der an einen Chorus- oder Flanger-Effekt erinnert.

Sie können die MIDI-Thru-Einstellungen über den Dialog Datei • Programmeinstellungen… • MIDI überprüfen. Falls notwendig, entfernen Sie dort den Haken für den Eintrag MIDI-Thru aktiv.

MIDI-Ausgang einer Spur | Gleiches gilt im Wesentlichen auch für das Einrichten des MIDI-Ausgangs einer Spur. Hierbei ist jedoch zu beachten, dass für gewöhnlich wesentlich mehr Einträge zur Verfügung stehen. Das liegt daran, dass beinahe jede Soundkarte – so einfach ihre Ausführung auch ist – über eine eigene MIDI-fähige Klangerzeugung verfügt, die Sie ebenfalls über den Ausgangskanal einer MIDI-Spur in Cubase ansteuern können.

Die Einträge in der Inspector-Spalte sind natürlich von der Konfiguration Ihrer DAW abhängig. Hier können beispielsweise folgende Einträge auftauchen:

- **MPU-401:** Hierbei handelt es sich um eine vom Hersteller Roland entwickelte standardisierte MIDI-Schnittstelle für den PC. Die Abkürzung steht für »MIDI Processing Unit 401«. Die Soundkarten-Treiber dieser Schnittstelle werden von Windows-Betriebssystemen automatisch installiert und befinden sich deshalb bei Verwendung von Windows (95 bis XP) häufig automatisch in der Auswahlliste der MIDI-Ausgänge von Cubase.
- **[z. B. »SB Live!-«]-MIDI-UART:** Die Abkürzung »UART« steht für »Universal Asynchronus Receiver Transmitter«. Die Soundkarte (in diesem Fall eine Soundblaster Live!) enthält einen Chip, der als universaler asynchroner Sender und Empfänger arbeitet. Ein MIDI-UART-Controller verbindet diesen Audiochip einer Soundkarte beispielsweise mit einem MIDI-Keyboard und ist somit also für die Datenübertragung von und an die Schnittstelle zuständig.
- **[Ihr MIDI-Gerät] MIDI Port 1, Port 2 etc.:** Dies sind die MIDI-Ausgänge Ihrer MIDI-fähigen Soundkarte oder Audio-Interfaces.
- **Microsoft GS Wavetable SW Synth:** Der Microsoft GS Wavetable SW Synth ist ein Software-Synthesizer, der automatisch mit dem Windows-Betriebssystem installiert wird und den MIDI-Out-Port gleichen Namens zur Verfügung stellt. Das Wiedergabegerät, das dieser Software-Synthesizer für seine Wiedergabe nutzt, ist in der Regel das Standardwiedergabegerät, das Sie unter Systemsteuerung • Sounds und Audiogeräte • Audio • MIDI-Musikwiedergabe hierfür einstellen. In Cubase haben Sie jedoch (wie zu sehen) freien Zugriff.
- **B: [z. B. »SB Live!«]-MIDI-Synthesizer und A: [z. B. »SB Live!«]-MIDI-Synthesizer:** Diese Ausgabegeräte sind Hardware-Synthesizer

der Soundkarte (in diesem Fall Soundblaster Live!), die Samples aus dem System-RAM beziehen.

Die Auswahl des »richtigen« Ausgangs richtet sich außerdem nach Ihrer Arbeitsweise und der konkreten Situation, in der Sie sich befinden. Generelle Tipps wären deshalb fehl am Platz. Sofern Sie in den Menüs zu den MIDI-Ein- und MIDI-Ausgängen in Cubase Einträge finden, die Sie nicht deuten können, empfehle ich Ihnen eine Suche über die Internetsuchmaschine Google. Hier finden Sie in der Regel schnell und unkompliziert Erläuterungen und Hinweise darauf, was für ein Gerät hinter dem jeweiligen Eintrag steckt.

Übersicht aller MIDI-Verbindungen | Eine Übersicht über alle verfügbaren MIDI-Ports finden Sie über den Dialog GERÄTE • GERÄTE KONFIGURIEREN... im Zweig MIDI ❶. Hier können Sie aber nicht nur sehen, ob bestimmte Ein- und Ausgänge aktiv sind, sondern auch eine Umbenennung der Ports vornehmen. Hierzu klicken Sie einfach mit der Maus in das Bezeichnungsfeld ANZEIGEN ALS ❷.

▼ **Abbildung 4.9**
Übersicht über MIDI-Ports in Cubase

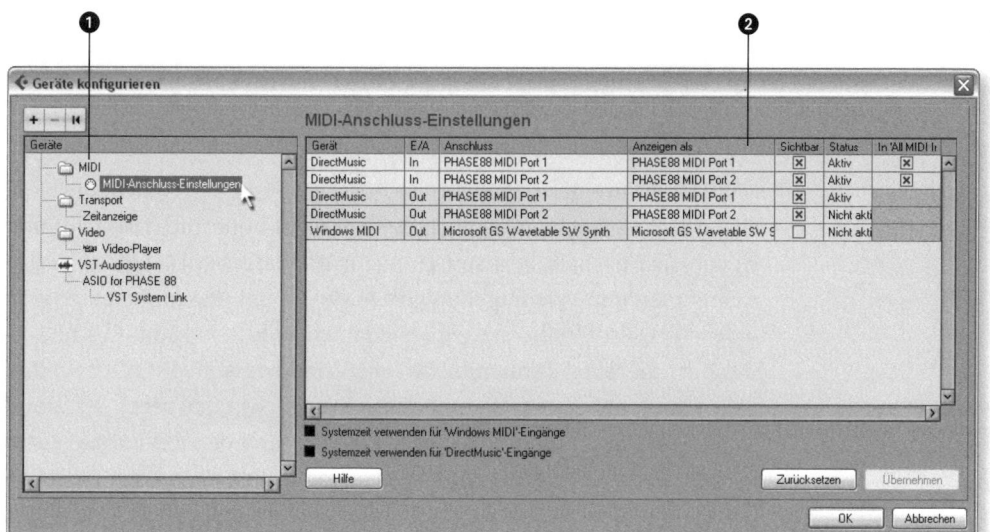

4.3 Audio-Verbindungen

Um in Cubase Audio aufnehmen und wiedergeben zu können, benötigen Sie eine Soundkarte oder ein Audio-Interface, welches eine von drei Verbindungsmöglichkeiten zwischen Cubase und der Hardware nutzt. Dies geschieht wahlweise über:

- das Windows Multimedia-System
- DirectX-Datenverarbeitung
- einen speziellen ASIO-Treiber

Die Wahl des Treibers entscheidet nicht nur über die Kommunikation von Cubase mit der ausgewählten Hardware, sondern häufig auch über die Qualität der Audio-Performance.

4.3.1 Hardware installieren

Die Hardware-Installation beginnt mit dem Installieren der ASIO-Treiber des neu einzurichtenden Geräts. Ohne die ASIO-Treiber kann dieses nicht mit der Software kommunizieren. Beachten Sie beim Kauf einer Soundkarte oder eines Audio-Interfaces auch die nachfolgenden Hinweise zu den verschiedenen Treiberarten, die hierbei Verwendung finden.

> **Wofür steht »ASIO«?**
>
> Die Abkürzung ASIO steht für »**A**udio **S**tream **I**nput **O**utput« und bezeichnet die Tätigkeit der so bezeichneten Treiber-Software. Es handelt sich dabei um eine Software, die den Strom der Audiodaten an der Schnittstelle zwischen Hard- und Software regelt.

Multimedia-Treiber | Multimedia-Treiber weisen in der Regel sowohl eingangs- wie auch ausgangsseitig eine recht hohe Latenzzeit auf und eignen sich deshalb in erster Linie zur Wiedergabe. Das gleichzeitige Aufnehmen und Wiedergeben von Audio ist mit diesen Treibern nicht möglich. Diese Treiberart wird eigentlich von jeder Soundkarte verwendet, die eine Kompatibilität mit Windows aufweist. Der Treiber übernimmt dabei die Verbindungsführung zwischen dem Windows Multimedia-System und der Hardware, während der von Cubase automatisch installierte ASIO-Multimedia-Treiber den Austausch zwischen Cubase und dem Windows Multimedia-System sicherstellt.

Funktioniert unter Windows nahezu immer | Die Verwendung von ASIO-Multimedia-Treibern ist vor allem dann empfehlenswert, wenn Ihre Audio-Hardware weder über eigene ASIO-Treiber noch über die Möglichkeit verfügt, DirectX-Treiber ab Version 8.1 in Verbindung mit WDM (Windows Driver Model) zu nutzen. Dies würde dazu führen, dass der DirectX-Betrieb emuliert werden müsste, was zu höheren Latenzzeiten als bei der Verwendung von ASIO-Multimedia-Treibern führen würde.

DirectSound-Treiber | DirectSound ist ein Bestandteil des DirectX-Pakets und kann die Verarbeitung von Datenströmen für Aufnahme und Wiedergabe von Audio regeln. DirectSound-Treiber weisen für gewöhnlich nicht nur eine bessere Performance hinsichtlich ihrer Latenzzeiten auf, sondern ermöglichen auch einen **Full Duplex-Betrieb** mit gleichzeitiger Aufnahme und Wiedergabe.

Mit den Installationsdateien der Soundkarte wird meistens bereits ein entsprechender DirectX-Treiber mitinstalliert – wenn dieser notwendig ist. Außerdem ist ein weiterer ASIO DirectX-Treiber erforderlich, der erst den Full Duplex-Betrieb ermöglicht. Wie der ASIO-Multimedia-Treiber wird auch dieser automatisch von Cubase integriert. Auf DirectX-Treiber sollten Sie zurückgreifen, wenn Ihre Audio-Hardware keine speziellen ASIO-Treiber mitliefert.

Beachten Sie aber, dass der Full Duplex-Modus nur bei Verwendung von Audio-Hardware unterstützt wird, die mit WDM und DirectX 8.1 kommunizieren kann. Informationen hierzu finden Sie in der Bedienungsanleitung Ihrer Soundkarte.

ASIO-Treiber | Die beste Performance bei der Zusammenarbeit von Cubase mit einer Audio-Hardware können Sie erwarten, wenn Sie speziell für diese Hardware entwickelte ASIO-Treiber verwenden.

Beinahe alle Audio-Interfaces und Soundkarten für den professionellen und semi-professionellen Einsatz bieten solche abgestimmten Treiber an. Diese ermöglichen es Cubase, in direkten Kontakt mit der Hardware zu treten, ohne zuvor den Umweg über das Windows Multimedia-System oder DirectX gehen zu müssen.

Spezielle ASIO-Treiber für Mehrkanaleinsatz | Besonders dann, wenn Sie die Verbindung zwischen einer Audio-Hardware mit vielen eigenen Kanälen und einem Software-Studio wie Cubase betreiben möchten, ist es beispielsweise für die Synchronisation der Datenströme besonders wichtig, dass Sie auf spezielle Treiber des Herstellers zurückgreifen. Stellen Sie also vor dem Kauf einer solchen Hardware stets sicher, dass sich aktuelle ASIO-Treiber im Lieferumfang befinden oder von der Hersteller-Homepage downloadbar sind.

Performance-Tipp

Verwenden Sie stets den vom Hersteller mitgelieferten ASIO-Treiber in Cubase. Dieser ist auf das Gerät abgestimmt. So kommen Sie in den Genuss der bestmöglichen Performance beim Einsatz von Soundkarten und Audio-Interfaces.

4.3.2 Hardware einrichten

Am Beispiel der Soundkarte Terratec Phase88 Rack möchte ich erläutern, wie Sie in Cubase eine Soundkarte oder ein mehrkanaliges Audio-Interface so einrichten, dass Sie sofort mit der Aufnahme und Wiedergabe beginnen können. In den nachfolgenden Abschnitten finden Sie dann die weiterführenden Beschreibungen zu den verwendeten Menüs und Dialogen.

[■] *Schritt für Schritt: Neue Audio-Hardware einrichten*

1 *Treiber & Software*
Installieren Sie die vom Hersteller mitgelieferte Software, die in der Regel auch bereits die Treiberinstallation für die Soundkarte bzw. das Audio-Interface vornimmt.

2 *Geräte-Kommunikation konfigurieren*
Zum Bereitstellen der bestmöglichen Kommunikation zwischen Cubase und der neu installierten Audio-Hardware sollten Sie nun den zur Hardware zugehörigen Master-ASIO-Treiber im Menü GERÄTE • GERÄTE KONFIGURIEREN auswählen. Wählen Sie dort aus der Liste GERÄTE (in der linken Fensterhälfte) den Eintrag VST-AUDIOSYSTEM.

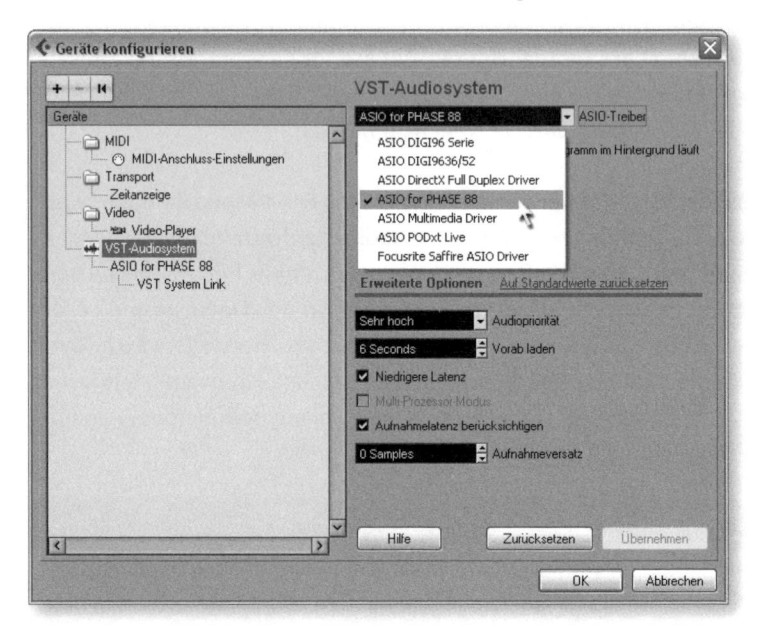

Im rechten Bereich dieses Dialogs können Sie den Master-ASIO-Treiber wählen. Wie zuvor beschrieben, ist dieser zuständig für die Weiterleitung von Aufnahme- und Wiedergabe-Daten zwischen Hard- und Software. Sobald Sie eine Auswahl getroffen haben, werden Ihnen unmittelbar nach dem Bestätigen Ihrer Wahl die Eingangs- und Ausgangslatenzen angezeigt ❶, zu denen es bei der Verwendung des jeweiligen Treibers kommt. So haben Sie auf den ersten Blick einen Eindruck von der jeweiligen Treiber-Performance. Bestätigen Sie die vorgenommenen Änderungen durch ÜBERNEHMEN und OK.

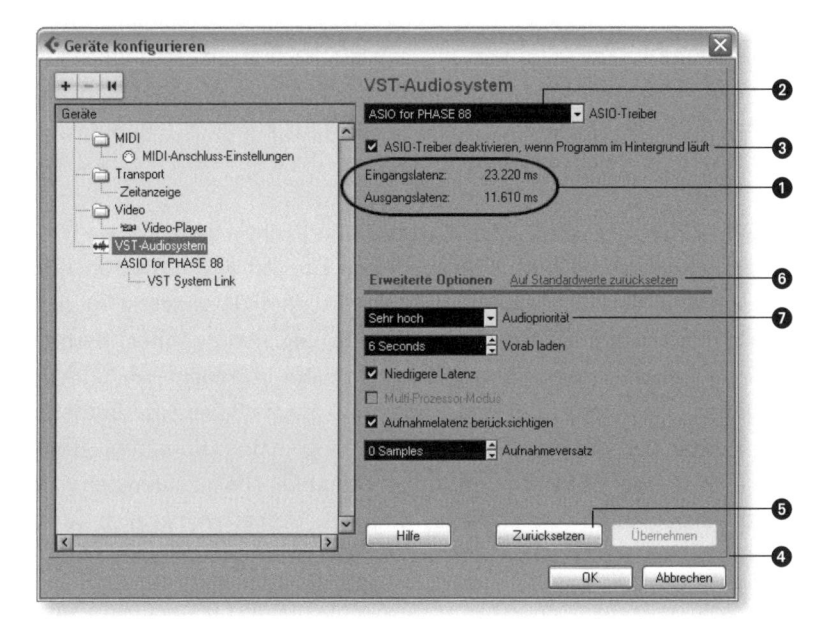

3 Geräte-Erkennung überprüfen

Vergewissern Sie sich, dass Cubase das neu angeschlossene und unter Windows installierte Gerät auch erkennt. Öffnen Sie hierzu den Dialog GERÄTE • GERÄTE KONFIGURIEREN... und werfen Sie einen Blick in die Rubrik VST-AUDIOSYSTEM. Taucht das Gerät in der Dropdown-Liste ❷ auf, hat Cubase Ihre Audio-Hardware richtig erkannt. Hier werden Ihnen die von der Software ansprechbaren VST-Aus- und Eingänge Ihrer Hardware angezeigt. ■

ASIO-Treiber im Hintergrund

Im Konfigurations-Dialog haben Sie auch die Möglichkeit, die Auswahl ASIO-TREIBER IM HINTERGRUND DEAKTIVIEREN abzuschalten ❸. Dies ist besonders dann sinnvoll, wenn Sie gleichzeitig mit mehreren Audio-Programmen arbeiten. Denn solange diese Funktion angewählt ist, schaltet Cubase seine Audioaktivität ab, sofern ein anderes Programm im Vordergrund aktiv ist.

Latenzfreies Monitoring | Die Funktion DIREKTES MITHÖREN wird von Hardware unterstützt, deren Treiber auf ASIO 2.0 aufsetzen. Hierbei wird das Eingangssignal direkt abgegriffen und an den Ausgang gesendet, ohne dass das Signal erst den Weg durch die DAW nehmen muss. Dies führt zu einem latenzfreien Monitoring.

Die VST-Audiosystem-Buttons ❹ ÜBERNEHMEN, OK und ABBRECHEN erklären sich beinahe von selbst: Während Sie durch Drücken des Buttons ÜBERNEHMEN vorgenommene Änderungen übernehmen, ohne den Dialog zu schließen, führt die Anwahl des Buttons OK zum Übernehmen der Änderungen und Schließen des Dialogs. Betätigen Sie dagegen ABBRECHEN, wird der Dialog geschlossen, ohne die durchgeführten Änderungen anzunehmen.

»Panik-Button« für die Gerätekonfiguration | Hinter dem mit ZURÜCKSETZEN ❺ betitelten Button versteckt sich eine Art »Panik-Button« für den Bereich der Gerätekonfiguration. Mit dem Betätigen wird das betroffene Gerät automatisch geschlossen und neu geöffnet. Besonders im Fall von Treiber-Komplikationen kann dies kleine »Wunder« bewirken. Denn während des Aufnahme- und Wiedergabe-Betriebs von Cubase kann es durchaus zu einer mangelhaften Kommunikation zwischen Treiber-Software und Cubase kommen. Im schlimmsten Fall treten dabei Audio-Aussetzer auf oder der Treiber »hängt sich auf«. Dadurch wird der Datenaustausch zwischen Hard- und Software unterbrochen. Mit einem Klick auf den Button ZURÜCKSETZEN können Sie dieses Problem in einigen Fällen lösen.

Performance weiter verbessern | Im unteren Teil des VST-Audiosystems finden Sie den Bereich ERWEITERTE OPTIONEN ❻, der die VST-Experteneinstellungen beinhaltet. Hier nehmen Sie das leistungsbezogene Feintuning für die Audio-Software vor.

Haben Sie die Einstellungen für ASIO-Treiber und Audio-Hardware erst einmal vorgenommen, sind im Grunde genommen keine weiteren Änderungen notwendig. Doch können Veränderungen an den Experteneinstellungen der VST-Engine zu einem weiteren Leistungszugewinn führen und die Performance von Cubase positiv beeinflussen. Die verschiedenen Auswahlfelder sind folgende:

Audiopriorität festlegen | Über die Auswahl unter AUDIOPRIORITÄT ❼ können Sie Einfluss auf die Hierarchie der Prozesse nehmen, die Cubase während der Arbeit mit Ihren Projekten ausführt. Zur Auswahl stehen hier die Prioritätsoptionen NIEDRIG, NORMAL, HOCH und SEHR HOCH.

Welche Audiopriorität für welche Situation?

Sie sollten nicht dem Trugschluss erliegen, dass das pauschale Einstellen der Option »Sehr hoch« für die Audiopriorität automatisch zum besten Ergebnis führt. Vielmehr sollten Sie die Wahl der Audiopriorität an Ihren Arbeitsgewohnheiten oder noch besser an Ihrer konkreten Arbeitssituation festmachen.

- Stellen Sie SEHR HOCH für die Audiopriorität ein, wenn Sie hauptsächlich auf Audiodaten zurückgreifen und diese im Mixer ressourcenintensiv bearbeiten. Bedenken Sie aber auch, dass es neben der Verlangsamung von Grafikprozessen (wie z.B. Bildaufbau) aufgrund der hohen Priorität für den Audio-Bereich auch bei der Verarbeitung von MIDI-Daten zu Problemen mit deren Performance und Synchronisation kommen kann.
- Die standardmäßig voreingestellte Auswahl für die Audiopriorität ist HOCH. In »normalen« Aufnahme- und Mix-Situationen ist dies eine zuverlässige Wahl. Sollten Sie jedoch Probleme mit dem MIDI-Timing Ihres Projekts feststellen, die nicht auf die Geräte oder deren Verkabelung selbst zurückzuführen sind (z.B. bei umfangreichen MIDI-Arrangements), sollten Sie auf die nächstniedrige Stufe für die Audiopriorität ausweichen.
- Wenn Sie die Audiopriorität auf NORMAL stellen, erfolgt die Behandlung von Audio-, MIDI- und Grafik-Prozessen auf etwa gleichem Niveau.
- Wählen Sie NIEDRIG als Audiopriorität, wenn Sie in Ihrem Cubase-Projekt in erster Linie MIDI-Daten bearbeiten und Audioprozesse (inkl. Insert- und Send-Effekten wie auch EQ) nur eine unbedeutende Rolle spielen. Die Auswahl dieser Prioritätsstufe kommt der Synchronisation von MIDI-Daten und dem Grafikaufbau zugute. Sollte die Audio-Wiedergabe in diesem Modus nicht fehlerfrei funktionieren, ist ein Ausweichen auf (mindestens) den Normal-Modus empfehlenswert.

Preload von Audiodaten | Mit dem Wert der Auswahl VORAB LADEN ❽ (Abbildung 4.10) legen Sie fest, wie »vorausschauend« Cubase mit den im Projekt eingebundenen Audiodaten umgehen soll. Dabei können Sie aus einer Auswahl von 2 bis 6 Sekunden wählen. Durch das rechtzeitige Laden von Audiodaten in den Arbeitsspeicher kann das Programm gewährleisten, dass es nicht zu Engpässen im Einlesen von Daten kommt. Dies würde zu Lasten einer reibungslosen Wiedergabe gehen. Bedenken Sie aber, dass der Arbeitsspeicher Ihrer DAW wesentlich stärker beansprucht wird, je höher Sie die Preload-Zeit wählen.

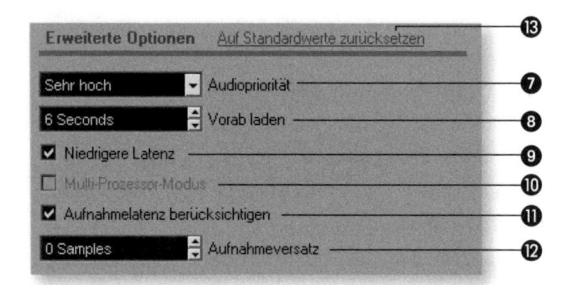

Abbildung 4.10 ▶
Feintuning für die Audio-Performance

Niedrigere Latenzen erzwingen | Durch Anwahl der Checkbox NIEDRIGERE LATENZ ❾ können Sie kürzere Latenzzeiten erzwingen, indem der Datenfluss vom ASIO-Treiber zur Signalverarbeitung verkürzt wird. Dies kann jedoch zu Lasten der Audio-Qualität gehen. Wählen Sie diese Option ab, falls es dadurch zu Störgeräuschen oder kurzen Audio-Aussetzern kommt.

Arbeit auf Prozessoren verteilen | Sofern Sie mit einer DAW arbeiten, die über mehrere CPUs verfügt, können Sie die Systemressourcen optimal ausnutzen, indem Sie diesen Modus einschalten. Im MULTI-PROZESSOR-MODUS ❿ werden die Prozessoren des Systems dann zu gleichen Teilen mit Arbeit versorgt.

Aufnahmelatenz berücksichtigen | Hierbei ⓫ handelt es sich um einen automatischen Ausgleich von PlugIn-Verzögerungen. Aus der Addition verschiedener systeminterner Latenzen (Ausgabe, Effektbearbeitung etc.) können mehr oder weniger deutliche Aufnahmelatenzen entstehen. Auch durch fehlerhafte Kommunikation von Hard- und Software kann es dazu kommen, dass Audio-Aufnahmen nicht an der richtigen Position im Projekt abgelegt werden. Aktivieren Sie die zugehörige Checkbox, wenn Sie diese Latenzen automatisch von Cubase ausgleichen lassen möchten.

Aufnahmeversatz | Über die Auswahl unter AUFNAHMEVERSATZ ⓬ können Sie einen festen Versatzwert festlegen, mit dem Cubase Aufnahmen automatisch verschieben soll. Die Angaben sind in Samples und gehen bis 100 000. Dies gilt für den positiven (weiter nach vorn) wie auch für den negativen (weiter nach hinten) Versatz und umfasst somit ein Spektrum von 200 000 Samples.

Standard wiederherstellen | Sollten Sie sich hoffnungslos in Modifikationen »verstrickt« haben, hilft Ihnen der Link AUF STANDARDWERTE ZURÜCKSETZEN ⓭. Durch einen Klick darauf stellen Sie die Werkseinstellungen für die VST-Engine wieder her.

ASIO-Konfiguration | In der folgenden Abbildung sehen Sie die in dem VST-Audiosystem vorgenommenen Einstellungen, die Sie im Untereintrag des VST-Audiosystems in der Gerätekonfiguration aufrufen können. Dort können Sie außerdem die Clock-Quelle für Cubase wählen. Als Clock-Quelle können Sie hier (sofern angeschlossen) einen externen Taktgeber bestimmen, der die verschiedenen Geräte Ihres Audiosystems miteinander synchronisiert.

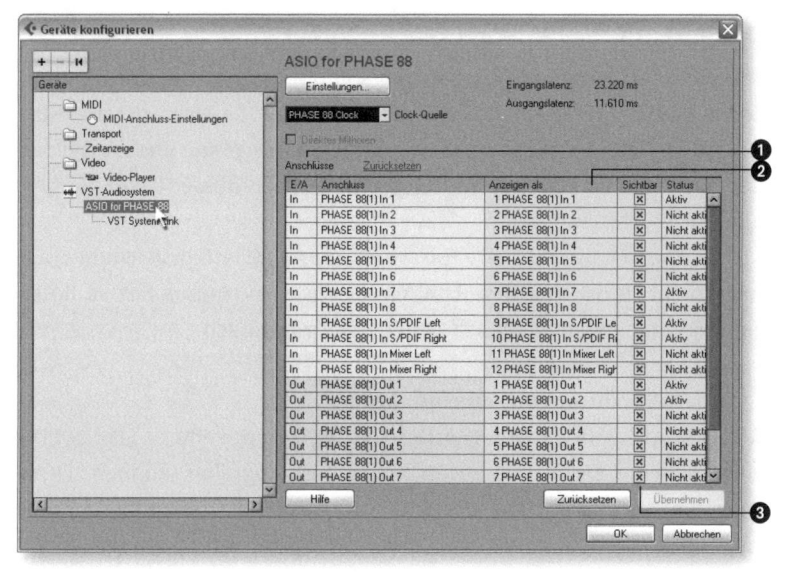

◄ **Abbildung 4.11**
Einrichten der ASIO-Umgebung

Abhängig von Ihrer installierten Hardware können verschiedene Einträge zur Verfügung stehen. Folgende Einträge sind üblich:

▶ **Internal**
Hierbei bezieht Cubase die Word-Clock von den internen Systemkomponenten (Audio-Hardware).

▶ **External/Digital**
Erscheinen die Einträge EXTERNAL bzw. DIGITAL, so bezieht Cubase das Word-Clock-Signal von einer externen digitalen Quelle.

▶ **<Individuelle Einträge>**
Wie in der Abbildung oben zu sehen, werden hier manche Hardware-Geräte auch mit Ihren konkreten Namen eingetragen. Im Beispiel sehen Sie deshalb den Eintrag PHASE 88 CLOCK. Cubase bezieht in diesem Setup also seine Informationen zur Synchronisation direkt von der Soundkarte Terratec Phase 88 Rack.

VST-Eingänge und -Ausgänge | Im Bereich ANSCHLÜSSE ❶ der ASIO-Konfiguration finden Sie eine Übersicht über alle verfügbaren Ein- und Ausgänge Ihrer Audio-Hardware. Hier ist auch ein Umbenennen dieser

Audio-Verbindungen **81**

Anschlüsse möglich. Klicken Sie hierzu mit der Maus in das entsprechende Feld in der Rubrik ANZEIGEN ALS ❷, um die Anschlussbezeichnung zu ändern.

Am besten benennen Sie die Ausgänge nach deren Verwendungsart. Hierzu können (je nach Verwendung) Namen wie »Master li/re« oder »Re-Amping 1/2« für Übersicht sorgen oder auch konkrete Bezeichnungen für 5.1-Kanalausgänge zur Eindeutigkeit der Ausgänge beitragen.

In der Spalte SICHTBAR ❸ können Sie bestimmen, ob ein Hardware-Eingang oder -Ausgang sichtbar sein soll oder nicht. Durch einen einfachen Mausklick können Sie die Sichtbarkeit eines Hardware-Ausgangs deaktivieren. Nicht sichtbare Hardware-Eingänge und -Ausgänge tauchen dann in der Verwaltung der Cubase-Busse (»VST-Verbindungen«) nicht mehr auf.

Damit haben Sie die neue Hardware installiert und bezeichnet. Fällt Ihnen nicht sofort eine Bezeichnung für die Verwendung ein, so holen Sie den vorangegangenen Schritt einfach später nach.

4.3.3 VST-Verbindungen einrichten

Nach der Installation Ihrer Hardware ist noch ein weiterer Schritt notwendig, damit Sie in Cubase auch auf diese zugreifen können. Denn wenn Sie jetzt versuchen, die Ein- und Ausgänge der neuen Soundkarte über die Dropdown-Menüs von Inspector oder Software-Mixer zu nutzen, werden Sie feststellen, dass diese in der Auswahl nicht vorhanden sind. Was ist geschehen? Waren Installation und Konfiguration der Hardware etwa nicht erfolgreich?

Bus-System einrichten | Die Lösung liegt in der Architektur von Cubase. Ihre Hardware-Installation ist zwar fehlerfrei verlaufen, die zur Verfügung stehenden Ein- und Ausgänge der Hardware sind Cubase-intern jedoch noch nicht zugewiesen, sodass Sie auch noch nicht im Auswahlmenü der verfügbaren Ein- und Ausgänge für die Software zu finden sind.

Während die Eingänge und Ausgänge der Hardware selbst in der Regel nur über deren Software- und Hardware-Einstellungen steuerbar sind, beginnt die Arbeit der DAW mit der Regelung der Datenströme zwischen diesen Ein- und Ausgängen und dem Bussystem von Cubase, das der Einbindung der Hardwarekanäle dient.

Weiterleitungen von Signalen | Busse sind Signal-Weiterleitungen von den Eingangs-Schnittstellen der Hardware zur Software, zwischen programminternen Ein- und Ausgängen innerhalb von Cubase sowie vom

Programm aus an die Ausgangs-Schnittstellen. Ohne das Einrichten dieser Busse können Sie in Cubase weder Töne aufnehmen, noch einen einzigen Ton abspielen. Die Auseinandersetzung mit diesem Thema ist deshalb absolut notwendig.

Selbstverständlich können Sie auch mehr als nur zwei Stereobusse festlegen, um beispielsweise Mehrkanalaufnahmen realisieren zu können. In Cubase können Busse immer in einer Mono- oder Stereo-Ausführung angelegt werden. Die maximale Anzahl möglicher Busse in Cubase ist nicht begrenzt.

Die Busse selbst richten Sie über das Fenster VST-VERBINDUNGEN ein. Über die Auswahlmenüs von Spur, Inspector, Mixer oder Audiokanaleinstellungen weisen Sie diese dann konkreten Spuren zu. Werfen Sie hierzu auch einen Blick auf Abbildung 4.12.

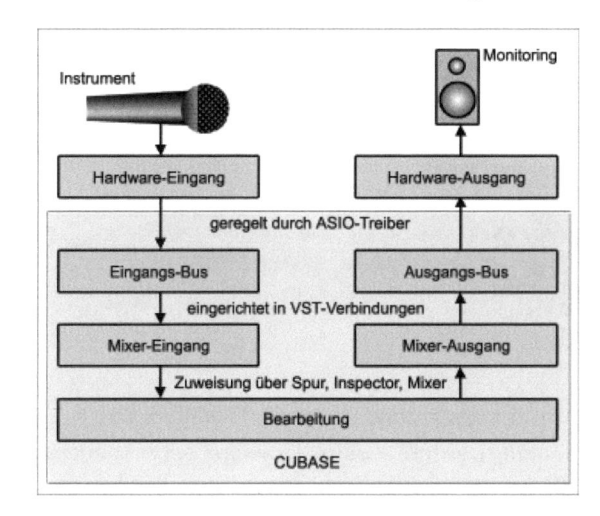

◀ **Abbildung 4.12**
Hardware, Bus-System und VST-Verbindungen

VST-Eingänge | Den Einrichtungsdialog VST-VERBINDUNGEN finden Sie über das Menü GERÄTE • VST-VERBINDUNGEN. Standardmäßig sehen Sie hier zwei Busse eines verfügbaren Stereokanals eingeblendet. Neben dem Busnamen ❶ (Abbildung 4.13) wird hier unter LAUTSPRECHER auch die Spurart ❷ (mono/stereo), das AUDIOGERÄT ❸ und der verwendete GERÄTE-PORT ❹ angezeigt.

Eingangsbusse einrichten | Wenn Sie über Audio-Hardware mit mehr als zwei Kanälen verfügen, so richten Sie diese hier ein, um diese in Cubase den Spuren Ihres Projekts zuweisen zu können. Hierfür klicken Sie auf die Schaltfläche BUS HINZUFÜGEN ❺ oder nutzen wahlweise das zugehörige Quick-Kontextmenü der rechten Maustaste. Unter KONFIGURATION ❻ können Sie dann zuerst entscheiden, ob es sich bei den hinzugefügten Eingangsbussen um Mono-, eine Stereo- oder sonstige

Verbindungen (5.0, 5.1 etc.) handeln soll. Wenn Sie mehrere Busse gleichzeitig hinzufügen möchten, können Sie dies über den Wertebereich ANZAHL ❼ bewerkstelligen. Auf diese Weise können Sie den VST-Verbindungen bis zu 100 Busse mit einem einzigen Schritt hinzufügen.

Abbildung 4.13 ▶
Nihct nur Übersicht und Organisationshilfe – Eingänge im Dialog VST-VERBINDUNGEN

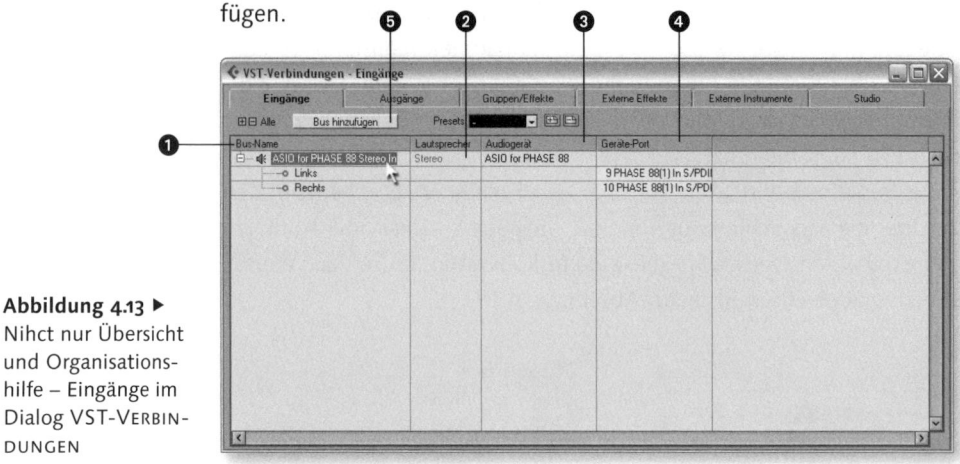

Abbildung 4.14 ▶
Auswahldialog zum Anlegen neuer Busse

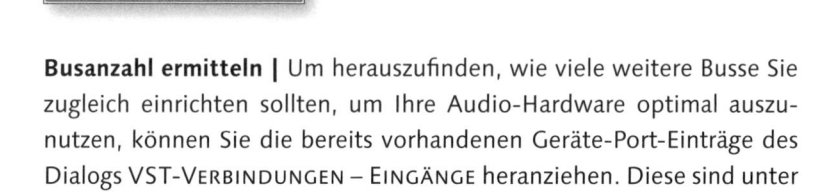

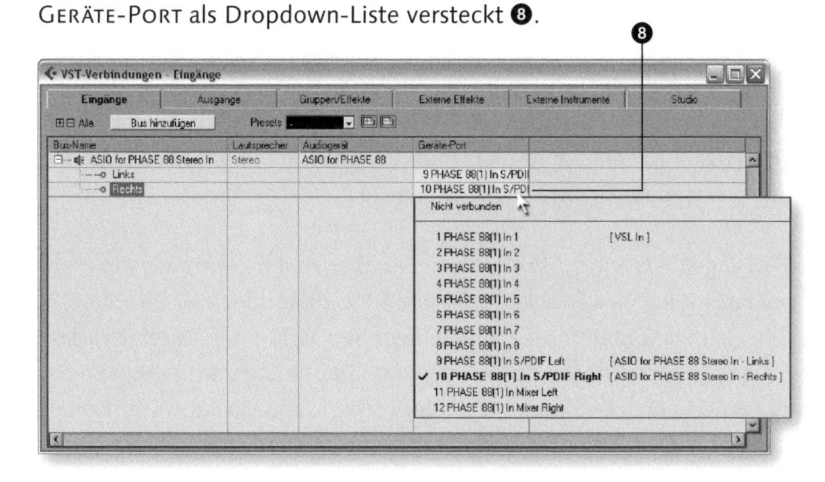

Busanzahl ermitteln | Um herauszufinden, wie viele weitere Busse Sie zugleich einrichten sollten, um Ihre Audio-Hardware optimal auszunutzen, können Sie die bereits vorhandenen Geräte-Port-Einträge des Dialogs VST-VERBINDUNGEN – EINGÄNGE heranziehen. Diese sind unter GERÄTE-PORT als Dropdown-Liste versteckt ❽.

Abbildung 4.15 ▶
Nutzen Sie die Zuweisungsübersicht der Geräte-Ports auch als Informationsquelle

84 Verbindungen einrichten

In Abbildung 4.16 sehen Sie, dass insgesamt 12 mögliche Eingangs-Ports angezeigt werden, von denen zwei bereits zugewiesen sind (»Phase 88(1) In S/PDIF Left« und »Phase 88(1) In S/PDIF Right«). Um diese Audio-Hardware also vollständig in die Umgebung von Cubase einbeziehen zu können, sollten Sie also 10 weitere Eingangsbusse erzeugen. Optimalerweise werden die letzten vier als Stereo-Paare angelegt, da sich dies aus den Bezeichnungen der Geräte-Ports (»Left/Right«) ablesen lässt. Dies sehen Sie bestätigt, wenn Sie den zugehörigen Eintrag in der Spalte LAUTSPRECHER gegenlesen. In der Spalte AUDIOGERÄT finden Sie schließlich noch die Angabe des momentan für diesen Bus verwendeten Audiotreibers.

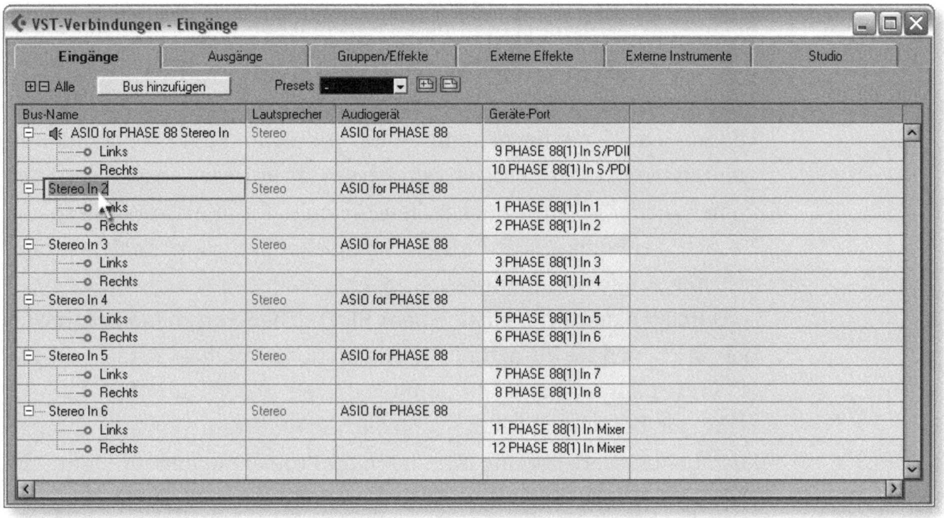

▲ **Abbildung 4.16**
Die automatisch vergebenen Geräte-Ports sollten manuell umbenannt werden.

Busbezeichnungen | Cubase vergibt die freien Geräte-Ports automatisch der Reihe nach an die neu erzeugten Eingangsbusse. Zwar werden auch die Busnamen von Cubase automatisch vergeben und mit einer fortlaufenden Nummerierung versehen. Es empfiehlt sich aber, dass Sie diese manuell umbenennen, indem Sie ihnen sinnvolle Bezeichnungen geben, anhand denen Sie die Funktion des Busses ablesen können. Dies könnte z. B. so aussehen:

Cubase-Bezeichnung	Individuelle Bezeichnung
»Mono In«	»Vocal-PreAmp«
»Stereo In 2«	»Digital In«
»Stereo In 3«	»Guitar Modelling Amp«
»Stereo In 4«	»Bass Modelling Amp«
usw.	usf.

◀ **Tabelle 4.1**
Beispiele für manuelle Umbenennungen von Busnamen

Audio-Verbindungen **85**

Um einen besseren Überblick zu behalten, können Sie die Zweige der Busse in der Anzeige der VST-Verbindungen auch ausblenden, indem Sie mit der Maus auf das Minuszeichen neben einem Eintrag klicken oder aber die Anzeige aller Einträge mit einem Klick auf das Minuszeichen neben dem Hinweis ALLE unterbinden. Gleiches gilt natürlich für das Expandieren der Buszweige durch die entsprechenden Pluszeichen.

Busse entfernen | Um einen bereits angelegten Bus wieder zu löschen, klicken Sie mit der rechten Maustaste auf dessen Busnamen und wählen aus dem Quick-Kontextmenü BUS ENTFERNEN.

Bus-System als Preset speichern | Die Busverbindungen der VST-Verbindungen werden mit dem Projekt gespeichert. Sie richten diese Verbindungen zur Audio-Hardware also nicht global ein. Mit dem nächsten Programmstart sind sie also nicht automatisch wieder vorhanden. Sie können jedoch ein bevorzugtes Setup von Spuren mit programminternen Bussen in einem Projekt (am besten als Vorlage) abspeichern, um immer wieder darauf zurückgreifen zu können. Auf diese Weise sparen Sie sich das immer neue Anlegen komplexer Setups in ähnlichen oder gleichen Arbeitssituationen.

Durch Anklicken des mit einem Pluszeichen versehenen Blattsymbols ❶ können Sie die aktuelle Konfiguration samt ihrer Bezeichnungen als Preset abspeichern und somit jederzeit wieder aufrufen. Dies ist nicht nur bei Nutzung unterschiedlicher Hardware sinnvoll, sondern auch bei der Verwendung differierender Bezeichnungen für identische Hardware-Geräte-Ports in verschiedenen Produktionssituationen.

Aber Achtung! Durch Drücken des Blattsymbols mit dem Minuszeichen ❷ löschen Sie das angezeigte Preset.

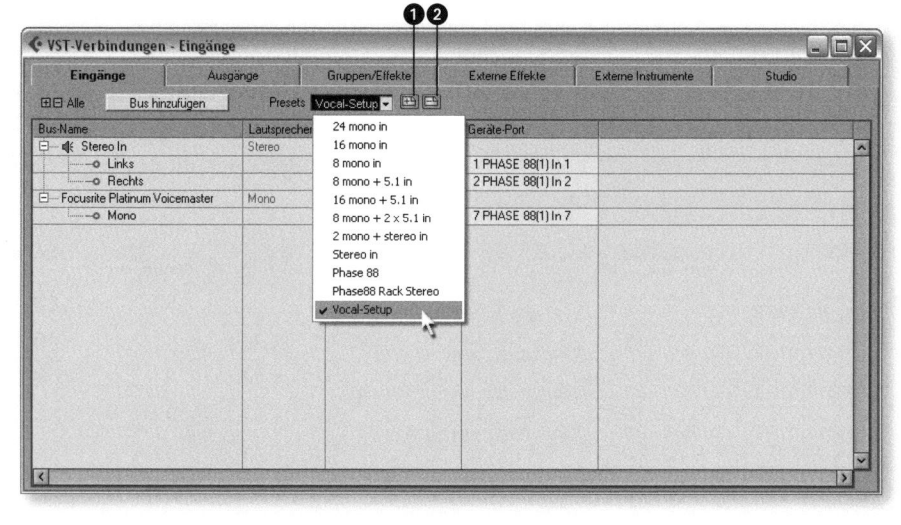

Abbildung 4.17 ▼
Bus-Presets speichern und abrufen

Was bringt mir das Abspeichern von Verbindungs-Presets?

Besonders beim Einsatz von Cubase auf einem Notebook, das in verschiedenen Arbeitsumgebungen verwendet wird, ist das Anlegen von Verbindungs-Presets unerlässlich. Andernfalls müssten Sie die (recht aufwändige) Prozedur der Geräte-Port-Zuweisungen und Umbenennungen stets von neuem vornehmen. Aber auch beim Einsatz mit Workstation-PCs können Sie viel Zeit durch das Anlegen von Verbindungs-Presets sparen.

VST-Ausgänge | Das Zuweisen und Bezeichnen der VST-Ausgänge erfolgt ebenfalls über den Dialog VST-VERBINDUNGEN und findet dort unter der Registerkarte AUSGÄNGE ❶ (Abbildung 4.18) statt. Auch hier sollten Sie gegebenenfalls daran denken, die angelegten Verbindungen wiederum als Preset abzuspeichern ❷.

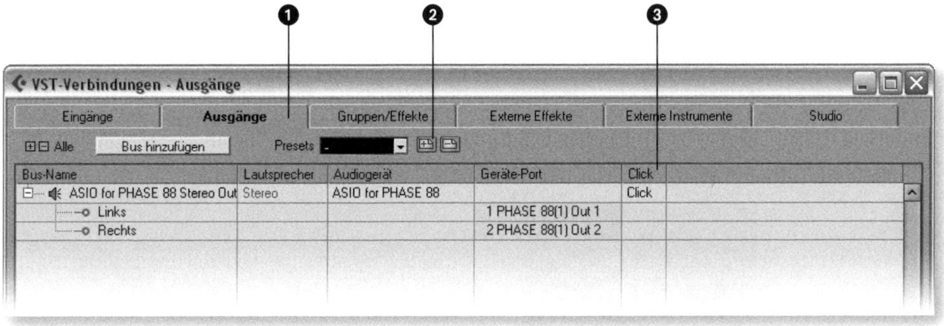

Rechts neben der Spalte, in welcher der Geräte-Port angezeigt wird, finden Sie die Click-Spalte ❸. In dieser können Sie festlegen, auf welchen Bussen auch der Klick des Metronoms ausgegeben werden soll. Sie aktivieren dabei den Klick stets für den kompletten Bus, nicht aber für einen einzelnen Kanal des Busses.

▲ **Abbildung 4.18**
Auch Übersicht und Organisationshilfe – Ausgänge im Dialog VST-VERBINDUNGEN – AUSGÄNGE

Außerdem sollten Sie unbedingt rechtzeitig testen, ob die angelegten Ein- und Ausgänge der VST-Verbindungen auch tatsächlich funktionieren. Sollten Sie eine falsche Zuweisung erst während einer Aufnahmesituation feststellen, kann es bei mehreren Spuren zu einem zeitraubenden Unterfangen werden, den Fehler im System zu lokalisieren.

Weitere Bustypen | Über das Einrichten der virtuellen Ein- und Ausgänge hinaus können Sie auch weitere Busse anlegen, die dann von Cubase automatisch im Mischpult als eigenständige Kanäle und im Sequenzerbereich als separate Spuren angelegt werden.

Gruppen/Effekte | Auf diese Weise können Sie etwa Gruppen- und Effektspuren im Dialog VST-VERBINDUNGEN übersichtlich verwalten.

Dies ist vor allem dann eine sehr gute Lösung, wenn Sie sehr viele Gruppen oder Effektspuren geöffnet haben. Je weiter Ihr Projekt anwächst und je mehr Sie die Reihenfolge verwendeter Spuren, Gruppen- und Effektspuren im Sequenzer (und damit auch im Mischpult) umgeordnet haben, desto schwieriger wird es, den Überblick über die angelegten Busse und deren Spuren bzw. Kanäle zu behalten. Diese sind dann mitunter kaum wieder zu finden. Da Sie die Busse im Dialog VST-VERBINDUNGEN hingegen nach Rubriken geordnet anschauen können, fällt es hier deutlich leichter, sich eine Übersicht zu verschaffen. Für eine schnellere Identifizierung des Kanaltyps finden Sie vor der Busbezeichnung in der Spalte BUSNAME auch das zugehörige Symbol für den Typ der zugehörigen Mixerkanäle.

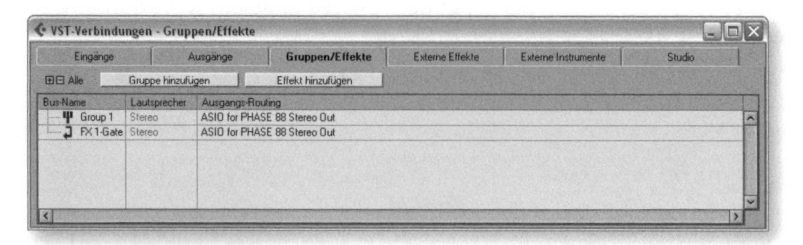

Abbildung 4.19 ▶
Alle Gruppen- und Effektspuren auf einen Blick

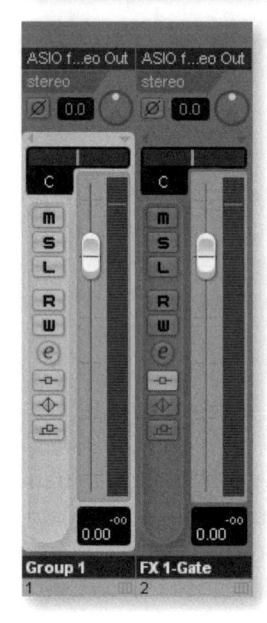

Abbildung 4.20 ▶
Spuren und Kanäle für Gruppen und Effekte werden automatisch beim Anlegen von Gruppen- und Effekt-Bussen mitgeöffnet.

Externe Effekte | Während Sie im Bereich GRUPPEN/EFFEKTE Busse für den rein internen Datenfluss von Cubase zuweisen können, reichen die Verbindungsmöglichkeiten der Sektion EXTERNE EFFEKTE weiter. Hier legen Sie über den Button EXTERNEN EFFEKT HINZUFÜGEN ❶ kombinierte Busse für die Send- und Return-Verbindungen von Cubase an.

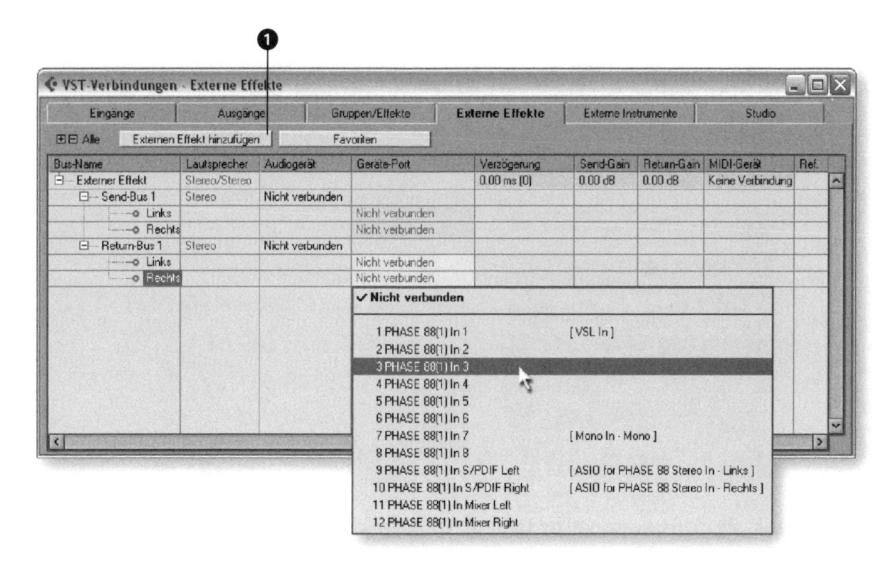

Auf diese Weise ist es Ihnen möglich, Effektgeräte in Ihre Produktion einzubeziehen, die sich nicht nur außerhalb der Software, sondern sogar außerhalb der DAW befinden. Dabei wird das Audiosignal nicht in ein Effekt-PlugIn eingespeist, sondern an einen Audio-Ausgang Ihrer DAW weitergeleitet und von einem weiteren zuweisbaren Audio-Eingang wieder in Cubase zurückgeführt. Bitte beachten Sie, dass diese Funktion nicht in der Programmversion Cubase Studio 4 verfügbar ist.

▲ **Abbildung 4.21**
So weisen Sie den Bussen externer Effekte neue Geräte-Ports zu.

[«]

Wozu benötige ich externe Effekte?

Nicht nur Cubase bietet Ihnen zahlreiche hochwertige Effekt-PlugIns, sondern auch die virtuellen Effekte anderer Hersteller weisen oftmals einen hohen Audio-Standard auf. Nicht selten verfügen Sie als Anwender aber auch über Outboard-Equipment, das Sie in Ihren Studioracks installiert haben. Um diese Geräte in den Produktionsprozess mit Cubase einbinden zu können, ist es erforderlich, dass Sie einige der Ein- und Ausgänge Ihrer Soundkarte oder Ihres Audio-Interfaces für die Verbindung mit den Cubase-Bussen der externen Effekte nutzen. Auf diese Weise können Sie Ihr virtuelles Softwarestudio im Bereich der Signalbearbeitung um »greifbare« Hardware erweitern.

Um Busse für externe Effekte anlegen und nutzen zu können, benötigen Sie eine mehrkanalige Soundkarte/Audio-Interface, ein Hardware-Effektgerät und die Step-Anleitung, die Sie weiter unten finden.

Externe Effekte hinzufügen | Beim Hinzufügen von Buskombinationen für externe Effekte erscheint ein Dialog, in dem Sie in einem Textfeld den übergeordneten Busnamen vergeben können. Darunter legen Sie die Konfiguration der zum externen Effekt zugehörigen Send-Busse fest. Über diese Busse werden Audiodatenströme zur Verarbeitung außerhalb von Cubase herausgesendet. Das Gegenstück, die Konfiguration der zum externen Effekt zugehörigen Return-Busse, befindet sich gleich darunter. Über diese Busse werden die extern bearbeiteten Audiodatenströme an Cubase zurückgesendet.

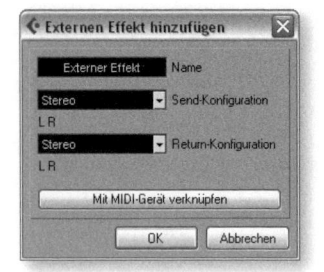

Abbildung 4.22 ▶
Erweitertes Auswahlmenü für Send- und Return-Busse »nach draußen«

Bus-Performance verbessern | Im Bereich der externen Effekte finden Sie im Fenster VST-VERBINDUNGEN neben den bekannten Einträgen zu Busnamen, Lautsprechern, Audiogerät und Geräte-Port außerdem zusätzliche Infospalten, über die Sie die Performance der jeweiligen Ein- und Ausgänge modifizieren können.

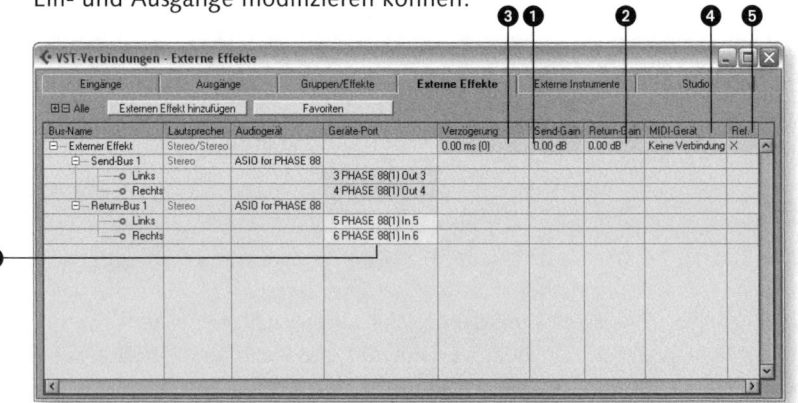

Abbildung 4.23 ▶
Busse für externe Effekte anlegen

Hierzu zählt neben der Auswahl für den Verstärkungsgrad der Effekt-Aus- und Eingänge (Send- ❶ und Return-Gain ❷) auch ein Eingabefeld für den Wert der Signalverzögerung des Busses in Millisekunden ❸. Wenn Sie hier den Wert der konstanten Gerätelatenz Ihres externen Effektgeräts angeben, kann Cubase bei diesem Bus mit einem Verzögerungsausgleich arbeiten, der die Synchronisation der Audio-Signale gewährleistet. In den Einträgen der Spalte MIDI-GERÄT können Sie einem Bus ein vorhandenes MIDI-Gerät zuweisen ❹, während die Spalte REF. ❺ darüber Auskunft gibt, ob ein externer Effekt zurzeit von Ihnen als aktiver Insert-Effekt genutzt wird und deshalb nicht verzichtbar ist. Ist dies der Fall, so wird hier ein »X« angezeigt und der gesamte Busverbund des externen Effekts kann nicht entfernt werden.

Manuelle Bus-Zuweisung erforderlich | Entgegen den VST-Verbindungen von Aus- und Eingängen werden die Busse für externe Effekte nicht automatisch vergeben, sondern warten auf eine manuelle Zuweisung. Klicken Sie auf die Fragezeichen-Einträge in der Spalte Geräte-Port ❻, um eine neue Zuweisung vorzunehmen. Geräte-Ports, die Sie bereits in den Bereichen der VST-Eingänge und -Ausgänge vergeben haben, stehen bei der Buszuweisung für externe Effekte nicht mehr zur Verfügung.

Externe Effekte in der Liste der Verbindungs-Slots | Haben Sie Busse für die Sends und Returns externer Effekte eingerichtet, können Sie auf diese über die Verbindungs-Slots von Mischpult, Inspector oder über die VST-Audiokanaleinstellungen zugreifen. In der folgenden Abbildung sehen Sie, dass der Eintrag des externen Effekts in der Liste der verfügbaren Effekte hinzugefügt wurde und dort nun wie seine virtuellen Pendants verfügbar ist.

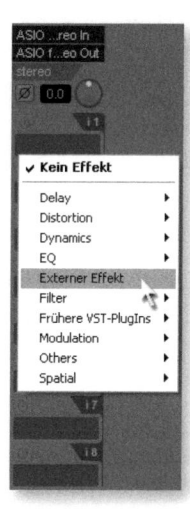

◀ **Abbildung 4.24**
Auswahl des externen Effekts aus der Effektliste

Schritt für Schritt: Externe Effekte einbinden

1 *Hardware-Verbindungen herstellen*
Verbinden Sie die Ein- und Ausgänge Ihrer Soundkarte bzw. Ihres Audio-Interfaces mit den Aus- und Eingängen des Effektgeräts, das Sie in Cubase nutzen möchten.

2 *VST-Verbindungen einrichten*
Öffnen Sie das Menü Geräte • VST-Verbindungen. Wählen Sie dort die Registerkarte Externe Effekte und erzeugen Sie über den But-

ton EXTERNEN EFFEKT HINZUFÜGEN eine neue Bus-Kombination für die Hardware-Weiterleitung von Sends und Returns.

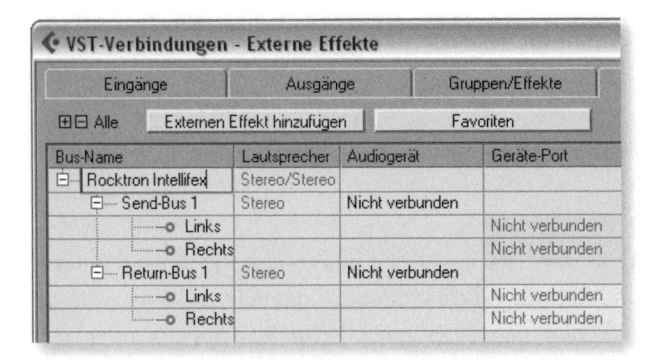

Legen Sie im Dialog EXTERNEN EFFEKT HINZUFÜGEN die Kanaleigenschaften für die neue Bus-Kombination von Effekt-Sends und -Returns fest. Vergessen Sie nicht, im Namensfeld eine sinnvolle Bezeichnung für die neue Bus-Kombination einzugeben (z. B. Name des externen Effektgeräts).

3 Bus-Eigenschaften auswählen

Weisen Sie jedem Kanal der neu angelegten Busse im Dialog VST-VERBINDUNGEN je einen Geräte-Port Ihrer Soundkarte bzw. Ihres Audio-Interfaces zu (Ausgänge für Sends und Eingänge für Returns).

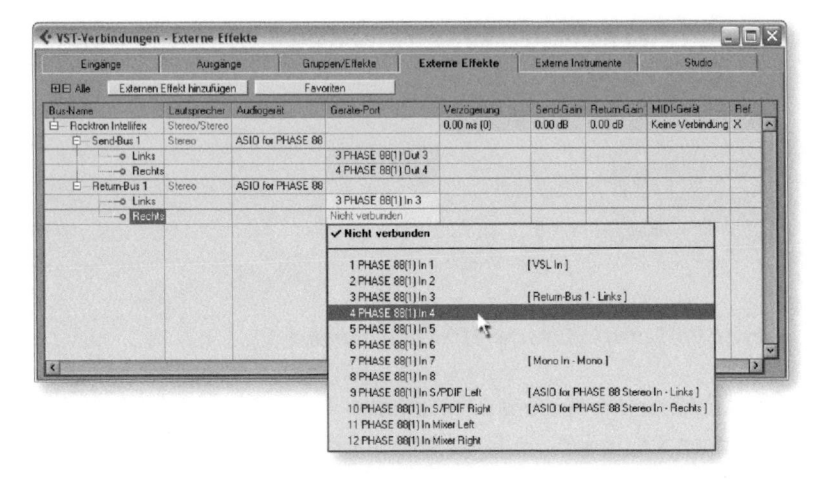

4 Externen Effekt im Projekt ansprechen

Wählen Sie den externen Effekt aus der Liste der verfügbaren Effekte über die Verbindungs-Slots von Mischpult, Inspector oder die VST-Audiokanaleinstellungen (EXTERNE EFFEKTE • [EFFEKTNAME]).

Sind alle Hard- und Software-Verbindungen richtig eingerichtet, sollte das Effektgerät nun über die Audioausgänge Ihrer Soundkarte oder Ihres Audio-Interfaces mit dem Signal der gewählten Audiospur angesteuert werden. ■

Externe Effekte und MIDI-Geräte kombinieren | Wenn Sie einen externen Effekt zu den bestehenden Busverbindungen hinzufügen, finden Sie im unteren Bereich des Dialogs eine Schaltfläche MIT MIDI-GERÄT VERKNÜPFEN. Externe Effektgeräte, deren Parameter Sie über MIDI steuern können, lassen sich auf diese Weise von Cubase aus automatisieren. So lassen sich etwa Programmwechsel programmieren, durch die ein Multi-Effektgerät innerhalb Ihres Cubase-Projekts beispielsweise an einer Stelle als Reverb, an einer anderen als Delay fungieren kann.

Externe Insert- und Send-Effekte | Externe Effekte können Sie als Insert- oder auch als Send-Effekte nutzen. Im letzteren Fall müssen Sie für den externen Effekt in Cubase einen eigenen Effektkanal anlegen und den anzusprechenden externen Effekt dort einem Insertslot zuweisen. Vergessen Sie bei externen Effekten, die Sie als Send-Effekt nutzen, nicht, dass der abgelegte Effektkanal über den Send-Weg eines Audiokanals angesprochen werden muss. Regeln Sie hier zuerst den Signalpegel für den Sendweg auf 0 dB, um einen ausreichenden Arbeitspegel gewährleisten zu können.

Arbeitspegel externer Effektgeräte | Um externe Effektgeräte mit einem optimalen Arbeitspegel versorgen zu können, haben Sie die

Möglichkeit, den Send-Gain zu erhöhen. Der entsprechende Dialog erscheint beim Auswählen des externen Effekts aus der Effekteliste. In der Regel wird es aber nicht notwendig sein, diesen Wert zu verändern. Nutzen Sie zum Ansprechen des externen Effekts zuerst den Kanalregler für den zugehörigen Send-Pegel. Reicht der Eingangspegel am externen Effektgerät immer noch nicht aus, um den Effekt anzusprechen, sollten Sie als Nächstes versuchen, den Pegel am Eingang des externen Effekts selbst anzupassen. Erst danach sollten Sie zur Anpassung des Send-Gains greifen. Gleiches gilt für die Effekt-Returns: Steuern Sie zuerst an der Hardware selbst nach, bevor Sie auf die Busverstärkung zurückgreifen.

Verzögerung ausgleichen | Die Werte für die Verzögerung des externen Effektgeräts finden Sie übrigens in dessen Handbuch oder Dokumentation. Außerdem haben Sie im Quick-Kontextmenü eines Bus-Eintrags auch die Möglichkeit, einen angemessenen Verzögerungsausgleich des externen Effekts über einen dafür bereitgestellten Befehl ❶ von Cubase berechnen zu lassen.

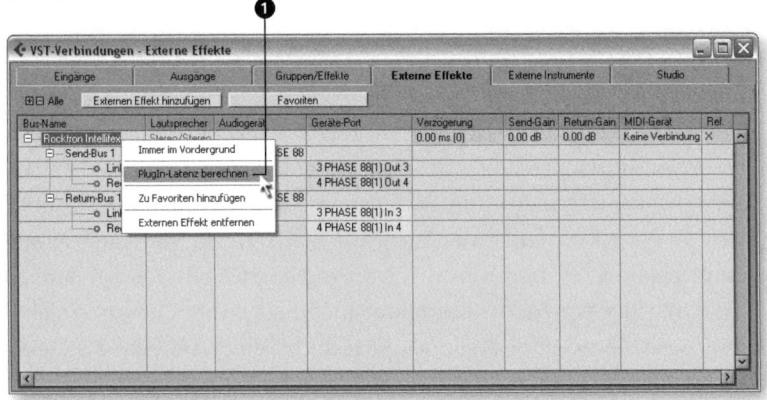

Abbildung 4.25 ▶
Quick-Kontextmenü für Busse externer Effekte

Externe Instrumente | Ebenso wie Sie externe Effekte hinzufügen können, können Sie auf der Registerkarte EXTERNE INSTRUMENTE des Dialogs VST-VERBINDUNGEN auch externe Instrumente anlegen. Diese können Sie dann von Cubase aus ähnlich ansprechen wie virtuelle Instrumente. Bitte beachten Sie, dass auch diese Funktion nicht in der Programmversion Cubase Studio 4 verfügbar ist.

Return-Busse für externe Instrumente anlegen | Dabei legen Sie über den Weg GERÄTE • VST-VERBINDUNGEN im genannten Dialog über den Button EXTERNES INSTRUMENT HINZUFÜGEN Return-Busse an, über die Sie die Audioausgänge des externen Instruments in die Projektumgebung von Cubase integrieren können.

Auf diese Weise können Sie etwa auf ein Mischpult außerhalb von Cubase verzichten und die Audiosignale eines externen Instruments unmittelbar mit der komfortablen Mixerautomation von Cubase steuern.

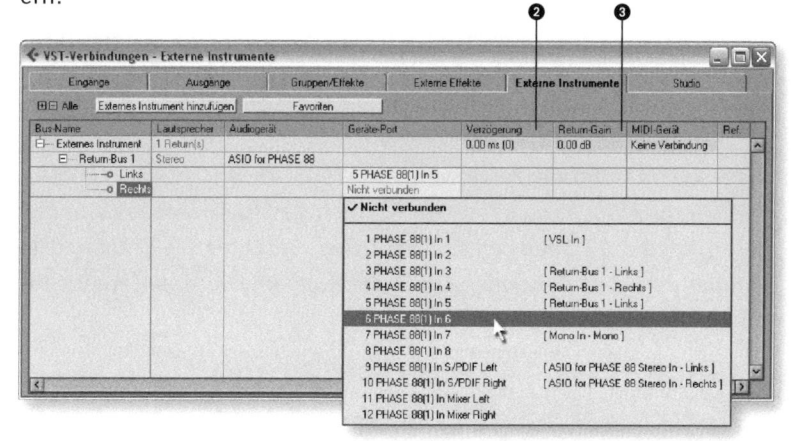

◀ **Abbildung 4.26**
Soundkarten-Eingänge als Geräte-Ports für die Return-Busse externer Instrumente festlegen

Wie Sie in Abbildung 4.26 sehen können, steht Ihnen auch im Geräte-Menü für externe Instrumente eine Eingabemöglichkeit zur Veränderung der Verzögerungszeit ❷ wie auch der Verstärkung der Signalrückführung (Return-Gain ❸) zur Verfügung. Für das Nachjustieren des Return-Gains sollten Sie sich dieselben Grundsätze zu Herzen nehmen, die Sie oben zum Einstellen externer Effekte finden.

Der Dialog zum Hinzufügen eines externen Instruments unterscheidet sich durch die Beschränkung der Vorgabe von Kanaltypen geringfügig von den übrigen Hinzufügen-Dialogen. Wie in Abbildung 4.27 zu sehen, können Sie separate Mono-Kanäle oder kombinierte Stereo-Paare als Return-Busse anlegen.

◀ **Abbildung 4.27**
Auswahl der Returns für externe Instrumente

Steuerung über MIDI | Da Sie auch für die Busse externer Instrumente eine Verknüpfung mit MIDI-Geräten erstellen können, fällt die Steuerung dieser Instrumente leicht. Die Verknüpfung mit einem MIDI-Gerät ist hierfür aber nicht zwingend notwendig. Sie können das externe Instrument auch über den herkömmlichen MIDI-Ausgangs-Port einer MIDI-Spur ansteuern.

Studio | Hinter der Registerkarte STUDIO verstecken sich die Einstellmöglichkeiten für den Control Room. Dieser bietet Ihnen verschiedene Wege, in Recording- und Bearbeitungssituationen Audiosignale auf bestimmten Kanälen mithören zu können. Um den Control Room zu aktivieren, der standardmäßig in Cubase ausgeschaltet ist, müssen Sie auf der Registerkarte STUDIO den Button CONTROL ROOM AUSSCHALTEN deaktivieren. Daraufhin erscheint in der Busliste des Dialogs ein Bus, der es Ihnen ermöglicht, im Control Room-Mixer einen Stereo-Kanal mit einem Monitormix zu verwenden.

[»] Weitere Informationen zu den Kanälen des Control Rooms finden Sie im Kapitel 12 über den Cubase-Mixer. Beachten Sie jedoch, dass Sie über den Control Room nicht in der Programmversion Cubase Studio 4 verfügen.

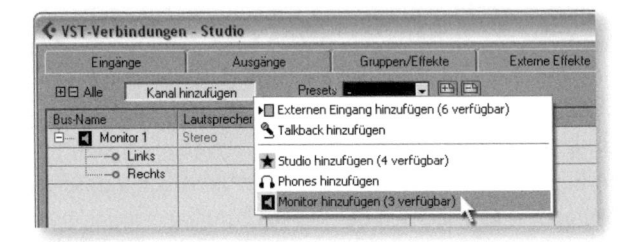

Abbildung 4.28 ▶
Die Audition-Busse auf der Registerkarte STUDIO

[»] **Sub-Busse |** Als Sub-Busse werden in Cubase solche Busse bezeichnet, die zur Weiterleitung von Bus-Kombinationen von Surround-Kanälen auf Stereo-Kanäle dienen. Dies ermöglicht Ihnen beispielsweise das Abhören von Surround-Kanälen über Stereo-Monitorlautsprecher. Sub-Busse gehören nur zur Ausstattung der Programmversion Cubase.

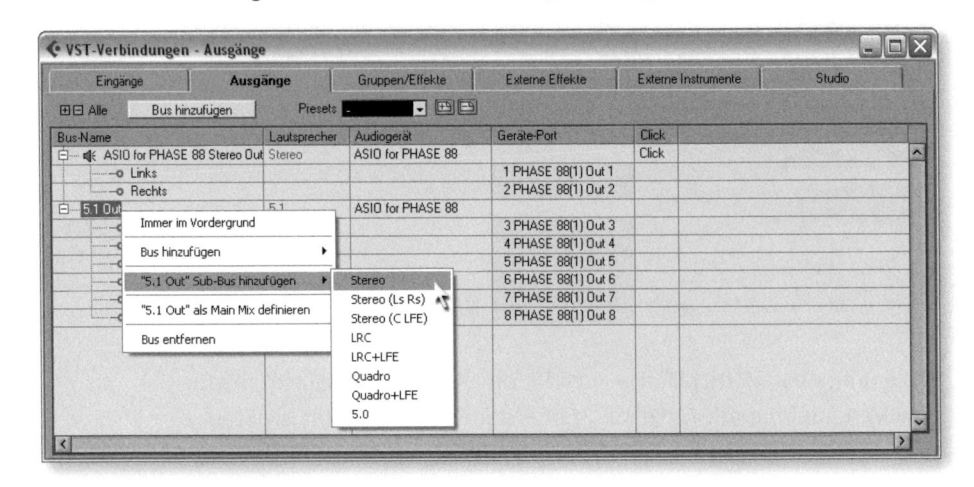

Abbildung 4.29 ▼
Sub-Busse einrichten

Sub-Busse für Surround-Busse anlegen | Um in einem Surround-Setup Sub-Busse anzulegen, öffnen Sie zunächst im Dialog VST-VER-

BINDUNGEN auf der Registerkarte AUSGÄNGE über einen Rechtsklick auf die Lautsprecherangabe (z. B. 5.1) das Quick-Kontextmenü in der Spalte LAUTSPRECHER. Wenn Sie den Eintrag SUB-BUS HINZUFÜGEN wählen, können Sie aus der daraufhin erscheinenden Unterauswahl diejenigen Bus-Kombinationen des 5.1-Bussystems wählen, die als gemeinsamer Ausgangsbus verwendet werden können sollen.

4.3.4 Audiospuren einrichten

Nachdem Sie Ihre Soundkarte oder Ihr Audio-Interface installiert haben und für die notwendige Kommunikation der Software mit der Audio-Hardware gesorgt haben, kommen wir nun zum Einrichten der Audiospuren.

Die Kanaleinstellungen für die Audio-Eingänge können Sie überall dort vornehmen, wo Ihnen die dafür benötigten Auswahl-Slots zur Verfügung stehen: im unteren Bereich des Übersichtsfelds des Inspectors, oberhalb des Kanalzugs in den VST-Audiokanaleinstellungen und im oberen Bereich des Mixers (sofern dargestellt). Gleiches gilt auch für die zugehörigen Ausgänge von Kanälen.

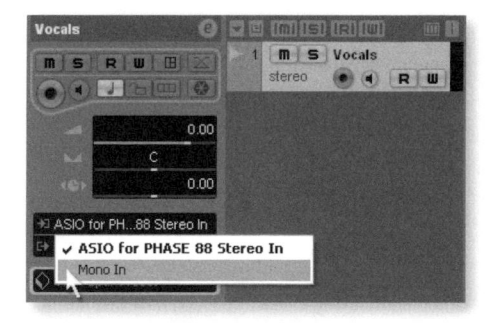

◀ **Abbildung 4.30**
Spureneingang über den Inspector festlegen

▼ **Abbildung 4.30**
Ausgänge einrichten über die Audiokanaleinstellungen

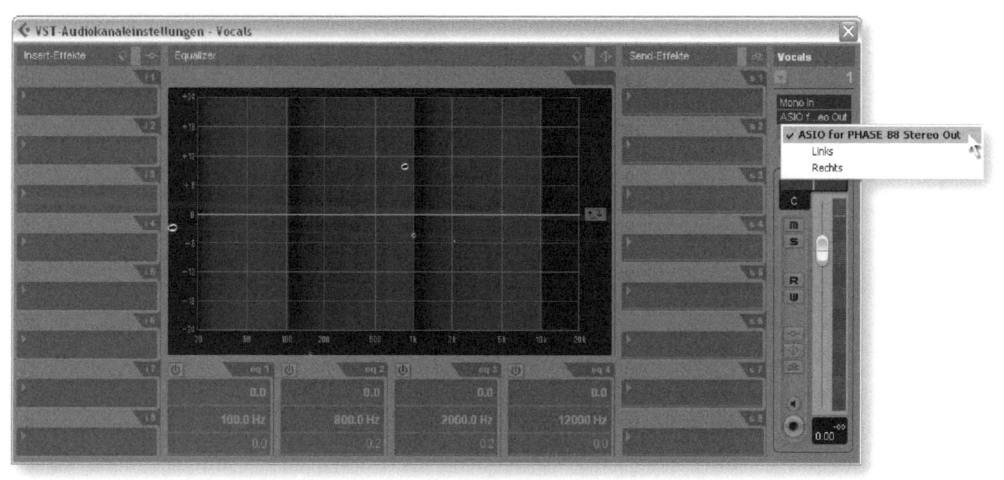

Audio-Verbindungen **97**

Sollte im Mixer die Routingsektion nicht angezeigt werden, so können Sie deren Darstellung durch einen Mausklick auf den Erweiterungspfeil in der linken oberen Ecke des Mixers erreichen. Sofern Sie eine kleine Mixerdarstellung ohne FX/EQ-Anzeige gewählt haben, wird zuerst eine Mixererweiterung vorgenommen, die diese Elemente enthält, und erst nach Betätigung des zweiten Erweiterungspfeils die Routingsektion dargestellt.

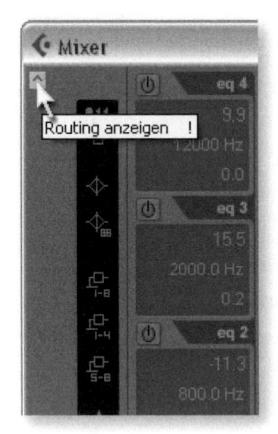

Abbildung 4.31 ▶
Routingsektion im Mixer einblenden

5 Effekte und VST-Instrumente

Nachdem Sie im vorangehenden Kapitel gesehen haben, auf welche Weise Sie Ihre Hardware-Umgebung einrichten, erfahren Sie nun, wie Sie die angelegten Busse in einem Projekt nutzen können. Am besten stellen Sie sich das Vorgehen dabei so vor:

Beim Einrichten der Audio-Hardware stellen Sie virtuelle Kanäle bereit. Geradezu so, als ob Sie Buchsen in ein Mischpult o. Ä. bauen würden. Das konkrete Routing zwischen Bussen entspricht in diesem bildhaften Vergleich dann dem Stecken von Kabeln in die zuvor neu eingebauten Buchsen. Auch wenn der Vergleich selbstverständlich ein wenig hinkt, so zeigt er doch die deutliche Trennung der beiden Bereiche.

Für das Einbinden von Effekten existieren verschiedene Konzepte, die ich Ihnen in diesem Kapitel vorstellen möchte.

5.1 Interne FX-Verbindungen

Beim Hinzufügen und Nutzen von Effekten müssen zwei verschiedene Einbindungsmöglichkeiten für Effekte unterschieden werden. Zum einen können Sie Effekte über den Insert-Weg einschleifen, zum anderen über den Send-Weg ansteuern. Im ersten Fall wird der Signalfluss eines Kanalzugs unterbrochen und das abgezweigte Signal an einen Effekt weitergeleitet, dessen Ausgang wiederum zurück in den Kanalzug geleitet wird.

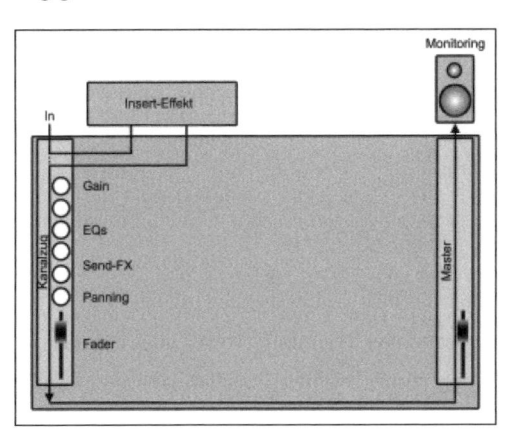

◄ **Abbildung 5.1**
Abzweigung im Kanalzug mit Insert-Effekt

Im Fall eines Send-Effektes wird hingegen der Signalfluss nicht unterbrochen, sondern lediglich ein Signal aus dem Kanalzug herausgeleitet und einem separaten Effektkanal zugeführt. Dieser Effektkanal muss dann seinerseits wiederum Insert-Effekte zur Bearbeitung des in ihn eingespeisten Audiosignals enthalten.

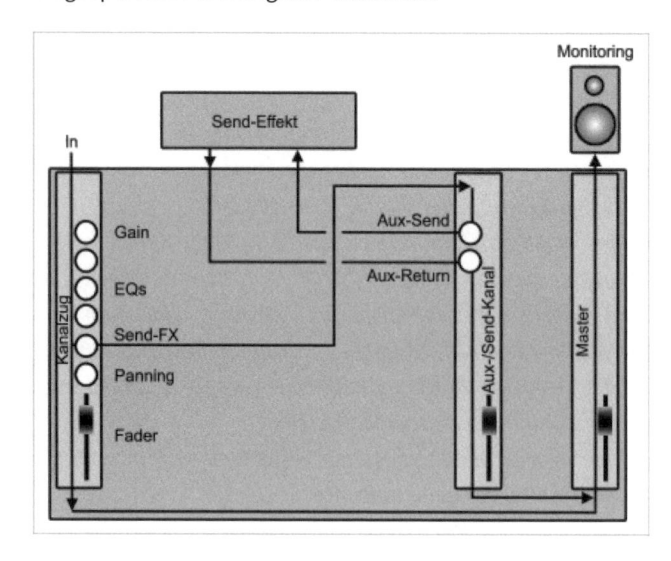

Abbildung 5.2 ▶
Herausführung aus Kanalzug mit Send-Effekt (Pre-Fader)

Die Abbildungen 5.1 und 5.2 verdeutlichen Ihnen den Unterschied der beiden Effekteinbindungen. Typische Effekte, die im Insert-Weg genutzt werden, sind etwa Kompressoren, Limiter oder Noisegates. Typische Effekte für die Einbindung über Send-Wege sind solche, bei denen ein bearbeiteter Signalanteil dem Originalsignal hinzugefügt werden soll, wie es zum Beispiel bei der Verwendung von Hall, Delay oder Modulationseffekten (Chorus, Flanger etc.) der Fall ist.

5.1.1 Inserts

Um Insert-Effekte einzubinden, müssen Sie diese in einem Insert-Slot öffnen. Insert-Slots finden Sie im Mixer oberhalb des Faderbereichs. Eventuell müssen Sie dessen Darstellung noch durch Anklicken des Erweiterungskreuzes aktiveren.

[▪] *Schritt für Schritt: Insert-Effekte öffnen*

[o]
Schritt für Schritt
– Insert-Effekte
öffnen.cpr

1 Kanal anlegen
Legen Sie über das Kontextmenü der Spurspalte oder über das Menü PROJEKT • SPUR HINZUFÜGEN einen Audio-, Instrumenten-, Effekt- oder Gruppenkanal an.

2 Auswahlliste öffnen

Öffnen Sie den Cubase-Mixer über die Taste `F3` und lassen Sie ggf. alle Inserts einblenden ❶. Klicken Sie nun mit dem Mauszeiger in den gewünschten Insert-Slot ❷, um die Auswahlliste der zur Verfügung stehenden Effekte anzeigen zu lassen.

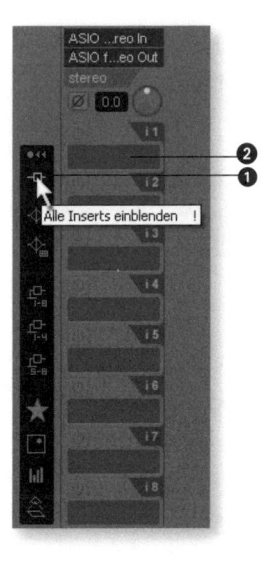

3 Effekt öffnen

Wählen Sie einen Eintrag oder Untereintrag aus der Liste.

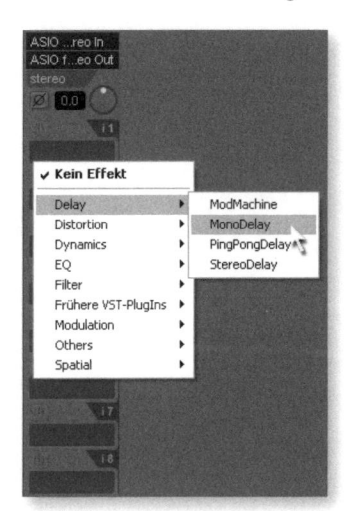

4 Arbeiten mit dem Effekt

Der Effekt wird in den Slot geladen ❸ und seine Bedienoberfläche öffnet sich automatisch ❹, um Ihnen das Einstellen der Effektparameter zu ermöglichen.

Ein weiterer Weg zum Einbinden von Insert-Effekten führt über die gleichnamige Registerkarte im Inspector.

> **Effektliste ordnen**
>
> Beachten Sie, dass die Anordnung und Bezeichnung der Einträge weitgehend der Ordnerstruktur entspricht, die Sie im Windows-Ordner VST-PLUGINS angelegt haben. Um einen Effekt in eine Gruppe einzuordnen (z. B. Dynamikeffekte oder Psychoakustik-Prozessoren), können Sie im Explorer eine entsprechende Ordnerstruktur erzeugen, deren Hierarchie dann in der Liste der verfügbaren Effekte automatisch übernommen wird.

Verschiedene Insert-Einbindungen | Zur Schaltungs- und damit auch zur Wirkungsweise von Effekten in den Insert-Slots von Cubase und Cubase Studio bedarf es einiger Erläuterungen. Werfen Sie hierfür zum besseren Verständnis einen Blick auf Abbildung 5.3 und 5.4.

Abbildung 5.3 ▶
Signalfluss der Insert-Kanaleinbindung in Cubase 4

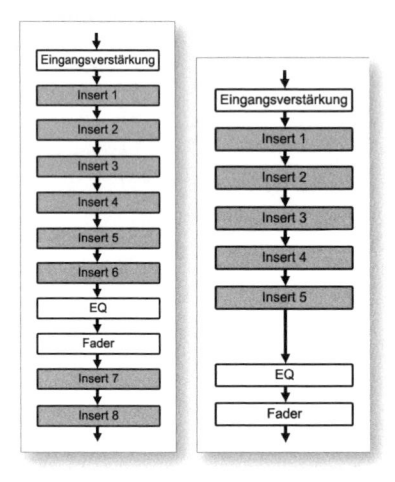

Abbildung 5.4 ▶▶
Signalfluss der Insert-Kanaleinbindung in Cubase Studio 4

Wie Sie sehen, bieten Ihnen beide Programme unterschiedliche Anordnungen der möglichen Insert-Einbindungen. Während in der Programmversion Cubase sowohl Insert-Slots verfügbar sind, die Pre-Fader **und** Post-Fader geschaltet sind, stehen für Sie in Cubase Studio 4 lediglich Pre-Fader-Inserts bereit. Doch was heißt das für die Praxis?

Post-Fader-Inserts | Da Insert-Effekte, die per Post-Fader eingebunden sind, das Signal auch nach dem Fader beeinflussen, eignet sich die Post-Fader-Einbindung hervorragend um hierüber solche Effekte einzubinden, die entweder keinen Einfluss auf den Signalpegel nehmen oder aber solche, die den Signalpegel begrenzen, wie beispielsweise Limiter. Durch das Einbinden eines Limiters als Post-Fader-Insert können Sie z. B. das Übersteuern eines Kanals verhindern.

Pre-Fader-Inserts | Mit Insert-Effekten, die Pre-Fader geschaltet sind, beeinflussen Sie das Signal ausschließlich vor der Equalizer-Sektion und dem Lautstärkeregler eines Kanals. Aus diesem Grund können Sie die Pre-Fader-Einbindung von Insert-Effekten bestens dazu nutzen, um Signale aufzubereiten, damit diese optimal in der Equalizer-Sektion bearbeitet werden können. So könnte es sich im ersten Fall beispielsweise um ein Noisegate oder einen De-Clicker handeln, in letzterem z. B. um einen Kompressor.

5.1.2 Sends

Für das Einbinden von Send-Effekten hingegen müssen Sie in Cubase sozusagen »um die Ecke denken«. Denn diese müssen Sie im Insert-Slot eines Effektkanals öffnen.

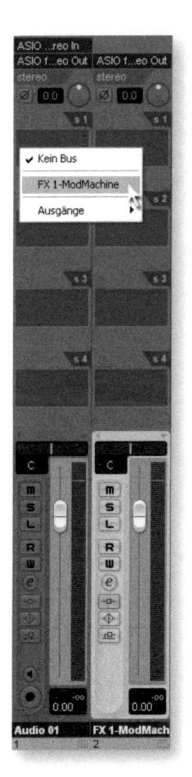

◄ **Abbildung 5.5**
Für FX-Verbindungen benötigen Sie zuvor angelegte Effektkanäle.

[**⇒**] *Schritt für Schritt: Send-Effekte einbinden*

[○]
Schritt für Schritt
– Send-Effekte
einbinden.cpr

1 Effektkanal erzeugen
Legen Sie zunächst eine neue Spur bzw. einen neuen Kanal an und wählen für diesen als Typ EFFEKTKANAL aus.

2 Auswahlliste öffnen
Durch Auswahl eines VST-PlugIns können Sie im EFFEKTKANALSPUR-HINZUFÜGEN-Dialog einen Insert-Effekt in den Effektkanal einbinden. Klicken Sie mit dem Mauszeiger in den Bereich EFFEKT, um die Auswahlliste der zur Verfügung stehenden Effekte anzeigen zu lassen, und wählen Sie den Effekt Ihrer Wahl aus.

3 Arbeiten mit dem Effekt
Der Kanal wird erstellt, der Effekt in den Slot geladen und seine Bedienoberfläche automatisch angezeigt, um Ihnen das Einstellen der Effektparameter zu ermöglichen.

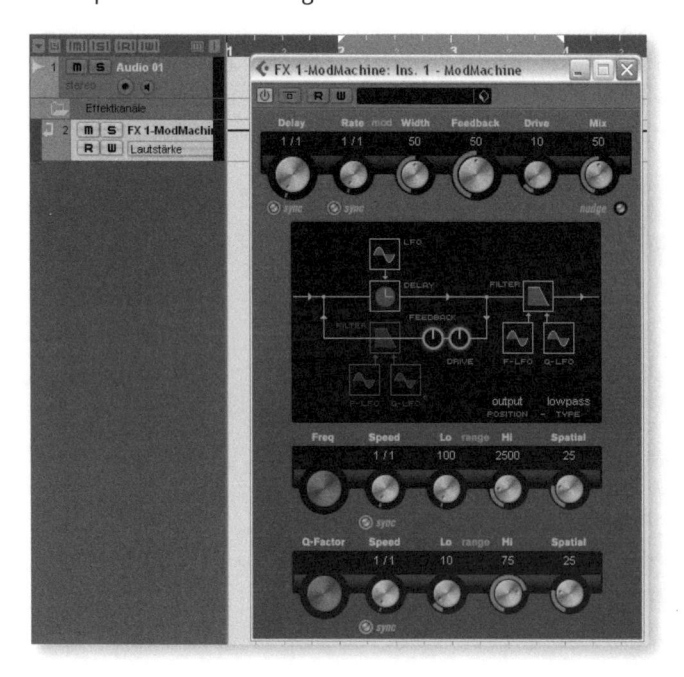

4 Send-Pegel regulieren
Um den Effektkanal mit einem Signal aus dem Send-Slot eines Audiokanals anzusteuern, müssen Sie den Effektkanal über den Send-Slot des »Quell«-Kanals ansteuern, den Send-Slot ❶ aktivieren und den zugehörigen Send-Pegel ❷ einstellen, der die Lautstärke des zum Effektkanal gesendeten Signals regelt.

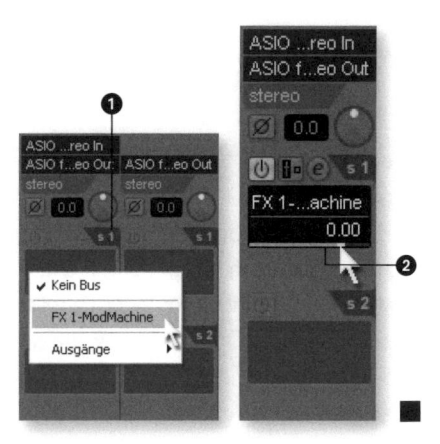

5.2 Interne VSTi-Verbindungen

Wenn Sie Cubase als Neuling nutzen, wird Ihnen die Abkürzung »VSTi« eventuell nicht geläufig sein. Sie steht für »Virtual Studio Technology Instrument« (»Instrument der virtuellen Studio-Technologie«). Damit haben Sie auch bereits das wichtigste Merkmal dieser Instrumente kennen gelernt: Sie sind virtuell und existieren somit »nur« innerhalb Ihrer DAW. Es handelt sich dabei um Software-Synthesizer oder Software-Sampler, die Sie über zugeordnete MIDI-Spuren mit Daten »füttern« (ansprechen).

Das ist zum einen erfreulich, weil Sie in Ihrem Studio oder Homestudio auf diese Weise Platz sparen, den Sie für etliche Klangerzeuger hätten einplanen müssen. Andererseits müssen Sie allerdings auch mit einem erhöhten Aufwand für Ihre DAW rechnen, da sämtliche Algorithmen zur Erzeugung von Klängen durch Berechnungen vom Rechner ausgeführt werden. Virtuelle Instrumente können deshalb neben der CPU auch den Arbeitsspeicher stark in Anspruch nehmen. Hierbei können Sie grob davon ausgehen, dass virtuelle Instrumente, die Samples verarbeiten, ebenso wie solche, die eine eigene interne Effektsektion nutzen, in der Regel eine stärkere Belastung des RAMs Ihrer DAW verursachen.

Maximale Anzahl | In Cubase können Sie bis zu 64 solcher virtueller Instrumente innerhalb eines Projekts zugleich nutzen, vorausgesetzt natürlich, dass Ihre DAW mit der dadurch entstehenden Belastung von CPU und RAM umgehen kann. Mehr Schnittstellen-Slots stehen Ihnen im Fenster VST-INSTRUMENTE nicht zur Verfügung. (In der Programmversion Cubase Studio sind es immerhin bis zu 32 virtuelle Instrumente, die Sie zeitgleich nutzen können.)

Bei der Installation von Cubase werden verschiedene Instrumente bereits automatisch mitinstalliert.

5.2.1 Virtuelle Instrumente laden

Um ein VSTi nutzen zu können, müssen Sie diese für die Verwendung innerhalb von Cubase erst aktivieren. Wie schon bei den Effekten, die Sie in Effekt-Slots geladen haben, so laden Sie auch VSTi in Slots. Diese befinden sich unter VST-INSTRUMENTE, die Sie über den Weg GERÄTE • VST-INSTRUMENTE oder mit der Funktionstaste [F11] öffnen können. Legen Sie ein neues Gerät an, können Sie wählen, ob für dieses VSTi eine neue MIDI-Spur geschaffen werden soll, welcher das Instrument automatisch zugewiesen wird.

Abbildung 5.6 ▶
Slots für die VST-Instrumente

Zu Beginn sind die einzelnen Slots natürlich noch leer, sobald Sie aber ein virtuelles Instrument laden, wird dessen Bedienoberfläche zusätzlich zum Fenster VST-INSTRUMENTE geöffnet. In beiden stehen Ihnen dann stets die folgenden Bedienfelder zur Verfügung:

▶ EINFRIEREN

Mit diesem Button ❶ können Sie das virtuelle Instrument einfrieren. Dabei werden Audio-Mixdowns abgespeichert und bei der Wiedergabe Ihres Projekts anstelle der Klangerzeugung abgespielt. Auf diese Weise hilft Ihnen das Einfrieren von Instrumenten, Ressourcen-Engpässe von CPU und RAM zu vermeiden.

▶ AN/AUS

Der AN/AUS-Button ❷ ist selbsterklärend. Beachten Sie aber, dass auch ein ausgeschaltetes virtuelles Instrument durchaus noch Ressourcen Ihrer DAW beanspruchen kann. Dies gilt beispielsweise für Sampler, die nicht auf Echtzeit-Harddisk-Streaming zurückgreifen, sondern benötigte Samples nach erstmaligem Laden von der Festplatte im RAM ablegen.

▶ BYPASS

Mithilfe des BYPASS-Buttons ❸ können Sie die Klangerzeugung eines virtuellen Instruments kurzfristig auf einfache Weise aussetzen.

- VSTi ÖFFNEN
  Dieser Button ❹ entspricht dem Bedienfeld VST-INSTRUMENT BEARBEITEN der VSTi-Mixerkanäle. Hierüber öffnen Sie die Bedienoberfläche eines VSTi, um dessen Parameter zu bearbeiten.
- AUSGÄNGE ZUWEISEN
  Standardmäßig geht Cubase davon aus, dass Sie ein neu angelegtes VST-Instrument lediglich mit einem Mono- bzw. einem Stereokanal verwenden möchten. Nutzen Sie ein virtuelles Instrument, das mehr als diese Anzahl von Kanälen ermöglicht, und wollen Sie diese auch nutzen, so können Sie die gewünschten VSTi-Ausgänge über das Untermenü zuweisen, das sich mit dem Button ❺ unmittelbar neben dem VSTi-Slot öffnet.
- AKTIVITÄTSANZEIGE
  Die Aktivitätsanzeige ❻ kann Ihnen dabei helfen zu erkennen, ob das jeweilige VSTi MIDI-Daten empfängt oder nicht. Ist dies der Fall, so blinkt die Aktivitätsanzeige beim Erhalt von MIDI-Daten kurz auf. Bleibt die Anzeige hingegen ohne Aktivität, ist das ein Indiz dafür, dass das Routing der MIDI-Spuren nicht korrekt ist.
- VSTi-SLOT
  Als Bezeichnerfeld dient Ihnen der VSTi-Slot ❼, über den Sie die virtuellen Instrumente laden können.
- PATCHAUSWAHL
  Über die Patchauswahl ❽ können Sie bei vielen virtuellen Instrumenten Preset-Sounds oder auch Klangsets abrufen. Die Patches setzen sich dabei aus vorgefertigten Kombinationen von MIDI-Programm und -Bank-Befehlen zusammen, die Sie über die zugehörige MIDI-Spur automatisieren können. Auf diese Weise lassen sich beispielsweise Soundwechsel virtueller Instrumente wie Programmwechsel realer MIDI-Instrumente handhaben.
  Die manuelle Auswahl von VSTi-Patches erfolgt entweder über das Fenster VST-INSTRUMENTE, die Kopfleiste des Bedienfeldes eines VSTi selbst oder über das Programmauswahlfeld im Inspector (siehe Abbildung 5.7).
- PRESETWAHL
  Über die PRESETWAHL-Buttons ❾ können Sie zwischen vorhandenen Patches schrittweise wechseln.
- Menü für Speicherfunktionen
  Über das Menü neben dem PRESETWAHL-Button ❿ gelangen Sie in die Preset-Verwaltung für VSTi. Hier können Sie sowohl Bänke als auch Instrumente speichern und laden. Außerdem können Sie über das dortige Menü PRESET SPEICHERN einmal zusammengestellte Instrumentenmodifikationen bequem ablegen.

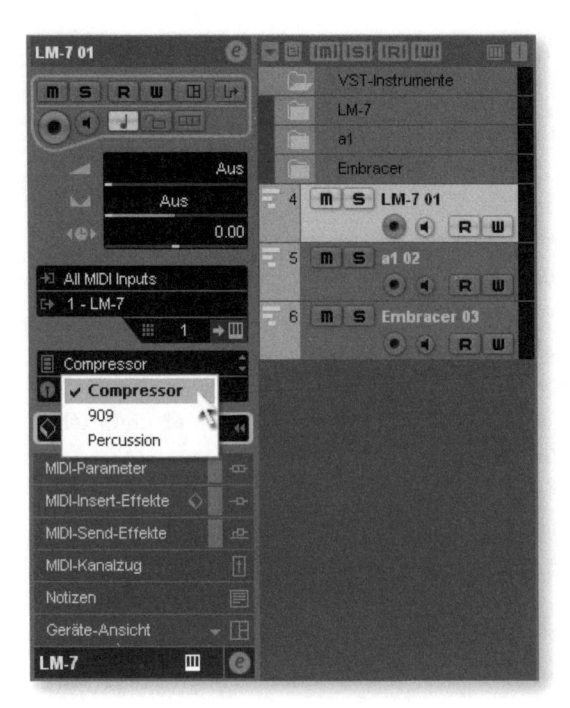

Abbildung 5.7 ▶
Patchauswahl in der Inspector-Spalte

VSTi löschen | Um ein VSTi wieder zu entfernen, wählen Sie in dessen Slot im Fenster VST-INSTRUMENTE den Eintrag KEIN VST-INSTRUMENT. Eine weitere Möglichkeit, VST-Instrumente in Ihren Projekten zu verwenden, führt über das Anlegen von Instrumentenspuren (siehe Abschnitt 6.1.10).

5.2.2 Virtuelle Instrumente im Mixer

Für jedes virtuelle Instrument legt Cubase automatisch beim Öffnen des VSTi zugehörige Mixerkanäle an. Diese befinden sich im Mixer standardmäßig rechts von den Audiospuren. Sie erkennen sie an ihrer hellgrünen Farbe und ihren speziellen Funktionsschaltflächen.

Die zur Verfügung stehenden Buttons kennen Sie bis auf eine Ausnahme bereits von den Mixerkanälen der Audiospuren. Wenn Sie die Schaltfläche VST-INSTRUMENT BEARBEITEN ❶ betätigen, öffnet sich die Bedienoberfläche des Software-Klangerzeugers, sodass Sie Änderungen an dessen Einstellungen vornehmen können.

Wie auch bei Audio-, Effekt- und Gruppenkanälen können Sie auf die Mixerkanäle eines VST-Instruments Insert- und Send-Effekte anwenden oder deren internen Equalizer benutzen.

◄ **Abbildung 5.8**
Mixerkanäle für VSTi (rechts) und zugehörige Audiospuren (links)

Virtuelle Instrumente mit Mehrfachausgängen | Wenn Sie auf ein virtuelles Instrument zurückgreifen, das Ihnen getrennte Einzelausgänge bietet, öffnet Cubase ab Version 4 nicht mehr automatisch die entsprechende Anzahl von zugehörigen Kanälen innerhalb des Mixers.

Das Anlegen und Nutzen von Mehrfachausgängen über den Button AUSGÄNGE VERWALTEN macht sich besonders beim Einsatz von solchen VSTi positiv im Workflow bemerkbar, die mehrere Instrumente zugleich erzeugen. Hierzu zählen etwa Sample- und Synthesizer-Orchester, die Sie auf diese Weise getrennt nach Instrumentengruppen mixen können, sowie Schlagzeug-Sampler, deren Ausgänge Sie somit separat mit Kick-Drum, Snare, HiHat, Toms und Becken belegen können. Auf diese Weise lassen sich in einem Projekt oftmals homogenere Mischverhältnisse erzeugen als durch das Einbinden einer einfachen Stereosumme.

Mehrfachausgänge

Als Tipp sei hier angemerkt, dass Sie durch das Einspeisen von Einzelausgängen in einen Gruppenkanal eine erneute Stereosumme für ein virtuelles Instrument anlegen können. Da die Mixerkanäle virtueller Instrumente in Cubase voll automatisierbar sind, ist das Anlegen von Einzelausgängen besonders dann hilfreich, wenn sich die Mischverhältnisse einzelner Stimmen nicht innerhalb eines VSTi automatisieren lassen. So können Sie das Lautstärke- und Panoramaverhalten wie auch etwaige Effekte oder den Einsatz von Klangfiltern für diese »Instrumentengruppe im Instrument« (z. B. eine Geigensektion innerhalb eines Orchester-Synthesizers oder auch für ein Set innerhalb eines Drumsamplers) voll automatisieren.

5.2.3 Probleme bei der VSTi-Wiedergabe

Wenn beim Spielen eines virtuellen Instruments das Gespielte und das Gehörte zeitlich weit auseinander liegen, resultiert dies aus der vorhandenen Latenz. Diese kann durch Ihre Hardware oder den entsprechenden ASIO-Treiber verursacht werden.

Audio-Interface

Oftmals lohnt sich die Anschaffung eines hochwertigeren Audio-Interfaces, welches Ihnen nicht nur eine bessere Performance hinsichtlich der Latenzzeiten bietet, sondern in den meisten Fällen ein- und ausgehende MIDI-Datenströme auch stabiler überträgt als die Gameport-Schnittstelle einer herkömmlichen Multimedia-Soundkarte.

In akuten Fällen und »Extremsituationen« können jedoch auch die folgenden Workarounds hilfreich sein.

Hohe Latenzzeiten | Ein möglicher Workaround ist das Einspielen von Parts über ein anderes MIDI-Gerät. So könnten Sie beispielsweise ein externes Keyboard ansteuern und dessen (latenzfreie) Klangerzeugung für das Monitoring Ihrer MIDI-Aufnahme nutzen.

Um die gespielten MIDI-Daten in Cubase aufzunehmen, können Sie diese über den MIDI-Thru-Kanal des externen Geräts abgreifen und zwecks Aufnahme dem entsprechenden MIDI-In-Port Ihrer DAW zuführen.

Ausgleich der PlugIn-Verzögerung modifizieren | Ein weiterer Workaround, der Ihnen zur Verminderung der Wiedergabelatenz beim Einspielen eines virtuellen Instruments zur Verfügung steht, ist das Ausstellen des Verzögerungsausgleichs für PlugIns. Details zu dieser Funktion finden Sie in Abschnitt 6.3.2.

Checkliste »VSTi-Troubleshooting« | Was aber ist zu tun, wenn Sie alle Schritte befolgt haben und dennoch einfach kein Ton zu hören ist? Da die Einbindung virtueller Instrumente viele Parameter beinhaltet, habe ich Ihnen eine Troubleshooting-Checkliste zusammengestellt, die Sie abarbeiten können, um Ihr VSTi zum Klingen zu bringen:

1. **Ist das Gerät eingeschaltet?**
   Öffnen Sie mit der Schaltfläche VST-INSTRUMENT BEARBEITEN über die VSTi-Spur den Inspector, den Mixer oder im Fenster VST-INSTRUMENTE die Geräteoberfläche des virtuellen Instruments. Überprüfen Sie anhand des Schalters EIN/AUS, ob das VSTi eingeschaltet ist.

2. **MIDI-Ausgang überprüfen**
   Stellen Sie fest, ob das Routing des MIDI-Ausgangs der jeweiligen MIDI-Spur auf das VST-Instrument verweist. Hierzu können Sie z. B. im Inspector-Feld OUT nachsehen.

3. **MIDI-Kommunikation prüfen**
   Vergewissern Sie sich, dass die MIDI-Kanäle des Ausgangs der MIDI-Spur und des (internen) Eingangs des VSTi identisch sind, sofern dieses über eine eingehende Unterscheidung nach Kanälen verfügt. Stellen Sie außerdem sicher, dass das gewählte Soundprogramm genügend Output hat. Gegebenenfalls müssen Sie den jeweiligen Programmpegel im Setup des betroffenen VSTi heraufsetzen.

4. **MIDI-Einstellungen checken**
   Stellen Sie über DATEI • PROGRAMMEINSTELLUNGEN… sicher, dass im zugehörigen Dialog unter MIDI die Funktion MIDI-THRU AKTIV angewählt ist.

5. **Ausgangskonfiguration checken**
   Überprüfen Sie die Konfiguration der Audioausgänge des VSTi in dessen Setup. So können Ihnen etwa zugehörige Kanalzüge (und damit deren Routing) durch manuelles Löschen verloren gegangen sein.

6. **Routing überprüfen**
   Sofern die Kanäle vorhanden sind, ist es gegebenenfalls auch sinnvoll, das Routing des Audioausgangs eines VSTi-Kanals zu überprüfen. Verfolgen Sie hierfür den Signalfluss von der Quelle bis zur Soundausgabe (z. B. VSTI > VSTI-KANAL > GGF. GRUPPENKANAL > MASTERKANAL).

7. **Fader und Kanalfunktionen überprüfen**
   Stellen Sie sicher, dass der Lautstärkefader ausreichend heraufgezogen ist. Außerdem sollten Sie überprüfen, ob eventuell entweder die Solo- bzw. Mute-Funktionen oder auch eine etwaige Bypass-Aktivierung der zugehörigen Kanäle (auch von ggf. betroffenen Gruppenkanälen) die Soundausgabe des virtuellen Instruments unerwünschterweise unterdrücken.

6 Arbeiten mit Cubase

In diesem Kapitel stelle ich Ihnen die wichtigsten Funktionen der Arbeitsoberfläche von Cubase vor. Es ist sozusagen der Kern dieses Buchs, der Ihnen einen Überblick über die Grundelemente des Programms verschafft und durch Querverweise zu den eher spezialisierten, weiterführenden Kapiteln einen leichten Einstieg in den komplexen Aufbau von Cubase ermöglichen soll.

6.1 Spuren

Wenn Sie Ihre Verbindungen erfolgreich eingerichtet und bereits ein Projekt angelegt haben, sieht der Sequenzerbereich zunächst noch ziemlich leer aus. Es lassen sich weder Audiodaten abspielen noch aufnehmen. Sie benötigen für Ihr Projekt so genannte Spuren, auf denen Sie Audiodaten aufnehmen und bearbeiten können.

Spurenanzahl und Audiokanäle | Die Anzahl der erzeugten Spuren, auf denen Sie Audio- oder MIDI-Daten aufzeichnen, steht nicht im direkten Zusammenhang mit der Gesamtanzahl der Aufnahme- oder Wiedergabekanäle, über die Ihre Soundkarte oder Ihr Audio-Interface verfügt. Die angelegten Spuren sind lediglich virtuelle Bearbeitungs-Layer, deren Ausgänge Sie über Busse den Aufnahme- und Wiedergabekanälen Ihrer Hardware zuweisen.

Einzig die Leistungsfähigkeit Ihres Rechners (CPU, RAM, HD) und der Audio-Hardware (Soundkarte, Treiber) ist deshalb maßgebend für die obere Grenze der Spurenanzahl. Um in Ihrem Projekt eine neue Spur zu erzeugen, haben Sie verschiedene Möglichkeiten, auf die im Folgenden eingegangen wird.

6.1.1 Spuren über das Projekt-Menü erzeugen
Über das Menü PROJEKT • SPUR HINZUFÜGEN können Sie eine der folgenden Spuren erzeugen:

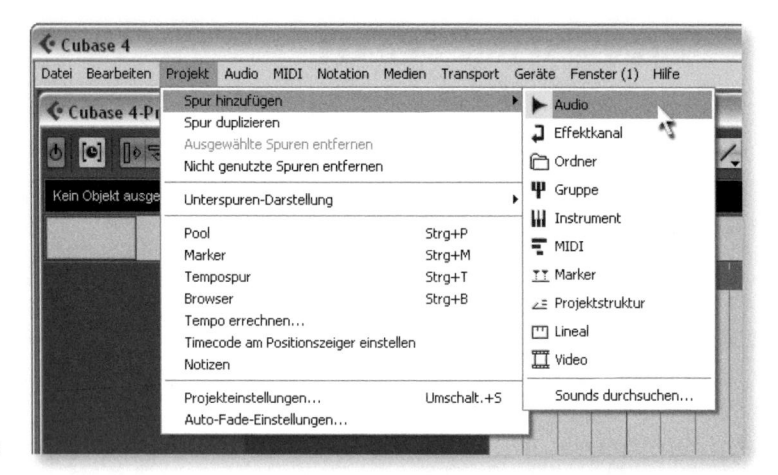

Abbildung 6.1 ▶
Spur hinzufügen
über die Menüleiste

- **Audio** erzeugt eine Spur für die Aufnahme, Wiedergabe und Bearbeitung von Audiodateien.
- **Effektkanal** erzeugt eine Spur zur Einspeisung und Bearbeitung von Effekten.
- **Ordner** erzeugt eine Ordnerspur, in die andere Spuren einsortiert werden können.
- **Gruppe** erzeugt eine Spur, die durch andere Spuren gespeist werden kann.
- **Instrument** erzeugt eine Instrumentenspur, die eine Verbindung aus MIDI-Spur, VST-Instrument und zugehörigem VST-Instrumentenkanal bietet.
- **MIDI** erzeugt eine Spur für die Aufnahme, Wiedergabe und Bearbeitung von MIDI-Daten.
- **Marker** erzeugt eine Markerspur, auf welcher Sie Stellen im Projekt per Mausklick direkt »anfahren« können. Dies vereinfacht die Navigation innerhalb eines Projektes.
- **Projektstruktur** erzeugt eine Projektstruktur-Spur, die Ihnen ein nicht lineares Abspielen Ihres Projekts erlaubt.
- **Lineal** erzeugt eine Linealspur, die Sie unabhängig von der Linealzeile individuell für Ihr Projekt einrichten können.
- **Video** erzeugt eine Spur für die Aufnahme, Wiedergabe und Bearbeitung von Videodateien.
- **Sounds durchsuchen** ermöglicht Ihnen das Anlegen einer Spur durch Auswahl eines Spur-Presets.

Mehrere Spuren gleichzeitig hinzufügen

Durch Anwahl eines Spurtyps öffnet sich der Dialog [SPURTYP-]SPUR HINZUFÜGEN. Hierüber können Sie im Bereich KONFIGURATION die

Kanalkonstellation für die neue Spur wählen und im Bereich ANZAHL auch veranlassen, dass ggf. mehrere Spuren (bis zu 100) gleichzeitig angelegt werden.

◀ **Abbildung 6.2**
Mehrere Spuren hinzufügen

6.1.2 Spuren über die rechte Maustaste erzeugen

Wenn Sie in der Spurspalte des Projektfensters die rechte Maustaste drücken, erscheint als so genanntes Quick-Kontextmenü eine vergleichbare Auswahl zum Erzeugen von Spuren wie schon über das Menü.

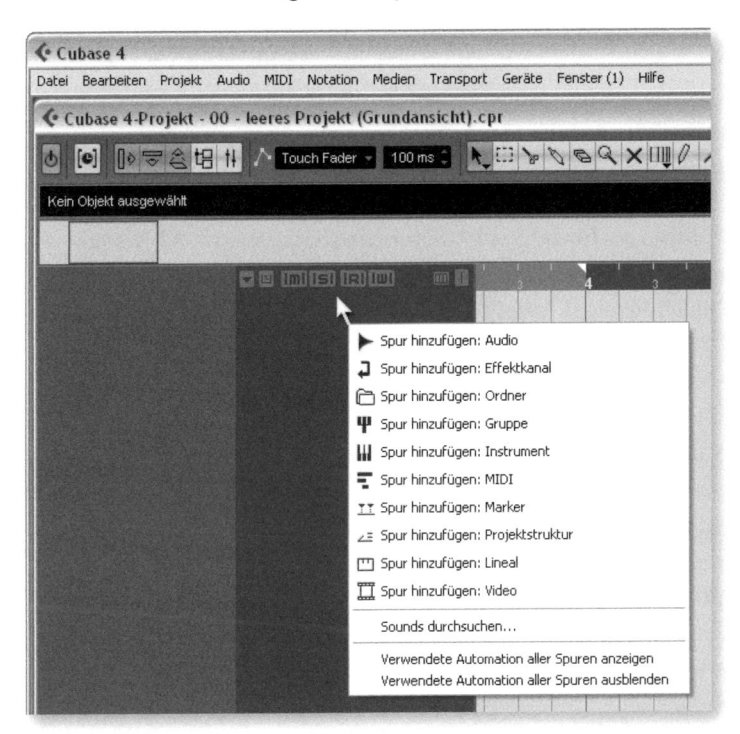

◀ **Abbildung 6.3**
Spur erzeugen über rechte Maustaste

6.1.3 Spuren per Doppelklick erzeugen

Wenn Sie im freien Bereich der Spurliste einen Doppelklick ausführen, erstellen Sie eine neue MIDI-Spur. Eine Ausnahme bildet hier jedoch die Situation, dass während des Doppelklicks eine Audiospur ausgewählt ist. In diesem Fall erzeugen Sie eine Spur, die von der gleichen Art ist wie die aktuell markierte (also eine Audiospur).

Markieren Sie mit dem Mauszeiger im Projektfenster also eine bereits angelegte Audiospur und doppelklicken Sie dann mit der Maus unterhalb dieser Spur innerhalb des Spurenbereichs. Wählen Sie, ob es sich um eine Mono- oder Stereospur handeln soll. Fertig! So können Sie auf die Schnelle weitere Audiospuren anlegen.

6.1.4 Auswahl von Spuren

Eine ausgewählte Spur erscheint in einem hellen Blaugrau. Um eine Spur auszuwählen, können Sie diese mit der linken Maustaste anklicken. Zum »durchbrowsen« der angezeigten Spuren haben Sie auch die Möglichkeit, mit den Pfeiltasten [↑] und [↓] Spuren auszuwählen. Durch Drücken der Taste [Pos1] gelangen Sie zur ersten Spur, durch Drücken der Taste [Ende] dementsprechend zur letzten Spur des Projekts. Dies ist für die Navigation innerhalb aufwändiger Projekte mit vielen Spuren von großem Vorteil.

Durch Halten der Taste [Strg] bzw. [⌘] können Sie mit der Maus weitere Spuren auswählen. So suchen Sie z.B. durch Auswahl von Spur 1, Halten der [Strg]- bzw. [⌘]-Taste und Auswahl von Spur 3 beide Spuren 1 und 3 aus.

Bei gleichzeitig gedrückter [⇧]-Taste bestimmen Sie einen Spurbereich. So suchen Sie z.B. durch Auswahl von Spur 1, Halten der [⇧]-Taste und Auswahl von Spur 3 automatisch die Spuren 1 bis 3 aus.

Durch die Kombination von Drücken der [Alt]-Taste und Hinauf- bzw. Hinabbewegen der Pfeiltasten können Sie die Spurhöhe verändern.

6.1.5 Audiospuren

Eine Audiospur erzeugen Sie wie gewohnt über BEARBEITEN • SPUR HINZUFÜGEN oder das Kontextmenü der Spurliste. Daten für Audiospuren können Sie entweder auf den Spuren aufzeichnen oder auch über den Menübefehl DATEI • IMPORTIEREN zum Audio-Pool Ihres Projekts hinzufügen. In diesem Pool werden Ihnen alle im Projekt verwendeten Audio- und Videodateien angezeigt. Im Menü IMPORTIEREN können Sie dem Projekt-Pool auf verschiedene Arten Dateien hinzufügen. Sie können bestehende Audiodateien aus einer Datenquelle ergänzen, Stücke aus einer Audio-CD importieren oder auch Audio aus einer Videodatei zum Import extrahieren lassen.

> **Kanalzüge werden »on the fly« erzeugt**
>
> Für jede erzeugte Audiospur wird im Mixer »on the fly« ein eigener neuer Kanalzug hinzugefügt, der im Equalizer-Modus angezeigt

wird. Um dies mitzuverfolgen, öffnen Sie am besten im Dual-Head-Monitorbetrieb neben dem Projektfenster zeitgleich den Mixer.

Informationen von Audiospuren | Jede Audiospur zeigt Ihnen standardmäßig die folgenden Informationen: Symbol der Spurart, Spurennummer, Mute/Stummschalten-Knopf, Solo-Knopf, Spurenbezeichnung, Mono/Stereo/Surround-Angabe, Aufnahmeaktivierung, Monitor-Knopf, Anzeigen/Knöpfe für Read- und Write-Modus sowie einen »unsichtbaren« Erweiterungspfeil, der nur sichtbar wird, wenn Sie ihn mit dem Mauszeiger überfahren. Dieser Button dient zum Anzeigen/Ausblenden von zugehörigen Automations-Unterspuren.

◄ **Abbildung 6.4**
Versteckter Button für Automations-Unterspuren

Spurartsymbole | Damit die einzelnen Spurarten besser unterschieden werden können, gibt es für jede ein eigenes Symbol. Insgesamt sind es neun Symbole.

Die Spurartsymbole – wie übrigens auch die farbliche Gestaltung der Spurarten – finden Sie zur schnelleren Orientierung selbstverständlich auch in den Kanalzügen des Mixers wieder.

Spurennummer | Die Spurennummer wird fortlaufend vergeben. Da Sie die Reihenfolge der erzeugten Spuren frei ändern können, gibt es hier eine nützliche Besonderheit: Die fortlaufende Spurennummer ändert sich automatisch mit der vertikalen Anordnung der jeweiligen Spur innerhalb der Spurenspalte. Ebenso wie die Mixer-Anordnung der Spuren wird auch deren Nummerierung im Mixer derjenigen im Projektfenster angepasst.

▲ **Abbildung 6.5**
Spurartsymbole:
❶ Audio, ❷ Effektkanal, ❸ Ordner, ❹ Gruppe, ❺ Instrument, ❻ MIDI, ❼ Marker, ❽ Projektstruktur, ❾ Lineal, ❿ Video

Verschieben von Spuren | Das Verschieben von Spuren ist denkbar einfach: Ziehen Sie die zu verschiebende, ausgewählte Spur mit gedrückter Maustaste an die gewünschte Stelle innerhalb des Spurbereichs im Projektfenster. Die möglichen Ablagestellen der Spur werden Ihnen durch einen schwarzen Balken angezeigt, der in neongrüner Farbe umrandet ist. Ablagestellen, die nicht zulässig sind, werden durch einen schmaleren roten Balken gekennzeichnet.

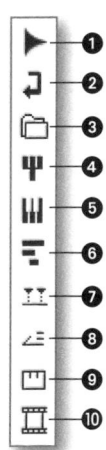

> **»Taktische« Spuranordnung im Mix**
>
> Beim Ändern der Spurenreihenfolge werden automatisch auch die respektiven Kanalzüge im Mixerfenster umgeordnet. Dies ist besonders dann hilfreich, wenn Sie sich im Mix eines komplexen Projekts befinden. Anstatt im Mixer über die Scrollleiste hin und her zu fahren, sollten Sie thematisch zusammengehörige Kanäle in der Spurenspalte nah zusammen anordnen, damit Sie die Kanalzug-Äquivalente im Mixer dann auf einen Blick sehen können. Dies erleichtert Ihnen das Beurteilen der Verhältnisse von Pegeln, EQ-Werten etc. erheblich.

Mute/Stummschalten und Solo | Der Mute-Button unterdrückt die Wiedergabe ganzer Spuren. Diese Funktion können Sie auch über BEARBEITEN • STUMMSCHALTEN oder die Tastaturkombination ⇧ + M ausführen.

Abbildung 6.6 ▶
Sektion »Mute/Stummschalten und Solo« (inaktiv)

Spuren stummschalten | Sobald Sie den Mute-Button einer beliebigen Spur gedrückt haben ❶, zeigt dieser durch gelbes Leuchten an, dass diese Spur nicht wiedergegeben wird. Automatisch wird dabei auch der übergeordnete Mute-Button ❷ aktiviert. Mit jeder weiteren Spur, die Sie auf diese Weise stummschalten, bleibt dieser übergeordnete Mute-Button aktiv. Deaktivieren Sie ihn, werden alle im Projekt gemuteten Spuren wieder zur Wiedergabe freigegeben. Wollen Sie dagegen eine einzelne, stummgeschaltete Spur wieder hörbar machen, drücken Sie einfach nur erneut den Mute-Button dieser Spur.

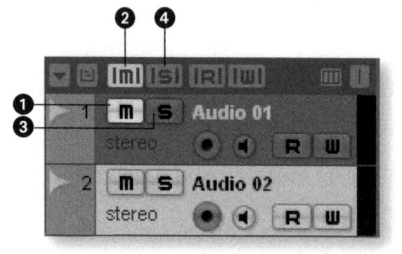

Abbildung 6.7 ▶
Funktion
MUTE AKTIV

Spuren separat abhören | Durch Pressen des Solo-Buttons ❸ bewirken Sie den gegenteiligen Effekt des Mute-Buttons: Ausschließlich die so ausgewählte(n) Spur(en) ist/sind hörbar. Sollen zum Abhören weitere Spuren hinzukommen, können Sie bei diesen zusätzlich die Solo-Funktion aktivieren. Wie bei der Mute-Funktion gibt es auch hier einen übergeordneten Solo-Button ❹, den Sie automatisch mit der ersten angewählten Solo-Spur aktivieren. Ganz gleich, wie viele Spuren Sie auch in den Solo-Modus versetzt haben: Mit dem Deaktivieren des übergeordneten Solo-Buttons schalten Sie alle diese Spuren wieder für die normale Wiedergabe frei.

◀ **Abbildung 6.8**
Funktionen SOLO AKTIV, MUTE AKTIV und SOLO VERWEIGERN

Da es nicht sinnvoll wäre, eine Spur zugleich stummzuschalten und solo abzuhören, wird der Mute-Button einer Spur beim Drücken des Solo-Buttons automatisch deaktiviert. Im Unterschied zu einer Spur in normalem Wiedergabemodus springt eine zuvor stummgeschaltete Spur nach dem Lösen der Solo-Funktion wieder in den Solo-Modus zurück. Das Wissen um diesen Umstand kann Ihnen noch in so mancher Mixing-Situation hilfreich sein.

Sofern Sie für eine Spur die Möglichkeit, diese auf »Solo« zu schalten, unterbinden möchten, können Sie mit gedrückter [Alt]-Taste auf den Solo-Button klicken. Dieser leuchtet daraufhin orange auf und zeigt das Symbol »D« für »deny solo« (dt.: »Solo ablehnen«) an. Um die Solo-Sperrung wieder aufzulösen, müssen Sie wiederum mit gedrückter [Alt]-Taste auf den Solo-Button drücken.

Feineinstellungen für die Solo-Funktion

Wählen Sie eine neue Spur aus der Spurliste an, so wird diese daraufhin als Solo-Spur behandelt. Voraussetzung dafür ist, dass im Dialog PROGRAMMEINSTELLUNGEN • BEARBEITUNGSOPTIONEN • PROJEKT & MIXER die Checkbox für die Option SOLO AKTIVIEREN, WENN SPUR AUSGEWÄHLT aktiviert ist. Eben dort finden Sie noch weitere Optionen für die Arbeit mit der Solo-Funktion in Cubase.

Spurfarben anzeigen | Unmittelbar neben den übergeordneten Mute- und Solo-Button befindet sich ein Bereich mit drei kleinen Rechtecken, die beim Überfahren mit dem Mauszeiger blau, grün und rot aufleuchten. Dieser Bereich dient als Button zum Anzeigen bzw. Ausblenden der Spurfarben.

◀ **Abbildung 6.9**
Button SPURFARBEN ANZEIGEN/AUSBLENDEN

Da es aus meiner Sicht keinen ersichtlichen Grund gibt, warum Sie diese optische Hilfe nicht für Ihre Arbeit nutzen sollten, kann ich Ihnen nur empfehlen, in Ihren Projekten stets mit angezeigten Spurfarben zu arbeiten. So können Sie sich einen eigenen »Ordnungsstil« für die Spurfarben zulegen, der Ihnen hilft, auch bei komplexesten Projekten den Überblick zu behalten.

[»] **Spurliste teilen** | Ganz rechts oberhalb der Spurliste sehen Sie den Button SPURLISTE TEILEN ❶. Wenn Sie ihn betätigen, erscheint oberhalb der aktuellen Spurliste ❷ noch eine weitere ❸, in der Sie nun nach Belieben vorhandene Spuren einfügen oder neue erzeugen können. Beides geschieht über das Quick-Kontextmenü des Spurenbereichs in der jeweiligen Spurliste. Auf diese Weise können Sie etwa einzelne Aufnahmen aus dem Verbund der Haupt-Spurenliste lösen und beispielsweise vor einer vertikalen Verkleinerung/Vergrößerung schützen. Dies verhilft Ihnen zu einer besseren Übersicht über Ihr Projekt. Diese Funktion steht übrigens nicht in Cubase Studio 4 zur Verfügung.

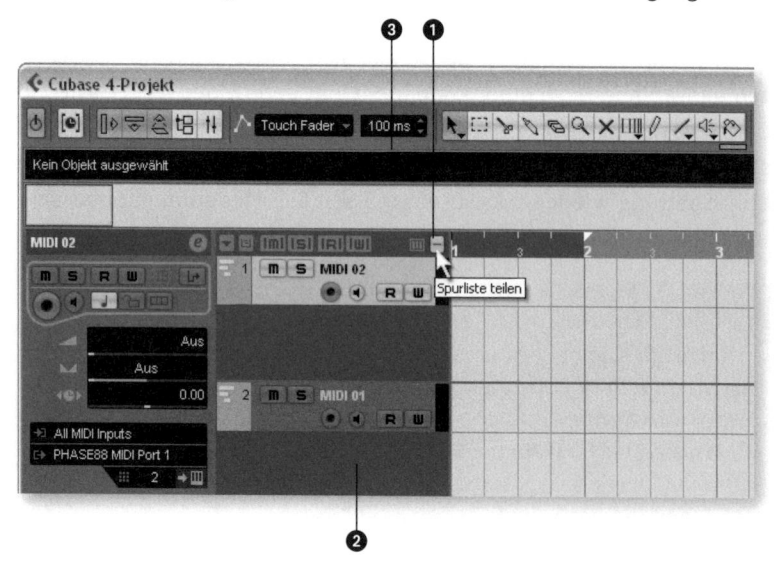

Abbildung 6.10 ▶
Geteilte Spurliste

Zusätzliche Spurliste erzeugen | Innerhalb dieser zusätzlichen Spurliste und ihrem zugehörigen Sequenzerbereich stehen alle Bearbeitungsmöglichkeiten und Funktionen bereit, die auch in der ungeteilten Spurlisten-Ansicht bereitstehen. Eine der wenigen Ausnahmen bildet hier die vertikale Vergrößerung des Spurlistenbereichs. Außerdem ist es nicht möglich, Spuren per Drag & Drop von einem Spurlistenbereich in einen anderen zu verschieben. Hierzu müssen Sie aus dem Quick-Kontextmenü die Funktion SPUR ZUR ANDEREN SPURLISTE VERSCHIEBEN wählen.

Spurlisten zusammenführen | Sobald Sie die Teilung der Spurliste aufheben, werden wieder alle Spureinträge in der ungeteilten Spurliste angezeigt, wobei die dann entstehende Hierarchie sich nach Spurtypen und Spurnummern richtet. Sollte die Arbeit mit der geteilten Spurliste in bestimmten Arbeitssituationen für Sie sinnvoll sein, müssen Sie an dieser Stelle eventuell ein bisschen ausprobieren, bis Sie die gewünschte Reihenfolge für Ihre Spureinträge gefunden haben.

Eine Besonderheit ist auch, dass Video-, Marker- und Linealspuren, sofern Sie diese über das Menü oder das entsprechende Tastaturkürzel hinzufügen, automatisch in der oberen Spurspalte eingereiht werden. Um dies zu umgehen, können Sie aber das Quick-Kontextmenü innerhalb der gewünschten Ziel-Spurspalte nutzen.

Wenn Sie mit dem Mauszeiger über die Trennlinie zwischen den Spurlisten fahren, erscheint der Mauszeiger als »Verschiebe-Symbol«. Es zeigt Ihnen an, dass Sie die Trennlinie bei gehaltener Maustaste vertikal neu positionieren können.

Spurenbezeichnung | Die Standardbezeichnung von Spuren besteht aus der Zeichenfolge »[Spurart]+[Leerzeichen]+[fortlaufende zweistellige Nummer]«. Zum Umbenennen von Spuren klicken Sie mit der linken Maustaste in das Bezeichnungsfeld und geben einen neuen Namen ein.

◂◂ **Abbildung 6.11**
Standard-Bezeichnungen

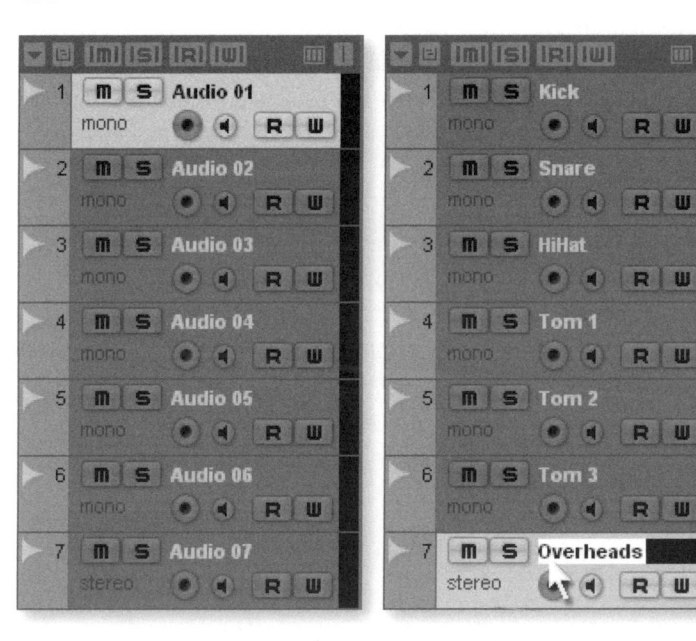

◂ **Abbildung 6.12**
»Normale« Spur-Umbenennung

Die Bezeichnung der Spur taucht automatisch auch als Bezeichnung für die zugehörigen einzelnen Events der jeweiligen Spur innerhalb des

Sequenzerbereichs auf. Auch die Kanäle im Mixer tragen den Namen der zugehörigen Spur.

> **Spurname als Eventname**
>
> Um die Bezeichnungen Ihrer Events sinnvoll und übersichtlich zu halten, existiert eine hilfreiche Sonderfunktion: Wenn Sie, während Sie den eingegebenen Namen im Bezeichnungsfeld der Spur mit ⏎ bestätigen, eine beliebige Funktionstaste halten (z.B. ⇧), wird der Spurname automatisch als Bezeichnung für alle Events derselben Spur übernommen.

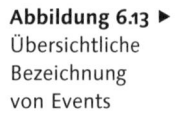

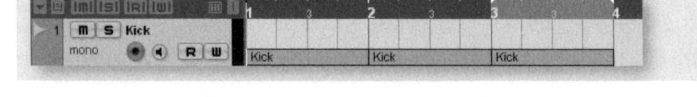

Abbildung 6.13 ▶
Übersichtliche Bezeichnung von Events

Mono/Stereo/Surround-Angabe | Hier können Sie den Typ einer angelegten Audiospur ablesen. Die Anzeigen-Bezeichnungen können vor allem bei Surround-Spuren vielfältig sein.

Aufnahmeaktivierung | Bei Cubase handelt es sich natürlich um ein Softwarestudio, mit dem Sie nicht nur mehrere Spuren zugleich wiedergeben, sondern auch mehrere Spuren zugleich aufnehmen können. Aus diesem Grund müssen Sie der Software für die Aufnahme anzeigen, auf welche Spuren aufgenommen werden soll. In der Praxis bezeichnet man das als »Scharf schalten«. Hierfür finden Sie den Button AUFNAHMEAKTIVIERUNG unterhalb des Spurnamens sowie im entsprechenden Kanalzug des Mixers. Weitere Informationen zur Aufnahmeaktivierung lesen Sie in Kapitel 7, »Aufnahme«.

Aufnahmesignal mithören | Über den Monitor-Button aktivieren Sie die Mithörfunktion für die jeweilige Spur bzw. den jeweiligen Kanal. Ist die Funktion eingeschaltet, leuchtet der Monitor-Button gelb-orange. Außerdem wird Ihnen bei aktiviertem Monitor-Knopf im Levelmeter des Kanalzugs dessen Eingangspegel angezeigt.

Abbildung 6.14 ▶
Monitor-Knopf passiv ❶ und aktiv ❷

Automationsdaten im Read- und Write-Modus | Die Buttons mit der Aufschrift R ❸ und W ❹ dienen zur Aktivierung des Read- und Write-Modus. Dies sind die Modi, mit denen Sie für die jeweilige Spur Automationsdaten lesen und schreiben können. Beim Lesen von Automationsdaten ändern sich dann einzelne Parameter (wie beispielsweise die Lautstärke, Effektanteile oder die Stereo-Auslenkung) eines Kanals wie »von Geisterhand« – je nachdem, welche Art von Automationsdaten Sie zuvor geschrieben haben.

Weiterreichende Informationen zum Thema Automationsspuren finden Sie in Kapitel 12.8, »Mixer«.

◀ **Abbildung 6.15**
Read- und Write-Button für die Automationsdaten

Wie schon bei den übergeordneten Buttons der Mute- und Solo-Funktionen können Sie auch mit den übergeordneten Automationsbuttons ❺ spurenübergreifend arbeiten. In diesem Fall deaktivieren Sie dann die Lese- bzw. Schreibfunktion für Automationsdaten.

Auch wenn die Buttons der übergeordneten Read- und Write-Funktion keinen solchen Eindruck machen, können Sie diese auch dann bedienen, wenn sie nicht aktiviert sind. Die Tool-Tip-Anzeigen der Buttons geben dabei die Funktionsweisen der Buttons exakt wieder: GESAMTE AUTOMATION AUF LESEN-STATUS und GESAMTE AUTOMATION AUF SCHREIBEN-STATUS. Das Aufrufen dieser Modi bewirkt, dass der Write- bzw. der Read-Modus auf allen vorhandenen Spuren aktiviert wird.

Kennzeichnung des Lesen-Status

Für das Lesen aktivierte Automationsdaten erkennen Sie im Sequenzerbereich zusätzlich daran, dass die Linien und Kurven der Datenverläufe nicht schwarz (inaktiv), sondern blau sind.

Beachten Sie, dass es für das Aufzeichnen von Automationsdaten nicht notwendig ist, die Aufnahme des Transport-Buttons zu aktivieren. Das Aufzeichnen von Automationsdaten findet auf einer komplett »anderen Ebene« statt. Deshalb reicht hier die Aktivierung des Write-Modus aus.

Automations-Unterspuren | Im Zusammenhang mit den gerade überblickshaft vorgestellten Funktionen zum Lesen und Schreiben von Automationsdaten ist ein weiteres Bedienelement wichtig. In der unteren linken Ecke eines Spureneintrags finden Sie beim Überfahren mit dem Mauszeiger einen kleinen nach unten weisenden Pfeil, über den Sie Automations-Unterspuren anzeigen bzw. ausblenden können. In diesen erscheint anstelle des Pfeil-Symbols ein kleines Pluszeichen ❶, über welches Sie zusätzliche Automations-Unterspuren öffnen können, die weitere automatisierbare Parameter der Spur enthalten. Es öffnet sich dabei immer die nächste Unterspur aus einer festgelegten Liste von Unterspuren. Jede Unterspur für sich gilt stets für einen bestimmten Parameter, dessen Werte (z. B. Lautstärke, Panning) und Werteänderungen Sie über diese Unterspur ändern können, ohne auf den Mixer zurückgreifen zu müssen.

Jede dieser geöffneten Automations-Unterspuren hat auch im Sequenzerbereich ihren eigenen Spurbereich ❷, in dem Sie eine zusammenhängende grafische Darstellung der Automationsverläufe sehen können. Sind Unterspuren geöffnet, so erscheint beim Überfahren mit dem Mauszeiger in deren linken oberen Ecke im Spurlisteneintrag ein Minuszeichen. Mit einem Klick darauf blenden Sie die entsprechende(n) Spur(en) wieder aus.

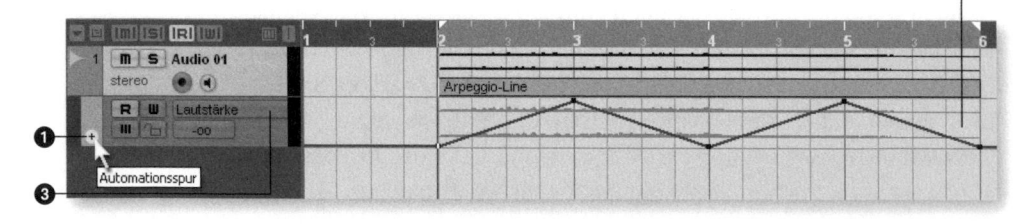

▲ **Abbildung 6.16**
Eingeblendete Automations-Unterspuren

Vorteilhaft ist, dass sich Cubase die Auswahl der angezeigten Automations-Unterspuren »merkt«. Das heißt, dass Sie einmal geöffnete und zusammengestellte Anzeigen von Unterspuren bedenkenlos über das übergeordnete Minuszeichen schließen können. »Merken« bedeutet hier: Beim erneuten Öffnen steht Ihnen die gleiche Auswahl zur Verfügung, die Sie beim Schließen der Automations-Unterspuren festgelegt haben.

[○]
Automation.cpr

Direkter Zugriff auf Automations-Unterspuren | Um die Automations-Unterspur eines spezifischen Parameters zu finden, müssen Sie nicht Unterspur um Unterspur öffnen: Sie können über das Bezeichnerfenster ❸ auch eine direkte Zuordnung von Parameter-Bereichen vornehmen. (Probieren Sie es am besten selbst einmal aus. Zum Beispiel anhand der Datei »Automation.cpr«, die Sie auf der Buch-CD finden.)

Ist die Read-Funktion nicht eingeschaltet, so haben die im Sequenzerbereich angezeigten Linien folgende Bedeutung:

▸ »Ausgegraute« Linien ❹ zeigen nicht aktivierte Automationsverläufe an.

▶ Schwarze Linien ❺ stehen für die aktuell verwendeten, statischen Werte des jeweiligen Parameters.

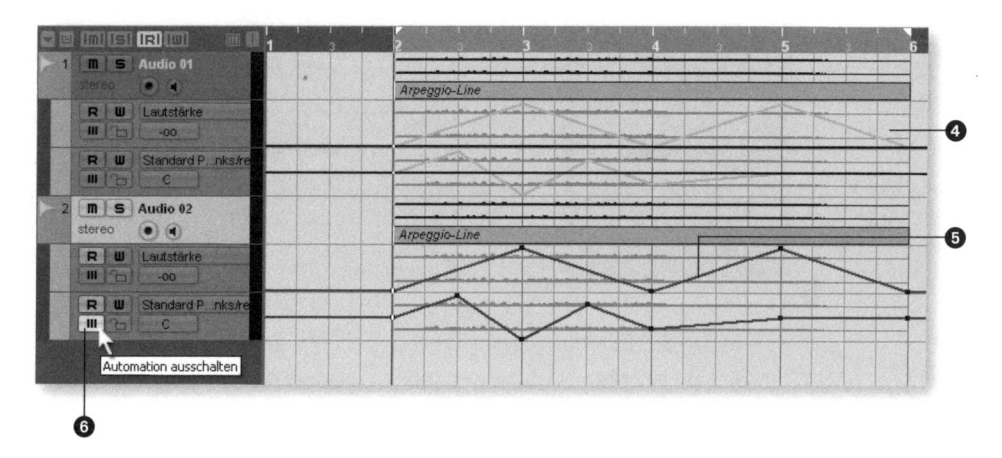

▲ Abbildung 6.17
Nicht wiedergegebene Automations-Unterspuren

Sinnvolle Alternative zum Read-Button | Eins noch an dieser Stelle: In den Unterspuren finden Sie einen zusätzlichen Button ❻ zum Ausschalten einzelner Automations-Unterspuren.

Dies kann für Sie eine sinnvolle Ergänzung zum Deaktivieren des Read-Buttons darstellen. Der Read-Button gilt jeweils für **alle** Parameter einer Spur. Schalten Sie ihn also für einen bestimmten Parameter aus, so wird die Automation für die gesamte Spur deaktiviert. Möchten Sie erreichen, dass sich lediglich einzelne Automations-Unterspuren aus dem Audio-Geschehen heraushalten, so erreichen sie das durch Aktivierung des Buttons Automation ausschalten. Der Button mit den drei charakteristischen Linien, die »begradigte« Automationsverläufe darstellen, leuchtet dann gelb auf. Alle anderen zugehörigen Automations-Unterspuren verrichten dann wie gehabt ihre Arbeit.

Automatisch erzeuge Automations-Unterspuren

Mit dem Hinzufügen von VST-Instrumenten und dem damit verbundenen automatischen Erzeugen von VST-Instrumenten-Spuren werden selbsttätig Automations-Unterspuren erzeugt und geöffnet. Bei ReWire-Kanälen veranlassen Sie dies automatisch mit dem Betätigen der Write-Funktion.

Farbmarkierung und Aktivitätsanzeige | Ganz rechts sehen Sie bei jeder Spur ein vereinfachtes Levelmeter ❶ (Abbildung 6.18), das Ihnen als Aktivitätsanzeige für die jeweilige Spur dient. Cubase zeigt diese Aktivitätsanzeige bei allen Spurarten an, die einen Signalfluss verarbeiten. Es sind dies Audio-, Effekt-, Gruppen-, MIDI- und Instrumenten-Spuren.

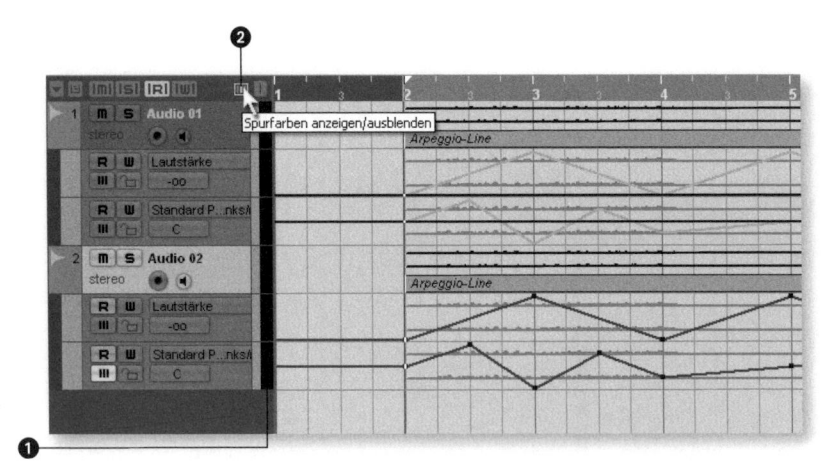

Abbildung 6.18 ▶
Audio-Eintrag in der Spurspalte mit Spurfarben

Sofern Sie die Funktion SPURFARBEN ANZEIGEN ❷ aktiviert haben, stellen Sie am rechten Rand eines jeden Spureintrags der Spurliste eine grafische Veränderung fest: Das vereinfachte Levelmeter ist nun umgeben von einem Farbfeld, dessen Farbgestaltung Sie durch einfaches Anklicken dieses Bereichs ändern können. Es erscheint das Untermenü SPURFARBE AUSWÄHLEN, das Ihnen die Farben zur Auswahl stellt, die Sie über den Dialog EVENT-FARBEN festgelegt haben. Die ausgesuchte Spurfarbe gilt für die aktuelle Spur sowie zur besseren Übersicht auch für deren Unterspuren. Wählen Sie eine Spurfarbe bei einer Ordnerspur aus, so übernehmen Objekte in den untergeordneten Spuren der Ordnerspur die übergeordneten Farben, sofern für die in der Ordnerspur abgelegte Spur keine eigene Farbe ausgewählt wurde.

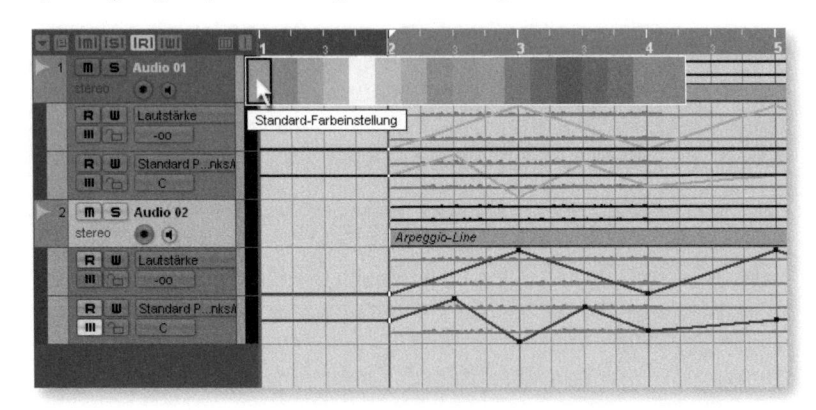

Abbildung 6.19 ▶
Untermenü SPURFARBE AUSWÄHLEN

Resize von Spuren | Sowohl in der Vertikalen als auch in der Horizontalen können Sie die Einträge in der Spurliste vergrößern und verkleinern. Hierfür haben Sie verschiedene Optionen.

▶ **Trennlinien verschieben**
 Legen Sie ein Projekt mit mindestens zwei Spuren an und gehen Sie mit dem Mauszeiger auf die Trennlinie zwischen zwei Spuren. Ein Handler erscheint, mit dem Sie die Höhe der jeweils angewähl-

ten Spur verändern können. Sie werden feststellen, dass sich hinter der schmalen Spuranzeige weitere Einstellmöglichkeiten für diverse Parameter der Audiospur verbergen.

▶ **Tastaturkombinationen**
Die Höhe einer Spur können Sie auch über Tastaturkombinationen anpassen. Dies erfolgt dann in mehreren Stufen. Eine ausgewählte Spuren vergrößern Sie über die [↑] - bzw. [↓] -Tasten bei gedrückter [Alt] -Taste. Anhand des von mir gewählten Plurals erkennen Sie schon, dass sich mehrere Spuren zugleich vergrößern oder verkleinern lassen, sofern sich diese in der aktuellen Auswahl befinden.
Bei zusätzlich gehaltener [⇧] -Taste bzw. [⌘] -Taste erweitern Sie den Bereich der ausgewählten Spuren durch Drücken der [↑] - bzw. [↓] -Tasten innerhalb der Spurliste nach oben bzw. nach unten.
Über die Tastaturkombination [Strg] bzw. [⌘] + [↑] werden die ausgewählten Spuren automatisch sehr groß in der Vertikalen geöffnet und nicht ausgewählte Spuren in ihrer Darstellung minimiert. Diese Funktion hilft Ihnen vor allem dann, wenn Sie in komplexen, unübersichtlichen Projekten mit vielen Spuren oder auch mit großen Monitorauflösungen arbeiten.

> **Horizontales Resize**
>
> In bestimmten Situationen kann es Sinn ergeben, die aktivierte Spur nicht nur in der Vertikalen, sondern auch horizontal zu vergrößern oder zu verkleinern. Da die Anzeige-Elemente dabei in Sinneinheiten nachrutschen, können Sie auf diese Weise die Übersichtlichkeit des Projektfensters wahren. Nutzen Sie dafür einfach den Resize-Handler, der erscheint, wenn Sie den Mauszeiger auf die Trennlinie zwischen Spurenspalte und Sequenzerbereich bewegen.

Weitere Einstellmöglichkeiten | Wie bereits gesagt, werden durch die Vergrößerung der Spuren zusätzliche Einstellmöglichkeiten sichtbar. Dies sind bei Audiospuren die Folgenden (Abbildung 6.20):

▶ **Kanaleinstellungen bearbeiten**
Mit diesem Button ❶ öffnen Sie das Fenster VST-AUDIOKANALEINSTELLUNGEN, in dem Sie eine übersichtliche Anordnung aller für einen Kanal/eine Spur getätigten Einstellungen finden können. Ist dieses Fenster bereits geöffnet, so leuchtet der Button blau.

▶ **Inserts-Status**
Dieser Button ❷ zeigt Ihnen den Status des Insert-Weges für den der Spur zugeordneten Mixer-Kanalzug an. Das Button-Symbol verdeutlicht die für den Insert-Weg typische Weise der seriellen Ein-

bindung von Effekten. Leuchtet er blau, so wurde ein Effekt in dem Insert-Weg des entsprechenden Kanals eingefügt und aktiviert.

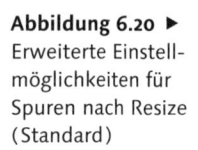

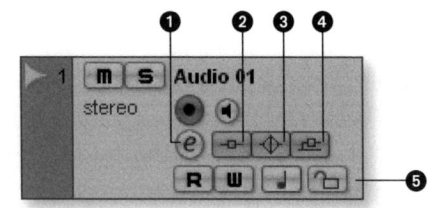

Abbildung 6.20 ▶
Erweiterte Einstell-
möglichkeiten für
Spuren nach Resize
(Standard)

> **Inserts contra Sends**
>
> Mit diesen beiden Begriffen werden zwei verschiedene Konzepte zum Abgreifen eines Signals im Signalfluss eines Mischpultes bezeichnet.
>
> ▸ An einem Insert-Slot können Sie den Signalfluss eines Kanals unterbrechen (Insert-Send) und das an dieser Stelle abgegriffene Signal an derselben Stelle (Insert-Return) wieder zurück in den jeweiligen Kanal einspeisen. Aus diesem Grund werden in den Insert-Wegen eines Mischpults oftmals Effekte zur Signalaufbereitung eingesetzt, wie etwa Dynamik-Prozessoren (Kompressor, Expander etc.) oder Rauschunterdrücker (Noisegate, De-Clicker etc.).
>
> ▸ Über den Send-Weg wird das Signal eines Mischpultkanals abgegriffen, ohne dabei jedoch den Signalfluss zu unterbrechen. Das auf diese Weise parallel nutzbare Signal wird häufig dazu herangezogen, um mittels Hall, Delay oder Modulations-Effekten (Chorus, Flanger etc.) bearbeitet und dem Originalsignal hinzugemischt zu werden.

Durch Drücken des Buttons mit der Maus aktivieren Sie den Inserts-Bypass. Er leuchtet dann in einem hellen Gelbton. Diese Funktion bewirkt, dass für diese Spur alle Insert-Effekte des ihr entsprechenden Kanals auf »Durchzug« gestellt, also beim Abspielen des Projekts nicht mit wiedergegeben werden. Um zu sehen, welche Inserts im Kanal eingeschliffen und vom Bypassing betroffen sind, können Sie diese durch Klicken der rechten Maustaste über eine Anzeige des Quick-Kontextmenüs ablesen.

> **»Bypass« und »Einschleifen«**
>
> Die Bypass-Funktion ermöglicht Ihnen das Umgehen von Änderungen gegenüber den »unbearbeiteten« Kanaleinstellungen. So können Sie etwa mit dem Equalizer in das Frequenzverhalten eines Kanals eingreifen und das Ergebnis wie auch Zwischenergebnisse immer wieder mit dem unbearbeiteten Klang des Kanals vergleichen, indem Sie die entsprechende Bypass-Funktion aktivieren.

> Als »Einschleifen« bezeichnet man das Einbinden von Effekten in den Signalfluss eines Kanals. Dabei kann der Signalfluss entweder durch den Effekt unterbrochen (Insert-Effekt) oder sozusagen »angezapft« werden (Send-/Aux-Effekt).

Beachten Sie, dass nachträglich eingefügte Insert-Effekte den Insert-Bypass umgehen und im Inspector die Bypass-Anzeige für die Insert-Effekte automatisch eingeschaltet wird.

◄ **Abbildung 6.21**
Pendants zu Funktionsanzeigen und Schaltflächen von Spuren im Inspector

- **EQ-Status**
  Eine ganz ähnliche Funktion verbirgt sich für den EQ-Bereich hinter dem Button EQ-STATUS ❸. Sofern im Equalizer des zugeordneten Kanals die Frequenzbearbeitung für einen Bandbereich eingeschaltet wurde, leuchtet dieser Button grün. Beim Einschalten der Bypass-Funktion ändert sich auch hier die Buttonfarbe in hellgelb. Zugleich sehen Sie diese Farbgebung auch im zugehörigen Inspector-Feld.
  Auch für diese Funktion können Sie den umgekehrten Weg (über die Schaltflächen des Inspectors) gehen. – Das Zeichen auf dem EQ-Button zeigt übrigens die symbolische Frequenzauslenkung eines Audiosignals.

- **Sends-Status**
  Auch der Status der Send-Effekte hat hier seinen eigenen Bypass-Button. Sein Pendant ist selbstverständlich ebenfalls im Inspector zu finden. Er wird durch eine symbolische Darstellung des für Insert-Wege typischen Signalflusses geziert. Hierbei wird das Signal aus dem Kanal »abgegriffenen« und außerhalb in einen weiteren (Effekt-)Kanal eingespeist.
  Ist ein Send-Effekt im zugehörigen Kanal aktiv, so erscheint der Button »Sends-Status« blau. Sobald Sie das Umgehen der Sends via Bypass aktiviert haben, leuchtet dieser Button wiederum hellgelb ❹.
  Näheres zu Insert- und Send-Effekten sowie den Equalizing-Funktionen erfahren Sie in Kapitel 12, in dem ich Ihnen den Mixer eingehend vorstelle.

▶ **Zeitbasis umschalten/Sperren/Ebenen-Darstellungsart**
Diese Buttons ❺ entsprechen zu 100 % denjenigen des Inspectors, lesen Sie dazu bitte in Abschnitt 6.2 nach.

6.1.6 Effektkanal-Spuren

Die Funktionen der Effektkanal-Spur sind im Wesentlichen diejenigen einer Audiospur. Es fehlen jedoch die Buttons für Aufnahmeaktivierung und Monitorfunktion, für Geräte-Bedienfelder und Ebenen sowie die spurartbezogenen Spezialbuttons. Gegebenenfalls müssen Sie den Eintrag der Effektkanal-Spur in der Spurliste ein wenig nach rechts erweitern, um alle verfügbaren Schaltflächen sehen zu können, da diese bei einer Vergrößerung der Spurhöhe nicht allesamt automatisch nach unten rutschen.

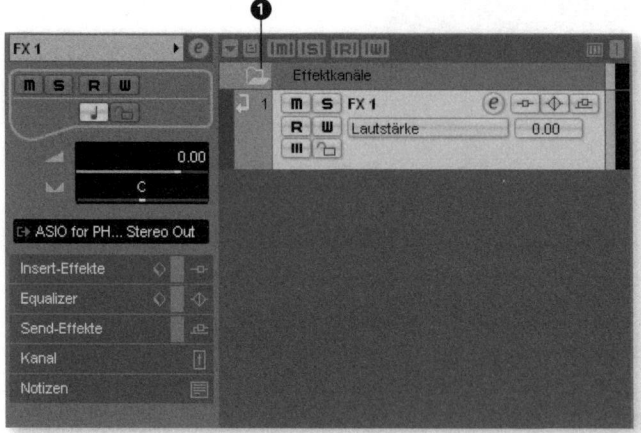

Abbildung 6.22 ▶
Bedienelemente der Effektkanal-Spur

Effektkanal-Spuren werden in der Spurliste automatisch in einem Ordner EFFEKTKANÄLE ❶ geöffnet. So können Sie diese Spurart in der Spurenliste minimieren, falls Sie sie einmal gerade nicht benötigen.

Spur ist nicht gleich Kanal | Eins noch zum besseren Verständnis: Die Bezeichnung »Effektkanal-Spur« weist auf eine wichtige Unterscheidung hin. Anwender verwechseln immer mal wieder Kanäle mit Spuren. Am Beispiel der Effektkanal-Spuren wird deutlich, wie hier differenziert werden kann:

▶ Auf einer Spur zeichnen Sie Daten auf.
▶ In einem zugehörigen Kanal modifizieren Sie die Ausgabe dieser Daten.

Näheres zur Arbeit mit Effektkanal-Spuren lesen Sie in Kapitel 12 über den Mixer. Wie Sie mit der übergeordneten Ordnerspur arbeiten, erläutere ich Ihnen im nächsten Abschnitt.

6.1.7 Ordnerspuren

Ordnerspuren sind Spuren, die Sie als Strukturhilfen einsetzen können. Diese Spuren bringen in Ihr Projekt das, was ihr Name verspricht: Ordnung.

Dabei ist es ganz gleich, welche Art Spur Sie einfügen. Cubase setzt hier keine Grenzen. Dies ermöglicht Ihnen beispielsweise, Audio- und MIDI-Spuren in separaten Ordnerspuren abzulegen, um sie nur bei Bedarf anzeigen zu lassen. Es ist aber auch möglich, dass Sie Spuren inhaltlich oder thematisch gliedern. In Abbildung 6.23 zeige ich Ihnen eine solche Gliederung anhand von Gesangsspuren.

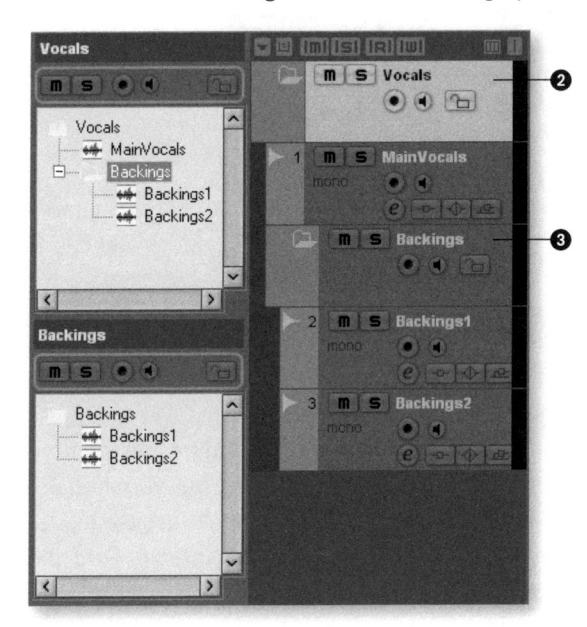

◄ **Abbildung 6.23**
Beispielhafte Gliederung von Gesangsspuren durch verschachtelte Ordnerspuren

Hierarchien in Ordnerspuren | An Abbildung 6.23 können Sie auch bereits erkennen, dass Sie innerhalb einer Ordnerspur ❷ weitere Ordnerspuren ❸ auf einer tieferen Hierarchieebene erstellen können. Mit einem Mausklick auf das Minuszeichen dieser Spur oder auf das Ordnersymbol selbst schließen Sie die Anzeige des untergeordneten Spuren-Baumes.

Wenn Sie Spuren durch Ordnerspuren grafisch organisieren, können Sie so durch das Schließen des obersten Ordners für Platz und Übersicht in der Spurenliste Ihres Projekts sorgen. Über die Ordnerspuren können Sie auch erreichen, dass ganze Spurengruppen stummgeschaltet oder solo abgespielt werden.

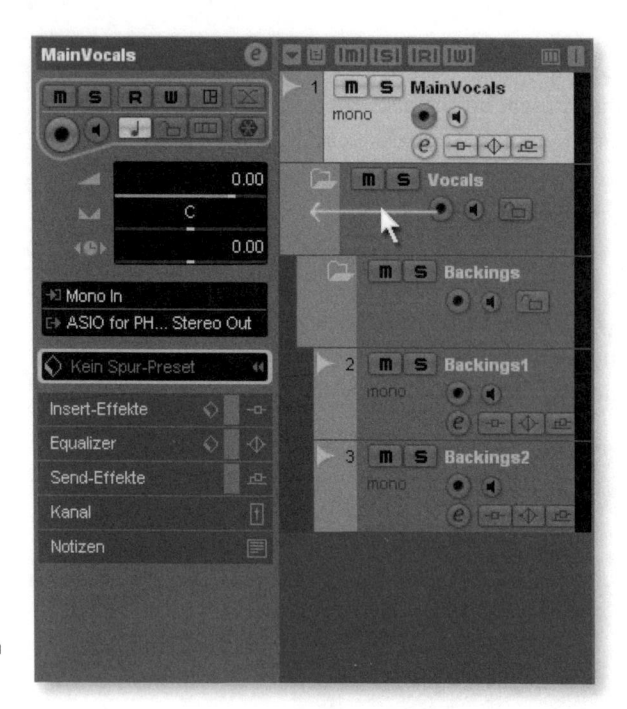

Abbildung 6.24 ▶
Ablegen von Spuren in Ordnerspuren

Spuren zu einem Ordner hinzufügen | Zum Ablegen einer Spur in eine Ordnerspur müssen Sie die zu verschiebende Spur mit gehaltener linker Maustaste in den gewünschten Zielordner ziehen.

Wenn Sie den Mauszeiger dabei auf eine Ordnerspur ziehen, erscheint ein grüner Pfeil, der Ihnen anzeigt, dass die verschobene Spur in diesem Ordner abgelegt wird, sobald Sie die Maustaste loslassen. Sofern die Ordnerspur bereits andere Spuren enthält, wird die aktuell verschobene stets als erste innerhalb der Liste eingefügt.

Sie können Spuren auch unmittelbar an einer speziellen Stelle in einer Ordnerspur einfügen. Ziehen Sie die zu verschiebende Spur dafür mit gehaltener Maustaste an eine Stelle zwischen zwei Spuren. An möglichen Ablagestellen erscheint dann eine grüne Linie.

Ordner-Parts | In der Ordnerspur werden automatisch Ordner-Parts erzeugt. In Abbildung 6.24 sehen Sie beispielsweise, dass die Ordnerspur MAIN zwei Audiospuren enthält, die im Sequenzerbereich der Ordnerspur als Ordner-Parts dargestellt werden. Vergleichbares gilt für die Ordnerspur BACKINGS. Konsequenterweise werden die Ordner-Parts untergeordneter Spuren auch in der Ordnerspur der höchsten Ebene zusammenfassend angezeigt.

Spuren innerhalb eines Ordners verschieben | Ebenso wie beim Einfügen einer Spur in eine Ordnerspur erscheint auch beim Verschieben einer Spur innerhalb einer Ordnerspur eine grüne Linie. Solange eine rote Linie aufleuchtet, wird die von Ihnen ausgewählte Spur nicht verschoben, wenn Sie die Maustaste loslassen.

Spuren aus einem Ordner entfernen | Um eine Spur aus einer übergeordneten Ordnerspur zu entfernen, ziehen Sie diese einfach aus dem Bereich des Ordners hinaus, bis Ihnen eine mögliche Ablageposition angezeigt wird.

6.1.8 Gruppenspuren

Gruppenspuren öffnen Sie ebenfalls über das Projekt-Menü oder das Quick-Kontextmenü mit der rechten Maustaste. Neu erzeugte Gruppenspuren werden automatisch in einem Ordner GRUPPENSPUREN angelegt.

◄ **Abbildung 6.25**
Gruppenspur

Die Funktionsbuttons von Gruppenspuren sind in der Spurenliste wie auch der Inspector-Spalte identisch mit den oben beschriebenen Buttons von Effektkanal-Spuren, weshalb ich Ihnen eine erneute Beschreibung hier erspare.

Gruppenspur contra Ordnerspur | Im Gegensatz zu Ordnerspuren beinhalten Gruppenspuren **keine** Spuren oder deren Events/Parts. Vielmehr werden Gruppenspuren von anderen Spuren »gefüttert«. Dies geschieht, indem Sie die Ausgangsbusse der »Quell«-Spuren auf den Eingangsbus eines Gruppenkanals routen. Aufgrund dieses Funktionsunterschieds werden die Events eingespeister Kanäle auch nicht im Sequenzerbereich einer Gruppenspur angezeigt.

> **Routing**
>
> Als Routing bezeichnet man das Verbinden von Ein- und Ausgängen, um dadurch den Weg des Signalflusses/der Signalverarbeitung zu beeinflussen. Dafür spielt es keine Rolle, ob es sich um virtuelles oder physikalisches Equipment handelt. Da Hard- und Software bei Cubase nicht »von selbst« miteinander kommunizieren bzw. automatisch

eingerichtet werden, müssen Sie z. B. die virtuellen Ausgänge (Ausgangs-Busse) von Spuren virtuell mit bestimmten Ausgangsbussen Ihrer Audio-Hardware verbinden (also die Spurausgänge auf diese »routen«), um die aufgezeichnete Klanginformation der jeweiligen Spur anhören zu können.

Subgruppen-Routings | Um Ihnen die Verwendung von Gruppenkanälen »schmackhaft« zu machen, möchte ich hier aber noch kurz die Vorteile eines solchen Routings nennen. Denn diese liegen auf der Hand: Sie können Spuren, die Sie beispielsweise hinsichtlich Lautstärke-Pegel, Panning oder der Equalizer-Einstellungen in ein gutes Verhältnis zueinander gebracht haben, durch einen einzigen Kanal innerhalb eines Mixes steuern. Dies geschieht dann über die Einstellmöglichkeiten des zugeordneten Gruppenkanals im Mixer. Eine immense Arbeitserleichterung! So können Sie etwa alle Kanäle eines Schlagzeugs auf eine Stereosumme (Gruppenspur) routen und dort beispielsweise das gesamte Schlagzeug lauter oder leiser machen oder auch mit übergreifenden Effekten versehen.

6.1.9 MIDI-Spuren

Neben den bisher vorgestellten Buttons anderer Spurarten bieten MIDI-Spuren in der Spurspalte noch einige wenige MIDI-spezifische Funktionen. Hierzu gehören etwa die Buttons für die Auswahl einer Drum-Map ❶, der Kanalauswahl ❷, des MIDI-Ausgangs ❸ sowie der Bank- ❹ und Programmauswahl ❺. Was genauer hinter diesen Parametern steckt, erfahren Sie im Abschnitt über MIDI in Cubase in Kapitel 11.

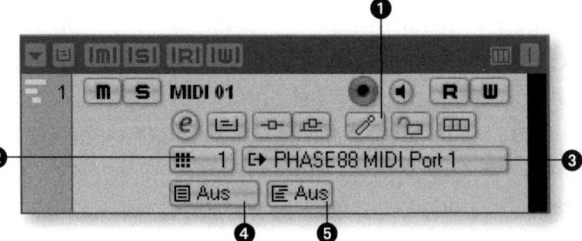

Abbildung 6.26 ▶
MIDI-Spur

6.1.10 Instrumentenspuren

Neu in Cubase 4 ist der Spurtyp der Instrumentenspur. Er bietet sowohl einen MIDI-Eingang als auch einen Stereo-Ausgang und ist ein Hybride aus den Spurtypen MIDI-Spur und VST-Instrumentenkanal mit eingebundenem VST-Instrument. Sie erkennen Instrumentenkanäle in Cubase an ihrer grünen Grundfarbe und dem Klaviatur-Symbol ❻.

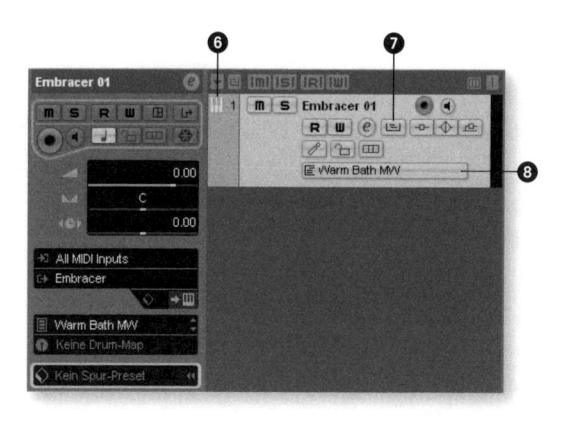

◀ **Abbildung 6.27**
Integration von VST und MIDI – die Instrumentenspur

Die hier zur Verfügung stehenden Buttons kennen Sie größtenteils bereits von den Audiospuren. Neu hinzu kommen jedoch Buttons für die Anwahl einer Drum-Map (siehe auch MIDI-Spur) sowie für die Patch-Auswahl ❼ und das Aktivieren der Funktion IM KONTEXT BEARBEITEN ❽. Über den Button PATCH-AUSWAHL ❼ können Sie einen Sound für das VST-Instrument der Instrumentenspur auswählen. Wählen Sie die Funktion IM KONTEXT BEARBEITEN an, so wird im Sequenzerbereich des Projektfensters für die Instrumentenspur ein Key-Editor mit Pianoroll-Modus zur Bearbeitung der MIDI-Daten angezeigt.

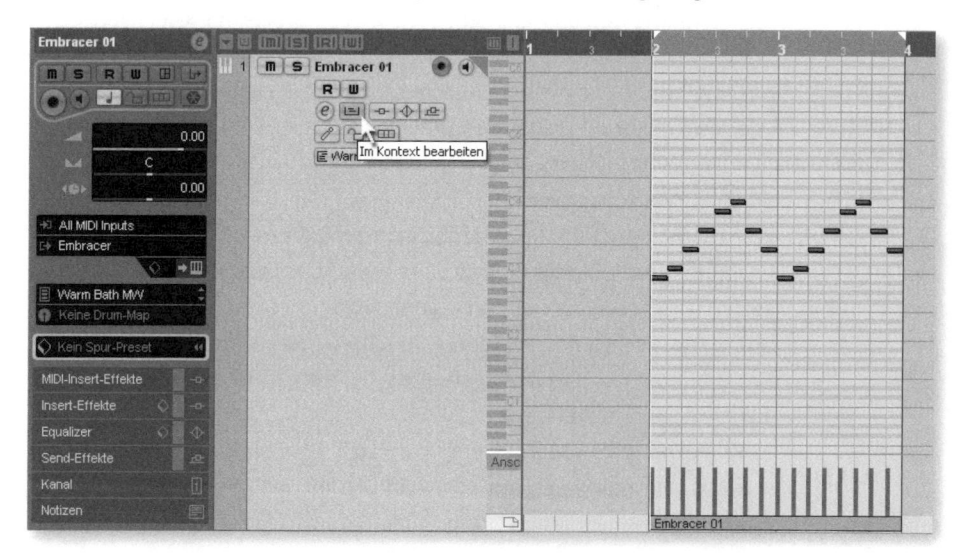

Einfache Handhabung | Welche Vorteile bringen nun aber Instrumentenspuren? Der Vorteil dieses Spurtyps liegt in der einfachen Verwaltung: Speichern Sie ein Preset für eine Instrumentenspur ab, so ist dieses in anderen Produktionssituationen sofort wieder aufrufbar. Bei der Verwendung einer Kombination aus MIDI-Spur, VST-Instrument und zugehörigem VST-Instrumentenkanal ist dies schon wesentlich aufwändiger.

▲ **Abbildung 6.28**
Kontext-Bearbeitung bei einer Instrumentenspur

Spuren **135**

Ordnung im Mixer | Die Nutzung von Instrumentenspuren macht den Mixer in Cubase deutlich übersichtlicher, weil darin nur ein Kanal für den Einsatz eines Instruments angelegt wird. Bei der bisher üblichen gemeinsamen Verwendung eines VST-Instruments, welches von einer MIDI-Spur gespeist wird und Audio auf einem VST-Instrumentenkanal ausgibt, benötigen Sie hingegen die doppelte Anzahl Spuren. Darüber hinaus werden die Automationsdaten von Instrumentkanälen beim Kopieren von Events und Parts im Sequenzerbereich von Cubase mit verschoben, was bei der bisherigen Kombinationsvariante aus verschiedene Spurtypen nicht der Fall war.

Nachteile | Der große Nachteil liegt allerdings darin, dass ausschließlich eine Stereosumme verwendet werden kann. VST-Instrumente mit mehreren Ausgängen müssen also weiterhin auf die herkömmliche Art integriert werden (VST-Instrument und zugehörige MIDI-Spur anlegen, Audiokanäle für Instrumentenausgänge anlegen).

Nutzen Sie VST-Instrumentenspuren deshalb vor allem in solchen Situationen, in denen Sie die konkrete Klangergebnisse von VST-Instrumenten, von denen Sie nicht mehr oder weniger Ausgänge als eine Stereosumme nutzen möchten, auf einfache Weise in Presets verfügbar machen wollen. Auch für eine integrierte Automation von Instrumenten mit hoher Dichte von Automationsdaten eignet sich der Einsatz von Instrumentenkanälen besonders gut.

6.1.11 Markerspuren

Eine Markerspur hilft Ihnen dabei, in Ihren Cubase-Projekten bestimmte Positionen oder häufig zu bearbeitende Loops bzw. Cycles schnell und gezielt ansteuern zu können. Dabei fügen Sie an bestimmten Positionen, die Sie wieder ansteuern möchten, diese Marker ein. Für die Positionierung der Marker gelten die von Ihnen in der Werkzeugzeile ausgewählten Rasterwerte.

Während Cycle-Marker einen Bereich bestimmen, der wiederholt werden soll, markieren einfache Marker lediglich einzelne Zeitpunkte innerhalb eines Projekts. Diese Stellen können Sie dann direkt »anfahren«.

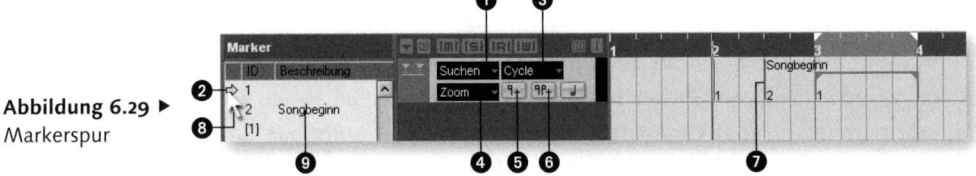

Abbildung 6.29 ▶
Markerspur

Positionen im Projekt direkt anspringen | Sie können immer nur eine Markerspur pro Projekt einfügen. Daran ändert auch das Teilen der

Spurliste nichts. Gerät die Markerspur während der Arbeit an einem Projekt einmal aus dem Blick (der Monitoranzeige), müssen Sie sie also manuell verschieben. Hierfür empfiehlt es sich dann, über das Menü Projekt • Marker eine weitere Markerübersicht im Vordergrund anzeigen zu lassen. Für die eingehende Arbeit mit Markern empfehle ich jedoch einen Blick in die zugehörigen Kapitel 8.1.3 und 8.4 – Die fünf spezifischen Bedienelemente einer Markerspur möchte ich Ihnen aber im Folgenden bereits einleitend vorstellen:

▶ Suchen
Mit einem Mausklick auf diesen Bereich ❶ öffnen Sie eine Liste, aus der Sie einen zuvor angelegten Marker auswählen können. Im Gegensatz zur Marker-Positionsanwahl über die Inspector-Spalte ❷ fahren Sie den Marker dadurch nicht nur als aktuelle Abspielposition an, sondern wählen ihn auch als Objekt an. Sie erkennen dies durch die Farbänderung des Markerstriches im Sequenzerbereich in Rot. Sie können nun die Wiedergabe ab diesem Marker starten oder ihn bearbeiten, verschieben oder löschen.

▶ Cycle
Vergleichbar mit dem Suchen-Menü können Sie mit dem Dropdown-Menü Cycle ❸ eine Auswahl einsehen, die Ihnen alle im Projekt angelegten Cycle-Marker auflistet. Auch hier gilt wieder: Während Sie im Inspector für die Cycle-Marker lediglich eine Positionsanwahl durchführen, sorgen Sie mit der Auswahl via Dropdown-Menü »Cycle« für eine gleichzeitige Bearbeitungsanwahl des jeweiligen Cycle-Markers.

▶ Zoom
Wie so viele Funktionen in Cubase hilft Ihnen auch dieses Menü dabei, Ihre Arbeitsabläufe zu beschleunigen. Auch beim Dropdown-Menü Zoom ❹ können Sie aus einer Liste wählen. Angezeigt wird Ihnen dabei die Auswahl aller im Projekt enthaltenen Cycle-Marker. Auch bei dieser Liste ist es so, dass die Auswahl eines Eintrags den Positionszeiger zum Cycle-Marker springen lässt und der Cycle-Marker ausgewählt wird. Die Besonderheit ist aber, dass der gesamte Cycle-Bereich im Sequenzerbereich (wie der Name der Funktion Zoom schon verspricht) herangezoomt, nämlich horizontal maximiert wird.

▶ Marker hinzufügen und Cycle-Marker hinzufügen
Über diese Schaltflächen ❺ und ❻ fügen Sie entsprechende Marker in Ihr Projekt ein. Diese erscheinen sowohl im Sequenzerbereich auf der Markerspur ❼ als auch in der Markerliste im Inspector ❽, in der Sie ihnen auch individuelle Bezeichnungen geben können ❾.

6.1.12 Projektstruktur-Spuren

Projektstruktur-Spuren ermöglichen es Ihnen, den ansonsten linearen Ablauf eines Projektes völlig neu zu ordnen.

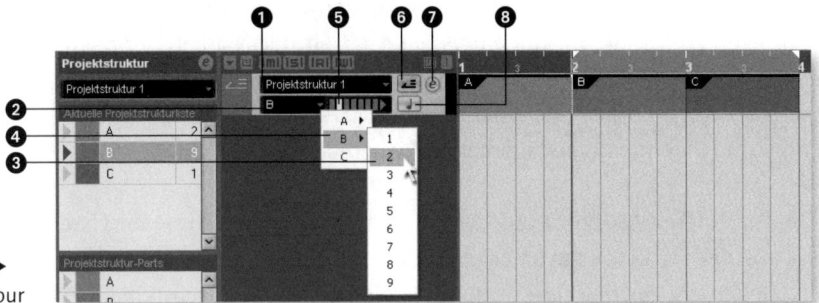

Abbildung 6.30 ▶
Projektstruktur-Spur

Betrachten wir zunächst einmal den Spurlisteneintrag für eine Projektstruktur-Spur. Er stellt sechs Bereiche zur Verfügung:

▶ PROJEKTSTRUKTUR AUSWÄHLEN

Sofern Sie mehr als eine Projektstruktur für Ihr Projekt angelegt haben, können Sie hier ❶ wählen, welche zum Einsatz kommen soll.

▶ AKTUELLER EINTRAG

Diese Anzeige ❷ zeigt Ihnen, welcher Projektstruktur-Part aktuell gespielt wird. Mit einem Mausklick in die Anzeige öffnet sich ein Dropdown-Menü, aus dem Sie auch eine beliebige Wiederholung ❸ eines Projektstruktur-Parts ❹ direkt auswählen können. Der Positionszeiger springt dann automatisch zum Beginn des ausgewählten Projektstruktur-Parts und Sie können Ihre Projektstruktur ab der gewählten Wiederholung abspielen.

▶ AKTUELLE WIEDERHOLUNG

Der Bereich »aktuelle Wiederholung« ❺ zeigt Ihnen zum einen an, welche Wiederholung eines Projektstruktur-Parts gerade gespielt wird. Diese Wiederholung leuchtet dann hellgrün auf. Zum anderen können Sie die grafischen Platzhalter der Projektstruktur-Parts auch mit der Maus direkt anklicken, um eine neue aktuelle Wiederholung anzuwählen.

▶ PROJEKTSTRUKTUR-MODUS AKTIVIEREN

Mit diesem Button ❻ legen Sie fest, dass die Wiedergabe des Projekts nicht linear erfolgen, sondern sich nach der vorgegebenen Projektstruktur richten soll.

▶ PROJEKTSTRUKTUR-EDITOR ÖFFNEN

Über diesen Button ❼ können Sie, der Name verrät es, den Projektstruktur-Editor öffnen und schließen. Mit seiner Hilfe können Sie die einzelnen Elemente einer Projektstruktur übersichtlich verwalten.

- BUTTON ZUM UMSTELLEN DER ZEITBASIS
  Um zwischen musikalischer und linearer Zeitbasis umzustellen, können Sie den Button ❽ mit dem Noten- bzw. Uhr-Symbol bedienen. Eine eingehende Erläuterung dieser Funktion finden Sie in den Workflow-Tipps in Abschnitt 10.6.

> **Button »Projektstruktur-Modus aktivieren« verschwunden?**
>
> Während bei anderen Spurarten die meisten Funktionselemente vertikal nachrücken, sobald sie in der Waagerechten nicht mehr Platz finden, geschieht dies bei Projektstruktur-Spuren nicht. Ein vertikales Resizing bringt deshalb in diesem Fall nichts.
> Wird der Button »Projektstruktur-Modus aktivieren« in Ihrem Projekt nicht angezeigt, müssen Sie aus diesem Grund ein horizontales Resizing der Projektstruktur-Spur vornehmen, um den Button sehen und bedienen zu können.

Was für die Markerspur gilt, trifft auch auf die Projektstruktur-Spur zu: Sie können immer nur eine Spur dieser Art pro Projekt anlegen (darin jedoch mehrere Projektstrukturen).

6.1.13 Linealspuren

Linealspuren sind Spuren, die im Wesentlichen dem fest installierten Lineal im Sequenzerbereich entsprechen. Sie stehen Ihnen nicht in Cubase Studio 4 zur Verfügung. Die Einsatzmöglichkeiten für Linealspuren sind vielfältig. So können Sie beispielsweise auf halber Höhe des Projektfensters eine Linealspur einfügen, um mit den Maßeinheiten des Lineals an Spur-Objekten arbeiten zu können, die in der Spurliste recht weit unten liegen, ohne diese verschieben zu müssen. Ein weiterer Vorteil von Linealspuren ist deren Modifizierbarkeit.

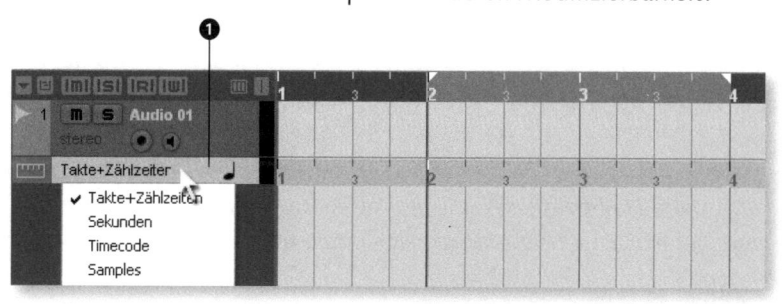

◀ **Abbildung 6.31**
Linealspur

Linealspuren werden wie alle anderen Spuren geöffnet, also beispielsweise über das Kontextmenü der Spurspalte. Mit einem Mausklick in das Feld neben der Spurbezeichnung ❶ öffnen Sie ein Auswahlmenü für das Anzeigeformat des eingefügten Lineals. Die möglichen Einstellungen sind hier dieselben wie für die Linealzeile. Fahren Sie mit dem Mauszeiger über die Linealspur, können Sie dieselbe Auswahl auch über das Quickkontext-Menü der rechten Maustaste öffnen. Sie können Lienealspuren wie gewohnt innerhalb der Spurliste verschieben, jedoch nicht in der Höhe verändern.

Mehrere Maßeinteilungen zugleich verwenden | Da Sie das Anzeigeformat der Linealspuren frei wählen können, ist es Ihnen möglich, mit mehreren Maßeinteilungen zugleich zu arbeiten. Unter anderem können Sie bei der Nachvertonung von Filmmaterial deutlich davon profitieren. Hier können Sie beispielsweise das Hauptlineal für Sound-FX mit den Einheiten des Timecodes ❷ nutzen, darunter musikalische Untermalung mit Takten und Zählzeiten ❸ arrangieren und gegebenenfalls die Videospur mit Hilfe einer weiteren Linealspur ❹ Frame-genau anfahren.

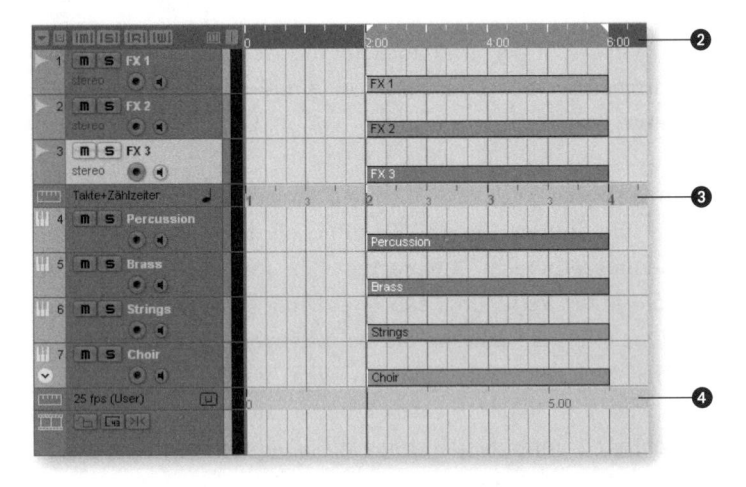

Abbildung 6.32 ▶
Verwendung mehrerer Linealspuren – hier: Nachvertonungs-Setup

6.1.14 Videospuren

Eine Videospur erzeugen Sie wie gewohnt über das Menü BEARBEITEN • SPUR HINZUFÜGEN oder das Kontextmenü der Spurliste. Über DATEI • IMPORTIEREN • VIDEODATEI können Sie auf Spuren dieses Typs Videomaterial importieren. Videodateien für Ihr Projekt verwalten Sie (ganz genau wie Audiodateien) im Cubase-Pool. Für importierte Videodateien sehen Sie im Sequenzerbereich eine Abfolge von Thumbnails der Videodatei.

Abbildung 6.33 ▼
Videospuren bieten auch Vorschau-Thumbnails

Bessere Darstellung von Thumbnails | Sie können Videospuren in der Spurliste horizontal vergrößern, um im Sequenzerbereich Thumbnails mit einer höheren Frequenz darzustellen.

> **Videospuren und Formatanzeigen**
>
> Mitunter kann es hilfreich sein, wenn Sie oberhalb der Videospur ein zusätzliches Lineal einfügen. Für die Arbeit mit Nachvertonungen und Filmmusik ist es besonders vorteilhaft, wenn Sie für das primäre Zeitformat die entsprechende Framerate des Bildmaterials wählen und Ihr Audiomaterial mit Linealspuren wie in Abbildung 6.3.2 gezeigt arrangieren. Die Auswahl der Framerate ermöglicht es Ihnen, den Wiedergabetransport framegenau zu starten und zu stoppen sowie Events unmittelbar an diesen Frames auszurichten.

6.1.15 Audiokanäle für VST-Instrumente

Audiokanäle für VST-Instrumente dienen als Bearbeitungsspuren für die Parameter der Audioausgabe virtueller Instrumente und werden von Cubase automatisch angelegt, sobald Sie ein virtuelles Instrument anlegen/öffnen. Die Funktionsweise entspricht denjenigen der oben bereits vorgestellten Audiospuren.

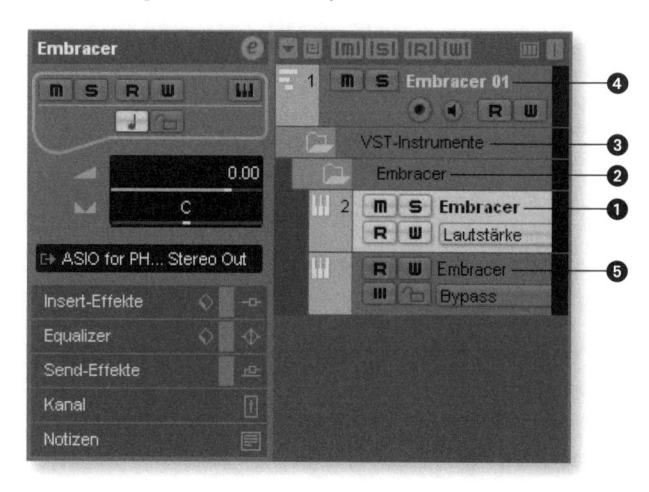

◄ **Abbildung 6.34**
Audiokanal für VST-Instrument und seine Bedienelemente im Inspector

Eine Besonderheit der Audiospuren für virtuelle Instrumente ❶ ist allerdings, dass diese automatisch innerhalb einer übergeordneten Ordnerspur ❷ für das jeweilige VSTi geöffnet werden und stets zusammen mit einer zugehörigen Gerätespur ❸ auftreten. Dabei wird jeweils eine Spur für die Automation der Parameterwerte des Klang erzeugenden PlugIns (❹) sowie jeweils eine Spur für jeden der vom VSTi genutzten Mixerkanäle (❺) erzeugt. Bei einem virtuellen Instrument, das über sechs Einzelausgänge verfügt, werden also in der Spurenspalte automatisch sieben Unterspuren in dessen VST-Instrumenten-Ordner angelegt.

Hinweise zum Erzeugen von VSTi finden Sie in Kapitel 5.

6.1.16 Quick-Kontextmenüs der Spurspalten

Wie schon weiter oben erläutert, öffnen Sie mit dem Klick der rechten Maustaste in den meisten Umgebungen der Arbeitsoberfläche von Cubase ein Kontextmenü. So auch in der Spurspalte. Das Kontextmenü leerer Spuren haben Sie in Abschnitt 6.1.2 bereits kennen gelernt.

Schneller Zugriff | Im Weiteren stelle ich Ihnen nun die Funktionen der Quick-Kontextmenüs für die verschiedenen Spurarten vor. Wann immer Sie mit dem Mauszeiger die Einträge in der Spurspalte überfahren und die rechte Maustaste drücken, erscheint oberhalb der beiden Ihnen bereits bekannten Bereiche des Quick-Kontextmenüs ein weiterer Bereich ❶, der je nach Spurart unterschiedliche Einträge enthalten kann.

Abbildung 6.35 ▶
Kontextmenü von
Audiospuren

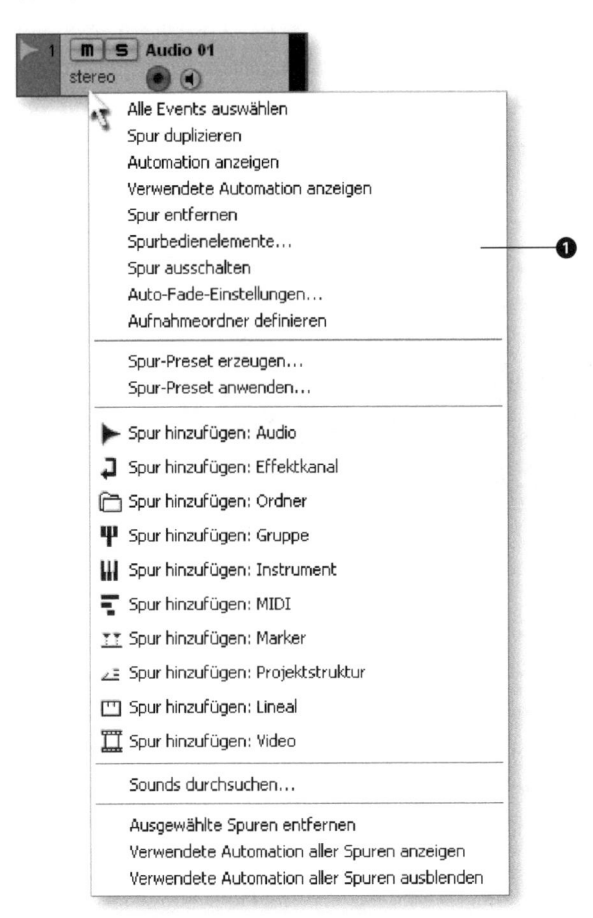

Quick-Kontextmenüs von Spuren | Haben Sie mehrere Spuren gleichzeitig markiert, gilt für alle Spurarten, dass Funktionen des Quick-Kontextmenüs jeweils nur auf die zuletzt mit der Maus zu der Auswahl hinzugefügte Spur angewendet werden, sofern unten nicht anders beschrieben. Wenn Sie eine Mehrfachauswahl durch die Tastatur vorgenommen haben (mit gehaltener ⇧-Taste), so wird jeweils die in der Spurspalte zuoberst ausgewählte Spur bearbeitet.

- ALLE EVENTS AUSWÄHLEN
  Der Name dieser Funktion ist Programm. Mit ihr wählen Sie alle Events dieser Spur auf einmal aus. Eine unverzichtbare Hilfe für das Verschieben aller Spurinhalte oder das Anwenden von Audio-Bearbeitungen für alle Events einer Spur.
  Diese Funktion entspricht **nicht** derjenigen des Menüs BEARBEITEN • AUSWAHL • ALLE oder der Funktion BEARBEITEN • AUSWAHL • ALLE AUF AUSGEWÄHLTEN SPUREN.

- SPUR DUPLIZIEREN
  Wenn Sie diese Funktion anwenden, so wird die ausgewählte Spur mitsamt den darin enthaltenen Events und Parts sowie all ihren Kanaleinstellungen kopiert und unterhalb der Ausgangsspur in die Spurspalte eingefügt.
  Diese Funktion können Sie auch über die Menüleiste unter PROJEKT • SPUR DUPLIZIEREN abrufen. Sie steht jedoch nicht bei MIDI-Spuren zur Verfügung.

- AUTOMATION ANZEIGEN/AUTOMATION AUSBLENDEN
  Dieser Eintrag ändert sich je nach aktuellem Stand der Anzeige des Spureintrags: Werden für die ausgewählte Spur bereits Automationsdaten angezeigt, so erscheint der Eintrag AUTOMATION AUSBLENDEN. Mit der Funktion blenden Sie alle zuletzt geöffneten Automations-Unterspuren eines Spureintrags ein, gleich, ob dieser geschriebene oder aufgezeichnete Automationsdaten enthält oder nicht.

- VERWENDETE AUTOMATION ANZEIGEN
  Auch diese Funktion blendet Automationsdaten ein. Dabei bleiben jedoch solche Unterspuren ausgeblendet, die keinerlei Daten enthalten. Sofern Sie für eine Spur überhaupt keine Automationsdaten verwenden, werden konsequenterweise auch keine Unterspuren geöffnet.

Die Funktion gegen Vergesslichkeit ;-)

Sobald Sie den »Read«-Modus für eine Spur deaktiviert haben und die Automations-Unterspuren geschlossen sind, kann es bei aufwändigen

Projekten durchaus vorkommen, dass Sie sich nicht mehr sicher sind, ob auf eine Spur bereits Automationsdaten geschrieben oder aufgezeichnet wurden.

Mein Tipp: Nutzen Sie die Funktion VERWENDETE AUTOMATION ANZEIGEN. Auf diese Art und Weise können Sie sich mitunter ein erneutes Aufzeichnen von Automationsdaten, die bereits vorhanden sind, ersparen.

▶ SPUR ENTFERNEN
Über diese Funktion löschen Sie Einträge in der Spurspalte mitsamt den zugehörigen Kanälen im Mixer.
Diese Funktion entspricht **nicht** derjenigen des Menüs PROJEKT • AUSGEWÄHLTE SPUREN ENTFERNEN oder der Funktion PROJEKT • NICHT BENUTZTE SPUREN ENTFERNEN.

▶ SPURBEDIENELEMENTE...
Die in den Spurlisten-Einträgen angezeigten Bedienelemente und Buttons können Sie über den Dialog SPURBEDIENELEMENTE... verändern.
Da es sich bei den Funktionen dieses Dialogs bereits um weitreichende Modifikationen der Arbeitsumgebung handelt, die eingehender Erläuterungen bedürfen, finden Sie sie in Abschnitt 14.1 über das Anpassen des Cubase-Desktops.

▶ SPUR AUSSCHALTEN
Das Ausschalten von Spuren hat gegenüber dem einfachen Stummschalten einen großen Vorteil: Indem Sie eine Spur ausschalten, verhindern Sie nämlich nicht nur das Abspielen Ihrer Events und Parts, sondern streichen für diese Spur komplett sowohl alle Festplatten-Leseaktivitäten als auch die Prozessorarbeit. Dies kann Ihr System in manchen Arbeitssituationen erheblich entlasten und versetzt Sie in die glückliche Position, Spuren und deren Daten, die Sie zwar aktuell nicht nutzen, aber dennoch beibehalten möchten, nicht löschen zu müssen.
Da die Events und Parts von Spuren beim Stummschalten nicht von Cubase ausgegraut werden, erkennen Sie ausgeschaltete Spuren nur an ihrer Erscheinungsweise in der Spurspalte. Das Hauptfeld ist bei ausgeschalteten Spuren standardmäßig rot-grau getönt. Wenn Sie eine ausgeschaltete Spur anwählen, sehen Sie, dass deren Trennlinien über und unter dem Hauptfeld des Spurlisten-Eintrags rot eingefärbt sind.

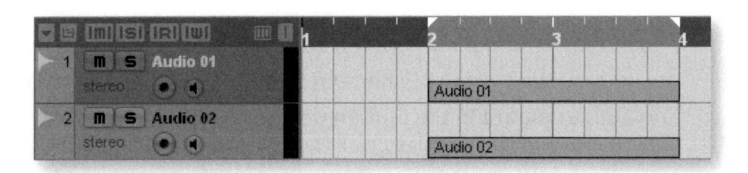

◀ **Abbildung 6.36**
Ausgeschaltete Spur

Um eine Spur wieder einzuschalten, wählen Sie einfach den Eintrag SPUR EINSCHALTEN aus dem Kontextmenü. Ein hilfreicher Umstand ist, dass das Ausschalten einer Spur nicht in die Liste der Bearbeitungsschritte eingeht. Auf diese Weise können Sie keinesfalls eine »versehentliche« Mehrbelastung von CPU oder Harddisk durch unbeabsichtigtes Wiedereinschalten von Spuren verursachen.

▶ AUTO-FADE-EINSTELLUNGEN
Dieser Menüpunkt öffnet den spurbezogenen Dialog AUTO-FADES. Da es sich hierbei um Funktionen aus dem Bereich Audiobearbeitung handelt, möchte ich diese im entsprechenden Kapitel näher erläutern (siehe Abschnitt 10.3.2).

▶ AUFNAHMEORDNER DEFINIEREN
Über diese Funktion des Quick-Kontextmenüs können Sie den Ordner ändern, in dem die auf diese Spur aufgenommenen Daten abgelegt werden.

[«]

◀ **Abbildung 6.37**
Ändern des Aufnahmeordners

Standardmäßig wird derjenige Ordner verwendet, den Sie beim Anlegen eines Projekts angegeben haben. In der Regel ist dies innerhalb des Ordnerbaums Ihres Projekts der Ordner AUDIO. Über den Dialog dieser Funktion können Sie nun einen anderen Ordner als Ziel für die Aufnahmedateien oder einen vollkommen neuen erzeugen.

Es ist auch möglich, mehrere Spuren zu markieren und diese Funktion auszuführen. Nach erfolgreicher Durchführung gilt der neu zugewiesene Ordner dann für alle Spuren der Auswahl.
Bitte beachten Sie, dass das Einstellen eines neuen Aufnahmeordners nicht für Nutzer von Cubase Studio 4 verfügbar ist.

6.1.17 Spuren löschen

Um Spuren ohne die Zuhilfenahme des Kontextmenüs zu löschen, können Sie auch die ⟨Entf⟩-Taste drücken. Dies sollten Sie jedoch nur dann tun, wenn Sie sich absolut sicher sind, dass weder ein nicht zu löschendes Event im Projekt aktiv ausgewählt ist, noch eine weitere Spur sich in der aktuellen Auswahl befindet, wenn Sie diese nicht ebenfalls löschen möchten. Aus diesen Gründen möchte ich Ihnen das Entfernen von Spuren über die Tastatur vor allem bei übersichtlichen Projekten empfehlen, die nur wenige Spuren haben.

6.2 Inspector

In der Inspector-Spalte werden Ihnen Einstellmöglichkeiten und Steuerelemente zu der in der Spurspalte ausgewählten Spur angezeigt. Haben Sie mehrere Spuren in der Spurspalte angewählt, so finden Sie im Inspector die Parameter der obersten der ausgewählten Spuren.

▲ **Abbildung 6.38**
Inspector-Symbol in der Werkzeugzeile

Inspector einblenden | Durch einen Mausklick auf das Inspector-Symbol in der Werkzeugzeile können Sie die Inspector-Spalte ein- bzw. ausblenden. So können Sie innerhalb des Projektfensters Platz für die Audiospalte oder den Sequenzerbereich freigeben.

Register gliedern die Inspector-Spalte | Die Inspectoranzeige ist für viele Spurarten in Zeilen (»Register«) unterteilt, die thematisch gegliederte Steuerelemente enthalten. Die »Karten« dieser Register können Sie durch einen Klick auf die jeweilige Kartenüberschrift ein- und ausblenden ❶.

Mit einem einfachen Klick auf die Spurbezeichnung innerhalb des Inspectors ❷ kommen Sie stets zur ursprünglichen Ausgangsanzeige zurück. Per Doppelklick auf die Spurbezeichnung innerhalb des Inspectors (ebenfalls ❷) können Sie die ausgewählte Spur umbenennen. Der neue Spurname wird in der Spurspalte selbstverständlich automatisch für die ausgewählte Spur übernommen.

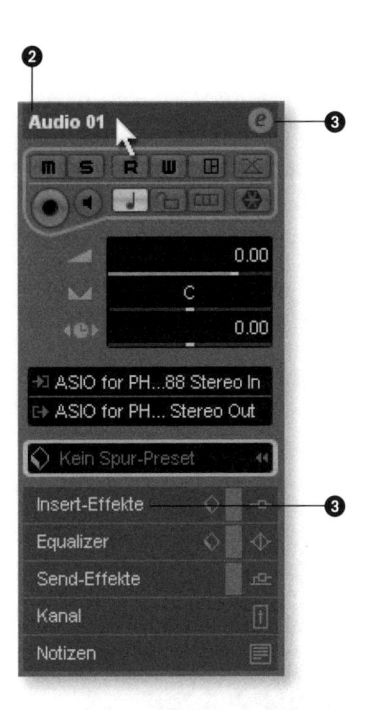

◄ **Abbildung 6.39**
Inspector-Register

Mehr Übersicht im Inspector

Standardmäßig wird in der Inspector-Spalte jeweils nur eine Registerkarte geöffnet und die zuletzt geöffnete dabei automatisch geschlossen. Möchten Sie aber mehrere Inspector-Registerkarten zugleich überblicken, können Sie nach dem Öffnen einer Registerkarte die nächste mit gehaltener [Strg] - bzw. [⌘] -Taste öffnen. Durch Halten der [Alt] -Taste während der Auswahl werden sogar alle für die Spur verfügbaren Registerkarten geöffnet bzw. geschlossen.

Um die einzelnen Registerkarten via Tastaturbefehl zu öffnen, können Sie diese im Menü DATEI • TASTATURBEFEHLE festlegen.

Neben den Steuerelementen, die Sie auch in der Spurspalte finden, existieren noch einige weitere, Inspector-spezifische Schaltflächen und Einstellmöglichkeiten, die ich Ihnen im Folgenden vorstelle.

6.2.1 Allgemeine Parameter

Kanaleinstellungen bearbeiten | Neben der bereits angesprochenen Spurbezeichnung findet sich rechts oben in der Inspector-Anzeige eine Anwahlmöglichkeit zur Bearbeitung der Kanaleinstellungen, der **e-Button** ❶ (»e« wie »edit«, dt.: bearbeiten). Mit einem Klick auf dieses Symbol öffnet sich ein Übersichtsfenster, anhand dessen Sie die wichtigsten Funktionen der Inspector-Spalte einsehen können. In Abbildung 6.40 ist das beispielsweise ein Übersichtsfenster für Audiokanaleinstellungen.

Dieser Button ist für verschiedene Spurarten unterschiedlich belegt. Immer jedoch bieten Ihnen die sich öffnenden Fenster mit übersichtlichen Zusammenfassungen schnelle Zugriffsmöglichkeiten auf alle für die jeweilige Spurart relevanten Parameter.

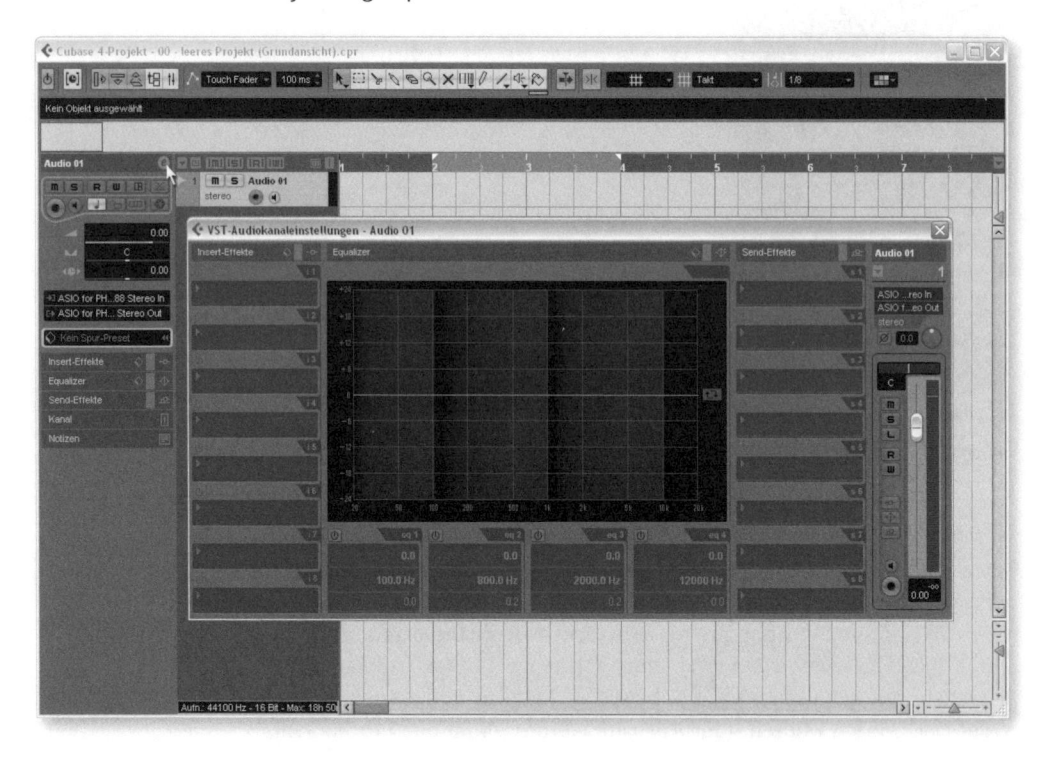

Abbildung 6.40 ▲
Übersichtsfenster für Audiokanaleinstellungen

Mute/Stummschalten- und Solo-Knöpfe | Für die Arbeitsweise der Mute/Stummschalten- und Solo-Knöpfe ❶ gelten dieselben Erläuterungen wie in Abschnitt 6.1.5.

Read- und Write | Auch die Funktionsweise der Read- und Write-Knöpfe ❷ entspricht den Erläuterungen in Abschnitt 6.1.5.

Button für Geräte-Bedienfelder | Mit dem nächsten Button ❸ können Sie in der Programmversion Cubase die Geräte-Bedienfelder öffnen. Diese Bedienfelder stehen für Audiospuren, Insert-Effekte und MIDI-Geräte zur Verfügung.

Aufnahmeaktivierung und Monitor-Knopf | Hinweise zur Funktionsweise des Buttons für Aufnahmeaktivierung sowie des Monitor-Knopfs ❹ finden Sie in Abschnitt 6.1.5.

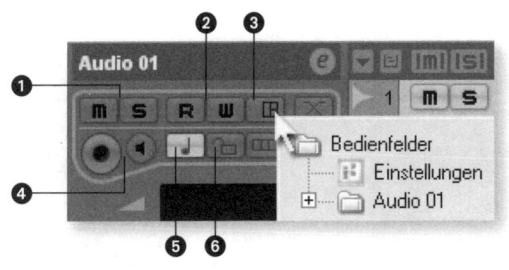

◀ **Abbildung 6.41**
Öffnen der Geräte-Bedienfelder

Zeitbasis-Button | Mit dem Zeitbasis-Button ❺ können Sie zwischen musikalischem und linearem Bezug für die Startpositionen von Events innerhalb einer Spur wählen. Wie sich die Nutzung des Zeitbasis-Buttons auf die Events Ihres Projekts auswirkt, erfahren Sie weiter unten bei den Workflow-Tipps (siehe Abschnitt 10.6).

Sperren-Button | Durch das Betätigen des Buttons SPERREN ❻ können Sie bestimmte Attribute der Events einer Spur vor unbeabsichtigter Bearbeitung schützen. Welche Attribute dies im Speziellen sind, können Sie im Dialog DATEI • PROGRAMMEINSTELLUNGEN… • BEARBEITUNGSOPTIONEN unter dem Eintrag festlegen (Position, Größe, Sonstige).

Es ist auch möglich, lediglich einzelne Events innerhalb einer Spur zu sperren. Hierzu führt ein möglicher Weg über das Menü BEARBEITEN • SPERREN oder die Tastenkombination [Strg] bzw. [⌘] + [⇧] + [L]. Wenn Sie die Funktion ein zweites Mal für dasselbe Event aufrufen, erscheint ein Dialog, in dem Sie die zu sperrenden Attribute modifizieren können.

◀ **Abbildung 6.42**
Auswahldialog ATTRIBUTE SPERREN

Anzeige der Sperrung | Die angewählte Sperre für eine Spur erkennen Sie nicht nur durch die Anzeige des Schloss-Buttons in der Inspector-Spalte ❼, sondern auch durch Schloss-Symbole in der rechten unteren Ecke der betroffenen Spur-Events ❽ und durch das Ausgrauen von nun unveränderlichen Parametern, wie zum Beispiel der Verzögerungswerte ❾.

Abbildung 6.43 ▶
Gesperrte Events

Sperre aufheben | Zum Aufheben der Sperre betätigen Sie entweder den Sperren-Button (spurbezogen), wählen aus dem Menü BEARBEITEN • SPERRE AUFHEBEN oder die voreingestellte Tastenkombination `Strg` bzw. `⌘` + `⇧` + `U`.

> **Sperren über die Infozeile**
>
> Ein weiterer Weg, Events zu sperren und zu entsperren, führt über die Infozeile. Wie dies funktioniert, erfahren Sie in Abschnitt zur Infozeile 6.4.

Übersicht durch Ebenen-Darstellung | Mit dem Button für die EBENEN-DARSTELLUNGSART ❿ ermöglichen Sie bei Auswahl der Einstellung EBENEN (FEST) eine spurinterne Ebenendarstellung, mit der Sie beispielsweise eine übersichtlichere überlappende Anordnung von Events innerhalb einer Spur ⓫ realisieren können.

Dies ergibt eine deutlich bessere Übersicht, wenn Sie zwei sich überlappende Events der selben Spur zueinander ausrichten möchten. Vorteilhaft in diesem Zusammenhang ist, dass eventbezogene Funktionen wie Crossfades und Auto-Crossfades in allen Ebenen-Darstellungsarten funktionieren. Um nach erfolgreicher Bearbeitung Platz in der Vertikalen zu sparen, können Sie problemlos und ohne Verluste wieder in den Modus EBENEN AUS wechseln.

Wie sich die Ebenen-Darstellungsart während des Aufnahmeprozesses auswirkt, erfahren Sie im Abschnitt »Workflow-Tipps« in Abschnitt 10.6.

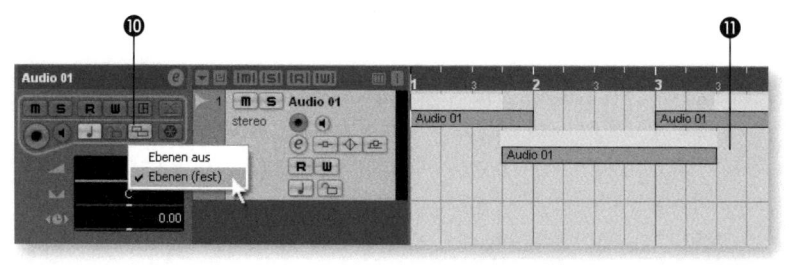

Abbildung 6.44 ▶
Auswahl der Ebenen-Darstellungsart

6.2.2 Spezifische Inspector-Parameter von Audiospuren

Je nach Spurart tauchen einige Buttons nur bei bestimmten Spurarten auf. Bei Audiospuren sind dies die Folgenden:

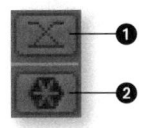

◄ **Abbildung 6.45**
Spezifische Inspector-Parameter für Audiospuren

Autofade-Einstellungen | Mit dem Button der oberen Buttonreihe ❶ öffnen Sie den Dialog zum Einstellen der Autofade-Parameter. Nähere Beschreibungen zur Anwendung des Autofade-Dialogs entnehmen Sie bitte Abschnitt 10.3.2.

Einfrieren entlastet CPU | Das Einfrieren von Audiokanälen entlastet Ihre CPU und sorgt besonders bei komplexen Arrangements mit aufwändigen Insert-Effekten, wie etwa Multiband-Kompressoren, für eine störungsfreie Audio-Wiedergabe Ihres Projekts. Durch Anwählen des Buttons mit dem stilisierten Eiskristall ❷ können Sie den zugehörigen Audiokanal der betreffenden Audiospur »einfrieren«. Cubase legt dann einen internen Downmix des Audiokanals an, in den bereits sämtliche für diesen Kanal verwendeten Pre-Fader-Effekte in die Zieldatei eingerechnet werden. »Pre-Fader« bedeutet: im Signalfluss **vor** dem Lautstärkeregler liegend.

> **Downmix-Files**
>
> Die Downmix-Files des Einfriervorgangs werden innerhalb Ihres aktuellen Projektordners im Ordner »Freeze« abgelegt.

Nach erfolgreichem Einfriervorgang werden die im Downmix verwendeten Insert-Effekte im Kanal automatisch deaktiviert. Diese stehen mit all ihren Parametern wieder zur Verfügung, sobald Sie das Einfrieren aufheben. Außerdem ist es nicht mehr möglich, Insert-Effekte zu bearbeiten, zu entfernen oder hinzuzufügen.

Auch die Events der zugehörigen Audiospur lassen sich nach dem Einfriervorgang nicht mehr bearbeiten. Änderungen hieran können Sie erst dann wieder vornehmen, wenn Sie den Einfriervorgang aufgehoben haben. Post-Fader-Effekte können jedoch trotz des Einfriervorgangs weiterhin hinzugefügt und bearbeitet werden.

> **Insert-Effekte 7 und 8**
>
> Im internen Signalrouting von Cubase sind die Insert-Effekte 7 und 8 nicht **vor**, sondern **hinter** dem Fader eingereiht. Aus diesem Grund können Sie die Insert-Wege 7 und 8 auch nach dem Einfriervorgang noch bearbeiten.

Cubase gibt nun bei der Audio-Wiedergabe die gerenderte Downmix-Datei des Audiokanals wieder, bei der Sie – wie gewohnt – den Mainfader für den Kanalpegel sowie die Panning/Panorama-Regler bedienen, Equalizer-Einstellungen vornehmen und Send-Effekte bearbeiten können.

Generell gilt für das Einfrieren, dass jeweils nur einzelne Audiokanäle eingefroren werden können, nicht aber Gruppen- oder Effektkanäle.

Einfrieren aufheben | Zum Aufheben des Einfrierens klicken Sie wiederum auf den Einfrieren-Button. Im darauf erscheinenden Dialog können Sie entscheiden, ob die gerenderten Audiodaten im »Freeze«-Ordner verbleiben (Auswahl: DATEIEN BEIBEHALTEN) oder gelöscht werden sollen (Auswahl: EINFRIERVORGANG AUFHEBEN). Durch beide Möglichkeiten wird die automatische »Sperrung« der Insert-Effekte und der Audiospur aufgehoben.

> **Ausklingzeit festlegen**
>
> Beim Anklicken des Einfrieren-Buttons erscheint ein Dialog, in dem Sie die Ausklingzeit festlegen können. Vorgegeben sind hier 10s. Sofern Sie nicht mit Reverb-, Delay- oder ähnlichen Effekten im Insert-Weg des Audiokanals arbeiten, können Sie diesen Wert getrost unverändert lassen.

Auch das Einfrieren von VST-Instrumenten und deren Inserts ist möglich. Lesen Sie hierzu Abschnitt 5.2.1.

6.2.3 Menüs und Felder im Inspector

Unter den Buttons befinden sich in den Inspector-Einträgen von Audiospuren diverse hilfreiche Auswahlmenüs und Felder, mit deren Hilfe Sie verschiedene Parameter direkt und unmittelbar justieren können, ohne dass Sie auf den Mixer zurückgreifen müssen.

Lautstärke im Inspector | Über dieses Feld ❶ ändern Sie die Lautstärke des zu der jeweiligen Spur zugehörigen Kanals im Mixer. Sie können dabei Werte zwischen $-\infty$ und +6,02 dB wählen.

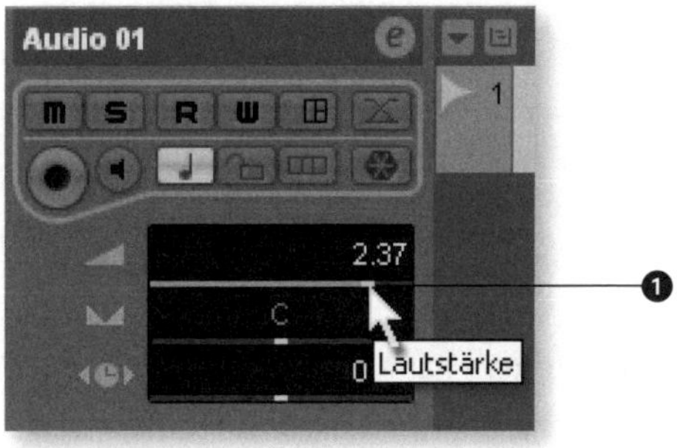

◀ **Abbildung 6.46**
Laustärke-Auswahl im Inspector

Sofern Sie den Mixer gleichzeitig mit dem Projektfenster geöffnet haben, können Sie sehen, wie Cubase den Lautstärke-Fader des zugehörigen Kanals »on the fly« anpasst.

> **Tipp!**
> Wenn Sie einen Schieberegler in Cubase genauer einstellen möchten und deshalb dessen »Laufgeschwindigkeit« verringern wollen, so bewerkstelligen Sie das, indem Sie während des Einstellens des Wertes per Maus die ⇧-Taste gedrückt halten.

Lautstärke auf 0 db setzen | Durch einen Klick mit der linken Maustaste, während sich der Mauszeiger über der Pegelanzeige befindet und Sie gleichzeitig die Strg bzw. ⌘-Taste gedrückt halten, können Sie den Lautstärkewert jederzeit wieder auf 0 dB setzen. Außerdem können Sie während der Anwahl eines neuen Lautstärkewertes die Auswahl verfeinern, indem Sie zugleich die Alt-Taste gedrückt halten.

Genaue Werte eingeben | Sollte Ihnen die Auswahl nicht genau genug sein, können Sie auch mit einem Doppelklick in das Feld eine Direkteingabe neuer Lautstärkewerte vornehmen. Beachten Sie hierbei aber, dass dies nur dann Sinn macht, wenn für diese Spur nicht zugleich auch Automationsdaten ausgelesen werden.

Schrittweise Veränderung | Durch einfaches Mausklicken innerhalb der numerischen Anzeige der Lautstärkeänderung verändern Sie den dort angezeigten Wert in regelmäßigen Schritten. Dabei erhöhen Sie den Wert mit der rechten und verringern ihn mit der linken Maustaste. Bei gehaltenen Maustasten wächst der Wert demgegenüber schnell an oder verringert sich.

> **Vertikaler Fader**
>
> Falls Ihnen der horizontale Regler nicht zusagt, können Sie auch einen vertikalen Fader zur Lautstärkeänderung einblenden. Hierzu halten Sie, mit dem Mauszeiger über der Lautstärkeregelung, die [Alt]-Taste und zugleich die rechte Maustaste gedrückt.

Pan im Inspector | Die Veränderung des Pannings ❶ funktioniert auf die gleiche Weise wie beim Lautstärkewert. Auch hier gelten die oben für die Lautstärkeänderung vorgestellten Tasten- und Mauskombinationen.

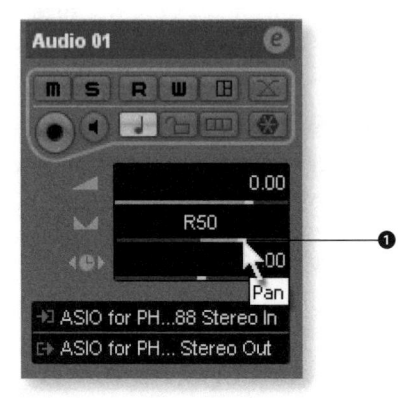

Abbildung 6.47 ▶
Panning-Regler im Inspector

Einen wichtigen Unterschied gegenüber MIDI-Spuren gibt es aber für das Panning von Audio-, Gruppen-, Effekt- und VST-Instrumenten-Spuren dennoch: Es stehen Ihnen in Cubase drei verschiedene Panningarten zur Verfügung, mit deren Hilfe Sie die von einem Kanal ausgegebenen Signale im Stereobild auslenken können. Es sind dies der »Stereo Dual Panner«, »Stereo Combined Panner« sowie der »Stereo Balance Panner«. Während Sie bei Letzterem eine voneinander abhängige Auslenkung von rechtem und linkem Kanal vorgeben, sind die Auslenkungen bei den Funktionen »Stereo Dual« und »Stereo Combined« für beide Kanäle unabhängig einstellbar. Darüber hinaus bietet Ihnen der Combined Panner die Möglichkeit, das eingestellte relative Verhältnis der beiden Panner (die Stereobreite) beizubehalten und zusammen zu verschieben. Die beiden Kanäle können Sie separat verschieben, indem Sie währenddessen die [Alt]-Taste gedrückt halten.

> **Panning und Fader**
>
> Als »Panning« bezeichnet man das Auslenken eines Signals im Stereobild mittels Drehreglers (Potentiometer oder schlicht »Poti«) oder Schiebereglers (Fader).

Panningart ändern | Über die Panning-Anzeige des Kanals im Mixer oder im Fenster VST-AUDIOKANALEINSTELLUNGEN können Sie diese ändern. Dies geschieht, indem Sie mit der Maus einen Rechtsklick in dem entsprechenden Panningfeld ausführen und via Kontextmenü Ihre Wahl treffen. Sollten Sie also für die ausgewählte Spur bzw. den ausgewählten Kanal eine andere Panningart als den Stereo Balance Panner bestimmt haben, so steht Ihnen nun auch hier das Quick-Kontextmenü zur Auswahl der Panningart zur Verfügung.

Des Weiteren können Sie nun mit gehaltener linker Maustaste für den Stereo Dual Panner zwei unabhängige Fader öffnen. Für den Stereo Combined Panner erscheint bei gehaltener Maustaste ein Fadenkreuz, mit dem Sie einerseits bei gehaltener [Alt]-Taste auf die Auslenkungen klicken können, um die Stereobreite zu vergrößern oder zu verkleinern. Andererseits können Sie das Fadenkreuz auch in die Mitte des Panningbereichs bewegen und bei gehaltener Maustaste den gesamten Panningbereich verschieben.

Verzögerungswert | Mit dem Verzögerungswert des Reglers VERZÖGERUNG ❷ können Sie einen positiven wie auch negativen zeitlichen Versatz für die Wiedergabe von Spurdaten festlegen. Die Möglichkeiten reichen hierbei von −2.000 ms bis +2.000 ms.

◄ **Abbildung 6.48**
Verzögerungswert einstellen

Eingangsrouting | Über dieses Auswahlmenü ❸ des Inspectors weisen Sie dem der Spur zugehörigen Kanal einen neuen Eingangsbus zu. Die Liste von Anschlüssen, die Ihnen hier zur Verfügung steht, ergibt sich aus den von Ihnen angelegten VST-Verbindungen über das Geräte-Menü.

Ausgangsrouting | Die Funktionsweise dieses Menüs ❹ ist wie zuvor, nur dass Sie in diesem Fall die Ausgangsbusse für den zugehörigen Kanal auswählen können. Auch diese Liste wird durch die von Ihnen vorgenommenen Einstellungen im Geräte-Menü VST-VERBINDUNGEN bereitgestellt.

Abbildung 6.49 ▶
Routingauswahl für Kanaleingänge und -ausgänge

6.2.4 Register für Schnellzugriff

Im unteren Bereich des Inspectors sehen Sie einen Bereich, der eine Übersicht von Registern für verschiedene Funktionsbereiche enthält. Sie sehen jeweils links eine anklickbare Bezeichnung ❶, soweit vorgesehen, befinden sich daneben Bypass-Button ❷ bzw. ein Menü-Pfeil ❸ sowie rechts außen Status-Anzeigen ❹ für die Bereiche.

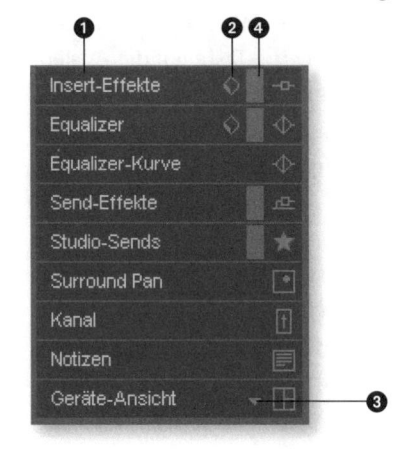

Abbildung 6.50 ▶
Inspector-Register für den Schnellzugriff

Die Menüs der Register dienen Ihnen als Schnellzugriffe für die Einstellmöglichkeiten des zugehörigen Mixerkanals, wobei die einzelnen Registerkarten einzelne Sinnabschnitte des zur Spur gehörigen Kanalzugs (Audio-, MIDI-, Effektkanal etc.) wiedergeben. Mit einem Klick auf eine der Registerkarten öffnet sich diese und zum Vorschein kommt ein untergeordnetes Menü, in dem Sie dessen Parameter einstellen können.

Individuelle Inspector-Ansichten | Cubase merkt sich, welche Registerkarte Sie für jede Spur zuletzt geöffnet hatten. So können Sie, je nach Bedarf, beim Wechseln zwischen den Spuren für jede Spur eine andere Inspector-Ansicht festlegen (z. B. Insert-Ansicht für untergeordnete Kanäle, Insert- und EQ-Ansicht für Gruppenkanäle). Dies erleichtert Ihnen den Arbeitsablauf vor allem dann, wenn Sie nicht mit einem Doppelmonitorsystem arbeiten sollten, bei dem Sie den Mixer permanent geöffnet haben.

Darüber hinaus können Sie für den Inspector über das Kontextmenü der rechten Maustaste weitere Registerkarten anlegen, um einen schnellen Zugriff auf von Ihnen benötigte Spur-Parameter zu haben.

◀ **Abbildung 6.51**
Individualisieren Sie die Inspector-Register

Inspector-Registerkarte »Insert-Effekte« | Wie viele der anderen Funktionen des Inspectors so entspricht auch diese einem Bereich des Cubase-Mixers. Bei geöffneter Registerkarte INSERT-EFFEKTE sehen Sie auf einen Blick, welche Effekte gerade im zur Spur gehörigen Kanal geöffnet sind ❶ (Abbildung 6.52). Gegebenenfalls können Sie nun mit einem Klick der linken Maustaste aus dem dann erscheinenden Auswahlmenü einen neuen Effekt für den jeweiligen Insert-Slot wählen.

◀ **Abbildung 6.52**
Übersicht der Insert-Effekte im Cubase-Inspector

Mit den Buttons können Sie in der Insert-Sektion den entsprechenden Effekt an- bzw. ausschalten ❷, umgehen ❸ oder die Bearbeitungs-

Inspector **157**

ansicht des Effekts öffnen ❹. Mit einem Mausklick auf den spurbezogenen Bypass-Button ❺ nehmen Sie die Insert-Effekte aus dem Signalfluss des zugehörigen Kanals heraus.

Neu in Cubase 4 ist die integrierte Preset-Verwaltung, die Sie mit den Kasten-Symbolen ❻ und ❼ aufrufen können. Während Sie mit den Preset-Buttons innerhalb der Slots ❼ Presets für die jeweiligen einzelnen Insert-Effekte laden können, gilt der übergeordnete Preset-Button ❻ für den kompletten Bereich der Insert-Effekte. Hierüber ist es Ihnen deshalb möglich, ganze Effektkombinationen samt deren Parameter für bestimmte Kanaltypen aufzurufen und abzuspeichern.

Unterschiedliche Slot-Gruppen | Wenn Sie auf Ihrem Monitor genau hinschauen, dann sehen Sie, dass die Bezeichnungen der Insert-Slots 7 und 8 eine andere Farbgebung haben als die Slots 1 bis 6. Dies trägt den unterschiedlichen Singalflusswegen Rechnung, die zwischen den beiden Slot-Gruppen bestehen. Insert-Effekte, die in den Slots 7 und 8 geöffnet werden, kommen erst **hinter** dem Lautstärkefader zum Einsatz, während die Slots 1 bis 7 im Signalfluss **vor** dem Fader liegen. Diese Unterscheidung gilt jedoch nicht für die Programmversion Studio, sondern ausschließlich für Cubase.

Inspector-Registerkarte »Equalizer« und »Equalizer-Kurve« | Wenn Sie die Registerkarte EQUALIZER öffnen, können Sie dort die Equalizer-Einstellungen des zur Spur gehörigen Kanals bearbeiten, ohne dafür zusätzliche Fenster, wie etwa den Mixer oder die VST-Audiokanaleinstellungen, öffnen zu müssen.

Das Mehrfachöffnen von Registerkarten ergibt vor allem dann Sinn, wenn Sie beispielsweise zusätzlich zur Registerkarte EQUALIZER auch dessen Kurve im Inspector sehen möchten. Auf dieser werden die Auswirkungen der von Ihnen vorgenommenen Equalizer-Einstellungen für den jeweiligen Kanal/die jeweilige Spur anhand eines Frequenzverlaufs grafisch dargestellt. Halten Sie einfach die ⌜Strg⌝/⌜⌘⌝-Taste bei der Anwahl einer weiteren Registerkarte im Inspector gedrückt, damit die bereits geöffnete Ansicht nicht automatisch geschlossen wird (Abbildung 6.53).

Inspector-Registerkarte »Send-Effekte« | Die Ansicht der Send-Effekte im Inspector entspricht, wie schon bei den Insert-Effekten, derjenigen im Mixer (Abbildung 6.54). Die Schaltflächen sind hier AN/AUS ❶, PRE FADER ❷ und BEARBEITEN ❸. Da Sie den ersten und letzten Button bereits kennen und auch über die Slot-Funktionen des Hinzufügens und Entfernens von Effekten bereits Bescheid wissen, beschreibe ich Ihnen hier lediglich den Pre Fader-Button.

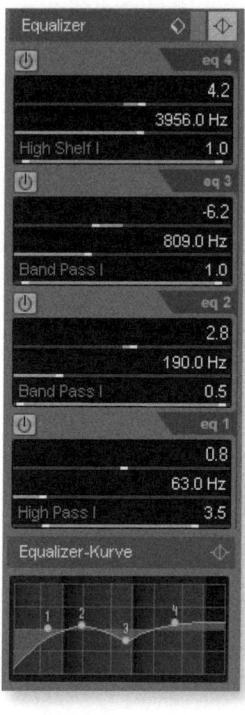

◄ **Abbildung 6.53**
Öffnen mehrerer Registerkarten zugleich

◄ **Abbildung 6.54**
Übersicht der Send-Effekte im Cubase-Inspector

Inspector **159**

[»] Durch diesen Button ❷ können Sie das Signal von »Post Fader« auf »Pre Fader« stellen. »Pre Fader« bedeutet, dass das Signal entgegen der Standardeinstellung von Cubase schon **vor** dem Lautstärkeregler abgegriffen und dem zugewiesenen Send-Kanal zugeführt wird. Die Möglichkeit, den Signalfluss für Send-Effekte auf »Pre Fader« zu routen, besteht nicht in der Programmversion Cubase Studio 4.

Sehen Sie sich hierzu auch Abbildung 6.55 an. Sie verdeutlicht Ihnen den typischen Signalfluss eines Mischpultes, wie er auch für den Mixer von Cubase gilt. (Zusätzlich zu den dargestellten Einschleif-Möglichkeiten bietet Ihnen Cubase noch die Möglichkeit zur Einbindung von Post-Fader-Inserts.)

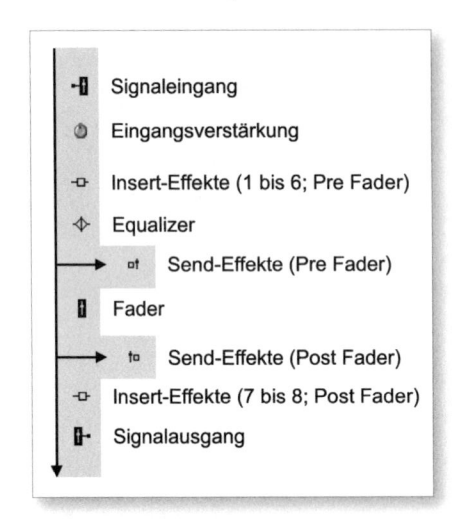

Abbildung 6.55 ▶
Signalfluss mit Pre- und Post-Fader Sends

- Signaleingang
- Eingangsverstärkung
- Insert-Effekte (1 bis 6; Pre Fader)
- Equalizer
- Send-Effekte (Pre Fader)
- Fader
- Send-Effekte (Post Fader)
- Insert-Effekte (7 bis 8; Post Fader)
- Signalausgang

In Abbildung 6.54 können Sie auch sehen, dass Ihnen in der Inspector-Ansicht nur ein einziger Bypass-Button ❹ für die Sends zur Verfügung steht. Dieser befindet sich in der Inspector-Registerübersicht und hat spurweite Gültigkeit.

Weitere Informationen zur Einbindung und Anwendung von Send-Effekten finden Sie im Kapitel über den Mixer in Kapitel 12.

Inspector-Registerkarte »Studio-Sends« | Über die Registerkarte der Studio-Sends können Sie direkt auf den Signalfluss zum Control Room-Mixer Einfluss nehmen. Wie bei den anderen Send-Wegen der Kanäle, so greifen Sie auch hier das Signal eines Kanals ab und senden es zu einem Monitorkanal, sofern Sie in Cubase den Control Room-Mixer eingerichtet haben.

[»] Beachten Sie, dass diese Funktion (und mit ihr die zugehörigen Registerkarten) nicht in der Programmversion Cubase Studio 4 verfügbar sind.

◀ **Abbildung 6.56**
Studio-Sends
über den Inspector
regeln

Surround-Pan | Sofern Sie in den VST-Verbindungen eine Audio-Umgebung für Surround-Sound (z. B. 5.1) eingerichtet haben, können Sie im Inspector über die Registerkarte Surround-Pan das Signal eines Kanals frei im Raum positionieren.

Auch diese Funktion ist nicht in der Programmversion Cubase Studio 4 verfügbar.

[«]

◀ **Abbildung 6.57**
Positionieren von
Audiosignalen im
Surround-Raum

Inspector-Registerkarte »Kanal« | Über die Registerkarte KANAL öffnen Sie eine Anzeige, die neben der üblichen Mixerdarstellung ❶ (Abbildung 6.58) des zur Spur gehörigen Kanals eine Übersicht über die aktivierten Insert-Slots ❷, die aktivierten EQ-Bänder ❸ sowie die aktuell aktivierten Send-Slots ❹ enthält.

Auf diese Kanalübersicht werden Sie auch bei der Betrachtung der möglichen Mixeransichten noch einmal stoßen. Die Übersicht dient Ihnen außerdem als Schnellzugriff auf die An/Aus-Button der angezeigten Bereiche. Klicken Sie auf einen der farbig leuchtenden Einträge, so können Sie den EQ/Effekt ausschalten oder aber einschalten, sofern dieser belegt ist.

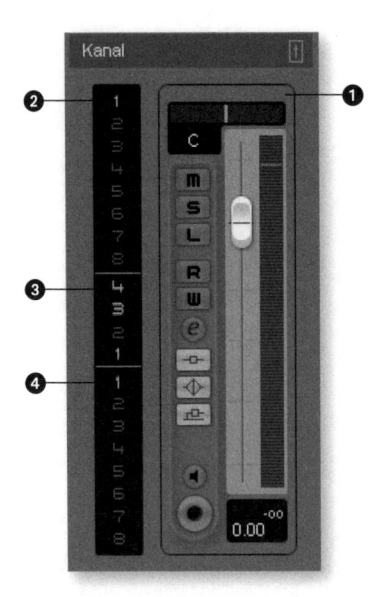

Abbildung 6.58 ▶
Kanal-Ansicht im Inspector

Inspector-Registerkarte »Notizen« | Eine nützliche Hilfe stellt die vorletzte Registerkarte im Inspector bereit. Hinter der Karte NOTIZEN versteckt sich ein Textfeld, in dem Sie allerlei Informationen hinterlassen können.

Abbildung 6.59 ▶
Textfeld der Registerkarte NOTIZEN

Da Cubase sich merkt, welche Registerkarte Sie zuletzt für die jeweilige Spur geöffnet haben, können Sie beispielsweise Notizen hinterlassen, die Sie beim nächsten Anklicken der Spur wieder an etwas erinnern. Das ist auch hilfreich, wenn Sie einem anderen Mitarbeiter an diesem Projekt Hinweise zu der betreffenden Spur geben möchten.

Inspector-Registerkarte Geräte-Ansicht | Über diese Registerkarte können Sie veranlassen, dass die Bedienungsumgebungen von Audiospuren, Insert-Effekten, VST-Instrumenten oder MIDI-Geräten geöffnet werden. Sie haben auch die Möglichkeit, Ansichten selbst zu erstellen.

In der Regel werden Einsteiger auch ohne die Verwendung von Geräte-Ansichten auskommen. Interessant sind Geräte-Ansichten vor allem dann, wenn Sie regelmäßig auf Parameter von Outboard-Equipment zurückgreifen möchten, das Sie über Cubase ansteuern (Synthesizer, Expander etc.).

6.2.5 Spezifische Inspector-Parameter von Ordnerspuren

Wenn Sie eine Ordnerspur in der Spurspalte auswählen, erscheint in der Inspector-Spalte eine zugehörige Übersicht über die in diesem Ordner untergebrachten Spuren.

In der Abbildung sehen Sie auch, dass Sie die Verzweigungen von untergeordneten Ordnerspuren durch das Anklicken der Verzweigungskreuze ❶ öffnen können.

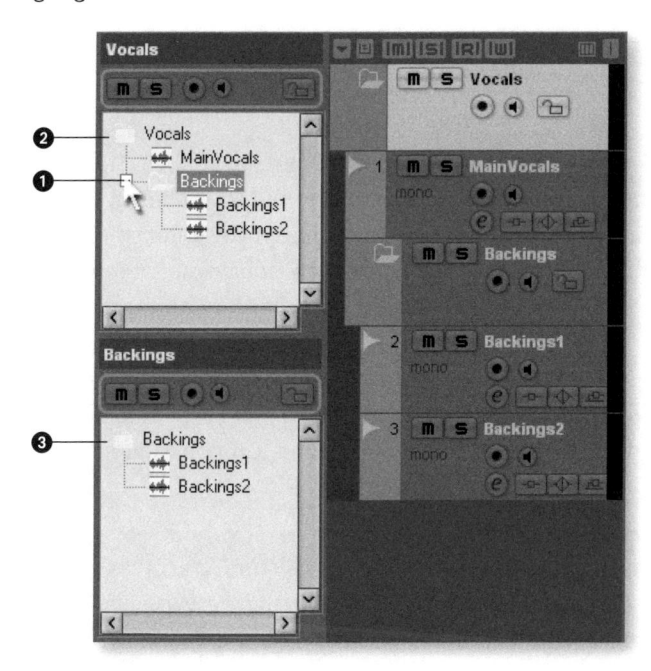

◀ **Abbildung 6.60**
Inspector-Ansicht verschachtelter Ordnerspuren

In Abbildung 6.60 wurden so mit zwei Klicks im Inspector zwei Fenster geöffnet: Zum einen ein Fenster ❷, das die Haupt-Ordnerspur und die darin enthaltene untergeordnete Ordnerspur »Backings« anzeigt. Durch Klick auf den Eintrag »Backings« wurde zudem ein Fenster für diese untergeordnete Ordnerspur ❸ geöffnet.

Auf der untersten Ebene befinden sich in dieser Übersicht, sofern enthalten, immer Platzhalter für die darin befindlichen Spuren. Diese Symbole geben Auskunft darüber, um welche Spurart es sich dabei handelt. Dabei steht das Wellenform-Symbol ❹ für Audiospuren, das Automationslinien-Symbol ❺ für Effekt- und Gruppenspuren, der vereinfacht dargestellte 5-Pol-DIN-Stecker ❻ für MIDI-Spuren und das Symbol der Videokamera ❼ für Videospuren. Wofür das Ordnersymbol ❽ und das Marker-Symbol ❾ stehen, muss ich wohl nicht erklären. Wundern Sie sich nicht: Die Spurarten Projektstruktur- und Linealspur tauchen in dieser Übersicht nicht auf.

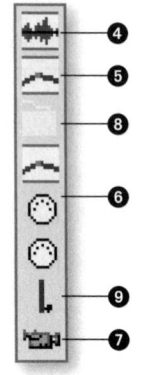

Abbildung 6.61 ▶
Spur-Symbole in den Ordneroptionen

Mit einem Doppelklick auf das Bezeichnungsfeld können Sie auch die Umbenennung einer Spur initiieren. Am besten probieren Sie all diese Funktionen einmal aus. Sie erschließen sich vollkommen intuitiv und werden Ihnen absolut logisch erscheinen, sobald Sie sich mit der Arbeits- und »Denkweise« von Cubase eingehend vertraut gemacht haben.

Die vorangehenden Erläuterungen zu den spezifischen Inspector-Parametern von Ordnerspuren gelten auch für die automatisch erzeugten Ordner, in denen Effektkanäle und Gruppenspuren beim Erzeugen in der Spurliste abgelegt werden.

Hierarchische Farbgestaltung nutzen

Eine weitere Gliederungshilfe bietet die hierarchische Verteilung der Farben für Ordnerspuren. Sollten Sie einer untergeordneten Ordnerspur eine Spurfarbe zugewiesen haben, so werden auch die Events/Parts der davon eingefassten Spuren eingefärbt, ohne dass Sie diesen untergeordneten Spuren eine Farbe zugewiesen hätten. Die Inhalte von Ordnerspuren, die Sie auf diese Weise organisieren, können Sie in einem wachsenden Projekt leichter nachvollziehen. So haben Sie immer »im Blick«, was sich wo befindet.

Es bedarf zwar ein wenig Einarbeitung, hier den Überblick zu behalten, doch mit einem einigermaßen »systemischen« Denken werden Sie als fortgeschrittener Cubase-Nutzer sicher häufig auf diese Kniffe zurückgreifen.

6.2.6 Spezifische Inspector-Parameter von Gruppenspuren

Bei den Inspector-Optionen der Gruppenspuren fällt sofort ins Auge, dass weder Aufnahme- noch Monitorfunktion vorhanden sind ❶ und es auch keine Buttons für Sonderfunktionen gibt ❷. Aus organisatorischen Gründen gibt es hier auch kein Auswahlmenü für das Eingangssignal der Gruppenspur ❸. Vielmehr müssen Sie die Gruppenspur für die Kanäle, mit denen Sie die Gruppenspur »füttern« wollen, als Verbindung für die Ausgangsbusse bei den jeweiligen Spuren festlegen.

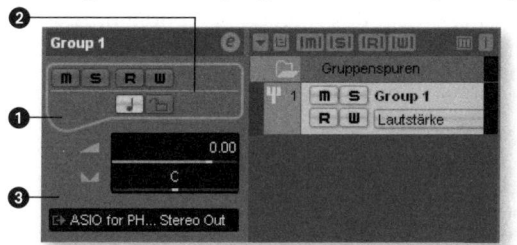

◄ **Abbildung 6.62**
Teil der Inspector-Anzeige bei Gruppenspuren

6.2.7 Spezifische Inspector-Parameter von MIDI-Spuren

Ich möchte Ihnen nun kurz drei der vier spezifischen Buttons von MIDI-Spuren vorstellen. Eine Beschreibung zum Button EBENEN-DARSTELLUNGSART können Sie Abschnitt 6.2.1 entnehmen.

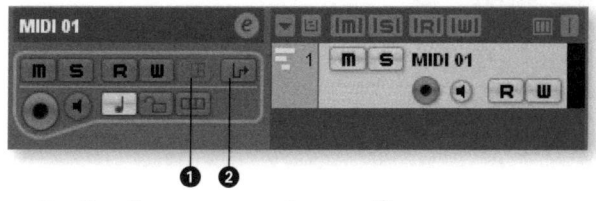

◄ **Abbildung 6.63**
Spezifische Buttons des MIDI-Spuren-Inspectors

▶ GERÄTE-BEDIENFELDER ÖFFNEN ❶
In der obigen Abbildung ist der Button GERÄTE-BEDIENFELDER ÖFFNEN zwar angedeutet, aber letztlich nicht funktionsfähig.
Erst wenn Sie dem Ausgang dieser MIDI-Spur ein Gerät (z. B. ein VST-Instrument) zugewiesen haben, erscheint die Schaltfläche. Haben Sie ein VST-Instrument als Gerät zugewiesen, so hat dieser Button dieselbe Funktion wie der Button VST-INSTRUMENT BEARBEITEN, den ich Ihnen weiter unten vorstellen werde.

▶ EINGANGSUMWANDLER
Mit diesem Button ❷ öffnen Sie den Eingangsumwandler. Dabei handelt es sich um eine Filterfunktion, die eingehende MIDI-Daten auf von Ihnen festgelegte Weise modifizieren kann, bevor diese in Cubase auf einer Spur aufgezeichnet werden.

▶ EBENEN-DARSTELLUNGSART
Diese Funktion entspricht derjenigen bei den Audiospuren. Haben Sie mehrere gleichwertige Aufnahmen durchgeführt, können Sie über die Ansicht »Ebenen (fest)« mehrere Aufnahme-Takes zugleich anzeigen lassen und dadurch leichter eine Auswahl aus einzelnen Teilen der verschiedenen Aufnahmedurchläufe zusammenstellen.

6.2.8 Spezifische Inspector-Menüs und -Felder von MIDI-Spuren

Für die Auswahlbereiche LAUTSTÄRKE bis AUSGANG gelten bei MIDI-Spuren weitestgehend dieselben Beschreibungen wie bei Audiospuren. Unterschiede dagegen bestehen bei den folgenden Optionen.

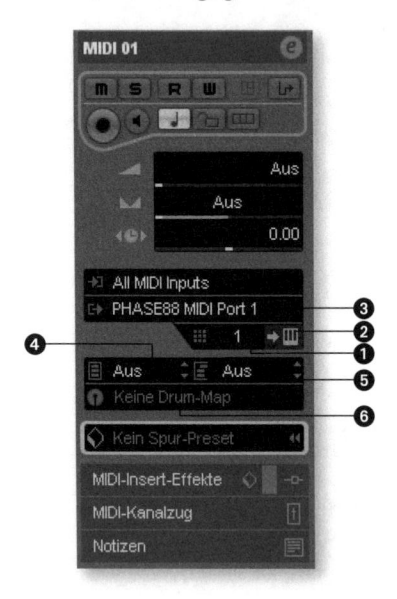

Abbildung 6.64 ▶
Spezifische Inspector-Menüs und -Felder von MIDI-Spuren

▶ KANAL
Über die Auswahl KANAL ❶ stellen Sie einen von 16 MIDI-Kanälen ein, auf dem die Spur Daten empfängt bzw. sendet. Bei jeder von Ihnen neu erstellten MIDI-Spur vergibt Cubase automatisch den nächsthöheren Kanal.
Wenn Sie für den Ausgangsbus ein VST-Instrument ausgewählt haben, so ist hier nicht zwangsläufig eine Änderung erforderlich. Interessant wird die Kanalauswahl, wenn Sie mit Instrumenten, die MIDI-Daten auf mehreren Kanälen empfangen können, oder mit Outboard-Equipment arbeiten, welches Sie über bestimmte MIDI-Kanäle ansteuern möchten (z.B. ein Drummodul über den »typischen« Schlagzeug-MIDI-Kanal 10). Auch wenn Sie bei der

Nutzung von Outboard-Equipment mehrere Geräte verwenden, die MIDI-Steuerdaten empfangen, können Sie hier Änderungen vornehmen.

▶ INSTRUMENT BEARBEITEN
Über diese Schaltfläche ❷ öffnen Sie die Bedienoberflächen eingebundener virtueller Instrumente, sofern Sie diese in der Auswahl AUSGANG ❸ zugewiesen haben.

▶ BANKAUSWAHL ❹
Zur Zuweisungsgliederung von MIDI-Daten gehören auf zweiter Ebene auch die Daten der MIDI-Bänke. Das Zuweisen von MIDI-Bänken kann allerdings problematisch sein. Dies ist der Fall, weil bei den Bezeichnungen von MIDI-Bänken viele Hersteller ihr eigenes Süppchen kochen.

▶ PATCHAUSWAHL
Einfacher haben Sie es da schon bei der Patchauswahl ❺. Zwar haben auch hier einige Hersteller andere Zuweisungen, sodass die Anwahl von Programm 1 zum Programm »0« führt (Beispiel: Kurzweil MicroPiano), doch dies ist die Ausnahme.

Sofern Sie dem Ausgang einer MIDI-Spur ein Instrument zugewiesen haben, das nicht über eine Anwahl verschiedener Bänke verfügt, so sehen Sie stattdessen lediglich eine Auswahl der verschiedenen Programme. In der folgenden Abbildung ist dies z. B. beim Drummodul Steinberg LM-7 der Fall.

Programme und Bänke

Die unterschiedlichen Instrumente, die MIDI-Klangerzeuger bieten, werden zumeist über verschiedene Controller-Werte angesteuert, durch die auf die verschiedenen Instrumente als so genannte »Programme« zurückgegriffen werden kann. Die nächsthöhere Ordnungsstufe stellen die MIDI-»Bänke« dar. In ihnen werden jeweils 128 MIDI-Programme zusammengefasst. Um einen bestimmten Klang eines MIDI-fähigen Gerätes anzusteuern, spricht man diesen also an, indem zuerst MIDI-Daten, welche die richtige Bank (sozusagen ein »Ordner«) und das richtige Programm (quasi das »Instrument«) ansteuern, und dann die MIDI-Spielinformationen gesendet werden.

▶ DRUM-MAP-AUSWAHL ❻
Ein überaus nützliches Tool ist die Speicher- und Ladefunktion von Drum-Maps. Zwar gibt es für Perkussionsinstrumente eine **General MIDI-Belegung**, doch diese trifft nur auf eine begrenzte Anzahl von Instrumenten zu.

Bei MIDI-Perkussionsinstrumenten werden in der Regel innerhalb eines MIDI-Programms den verschiedenen Tonhöhen einzelne Instrumente, wie beispielsweise beim Schlagzeug Kick-Drum, Snare, HiHat etc. zugeordnet. Mit den Drum-Maps können Sie die Anordnungen und Bezeichnungen dieser Tonhöhen-Zuweisungen optisch selber vornehmen und jederzeit modifizieren. Wenn das Ihr Interesse an der Arbeit mit Drum-Maps geweckt hat, dann finden Sie eine Einführung zu diesem Thema in Abschnitt 11.1.2.

6.2.9 Inspector-Registerkarte »Spur-Parameter«

Wie bei den Audiospuren, so können Sie auch bei MIDI-Spuren über das Kontextmenü der Inspectorspalte selbst bestimmen, für welche Funktionsbereiche Registerkarten eingeblendet werden sollen. Zu den einblendbaren Registerkarten gehört beispielsweise die hier vorgestellte Karte für die Spur-Parameter.

Mit den Funktionen, die sich hinter dieser Registerkarte verbergen, können Sie verschiedene Parameter der MIDI-Ausgabe für die jeweilige Spur verändern, ohne die aufgenommenen oder programmierten Daten zu bearbeiten. Die Änderungen, die Sie hier vornehmen, wirken sich sogar schon auf MIDI-Daten aus, die auf diese Spur geroutet werden und noch nicht aufgenommen wurden.

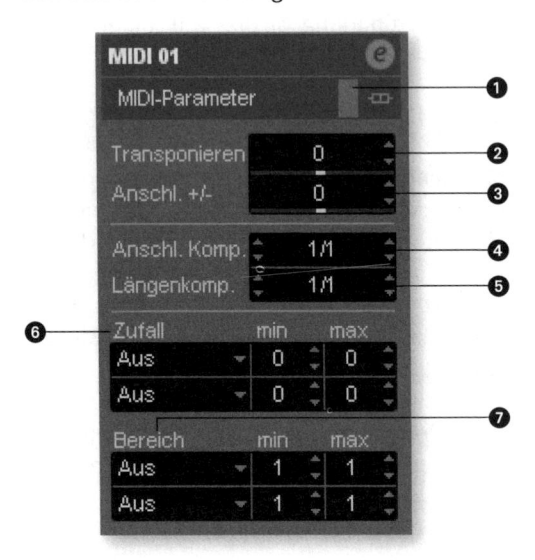

Abbildung 6.65 ▶
Spur-Parameter für MIDI-Spuren

Auch bei dieser Registerkarte haben Sie wieder einen Bypass-Button ❶ zur Verfügung, mit dessen Hilfe Sie die vorgenommenen Änderungen jederzeit per Knopfdruck ausblenden können. Die verfügbaren veränderbaren Parameter und Ihre Funktionen sind die folgenden:

Tonhöhen verändern | Unter dem Menüpunkt TRANSPONIEREN ❷ können Sie die Tonhöhen der durch diese Spur wiedergegebenen MIDI-Daten spurweit erhöhen oder absenken. Der angezeigte Wert gibt dabei jeweils einen Halbtonschritt an und reicht von –127 bis 127 Halbtonschritten.

Anschlagsstärke verändern | Hier ❸ legen Sie fest, ob die auf dieser Spur wiedergegebenen MIDI-Noten lauter oder leiser ausgegeben werden sollen, als ihre aktuellen Anschlagswerte festlegen. Auch hier steht Ihnen eine Auswahl von –127 bis 127 zur Verfügung.

Beachten Sie aber, dass bei einigen Instrumenten, wie beispielsweise Multi-Layer-Samplern, mitunter drastische Soundänderungen stattfinden können (wenn z. B. für Kick- und Snare-Drum von einem Drum-Sampler plötzlich andere Samples abgerufen werden).

Velocity | Im Feld ANSCHLAGSTÄRKEKOMPRESSION ❹ können Sie einstellen, mit welchem Faktor die vorgegebenen Anschlagswerte multipliziert werden sollen. Das standardmäßig vorgegebene Verhältnis ist natürlich 1:1. Hier zwei Beispiele:
- Wählen Sie für die Anschlagsstärkekompression den Wert »2/1«, wird der Velocity-Wert jeder MIDI-Note auf dieser Spur verdoppelt.
- Wählen Sie für die Anschlagsstärkekompression den Wert »3/4«, so wird der Velocity-Wert jeder MIDI-Note auf dieser Spur um ein Viertel verringert.

Bedenken Sie, dass die Abstufungen zwischen den unterschiedlichen Anschlagstärken größer (kleiner) werden, je größer (kleiner) Sie den Zähler gegenüber dem Nenner wählen.

Längenkompression | Ganz ähnlich funktioniert auch die LÄNGENKOMPRESSION ❺ der MIDI-Daten. Mit ihr ändern Sie die Länge der MIDI-Noten für eine gesamte Spur, wobei die Formeln gelten:
- Zähler ist größer als Nenner = Notenlängen werden verlängert
- Zähler ist kleiner als Nenner = Notenlängen werden verkürzt

Zufall | In einigen Arbeitssituationen kann es sinnvoll sein, bestimmten MIDI-Parametern automatisch zufällige Werte zuweisen zu lassen. Auf diese Weise können Sie ein authentischeres Spielflair eines virtuellen Instruments erzielen, als wenn Sie diese Werte von Hand programmieren. Ein Beispiel ist etwa die Programmierung eines Schlagzeug-Tracks, der mit Multilayer-Samples arbeitet, wobei bei verschiedenen

Anschlagsstärken der MIDI-Events jeweils anders klingende Samples abgerufen werden. Mit der Zufallsfunktion setzen Sie dies im Handumdrehen um.

Dieser Zufallsgenerator ❻ existiert gleich in zweifacher Ausführung. Beide Generatoren arbeiten wie folgt: Mit einem Mausklick auf das Auswahlmenü können Sie zwischen den Einträgen POSITION, TONHÖHE, ANSCHLAGSTÄRKE und LÄNGE wählen. Der von Ihnen ausgewählte Parameter kann nun von der Zufallsfunktion mit Werten belegt werden. Über die Felder MIN und MAX können Sie die Bereiche einschränken, in denen sich die neuen Werte befinden sollen. Die Auswahlmöglichkeiten bewegen sich in den folgenden Bereichen:

Tabelle 6.1 ▶
Auswahlbereiche des Zufallsgenerators für MIDI-Parameter

MIDI-Parameter	Bereich min.	max.	Einheit
Position	–500	+500	Ticks
Tonhöhe	–120	+120	Halbtöne
Anschlagstärke	–120	+120	Abstufungen
Länge	–500	+500	Ticks

Ticks

Als Ticks werden die kleinsten musikalischen Einheiten bezeichnet, die sich noch unterhalb von Takten, Zählzeiten und Notenwerten befinden. Ein Tick entspricht dabei näherungsweise in etwa einer 2048stel-Note.

Wie Sie sehen können, gibt es für den Zufallsgenerator keinen Bestätigungsbutton oder Ähnliches. Diesen benötigen Sie nicht, weil die Zufallsfunktion »on the fly« ausgeführt und mit Ihrer Parameterwahl sofort hörbar umgesetzt wird. Beachten Sie aber, dass die hörbaren Performance-Änderungen je nach Instrument und Parameter mehr oder weniger deutlich variieren können.

Wiedergabebereich einschränken | Über die Parameter unter BEREICH ❼ können Sie Werte für eine Eingrenzung des Wiedergabebereichs von MIDI-Noten auf dieser Spur steuern.

Wie schon bei der Abteilung ZUFALL, können Sie auch hier mit einem Mausklick auf die beiden Auswahlen aus vier weiteren verschiedenen Einträgen wählen. Standardmäßig ist AUS eingestellt.

Die vier Funktionen der Bereichsauswahl arbeiten wie folgt:

- ANSCHLAGSSTÄRKEN-LIMIT
  Diese Funktion begrenzt den Bereich der Anschlagsstärke bei ausgegebenen Signalen. Sobald Sie den Bereich einschränken, werden zwar immer noch alle MIDI-Noten dieser Spur wiedergegeben. Doch werden alle Noten, deren Anschlagsstärken oberhalb des Anschlags-Limits liegen, nun mit der von Ihnen eingestellten Maximallautstärke wiedergegeben. Vergleichbares gilt auch für die untere Beschränkung des Anschlagsstärke-Bereichs, nur eben umgekehrt. Alle Noten werden gespielt, die Anschlagsstärke von MIDI-Noten, deren Velocitywerte unterhalb des eingestellten Bereichs liegen, wird jedoch auf das von Ihnen bestimmte »Mindestniveau« angehoben. Der mögliche Auswahlbereich für die Werte liegt hier bei 0 bis 127.
- ANSCHLAGSSTÄRKENFILTER
  Mit dieser Funktion können Sie bestimmen, welche Noten wiedergegeben werden sollen und welche nicht. Auswahlkriterium ist dabei die Anschlagsstärke der MIDI-Noten auf dieser Spur. Alle Noten, deren Velocitywerte ober- und unterhalb des von Ihnen eingegrenzten Bereichs liegen, werden folglich **nicht** gespielt. Auch hier liegt der mögliche Auswahlbereich für die Werte bei 0 bis 127.

> **Der Anschlagsfilter-Bereich in der Praxis**
>
> Sie fragen sich »Wofür das alles? Das braucht doch kein Mensch!« ...? – Als ein mögliches praktisches Beispiel für die Anwendung dieser Funktion möchte ich hier das Verarbeiten von Schlagzeug-Triggerdaten anführen. Hierbei kann es durchaus vorkommen, dass die für die Aufnahme genutzten Threshold-Werte des Triggersignal-Wandlers sich für die Sample-Zuordnung oder im späteren Mix des Materials als unbrauchbar erweisen. Die Folge können beispielsweise bei den MIDI-Daten der Snare-Drum eine Vielzahl so genannter **Ghostnotes** sein, die aber nicht vom Drummer gespielt wurden, sondern durch Signal-Übersprechungen oder Nachschwingen des Schlagzeugfells erzeugt wurden. Wenn Sie in diesem Fall den unteren Bereich des Anschlagsfilters anheben, so werden diese unbeabsichtigten, »falschen« Ghostnotes automatisch bei der Wiedergabe nicht mit ausgegeben.

- NOTEN-LIMIT
  Über die Noten-Limit-Funktion legen Sie einen Tonhöhenbereich fest, der für die aktuelle Spur gelten soll. Alle MIDI-Noten außerhalb des von Ihnen gewählten Bereichs werden automatisch um entspre-

chend viele Oktaven nach oben bzw. nach unten transponiert, um innerhalb des Bereichs wiedergegeben werden zu können.

In den meisten Fällen sollte der ausgewählte Bereich für diese Funktion deshalb mindestens eine Oktave betragen, damit nach wie vor alle auf der Spur enthaltenen Noten von Cubase sinnvoll transponiert wiedergegeben werden können.

Wann immer dies nicht der Fall ist, transponiert Cubase diese (nach Ihren Vorgaben eigentlich nicht transponierbaren) Noten in die Mitte des von Ihnen eingestellten Bereichs. Der mögliche Auswahlbereich für die Werte liegt hier bei –C2 bis G8.

▶ NOTEN-FILTER
Ähnlich dem Anschlagsstärken-Filter, können Sie auch über den Noten-Filter bestimmte Notenbereiche von der Wiedergabe ausschließen. Das Auswahlkriterium ist hierfür bei dieser Funktion die Tonhöhe. Nur Noten, die innerhalb des von Ihnen eingegrenzten Bereichs liegen, werden bei der Wiedergabe berücksichtigt. Der mögliche Auswahlbereich für die Werte liegt auch hier bei –C2 bis G8.

Vor dem Ausschalten der Funktionen speichern | Um die einzelnen Bereichsfunktionen auszuschalten, müssen Sie nicht die komplette Spur-Parameter-Bearbeitung auf Bypass stellen. Wählen Sie einfach die Einstellung AUS. Sie sollten aber bedenken, dass die von Ihnen eingestellten Werte mit dem Ausschalten der Funktion verloren gehen. Speichern Sie also Ihr Projekt sicherheitshalber oder notieren Sie sich die vorgenommenen Werteänderungen über die Registerkarte NOTIZEN.

6.3 Werkzeugzeile

Im oberen Bereich des Projektfensters finden Sie die Werkzeugzeile. Sie ermöglicht Ihnen mit einer konfigurierbaren Anordnung von Schaltflächen ein schnelles Arbeiten, indem Sie viele der gebräuchlichsten Funktionen und Einstellmöglichkeiten für einen schnellen Zugriff bereitstellt.

▼ **Abbildung 6.66**
Werkzeugzeile (geteilt)

Quick-Kontextmenü | Mit einem Rechtsklick in die Werkzeugzeile kommen Sie in das Kontextmenü, das Ihnen die Auswahl der in ihr angezeigten Elemente bietet. Hier können Sie festlegen, welche Schaltflächen angezeigt werden sollen. Standardmäßig finden Sie dort die in Abbildung 6.67 gezeigten Funktionen angelegt.

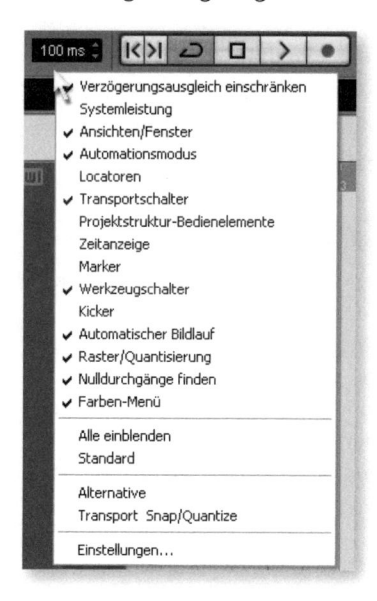

◄ **Abbildung 6.67**
Kontextmenü der Werkzeugzeile

6.3.1 Projekt aktivieren

Wenn Sie mehrere Projekte zur gleichen Zeit geöffnet haben, können Sie in der Ansicht zwischen den verschiedenen Projekten hin- und herwechseln. Die Bearbeitungs- wie auch die Transportfunktionen und damit auch die Wiedergabe- und Aufnahmeaktivitäten bleiben jedoch stets nur beim aktivierten Projekt aktiv. Mit Hilfe des Buttons PROJEKT AKTIVIEREN schalten Sie dann auch die Audio-Aktivitäten und Bearbeitungsmöglichkeiten für das neu aktivierte Projekt ein.

Da die Schaltfläche des aktivierten Projekts in der »aktiv«-Position verharrt ❶, in allen anderen geöffneten Projekten jedoch automatisch auf »inaktiv« ❷ gestellt wird, dient Ihnen die Schaltfläche zugleich als Anzeige für die Bearbeitungspriorität eines Projekts.

Diese Schaltfläche ist standardmäßig eingeblendet.

▲ **Abbildung 6.68**
Button »Projekt aktivieren« – inaktiv und aktiv

6.3.2 Verzögerungsausgleich einschränken

Um automatisch die Wiedergabeverzögerungen bei Verwendung mehrerer VST-PlugIns auszugleichen, bietet Ihnen Cubase einen automatischen Verzögerungsausgleich.

Da diese Wiedergabelatenz sowohl während des Mithörens des Wiedergabematerials bei der Aufnahme weiterer Spuren als auch beim Echtzeit-Spielen von VST-Instrumenten von Nachteil sein kann, haben Sie die Möglichkeit, die Funktion VERZÖGERUNGSAUSGLEICH EINSCHRÄNKEN anzuwenden.

▲ **Abbildung 6.69**
Verzögerungsausgleich einschränken – passiv und aktiv

Beachten Sie hierbei: In Normalstellung ❶ ist der Verzögerungsausgleich passiv, ist der Button aktiv ❷, so wird der Verzögerungsausgleich eingeschränkt und die Latenz verringert.

Je nach Arbeitssituation sollten Sie die jeweils angemessene Einstellung wählen. So ist es beispielsweise während des finalen Mixes Ihres Projekts unwahrscheinlich, dass die Anwahl des Buttons Sinn ergibt. Standardmäßig ist dieser Button eingeblendet.

> **Was ist Latenz?**
>
> Latenz bezeichnet die Verzögerung zwischen dem »Versenden« von Daten an die Audio-Hardware und der tatsächlichen Wiedergabe. Auch bei der Aufnahme von Audiodaten können Latenzen auftreten. Vor allem im Bereich des Monitorings, also des Mithörens von Aufnahme-Signalen, kann es zu einer Addition von Latenzen kommen. Die Auswahl der Audio-Hardware, der genutzten Schnittstelle wie auch der Software-Treiber wirkt sich auf die Latenzzeiten Ihres Audiosystems aus.

6.3.3 Systemleistung

Dieses nützliche kleine Tool können Sie zusätzlich einblenden und über das Kontextmenü in der Werkzeugzeile erreichen. Es ist standardmäßig ausgeblendet. Es hilft Ihnen bei der Beurteilung der Performance-Stabilität Ihrer Projekte und ermöglicht Ihnen so, rechtzeitig entsprechende Maßnahmen zu ergreifen, um eine reibungslose Wiedergabe bzw. Aufnahme zu gewährleisten.

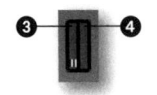

▲ **Abbildung 6.70**
Anzeige SYSTEMLEISTUNG

Kontrolle über CPU und Festplatten-Cache | In Abbildung 6.70 sehen Sie links ❸ die Anzeige für die Auslastung der CPU und rechts ❹ diejenige des Festplatten-Caches. Diese Anzeigen können Ihnen Aufschluss darüber geben, wie Sie bei Problemen mit der Wiedergabe Ihr Projekt (z. B. durch das Einfrieren einzelner Kanäle und/oder VST-Instrumente) optimieren können, um eine stabile Aufnahme bzw. Wiedergabe zu gewährleisten.

> **Verwendung von Systemressourcen**
>
> Für eine genauere Beobachtung der Systemressourcen finden Sie eine detailliertere Leistungsanzeige mit feinerer Auflösung im Geräte-Menü. Im zugehörigen Kapitel können Sie auch Lösungen zur Behebung von zu hoher CPU-/Harddisk-Auslastung nachschlagen (siehe Abschnitt 8.6).

6.3.4 Ansichten/Fenster

Diese Schaltflächen erlauben Ihnen einen schnellen Zugriff auf häufig verwendete Anzeigen und Fenster. Aktivierte Buttons werden blau dargestellt, nicht aktivierte Buttons in einem hellen Blaugrau.

Alle diese Schaltflächen sind standardmäßig eingeblendet.

▶ INSPECTOR ANZEIGEN

Diese Schaltfläche ❺ blendet die Inspector-Spalte links neben der Spurspalte ein bzw. aus.

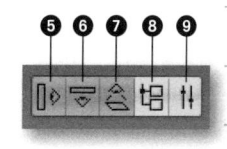

▲ Abbildung 6.71
Ansichten/Fenster-Button

▶ INFOZEILE ANZEIGEN

Mit dieser Schaltfläche ❻ können Sie unterhalb der Werkzeugzeile eine Infozeile anzeigen lassen, die Ihnen die wichtigsten Parameter aktuell angewählter Events anzeigt. Informationen zum Arbeiten mit der Infozeile finden Sie in Abschnitt 6.4.

▼ Abbildung 6.72
Eingeblendete Infozeile

▶ ÜBERSICHTSANZEIGE EINBLENDEN

Der dritte Ansichten-Button ❼ blendet unter der Werkzeug- bzw. der Infozeile zusätzlich eine Übersichtsanzeige ein. Diese Übersichtsanzeige enthält Platzhalter für alle im Projekt inbegriffenen Events, wobei diese spurweise untereinander angeordnet sind. Die Farbgebung der Events in der Übersichtsanzeige entspricht derjenigen im Sequenzerbereich.

▼ Abbildung 6.73
Die Übersichtszeile in komplexen Arrangements

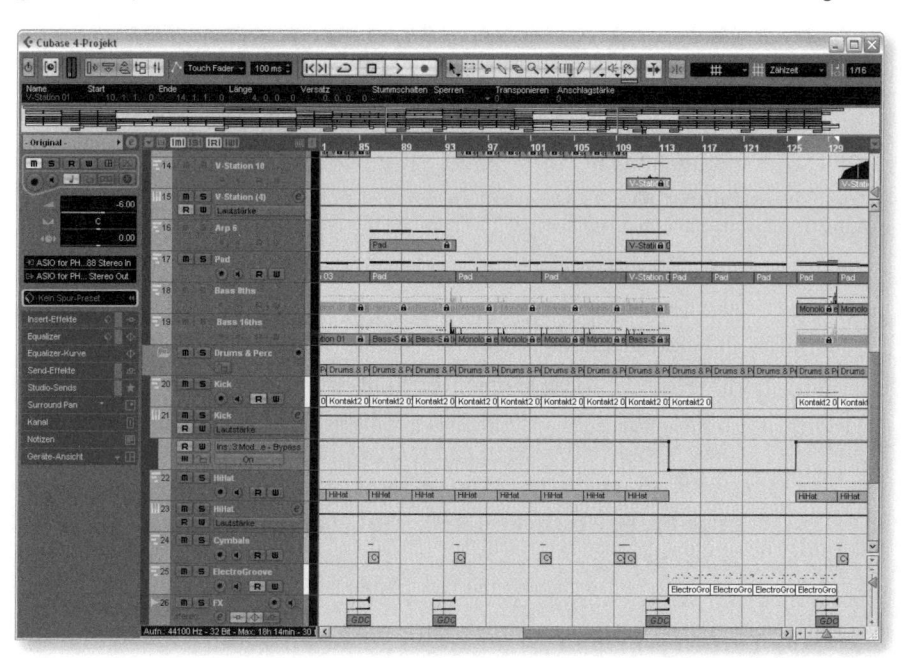

Werkzeugzeile **175**

Mit einem Blick auf Abbildung 6.73 können Sie erahnen, wie hilfreich es für die Navigation in komplexen Projekten sein kann, wenn Ihnen die Übersichtsanzeige zur Verfügung steht.

▶ POOL ÖFFNEN
Diese Schaltfläche ❽ können Sie nutzen, um das Pool-Fenster zu öffnen. Dem Arbeiten mit dem Pool ist ein eigenes Kapitel gewidmet, in dem Sie Anleitungen und Tipps finden (Kapitel 13).

▶ MIXER ÖFFNEN
Mit diesem Taster ❾ blenden Sie den Mixer ein. Informationen und Hinweise zum Arbeiten mit dem Mixer können Sie Kapitel 12 entnehmen.

6.3.5 Automationsmodus

Dieser Bereich der Werkzeugzeile stellt Ihnen ein Dropdown-Menü ❶ für fünf verschiedene Automationsmodi zur Verfügung, anhand derer Sie vorgeben können, wie aufgezeichnete Automationsdaten verarbeitet werden sollen. Dieses Menü ist standardmäßig eingeblendet.

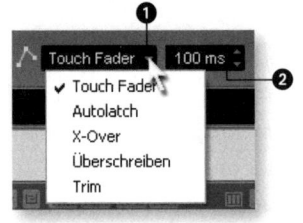

Abbildung 6.74 ▶
»Automationsmodus« – Auswahlmenü

Verwechseln Sie das Aufzeichnen von Automationsdaten per Write-Funktion jedoch nicht mit der Funktion Audio-Aufnahme. Detaillierte Erläuterungen zum Aufzeichnen von Automationsdaten lesen Sie in Abschnitt 12.8. Dort bekommen Sie auch alle Informationen zum dazugehörigen Anzeigefeld der AUTOMATIONS-REAKTIONSGESCHWINDIGKEIT ❷.

6.3.6 Locatoren

Mit Hilfe der Locatoren können Sie einen Bereich innerhalb Ihres Projekts bestimmen, den Sie bei der Wiedergabe/Aufnahme (als so genannten »Cycle«) wiederholen möchten.

Die Darstellungsweise der Locatoren-Anzeige kann zwischen musikalisch und zeitbezogen geändert werden. Die Änderung der Anzeige erfolgt automatisch mit der Änderung der Darstellungsform der Zeitanzeige (siehe Abschnitt 6.3.9). Die Schaltfläche ist standardmäßig eingeblendet.

◀ **Abbildung 6.75**
Locatoren-Anwahl

Näheres zum Arbeiten mit Locatoren finden Sie in Abschnitt 8.3 sowie in den Kapiteln der Funktionen, in denen die Locatoren Bestandteil der Funktionsanwendung sind.

6.3.7 Transport-Button

Die Transport-Buttons dienen der Steuerung Ihres Projektes und der Navigation mit dem Positionszeiger innerhalb diesem. Diese Schalter sind häufig benötigte Bedienelemente und daher standardmäßig eingeblendet.

Die Transport-Buttons der Werkzeugzeile entsprechen denjenigen des Transportfelds (Abschnitt 6.8). Es sind dies die Buttons ZUM VORHERIGEN MARKER SPRINGEN, ZUM NÄCHSTEN MARKER SPRINGEN, CYCLE/ LOOP AKTIVIEREN bzw. DEAKTIVIEREN, STOP, PLAY und RECORD.

Gegenüber dem Transportfeld sind bei den Transport-Buttons der Werkzeugzeile die Buttons RÜCKLAUF und SCHNELLER VORLAUF nicht vorhanden.

◀ **Abbildung 6.76**
Transport-Buttons

6.3.8 Projektstruktur-Bedienelemente

Im zusätzlich einblendbaren Bereich PROJEKTSTRUKTUR-BEDIENELEMENTE können Sie verschiedene Projektstruktur-Parts und deren Wiederholung direkt anwählen. Daneben befinden sich die Projektstruktur-Transport-Buttons, die zur Navigation innerhalb der angelegten Projektstruktur dienen. Sie haben folgende Funktionen:

- Zum vorherigen Projektstruktur-Eintrag springen ❶
- Zum nächsten Projektstruktur-Eintrag springen ❷
- Zur ersten Wiederholung des aktuellen Projektstruktur-Eintrags springen ❸
- Zur letzten Wiederholung des aktuellen Projektstruktur-Eintrags springen ❹
- Projektstruktur-Modus ein-/ausschalten ❺

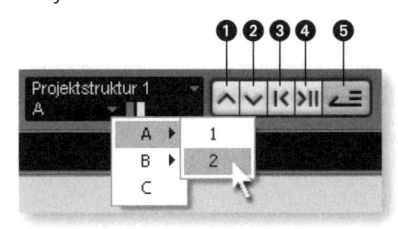

◀ **Abbildung 6.77**
Auswahlmenü der Projektstruktur-Bedienelemente

Werkzeugzeile **177**

Solange keine Projektstruktur-Spur angelegt wurde, ist der Bereich »Projektstruktur-Bedienelemente« ausgegraut und nicht verfügbar.

Wie Projektstrukturen funktionieren, wie Sie Projektstrukturen erstellen können sowie Tipps und Hinweise zum Arbeiten mit diesen finden Sie in Abschnitt 8.1.2.

6.3.9 Zeitanzeige

Die Zeitanzeige gibt die Position des Positionszeigers der Wiedergabe/Aufnahme an. Sie enthält eine primäre ❶ und eine sekundäre ❷ Zeitangabe zur übersichtlichen Navigation innerhalb Ihres Projekts. Für die Anzeigen stehen Ihnen verschiedene Maßeinheiten zur Verfügung: Takte und Zählzeiten, Sekunden, Timecode, Samples und ein User-Preset, das mit 60 fps (also 60 Frames pro Sekunde) voreingestellt ist. Durch einen Mausklick auf den Pfeil-Button an der linken Anzeigenseite ❸ können Sie die Anzeigen der primären und sekundären Zeitangabe tauschen. Ein Ändern der angezeigten Formate ist in dieser Anzeige jedoch nicht möglich. Hierzu müssen Sie den Weg über das Transportfeld gehen.

Die Zeitanzeige ist standardmäßig ausgeblendet und muss erst über das Kontextmenü hinzugefügt werden.

Abbildung 6.78 ▶
Musikalische Zeitanzeige

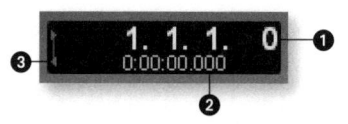

Abbildung 6.79 ▶
Zeitliche Zeitanzeige

Position verändern | Mit einem Doppelklick in die Zeitanzeige-Bereiche können Sie über die Tastatur einen neuen Wert für die Position des Positionszeigers eingeben. Klicken Sie mit der linken Maustaste auf einen der Einträge, so erhöhen Sie dessen Wert, klicken Sie mit der rechten auf einen der Einträge, so vermindern Sie dessen Wert. Der Wert der jeweils anderen Zeitangabe wird automatisch angeglichen und der Positionszeiger springt an die neu eingegebene Stelle.

Näheres zum Arbeiten mit der Zeitanzeige erfahren Sie in Abschnitt 8.1.1 – Nur so viel noch an dieser Stelle: Durch den beschriebenen Wechsel der Zeitanzeige ändern sich auch die Darstellungsart der Locatoren-Auswahl (siehe Abschnitt 8.3) sowie die Maßeinheiten des Lineals oberhalb des Sequenzerbereichs.

6.3.10 Marker

Über das Markerfeld können Sie Marker mit dem Positionszeiger direkt ansteuern. Die Felder »1« bis »10« stehen dabei für die Marker-IDs, wie sie beispielsweise auch in der Markerliste angezeigt werden. Das Markerfeld ist standardmäßig ausgeblendet.

Wie Sie Marker erzeugen und verwalten, erfahren Sie im Buchteil über das Arbeiten mit Markern (Abschnitt 8.4).

◄ **Abbildung 6.80**
Markerfeld

6.3.11 Werkzeuge

Die Werkzeug-Buttons der Werkzeugzeile erscheinen auch als Schaltflächen des Quick-Kontextmenüs des Sequenzerbereichs, sind aber in der Werkzeugzeile standardmäßig eingeblendet.

Einige der Werkzeuge bieten Ihnen eine Unterauswahl an, mit der Sie die Funktionsweise des Werkzeugs verändern können: Dazu klicken Sie einfach ein Mal auf eines dieser Werkzeuge. Bei einigen öffnet sich ein Menü, aus dem Sie die entsprechende Funktion wählen können. Werkzeuge mit Unterauswahlen sind in Cubase durch einen kleinen Pfeil nach unten gekennzeichnet.

Wenn Sie auf ein bereits aktiviertes Werkzeug klicken, öffnen Sie eine Unterauswahl des Werkzeugs (sofern ein keines Dreieck in der rechten unteren Buttonecke darauf hinweist). Wenn Sie den Werkzeug-Button über die Unterauswahl modifizieren (z. B. für die Größenänderung nicht den Normal- ❹, sondern den Time-Stretch-Modus ❺ wählen), ändert sich automatisch auch das entsprechende Auswahlfeld im Quick-Kontextmenü.

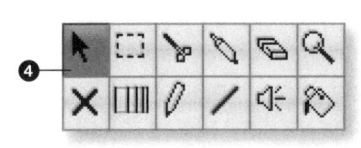

◄ **Abbildung 6.81**
Auswahlfelder des Quick-Kontextmenüs – Größenänderung im »Normal«-Modus

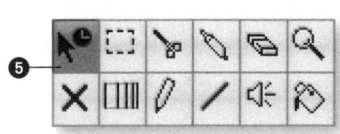

◄ **Abbildung 6.82**
Auswahlfelder des Quick-Kontextmenüs – Größenänderung im »Time-Stretch«-Modus

Objektauswahl/Größenänderung | Ist der Button Objektauswahl aktiviert, so können Sie mit der linken Maustaste Events und Objekte im Sequenzerbereich auswählen. Dieser Modus wird vom Hersteller auch als Event-Auswahlwerkzeug bezeichnet, womit der Gegensatz zum Auswahlbereich-Werkzeug verdeutlicht wird.

Abbildung 6.83 ▶
Dropdown-Liste
Größenänderung

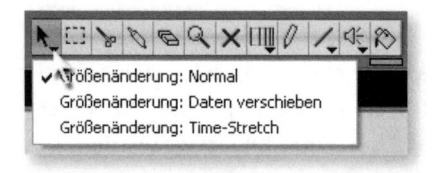

Abbildung 6.84 ▶
Objekt-Handler

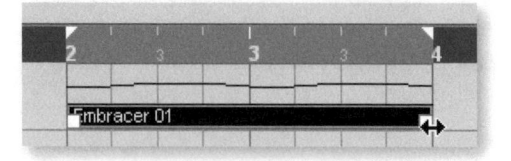

Sofern ein oder mehrere Events im Sequenzerbereich ausgewählt sind, erscheinen in deren unteren Ecken weiße, quadratische Handler, über die Sie die Größe dieser Events ändern können. Standardmäßig ist eine »normale« Größenänderung voreingestellt.

Wenn Sie den Button GRÖSSENÄNDERUNG anwählen, gelangen Sie mit einem weiteren Klick auf diese Schaltfläche in ein Auswahlmenü. In der dann erscheinenden Dropdown-Liste stehen Ihnen zwei weitere Modi für die Größenänderung von Events zur Verfügung. Welcher Modus gerade ausgewählt ist, können Sie am Button selbst erkennen, der (je nach aktiviertem Modus) ein anderes Symbol zeigt.

Abbildung 6.85 ▶
Symbole für die
Button-Modi der
Größenänderung

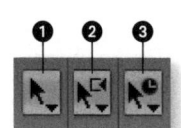

▶ Die normale Größenänderung ❶ ist per Voreinstellung aktiv und bewirkt ein »Aufziehen« oder Verkleinern des hörbaren Abspielbereichs eines Events. Die enthaltenen Daten bleiben also unverändert.
▶ Durch Anwenden des Größenänderungsmodus DATEN VERSCHIEBEN ❷ bewirken Sie, dass der Start- bzw. der Endpunkt des Eventinhalts mit dem Ziehen der Eventhandler an die neu gewählte Handler-Position verschoben wird.
▶ Im Größenänderungsmodus TIME-STRETCH ❸ werden die Daten der betreffenden Events gleichmäßig an die neue Eventlänge angepasst.

Der jeweils ausgewählte Größenänderungsmodus wird automatisch auch im Quick-Kontextmenü für den Sequenzerbereich angezeigt. Weitere, detailliertere Erläuterungen zum Zuweisen von Größenänderungen von Events finden Sie in Kapitel 9.

Auswahlbereich | Im Gegensatz zum Event-Auswahlwerkzeug definieren Sie mit dem Auswahlbereich-Werkzeug auf einer oder mehreren Spuren komplette Bereiche, die Sie dann z. B. im Projekt an eine andere Stelle verschieben können, um ein Anwendungsbeispiel zu nennen.

▲ **Abbildung 6.86**
Werkzeug-Button
AUSWAHLBEREICH

Die Wahl des Auswahlwerkzeugs bestimmt auch die im Menü BEARBEITEN • AUSWAHL bereitgestellten Funktionen. Weitere Informationen zum Arbeiten mit Auswahlbereichen können Sie Abschnitt 9.3.2 entnehmen.

Trennen | Mit der Auswahl des Trennen-Buttons ändert sich der Mauszeiger im Sequenzerbereich zu einem Scheren-Symbol. Mithilfe dieses neuen Mauszeigers können Sie Events per Mausklick links zerschneiden. Die exakte Position, an der das Event getrennt wird, wird Ihnen in einer Tool-Tip-Einblendung angezeigt. Das Anzeigeformat entspricht dabei demjenigen der primären Zeitanzeige wie auch demjenigen des Sequenzer-Lineals.

▲ **Abbildung 6.87**
Trennen-Werkzeug

Mehrere Events gleichzeitig trennen | Bei gehaltener Maustaste können Sie vor dem Einsatz des Trennen-Werkzeugs auch eine vertikale Mehrfachauswahl von Events treffen, indem Sie mit dem Auswahlbereich-Werkzeug einen Auswahlbereich im Sequenzerbereich aufziehen oder mehrere Spuren oder Objekte zugleich markieren. Das Trennen/Zerschneiden wirkt sich dann auf alle ausgewählten Events aus.

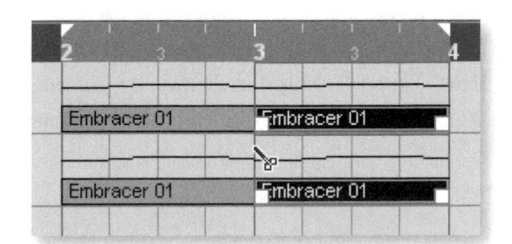

◄ **Abbildung 6.88**
Gleichzeitiges
Trennen mehrerer
Objekte

Schnelles Umschalten | Beim Überfahren eines Events oder Parts stellt das Halten der [Alt]-Taste eine echte Erleichterung dar: Der Mauszeiger ändert sein Erscheinungsbild in das Scheren-Symbol der Trennen-Funktion und Sie können sich das Umschalten über die Werkzeugzeile oder das Quick-Kontextmenü sparen.

Kleben | Die Auswahl des Kleben-Werkzeugs ermöglicht Ihnen das Zusammenfügen mehrerer Events..

Kleben Sie mehrere Audio-Events zusammen, die zuvor getrennt wurden – deren »Eltern-Events« (Clips) also identisch sind – so entsteht ein neues Audio-Event, das die Daten der beiden Eltern-Events

▲ **Abbildung 6.89**
Kleben-Werkzeug

Werkzeugzeile **181**

beinhaltet. Kleben Sie jedoch mehrere Events von unterschiedlicher Herkunft – als verschiedene Clips – zusammen, so entsteht kein neues Event, sondern ein Part. Das gilt jedoch nicht für das Zusammenkleben von MIDI-Events. Hier entstehen als Folge grundsätzlich neue MIDI-Events.

Löschen | Mit dem Radiergummi-Werkzeug können Sie Events und Parts löschen. Die Funktion entspricht dem Ausführen des Befehls über das Menü BEARBEITEN • LÖSCHEN sowie über die Taste [Entf].

▲ Abbildung 6.90
Löschen-Werkzeug

> **Vorsicht beim Löschen via Tastatur!**
>
> Stellen Sie beim Löschen über die Taste [←] in jedem Fall sicher, dass Sie beim Drücken der Taste auch definitiv wissen, dass ein Objekt ausgewählt ist. Ist dies nicht der Fall, kann es Ihnen im Sequenzerbereich sonst passieren, dass Sie versehentlich ganze Spuren löschen! Besonders innerhalb komplexer Projekte ist deshalb das Löschen mit dem Radiergummi zwar etwas umständlicher, aber auch deutlich sicherer.

Zoom | Das Lupen-Werkzeug dient zum Vergrößern von Bereichen oder einzelner Events und Parts. Beachten Sie bei der Arbeit mit ihm, dass sich die Vergrößerung nur auf die Horizontale bezieht.

▲ Abbildung 6.91
Lupen-Werkzeug

Beschränkung auf horizontalen Zoom | Die Voreinstellung für diese Funktion ist im Dialog DATEI • PROGRAMMEINSTELLUNGEN... • BEARBEITUNGSOPTIONEN festgelegt. Dort können Sie für den ZOOM-STANDARD-MODUS die Beschränkung aufheben, die ausschließlich eine horizontale Vergrößerung zulässt.

Tiefer in die Zoom-Materie steigt Abschnitt 9.3.6 ein.

> **Entlastende Tastaturbefehle**
>
> Ich empfehle Ihnen, für das Vergrößern und Verkleinern der Sequenzeransicht auf die Tastaturbefehle zurückzugreifen, da Sie so Ihr Arbeitstempo beschleunigen können. Das macht sich vor allem bemerkbar, wenn Sie Full-Time an Ihren Projekten arbeiten. Ein weiterer wichtiger Punkt ist, dass Mausbewegungen Ihr Handgelenk belasten (wohlgemerkt bei mehrtägiger Vollzeit-Arbeit mit Cubase). Für das Vergrößern können Sie die Taste [H] nutzen, für das Verkleinern Taste [G].

Stummschalten | Das Stummschalten-Werkzeug ermöglicht es Ihnen, eine Auswahl von Events oder Parts von der Wiedergabe auszuschließen, ohne diese gleich löschen zu müssen. So können Sie etwa Events oder Parts, von denen Sie nicht wissen, ob Sie diese verwenden möchten oder nicht, vorerst stummschalten. Bei Bedarf können Sie so immer wieder auf diese Events bzw. Parts zurückgreifen.

◀ **Abbildung 6.92**
Werkzeug-Button »Stummschalten«

Um ein Event oder Part stummzuschalten, wählen Sie aus der Werkzeugzeile das Stummschalten-Kreuz und klicken damit auf das stummzuschaltende Element. Über das Menü erreichen Sie die Funktion auf dem Weg BEARBEITEN • STUMMSCHALTEN.

Sie können bei gehaltener linker Maustaste mit dem Stummschalten-Kreuz auch eine Mehrfachauswahl treffen. Durch Halten der ⇧-Taste können Sie ebenfalls mehrere Elemente in die Auswahl miteinbeziehen.

Zum Abwählen von Events bzw. Parts können Sie entweder die ⇧-Taste gedrückt halten, während Sie das Element anwählen oder klicken an einer Stelle in den Sequenzerbereich, in dem sich kein Event/Part befindet. Beachten Sie aber, dass bei der letztgenannten Methode der Positionszeiger an die angeklickte Stelle springt.

Weitere Hinweise zum Thema Stummschalten finden Sie in Abschnitt 9.3.3 über die Arbeit mit Events.

Time Warp | Das »Time Warp«-Werkzeug gibt Ihnen die Möglichkeit, die Tempospur so zu modifizieren, dass Aufnahmen, die tempobezogen positioniert wurden, nun zeitbezogen positioniert werden.

Weitere Details zum Thema Time Warp finden Sie auf Seite 287.

◀ **Abbildung 6.93**
Dropdown-Menü TIME WARP

Stift | Das Stift-Werkzeug ist Ihr Mittel, wenn Sie an freien Stellen im Sequenzerbereich manuell Parts erzeugen möchten. Diese können Sie später mit Events füllen. Vor allem für die Arbeit mit MIDI-Events möchte ich Ihnen das manuelle Erzeugen von Events **vor** der Aufnahme oder dem Programmieren empfehlen. Auf diese Weise haben Sie immer im Blick, in welchem Bereich Sie gerade Aufnehmen bzw. Events setzen.

▲ **Abbildung 6.94**
Stift-Werkzeug

Schneller Werkzeugwechsel | Auch wenn Sie den Mauszeiger bei gedrückter [Alt]-Taste über den freien Bereich einer Spur bewegen, sehen Sie, dass der Mauszeiger dort automatisch in das Stift-Werkzeug wechselt. Dies spart Ihnen den Weg über die Werkzeugzeile oder das Quick-Kontextmenü des Sequenzerbereichs.

Das Pfeil-Werkzeug der Objektauswahl ist auch dann ausreichend, wenn Sie Parts erzeugen wollen, deren Start- und Endposition der Position von linkem und rechtem Locator entsprechen. Hierzu bewegen Sie das Pfeil-Werkzeug auf Höhe der relevanten Spur zwischen die Locatoren und führen einen Doppelklick mit der linken Maustaste aus ... Fertig ist der neue Part.

Ganz gleich, wie Sie die Parts auch erzeugen: Immer sind für deren Startposition und Länge die gerade aktiven Einstellungen von Rastermodus und Rasterwert entscheidend.

> **Rastermodus/Rasterwert**
>
> Der Rastermodus bietet Ihnen in Cubase eine Art »unsichtbares Gitternetz«, an dem Sie Objekte ausrichten können, sofern der Modus eingeschaltet ist. Wie genau dieses Raster sein soll, legen Sie dabei über einen konkreten Rasterwert fest. (Mehr dazu in Abschnitt 6.3.14)

Linie | Das Linien-Werkzeug können Sie ausschließlich auf Parameter-Abfolgen anwenden, wie beispielsweise Automationsverläufe oder Velocity-Werte von MIDI-Events im MIDI-Editor. Für diese »übermalen« Sie dann ganz einfach in der ausgewählten Linienform bestehende Werte. Für das Anwenden des Linien-Werkzeugs ist es nicht notwendig, dass Sie die Automationsspur scharf stellen. Sobald Sie das Linien-Werkzeug auf eine Automationsspur anwenden, wechselt diese von selbst in den Lesemodus für Automationsdaten.

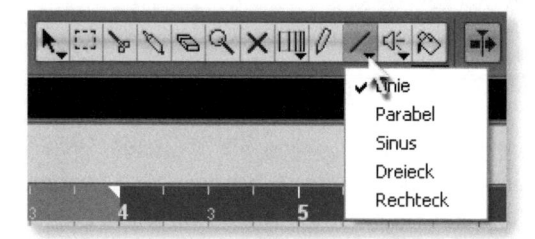

Abbildung 6.95 ▶
Dropdown-Liste
LINIE

Automations-Reduktionsfaktor | Um die Automationsdaten zu minimieren und nicht zu viel Datenschrott im Projekt übrig zu lassen, löscht Cubase nicht relevante Automationspunkte automatisch, nachdem Sie die Maustaste losgelassen haben. Nach dem Einzeichnen der Automationslinien bzw. -kurven bleiben also nur die Eckdaten der eingezeichneten Linien übrig. Wie fein Cubase diese Auswahl treffen soll, können

Sie im Dialog DATEI • PROGRAMMEINSTELLUNGEN... • BEARBEITUNGSOPTIONEN • AUTOMATIONS-REDUKTIONSFAKTOR mit einem Schieberegler selbst festlegen. Weitere Einzelheiten zum Einzeichnen und Bearbeiten von Automations-Events finden Sie in Abschnitt 12.8.

Linienarten | Für das Linien-Werkzeug gibt es insgesamt fünf verschiedene Linienarten. Je nachdem welche Linienart Sie für die Bearbeitung von Automationsdaten auswählen, können Sie deren Abfolge entweder linear oder nach einer der vorgegebenen Linienarten (z. B. mit sanftem Anstieg/Abfall des Verlaufs durch eine Parabelform) gestalten.

◀ **Abbildung 6.96**
Symbolanzeigen des Werkzeug-Buttons LINIE

▶ **Linie**
Dies ist die Grundeinstellung für das Linien-Werkzeug, mit der Sie lineare Verläufe einzeichnen können.

▶ **Parabel**
Die Parabel-Form des Linien-Werkzeugs hilft Ihnen dabei, nicht lineare Fades zu erzeugen. Spielen Sie testweise einmal mit dieser Linienfunktion bei gedrückter Maustaste. Sie werden feststellen, dass Sie die Parabelform sowohl in der Horizontalen (Laufweite) als auch in der Vertikalen (Amplitude) durch die Mausbewegung beeinflussen können.
Steigungs- und Abfallwinkel sind abhängig von der Richtung, in welcher Sie die Parabel einzeichnen. Probieren Sie also beim Einzeichnen auch aus, wie sich die Linienform verändert, wenn Sie die Parabel von rechts nach links anstatt von links nach rechts aufziehen.

▶ **Sinus**
Was für die Parabelform gilt, trifft auch auf die Sinusform des Linien-Werkzeugs zu: Mit dem Aufziehen der Sinusform können Sie deren Amplitude festlegen. Die Laufweite für diese Linienform bestimmen Sie aber nicht durch die Mausbewegung, sondern durch den eingestellten Rasterwert bei eingeschaltetem Rastermodus ❶ (Abbildung 6.97). Im Beispiel in Abbildung 6.97 sind dies Sinuskurven, deren Frequenz dem Quantisierungswert von 1/8-Noten ❷ entspricht.

Abbildung 6.97 ▶
Rastermodus bestimmt Laufweite der Sinus-Linienform

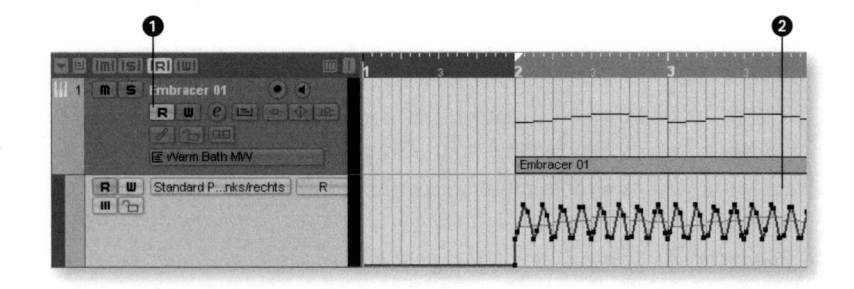

▶ **Dreieck und Rechteck**
Die Linienformen Dreieck und Rechteck funktionieren bezüglich Amplitude und Laufweite so wie die Sinusform, hinterlassen aber logischerweise Automationsdaten in Form ihrer Bezeichnung (Dreieck- bzw. Rechteck-Wellenform).

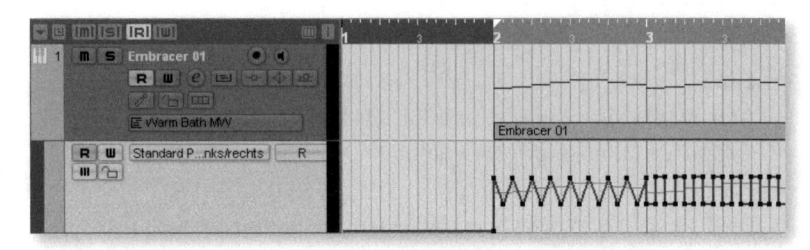

Abbildung 6.98 ▶
Dreieck- und Rechteck-Linien als Automationsdaten

Wiedergabe | Unter dem Button mit dem stilisierten Lautsprecher verbergen sich die Funktionen WIEDERGABE und SCRUBBEN.

Abbildung 6.99 ▶
Dropdown-Liste
WIEDERGABE

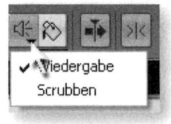

▲ **Abbildung 6.100**
Spielen-Modus

▶ **Wiedergabe**
Das Werkzeug WIEDERGABE ermöglicht Ihnen das Vorhören einzelner Audio- und MIDI-Daten, ohne den Wiedergabemodus einschalten zu müssen. Dies ist besonders dann hilfreich, wenn Sie sich in einer Situation befinden, in der das betroffene Objekt innerhalb des Projekt-Mixes aufgrund bestimmter Pegel-Verhältnisse oder der Verwendung von Effekten, EQs etc. sonst kaum oder nicht aus dem Gesamtsound herauszudifferenzieren wäre. Das Audiosignal des mit dem Wiedergabe-Werkzeug angewählten Events oder Parts wird dazu unbearbeitet direkt an den Ausgangsbus gesendet.
Die Wiedergabe des Audio- oder MIDI-Materials beginnt dabei an der Position, mit der Sie mit dem Mauszeiger auf das Event oder den Part klicken. Für die Wiedergabe müssen Sie die linke Maustaste gedrückt halten. Mit dem Loslassen der Maustaste endet dann auch die Wiedergabe.

▶ **Scrubben**
Während die Wiedergabe des Audio-/MIDI-Materials mit dem Spielen-Werkzeug im eingestellten Tempo (bzw. nach den Vorgaben der Tempospur) verläuft, können Sie mit dem Scrubben-Werkzeug die Geschwindigkeit und sogar die Richtung der Wiedergabe selbst bestimmen. Die Startposition entspricht dabei der Stelle, an der Sie das Event bzw. den Part mit dem Scrubben-Werkzeug anklicken. Die Richtung der Wiedergabe folgt bei gedrückter linker Maustaste Ihrer Mausbewegung. Die Geschwindigkeit der Wiedergabe entspricht dabei derjenigen, mit der Sie den Positionszeiger über das Element führen.

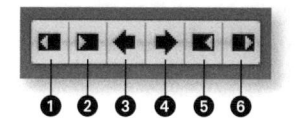

◀ **Abbildung 6.101**
Scrubben-Modus

Farben-Werkzeug | Einzelnen Events können Sie Farben zuweisen, indem Sie diese per Maus oder Tastatur auswählen und mithilfe des Farben-Werkzeugs ❹ und der untergeordneten Farbauswahl ❺ eine Farbe zuweisen. Sie erreichen diese Auswahl, indem Sie mit der linken Maustaste auf den kleinen Farbbalken ❻ unterhalb der Werkzeug-Schaltfläche klicken.

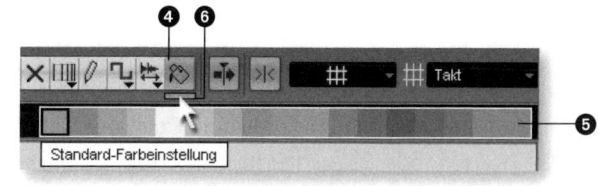

◀ **Abbildung 6.102**
Untermenü
FARBAUSWAHL

Mit einem Doppelklick auf diesen Farbbalken öffnen Sie den Dialog EVENT-FARBEN, dessen Anwendung ich Ihnen in Abschnitt 9.2.6 näher bringe. Dort finden Sie auch weiterführende Hinweise, wie zum Beispiel zum Einfärben ganzer Spuren.

6.3.12 Kicker

Ein weiteres, standardmäßig allerdings ausgeblendetes Element der Werkzeugzeile sind die Kicker-Taster. Die Arbeit mit den Kicker-Tastern hilft Ihnen, die Position der Start- und Endpunkte von Events oder auch die kompletten Events selbst per Knopfdruck zu verschieben. Das ist vor allem dann nützlich, wenn Sie mehrere markierte Events neu positionieren oder deren Start- bzw. Endpunkte verschieben möchten.

Bei eingeschalteter Rasterfunktion gelten für die Veränderungen durch die Kicker-Taster selbstverständlich die eingestellten Rasteroptionen von Modus, Typ und Wert.

◀ **Abbildung 6.103**
Kicker-Taster

Werkzeugzeile **187**

Die einzelnen Taster des Kicker-Bereichs haben folgende Funktionen:
- STARTPOSITION NACH LINKS ❶
- STARTPOSITION NACH RECHTS ❷
- EVENT NACH LINKS ❸
- EVENT NACH RECHTS ❹
- ENDPOSITION NACH LINKS ❺
- ENDPOSITION NACH RECHTS ❻

Standardmäßig sind diesen Kicker-Funktionen auch bereits Tastaturbefehle zugewiesen:

Tabelle 6.2 ▶
Keyboard-Shortcuts für Kicker-Funktionen

Funktion	Tastatur-Kombination
Startposition nach links	[Alt] + [←]
Startposition nach rechts	[Alt] + [→]
Endposition nach links	[Alt] + [⇧] + [←]
Endposition nach rechts	[Alt] + [⇧] + [→]

6.3.13 Automatischer Bildlauf

Schalten Sie den automatischen Bildlauf ein, wenn Sie stets verfolgen wollen, wie die Projektumgebung aussieht, die der Positionszeiger gerade überfährt. Die Ansicht des Sequenzerbereichs springt dann automatisch zum aktuell wiedergegebenen Bereich. Der entsprechende Button ist standardmäßig eingeblendet.

▲ Abbildung 6.104
Button AUTOMATISCHER BILDLAUF (aktiv und inaktiv)

> **Stationärer Positionszeiger**
>
> Über das Menü DATEI • PROGRAMMEINSTELLUNGEN… • TRANSPORT können Sie durch Aktivieren des Punktes STATIONÄRER POSITIONSZEIGER erzwingen, dass dieser während des automatischen Bildlaufs immer in der Mitte des Bildschirms bleibt.

6.3.14 Raster/Quantisierung

Die Rasterfunktion gibt Ihnen feste Rasterwerte vor und erlaubt Ihnen dadurch ein gezieltes Ansteuern, Ablegen und Bearbeiten von Events und Objekten. Die Optionen der Rasterfunktion können Sie über den Menübereich RASTER/QUANTISIERUNG in der Werkzeugzeile modifizieren, der standardmäßig eingeblendet ist.

Abbildung 6.105 ▶
Menübereich RASTER/QUANTISIERUNG

❼

Rasterfunktion aktivieren | Leuchtet der Button RASTER EIN/AUS blau ❼, so ist die Rasterfunktion aktiviert. Sie bearbeiten Events und Objekte nun quasi mit »magnetischem Raster« nach Vorgabe der in den zugehörigen Dropdown-Menüs festgelegten Optionen.

Rastermodus festlegen | Im Dropdown-Menü RASTERMODUS können Sie zwischen acht verschiedenen Modi wählen:

◀ **Abbildung 6.106**
Verschiedene Rastermodi

▶ RASTER
Dies ist der Standardmodus für die Arbeit mit der Rasterfunktion. Events, Parts, Marker und Positionszeiger rasten dabei nach den im Feld RASTERWERT gewählten Vorgaben im Sequenzerbereich ein.
In der Werkzeugzeile sehen Sie anhand des Raster-Symbols in der Rastermodus-Anzeige, dass der normale Rastermodus angewählt ist.

◀ **Abbildung 6.107**
Symbol für »Normales Raster« in der Rastermodus-Anzeige

▶ RELATIVES RASTER
Mit dem relativen Raster können Sie Events und Parts anhand ihrer Start- oder Rasterpunkte im Verhältnis zu den gewählten Rasterwerten verschieben. Der Rasterwert gibt in diesem Modus also nicht die Rasterweite, sondern vielmehr die Schrittgröße für das Verschieben vor. Da der relative Rastermodus für Bearbeitungsvorgänge gilt, können Sie ihn auch für Event- und Parthandler anwenden, nicht jedoch für das Erzeugen von Events und Parts.
In Abbildung 6.108 und Abbildung 6.109 sehen Sie ein anschauliches Beispiel für taktweises Verschieben mit relativem Raster.

Abbildung 6.108 ▶
Taktweises Verschieben mit relativem Raster – hier 2 Takte (vorher)

Abbildung 6.109 ▶
Taktweises Verschieben mit relativem Raster – hier 2 Takte (nachher)

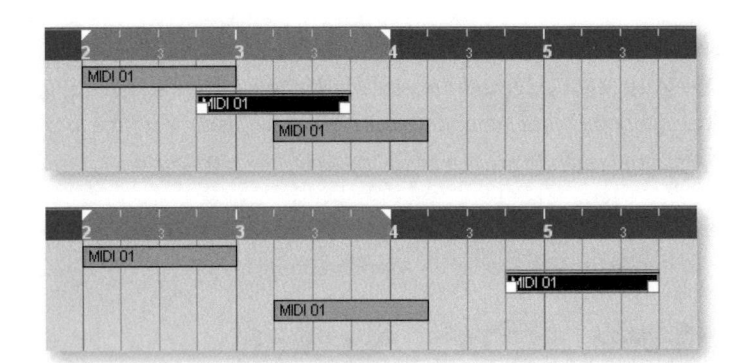

Dass der relative Rastermodus aktiv ist, erkennen Sie am zugehörigen Symbol, das Ihnen in der Werkzeugzeile angezeigt wird.

Abbildung 6.110 ▶
Symbol RELATIVES RASTER in der Rastermodus-Anzeige

▶ EVENTS
Um bestehende Events oder Parts aneinander auszurichten, müssen Sie nicht auf Ihr bloßes Augenmaß zurückgreifen. Mit dem Rastermodus EVENTS können Sie die Start-, End- sowie Rasterpunkte derselben »magnetisch« an denjenigen anderer Events und Parts ausrichten.
Da der gewählte Rasterwert dabei ebenfalls »magnetisch« aktiv bleibt, ist der Rastermodus »Events« also effektiv ein Rastermodus »Events + Raster«.

Abbildung 6.111 ▶
Ausrichten von Events aneinander (vorher)

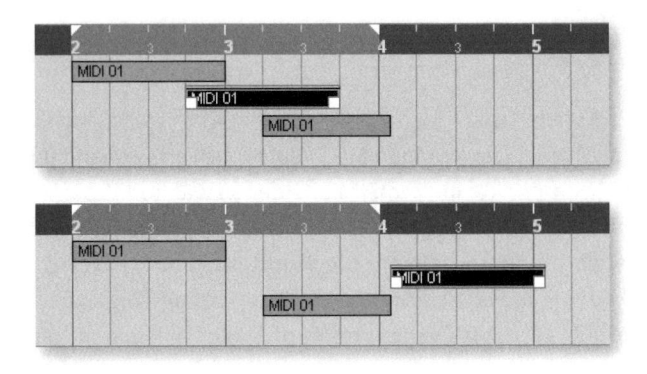

Abbildung 6.112 ▶
Ausrichten von Events aneinander (nachher)

Das Symbol der stilisierten Events zeigt Ihnen in der Werkzeugzeile an, dass der Rastermodus EVENTS aktiv ist.

Abbildung 6.113 ▶
Symbol EVENTS in der Rastermodus-Anzeige

190 Arbeiten mit Cubase

▶ Shuffle

Mit dem Shuffle-Modus haben Sie die Möglichkeit, Events und Parts in ihrer Reihenfolge zu verändern. Bei gehaltener Maustaste zeigt Ihnen eine grüne Linie die möglichen Ablagepositionen für das jeweilige Objekt ❶. Sofern Sie ein Event oder Part im Shuffle-Modus um mehr als eine Event-/Part-Position verschieben, rutschen die »übersprungenen« Events/Parts automatisch nach und füllen so die entstandene Lücke.

Die dabei erscheinende Tooltip-Anzeige gibt Ihnen die Zielposition sowie in Klammern den Versatz des zu verschiebenden Objektes an. In unserem Beispiel beträgt das Verschieben zu Position 2.01.01.000 einen negativen Versatz von 1.00.00.000, also einem Takt. Diese Anzeige für die Drag & Drop-Positionen erscheint übrigens bei jedem gewählten Rastermodus :-)

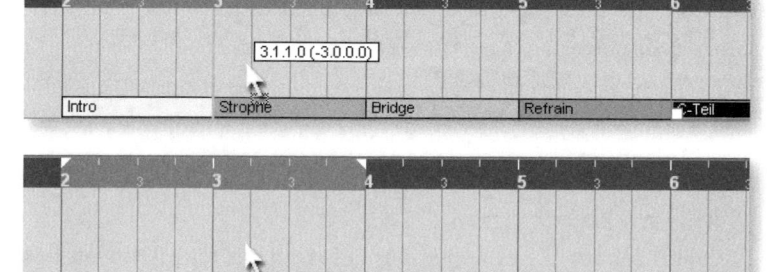

◀ **Abbildung 6.114**
Verschieben von Objekten im Rastermodus Shuffle (vorher)

◀ **Abbildung 6.115**
Verschieben von Objekten im Rastermodus Shuffle (nachher)

Sie erkennen die Aktivität des Shuffle-Rastermodus am Zeichen in der Werkzeugzeile, das den Austausch von Events/Parts symbolisiert.

◀ **Abbildung 6.116**
Symbol Shuffle in der Rastermodus-Anzeige

▶ Magnetischer Positionszeiger

Mit der Auswahl des Rastermodus Magnetischer Positionszeiger erzwingen Sie, dass Events und Parts an der Stelle der aktuellen Abspielposition einrasten. Anzumerken ist hier, dass der gewählte Rasterwert in diesem Modus (im Gegensatz zu einigen anderen Rastermodi) nicht aktiv bleibt.

◀ **Abbildung 6.117**
Symbol Magnetischer Positionszeiger in der Rastermodus-Anzeige

Praktischer Nutzen des magnetischen Positionszeigers

Der praktische Nutzen des magnetischen Positionszeigers wird deutlich, wenn Sie Parts oder Events an einzelnen Punkten ausrichten, ohne Rasterpunkte setzen zu müssen.

Um den gewünschten Punkt anzusteuern, können Sie das Anfahren einer Stelle in Ihrem Projekt mit dem Jogwheel »finetunen«. An der so angesteuerten Abspielposition können Sie nun mit dem Rastermodus »magnetischer Positionszeiger« die gewünschten Events oder Parts ausrichten. Dieser Rastermodus wird Ihnen durch das Symbol von Magnet und Positionszeiger in der Werkzeugzeile angezeigt.

Abbildung 6.118 ▶
Ausrichten von Events am Positionszeiger (vorher)

Abbildung 6.119 ▶
Ausrichten von Events am Positionszeiger (nachher)

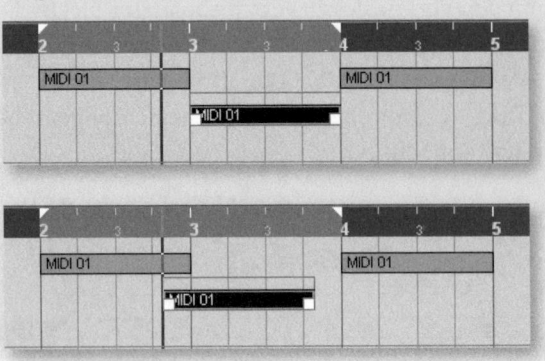

▶ RASTER + POSITIONSZEIGER
Dieser Modus bietet neben der Funktion des magnetischen Positionszeigers zusätzlich den herkömmlichen Rastermodus an.
Das Aktivitäts-Symbol in der Werkzeugzeile besteht daher auch aus einer Kombination der Symbole von Raster und magnetischem Positionszeiger.

Abbildung 6.120 ▶
Symbol RASTER + POSITIONSZEIGER in Rastermodus-Anzeige

▶ EVENTS + POSITIONSZEIGER
Auch dieser Rastermodus ist eine Kombination. Wie sein Name schon sagt, verknüpft er das Ausrichten von Events aneinander mit dem magnetischen Positionszeiger.
Auch sein Symbol in der Werkzeugzeile ist eine Verbindung der Symbole seiner Einzelfunktionen:

Abbildung 6.121 ▶
Symbol EVENTS + POSITIONSZEIGER in der Rastermodus-Anzeige

▶ EVENTS + RASTER + POSITIONSZEIGER
Die letzte und umfassendste Vereinigung von Rastermodi ist quasi die »Allroundwaffe«. Da es jedoch häufig Bearbeitungssituationen geben kann, in denen die Start- und Endpunkte von Events, der Positionszeiger und die allgemeinen Rasterwerte sehr eng beisammen liegen, ist hier Vorsicht geboten! Schnell ist ein Event oder Part an der falschen Referenz ausgerichtet und damit der Groove eines Stückes ruiniert. Sollten Sie sich also einmal nicht sicher sein, welches der Rastermodus-Elemente gerade Ihr zu verschiebendes Event »magnetisch anzieht«, sollten Sie sicherheitshalber in den Sequenzerbereich hineinzoomen oder in einen anderen Rastermodus wechseln.

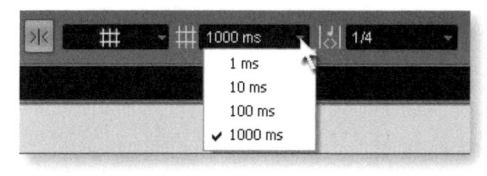

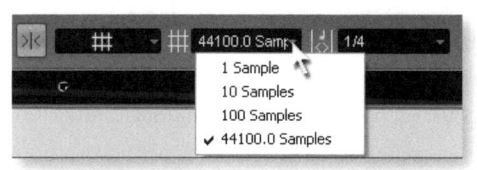

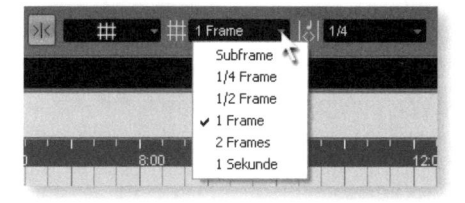

◀ **Abbildung 6.122**
Symbol EVENTS + RASTER + POSITIONSZEIGER in der Rastermodus-Anzeige

Rasterwert bestimmen | Das Dropdown-Menü RASTERWERT ändert sich automatisch mit dem Wechsel des Anzeigenformats der primären Zeitanzeige. Wenn Sie hier zwischen den möglichen Anzeigen umschalten, sind dabei die von Abbildung 6.123 bis Abbildung 6.126 gezeigten zugehörigen Varianten für den Rasterwert möglich.

◀ **Abbildung 6.123**
Zeitlicher Rasterwert

◀ **Abbildung 6.124**
Musikalischer Rasterwert

◀ **Abbildung 6.125**
Samplebezogener Rasterwert

◀ **Abbildung 6.126**
Framebezogener Rasterwert

Werkzeugzeile **193**

Wie sich die Auswahl des Rasterwerts darüber hinaus auf die Arbeitsabläufe beim Bearbeiten von Events, Parts, Markern etc. auswirkt, erfahren Sie in den jeweiligen Kapiteln zur Bearbeitung dieser Elemente.

> **Rastertyp**
>
> Lassen Sie sich nicht dadurch irritieren, dass Cubase hier für einige der Dropdown-Menüs als Tool-Tip den Text »Rastertyp« anzeigt. Dies ist ebenfalls richtig, da Sie ja durch Auswahl des Rasterwerts bei genauer Betrachtung auch dessen Typ innerhalb des gewählten Modus festlegen.

Quantisierungswert festlegen | Über das Dropdown-Menü Quantisierungstyp legen Sie fest, mit welchem musikalischen Wert das Quantisieren, also die automatische Korrektur von MIDI-Events, durchgeführt werden soll.

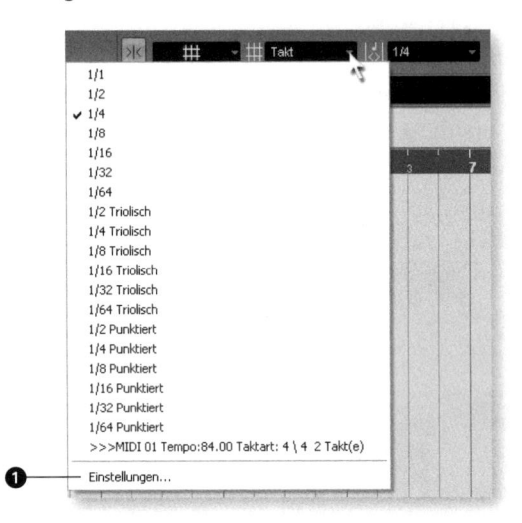

Abbildung 6.127 ▶
Dropdown-Menü
Quantisierungswert

Weitere Modifikationen für die Quantisierung können Sie über den Dialog MIDI • Quantisierungseinstellungen... vornehmen, den Sie ebenfalls über den letzten Eintrag ❶ des Dropdown-Menüs erreichen. Wie das Quantisieren von MIDI-Events genau funktioniert, erfahren Sie in Abschnitt 11.2.1.

6.3.15 Farben-Menü

Das Einfärben von Events und Parts mit Hilfe des standardmäßig eingeblendeten Farben-Menüs der Werkzeugzeile ist identisch mit der in Abschnitt 6.3.11 beschriebenen Vorgehensweise beim Farben-Werkzeug.

Die einzigen beiden Unterschiede bestehen darin, dass zum einen die standardmäßig vergebene Farbe für Events und Parts in diesem Menü nicht farblich, sondern lediglich namentlich angegeben wird (Standard-Farbeinstellung ❷). Zum anderen öffnen Sie das Dialogfenster Event-Farben in diesem Menü nicht per Doppelklick, sondern über den Eintrag Farben auswählen ❸.

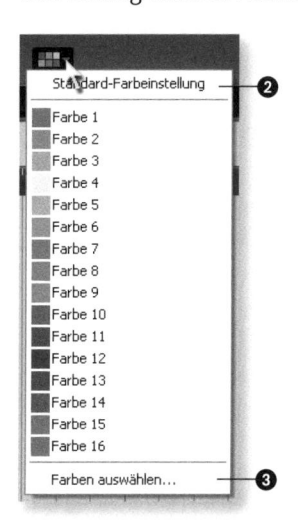

◀ **Abbildung 6.128**
Farben-Menü in der Werkzeugzeile

6.3.16 Weitere Werkzeugzeilen-Funktionen

Neben der Auswahl, welche Schaltflächen der Werkzeugzeile eingeblendet sein sollen, haben Sie auch die Möglichkeit, verschiedene weitere Funktionen der Werkzeugzeile zu nutzen:

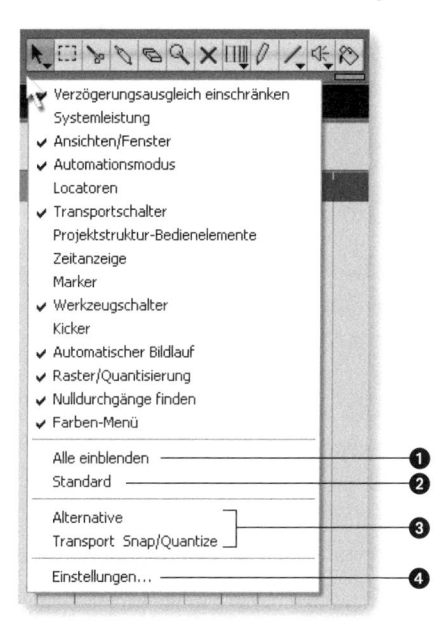

◀ **Abbildung 6.129**
Kontextmenü der Werkzeugzeile

▶ ALLE EINBLENDEN ❶
Nach dem Ausführen dieses Befehls stehen Ihnen in der Werkzeugzeile alle verfügbaren Werkzeuge zur Verfügung. Da dies jedoch eine ganze Menge sind, kann es (je nach Auflösung Ihres Monitors) dazu kommen, dass einige von Ihnen rechter Hand bereits nicht mehr sichtbar sind.

▶ STANDARD ❷
Dieser Befehl führt sozusagen einen »Reset« der Werkzeugzeile durch. Dabei wird nicht nur die Auswahl der angezeigten Werkzeuge auf die Standardeinstellung zurückgesetzt, sondern auch die Reihenfolge der Darstellung.

▶ PRESETS
Einen durch Trennstriche abgeteilten, eigenen Bereich stellt die Auswahl der Presets ❸ dar. So sehen Sie etwa in der Abbildung die Presets »Alternative« und »Transport Snap/Quantize«. Ein Preset erstellen Sie über die Auswahl EINSTELLUNGEN.

▶ EINSTELLUNGEN... ❹
Durch Anwahl dieses Eintrags öffnen Sie den Dialog EINSTELLUNGEN der Werkzeugzeile:

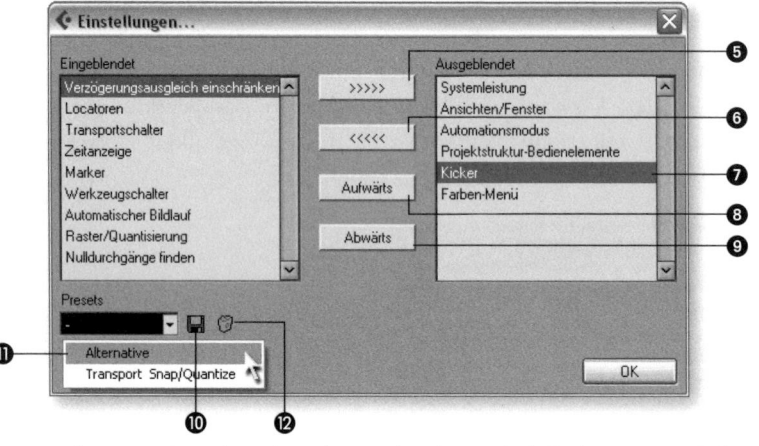

Abbildung 6.130 ▶
Einstellungen-Dialog der Werkzeugzeile

Hier können Sie über die oberen beiden Schaltflächen zusätzliche Werkzeugzeilen-Funktionen einblenden ❺ oder ausblenden ❻. Den zu verschiebenden Eintrag müssen Sie hierfür allerdings auch zuvor mit der Maus ausgewählt haben ❼.

Über die Schaltflächen AUFWÄRTS ❽ und ABWÄRTS ❾ verschieben Sie entsprechend die Einträge der Liste EINGEBLENDET. Die Reihenfolge dieser Einträge entspricht derjenigen der Darstellung in der Werkzeugzeile des Projektfensters.

Durch das Ausblenden eines Eintrags geht dessen Position in der Rangfolge der eingeblendeten Funktionen nicht verloren. Wenn Sie einen Eintrag ausblenden, so erscheint er bei erneuter Einblendung wieder an der von Ihnen festgelegten Stelle und nicht an seiner Standardposition.

Haben Sie Ihre optimalen Darstellungsoptionen für die Werkzeugzeile gefunden, so können Sie diese als Preset über SPEICHERN-Schaltfläche ❿ sichern. Sie erscheint dann im Dropdown-Menü PRESETS ⓫. Das Erstellen von Presets ist sinnvoll, um unterschiedliche Schnellzugriffe für verschiedene Studio-Situationen festzulegen (Aufnahme, Arrangement, Mix etc.).

Durch einen Klick auf das Papierkorb-Symbol ⓬ wird das ausgewählte Preset gelöscht. – Achtung! Für diese Funktion gibt es keine weitere Bestätigungsaufforderung und kein Undo. Einmal gelöschte Konstellationen sind mit einem Klick auf diese Schaltfläche also unwiderruflich verloren.

Spezielle Werkzeugzeilen

In den verschiedenen Editoren-Fenstern werden außerdem spezielle Werkzeugzeilen angezeigt. So beispielsweise in den MIDI-Editoren, dem Audio-Part-Editor und dem Pool-Fenster. Hinweise zu den Schaltflächen und Funktionen dieser speziellen Werkzeugzeilen entnehmen Sie bitte den Kapiteln über die jeweiligen Editoren und Funktionen.

6.4 Infozeile

Die nachfolgenden Screenshots zeigen Ihnen exemplarisch die Möglichkeiten der Infozeile anhand eines Audio-Events. Hierfür habe ich die Infozeile über die ANSICHTEN-Schaltflächen in der Werkzeugzeile aktiviert. Solange Sie keine weitere Auswahl treffen, erscheint sie schwarz unterhalb der Werkzeugzeile und enthält lediglich den Eintrag KEIN OBJEKT AUSGEWÄHLT. Sobald Sie ein Event anklicken, zeigt Ihnen die Infozeile aber alle relevanten Parameter dieses Events (oder auch Parts oder Objekts) an.

Infozeile nutzt Linealformat | Dabei werden hier alle ausgewählten Positionsangaben wie auch Längenwerte in dem Format angegeben, das Sie aktuell für das Lineal im Projektfenster ausgewählt haben. Wie umfangreich die Angaben sein können, die Sie hier angezeigt bekommen, sehen Sie in Abbildung 6.131.

```
Datei        Beschreibung   Start              Ende            Länge          Versatz         Rasterposition
Arpeggio-Line Arpeggio-Line  2. 1. 1. 0        6. 1. 1. 0      4. 0. 0. 0     0. 0. 0. 0     2. 1. 1. 0
              Fade-In        Fade-Out         Lautstärke    Stummschalten Sperren    Transponieren  Feinstimmung
              0. 0. 0. 0     0. 0. 0. 0       0 0.00 dB        -             -           0              0
```

▲ **Abbildung 6.131**
Objektinfos in der Infozeile (geteilt)

Je nachdem, welche Art von Objekt Sie im Sequenzerbereich ausgewählt haben, ändern sich die Einträge und Anzeigen der Infozeile. In Abbildung 6.132 sehen Sie beispielsweise die Info-Anzeige für ein MIDI-Objekt.

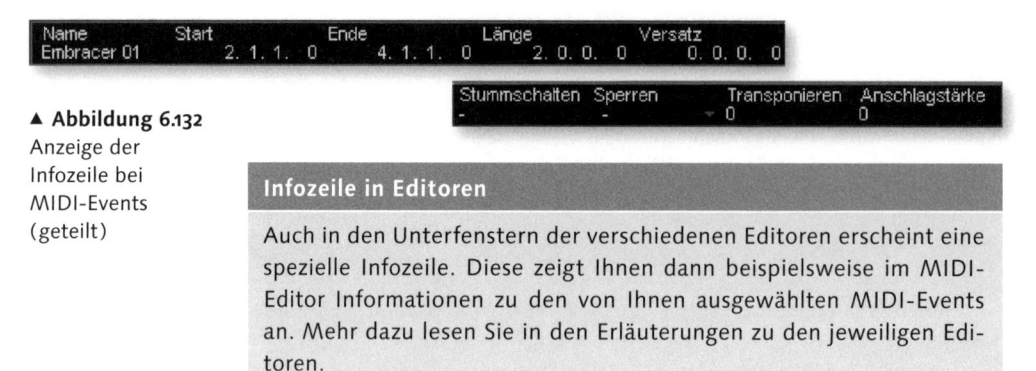

```
Name         Start              Ende            Länge           Versatz
Embracer 01  2. 1. 1. 0        4. 1. 1. 0      2. 0. 0. 0     0. 0. 0. 0
                              Stummschalten Sperren      Transponieren  Anschlagstärke
                                  -             -              0              0
```

▲ **Abbildung 6.132**
Anzeige der Infozeile bei MIDI-Events (geteilt)

> **Infozeile in Editoren**
>
> Auch in den Unterfenstern der verschiedenen Editoren erscheint eine spezielle Infozeile. Diese zeigt Ihnen dann beispielsweise im MIDI-Editor Informationen zu den von Ihnen ausgewählten MIDI-Events an. Mehr dazu lesen Sie in den Erläuterungen zu den jeweiligen Editoren.

6.4.1 Werte modifizieren

Die Infozeile dient Ihnen aber nicht nur als schlichte Anzeige für die Parameter und Werte ausgewählter Objekte. Vielmehr können Sie die angezeigten numerischen Werte auch mit der Maus und der Tastatur verändern.

Änderung per Tastatur | Hierzu können Sie entweder mit dem Mauszeiger auf die von Ihnen gewünschte Anzeige gehen und diese anklicken. Derjenige Teil der Anzeige, den Sie nun verändern können, wird vom Programm hellblau dargestellt. Dann können Sie mit den Pfeiltasten ↑ und ↓ den ausgewählten Wert um jeweils »1« herauf- bzw. herabsetzen.

Ist das entsprechende Feld erst aktiviert und hellblau hinterlegt, ist auch eine Direkteingabe der Werte über die Zahlentasten wie auch über die Tasten des Numeric-Pads möglich.

Änderung mit der Maus | Eine weitere Methode der Werteveränderung von Objekten über die Infozeile nutzt die Maustasten. Hierbei fahren Sie mit dem Mauszeiger über den zu verändernden Wert, bis ein kleines schwarzes Dreiecksymbol erscheint, wie Sie es in Abbildung 6.133 und Abbildung 6.134 sehen. Befindet sich der Mauszeiger im oberen Bereich der Werte-Anzeige, so erscheint ein Pluszeichen neben dem nach unten gerichteten Pfeilsymbol. Bewegen Sie den Mauszeiger dagegen in den unteren Bereich der Werte-Anzeige, so erscheint ein Minuszeichen neben dem Pfeilsymbol. Durch Drücken der rechten oder auch der linken Maustaste können Sie den Parameter nun mit jedem Klick um den Wert »1« herauf- bzw. herabsetzen.

Die Änderungen, die Sie in der Anzeige vornehmen, wirken sich dabei in Echtzeit auf die betroffenen Objekte im Sequenzerbereich aus.

◂◂ **Abbildung 6.133**
Werte per Mauszeiger heraufsetzen

◂ **Abbildung 6.134**
… bzw. herabsetzen

Relative Änderungen in Infozeile | Aber Achtung! Die betroffenen Objekte erfahren durch Modifizierungen der Parameterwerte in der Infozeile keine absolute, sondern lediglich eine relative Änderung. So wird etwa der Wert für die Transposition von MIDI-Tonhöhen und werden auch die Parameteränderungen der Anschlagstärke von Events/Parts lediglich zu demjenigen Wert addiert, den Sie im Inspector für diese Spur eingestellt haben. Gegenüber den Änderungen in der Infozeile ist also die spurweite Transposition vorrangig gültig. Die weitere, Event-weite Transposition per Infozeile ist demnach »nur« eine zusätzliche Abweichung von der Original-Tonhöhe.

Absolute Werte in Infozeile | Um eine absolute Werteänderung für Objekt-Attribute zu erzeugen, können Sie während der Eingabe die ⌈Strg⌉ bzw. ⌘-Taste gedrückt halten. Über den Dialog DATEI • PROGRAMMEINSTELLUNGEN… • BEARBEITUNGSOPTIONEN • WERKZEUG-SONDERTASTEN können Sie hierfür aber auch eine beliebige andere Taste bestimmen.

Was heißt hier »relativ«? Was heißt »absolut«?

Sobald Sie mehrere Objekte zugleich ausgewählt haben, bewirken Werteänderungen für Objekt-Attribute über die Infozeile immer nur relative Veränderungen. Eine Lautstärkeänderung von +1 dB würde demnach den Wert für das Attribut »Lautstärke« bei allen ausgewählten Objekten um +1 dB erhöhen. Haben zwei Objekte zuvor eine Lautstärke von 0 dB und 2 dB gehabt, so weisen Sie nach der obigen relativen Veränderung Werte von 1 dB und 3 dB auf. Bei einer absoluten Veränderung der Attribut-Werte von ebenfalls +1 dB hätten danach beide Objekte eine Lautstärke von +1 dB. So einfach ist das.

6.4.2 Anzeigemöglichkeiten der Infozeile

Falls Ihnen der Platz auf dem Monitor zu knapp wird, können Sie die Anzeige der Infozeile auch auf die von Ihnen regelmäßig benötigten Informationen beschränken. Diese Auswahl nehmen Sie über das Quick-Kontextmenü der Infozeile vor, das Sie (in der oberen Hälfte der Infozeile) wie gewohnt mit der rechten Maustaste öffnen können. Setzen Sie die Auswahlhaken bei den gewünschten Anzeigen für die Infozeile – und schon haben Sie eine Menge Übersicht gewonnen.

Abbildung 6.135 ▶
Anzeigen-Auswahl der Infozeile

Die verfügbaren Info-Punkte sind folgende:

Datei | Hier können Sie den Dateinamen des ausgewählten Objekts ablesen. Ist der Name zu lang, wird der hintere Teil unter Umständen nicht angezeigt. In der Praxis wird jedoch genau dieser Teil des Dateinamens den unterscheidenden Bezeichner enthalten (z. B. »15_Main-VOX_2nd to 4th Take«).

Um den hinteren Teil der Dateibezeichnung in der Infozeile lesen zu können, gibt es einen kleinen Trick: Klicken Sie den Eintrag mit dem Mauszeiger an. Er wird hellblau hinterlegt und zeigt nun den hinteren Teil des Dateinamens an.

Beschreibung | Ist bisher keine Beschreibung für das Objekt angelegt worden, so entspricht diese bei der Auswahl eines Audio-Events dessen Dateibezeichnung. Sie können den Eintrag zur Beschreibung des Objekts aber mit dem Mauszeiger überfahren und anklicken. Der bisherige Text wird markiert und ein Cursor erscheint. Nun können Sie dem einzelnen Objekt eine individuelle Beschreibung geben, die auch im Sequenzer-Fenster angezeigt wird.

Dabei wird die Änderung im Sequenzerbereich übernommen, sobald Sie die Eingabetaste gedrückt haben. Während Objekte ohne nähere Bezeichnung lediglich den Dateinamen Ihrer Ausgangsdatei enthalten, enthalten gesondert bezeichnete Objekte beides: eine Bezeichnung und auch den (in Klammern gesetzten) Dateinamen.

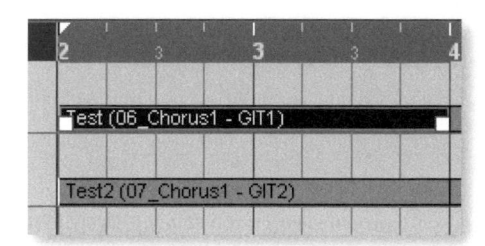

◀ **Abbildung 6.136**
Beschreibung und Dateiname im Sequenzerbereich

Name (nur MIDI) | Hierbei handelt es sich um den Namen des MIDI-Objekts. Die Angabe entspricht etwa den Audio-Rubriken DATEINAME und BEZEICHNUNG innerhalb der Infozeile.

Start/Ende | Die hier dargestellten Werte zeigen Ihnen die Start- und Endpositionen des gewählten Objekts an. Die besondere Chance, die in diesem Bereich verborgen liegt, ist die Veränderung der Werte über die Maus und/oder die Tastatur. Verändern Sie die Werte, so werden Objektanfang und -ende im Sequenzerbereich in Echtzeit verschoben. In der mir vorliegenden Version Cubase 4.0.1 Build 2074 entspricht diese Funktion hinsichtlich der Startpunkte von Objekten allerdings zu 100% derjenigen der Änderung der Werte im Bereich »Rasterposition« in der Infozeile. In neueren Versionen des Programms wird dies sicherlich behoben werden.

Länge | Währen die Angaben von Start und Ende sich auf Rasterpositionen beziehen, errechnet sich die Längenangabe in der Infozeile durch die Differenz zwischen End- und Startposition eines Objekts. Aus diesem Grund wirken sich Änderungen in beiden Bereichen aufeinander aus.

Versatz | Die Versatz-Anzeige zeigt Ihnen den Beginn eines Events innerhalb eines Parts an. Durch Heraufsetzen des Wertes verschieben Sie das Event nach rechts, durch Herabsetzen des Werts dementsprechend nach links innerhalb des Parts. Sie können die Wirkung mit dem rastergenauen Verschieben des Objektinhalts vergleichen.

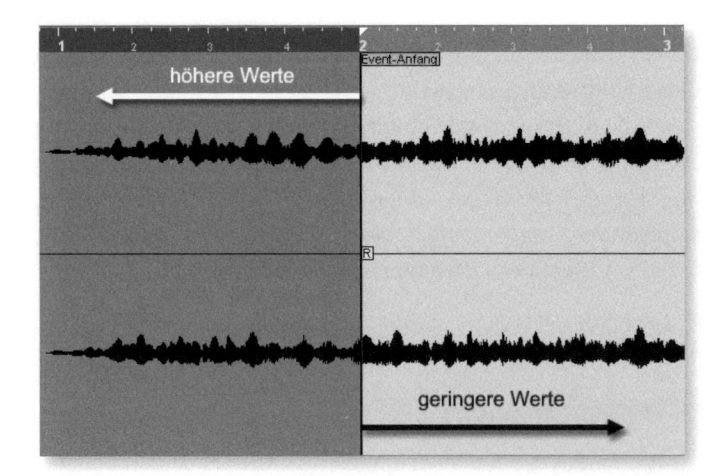

Abbildung 6.137 ▶
Auswirkung der Versatzänderung über die Infozeile

Sofern Sie die Startposition eines Events innerhalb eines Audio-Objekts nicht verändert haben, sind die Startpunkte von Event und Objekt identisch und deshalb nicht über diese Punkte hinaus veränderbar.

Rasterposition | Bei diesem Wert handelt es sich um die Angabe der Startposition eines Objekts. Veränderungen wirken sich auf die Position des Objekts im Sequenzerbereich aus. Dabei ändern sich die Start- und Endpositionen der ausgewählten Objekte selbstverständlich automatisch mit.

Fade-In und Fade-Out | Diese Anzeige gibt Ihnen Auskunft über die Einstellungen der »Fades«, also der Position der Objekt-Handler, die für das Ein- und Ausblenden des jeweiligen Objekts zuständig sind. Auch diese Änderungen wirken sich in Echtzeit im Sequenzerbereich aus.

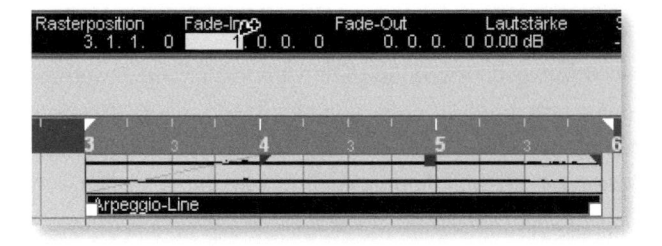

Abbildung 6.138 ▶
Fade-In-Veränderung auch über die Infozeile

Rastergenaue Fades erzeugen | Dadurch, dass das Verschieben der Fade-In- und Fade-Out-Handler im Sequenzerbereich nicht an die Rastereinstellungen geknüpft werden kann, bietet das Verändern der Fade-Werte von Objekten über deren Anzeige in der Infozeile eine hervorragende Möglichkeit, um in Cubase exakte und Raster-gebundene Fades zu erzeugen.

Lautstärke | Über diese Anzeige erfahren Sie, mit welchem Wert Sie den Inhalt des ausgewählten Objekts verstärken bzw. hinsichtlich seiner Lautstärke herunterregeln. Auch diese Werte können Sie über die Tastatur ändern. Hierbei können Sie über die Pfeiltasten den Lautstärkewert von Objekten um jeweils 1 dB herauf- bzw. herabsetzen.

Verwechseln Sie diese Lautstärkeänderung aber nicht mit derjenigen im Mixer. Während die Lautstärkeänderungen im Mixer spurweite Auswirkungen haben, betreffen die Änderungen über die Infozeile lediglich die Dateien selbst.

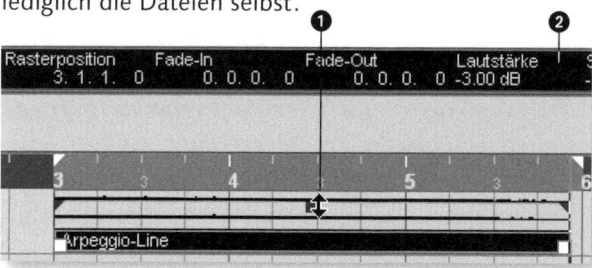

◀ **Abbildung 6.139** Lautstärkeveränderung über die Infozeile

Exakte Lautstärkeveränderung von Objekten | Wie schon die Objekt-Fades, so sind auch die Lautstärke-Handler ❶ im Sequenzerbereich nicht an ein Raster gebunden. Dies kann in der Praxis insbesondere dann zu Schwierigkeiten führen, wenn Sie die Lautstärke von Objekten verändern möchten, die sich auf Spuren mit nur geringer vertikaler Ausdehnung befinden. Hier müssten Sie (ohne den schnellen Weg über die Infozeile) erst umständlich die jeweilige Spur vergrößern, bis die vertikale Auflösung eine angemessene Veränderung der Objekt-Lautstärke ermöglicht.

Mit einem Doppelklick der Maus auf die Anzeige des Lautstärkewerts in der Infozeile ❷ können Sie auch unmittelbar einen neuen numerischen Wert eingeben. Eine Veränderung über die Maustasten ist in diesem Fall allerdings nicht möglich.

Stummschalten | Hier finden Sie eine Anzeige über den Stummschalten-Status von Objekten. Haben Sie Objekte im Sequenzerbereich stummgeschaltet, wird dies nicht nur hier angezeigt, vielmehr können Sie den Status auch über diesen Infozeileneintrag ändern. Per Mausklick in die Status-Anzeige wechselt diese automatisch zwischen der Angabe »stumm« und »–«, das für nicht stummgeschaltet steht. Diese Funktion ist besonders interessant für das gleichzeitige Stummschalten mehrerer Objekte.

Sperren | Über das Dreieck im Bereich SPERREN der Infozeile können Sie mit einem Mausklick den zugehörigen Auswahl-Dialog öffnen.

Abbildung 6.140 ▶
Sperren-Dialog
der Infozeile

Durch die Auswahl eines Eintrags schützen Sie die angegebenen Qualitäten der betroffenen Objekte. Hierbei kann es sich wahlweise um die Position von Objekten, deren Größe oder auch um verschiedene Kombinationen von Objekt-Qualitäten handeln. Unter SONSTIGE werden hier alle veränderbaren Parameter jenseits von Objektposition und Objektgröße zusammengefasst. Hierzu zählen etwa Lautstärkeeinstellungen, Versatz, Stummschalten und Fade-Einstellungen. Diese Änderung entspricht der Auswahl der Sperren-Attribute über den Dialog DATEI • PROGRAMMEINSTELLUNGEN… • BEARBEITUNGSOPTIONEN.

Achtung, Einschränkung!

Beachten Sie auch, dass diese Einstellungen im Unterschied zum SPERREN-Button des Inspectors nicht spurweit, sondern ausschließlich für die ausgewählten Objekte gelten.

Transponieren | Über diesen Eintrag können Sie die Tonhöhen von Events innerhalb eines Objekts ändern. Auch hierbei gelten die Änderungen wiederum nur für die ausgewählten Objekte. Besonders interessant ist diese Möglichkeit für das schnelle Anpassen von Audio-Events (etwa wenn diese Effektsounds beinhalten). Hier steht Ihnen eine Auswahl von +24 bzw. –24 Halbtonschritten zur Verfügung.

Knackser im Audiomaterial

Beachten Sie, dass mit der Tonhöhenänderung auch ein Längenausgleich stattfindet. Dies führt bei extremer Tonhöhenänderung dazu, dass es zu Knacksern im Audiomaterial kommen kann, die durch fehlenden Interpolationsausgleich innerhalb der Wellenform auftreten.

Feinstimmung | Hierüber nehmen Sie (wie die Bezeichnung schon sagt) die Feinstimmung der Tonhöhenänderung von Objekt-Events vor. Die Auswahl beträgt hier +50 bzw. –50 Halbtonschritte.

Standard | Durch Auswahl dieses Eintrags können Sie für die Infozeile die Standardanzeigen einblenden lassen. Per Default werden dabei in der Standardanzeige alle für die Infozeile verfügbaren Objektattribute und deren Werte angezeigt.

Einstellungen | Wie schon in den zuvor beschriebenen Einstellungs-Dialogen, so können Sie auch für die Infozeile selber bestimmen, welche Elemente angezeigt werden sollen.

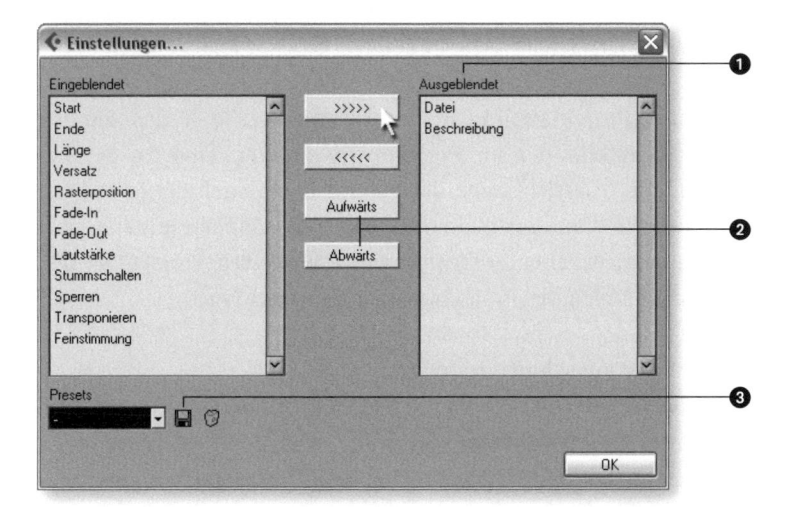

◄ **Abbildung 6.141**
Einstellungen-Dialog der Infozeile

Wie gewohnt können Sie auch hier nicht nur die Anzeige einzelner Objektattribute ausblenden ❶, sondern auch die eingeblendeten Elemente über die Aufwärts/Abwärts-Buttons ❷ sortieren sowie als Preset speichern ❸. Dies ist wiederum eine hervorragende Lösung für den Fall, dass verschiedene Nutzer auf demselben Rechner arbeiten.

6.4.3 Sonderfunktionen

Eventuell haben Sie sich schon gefragt, was die Infozeile anzeigt, wenn Sie im Sequenzerbereich mehrere Objekte ausgewählt haben und wie sich vorgenommene Werteänderungen in diesem Fall auswirken.

Infozeile und Mehrfachauswahl | Anhand der Anzeigenfarbe der Infozeile können Sie erkennen, ob nur ein einzelnes Objekt im Sequenzerbereich ausgewählt ist oder aber mehrere. Letzteres wird Ihnen dadurch angezeigt, dass die Anzeige der Werte nicht weiß, sondern gelb erfolgt.

Sofern sich mehrere Objekte gemeinsam in einer aktuellen Auswahl befinden, wirken sich die Änderungen, die Sie an den in der Infozeile angezeigten Werten vornehmen, selbstverständlich auf alle Objekte dieser Auswahl aus. Finden Sie also die Anzeige der Infozeile in gelber Schrift vor, sollten Sie sich also unbedingt bewusst machen, dass Sie gegebenenfalls die Werte mehrerer Objekte auf einmal ändern.

6.5 Übersichtszeile

▲ **Abbildung 6.142**
Button für das Einblenden der Übersichtszeile

Sofern eingeblendet, befindet sich die Überblickszeile unterhalb der Werkzeug- bzw. unterhalb der Infozeile. Sie öffnen die Übersichtszeile über die ANZEIGEN-Schaltfläche in der Werkzeugzeile.

Vereinfachtes Projektabbild | In der Übersichtszeile finden Sie ein vereinfachtes Abbild der im Projekt verwendeten Objekte (Events und Parts). Die Übersichtszeile übernimmt dabei auch die jeweiligen Objektfarben. Anhand des blauen Rahmens ❶ können Sie dann ganz leicht erkennen, welcher Ausschnitt des kompletten Projekts aktuell im Sequenzerbereich des Projektfensters angezeigt wird.

6.5.1 Projektausschnitt ändern

Auch bei der Übersichtszeile handelt es sich keineswegs nur um eine reine Anzeige. Vielmehr können Sie durch eine Modifikation des Ausschnittbereichs den dargestellten Ausschnitt des Projekts im Sequenzerbereich in Echtzeit ändern.

Abbildung 6.143 ▶
Verschieben des Auswahlbereichs

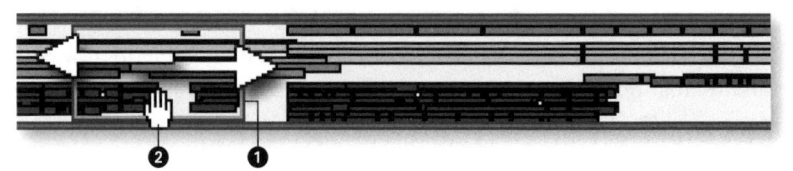

Hierfür können Sie entweder den blauen Rahmen in der Übersichtszeile bei gehaltener Maustaste horizontal verschieben ❷ (den Mauszeiger in die untere Hälfte des Ausschnitt-Rahmens bewegen) oder auch den Ausschnitt des Anzeigenbereichs ändern. Hierzu fahren Sie mit dem Mauszeiger auf den linken oder rechten Rand, bis ein Resize-Handler erscheint. Bei gedrückter Maustaste können Sie den Auswahlbereich nun vergrößern oder verkleinern ❸.

Abbildung 6.144 ▶
Änderung des Auswahlbereichs via Resize-Handler

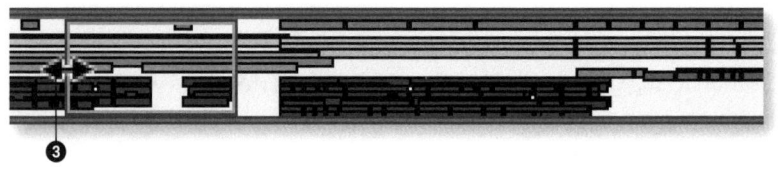

Übrigens: Das Verschieben des Auswahlbereichs funktioniert auch durch einfaches Mausklicken in einen nicht im Sequenzerbereich dargestellten Objektbereich der Überblickszeile. Wie beim Verschieben bleibt die Größe der Auswahl dabei praktischerweise erhalten.

Wenn Ihnen dies nicht wichtig ist oder Sie explizit eine neue Auswahlgröße wünschen, ist es außerdem möglich, einen ganz neuen Auswahlbereich festzulegen. Fahren Sie zu diesem Zweck in der Überblickszeile bei gedrückter linker Maustaste mit dem Mauszeiger über den gewünschten Bereich ❹.

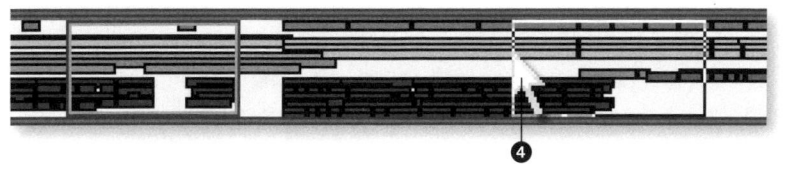

◀ **Abbildung 6.145**
Einzeichnen eines neuen Auswahlbereichs

6.5.2 Darstellung

Bei Verwendung der Übersichtszeile wird schnell deutlich, warum es sich gleich doppelt und dreifach lohnen kann, Objekte in verschiedenen Farben darzustellen, denn die Übersichtszeile stellt die vereinfacht dargestellten Objekte des Sequenzerbereichs mit eben diesen Farben dar. Dadurch wird die Übersichtszeile erst so richtig übersichtlich!

Größe der Darstellung und Anpassen der Übersichtszeile | Und nun noch ein echter Praxis-Tipp: Es kann vorkommen, dass die Übersicht zu klein dargestellt wird und lediglich ein großer weißer Bereich den Hauptteil der Zeile einnimmt. In einem solchen Fall verfehlt die Übersichtszeile natürlich ihren eigentlichen Zweck, da das, was sie übersichtlich darstellen soll, kaum zu erkennen ist.

Der Grund hierfür ist nicht sofort zu sehen, denn die Ursache liegt in der Länge des Projekts. Um die Anzeige der Übersichtszeile in einer angemessenen Größe (optimalerweise die volle Breite des Projektfensters) anzeigen zu lassen, können Sie die Projektlänge im Dialog PROJEKT • PROJEKTEINSTELLUNGEN… unter dem Eintrag LÄNGE verändern. Bedenken Sie aber auch mögliche Hallfahnen und Ausklingzeiten von Instrumenten. Geben Sie bei der Änderung der Projektlänge also eine Zeit an, die auch tatsächlich ausreichend weit hinter dem letzten Objekt und Event des aktuellen Songs liegt.

6.6 Linealzeile

Die Linealzeile oberhalb des Sequenzerbereichs wirkt unscheinbar, hat es aber wirklich in sich. Sie ist nicht nur eine weitere Übersichtshilfe, sondern mit Ihren Funktionen zugleich ein starkes Tool, das Ihnen die Arbeit mit Ihren Projekten sehr erleichtern kann.

Abbildung 6.146 ▶
Linealzeile über dem Sequenzerbereich

6.6.1 Cycles und Locatoren

Eine der stärksten Anwendungen findet die Linealzeile im Bereich von Cycles bzw. Loop. Die Dreiecks-Handler im oberen Bereich bilden den linken ❶ und rechten Locator ❷, die denjenigen Wiedergabebereich definieren, der durch die Cycle-Funktion als Loop wiedergegeben wird. Die Wiedergabe springt dabei bei Erreichen des rechten Locators nahtlos zum linken, um dort mit der Wiedergabe fortzufahren.

Gleiches gilt für die Aufnahme. Hier geht die Funktion der Locatoren aber noch über die Cycle-Funktion hinaus. Die Locatoren können während der Aufnahme wahlweise auch als Punch-In- bzw. Punch-Out-Punkt fungieren, wenn diese Funktion aktiviert ist. Die Locatoren der Linealzeile können also sowohl die Funktion von Cycle-Markern wie auch von Punch-In und Punch-Out-Markern übernehmen.

Locatoren verschieben | Zum Verschieben der Locatoren können Sie diese bei gedrückter linker Maustaste an eine andere Position verschieben oder aber den Weg über das Transportfeld wählen. Dabei werden potenzielle Ablagepunkte für die Locatoren durch die jeweiligen Rastereinstellungen bestimmt. Änderungen an den Positionswerten der Locatoren, die Sie hier vornehmen, wirken sich dann in Echtzeit auf die Markerposition aus.

Locatoren frei setzen | Um die Locatorhandler nicht nur zu verschieben, sondern gänzlich neu zu setzen, müssen Sie eine Zuordnungstaste gedrückt halten, während Sie durch einen Mausklick die gewünschte Stelle für den Locator auf der Linealzeile bestimmen:

- ▶ Möchten Sie den linken Locator setzen, so halten Sie während des Mausklicks die `Strg` - bzw. die `⌘` -Taste gedrückt.
- ▶ Soll der rechte Locator gesetzt werden, so drücken Sie während des Mausklicks die `Alt` -Taste.

6.6.2 Format

Beim Start eines neuen Projekts arbeitet die Linealzeile mit dem im Dialog PROGRAMMEINSTELLUNGEN vorgegebenen Format. Um das Format zu ändern, klicken Sie mit der Maus auf den Button in der rechten Ecke des Lineals ❸ oder nutzen das Quick-Kontextmenü der rechten Maustaste.

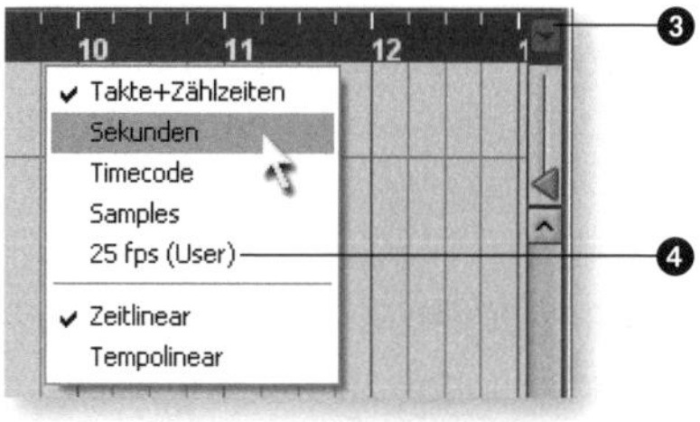

◀ **Abbildung 6.147**
Ändern des
Linealzeilenformats

Über beide Wege öffnen Sie ein Auswahlmenü, das Ihnen die verschiedenen, möglichen Anzeige- und Wiedergabeformate anbietet. Im oberen Bereich sind dies:

▶ **Takte+Zählzeiten**
In diesem Anzeigeformat zeigt das Lineal musikalische Einheiten. Nach Takten, Zählzeiten und Sechzehntelnoten bilden so genannte »Ticks« die kleinste Größe. Dabei besteht (nach dem Cubase-Handbuch) eine Sechzehntelnote aus 120 Ticks.

▶ **Sekunden**
Das Anzeigeformat zeigt zeitbezogene Unterteilungen in den Abstufungen Stunden, Minuten, Sekunden, Millisekunden.

▶ **Timecode**
In diesem Format ist die Anzeige unterteilt in Stunden, Minuten, Sekunden, Frames.

▶ **Samples**
Wie der Name sagt, zeigt Ihnen das Lineal mit dieser Auswahl Einteilungen in Samples.

▶ **Benutzerdefiniert** ❹
Für dieses Anzeigeformat des Lineals können Sie über das Menü DATEI • PROGRAMMEINSTELLUNGEN… • TRANSPORT unter BENUTZERDEFINIERTE FRAMERATE festlegen, wie viele Frames das Lineal als kleinste Einheit anzeigen soll. Wie schon beim Timcode-Format ist auch diese Anzeige unterteilt in Stunden, Minuten, Sekunden, Frames.

Unterhalb der Trennlinie finden Sie in dem Auswahl-Menü des Lineals:

▶ **Zeitlinear**
Schalten Sie diese Option ein, so werden die Einteilungen, wie z. B. Takte und Zählzeiten im Lineal horizontal an Tempoänderungen des Projekts angepasst. Dadurch nimmt beispielsweise ein langsamer 4/4-Takt mehr Platz im Lineal in Anspruch als ein kürzerer 4/4-Takt.

▶ **Tempolinear**
Dies ist die Standardeinstellung für die grafische Darstellung der Anzeigeformate.

Sobald Sie das Anzeigeformat ändern, stellt Ihnen Cubase in der Werkzeugzeile automatisch die zugehörigen Rasterwert-Typen zur Verfügung.

Zusätzliche Linealspuren | Durch das Hinzufügen von weiteren Linealspuren in Spurspalte und Sequenzerbereich haben Sie die Möglichkeit, auch andere Anzeigeformate zusätzlich zu nutzen. Das »zentrale« Format, das Sie für das Lineal wählen, wird aber auch in jedem geöffneten Editorfenster aktiv sein.

6.7 Werkzeugkasten & Kontextmenü

Wenn Sie sich mit dem Mauszeiger im Sequenzerbereich des Projektfensters befinden und die rechte Maustaste betätigen, erscheint nicht etwa das Quick-Kontextmenü für diesen Bereich, sondern der so genannte Werkzeugkasten, auch als Werkzeugpalette bezeichnet.

6.7.1 Der Werkzeugkasten

Der Werkzeugkasten hält für Sie die zwölf aktuell aktivierten Werkzeuge der Werkzeugzeile zum Schnellzugriff bereit. Halten Sie die rechte Maustaste gedrückt, um mit dem Mauszeiger einen Eintrag auszuwählen. Sobald Sie die Taste loslassen, wird Ihre Werkzeugwahl zugewiesen.

Abbildung 6.148 ▶
Der Werkzeugkasten

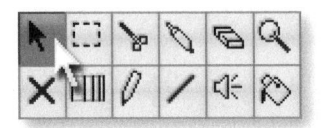

Über den Werkzeugkasten haben Sie allerdings nicht die Möglichkeit, Unteroptionen von Werkzeugfunktionen zu wählen, wie beispielsweise den Time-Stretch-Modus für die Größenänderung. Diese müssen Sie zuvor über die Werkzeugzeile festlegen.

Über das Menü DATEI • PROGRAMMEINSTELLUNGEN... • BEARBEITUNGSOPTIONEN können Sie im letzten Eintrag ganz unten (WERKZEUGKASTEN MIT RECHTSKLICK) bestimmen, ob dieser angezeigt werden soll oder nicht. Standardmäßig ist diese Option in Cubase angewählt.

> **Hilfe, der Werkzeugkasten hat sich verändert!**
>
> Änderungen, die Sie über die Auswahl der Werkzeug-Buttons in der Werkzeugzeile vorgenommen haben, wirken sich auch auf den Werkzeugkasten aus. Haben Sie dort beispielsweise für das Werkzeug OBJEKTAUSWAHL den Modus TIME-STRETCH gewählt, so wird dieses Symbol auch im Werkzeugkasten angezeigt ❶. Eine Änderung des Werkzeug-Modus ist hierüber allerdings nicht möglich. Hierfür müssen Sie entweder den Weg über die Werkzeugzeile gehen, das Menü bemühen oder das Quick-Kontextmenü im Sequenzerbereich öffnen.

▲ **Abbildung 6.149**
Der Werkzeugkasten

6.7.2 Das Quick-Kontextmenü im Sequenzerbereich

Haben Sie die Aktivierung des Werkzeugkastens per Rechtsklick abgewählt, so erscheint beim Klick der rechten Maustaste das Quick-Kontextmenü für den Sequenzerbereich auch ohne gleichzeitiges Drücken einer Sondertaste. Sie können dieses aber auch öffnen, indem Sie eine beliebige Funktionstaste (also [⇧], [Strg] bzw. [⌘], [Alt] oder [Alt Gr]) gedrückt halten, während Sie den rechten Mausklick ausführen. Auch hier müssen Sie die Maustaste wieder gedrückt halten, um Ihre Wahl treffen zu können.

◀ **Abbildung 6.150**
Quick-Kontextmenü im Sequenzerbereich

Werkzeugkasten & Kontextmenü   **211**

Wie Sie in Abbildung 6.150 sehen können, gliedert sich das Kontextmenü in drei Bereiche:

- **Werkzeuge**

    Hier finden Sie die Werkzeuge, wie sie auch im Werkzeugkasten vorkommen. Es gibt jedoch einen Unterschied bei der Anwahl von Werkzeugen, die verschiedene Funktions-Modi bereithalten (Größenänderung, Time Warp, Linie und Spielen). Bei jeder neuen Anwahl der Funktion über das Kontextmenü springt die Auswahl automatisch um eine Funktion weiter.

    So wählen Sie etwa beim Linienwerkzeug mit der ersten Auswahl die Linienform aus, mit der zweiten Anwahl die Parabelform, mit der dritten die Sinusform usw.

    Rechts neben den Werkzeugbezeichnungen sehen Sie Nummern. Diese zeigen Ihnen die zugehörigen **Werkzeugsondertasten** an. Über diese können Sie das aktuell angewendete Werkzeug ändern, ohne es über die Werkzeugzeile oder den Werkzeugkasten auswählen zu müssen. Besonders bei Arbeitsschritten, die ein häufiges und schnelles Wechseln zwischen den Werkzeugen erfordern, macht es sich schnell bezahlt, wenn Sie sich die Sondertasten der für Sie gebräuchlichsten Werkzeuge einprägen und anwenden.

- **Projektweite Funktionen**

    Der zweite große Bereich hält für Sie Schnellzugriffe auf häufig verwendete projektweite Funktionen bereit. Die Auswahlmenüs entsprechen im Wesentlichen den Einträgen in der Menüleiste von Cubase.

- **Info einblenden/ausblenden**

    Über den Befehl INFO EINBLENDEN bzw. INFO AUSBLENDEN können Sie die Anzeige der Infozeile aktivieren oder ausschalten.

6.8 Transportfeld

Sobald Sie ein Projekt angelegt haben wird Ihnen standardmäßig auch das Transportfeld angezeigt. Es hält sowohl die wichtigsten Transport- und Organisationsfunktionen bereit und kann mit diversen Übersichtsanzeigen dienen.

Das Ein- und Ausblenden des Transportfelds per Tastatur erfolgt über die Taste [F2], sofern diese Zuweisung nicht geändert wurde. Über die Symbole ❶ in den oberen Ecken des Transportfelds können Sie es auch mit einem Mausklick ausblenden.

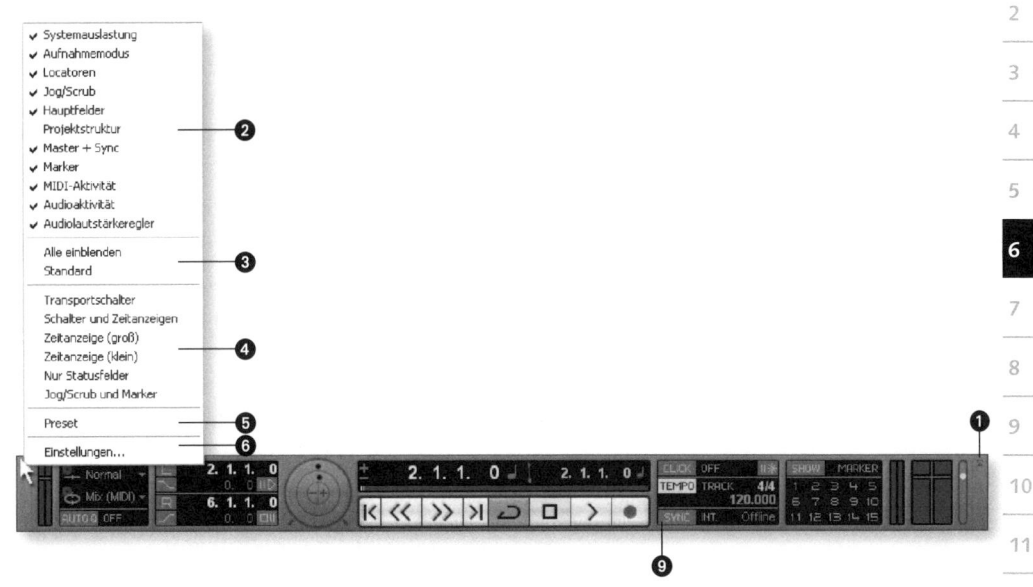

▲ Abbildung 6.151
Transportfeld
mit geöffneten
Optionen

6.8.1 Kontextmenü

Das Kontextmenü des Transportfelds gliedert sich in fünf Bereiche:

▶ **Anzeigeauswahl**
Über das Setzen bzw. Entfernen von Haken in diesem Bereich ❷ können Sie bestimmen, welche Bedienelemente das Transportfeld anzeigen soll. Die Größe des Transportfelds passt sich dann Ihrer Auswahl an. Probieren Sie einmal eigene Änderungen aus …

▶ **Anzeigeoptionen**
Die beiden Einträge für die Anzeigeoptionen ❸ sind selbsterklärend: Sie blenden alle Anzeigen des Transportfels ein oder stellen die standardmäßige Anzeigeauswahl wieder her (alle außer Projektstruktur).

▶ **Direktauswahl**
Über die Direktauswahl eine Darstellungsform ❹ können Sie eine eingeschränkte Darstellung für das Transportfeld anwählen. Das verschafft Platz im Projektfenster und konzentriert Ihre Aufmerksamkeit auf das Wesentliche :-)

▶ **Presets** ❺
Unter der Direktauswahl finden Sie eine Auflistung von Presets für die Anzeige des Transportfelds, sofern Sie diese über den Dialog EINSTELLUNGEN angelegt haben.

▶ **Einstellungen** ❻
Dieser Dialog funktioniert (wie viele andere in Cubase auch) »on the fly« und bietet Ihnen die Möglichkeit, Bedienelemente ein- oder auszublenden. Von großem Vorteil ist, dass Sie hier wiederum nicht nur bestimmen können, welche Elemente angezeigt werden sollen,

sondern darüber hinaus auch die Reihenfolge der eingeblendeten Bedienfelder verändern können. Dadurch können Sie sich ein personalisiertes Transportfeld zusammenstellen, das ganz Ihrer Arbeitsweise und Ihren Bedürfnissen entgegenkommt, und dieses selbstverständlich auch als Preset abspeichern.

Doch welche Funktionen verbergen sich hinter den unzähligen Schaltflächen und Displays dieses Fensters? Die nachfolgenden Beschreibungen helfen Ihnen bei der Differenzierung und Anwendung.

6.8.2 Systemauslastung

Dies ist die (kleine) Transportfeld-Ausgabe der großen Brüder SYSTEMLEISTUNG und VST-LEISTUNG. Wie schon bei diesen, so sehen Sie auch bei der Anzeige SYSTEMAUSLASTUNG links die Beanspruchung der CPU ❼ und rechts diejenige der Festplattenaktivität ❽. Zur besseren Wahrnehmung sind bei dieser Anzeige aber die Bereiche zum Anzeigen von Überlastungen deutlich abgetrennt.

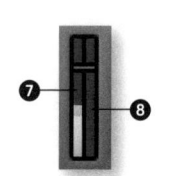

▲ **Abbildung 6.152**
Anzeige der Systemauslastung

Projekt zu externem Timecode synchronisieren | Mit dem Sync.-Button ❾ (Abbildung 6.151) können Sie die Timecode-Synchronisation zu externen Geräten aktivieren. Außerdem wird Ihnen im Feld rechts des Sync-Buttons der Status der Synchronisation angezeigt.

6.8.3 MIDI-Aktivität

Diese Anzeige bietet Ihnen eine Kontrolle über eingehende und ausgehende MIDI-Signale. Die linke Hälfte zeigt die Aktivität des MIDI-Eingangs durch einen roten Balken an, auf der rechten Seite werden dementsprechend ausgehende MIDI-Signale durch einen grünen Balken angezeigt.

Abbildung 6.153 ▶
MIDI-Anzeige in Aktion

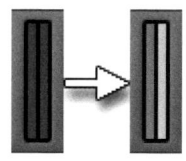

Keine Pegel, sondern Impulse | Als Grundlage für diese Balken dienen die verwendeten (impulshaften) MIDI-Informationen. Wird eine beliebige Information gesendet oder empfangen, schlägt die Anzeige voll aus und nimmt danach einen verzögerten Rücklauf vor, damit die Anzeige nicht nur kurz aufblinkt und so vereinzelte MIDI-Aktivitäten übersehen werden. Es handelt sich bei dieser Anzeige also nicht etwa um eine Pegelanzeige, sondern um eine Statusanzeige, die das Senden und Empfangen von MIDI-Informationen innerhalb von Cubase anzeigt.

> **Hat nur STUDIO eine MIDI-Anzeige?**
>
> Nein, auch andere Software und Geräte bieten Anzeigen dieser Art. Da hier (auch bei Cubase) keine Pegel angezeigt werden, haben viele MIDI-Geräte für die Anzeige der MIDI-Aktivität anstelle der von Cubase angebotenen Pegelanzeigen eine kleine Kontrolldiode.

Auf den ersten Blick scheint diese Anzeige banal zu sein. »Ja, hört man denn nicht, wenn eine MIDI-Information gespielt wird?« Im Optimalfall schon. Bei zahlreichen Gelegenheiten kann die Anzeige der MIDI-Aktivität aber dennoch ein wichtiges Kontroll-Tool sein.

Kein Ton? Aktivitäts-Anzeige heranziehen | Wenn Sie mit dem Masterkeyboard über den MIDI-Weg ein virtuelles Instrument ansteuern möchten, aber wider Erwarten kein Ton herauskommt, können Sie den **MIDI-Signalfluss überprüfen**. Dazu haben Sie verschiedene Möglichkeiten:

1. **Strom-Test**
   Überprüfen Sie, ob das Gerät eingeschaltet ist, und stellen Sie danach fest, ob die Anzeige MIDI-Aktivität einen Impuls anzeigt.
2. **Anschluss-Test**
   Überprüfen Sie, ob das MIDI-Kabel ausgangs- und eingangsseitig fest in der Buchse sitzt, und stellen Sie danach fest, ob die Anzeige MIDI-Aktivität einen Impuls anzeigt.
3. **Buchsen-Test**
   Überprüfen Sie, ob das MIDI-Kabel an die richtigen MIDI-Buchsen angeschlossen ist, und stellen Sie danach fest, ob die Anzeige MIDI-Aktivität einen Impuls anzeigt.
4. **Spur-Test**
   Vergewissern Sie sich, dass in der Spurspalte die richtige (MIDI-)Spur ausgewählt ist, und stellen Sie danach wiederum fest, ob die Anzeige MIDI-Aktivität einen Impuls anzeigt.
5. **Kanal-Test**
   Stellen Sie sicher, dass die Kanaleinstellungen für das Senden und Empfangen an Masterkeyboard und in Cubase übereinstimmen, und stellen Sie danach fest, ob die Anzeige MIDI-Aktivität einen Impuls anzeigt.

6.8.4 Audioaktivität

Entgegen der Anzeige zur MIDI-Aktivität handelt es sich bei der Anzeige zur Audioaktivität um eine Pegelanzeige, die Ihnen die Signalstärke des primären Audioeingangs (links ❶) wie auch des primären Audioausgangs (rechts ❷) anzeigt.

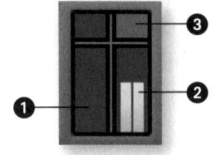

Abbildung 6.154 ▶
Anzeige der Audioaktivität

Dabei wird Ihnen im oberen Bereich ❸ durch eine große rote Clipping-Leuchte angezeigt, dass ein Signalpegel eine digitale Übersteuerung (»**Clipping**«) erzeugt hat. Diese Anzeige ist von der eigentlichen Pegelanzeige durch einen kleinen Balken getrennt.

> **Clipping-Anzeige bleibt stehen**
>
> Nachdem eine Signalspitze durch Überschreiten der 0 dB-Schwelle die Clipping-Leuchte aktiviert hat, bleibt diese auch dann aktiv, wenn sich der Signalpegel schon wieder in einem verzerrungsfreien Bereich unterhalb von 0 dB befindet.
>
> Hierbei handelt es sich keineswegs um einen Fehler, sondern um eine nützliche Hilfe: Wann immer der Clipping-Hinweis erscheint, sollten Sie die Pegel von Eingang oder Ausgang kontrollieren, um eine gute Signalqualität gewährleisten zu können.
>
> Deshalb mein Tipp: Stoppen Sie die Aufnahme/Wiedergabe des Projekts bei Aktivität der Clipping-Anzeige und stellen Sie den problematischen Signalpegel nach. Zum Abschluss deaktivieren Sie die Clipping-Anzeige durch einen Klick mit dem Mauszeiger und es kann weitergehen.

6.8.5 Audiolautstärkeregler

Standardmäßig finden Sie rechts neben der Anzeige zur Audio-Aktivität einen kleinen Regler zur schnellen Einstellung des ersten Audioausgangs. Aber keine Angst, bei dem dargestellten Regler handelt es sich nur um eine Anzeige mit Symbolcharakter. Sobald Sie den Regler mit dem Mauszeiger berühren und die linke Maustaste gedrückt halten, erscheint ein größerer Fader, der in etwa die Abmessungen hat, die Sie auch aus dem Mixer von Cubase kennen.

Hierüber können Sie nun die Lautstärkeveränderung für den primären Ausgangskanal durchführen, wobei die kleinere Anzeige im Transportfeld in Echtzeit aktualisiert wird.

▲ **Abbildung 6.155**
Audiolautstärkeregler im Transportfeld

Weil es sich bei diesem Regler lediglich um eine Möglichkeit zum schnellen Eingriff handelt, verfügt dieser Regler weder über eine Pegelanzeige noch über eine Tool-Tipp-Anzeige, die Auskunft über den aktuell gewählten Lautstärkepegel geben.

◄ **Abbildung 6.156**
Aus klein mach groß – Lautstärkefader im Transportfeld

6.9 Nummernfeld

Das Nummernfeld Ihres Keyboards kann beim Arbeiten mit Cubase als Fernbedienung dienen. So ersparen Sie sich lästiges Klicken und Herumfahren mit der Maus. Je früher Sie diese Funktionen nutzen, desto besser. Indem Sie das Nummernfeld zur Steuerung von Transportfunktionen für Wiedergabe und Aufnahme nutzen, wird sich Ihr Arbeitstempo sehr schnell drastisch erhöhen. Das Schlimmste, was Ihnen dann passieren kann, ist mit einem Notebook zu arbeiten, das nicht über ein Numeric-Pad verfügt ...

◄ **Abbildung 6.157**
Belegung des Numeric-Pads mit Transportfunktionen

7 Aufnahme

Wenn Sie sämtliche beteiligten Hardware-Komponenten und alle notwendigen Verbindungen eingerichtet haben, so können Sie nun mit nur wenigen Schritten Audio- und MIDI-Aufnahmen durchführen.

7.1 Aufnahmefunktionen

7.1.1 Aufnahmeaktivierung einer Spur

Damit Cubase weiß, wohin die von Ihnen aufgenommenen Daten zugeordnet werden sollen, müssen Sie vor dem Betätigen des Aufnahmeknopfes noch Aufnahmeaktivierungen für diejenigen Spuren durchführen, auf die aufgezeichnet werden soll. Hierbei spricht man auch vom so genannten »Scharfschalten« einer Spur. Dies kommt daher, dass Sie nach der Scharfschaltung von Spuren vorsichtig mit der Betätigung des Aufnahmeknopfes umgehen müssen. Andernfalls kann es Ihnen passieren, dass Sie wichtige Daten überschreiben. Was im Zeitalter analoger Tonaufnahmeverfahren natürlich weitaus weitreichendere Konsequenzen nach sich zog, als bei der Arbeit mit einem Sequenzer-Studio wie Cubase; denn Cubase bietet Ihnen ein unendliches Undo sämtlicher Arbeitsschritte.

Die Knöpfe zur Aktivierung finden Sie in der Spurspalte, in der Inspector-Spalte einer Spur, im zugehörigen Mixerkanal sowie auch im Fenster VST-AUDIO/MIDI-KANALEINSTELLUNGEN.

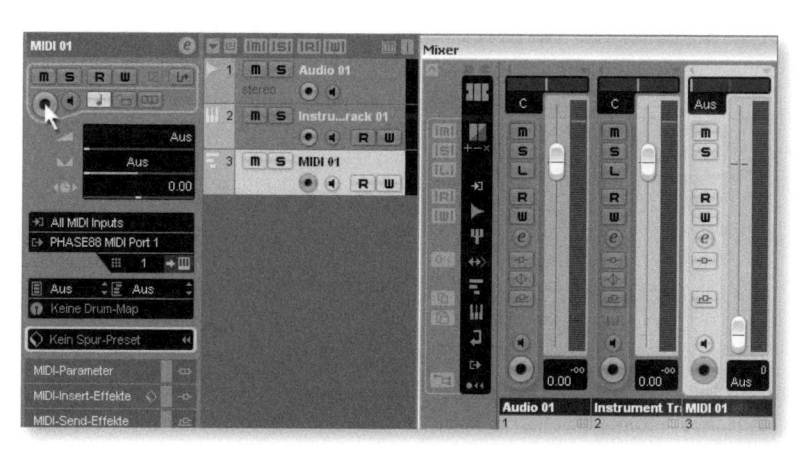

◀ **Abbildung 7.1**
Scharfschalten von Spuren

Automatische Aufnahmeaktivierung | Durch das Anwählen einer Spur schalten Sie diese automatisch scharf, was sich durch das Aufleuchten des Aufnahmeaktivierungs-Buttons bemerkbar macht. Spuren, deren Aufnahmeaktivierung zuvor bereits scharfgeschaltet wurde, behalten diesen Zustand bei. Spuren, die in Verbindung mit der manuellen Auswahl automatisch scharfgeschaltet wurden, verlieren ihren Aufnahmeaktivierungs-Status mit Anwahl einer neuen Spur.

Unterschiedliche Spurarten gemeinsam aufzeichnen | Sie können zugleich sowohl MIDI- als auch Audiodaten aufzeichnen, das ist zumindest bei Verwendung leistungsfähiger Hardware unproblematisch. Eine parallele Aktivierung verschiedener Spurformate, wie in den Abbildungen zu sehen, ist also keineswegs widersprüchlich.

Vor der Aufnahme | Stellen Sie vor Durchführung einer Aufnahme sicher, dass alle Spuren, auf die aufgezeichnet werden soll, auch tatsächlich scharfgeschaltet sind. Außerdem sollten Sie unbedingt vor Einschalten der Aufnahme nachsehen, ob das Eingangs-Routing der beteiligten Spuren stimmt. Dies gilt vor allem bei der Aufnahme längerer Takes und auch bei der Anwendung von Multichannel-Recording. Denn nichts ist ärgerlicher, als ein erstklassig gespieltes Take, das leider wiederholt werden muss, weil einzelne Spuren leer geblieben sind.

7.1.2 Monitoring

Indem Sie den MONITOR-Button ❶ einer Spur aktivieren, können Sie dessen Signal während einer Aufnahme mithören. Hierfür stehen Ihnen drei verschiedene Varianten zur Verfügung.

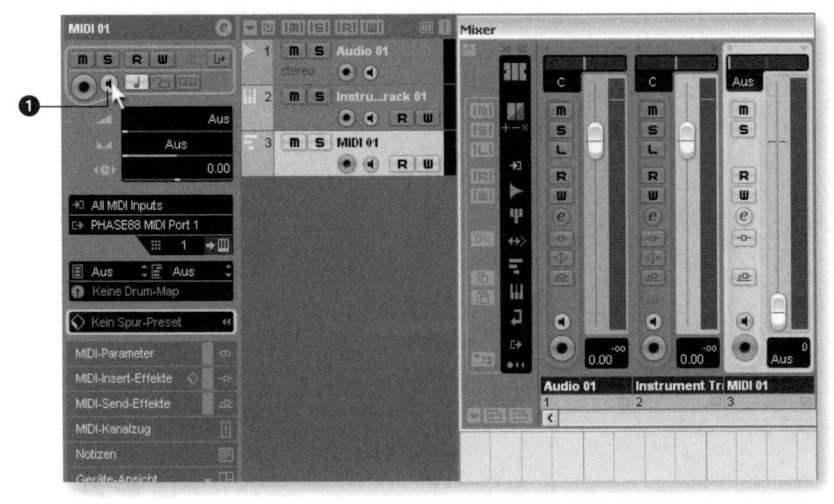

Abbildung 7.2 ▶
Mithör-Funktion einschalten

Internes Mithören | Hierbei werden Eingangs- und Ausgangssignal während einer Aufnahme zusammen wiedergegeben, wobei auch Effektsignale und die Equalizer-Bearbeitung zu hören sind. Die Lautstärkepegel und Stereoverteilungen der wiedergegebenen wie auch der mitgehörten Spuren können Sie dabei über den Mixer beeinflussen.

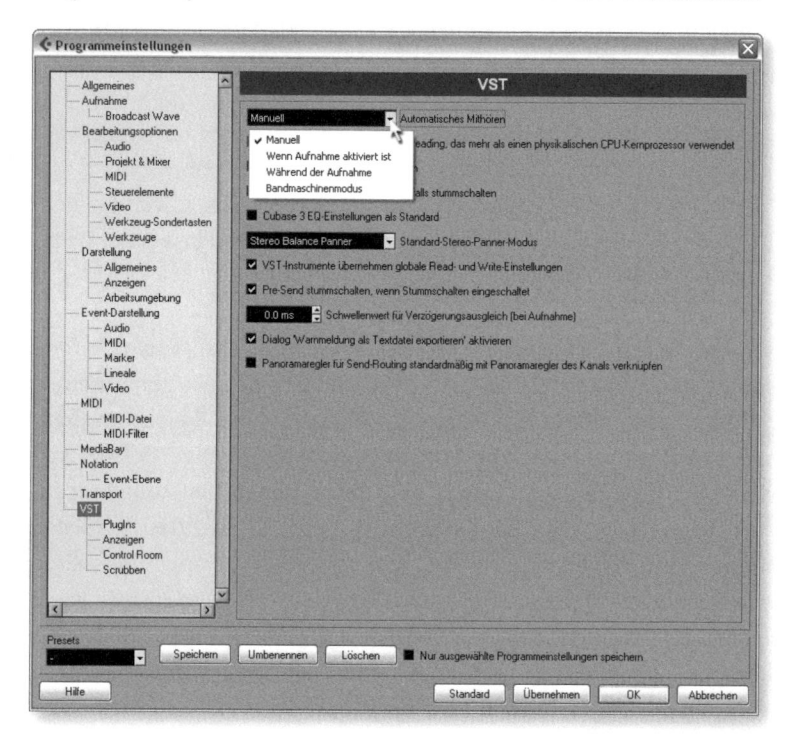

◀ **Abbildung 7.3**
Wählen Sie aus vier verfügbaren Monitoring-Optionen.

Über das Menü DATEI • PROGRAMMEINSTELLUNGEN… • VST können Sie unter AUTOMATISCHES MITHÖREN aus vier verschiedenen Monitoring-Optionen wählen:

▶ **Manuell**
Bei dieser Option bewirkt das Klicken auf den Monitoring-Button einer Spur das Mithören. Diese Option ist standardmäßig voreingestellt und ist besonders für einkanalige Aufnahmen mit wenigen Spuren in weniger komplexen Projektsetups praktikabel. Das Eingangssignal ist mit Betätigung des Mithören-Buttons zu hören. Die Aufnahme muss hierfür also nicht betätigt werden. Eine Aufnahmeaktivierung derjenigen Spuren, die Sie mithören möchten, ist ebenso nicht notwendig. Außerdem ist das Mithören während der Wiedergabe möglich.

▶ **Wenn Aufnahme aktiviert ist**
Diese Option bewirkt während einer Aufnahme das automatische Einschalten der Mithören-Funktion für alle Spuren, deren Aufnah-

meaktivierung eingeschaltet ist. Diese Option ist für Multichannel-Aufnahmen mit vielen Spuren in komplexen Projektsetups geeignet.

- **Während der Aufnahme**
  Diese Mithören-Funktion beschränkt das Monitoring auf den Zeitraum der Aufnahme, entspricht aber ansonsten der Mithören-Funktion MANUELL.
- **Bandmaschinenmodus**
  Diese Mithören-Option entspricht im Wesentlichen derjenigen des Manuell-Modus, unterbindet jedoch das Mithören während der Wiedergabe eines Projekts. Aufgrund dieser Arbeitsweise eignet sich der Bandmaschinenmodus hervorragend zum Einsatz bei Drop-In- und Drop-Out-Passagen.

Latenzen beachten | Das sind zwar viele verschiedene Möglichkeiten, die sich Ihnen bieten. Sie sollten aber beachten, dass Sie zum direkten Mithören über eine entsprechende Hardware- und Treiber-Konfiguration verfügen müssen, die eine entsprechend geringe Latenz zwischen dem Wiedergabematerial und den mitgehörten Aufnahmedatenströmen sicherstellt. Ist dies nicht der Fall, so wird das Einspielen dadurch oftmals unmöglich. Die entstehenden Verzögerungszeiten sollten selbstverständlich möglichst gering sein. Andernfalls kann bereits das Spielgefühl wesentlich beeinträchtigt werden. Sollte die Differenz zwischen den Latenzzeiten für Aufnahme und Wiedergabe bei Ihrem System mehr als 6 ms betragen, so kann sich dies bereits als Problem herausstellen. Unter Umständen ist es aber möglich, dass Sie die Audio-Performance durch Modifikationen über das Menü GERÄTE • GERÄTE KONFIGURIEREN... • VST-AUDIOBAY verbessern können.

> **Tipps zur Latenzverringerung**
>
> Wenn Sie mit dem Verzögerungsausgleich für PlugIn-Effekte arbeiten, sollten Sie diese Funktion zum Vorteil eines latenzverbesserten Monitorings für die Dauer der Aufnahme deaktivieren. Dies tun Sie, indem Sie die Option VERZÖGERUNGSAUSGLEICH EINSCHRÄNKEN über den Button in der Werkzeugzeile anwählen. Dadurch vermeiden Sie, dass sich die langen Ansprechlatenzen von Effekten addieren und so das Monitoring negativ beeinflussen.

Abbildung 7.4 ▶
Verbessertes Monitoring

Externes Mithören | Beim externen Mithören greifen Sie das Audiosignal ab, noch bevor es in Cubase verarbeitet wird. Hierzu benötigen Sie entweder ein Hardware-Mischpult oder einen Software-Mixer mit Direct Thru-Funktion (oftmals schlicht auch nur als »Thru« bezeichnet), der zu Ihrer Soundkarte oder Ihrem Audio-Interface gehört. Das auf diese Weise abgegriffene Signal senden Sie dann über das Mischpult (und ggf. eine Endstufe) an angeschlossene Monitorboxen.

Diese Variante des Monitorings eignet sich hervorragend für ältere Computersysteme oder Setups mit Latenzzeiten, die ein verzögerungsfreies Mithören nicht ermöglichen. Der Nachteil liegt aber darin, dass sich weder Effekte noch Equalizer von Cubase auf das mitgehörte Signal auswirken. Zu Problemen kann es kommen, wenn Sie ein Signal extern mithören und gleichzeitig die interne Monitoring-Funktion einer Spur eingeschaltet haben. Anderenfalls hören Sie das Signal leicht zeitverzögert gedoppelt. Sie sollten also sicherstellen, dass der manuelle Mithören-Modus eingestellt ist und keine der Projektspuren einen aktivierten Monitoring-Button aufweist.

Direktes Mithören | Eine kombinierte Variante des Mithörens stellt das Abgreifen des Eingangssignals an der Audio-Hardware dar, welches durch Cubase gesteuert wird. Dies wird in Cubase als »direktes Mithören« bezeichnet. Hierfür ist allerdings eine Audio-Hardware Voraussetzung, die zum ASIO-Standard nach Version 2.0 kompatibel ist. Effekte und Equalizer-Einstellungen von Cubase beeinflussen das Signal jedoch nicht, da es vor dem Eintritt in das Programm abgegriffen wird. Dafür ist das Mithören aber absolut latenzfrei.

Um das direkte Mithören zu aktivieren, öffnen Sie über GERÄTE • GERÄTE KONFIGURIEREN… den Punkt VST-AUDIOSYSTEM. Sofern Ihre Hardware kompatibel zum ASIO 2.0-Standard ist und über eine Funktion zum direkten Mithören verfügt, haben Sie hier die Möglichkeit, die Option DIREKTES MITHÖREN anzuwählen. Bestätigen Sie mit ÜBERNEHMEN und öffnen Sie den Dialog DATEI • PROGRAMMEINSTELLUNGEN…, um dort den gewünschten Mithören-Modus im Bereich VST • AUTOMATISCHES MITHÖREN auszuwählen.

7.2   Aufnahmearten

Oftmals ist es während einer Aufnahmesession notwendig, dass bestimmte Stellen wiederholt und neu aufgezeichnet werden müssen, übriges Audiomaterial aber belassen werden soll. Während es in den Anfängen der analogen Aufnahmetechnik noch erforderlich war, zum richtigen Zeitpunkt den Aufnahmeknopf zu drücken und neben dem (ungefähren) Aufsatzzeitpunkt des Aufnahmetonkopfes auch etliche andere Faktoren zu berücksichtigen waren, gab es bald Bandmaschinen, die an frei einstellbaren Punkten des Bandzählwerks automatisch in den Aufnahmemodus wechseln konnten.

Zwischen Aufnahme und Wiedergabe wechseln | Die Technik des automatischen Ein- und Ausschaltens der Aufnahmefunktion eines Aufnahmegeräts wird als »Punch-In« bzw. »Punch-Out« oder auch als »Drop-In« bzw. »Drop-Out« bezeichnet. In Abbildung 7.5 sehen Sie die drei Aufnahmearten in der Übersicht:
1. Reine Wiedergabe ❶
2. Punch-In-/Drop-In-Punkt ❷
3. Aufnahme ❸
4. Punch-Out-/Drop-Out-Punkt ❹
5. Reine Wiedergabe ❺

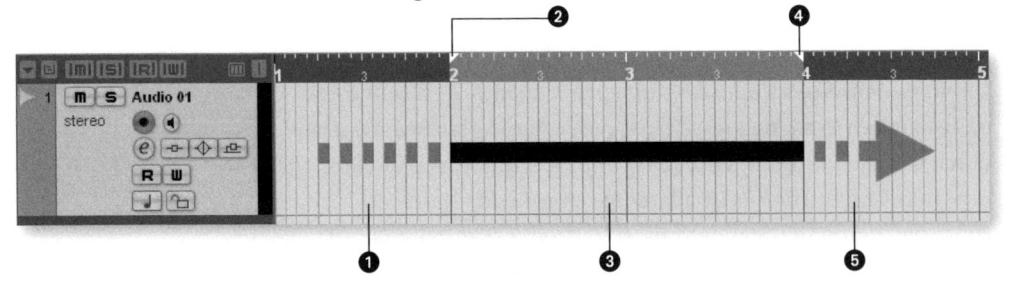

▲ Abbildung 7.5
Punch-In und Punch-Out für automatische Aufnahme

Normal | Die herkömmliche Aufnahmeart bewirkt das Mitschneiden von Signalen auf dafür aktivierten Spuren bei Start der Aufnahme. Sie können die Aufnahme entweder vom ruhenden Positionszeiger aus starten oder auch während einer laufenden Wiedergabe den Aufnahmeknopf betätigen. Erstere Variante eignet sich gut, um an markanten Stellen einzusetzen, wie zum Beispiel am Anfang eines Projekts oder einer anderen Stelle, an der komplette Takes auf leere Spuren aufgezeichnet werden sollen. Letztere Variante ist geeignet, um entweder spontan und flexibel sowie ohne weitere Voreinstellungen eine Aufnahme zu starten oder aber um ein manuelles Punch-In durchzuführen.

Aufnahmestart ab linkem Locator | Eine Sonderrolle hat im Aufnahmemodus die Funktion AUFNAHMESTART AB LINKEM LOCATOR. Diese können Sie über das Menü TRANSPORT • AUFNAHMESTART AB LINKEM LOCATOR aktivieren. Während eine herkömmliche Aufnahme von derjenigen Position aus beginnt, an der sich der Positionszeiger ❻ bei Betätigen der Aufnahmetaste befindet, stellt sich das bei aktivierter Sonderfunktion anders dar.

Hierbei springt der Positionszeiger mit Betätigung der Aufnahmefunktion zum linken Locator und beginnt ab dort mit der Aufnahme ❼. Aber seien Sie unbesorgt: Dies gilt nicht für ein laufendes Projekt und hindert Sie somit nicht daran, während der Wiedergabe den Aufnahmeknopf zu drücken.

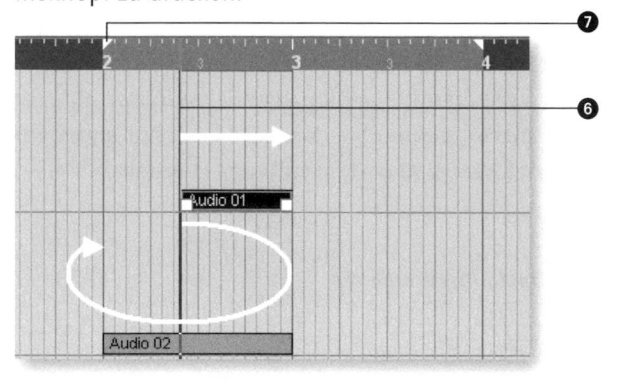

◄ **Abbildung 7.6**
Verschiedene »Taktiken« des Aufnahmestarts

7.2.1 Punch-In

Die Punch-In-Funktion ❽ (auch »Drop-In«-Funktion) ermöglicht Ihnen einen automatischen Aufnahmestart während der Wiedergabe. Wenn Sie den Positionszeiger manuell vor den linken Locator setzen und die Wiedergabe starten, wird der Wechsel in den Aufnahmestatus dabei am linken Locator vorgenommen.

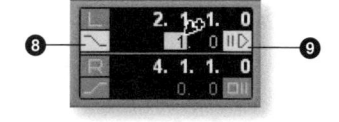

◄ **Abbildung 7.7**
Punch-In und Preroll

Projektvorlauf vor Aufnahme | Neben dem Punch-In-Button des Transportfelds sowie im Transportschalterbereich der Werkzeugzeile finden Sie Button und Anzeige der Preroll-Funktion ❾. Aktivieren Sie diese, ergibt sich in der Praxis ein Vorlauf des Projekts, der es dem einspielenden Musiker erlaubt, sich in die jeweilige Projektstelle hineinzufinden und Parameter wie Tempo, Stimmung, Intensität etc. seiner Spielweise an bestehende Spuren anzupassen. Vor allem hinsichtlich des Timings ist das Anwenden der Preroll-Funktion absolut vorteilhaft.

> **Praxis-Hinweis zum automatischen Vorlauf bei Punch-In**
>
> In Aufnahmesituationen, bei denen Sie immer von der gleichen Stelle starten, aber via Punch-In und Punch-Out den Aufnahmebereich festlegen, können Sie mit dem Pre-Roll einen automatischen Vorlauf

> erzeugen und dennoch immer wieder den linken Locator ansteuern. Das spart viel Zeit und ist vor allem für die Musiker hilfreich, die das Aufnahmematerial liefern. Diese können sich so auf einen gleichmäßigen Vorlauf und damit auch musikalischen Ablauf einstellen, was erheblich zu einer verbesserten Performance beitragen kann.

Um die Positionseinträge für den Preroll des Positionszeigers zu verändern, müssen Sie zuerst die Preroll-Funktion über deren Button aktivieren. Die Eingabe der Werte nehmen Sie dann wie gewohnt entweder unmittelbar durch Tastatureingabe oder mittels der Maustasten vor.

[∎] Schritt für Schritt: Punch-In verwenden

1 *Locator setzen*
Über die Linealzeile oder den Locator-Bereich des Transportfeldes richten Sie den linken Locator auf diejenige Position ein, an der die Aufnahme beginnen soll.

[○]
Punch-In
verwenden.cpr

2 *Preroll einstellen*
Aktivieren Sie die Preroll-Funktion und stellen Sie den Vorlaufwert ein, für dessen Länge/Dauer der Positionszeiger vor Beginn der Aufnahme das Projekt abspielen soll (beispielsweise zwei oder vier Takte).

3 *Punch-In aktivieren*
Aktivieren Sie die Punch-In Funktion über deren Button und starten Sie die Wiedergabe. Nach einem Vorlauf (von beispielsweise zwei oder vier Takten) wechselt Cubase am linken Locator automatisch vom Wiedergabe- in den Aufnahmestatus. ∎

7.2.2 Punch-Out

Mit der Punch-Out-Funktion (auch »Drop-Out«-Funktion) ❶ haben Sie die Möglichkeit, einen automatischen Aufnahmestopp zu erwirken. Sobald der Positionszeiger während der Aufnahme den rechten Locator passiert, nimmt Cubase selbsttätig den Wechsel in den Wiedergabestatus vor.

Abbildung 7.8 ▶
Punch-Out und
Postroll

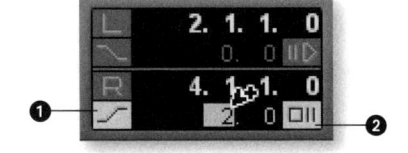

Projektnachlauf nach Aufnahme | Analog zur Preroll-Funktion ermöglicht Ihnen das Postroll ❷ ein Nachlaufen des Projekts nach abgeschlossener Punch-Out-Aufnahme. Auf diese Weise können Sie das aufgenommene Material im Kontext hören. Zudem kann der Einsatz sinnvoll sein, um Spielparameter einer Aufnahme, wie Tempo, Stimmung, Intensität usw., bewerten zu können. Schaltfläche und Anzeige der Postroll-Funktion finden Sie neben dem Punch-Out-Button des Transportfelds sowie im Transportschalterbereich der Werkzeugzeile. Auch um die Positionseinträge für den Postroll des Positionszeigers zu verändern, müssen Sie zuerst dessen Funktion über den zugehörigen Button aktivieren.

> **Postroll nur im linearen Aufnahmemodus**
>
> Die Verwendung der Postroll-Funktion ist nur in Verbindung mit einer Aufnahme im linearen Aufnahmemodus sinnvoll, da bei einer Cycle-Aufnahme der Postroll-Bereich hinter dem rechten Locator niemals abgespielt werden kann.

Schritt für Schritt: Punch-Out verwenden

1 *Locator setzen*
Über die Linealzeile oder den Locator-Bereich des Transportfeldes richten Sie den rechten Locator auf diejenige Position ein, an der die Aufnahme stoppen soll.

[o]
Punch-Out
verwenden.cpr

2 *Postroll einstellen*
Aktivieren Sie die Postroll-Funktion und stellen Sie den Nachlaufwert ein, der bestimmt, wie lang das Projekt nach Abschluss der Aufnahme abgespielt werden soll (beispielsweise ein oder zwei Takte).

3 *Punch-Out aktivieren*
Aktivieren Sie die Punch-Out-Funktion über deren Button und starten Sie die Aufnahme oder auch eine Wiedergabe in Punch-In-Kombination. Nach einem Nachlauf (von beispielsweise ein oder zwei Takten) wechselt Cubase am rechten Locator automatisch vom Aufnahme- in den Wiedergabestatus. ■

Punch-Funktionen modifizieren | Über den Dialog Datei • Programmeinstellungen... haben Sie im Bereich Transport die Möglichkeit, zwei zusätzliche Veränderungen für die Punch-Funktionen einzustellen.

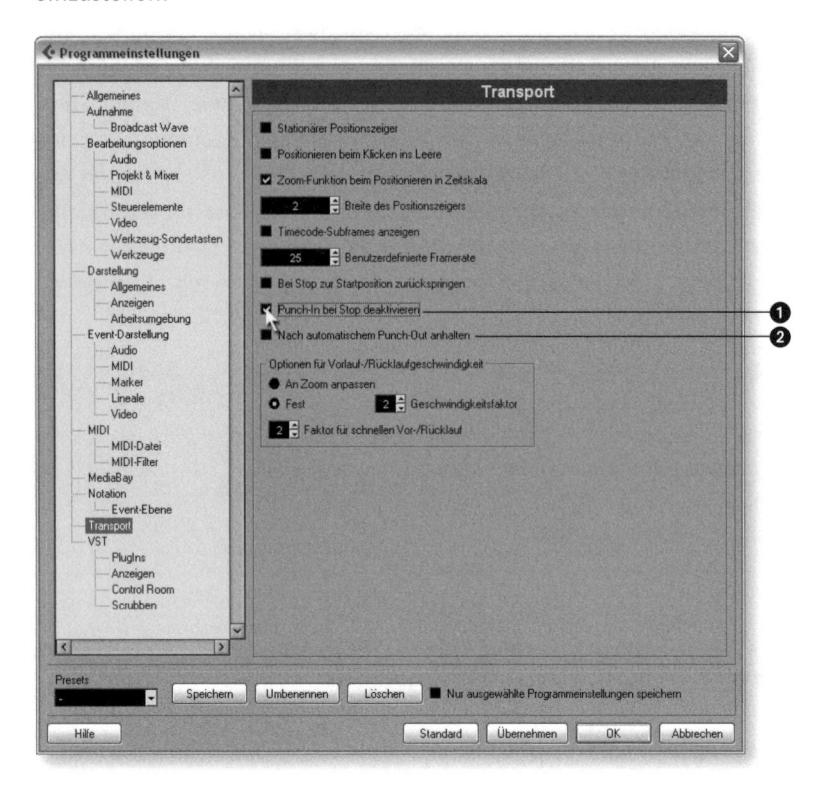

Abbildung 7.9 ▶
Modifikation der Punch-Funktionen

Zum einen ist dies die Option PUNCH-IN BEI STOP AKTIVIEREN ❶. Sie bewirkt, dass die Punch-In-Funktion stets abgeschaltet wird, wenn Sie die Aufnahme oder die Wiedergabe des Projekts anhalten. Der Einsatz dieser Option ist hilfreich beim gelegentlichen Einsatz des Punch-In, da ansonsten versehentlich Teile von Spuren überschrieben werden könnten, obwohl nur eine einfache Wiedergabe geplant war.

Zum anderen handelt es sich um die Funktion NACH AUTOMATISCHEM PUNCH-OUT ANHALTEN ❷. Schalten Sie diese Funktion ein, wenn Cubase die Wiedergabe des Projekts nach erfolgtem Punch-Out selbsttätig am rechten Locator bzw. beim eingestellten Postroll-Wert stoppen soll.

7.2.3 AutoQ (MIDI)

Hierbei handelt es sich um eine Aufnahmefunktion, die ausschließlich im Zusammenhang mit MIDI-Aufnahmen arbeitet. Dabei werden die aufgenommenen Daten automatisch quantisiert. Als Grundlage der Quantisierung dienen die projektweiten Quantisierungseinstellungen zum Zeitpunkt der jeweiligen Aufnahme.

◄ **Abbildung 7.10**
Automatische
MIDI-Quantisierung
einschalten

Die AutoQ-Funktion eignet sich besonders, um bei der Aufnahme von extrem »gleichartigem« Musikmaterial eingesetzt zu werden, z. B. Synthesizer-Arpeggios in Dance-, House- oder Techno-Tracks. Maßgeblich für die automatische Quantisierung sind die Quantisierungseinstellungen in der Werkzeugzeile.

> **Was ist Quantisierung?**
>
> Als Quantisierung bezeichnet man in einem MIDI-Sequenzer-Programm die Ausrichtung von MIDI-Daten an (veränderbaren) Rasterwerten.

7.2.4 Metronom/Click

Über die Taste C oder den Transport-Button CLICK ON/OFF können Sie bestimmen, ob Cubase während der Wiedergabe oder Aufnahme einen Metronom-Klick abspielen soll. Über das Menü TRANSPORT • METRONOMEINSTELLUNGEN... können Sie selber alle notwendigen Parameter festlegen, wie beispielsweise, ob es sich um einen MIDI- oder um einen Audio-Klick handeln soll, wie laut das Metronom sein soll und vieles mehr.

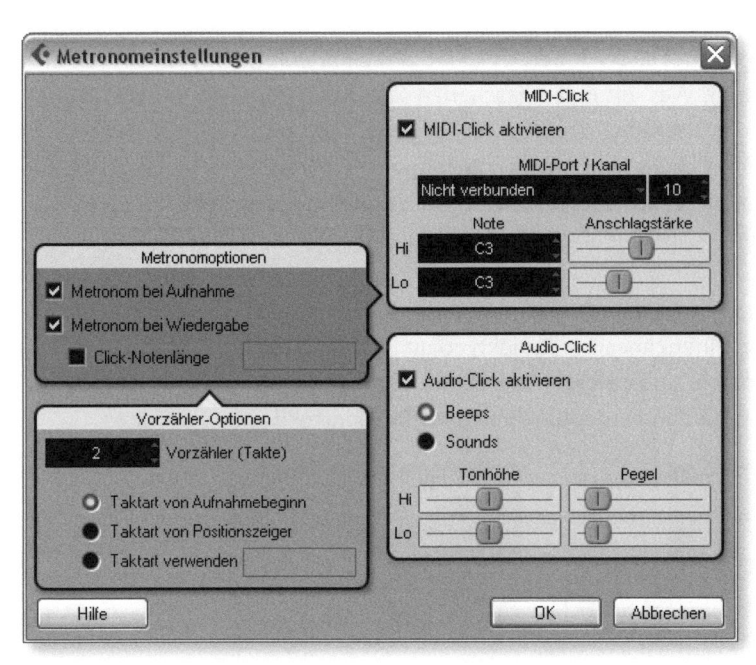

◄ **Abbildung 7.11**
Feineinstellungen
für das Cubase-
Metronom

Vorzähler für Aufnahme | Ähnlich dem Metronom funktioniert auch der Button für den Vorzähler, den PRECOUNT/CLICK direkt neben dem Click On/Off-Button. Dieser gilt jedoch nicht für die Wiedergabe, sondern ausschließlich für Aufnahmesituationen. Ist er aktiviert, so spielt die Software bei Aufnahmeaktivierung automatisch einen Vorzähler ab, bevor die Aufnahme beginnt. Auf diese Weise kann sich der Musiker auf das Tempo einstellen.

Per Default werden hierbei zwei Takte in der vorgegebenen Taktart vorgezählt. Sie können den Vorzähler aber auch modifizieren. Dies geschieht über den Dialog TRANSPORT • METRONOMEINSTELLUNGEN im Bereich VORZÄHLER-OPTIONEN.

7.3 Aufnahmemodi

Bei linearer Aufnahme wird der Bereich zwischen den Locatoren nicht wiederholt, sondern schlicht von Punkt A nach Punkt B aufgenommen. Aktivieren Sie hingegen den Cycle-Modus für den Transport, springt der Positionszeiger automatisch zum linken Locator, wenn er am Ende des Aufnahmebereichs angekommen ist. Dort wird dann nicht nur das Projekt wiedergegeben, sondern auch die laufende Aufnahme weitergeführt.

Ob Sie eine Aufnahme mit eingeschaltetem Cycle-Modus ausführen oder in herkömmlicher (linearer) Weise, macht in Cubase einen großen Unterschied. So sind ja nach einem erfolgreichen Aufnahmedurchlauf im Locator-Bereich bereits Daten auf einer oder mehreren Spuren enthalten. Was mit ihnen geschehen soll, wenn der nächste Cycle-Durchlauf einer Aufnahme beginnt, liegt voll und ganz in Ihren Händen. Es lohnt sich also unbedingt, die folgenden Unterpunkte genau zu studieren, um einen angemessenen Aufnahmemodus für jede konkrete Aufnahmesituation finden zu können.

7.3.1 Lineare Aufnahmemodi

Für einen linearen Projektverlauf während einer Aufnahme stehen Ihnen in Cubase drei Modi zur Verfügung, die Sie durch einen Klick auf den Aufnahmemodus-Bereich im Transportfeld wählen können.

Abbildung 7.12 ▶
Das Aufnahmemodus-Menü des Transportfelds

Normal | Dies ist der Overdub-Modus von Cubase, bei dem Daten in eigenständige Events auf einer Spur aufgezeichnet werden. Sind bereits Daten auf der Spur vorhanden, so werden die Events, die Daten enthalten, durch neu erzeugte Events überlagert, die dadurch bei der Wiedergabe hörbar sind. Dies gilt sowohl für die Aufnahme auf Audio- als auch auf MIDI-Spuren.

Mischen | In diesem Aufnahmemodus werden Daten auf einer Spur aufgezeichnet, indem Sie in bereits bestehende Events geschrieben werden. Sind bereits Daten auf der Spur vorhanden, so bleiben die vorhandenen enthalten. Alle Daten sind bei einer Wiedergabe gemeinsam hörbar. Auch dieser Modus gilt sowohl für die Aufnahme auf Audio- als auch auf MIDI-Spuren.

Ersetzen | Bei Aufnahmen, die Sie in diesem Modus durchführen, werden – wie im Modus NORMAL – ebenfalls Daten in eigenständige Events auf einer Spur aufgezeichnet. Sind bereits Daten auf der Spur vorhanden, so werden solche Events, die Daten enthalten, durch neu erzeugte Events ersetzt. Wie schon die vorangehenden Aufnahmemodi, so gilt auch dieser für die Aufnahme auf Audio- wie auf MIDI-Spuren.

7.3.2 Standard-Modi der Cycle-Aufnahme

Im Cycle-Modus springt der Positionszeiger immer wieder vom rechten Locator zum linken, um dort die Aufnahme fortzusetzen. Doch was soll mit den Daten geschehen, die bereits aufgezeichnet wurden? Diese Entscheidung wird Ihnen nicht abgenommen. Sie treffen Sie durch die Wahl eines Cycle-Aufnahmemodus selbst. Und das ist auch gut so, denn auf diese Weise haben Sie in Cubase die volle Kontrolle über das verwendete Datenmaterial. Zur Verfügung stehen Ihnen dabei fünf verschiedene Varianten.

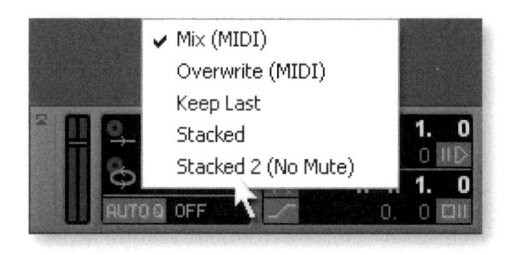

◀ **Abbildung 7.13**
Das Aufnahme-modus-Menü des Transportfelds (Cycle)

Mix (MIDI) | Dieser Cycle-Aufnahmemodus gilt nur für MIDI-Aufnahmen. Sofern Sie diesen Modus gewählt haben und (dennoch) eine Audio-Aufnahme durchführen, gilt für die Cycle-Aufnahme derjenige Modus, der im Programmeinstellungen-Dialog eingestellt ist.

Overwrite (MIDI) | Auch dieser Cycle-Aufnahmemodus gilt nur für MIDI-Aufnahmen. Das heißt für die Verwendung dieses Modus bei Audio-Aufnahmen ebenfalls, dass für die Cycle-Aufnahme derjenige Modus gilt, der im Programmeinstellungen-Dialog eingestellt ist.

Wählen Sie diesen Modus, wenn Sie bestehende MIDI-Daten durch eine neue Aufnahme komplett überschreiben möchten.

Keep Last | Wählen Sie diesen Cycle-Aufnahmemodus, um den letzten Aufnahmedurchlauf (»Take«) beizubehalten. Da dafür stets der letzte vollständige Durchlauf herangezogen wird, müssen Sie die Aufnahme nicht am Ende eines Durchlaufs stoppen, sondern können den Einstieg in den nächsten Aufnahmedurchlauf abwarten. Nachdem Sie die Aufnahme gestoppt haben, wird der »überhängende« Aufnahmeteil automatisch gelöscht und der letzte vollständige Durchlauf bleibt als Audioevent erhalten.

Würden Sie die Aufnahme manuell stoppen, so bestünde die Gefahr, dass Sie ein erfolgreiches Take kurz vor dem Ende des Aufnahme-Cycles stoppen und damit automatisch löschen lassen.

Dieser Cycle-Aufnahmemodus gilt übrigens sowohl für Audio- als auch für MIDI-Aufnahmen.

Stacked | Diesen Cycle-Aufnahmemodus sollten Sie wählen, um alle Aufnahmedurchläufe beizubehalten und die Auswahl des besten Takes (oder auch einzelner Teile daraus) später vorzunehmen. Alle vollständigen Durchläufe werden innerhalb des Locator-Bereichs der Spur auf separaten Ebenen abgelegt ❶, wobei jeweils die vorangehenden Takes automatisch stummgeschaltet werden ❷. Auf diese Weise können Sie sich ein »perfektes« Take zusammenstellen, welches aus mehreren Teilen verschiedener Aufnahmedurchläufe besteht, ohne zuvor ausgeführte Aufnahmedurchläufe löschen zu müssen.

Auch dieser Cycle-Aufnahmemodus gilt sowohl für Audio- als auch für MIDI-Aufnahmen. Der Ebenen-Modus EBENEN (FEST) wird im Aufnahmemodus STACKED übrigens automatisch aktiviert.

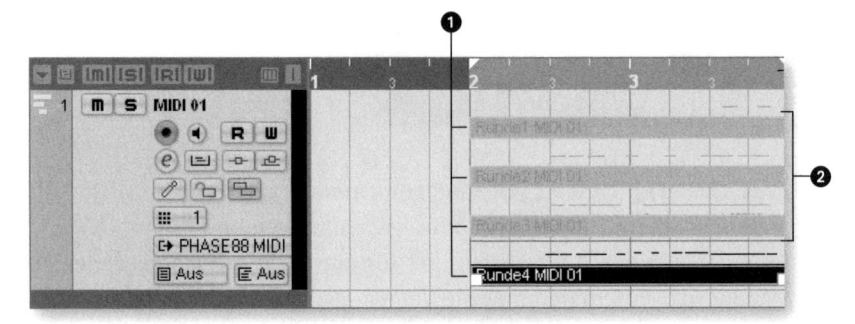

Abbildung 7.14 ▶
Aufnahmen im STACKED-Modus

Arbeiten mit Takes und Ebenen | Für die Arbeit mit den im Aufnahmemodus STACKED entstehenden Ebenen gelten die Arbeitsbedingungen für den Ebenenmodus von Spuren.

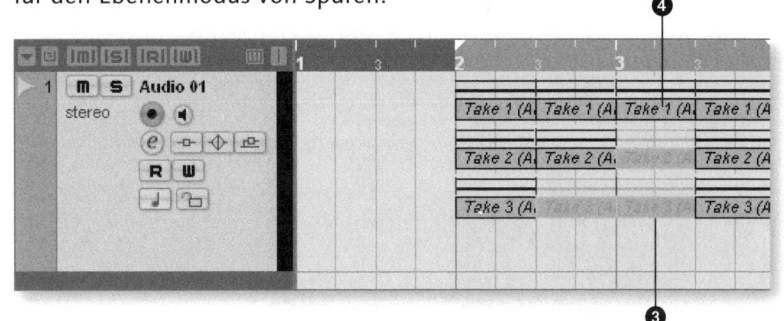

◄ **Abbildung 7.15**
Auswahl innerhalb mehrerer Takes

Takes schneiden | Um eine gemischte Version von Takes zu erzeugen, wie in Abbildung 7.15 zu sehen, müssen Sie Schnitte innerhalb der vorhandenen Takes vornehmen und von den entstehenden Events diejenigen stummschalten, mit denen Sie nicht zufrieden sind ❸.

Dabei ist das Stummschalten von Events aus früheren Takes nicht zwingend erforderlich ❹: Da jeweils das in der zeitlichen Reihenfolge später aufgezeichnete Take gegenüber allen früheren Takes Priorität genießt, genügt es, wenn Sie nur diejenigen durch Schneiden von Takes entstandenen Events muten, die zeitlich nach dem abzuspielenden Take aufgezeichnet wurden. Dies ist bei der Verwendung von sehr vielen Takes pro Spur eine erhebliche Arbeitserleichterung.

Stacked 2 (no Mute) | Die Abläufe für den Stacked 2-Modus sind identisch mit denjenigen des Stacked-Modus. Den einzigen Unterschied bildet die Tatsache, dass vorangehende Takes nicht automatisch stummgeschaltet werden. Die Entscheidung zwischen den Cycle-Aufnahmemodi STACKED und STACKED 2 ist also in erster Linie eine Frage der von Ihnen bevorzugten Arbeitsweise.

Wie schon die zuvor beschriebenen Cycle-Aufnahmemodi, so gilt auch dieser Modus für Audio- wie auch für MIDI-Aufnahmen.

Schritt für Schritt: Aufnehmen mit Cycle-Modus

1   Instrumenten- oder MIDI-Spur erzeugen
Greifen Sie auf eine bestehende Instrumenten- oder MIDI-Spur zurück oder erzeugen Sie eine neue.

[○]
Schritt für Schritt
– Aufnehmen mit
Cycle-Modus.cpr

2 MIDI-Ausgang zuweisen

Nun können Sie dieser Spur einen MIDI-Ausgang zuweisen. In unserem Beispiel führt dieser zum VST-Instrument »A1« (ggf. müssen Sie dieses noch über GERÄTE • VST-INSTRUMENTE anlegen).

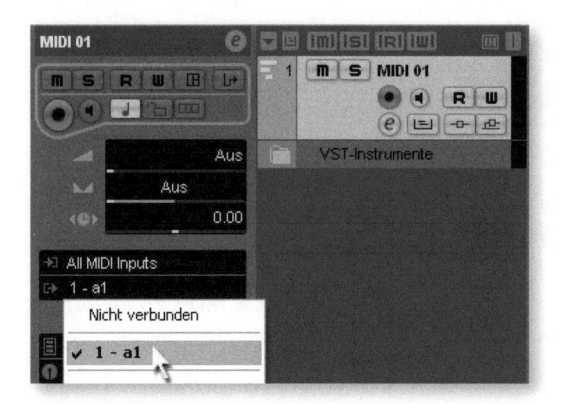

3 Locatoren setzen

Setzen Sie nun die beiden Locatoren, die den Cycle-Bereich begrenzen. Klicken Sie bei gehaltener [Strg]-Taste mit der linken Maustaste an der gewünschten Stelle in der Linealzeile, um den linken Locator zu setzen. Den rechten Locator setzen Sie entsprechend mit der Kombination linke Maustaste und [Alt]-Taste.

4 Cycle-Modus wählen

Wählen Sie nun (sofern nicht voreingestellt) im Transportfeld den Cycle-Modus »Mix (MIDI)«. Dieser Modus ermöglicht es Ihnen, Ihre Aufnahme beispielsweise in mehreren Durchläufen Stück für Stück nacheinander einzuspielen – mit jedem Cycle-Durchlauf weitere Noten.

5 Metronom aktivieren

Aktivieren Sie im Transportfeld über den Button CLICK das Metronom.

6 Aufnahme starten

Starten Sie Ihre Aufnahme, indem Sie den Aufnahme-Button auf dem Transportfeld oder die Taste [*] auf dem Nummernfeld drücken. Jetzt können Sie Ihren Musikpart einspielen. Dabei macht es nichts aus, wenn Sie nach einigen Noten aufhören zu spielen und Ihr Spiel erst beim nächsten Durchlauf des Cycle-Bereichs fortsetzen.

7 Aufnahme beenden

Wenn Sie den kompletten Part zu Ihrer Zufriedenheit eingespielt haben, können Sie die Aufnahme mit der Stop-Taste auf dem Transportfeld oder der Nummernfeldtaste [0] beenden. ■

7.3.3 Erweiterte Modi der Cycle-Aufnahme

Wie sich eine Cycle-Aufnahme in Ihrem Projekt auswirken soll, können Sie über den Dialog DATEI • PROGRAMMEINSTELLUNGEN... • AUFNAHME einstellen. Hier stehen Ihnen drei verschiedene Cycle-Aufnahmemodi zur Verfügung, die zum Einsatz kommen, sofern Sie bei eingeschalteter Cycle-Funktion eine Audio-Aufnahme vornehmen, aber ein MIDI-Modus in der Transportauswahl des Cycle-Aufnahmemodus eingestellt ist.

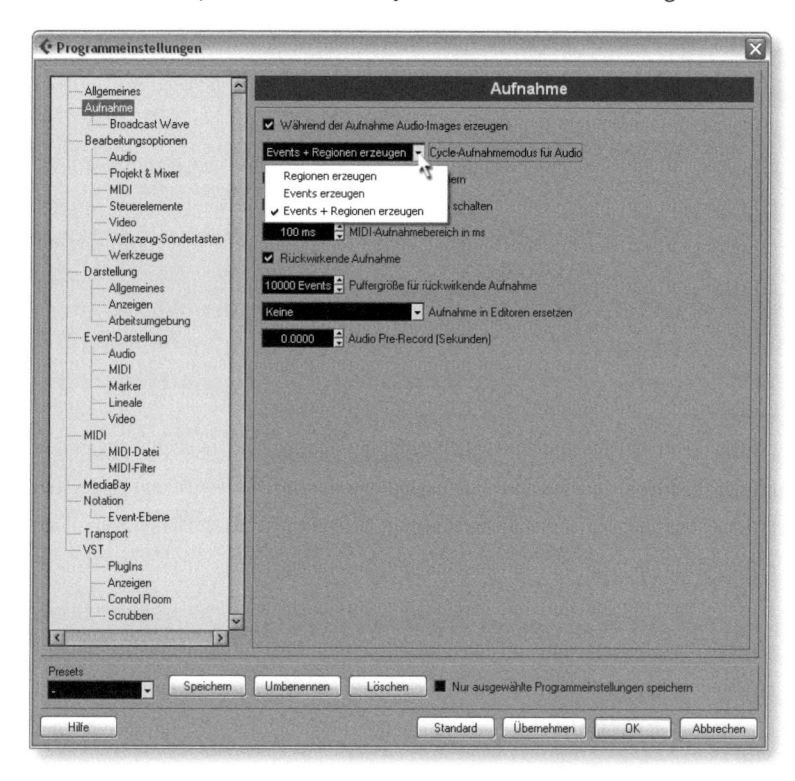

◄ **Abbildung 7.16**
»Versteckte«
Einstellungen der
Cycle-Aufnahme

Regionen erzeugen | Auf den ersten Blick wirkt das Ergebnis einer Aufnahme im Cycle-Aufnahmemodus REGIONEN ERZEUGEN wie die Aufnahme im Keep Last-Modus. Bei diesem bleibt jedoch ausschließlich der letzte Durchlauf einer Aufnahme erhalten. Im Modus REGIONEN ERZEUGEN erscheint zwar ebenfalls nur das jeweils letzte Take, alle vorangehenden Takes bleiben jedoch vorhanden. Der vorhandene Audiostream wird dabei in separate Regionen unterteilt.

Verschwundene Regionen anzeigen | Zugriff auf die im Sequenzerbereich nicht sichtbaren Regionen erhalten Sie durch Einschalten der Ebenen-Funktion EBENEN (FEST) sowie im Pool-Fenster, das Sie über das Menü POOL • POOL-FENSTER ÖFFNEN oder mit dem Tastatur-Shortcut [Strg] bzw. [⌘] + [P] öffnen. Wenn Sie mit der Maus auf das Erweiterungskreuz ❶ neben dem Audioeintrag klicken, werden alle verfügbaren Regionen einer in diesem Modus erstellten Aufnahme sichtbar ❷.

Abbildung 7.17 ▶
Audio-Regionen im Pool auswählen

Takes auswählen | Um eine dieser Regionen dem aktuellen Event einer Audiospur zuzuweisen, öffnen Sie mit einem rechten Mausklick über diesem Event dessen Quick-Kontextmenü. Als ersten Eintrag finden Sie hier die Funktion REGION ZUWEISEN ❸. Über das Untermenü dieses Eintrags können Sie das Take auswählen, das in diesem Event hörbar gemacht werden soll.

Dieser Cycle-Aufnahmemodus eignet sich besonders für eine spätere Zuweisung kompletter Aufnahmetakes, während die Stacked-Variante vorteilhafter für das Zusammenstellen von Ausschnitten einzelner Takes ist.

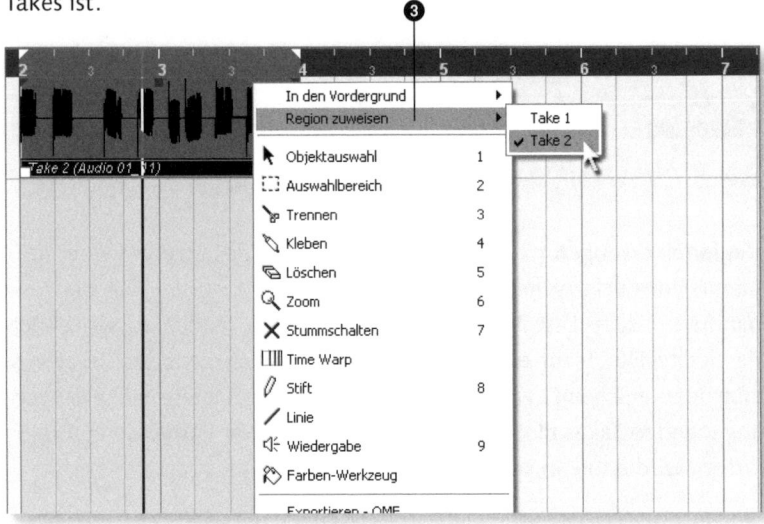

Abbildung 7.18 ▶
Auswahl eines Regionen-Takes über das Quick-Kontextmenü

Events erzeugen | Dieser Cycle-Aufnahmemodus entspricht praktisch dem oben beschriebenen Stacked-Modus.

Events und Regionen erzeugen | Die Kombination aus den beiden zuvor beschriebenen Cycle-Aufnahmemodi ermöglicht Ihnen das gleichzeitige Verwenden von nicht gemuteten Takes auf mehreren Ebenen in Kombination mit einer freien Zuordnung von Regionen eines Audiostreams. Somit ist es beispielsweise auch möglich, eine Region auf mehreren Ebenen zu verwenden.

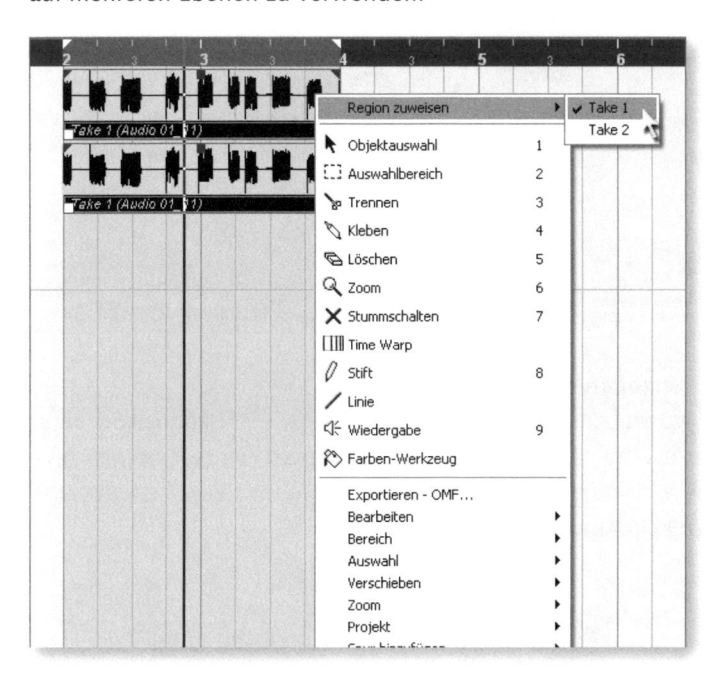

◄ **Abbildung 7.19**
Kombination von Events und Regionen im Cycle-Modus

7.4 CPU-Limits und Workflow-Tipps

Hier finden Sie einige Hinweise zur Verbesserung der Performance Ihres Systems und zur Optimierung von Arbeitsabläufen in Aufnahmesituationen.

7.4.1 Automatisch Audio-Images erzeugen

Über den Dialog DATEI • PROGRAMMEINSTELLUNGEN... • AUFNAHME können Sie die Funktion WÄHREND DER AUFNAHME AUDIO-IMAGES ERZEUGEN einschalten. Wenn Sie diese Funktion aktivieren, so werden bereits während der Aufnahme die Wellenformen angezeigt. Da dies zusätzliche Rechenleistung erfordert, ist diese Funktion nicht für DAWs geeignet, die mit geringer Prozessorleistung arbeiten. Sie eignet sich aber hervorragend, um bereits während einer Aufnahme einen Überblick über den dynamischen Verlauf des Materials zu bekommen.

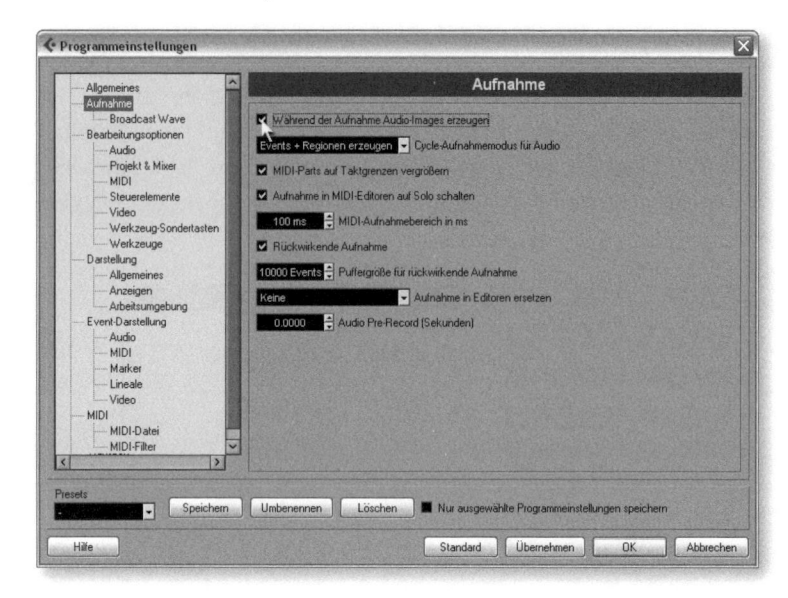

Abbildung 7.20 ▶
Audio-Images aktivieren

7.4.2 Verzögerungsausgleich

Im Dialog DATEI • PROGRAMMEINSTELLUNGEN… • VST können Sie unter SCHWELLENWERT FÜR VERZÖGERUNGSAUSGLEICH (BEI AUFNAHME) festlegen, ab welchem zeitlichen Wert die Funktion VERZÖGERUNGSAUSGLEICH EINSCHRÄNKEN greifen soll.

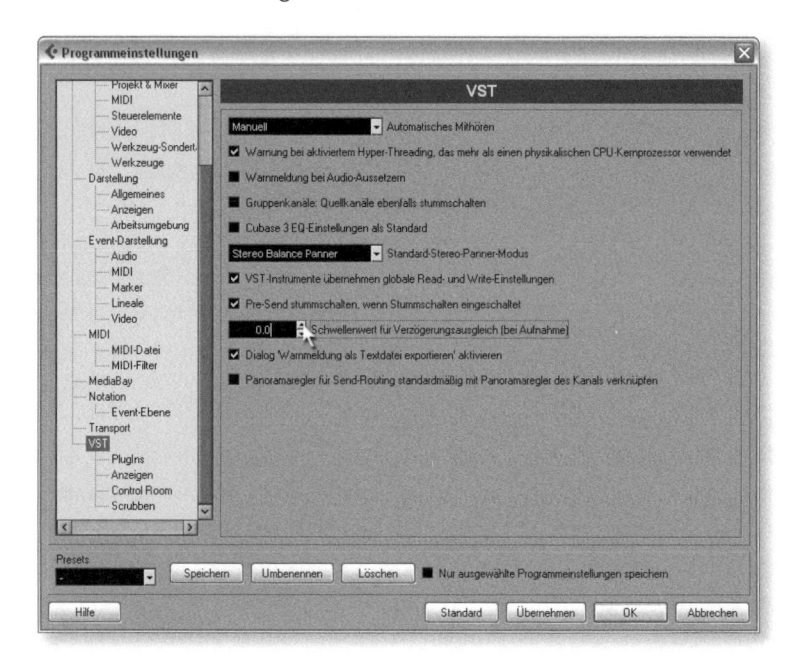

Abbildung 7.21 ▶
Einsatzpunkt des Verzögerungsausgleichs bestimmen

Alle diejenigen VST-PlugIns, deren Latenz-Performances über dem eingestellten Wert liegen, werden somit automatisch ausgeschaltet, sofern sie sich nicht in Effektkanälen, in VST-Instrumentenkanälen, aktivierten Audiokanälen, Gruppen- oder Ausgangskanälen befinden. Der Verzögerungsausgleich der weiterhin aktiven Effektkanal-PlugIns wird jedoch automatisch ausgeschaltet.

7.4.3   Arbeiten mit Aufnahme-Ebenen

Ein weiterer Workflow-Tipp ist das Verschieben von Takes zwischen den Ebenen. Auf diese Weise können Sie Takes hörbar machen, ohne übergeordnete Takes stummschalten zu müssen. Das ist besonders dann ein Vorteil, wenn Sie ein bereits bei einer Aufnahme als besonders gelungen klassifiziertes Take, das nicht im letzten Durchlauf aufgenommen wurde, als Grundlage für einen Zusammenschnitt heranziehen möchten. (Bei einer Anzahl von zehn und mehr Takes ist dies nicht unwahrscheinlich.) Hierfür gehen Sie wie folgt vor:

Schritt für Schritt: Take als Grundlage eines Zusammenschnitts nutzen   [▪]

1   *Cycle-Aufnahmemodus auswählen*
Wählen Sie einen Cycle-Aufnahmemodus, in dem Cubase automatisch Ebenen für jedes Take bzw. jede Region erzeugt (z. B. Stacked, Stacked 2, Events erzeugen oder Events + Regionen erzeugen).

2   *Aufnahme durchführen*
Führen Sie die Audioaufnahme durch und bewerten Sie, welches Take Ihnen als Grundlage des Zusammenschnitts dienen soll.

3   *Takes umordnen*
Verschieben Sie das von Ihnen gewünschte Take (sofern es nicht das zuletzt aufgenommene ist) in den noch freien Spurbereich der Ebenendarstellung. Hierfür bewegen Sie den Mauszeiger über das Take Ihrer Wahl und ziehen es bei gedrückter Maustaste in den Zielbereich.

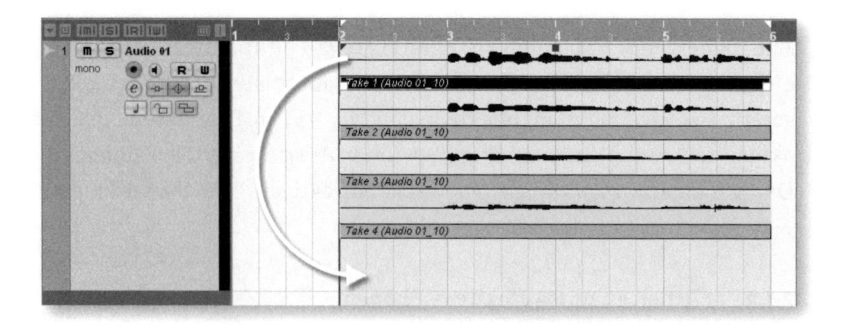

Das verschobene Take ist nun hörbar und kann Ihnen als Grundlage für einen Zusammenschnitt dienen.

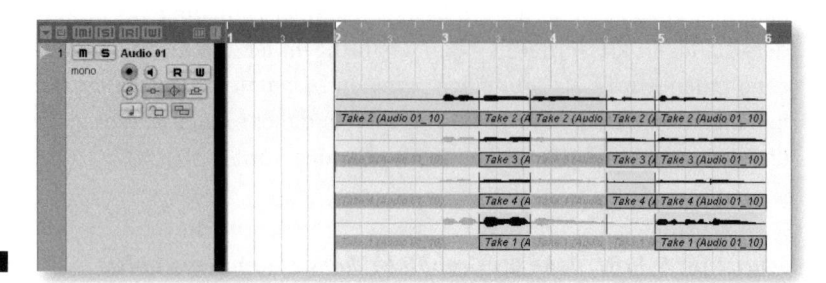

8 Wiedergabe

In diesem Kapitel gebe ich Ihnen einen Überblick über alle relevanten Aspekte, die Sie für die Audiowiedergabe benötigen. Abschließend finden Sie Tipps zur Optimierung des Workflows während verschiedener Wiedergabesituationen. Natürlich ist dabei nicht nur entscheidend, wie Sie Signale aufnehmen können, sondern auch, welche Möglichkeiten Sie haben, diese wiederzugeben.

8.1 Transportfeld

Das Transportfeld ist in Cubase **die** zentrale Steuereinheit. Für einen Cubase-Einsteiger ist es zuerst gar nicht so einfach, die vielen Buttons und Funktionen zuzuordnen. Deshalb nun eine Einleitung, in der Sie Beschreibungen zu den Transportfeld-Funktionen finden.

8.1.1 Hauptfelder

Die Hauptfelder des Transportfelds bilden die zentrale Kontrolleinheit für Ihre Projekte. Hier sehen Sie im oberen Bereich die primäre und sekundäre Zeitanzeige, welche die aktuelle Position des Positionszeigers angeben. Darunter befinden sich links Taster zum Verschieben des Positionszeigers sowie rechts davon die Buttons der Transportfunktionen (Abbildung 8.1).

Schrittweises Verschieben des Positionszeigers | Links außen sehen Sie ein Plus- und ein Minuszeichen ❶. Mit einem Klick auf dieses bewegen Sie den Positionszeiger um einen Schritt nach vorn bzw. nach hinten. Die Schrittgröße wird dabei durch das Format der primären Zeitanzeige bestimmt. So beträgt der Schritt etwa beim Format TAKTE+ZÄHLZEITEN einen Takt, bei den Formaten SEKUNDEN und TIMECODE eine Sekunde, für das Format SAMPLES je ein Sample und bei Auswahl der benutzerdefinierten Framerate je zwei Frames.

Primäre und sekundäre Zeitanzeige | Den größten Teil dieses Bereich nimmt die primäre Zeitanzeige ein ❷, rechts davon sehen Sie die etwas kleinere und »abgedunkelte« sekundäre Zeitanzeige ❸. Das Ändern der

Werte dieser Anzeigen erfolgt entweder nach einem Doppelklick in die Felder via Tastatureingabe oder über die Maustasten. Dabei erhöhen Sie den Wert eines Abschnitts mit der rechten und verringern ihn mit der linken Maustaste.

Neben den Zeitangaben werden Ihnen die Symbole der ausgewählten Formate angezeigt. In Abbildung 8.1 sind dies eine Note ❹ und eine Uhr ❺, die für die Formate TAKTE+ZÄHLZEITEN sowie TIMECODE stehen. Um andere Formate zu wählen, können Sie mit einem Klick der linken Maustaste auf diese Symbole das entsprechende Auswahlmenü öffnen. Durch einen Mausklick auf das Pfeilsymbol zwischen den Anzeigen ❻ vertauschen Sie die beiden gewählten Anzeigeformate miteinander.

Abbildung 8.1 ▶
Hauptbedienelemente des Transportfelds

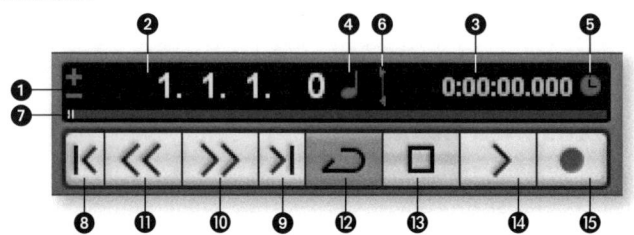

Positionszeiger im Transportfeld | Unterhalb der Zeitanzeigen sehen Sie den als Balken dargestellten Positionsregler ❼. Er zeigt Ihnen die aktuelle Stelle des Positionszeigers im Verhältnis zur Projektlänge an. Der Positionszeiger selbst wird durch eine Unterbrechung im Balken angezeigt. Sie können den Positionsregler mit einem Mausklick direkt an eine andere Stelle versetzen oder auch per Mausbewegung verschieben.

> **Projektlänge anpassen**
>
> Um hier eine für die Praxis wirklich brauchbare Anzeige zu erhalten, sollten Sie sicherstellen, dass die Projektlänge nicht unnötig lang ist. Sie können Sie über das Menü PROJEKT • PROJEKTEINSTELLUNGEN... unter dem Eintrag LÄNGE notfalls korrigieren.

Taster zum Verschieben des Positionszeigers | Durch Betätigen der Taster im unteren Bereich können Sie den Positionszeiger verschieben. Das Verschieben geschieht entweder zum vorherigen Marker bzw. zum Projektanfang ❽ oder zum nächsten Marker bzw. zum Projektende ❾. Als Marker werden dabei **alle** Marker berücksichtigt, sowohl einfache als auch Cycle-Marker.

Als Projektanfang gilt hierbei der im Programmeinstellungen-Dialog festgelegte Wert. Standardmäßig ist dies bei Beginn des ersten Takts

(Position 1.01.01.000) bzw. 0 Sekunden. Gibt es keinen weiteren Marker mehr, den der Positionszeiger anfahren kann, so springt er zum Projektende. Als Projektende gilt in diesem Fall jedoch **nicht** die Angabe des Programmeinstellungen-Dialogs sondern das Ende des letzten Events/Parts des Projekts.

Schneller Vorlauf/Rücklauf | Über die Schaltflächen Schneller Vorlauf ❿ und Schneller Rücklauf ⓫ können Sie den Positionszeiger im Projekt vor- und zurückspulen. Bei gehaltener Schaltfläche läuft der Positionszeiger in der von Ihnen gewählten Richtung durch das Projekt.

Während alle diese Funktionen auch während der Wiedergabe arbeiten, können Sie sie bei laufender Aufnahme nicht betätigen.

Buttons der Transportfunktionen | Auch das Einschalten der Cycle-Funktion ist nur im Ruhezustand oder bei der Wiedergabe, nicht aber während der Aufnahme möglich. Über den Button Cycle ⓬ aktivieren Sie eine Loop-Wiedergabe innerhalb des Locatoren-Bereichs.

Selbsterklärend sind die Schaltflächen Stop ⓭, Start ⓮ für das Starten der Wiedergaben und Aufnahme ⓯.

8.1.2 Projektstruktur

Der Abschnitt Projektstruktur ist der einzige, der beim Transportfeld standardmäßig ausgeblendet ist. Im oberen Bereich sehen Sie die Menüs zur Auswahl für die Aktuelle Projektstruktur ❶, das Menü Aktueller Eintrag ❷ und die Anzeige für die Aktuelle Wiederholung ❸.

◀ **Abbildung 8.2**
Bedienelemente für die Projektstruktur

Darunter finden Sie wiederum die Buttons und Taster ❹ zum Durchbrowsen der Projektstruktur-Spur, wie Sie sie schon aus der Werkzeugzeile kennen.

Wiedergabe nach Tempospur | Wenn Ihr Projekt mit einem anderen als in dem Transportfeld wiedergegebenen Tempo oder auch wechselnden Tempi abgespielt werden soll, können Sie die Schaltfläche Tempo im Bereich Master + Snyc aktivieren. Daraufhin spielt Cubase Ihr Projekt so ab, wie Sie es in der Tempospur vorgegeben haben.

> **Tempospur einrichten**
>
> Wenn Sie die Tempospur einrichten möchten, so können Sie dies über das Menü PROJEKT • TEMPOSPUR erreichen. Ist der Tempo-Button aktiviert, so folgt Cubase bei der Wiedergabe des Projekts allen in der Tempospur festgelegten Änderungen.

Ist das Folgen der Tempospur ausgeschaltet, so spielt Cubase Ihr Projekt in demjenigen Tempo und mit derjenigen Taktart ab, die Sie im Master + Sync-Bereich angeben. Standardmäßig werden hier die Werte 120 bpm und 4/4-Takt verwendet.

8.1.3 Marker

Der Marker-Bereich des Transportfelds bietet schnellen Zugriff auf die von Ihnen in das Projekt integrierten Marker. Klicken Sie die Ordnungsnummer des gewünschten Markers an, um mit dem Positionszeiger zur jeweiligen Markerposition zu springen.

Abbildung 8.3 ▶
Marker-Bedienelemente

Marker-Übersicht öffnen | Wenn Sie auf dem Transportfeld die Schaltfläche SHOW betätigen, so öffnen Sie eine detaillierte Marker-Übersicht, die Ihnen bei der Verwaltung der im Projekt verwendeten Marker hilft. Diese Funktion ist insbesondere dann hilfreich, wenn Sie projektweit mehr als 15 Marker vergeben haben sollten. Denn leider ist die Direktanwahl auf dem Transportfeld auf 15 begrenzt.

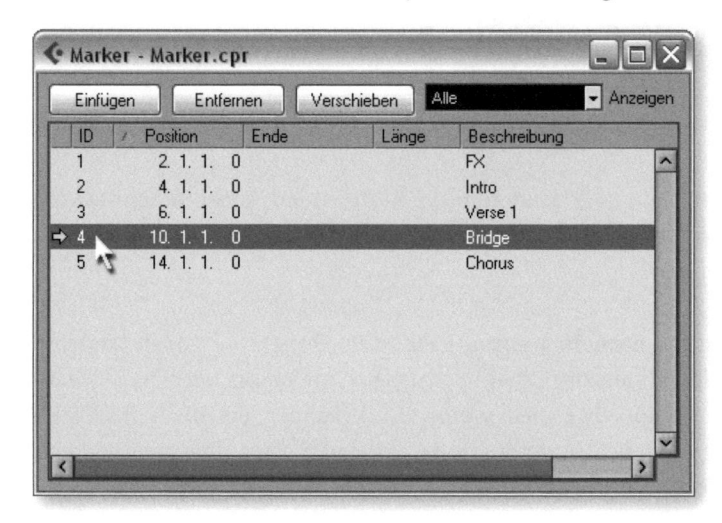

Abbildung 8.4 ▶
Detaillierte Marker-Übersicht

Zusatzfunktionen im Transportfeld | Und dennoch: Das ist nicht alles. Denn um bestmöglich mit einem komplexen Projekt zu arbeiten, können Sie auf einige weitere nützliche Funktionen zurückgreifen. Ob zum Abhören einer durchgeführten Aufnahme, dem Checken des aktuellen Projektstandes zwischen den einzelnen Schritten einer Projektbearbeitung oder beim Mix der erstellten Spuren: Das oben ausführlich beschriebene Transportfeld umfasst zwar bereits eine Vielzahl direkter Eingriffsmöglichkeiten für die Wiedergabe, erst durch die vorhandenen Zusatzfunktionen wird diese aber nicht nur mühelos, sondern ultraflexibel. Zudem kann die Arbeit mit der Tempospur bei der Erstellung besonders lebhafter Arrangements äußerst hilfreich sein.

8.2 Positionszeiger

Der Positionszeiger gibt Ihnen die momentane Wiedergabe- bzw. Aufnahmeposition innerhalb Ihres Cubase-Projekts an. Er ist ein wichtiges Tool, um eine Vielzahl von Entscheidungen treffen zu können. Hierzu gehören:

- Beschränkung/Zentrieren der visuellen Information auf akute Projektsituationen
- Bewertung der Ausrichtung von Events und Parts zueinander
- Ausrichten von Objekten (siehe Abschnitt 6.3.14 zum magnetischen Positionszeiger)
- Steuerung des kurzfristigen Aufnahmeeinsatzes
- Fehleranalyse (z. B. Erkennen von Fehlerquellen, wie falsche Abspielgeschwindigkeiten im Verhältnis zur Ablaufgeschwindigkeit durch projektinkongruente Sampling-Frequenzen)

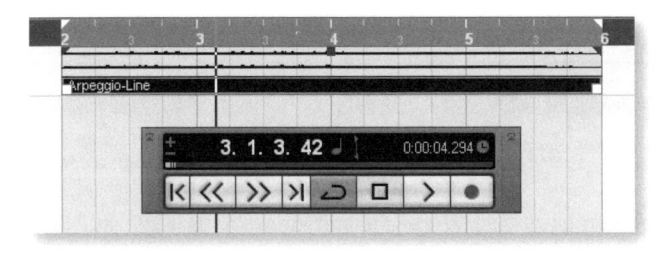

◄ **Abbildung 8.5**
Positionszeiger und Transportfeld

Shortcuts für versteckte Transportfunktionen | Falls Sie Shortcuts für Transportfunktionen anlegen möchten, lohnt es sich in jedem Fall, wenn Sie einen Blick in das Menü Datei • Tastaturbefehle… • Transport werfen. Hier sind auch versteckte Transportfunktionen vorhanden, die nicht über das Transportfeld ansteuerbar sind, wie etwa die Funktionen Einen Takt vor/Einen Takt zurück, eine Start/Stop-Vorschau oder auch WIEDERGABE BIS ZUM NÄCHSTEN MARKER sowie Tastaturbefehle, die Ihnen ein unkompliziertes und framegenaues Verschieben des Positionszeigers ermöglichen.

8.2.1 Positionszeiger ausrichten

Zum Ausrichten des Positionszeigers stehen Ihnen zahlreiche Varianten zur Verfügung. Wenden Sie nicht nur eine der Methoden an, sondern schauen Sie in die nachfolgenden Erläuterungen, um diejenige Variante zu finden, die Ihrem Arbeitsstil und Workflow am besten entspricht.

Positionszeiger manuell setzen | Neben den Funktionen des Zentrierens über den automatischen Bildlauf oder den stationären Positionszeiger, die beide weiter unten erläutert werden, bieten sich Ihnen die folgenden manuellen Varianten:

Setzen mit der Maus | Durch einen einfachen Mausklick in die Haupt-Linealspur können Sie den Positionszeiger an eine beliebige Stelle des sichtbaren Lineals setzen.

Abbildung 8.6 ▶
Positionszeiger
per Maus setzen

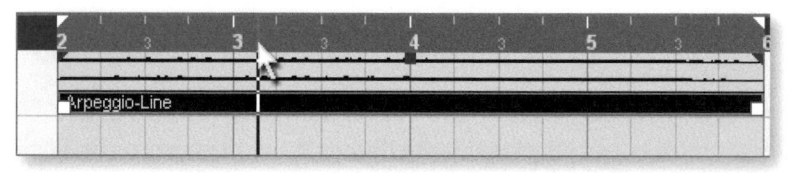

Aber Achtung! | Mit einem Doppelklick in die Haupt-Linealspur starten Sie die Wiedergabe des Projekts. Besonders dann, wenn Sie bereits Spuren scharfgeschaltet haben, sollten Sie deshalb mit dieser Positionszeiger-Funktion ganz besonders vorsichtig umgehen.

Abbildung 8.7 ▶
Positionszeiger per
Maus verschieben

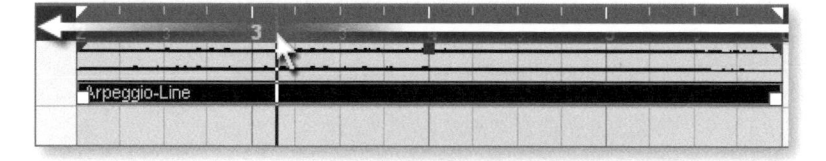

Mit der Maus verschieben | Wenn Sie mit dem Mauszeiger auf den Positionszeiger klicken und diesen bei gedrückter linker Maustaste nach rechts oder links bewegen, können Sie den Positionszeiger auf der Haupt-Linealspur verschieben.

Aber Achtung! | Indem Sie den Mauszeiger bei gehaltener Maustaste nach oben bzw. unten bewegen, verändern Sie die Größe des dargestellten Projektausschnitts. Diese Funktion erfordert von Ihnen also entweder eine sehr ruhige Hand oder aber eine entsprechende Einstellung der Mausgeschwindigkeit. Bei Projekten, in denen Sie aufgrund eines optimieren Bildausschnitts ohne stationären Positionszeiger sowie ohne automatischen Bildlauf arbeiten, ist bei dieser Positionszeiger-Funktion also Vorsicht geboten!

Scrolling während der Positionszeiger-Ausrichtung | Sollte die gewünschte Ablageposition für den Positionszeiger außerhalb des momentan dargestellten Projektbereichs liegen, so läuft der Bildausschnitt automatisch mit, sobald Sie mit dem zu verschiebenden Positionszeiger den Ausschnittrand erreichen. Dabei wird die Bildlaufgeschwindigkeit umso höher, je weiter Sie mit dem Mauszeiger aus dem Bild fahren (im übertragenen Sinne: »je fester Sie gegen den Rand des Bildausschnitts drücken«).

Rasterfunktion als Hilfe | Nutzen Sie sowohl für die Klick-Positionierung als auch für das Verschieben des Positionszeigers per Maus die Rasterfunktion. Ist diese eingeschaltet, so wird der Positionszeiger automatisch derjenigen Rasterposition zugewiesen, die der von Ihnen per Maus gewählten Position am nächsten liegt.

Vor- und Rücklauf | Die offensichtlichste (aber nicht zu vergessende) Methode ist natürlich das Ausrichten des Positionszeigers über die Transportfunktionen von Cubase: Selbstverständlich lässt sich der Positionszeiger auch ganz einfach über die Vor- und Rücklauftasten der Transportfelder verschieben. Ein sehr kurzer Klick entspricht dabei etwa 60 Ticks (also etwa einer 32stel Note). Halten Sie die Taste gedrückt, so läuft der Positionszeiger in der von Ihnen gewählten Richtung durch das Projekt.

8.2.2 Jog/Scrub

Wie mit den Vor- und Rücklauftasten, so können Sie auch mittels des Jog-Wheels den Positionszeiger verschieben. Auch die Kicker-Schaltflächen im Inneren des Ringes verschieben den Positionszeiger. Cubase nimmt dabei Schritte in der Größe von jeweils 0,04 Sekunden vor.

Das Jog-Wheel kann in drei Abschnitte unterteilt werden. Zum einen gibt es die beiden Ringe für die Shuttle-Geschwindigkeit außen ❶ (Abbildung 8.8) und das Wiedergabe-Scrubbing innen ❷. Im Zentrum liegen dann die Kicker-Schaltflächen ❸. Was bewirken nun diese Ringe und Taster?

Abbildung 8.8 ▶
Bedienelemente
Jog/Scrub

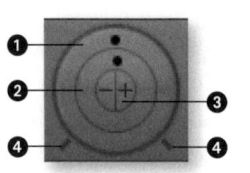

Projekt zum Abhören rückwärts abspielen | Für den Fall, dass Sie Ihr Projekt mit einer von Ihnen bestimmten Geschwindigkeit abspielen möchten, steht der äußere Jog-Wheel-Ring bereit. Mit ihm wählen Sie die so genannte **Shuttle-Geschwindigkeit**, in der dann die Wiedergabe stattfindet. Das Fantastische daran ist, dass dies in beide Richtungen funktioniert, also auch rückwärts. Speziell zum Suchen und Anfahren bestimmter Stellen kann dies sehr hilfreich (weil zeitsparend) sein.

Greifen Sie den Ring mit dem Mauszeiger und drehen Sie ihn mit gehaltener linker Maustaste im Uhrzeigersinn für eine Wiedergabe in die herkömmliche Richtung und gegen den Uhrzeigersinn für eine Rückwärts-Wiedergabe. Je weiter Sie den Jog-Wheel-Ring drehen, desto schneller ist auch die Shuttle-, also Wiedergabe-Geschwindigkeit. Sobald Sie den Ring mit der Maus wieder loslassen, wird die Wiedergabe gestoppt und er springt wieder zur Ausgangsposition zurück.

Konkrete Positionen via Scrubbing schnell und genau anfahren | Der innere Jog-Wheel-Ring für das Wiedergabe-Scrubbing ist Ihr Tool zum Verschieben des Positionszeigers. Dabei hören Sie das Projektmaterial, das der Zeiger überfährt. Dies ist eine nützliche Funktion, um mit dem Positionszeiger konkrete Stellen in einem Projekt sehr genau anzufahren, ohne die Wiedergabe des Projekts starten zu müssen.

Während der Regler für die Shuttle-Geschwindigkeit nur bis zu den Maximalpositionen ❹ drehbar ist, gibt es für den inneren Jog-Wheel-Ring kein Limit. Sie können ihn immer weiter drehen, bis Sie die gewünschte Stelle im Projekt gefunden haben. Die Wiedergabegeschwindigkeit regeln Sie übrigens durch die Geschwindigkeit, mit der Sie den Ring bewegen. Nachdem Sie den Ring loslassen, bleibt er in seiner Position und kann von da aus neu genutzt werden. Dadurch stellt Cubase sicher, dass Sie die ursprüngliche Stelle des Positionszeigers vor Anwenden des Scrubbings nicht verlieren.

Positionszeiger frameweise verschieben | Über die Kicker-Schaltflächen verschieben Sie den Positionszeiger im Projekt um jeweils ein Frame nach vorn bzw. nach hinten. Die Einteilung ist hierbei immer 25 fps (Frames pro Sekunde). Dies gilt auch für den Fall, dass Sie für die primäre Zeitanzeige eine benutzerdefinierte Framerate gewählt haben sollten, die davon abweicht (z. B. 60 fps).

> **Anwendungs-Tipps**
>
> Sobald Sie eine der Funktionen aus diesem Bereich während der Wiedergabe Ihres Projekts anwählen, stoppt diese automatisch. Die Funktionen für Shuttle-Geschwindigkeit und Wiedergabe-Scrubbing stehen Ihnen übrigens nicht zur Verfügung, wenn Sie Anwender der Programmversion Cubase Studio 4 sind.

Positionsanzeige | Indem Sie die Werte der Positionsanzeigen von Transportfeld oder Werkzeugzeile ändern, verschieben Sie gleichzeitig auch den Positionszeiger an die so definierte Stelle.

Positionszeiger automatisch zentrieren | Durch Aktivieren der Option STATIONÄRER POSITIONSZEIGER ❺ in den Programmeinstellungen verhindern Sie, dass der Positionszeiger überhaupt aus dem Bild laufen kann, denn hierbei bleibt er stets zentriert in der Bildmitte. Da sich als logische Folge bei der Nutzung dieser Funktion das Projekt ständig bewegt, kann dies allerdings vielfach die Übersicht beeinträchtigen – dies ist vor allem bei der Arbeit mit komplexen und sehr langen Projekten und hohen Zoomfaktoren der Fall.

Zusatzfunktion zum Positionieren des Positionszeigers | Wenn Sie über den Weg DATEI • PROGRAMMEINSTELLUNGEN... • TRANSPORT die Funktion POSITIONIEREN BEIM KLICK INS LEERE ❻ wählen, können Sie den Positionszeiger im Projekt jederzeit mit Hilfe eines Klicks in eine freie Stelle des Sequenzerbereichs setzen.

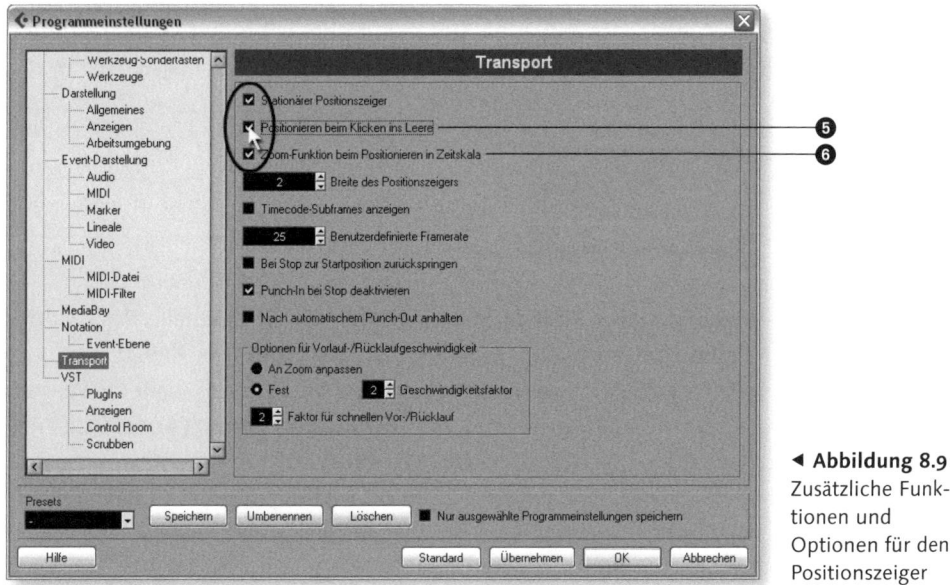

◀ **Abbildung 8.9**
Zusätzliche Funktionen und Optionen für den Positionszeiger

Doppelte Arbeit vermeiden | Beachten Sie, dass der Klick in eine leere Stelle des Sequenzerbereichs unter Umständen zum Verlust der Auswahl markierter Objekte führt! In einer Situation, in der Sie mit komplexen Auswahlzusammenstellungen von Objekten arbeiten, kann es also durchaus »gefährlich« für Ihren Workflow sein, mit dieser Funktion für den Positionszeiger zu arbeiten.

8.2.3 Positionszeiger finden

Sollten Sie aus Gründen des persönlichen Arbeitsstils nicht auf die automatische Zentrierung des Positionszeigers zurückgreifen, so kann es in einigen Situationen passieren, dass Sie den Positionszeiger nicht sofort sehen können. Dann befindet sich dieser wahlweise:

- außerhalb des aktuell angezeigten Projektbereichs
- am Rand des sichtbaren Projektausschnitts
- an einer der beiden Locatorpositionen

Dann heißt es, sich eine Übersicht zu verschaffen und gegebenenfalls Maßnahmen zu ergreifen, die ein dauerhaftes Auftauchen dieses Problems verhindern. Für gewöhnlich hilft hierbei das generelle Einschalten der Folgen-Funktion AUTOMATISCHER BILDLAUF. Dies gilt besonders dann, wenn Sie in einem Projekt mit langen Aufnahme- oder Wiedergabepassagen und/oder hohen Zoomfaktoren für die Darstellung des Sequenzerbereichs oder der Editoren arbeiten.

Positionsanzeige und Scrolling nutzen | In einem solchen Fall sollten Sie einen Blick auf die Positionsanzeige(n) des Transportfelds oder der Werkzeugzeile werfen, um sich im Projekt orientieren zu können. Scrollen Sie dann den Projektbereich bis zu derjenigen Stelle, an der sich der Positionszeiger befindet.

Abbildung 8.10 ▶
Aktivierung des »Folgen«-Modus

Automatischen Bildlauf nutzen | Sofern Sie die aktuelle Position des Positionszeigers nicht zwingend für eine spezielle Aufnahme- oder Wiedergabesituation beibehalten müssen, führt ein weiterer Weg zu dessen »Entdeckung« über die »Folgen«-Funktion (AUTOMATISCHER BILDLAUF), den Sie über die Werkzeugzeile oder die Taste [F] aktivieren. Sobald Sie diese Funktion einschalten und das Projekt starten, wechselt der Projektausschnitt automatisch in den Bereich, in welchem sich der Positionszeiger gerade befindet.

Positionszeiger verbreitern | Wenn all diese Lösungen Ihnen zu aufwändig erscheinen oder das Problem einfach nicht aus der Welt schaffen wollen, haben Sie auch die Möglichkeit, den Positionszeiger zu verbreitern.

Standardmäßig wird dieser mit einer Breite von 2 Punkten dargestellt. Über den Dialog DATEI • PROGRAMMEINSTELLUNGEN... • TRANSPORT können Sie dem Positionszeiger aber eine Breite von bis zu 4 Punkten vergeben. Wie erheblich der Unterschied ist, sehen Sie im Screenshot in Abbildung 8.11.

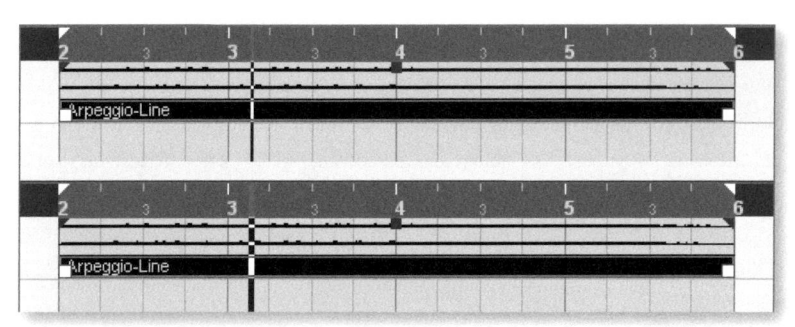

◄ **Abbildung 8.11**
Positionszeiger mit einer Breite von zwei Punkten und einer von vier Punkten

8.3 Locatoren

Cubase stellt Ihnen verschiedene Markertypen zur Verfügung, die Ihnen bei der Arbeit mit Ihren Projekten helfen. Es lohnt sich, einen genaueren Blick darauf zu werfen, weil Sie auf diese Weise viel Zeit und Mühe sparen können. So können Sie etwa bestimmte Bereiche eines Projekts im Loop wiedergeben oder in der Wiedergabe aussparen, konkrete Stellen im Projekt unkompliziert und direkt per Tastatur ansteuern usw.

Hierzu gehören auch die Locatoren. Als solche werden der linke ❶ (Abbildung 8.12) und der rechte ❷ Hauptmarker im Zeitlineal des Sequenzerbereichs bezeichnet. Sie werden optisch durch dreieckige weiße Griffe im Lineal dargestellt. Zwischen ihnen kann ein Arbeitsbereich definiert werden, der bei vielen unterschiedlichen Funktionen Verwendung findet.

Die wichtigsten Funktionen sind dabei wohl die Bereichseingrenzungen für die Cycle-/Loop-Wiedergabe, die Punch-In-/Punch-Out-Aufnahme und den Export von Spurdaten. Die Locatoren-Anzeige der Werkzeugzeile gibt dabei die Positionen des linken wie auch des rechten Locators an.

Abbildung 8.12 ▶
Einschließender
Locatoren-Bereich

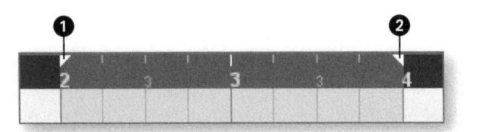

8.3.1 Locatoren und einschließender Cycle/Loop

Ist die Cycle/Loop-Funktion aktiviert, so wird bei der Wiedergabe/Aufnahme automatisch der Bereich zwischen dem linken und dem rechten Locator wiederholt. Der Positionszeiger springt dann während der Wiedergabe vom rechten direkt zum linken Locator. Der Bereich zwischen den Locatoren ist beim einschließenden Loop blau.

8.3.2 Locatoren und ausschließender Cycle/Loop

Wenn Sie den rechten Locator ❸ im Hauptlineal zeitlich vor dem linken Locator ❹ platzieren, wird der Bereich zwischen den Locatoren nicht blau, sondern rot dargestellt. Dies zeigt Ihnen optisch an, dass die Wiedergabe Ihres Projekts anders verläuft als bei der herkömmlichen Anordnung der Locatoren: Der rotbraun eingefärbte Locatoren-Bereich wird beim Abspielen des Projekts nicht wiedergegeben.

Abbildung 8.13 ▶
Locatoren
(ausschließend)

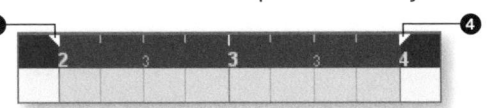

Ablauf ändern ohne Projektstruktur-Spur | Wobei kann Ihnen diese Funktion behilflich sein? Wenn Sie an eine Umstrukturierung (Verkürzung) Ihres Projekts denken, in dem Sie einzelne Teile des Ablaufs herausnehmen, aber innerhalb des Projekts nicht mit einer Projektstruktur-Spur arbeiten, bietet Ihnen der Einsatz der aussparenden Cycle-Funktion eine gute Hilfe, um sich schnell und unkompliziert einen Eindruck davon zu machen, wie das Projekt ohne den ausgewählten Bereich im Zusammenhang klingt.

8.3.3 Verschieben der Locatoren

Durch Nutzen des Hand-Werkzeugs ❺, das beim Überfahren der Locator-Begrenzungen mit der Maus erscheint, können Sie den linken wie den rechten Locator auf dem Lineal verschieben.

Locator-Bereich einzeichnen | Ein weiterer Weg, die Position der Locatoren zu verschieben, führt über das Einzeichnen des Locatoren-Bereichs. Beim Überfahren einer Stelle außerhalb des aktuell gewählten Locator-Bereichs im oberen Linealbereich erscheint der Mauszeiger in Form eines Bleistifts. Mit seiner Hilfe können Sie einen Locator-Bereich festlegen, indem Sie bei gedrückter linker Maustaste mit dem Bleistift über den gewünschten Bereich fahren.

Numerische Eingabe | Auch die direkte numerische Eingabe von Locatorpositionen in das Anzeigefeld in der Werkzeugzeile führt zur Verschiebung der Locatoren.

Gesamten Locator-Bereich verschieben | Um den gesamten Locator-Bereich zu verschieben, können Sie neue numerischen Angaben in den Locatoren-Anzeigen eingeben oder die Drag & Drop-Funktion nutzen. Hierfür müssen Sie den Mauszeiger im Lineal auf den blau markierten Bereich zwischen den Locatoren bewegen. Der Mauszeiger wechselt zum Hand-Symbol. Durch Halten der linken Maustaste können Sie nun den kompletten Locatoren-Bereich auf dem Lineal nach links oder rechts bewegen.

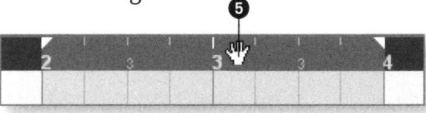

◀ **Abbildung 8.14**
Das Handsymbol erscheint nur in der oberen Hälfte.

8.3.4 Ansteuern der Locatorpunkte

Die Locatorpunkte können Sie mit dem Positionszeiger ansteuern, indem Sie die Felder L ❻ oder R ❼ im Transportfeld oder der Werkzeugzeile anklicken.

Durch die zugewiesenen Tastaturkürzel auf dem Nummernblock erreichen Sie den gleichen Effekt. Dabei steht die Taste [1] für das Ansteuern des linken, [2] für das Ansteuern des rechten Locators.

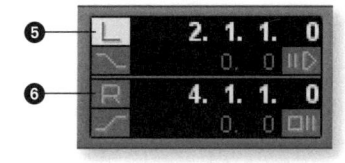

◀ **Abbildung 8.15**
Ansteuern der Locatorenpunkte

8.4 Markerspur

In Cubase haben Sie die Möglichkeit, einzelne Stellen im Ablauf Ihres Projekts direkt anzusteuern. So können Sie etwa Stellen, an denen Sie zukünftig häufig mit Punch-Ins/Drop-Ins arbeiten wollen, im Vorfeld schnell zugänglich machen. Auch für die Bearbeitung und Kontrolle entscheidender Positionen im Arrangement kann dies wichtig sein. So könnten Sie etwa in einem Projekt mehrere Songs mit dem identischem Setup des Projekts erstellen und die verschiedenen Songanfänge über Marker direkt ansteuern. So sparen Sie z. B. beim späteren Bearbeiten von Live-Mitschnitten enorm Zeit, wenn Sie bereits während der

▲ **Abbildung 8.16**
Symbol für Markerspuren in der Spurliste

Aufnahme Marker an den Songanfängen setzen. Dabei können Sie die Marker auf unterschiedliche Art und Weise eingeben.

Optische Hilfe | Die Markerspur dient Ihnen dabei als optische Hilfe. Würde es in Cubase keine Markerspur geben, so müssten Markierungspunkte auf Spuren oder im Lineal abgelegt werden. Eine separate Markerspur ist da schon wesentlich übersichtlicher.

Eine Markerspur pro Projekt | Eine Markerspur legen Sie im Projektfenster an. Es ist nicht möglich, mehr als eine Markerspur pro Projekt anzulegen. Sollten Sie die Markerspur in Ihrem Projekt zur Arbeit mit weiter unten im Spuren-Arrangement liegenden Spuren heranziehen wollen, können Sie die Spur per Drag & Drop mit der Maus auch weiter nach unten verschieben. Da auf der Markerspur kein Signalfluss stattfindet, wird für sie auch kein Kanalpendant im Mixer angelegt.

8.4.1 Standard-Marker

Standard-Marker sind Anlaufstellen innerhalb des zeitlichen Ablaufs Ihres Projekts, mit deren Hilfe Sie die durch sie markierten Stellen schnell und unkompliziert ansteuern können.

Abbildung 8.17 ▼
Standard-Marker in der Markerspur

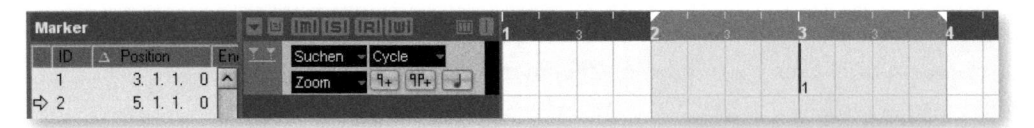

Zum Verwenden von Markern müssen sie keine Markerspur anlegen. Vom Einsatz von Markern ohne optische Unterstützung durch eine Markerspur ist allerdings abzuraten, denn sobald Sie zehn oder mehr Marker verwenden, ist es unwahrscheinlich, dass Sie sich deren Position merken können. Dies gilt vor allem für Projekte, die Sie über mehrere Tage oder nach längerer Zeit erneut bearbeiten.

8.4.2 Cycle-Marker

Bei Cycle-Markern handelt es sich um markierte Bereiche innerhalb des Ablaufs eines Projekts. Auch diese können Sie über den Inspector, das Marker-Fenster oder die Cycle-Auswahl der Spurspalte direkt ansteuern. Das Markerfeld mit seinen zehn Tasten zur Ansteuerung gilt jedoch nur für Standard-Marker.

Abbildung 8.18 ▼
Cycle-Marker in der Markerspur

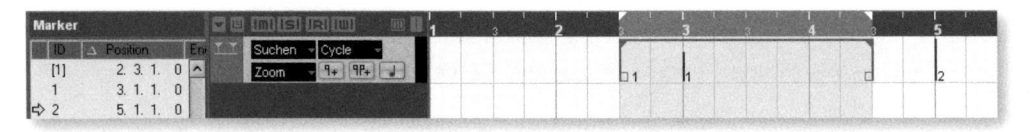

Verschachtelte Cycle-Marker | Wie Sie in Abbildung 8.19 sehen können, ist es auch möglich, dass Sie mehrere Marker anlegen, die sich überlappen. Der zweite Marker wird dann mit einem niedrigeren Querbalken dargestellt.

Da jedoch auch für alle weiteren Überlappungen nur diese beiden Unterscheidungen zwischen unterschiedlichen Cycle-Markern möglich sind, sollten Sie bei deren Einsatz noch wissen, dass auch Cycle-Marker rot dargestellt werden, sobald Sie sie auswählen. So können Sie auch verschachtelte Cycle-Marker problemlos erkennen, sofern der zu bearbeitende Cycle-Marker markiert ist.

◄ **Abbildung 8.19**
Überlappende Cycle-Marker in der Markerspur

8.4.3 Marker bearbeiten

Auf der Markerspur dargestellte Standard- und Cycle-Marker verhalten sich ganz normal, wie beliebige andere Objekte auf anderen Spurtypen. Das heißt, dass Sie beide Markertypen sowohl mit der Maus markieren und verschieben können als auch (weitestgehend) mit den Projekt-Werkzeugen bearbeiten können.

Vor allem das freie sowie rastergebundene Verschieben von Markern ist eine große Arbeitserleichterung gegenüber dem Verschieben eines einzelnen Markers über die Verwaltung von Markern im Markerfenster.

8.4.4 Marker erzeugen und ansteuern

Der Spureintrag einer Markerspur bietet Ihnen Schaltflächen und Auswahlmenüs zum Erzeugen von Markern und zur Navigation per Marker.

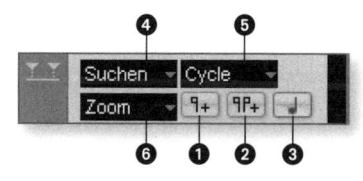

◄ **Abbildung 8.20**
Schaltflächen der Markerspur

▶ **Marker hinzufügen ❶**
Über diesen Button fügen Sie dem Projekt Standard-Marker hinzu. Das Gleiche können Sie auch durch Drücken der [Einfg]-Taste realisieren. Marker werden auch dann erzeugt, wenn Sie keine Markerspur angelegt haben sollten.

Markerspur **255**

- **Cycle-Marker hinzufügen** ❷
  Über diesen Button fügen Sie dem Projekt Cycle-Marker hinzu. Eine standardmäßig vorbelegte Tastaturkombination gibt es für diese Funktion nicht.
- **Zeitbasis umschalten** ❸
  Mit dieser Schaltfläche wechseln Sie zwischen einer musikalischen und einer linearen Zeitbasis für die Markerspur.
- **Suchen** ❹
  Hierüber können Sie einzelne Marker suchen. Sobald Sie aus der sich öffnenden Drop-down-Liste einen Markereintrag anwählen, wird dieser im Projekt mit dem Positionszeiger angesteuert. Sofern es sich um einen Cycle-Marker handelt, den Sie angesteuert haben, wird (im Gegensatz zur Auswahl über das CYCLE-Menü) der Locator-Bereich nicht verschoben.

Abbildung 8.21 ▼
Marker ansteuern über das SUCHEN-Menü

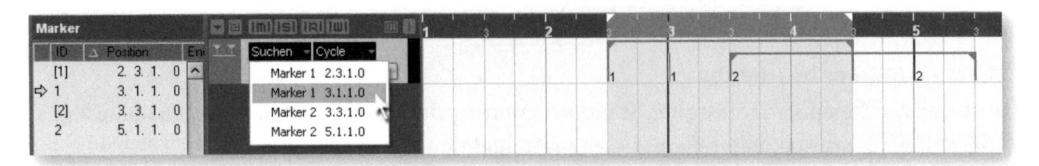

> **Marker suchen**
>
> Leider findet in diesem Menü keine Unterscheidung zwischen Standard- und Cycle-Markern statt, sodass die Suche ein wenig umständlich ist. Ich empfehle Ihnen deshalb, besser den Weg über die Inspector-Spalte oder das Marker-Fenster zu gehen, sofern Sie verschiedene Markertypen in Ihrem Projekt nutzen.

- **Cycle** ❺
  Mit dem CYCLE-Menü können Sie Cycle-Marker suchen und ansteuern. Sobald Sie aus der sich öffnenden Drop-down-Liste einen Cycle-Markereintrag anwählen, wird dessen Startposition im Projekt mit dem Positionszeiger angesteuert.

Abbildung 8.22 ▼
Cycle-Marker ansteuern über das CYCLE-Menü

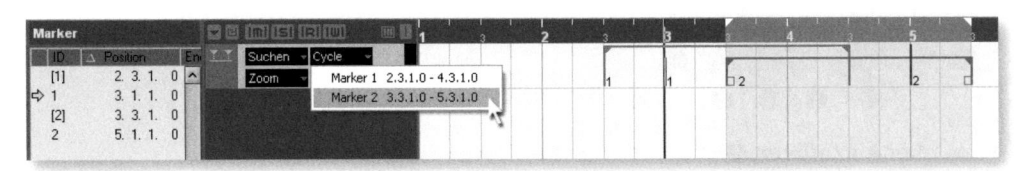

Da der durch den Cycle-Marker definierte Bereich als Loop wiedergegeben wird, verschiebt Cubase automatisch den Locator-Bereich zu den Cycle-Marker-Positionen.

> **Cycle suchen**
>
> Da das CYCLE-Menü ausschließlich entsprechende Einträge für Cycle-Marker enthält, ist es gegenüber dem SUCHEN-Menü übersichtlicher und deshalb eine große Hilfe beim Ansteuern von Cycle-Markern. Dies gilt vor allem für längere Projekte, in denen Sie beispielsweise zwischen Cycle-Markern von Anfang und Ende wechseln müssen.

- **Zoom** ❻

    Auch über das Menü ZOOM öffnen Sie eine Liste der angelegten Cycle-Marker. Wenn Sie einen der Einträge daraus anwählen, wird der von dem jeweiligen Cycle-Marker umschlossene Bereich als Auswahlbereich herangezoomt. Dabei wird der Locatoren-Bereich auf den Cycle-Marker angepasst und der Bildausschnitt maximal in der Vertikalen vergrößert, um die Cycle-Marker-Auswahl größtmöglich im Sequenzerbereich des Projektfensters anzuzeigen. Der Positionszeiger springt dabei jedoch nicht zum Startpunkt dieser Auswahl, wie es bei den beiden zuvor oben beschriebenen Marker-Funktionen der Fall ist.

    Im Screenshot in Abbildung 8.24 sehen Sie das Ergebnis der herangezoomten Cycle-Marker-Auswahl. So lässt sich arbeiten!

▼ **Abbildung 8.23**
ZOOM-Menü für Cycle-Marker nutzen

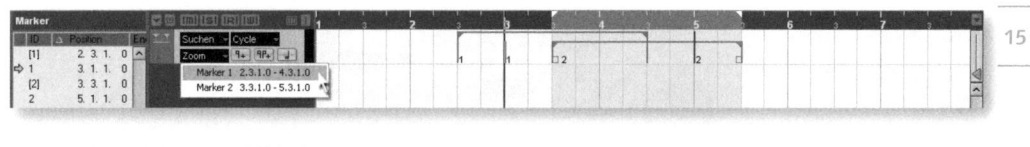

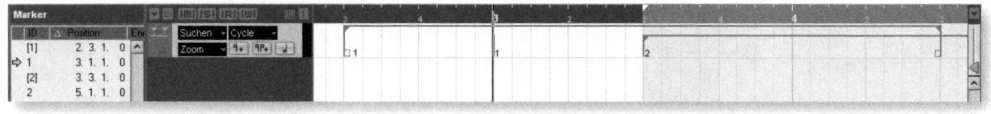

8.4.5 Marker-Übersichten

In Abbildung 8.25 auf der nächsten Seite sehen Sie verschiedene Übersichten, die Ihnen für die Arbeit mit Markern in Cubase zur Verfügung stehen. Hierzu zählen neben der Markerspur selbst und den Inspector-Informationen auch die Infozeile sowie die Übersicht im Marker-Fenster.

▲ **Abbildung 8.24**
Ansicht nach Heranzoomen über das ZOOM-Menü

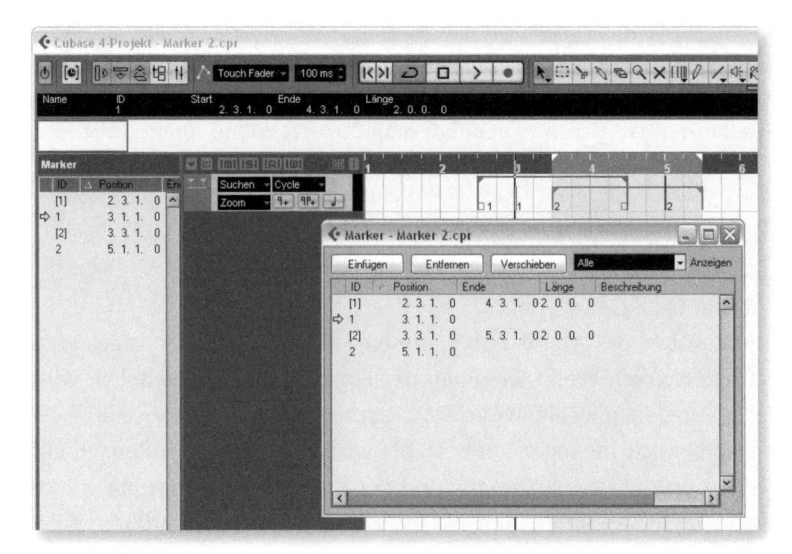

Abbildung 8.25 ▶
Infozeile, Inspector, Markerspur und Marker-Fenster

Marker-Fenster | Das Marker-Fenster bietet Ihnen neben den Standardfunktionen zum Verwalten von Markern auch einige, die Sie nicht unmittelbar über die Markerspur nutzen können. Sie öffnen das Marker-Fenster über die Tastenkombination [Strg] bzw. [⌘] + [M] oder über PROJEKT • MARKER.

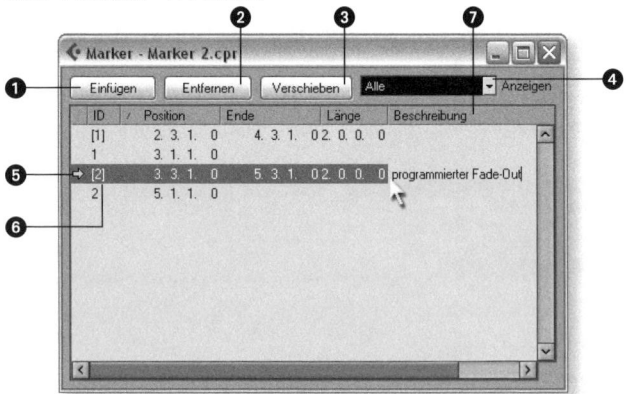

Abbildung 8.26 ▶
Das Marker-Fenster

▶ **Einfügen**
Über die Schaltfläche EINFÜGEN ❶ können Sie Standard-Marker in das Projekt einfügen. Der Marker wird dabei stets an der aktuellen Position des Positionszeigers erzeugt.

▶ **Entfernen**
Mit dieser Schaltfläche ❷ löschen Sie Markereinträge aus der Markerliste. Hierbei ist auch eine Mehrfachauswahl möglich. Dabei können Sie die [⇧]-Taste für eine zusammenhängende und die [Strg]- bzw. [⌘]-Taste für die Zusammenstellung einer nicht zusammenhängenden Auswahl nutzen.

- **Verschieben**
  Dieser Button ❸ ermöglicht Ihnen das Umsetzen eines Standard-Markers von dessen momentaner Position hin zur aktuellen Position des Positionszeigers. Hierzu müssen Sie zuvor einen Markereintrag im Marker-Fenster ausgewählt haben. Beim Verschieben von Markern auf diese Weise behalten verschobene Marker Ihre ID in jedem Fall bei.
- **Anzeigen-Auswahl**
  Im Drop-down-Menü unter ANZEIGEN ❹ können Sie festlegen, welche Art Marker Cubase Ihnen im Marker-Fenster auflisten soll. Da die Größe des Marker-Fensters frei skalierbar ist, ist diese Auswahlfunktion in erster Linie dann sinnvoll, wenn Sie in einem Projekt mit einer sehr großen Anzahl von Markern beider Markertypen arbeiten.

Navigation im Projekt | Neben den Schaltflächen zur Verwaltung von Projekt-Markern können Sie auch die angezeigte Markerliste selbst zur Navigation nutzen:
- **Einträge auswählen**
  Indem Sie einzelne Einträge in der Aktivierungsspalte ❺ der Markerliste auswählen, springt der Positionszeiger automatisch zur entsprechenden Markerposition im Projekt.
- **IDs ändern**
  Mit einem Doppelklick in die ID-Spalte ❻ eines Markereintrags können Sie dessen ID verändern. Sollten Sie dabei eine ID verwenden, die bereits von einem anderen Marker genutzt wird, so ändert Cubase selbsttätig alle betroffenen Marker-IDs, indem es die bereits vergebene ID und alle nachfolgenden um eins erhöht. Die Nummerierung der Markereinträge in der Markerspur wird ebenfalls automatisch aktualisiert.
  Wichtig ist noch zu erwähnen, dass sich die im Marker-Fenster vergebenen IDs auch auf die Ansteuerbarkeit einer Markerposition über das Marker-Feld oder per Shortcut auswirken. Denn durch das Zuweisen neuer IDs können Sie Marker, die im Projekt an einer höheren Stelle als der zehnten liegen, direkt über das Marker-Feld oder per Tastatur ansteuern.
- **Marker-Beschreibungen eingeben**
  Eine hilfreiche Zusatzfunktion, die Ihnen das Marker-Fenster (und die Inspector-Spalte) bieten, ist die Spalte BESCHREIBUNG ❼. Hier können Sie für jeden im Projekt angelegten Marker eine eindeutige Bezeichnung vergeben. Dadurch gestaltet sich das Wiederfinden von Markern deutlich einfacher, zumal die in der Beschreibungs-

spalte vergebene Bezeichnung auch im Projektfenster neben den Markereinträgen in der Markerspur auftaucht.

Marker-Übersicht im Inspector | Auch im Inspector von Markerspuren finden Sie eine Übersicht über alle im Projekt angelegten Marker. Diese Übersicht entspricht derjenigen des Marker-Fensters, zeigt jedoch nicht alle verfügbaren Spalten auf einen Blick.

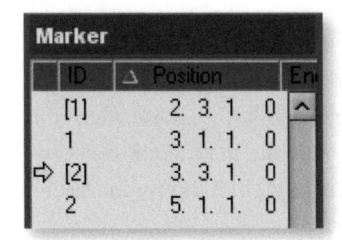

Abbildung 8.27 ▶
Inspector-Ansicht der Markerliste

8.4.6 Workflow-Tipps zur Markerspur

Auch die Arbeit mit Markern kann Ihnen in verschiedenen Bereichen nützlich sein. Wie in vielen anderen Programmbereichen von Cubase, so gibt es auch hier einige spezielle Tricks, die Ihnen helfen, den Arbeitsalltag mit der Software reibungsloser, schneller oder angenehmer zu gestalten.

Tastaturkürzel | Besonders beim häufigen Einsatz von Markern sollten Sie sich die folgenden Tastaturkürzel einprägen, um die Arbeit an Ihren Projekten zu beschleunigen.

Tabelle 8.1 ▶
Marker-Shortcuts

Tastaturkombination	Funktion
[Einfg]	Marker einfügen/erzeugen
[⇧] + [N]	zum nächsten Marker
[⇧] + [B]	zum vorangehenden Marker
[⇧] + [1] bis [9]	zu Marker x springen
[Strg]/[⌘] + [1] bis [9]	Marker x zum Positionszeiger verschieben
[⇧] + [Num1] bis [Num9]	Locator zum ausgewählten Cycle-Marker verschieben

Das Verwenden der in der Tabelle aufgeführten Shortcuts setzt voraus, dass Sie die »Num Lock«-Funktion des Ziffernfeldes auf Ihrer Tastatur ausgeschaltet haben. Ansonsten führen Sie über das Numeric Pad die Shortcuts für die Transportsteuerung des Projekts durch.

Auswahlen erstellen | Die Marker von Cubase können Ihnen aber nicht nur dabei helfen, konkrete Stellen in einem Projekt anzusteuern. Sie können mit Hilfe von Cycle-Markern auch eine Objektbereichs-Auswahl treffen und diese bearbeiten. Wie das geht, lesen Sie in der folgenden Schritt-für-Schritt-Anleitung:

Schritt für Schritt: Auswahl per Marker

[**.**]

[**o**] Schritt für Schritt – Auswahl per Marker.cpr

Auf der Buch-CD finden Sie im Workshop-Ordner zu diesem Kapitel ein Cubase-Projekt mit dem Titel »Schritt für Schritt – Auswahl per Marker.cpr«. Beachten Sie, dass das Beispielprojekt aus Kompatibilitätsgründen mit einem DirectX-Treiber arbeitet. Bitte passen Sie deshalb die Auswahl des ASIO-Treibers ggf. an Ihre Hardware-Umgebung an, indem Sie im Bereich GERÄTE • GERÄTE KONFIGURIEREN den von Ihnen gewünschten ASIO-Treiber wählen.

1 Auswahlwerkzeug wählen
Wählen Sie aus dem Werkzeugmenü das Auswahlwerkzeug.

2 Auswahl bestimmen
Führen Sie mit dem Auswahlwerkzeug in der Markerspur einen Doppelklick zwischen zwei beliebigen Markern aus.

Durch den Doppelklick zwischen den Markern hat Cubase alle innerhalb dieses Projektbereichs befindlichen Objekte bzw. Objektteile zu einer Auswahl zusammengefasst. Alle zur Auswahl gehörenden Objektbereiche sind nun türkis eingefärbt.

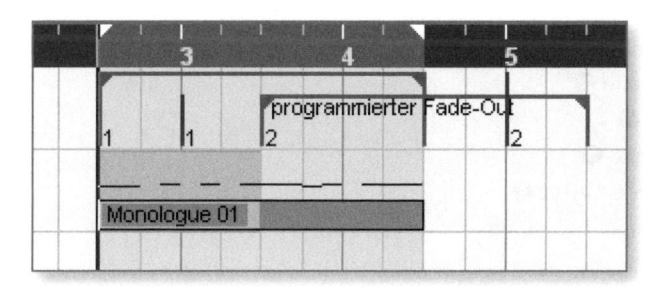

3 *Auswahl per Marker verschieben*

Wenn Sie mit dem Mauszeiger über den markierten Bereich fahren, stellen Sie fest, dass der Mauszeiger zu einer Hand wird.

Verschieben Sie nun mit der Maus den Markerbereich in einer beliebigen Spur. Cubase zieht alle markierten Objekte bzw. Objektteile mit an die von Ihnen neu gewählte Stelle.

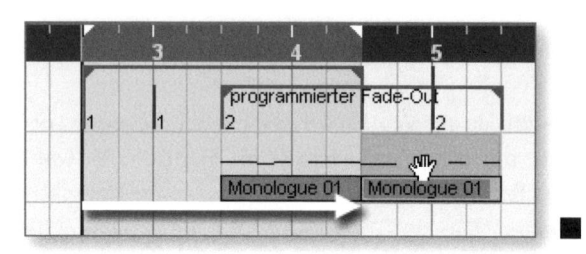

8.5 Tempospur

Wie Sie bereits erfahren haben, können Sie innerhalb eines Projekts auch verschiedene Tempi und Taktarten verwenden. Dies realisieren Sie, indem Sie den TEMPO-Button des Transportfelds aktivieren und das Projekt damit einem vorgegebenen Ablauf folgen lassen. Diesen Ablauf bestimmen Sie durch die Einträge der Tempospur. Zur besseren Übersicht bietet Ihnen Cubase zu diesem Zweck eine separate Arbeitsumgebung in Form eines Editors.

Abbildung 8.28 ▶
Einschalten der Tempospur im Transportfeld

8.5.1 Tempospur bearbeiten

Über PROJEKT • TEMPOSPUR sowie über die Tastaturkombination [Strg]/[⌘] + [T] können Sie den Editor der Tempospur öffnen. Dieser unterteilt sich in:

▶ Werkzeugzeile ❶
▶ Linealzeile ❷
▶ Taktartenzeile ❸
▶ Tempokurven-Gitter ❹

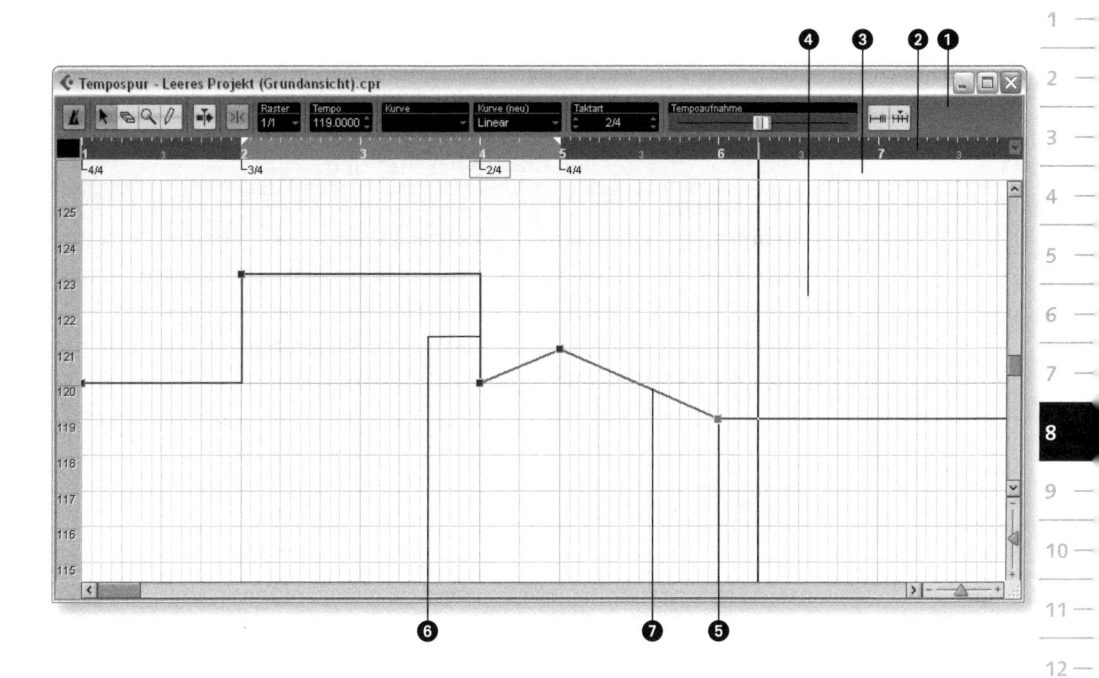

▲ Abbildung 8.29
Grafische Darstellung des Tempoverlaufs im Editorfenster

Tempokurven-Gitter und Events | Das Tempokurven-Gitter nimmt den größten Teil des Tempospur-Editors ein und zeigt Ihnen die grafische Darstellung des Tempoverlaufs eines Projekts. Wie Sie im Screenshot in Abbildung 8.29 sehen können, werden Tempo-Events ❺ in Form von kleinen schwarzen Quadraten dargestellt, stufenförmige Tempokurven in blauer Farbe ❻ und lineare Tempokurven in Grün ❼.

Taktart bestimmt Rasterabstände | Außerdem sehen Sie in der Abbildung, dass die vertikalen Linien des Tempokurven-Gitters den eingestellten Rasterwerten entsprechen. Ändern Sie die Taktarten innerhalb eines Projekts, so werden die horizontalen (zeitlichen) Rasterabstände automatisch angepasst. Auf diese Weise haben Sie durch das »Spacing« des Gitters stets einen optischen Hilfseindruck für die in Ihrem Projekt bestehenden zeitlichen Verhältnisse. Das Spacing des Gitters wird übrigens 1:1 im Sequenzerbereich des Projektfensters übernommen, sodass Sie Objekte auch nach Tempoänderungen stets am Raster (und damit taktgenau) ausrichten können.

Fixed-Tempo-Modus | Sofern Sie nicht mit der Tempospur-Funktion arbeiten, greift Cubase auf den Fixed-Modus für das Tempo zurück. Die feststehende Tempoauswahl des Projekts wird dann als schwarze horizontale Linie im Tempokurven-Gitter angezeigt. Alle eingegebenen Tempokurven werden in diesem Fall ausgegraut. Die schwarze Tempolinie des Fixed-Modus können Sie mittels des Objektauswahl-Werkzeugs in der Vertikalen verändern.

8.5.2 Werkzeugzeile der Tempospur

Die Werkzeugzeile enthält einige Werkzeuge, die Ihnen bereits aus dem Projektfenster von Cubase bekannt sind.

Mehrere Tempospuren bearbeiten | Wenn Sie mehrere Projekte zugleich geöffnet haben, ist es auch möglich, dass Sie mehrere Tempospuren nebeneinander bearbeiten. Nutzen Sie die Aktivierungsschaltflächen, um zwischen den Projekten umzuschalten. Auf diese Weise ersparen Sie sich den Weg über das Projektfenster und können unmittelbar zwischen Tempospuren verschiedener Projekte umschalten.

Abbildung 8.30 ▶
Aktivierungsschaltflächen (inaktiv/aktiv)

Werkzeugauswahl | Die Elemente der Werkzeugauswahl sind hinsichtlich Ihrer Grundfunktion ähnlich denjenigen des Projektfensters, beziehen sich jedoch auf eine andere Art von Objekten: Tempokurven und Tempokurvenpunkte.

▶ Ein Tempokurvenpunkt ist ein Event zur Steuerung des zeitlichen Ablaufs eines Projekts.
▶ Eine Tempokurve ist die grafische Darstellung des Tempoverlaufs zwischen zwei Tempokurvenpunkten.

Tempokurvenpunkte und Tempokurven können in das Tempokurven-Gitter eingegeben und dort jederzeit verändert werden. Cubase spielt das Projekt bei eingeschalteter Tempospur-Funktion nach Vorgabe dieser Tempo-Informationen ab.

Abbildung 8.31 ▶
Die Werkzeuge der Tempospur

Objektauswahl mit dem Pfeil-Werkzeug | Wenn Sie das Pfeil-Werkzeug wählen, können Sie im Tempokurven-Gitter einzelne oder mehrere Tempokurvenpunkte oder auch den Verlauf einer Tempokurve auswählen. Eine Auswahl mehrerer Tempokurven ist hingegen nicht möglich.

Ausgewählte Tempokurvenpunkte werden rot dargestellt. Die Darstellung von ausgewählten Tempokurven ist inklusive ihrer Tempokurvenpunkte ebenfalls rot.

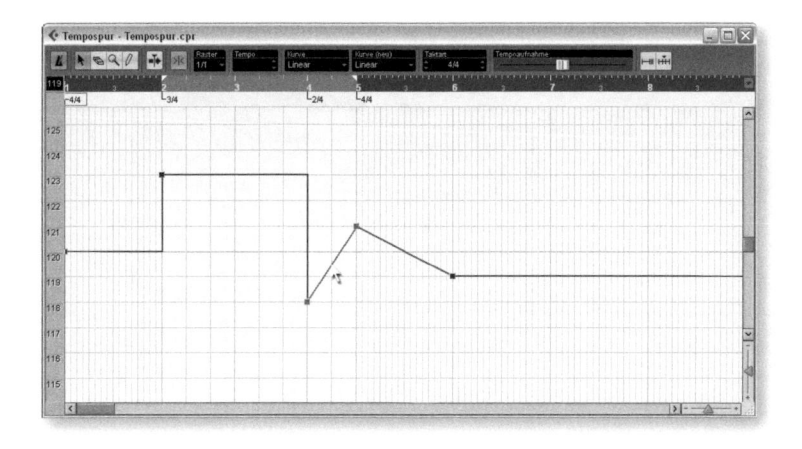

◀ **Abbildung 8.32**
Tempokurven auswählen

Löschen mit dem Radiergummi-Werkzeug | Mit dem Radiergummi-Werkzeug können Sie Tempokurvenpunkte entfernen. Sind davon Tempokurven gleicher Art betroffen, so bleibt diese Tempokurvenart selbstverständlich auch für das Resultat nach Ihrem Löschvorgang erhalten. Sofern Tempokurven verschiedener Art (Stufe/linear) betroffen sind, bleibt stets die zeitlich spätere Tempokurvenart erhalten.

Das LÖSCHEN-Werkzeug kann nicht auf Tempokurven oder Taktarteneinträge angewendet werden.

▶ **Löschen von identischen Tempokurven**
In Abbildung 8.33 sehen Sie, dass ein Tempokurvenpunkt ❶ gelöscht werden soll, der sich zwischen zwei Tempokurven gleicher Art ❷ und ❸ befindet (Stufe).

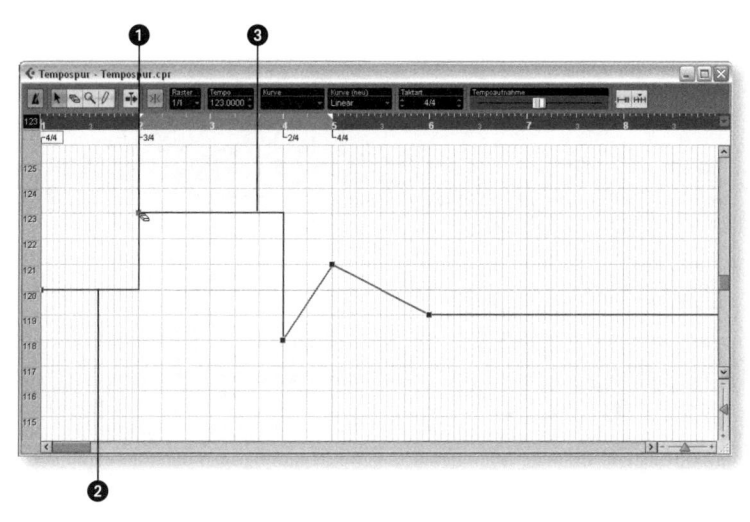

◀ **Abbildung 8.33**
Tempoverlauf vor dem Löschen eines Tempokurvenpunktes (identische Tempokurvenarten)

Das Resultat ist eine Tempokurve ❹ (Abbildung 8.34), die auf eben diese Tempokurvenart (Stufe) zurückgreift.

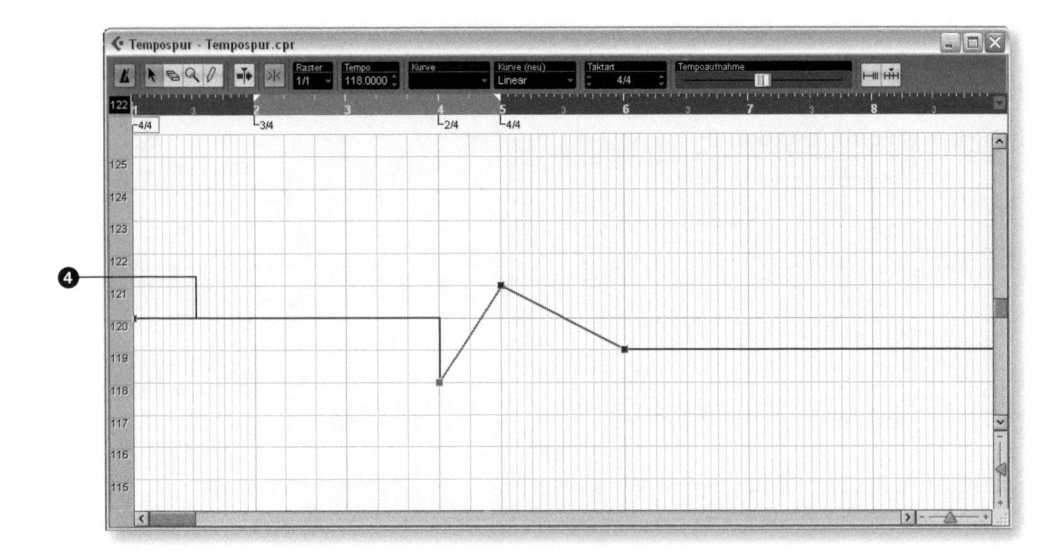

Abbildung 8.34 ▲
Tempoverlauf nach dem Löschen eines Tempokurvenpunktes (identische Tempokurvenarten)

- **Löschen unterschiedlicher Tempokurven**

    In Abbildung 8.35 sehen Sie hingegen, dass ein Tempokurvenpunkt ❺ gelöscht werden soll, der sich zwischen zwei Tempokurven ungleicher Art ❻ und ❼ befindet (Stufe und linear).

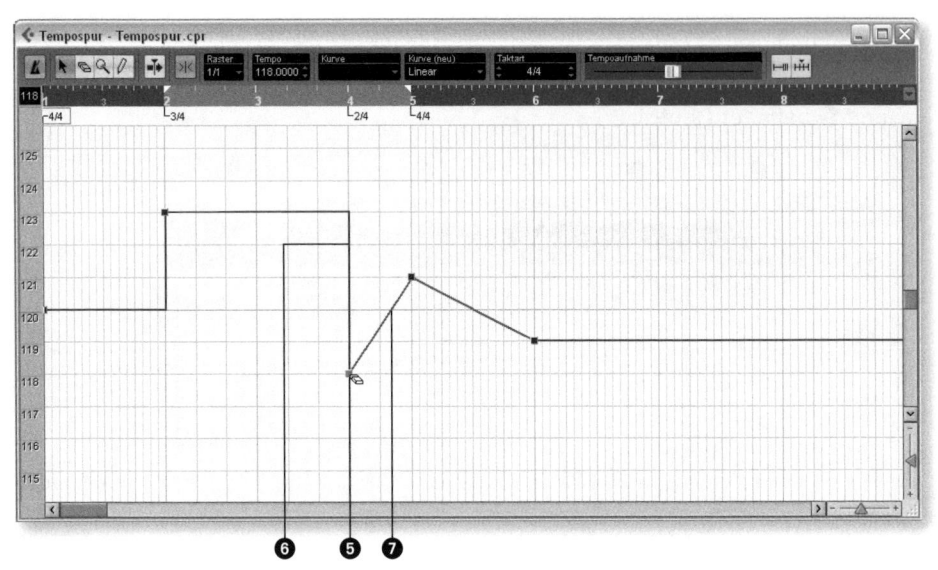

Abbildung 8.35 ▲
Tempoverlauf vor dem Löschen eines Tempokurvenpunktes (unterschiedliche Tempokurvenarten)

Das Resultat ist eine Tempokurve ❽, welche zwischen den Tempokurvenpunkten ❻ und ❼ verläuft, die um den gelöschten Tempokurvenpunkt herum verblieben sind, und dabei auf die zeitlich spätere Tempokurvenart (linear) zurückgreift.

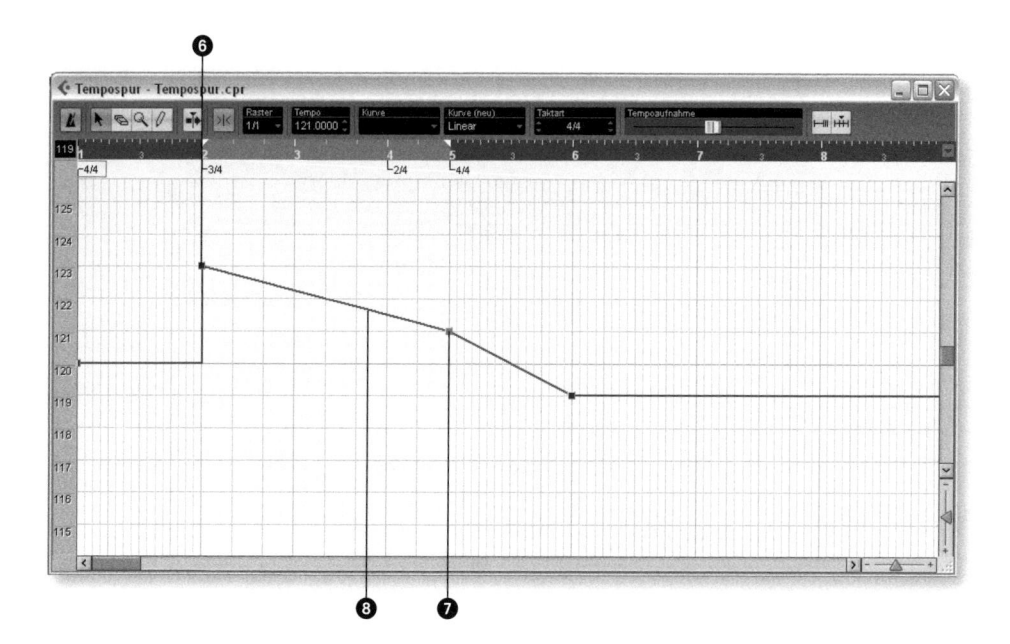

Zoom mit dem Lupen-Werkzeug | Das Lupen-Werkzeug hilft Ihnen dabei, bestimmte Ausschnitte des Tempokurven-Gitters näher heranzuzoomen. Für die Vergrößerung des dargestellten Bereichs im Tempokurven-Gitter zieht Cubase übrigens nur den horizontalen, nicht aber den vertikalen Auswahlbereich des Lupen-Werkzeugs heran.

◀ **Abbildung 8.36**
Tempoverlauf nach dem Löschen eines Tempokurvenpunktes (unterschiedliche Tempokurvenarten)

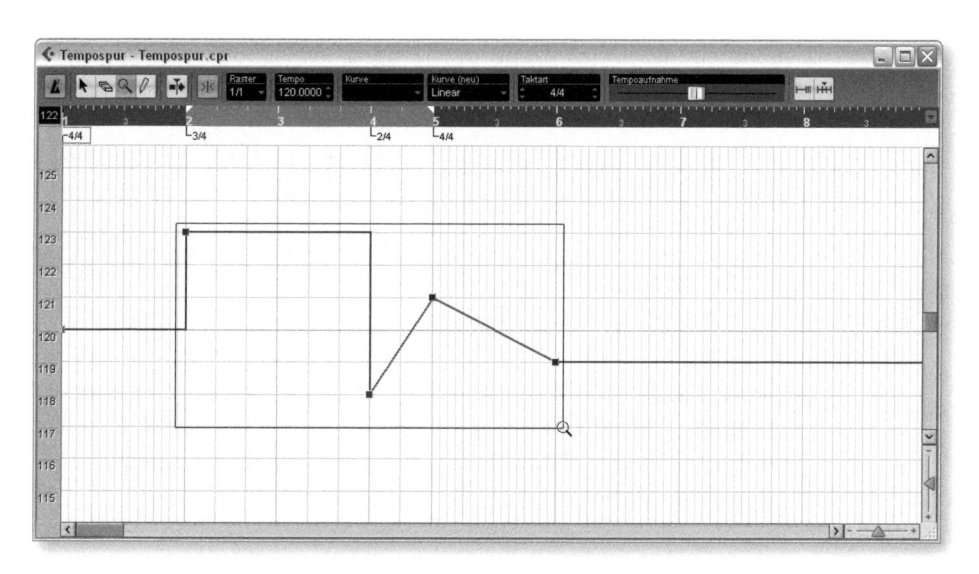

Um einen Ausschnitt des Tempokurven-Gitters zu vergrößern, ziehen Sie durch Halten des linken Mauszeigers bei ausgewähltem Lupen-Werkzeug ein Auswahlrechteck auf. Der horizontale Bereich dieses Auswahlrechtecks bestimmt das Zoomergebnis.

◀ **Abbildung 8.37**
Tempokurven-Gitter vor dem Heranzoomen

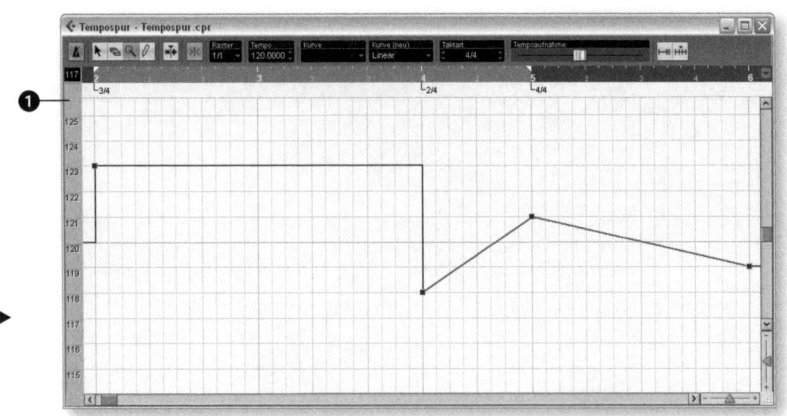

Abbildung 8.38 ▶
Tempokurven-Gitter nach dem Heranzoomen

Das Ergebnis sieht dann beispielsweise so aus, wie in Abbildung 8.38 zu sehen. Am Tempo-Lineal ❶ an der linken Seite können Sie erkennen, dass lediglich die horizontale, nicht aber die vertikale Darstellung herangezoomt wurde.

Bleistift-Werkzeug | Das Bleistift-Werkzeug dient zum Einzeichnen von Tempokurvenpunkten in das Tempokurven-Gitter.

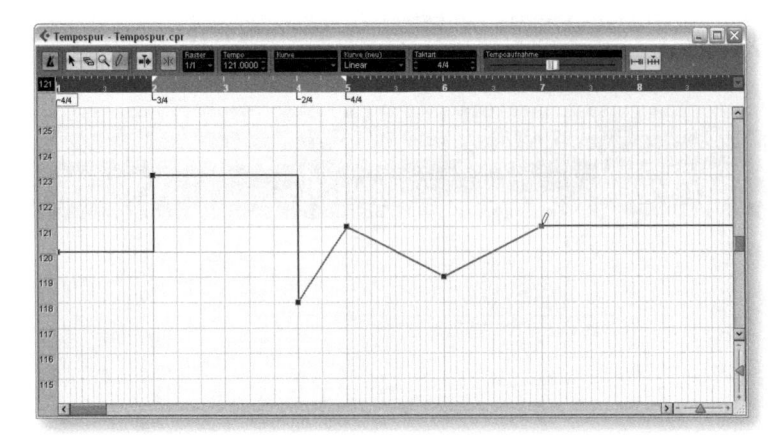

Abbildung 8.39 ▶
Stift-Werkzeug

Raster als Positionierungshilfe | Wenn Sie das Raster eingeschaltet haben, so wird der neu erzeugte Tempokurvenpunkt automatisch nicht nur auf den ausgewählten Tempowert, sondern auch auf den nächstgelegenen Rasterwert gesetzt.

Automatischer Bildlauf | Der automatische Bildlauf funktioniert im Tempospur-Editor wie im Projektfenster. Informationen zu dieser Funktion finden Sie in Abschnitt 6.3.13.

◀ **Abbildung 8.40**
Automatischer Bildlauf (inaktiv/aktiv)

Raster | Auch die Rasterfunktion funktioniert im Tempospur-Editor wie im Projektfenster. Nach Vorgabe der Rasterwert-Einstellungen des Tempospur-Editors können Sie auf diese Weise rastergenau Tempokurvenpunkte setzen und/oder verschieben. Informationen zu dieser Funktion finden Sie in Abschnitt 6.3.14.

◀ **Abbildung 8.41**
Raster (inaktiv/aktiv)

Auswahl der Rasterwerte | Die Auswahl der Rasterwerte gilt ausschließlich für die Rasterfunktion innerhalb der Tempospur. Die Werteauswahl greift also nicht für das Projektfenster. Zur Auswahl stehen hier stets Notenwerte. Dies gilt auch für den Fall, dass Sie für die Linealzeile ein anderes Format als TAKTE+ZÄHLZEITEN gewählt haben sollten. Zur Auswahl stehen Notenwerte sowie deren punktierte und triolischen Varianten.

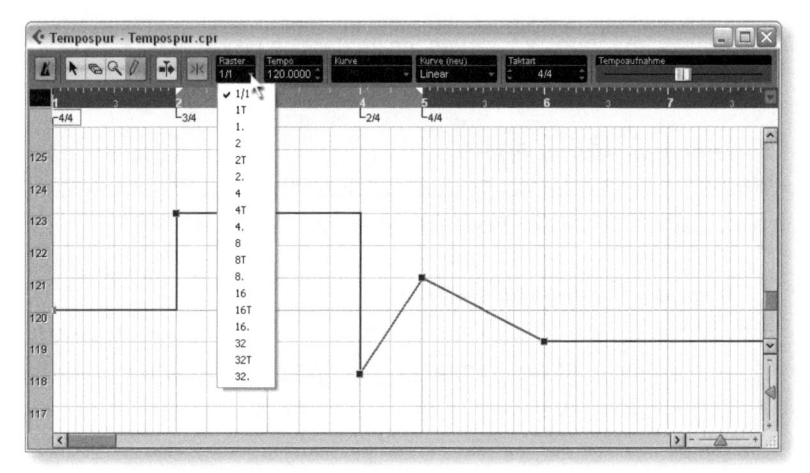

◀ **Abbildung 8.42**
Dropdown-Menü der Rasterwerte

Anzeige der Tempowerte | Die Tempowerte-Auswahl zeigt Ihnen nicht etwa das aktuelle Tempo an, sondern gibt Ihnen Auskunft über den Tempowert eines Tempokurvenpunktes. Ist kein Tempokurvenpunkt markiert, so zeigt die Anzeige konsequenterweise keinen Wert an. Dies ist auch der Fall, sofern Sie mehr als nur einen Punkt in eine aktuelle Auswahl einbezogen haben.

◀ **Abbildung 8.43**
Tempowerte einstellen

Sobald Sie mit dem Bleistift-Werkzeug einen Tempokurvenpunkt erzeugen, wird dessen Tempowert in der Auswahl angezeigt. Somit können Sie die Tempowert-Auswahl neben der Tempowert-Anzeige und dem zugehörigen Tool-Tipp (erscheint beim Erzeugen eines Tempokurvenpunktes) auch als Anzeige für aktuell gewählte Tempowerte nutzen.

Tempowerte ändern | Wenn Sie den Tempowert eines Tempokurvenpunktes korrigieren wollen, so führt der offensichtlichste Weg zunächst zwar über die Veränderung der grafischen Position im Tempospur-Gitter mittels des Objektauswahl-Werkzeugs. Doch es gibt eine elegantere Methode, die Ihnen unter Umständen viel Zeit und Nerven erspart:

[▪] *Schritt für Schritt: Tempowerte in der Tempospur korrigieren*

[●]
Schritt für Schritt
– Tempowerte in
der Tempospur
korrigieren.cpr

Auf der Buch-CD finden Sie im Workshop-Ordner zu diesem Kapitel ein Cubase-Projekt mit dem Titel »Schritt für Schritt – Tempowerte in der Tempospur korrigieren.cpr«. Beachten Sie, dass das Beispielprojekt aus Kompatibilitätsgründen mit einem DirectX-Treiber arbeitet. Bitte passen Sie deshalb die Auswahl des ASIO-Treibers ggf. an Ihre Hardware-Umgebung an, indem Sie im Bereich GERÄTE • GERÄTE KONFIGURIEREN den von Ihnen gewünschten ASIO-Treiber wählen.

1 *Tempospur-Editor öffnen*
Öffnen Sie den Editor der Tempospur über das Menü PROJEKT • TEMPOSPUR oder mittels der Tastenkombination [Strg]/[⌘] + [T].

2 *Tempokurvenpunkt markieren*
Wählen Sie das Werkzeug OBJEKTAUSWAHL und markieren Sie den zu korrigierenden Tempokurvenpunkt (oder erzeugen Sie mit dem Stift-Werkzeug einen neuen).

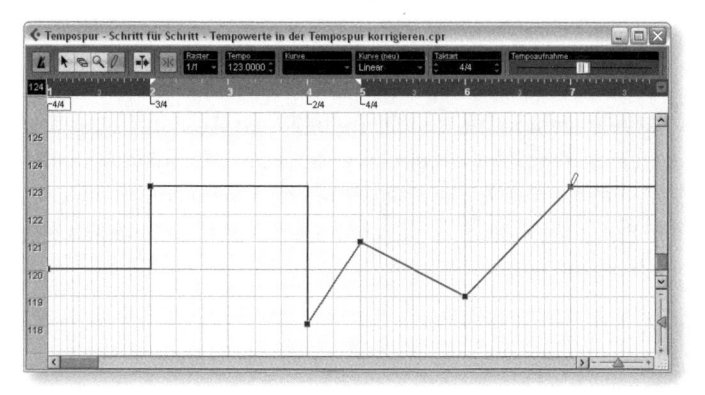

3 Tempowert einstellen

Korrigieren Sie nun den Tempowert mit dem Werkzeug OBJEKTAUS-WAHL oder über die Pfeile der Tempowert-Auswahl um bspw. drei BPM (Beats per Minute) nach unten. Mit der Tempo-Auswahl können Sie den Tempowert auf bis zu vier Stellen hinter dem Komma genau justieren. Eine vergleichbare Genauigkeit ist auch bei größtmöglichem vertikalen Heranzoomen nicht zu erzielen.

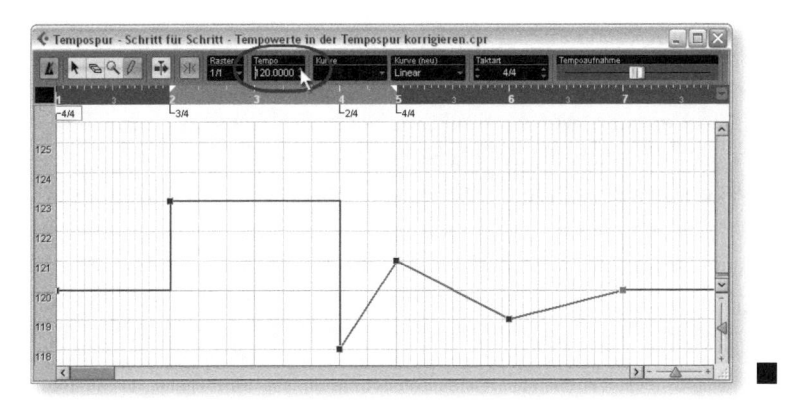

Auswahl der Kurvenart | Gleiches wie für die Tempowert-Auswahl gilt auch für die Auswahl der Kurvenart unter KURVE. Gegenüber der Auswahl KURVE (NEU) gilt diese jedoch ausschließlich für bereits bestehende Tempokurven. Die Auswahl KURVE (NEU) gilt ausschließlich für Tempokurven, die Sie durch das Erzeugen neuer Tempokurvenpunkte erzeugen.

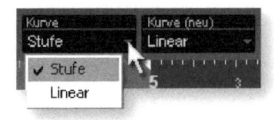

◄ **Abbildung 8.44**
Kurvenart festlegen für bestehende Kurven (links) und neue Kurven (rechts)

Auswahl der Taktart | Über die Taktart-Auswahl können Sie sowohl bestehende Taktart-Events in der Taktartenzeile verändern wie auch die Voreinstellung für noch zu erzeugende Taktartwechsel einstellen.

◄ **Abbildung 8.45**
Taktarten einstellen

Tempoaufnahme | Wenn Sie die Tempospur bereits während einer laufenden Aufnahme an das aufgenommene Material anpassen möchten, so haben Sie die Möglichkeit, währenddessen den Tempospur-Regler zu justieren. Daraus resultierende Tempoverläufe klingen besonders natürlich.

Aber Achtung: Um die Tempospur des Projekts während der Aufnahme einschätzen zu können, sollten Sie jedoch unbedingt das Metronom (den Click) aktivieren.

Abbildung 8.46 ▶
Regler der Tempoaufnahme-Funktion

[»] **Tempo berechnen und Taktstruktur verändern** | Wenn Sie die Tempospur Ihres Projekts an bereits bestehendes Audio- oder Videomaterial anpassen möchten, so können Sie auf diese Funktion TEMPO BERECHNEN zurückgreifen. Mit der Funktion TAKTSTRUKTUR VERÄNDERN bietet Cubase 4 nun auch die Möglichkeit, Zeitpunkte zu verändern, ohne dass die Synchronisation nachfolgender Objekte beeinträchtigt wird.

Bitte beachten Sie, dass Ihnen diese Funktionen nicht in der Programmversion Cubase Studio 4 zur Verfügung stehen.

Abbildung 8.47 ▶
Buttons TEMPO BERECHNEN und TAKTSTRUKTUR VERÄNDERN

Hinweise zur Nutzung dieser Funktionen finden Sie in diesem Kapitel ab Abschnitt 8.7.6.

8.7.3 Linealzeile der Tempospur

Die Linealzeile der Tempospur ist ähnlich derjenigen des Projektfensters, enthält aber spezifische zusätzliche Funktionen, die im Folgenden erklärt werden.

Abbildung 8.48 ▶
Linealzeile in der Tempospur

Tempowert-Anzeige | Die Tempowert-Anzeige ❶ gibt Ihnen Auskunft über die vertikale Position Ihres Mauszeigers im Tempokurven-Gitter. Auf diese Weise haben Sie beim Erzeugen und Bearbeiten von Tempokurvenpunkten immer den Überblick über den momentanen Wert eines bestehenden oder potenziellen Tempokurvenpunktes.

Tempolineal | Das Tempolineal entspricht der Linealzeile des Projektfensters, auch hier stehen Ihnen die Locatoren des Projektfensters zur Verfügung, die projektweit gelten. Ändern Sie die Position der Locatoren in der Tempospur, so ändern Sie damit automatisch auch die Position der Locatoren im Projektfenster. Die Linealzeile passt sich bei

Taktartwechseln gegebenenfalls nach der von Ihnen gewählten Vorgabe der Linealmodus-Auswahl an.

Linealmodus | Ganz rechts in der Linealzeile finden Sie die Linealmodus-Auswahl. Hierüber bestimmen Sie zum einen das Format, in welchem Ihnen die Linealzeile zur Verfügung stehen soll, zum anderen können Sie das Verhalten von Linealzeile und Tempokurven-Gitter für Tempowechsel bestimmen. Sie können aus den Modi ZEITLINEAR und TEMPOLINEAR wählen.

Zeitlinearer Linealmodus | Im zeitlinearen Modus passen sich die Linealzeile und das Tempokurven-Gitter in Relation zu den von Ihnen eingegebenen Tempoveränderungen an. Die Taktabstände werden dabei größer, je langsamer sie das Tempo wählen. So ergibt sich ein »Spacing«, dessen grafische Darstellung bereits Rückschlüsse auf das verwendete Tempo zulässt. Bei zeitlinearer Darstellung verändert der Positionszeiger aufgrund der unterschiedlichen, zeitbezogenen Darstellungsweiten des Rasters automatisch seine Geschwindigkeit.

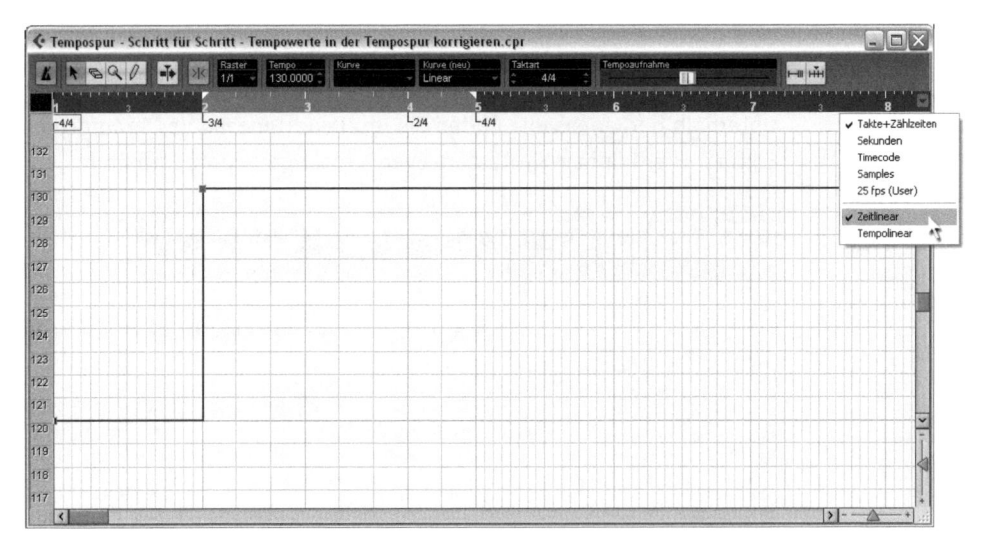

Optische Unterstützung | Dies ist besonders dann eine sehr nützliche Funktion, wenn Sie mit krassen Tempowechseln arbeiten. Das Spacing (Raumverteilung) der Takt- und Rastereinheiten kann Ihnen auch beim Einspielen behilflich sein, da das Gitterraster eine visuelle Hilfe für einen Tempowechsel darstellen kann. Durch die (natürliche) Verzögerung des einspielenden Musikers können starke Tempowechsel somit durch ein natürliches Ritardando »aus dem Spiel heraus« geglättet werden.

▲ **Abbildung 8.49**
Zeitlineare Gitter-Darstellung bei Tempowechsel

Tempolinearer Linealmodus | Im tempolinearen Modus werden Linealzeile und Tempokurven-Gitter nicht an die vorgegebenen Tempoveränderungen angepasst, sondern behalten eine strikt gleichmäßige Unterteilung bei. Bei tempolinearer Darstellung bleibt die Geschwindigkeit des Positionszeigers konstant, da die Abstände der Darstellungsweiten des Rasters nicht verschieden sind.

Abbildung 8.50 ▼
Tempolineare Gitter-Darstellung bei Tempowechsel

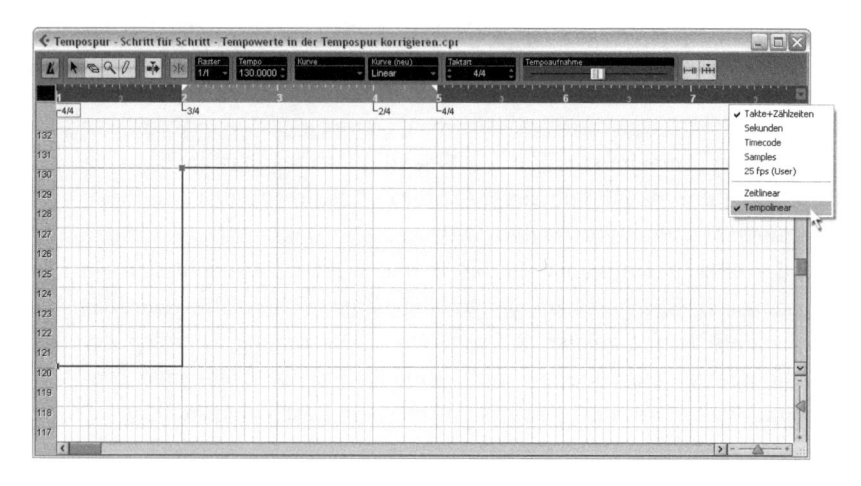

8.5.4 Taktartzeile der Tempospur

Unterhalb der Linealzeile finden Sie die Taktartenzeile des Tempospur-Editors. Hier können Sie Taktart-Events erzeugen und bearbeiten.

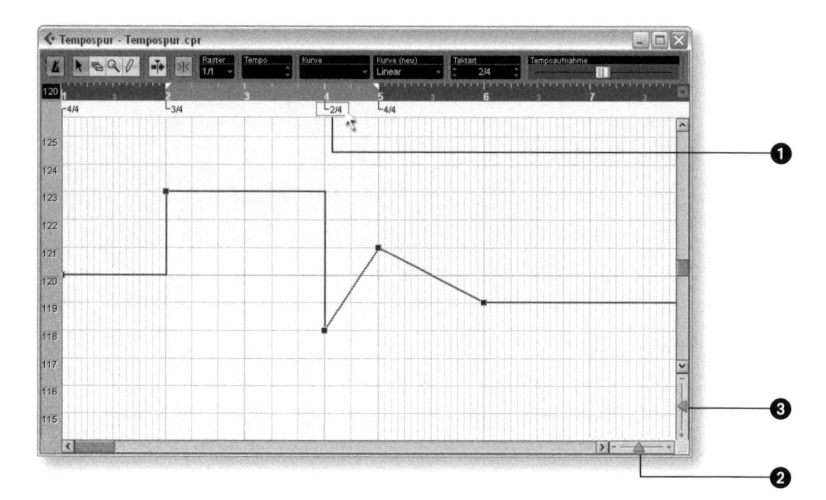

Abbildung 8.51 ▶
Arbeiten mit der Taktartzeile

Taktart erstellen | Zum Erstellen von Taktart-Events können Sie entweder das Bleistift-Werkzeug in der Taktartenzeile nutzen oder aber mit dem Mauszeiger innerhalb der Taktartenzeile einen Doppelklick ausführen. Auch durch das Anklicken der Taktartenzeile mit dem Mauszeiger bei gehaltener [Alt]-Taste erzeugen Sie neue Taktarten-Events.

Sofern Sie die Rasterfunktion eingeschaltet haben, wird das neue Taktart-Event automatisch auf dem nächstgelegenen Rasterwert erzeugt. Die standardmäßige Vorgabe hierbei ist ein 4/4-Takt. Neu erzeugte Taktart-Events werden automatisch markiert, sodass Sie sie umgehend modifizieren können.

Taktart bearbeiten | Um ein Taktarten-Event zu bearbeiten, wählen Sie dieses mit dem Objektwerkzeug aus. Ein Taktart-Event, das Sie bearbeiten, wird stets mit einem roten Kasten ❶ umrandet. Auf diese Weise können Sie Taktart-Events auch verschieben, wo notwendig.

Werte anpassen | Zum Verändern der Werte von Taktart-Events gehen Sie wie folgt vor: Markieren Sie das zu bearbeitende Event. Wird das Event mit einem roten Kasten umrandet dargestellt, können Sie dessen Zähler- und Nennerwert mittels der Taktart-Auswahl der Linealzeile wie gewünscht einstellen. Hierfür können Sie entweder auf die zugehörigen Pfeiltaster oder auf eine Eingabe per Tastatur zurückgreifen.

Hohe Zählerwerte | Der Notenwert der Taktartenunterteilung wird durch den Nenner bestimmt und kann eine Unterteilung von bis 64-stel Noten betragen. Der Zähler kann ebenfalls einen Wert von maximal 64 aufweisen. Sollten Sie größere Werteunterteilungen benötigen, z. B. auf Basis von 128stel Noten, so müssen Sie den Umweg über eine Verdoppelung des Tempos gehen. Hier ein Beispiel: 64stel Noten bei einem Tempo von 240 bpm haben dieselbe effektive Dauer wie 128stel Noten bei einem Tempo von 120 bpm.

Taktart löschen | Zum Entfernen von Taktart-Events können Sie entweder das Radiergummi-Werkzeug nutzen oder aber markierte Einträge durch Betätigen der Tasten `Entf` oder `←` löschen. Beachten Sie aber, dass das Radiergummi-Tool nur bei Taktart-Events funktioniert, die Sie zuvor ausgewählt haben.

Darstellung im Editorfenster | Änderungen der Darstellungsgröße des angezeigten Tempoverlaufausschnitts nehmen Sie entweder über das Lupen-Werkzeug oder über die horizontalen ❷ und vertikalen ❸ Skalierungsregler vor.

8.5.5 Quick-Kontextmenü der Tempospur

Wie viele andere Bereich in Cubase, so bietet auch der Tempospur-Editor ein eigenes Quick-Kontextmenü, das Sie im Tempokurven-Gitter über die rechte Maustaste aufrufen können.

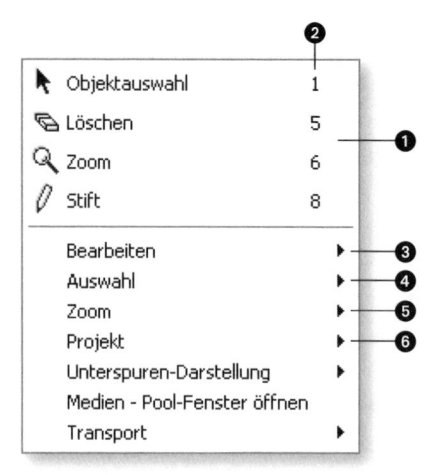

Abbildung 8.52 ▶
Kontextmenü der rechten Maustaste in der Tempospur

Werkzeuge | Im oberen Bereich des Kontextmenüs stehen Ihnen die Werkzeuge aus der Werkzeugzeile zur Verfügung ❶. Indem Sie zu verwendende Werkzeuge aus dem Quick-Kontextmenü und nicht über die Werkzeugzeile wählen, sparen Sie sich den Weg mit der Maus vom Tempokurven-Gitter zur Werkzeugzeile. Das erscheint zwar auf den ersten Blick nicht als eine sonderlich große Arbeitserleichterung, wird Ihre Hand und Ihr Handgelenk aber besonders dann stark entlasten, wenn Sie viele Änderungen vornehmen müssen (z. B. nach dem Aufzeichnen von Tempokurvenpunkten durch die Tempoaufnahme).

Tastaturkürzel | Eine nette Hilfe stellt auch die Anzeige der Kurztasten ❷ dar, die Sie neben den Werkzeugeinträgen finden. Indem Sie die Tastatur-Shortcuts nutzen, sparen Sie sich selbst noch die Auswahl eines Werkzeugs durch das Quick-Kontextmenü. Da der Ziffernblock zur Steuerung des Sequenzerablaufs dient, können Sie hierfür allerdings nur den Zahlenbereich des »normalen« Tastaturbereichs heranziehen.

Sofern Sie häufig mit diesem Editor arbeiten, lohnt es sich deshalb, wenn Sie sich die folgenden Tastenkombinationen einprägen:
- ▸ 1 das Werkzeug OBJEKTAUSWAHL
- ▸ 5 das Radiergummi-Werkzeug
- ▸ 6 das Werkzeug LUPE
- ▸ 8 das Stift-Werkzeug zum Erstellen von Tempo- und Taktart-Events

Und das Beste zum Schluss: Diese Tastenkombinationen gelten analog auch für das Projektfenster sowie für weitere Editoren in Cubase. Einmal gelernt, können diese Shortcuts deshalb Ihren kompletten Workflow beschleunigen.

Bearbeiten | Das Quick-Kontextmenü unterliegt dynamischen Veränderungen, die sich aus Ihrer konkreten Arbeitssituation mit einem Projekt ergeben. Aus diesem Grund ist das Untermenü BEARBEITEN ❸ nur dann für Sie verfügbar, wenn Sie mindestens einen Tempokurvenpunkt oder eine Tempokurve ausgewählt haben.

Hier finden Sie die Bearbeitungsfunktionen AUSSCHNEIDEN, KOPIEREN und LÖSCHEN. Die Funktion STUMMSCHALTEN gibt es leider im Bereich Tempospur-Editor nicht. Aber die Kopieren- und Einsetzen-Funktionen eignen sich hervorragend, wenn Sie in einem Projekt mit Musikmaterial arbeiten, dass häufig auf ähnliche Taktartenwechsel zurückgreift. Eine einfachere und noch schnellere Durchführung dieser Funktionen erreichen Sie über das herkömmliche Copy & Paste mittels der Tastatur-Shortcuts `Strg`/`⌘` + `C` und `Strg`/`⌘` + `V`.

Auswahl | Das Untermenü des Auswahlmenüs ❹ bietet Ihnen verschiedene Möglichkeiten, um Objekte, die sich auf dem Tempokurven-Gitter befinden, auszuwählen:

- Mit der Funktion ALLE wählen Sie ausnahmslos alle Events aus.
- Mit der Funktion KEINE machen Sie jedwede Auswahl rückgängig.
- Mit der Funktion INVERTIEREN kehren Sie die getroffene Auswahl um, sodass sich fortan alle bisher nicht markierten Objekte in der Auswahl befinden.
- IM LOOP wählt für Sie automatisch alle Events des Tempospur-Gitters aus, die sich innerhalb des Locatoren-Bereichs befinden.
- Mit den Auswahlfunktionen VOM ANFANG BIS POSITIONSZEIGER und VOM POSITIONSZEIGER BIS ENDE können Sie alle jene Events auf dem Tempospur-Gitter auswählen lassen, die sich hinter bzw. vor dem Positionszeiger befinden.

Zoom | Über das Untermenü des Zoombereichs ❺ können Sie auf spezielle Zoomfunktionen zurückgreifen, wie VERGRÖSSERN/VERKLEINERN, GANZES FENSTER, GANZES EVENT und VERTIKAL VERGRÖSSERN/VERKLEINERN.

Zoom rückgängig machen | Leider ist ab Cubase 4 die altbekannte Funktion ZOOM RÜCKGÄNGIG MACHEN nicht mehr im Kontextmenü der Tempospur verfügbar. Mit dieser Funktion können Sie jederzeit wieder zu einer (unter Umständen optimierten) Zoom-Ansicht zurückkehren. Über den Weg DATEI • TASTATURBEFEHLE • ZOOM können Sie der Funktion ZOOM RÜCKGÄNGIG MACHEN jedoch ein Tastaturkürzel zuweisen (z. B. `Strg`/`⌘` + `Alt` + `Z`). Auf diese Weise steht Ihnen die Funktion auch im Tempospur-Editor von Cubase 4 wieder zur Verfügung.

Projekt | Das Untermenü PROJEKT ❻ können Sie nutzen, um bei geöffnetem Tempospur-Editor auf ein Projekt Einfluss zu nehmen. Diese Funktionen entsprechen denjenigen des Quick-Kontextmenüs im Projektfenster.

> **Projektfunktionen sparsam einsetzen**
>
> Vom allzu intensivem Gebrauch dieser Funktionen möchte ich Ihnen jedoch abraten, sofern Sie nicht Tempospur und Projektfenster zugleich überblicken können (z. B. durch ein Doppel-Monitorsystem). Andernfalls kann die Bearbeitung unerwünschte Folgen haben.
> Eine sinnvolle Funktion im Zusammenhang mit der Tempospur ist aber das Fenster NOTIZEN, das als Floating-Fenster stets im Vordergrund steht und Ihnen das Festhalten von Informationen zur Tempospur und/oder Projektabläufen und -zusammenhängen vereinfacht.

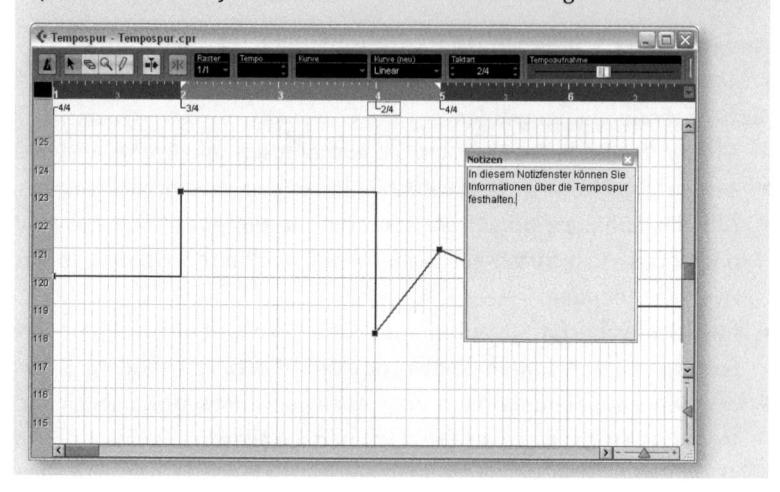

Abbildung 8.53 ▶
Floating-Fenster
NOTIZEN

Unterspuren-Darstellung | Über diesen Dialog können Sie verfügbare Unterspuren im Projektfenster anzeigen lassen. Dies kann beispielsweise sinnvoll sein, wenn Sie möchten, dass sich Änderungen der Tempospur an Objekten in Automationsspuren orientieren sollen.

Medien – Pool-Fenster öffnen | Das Öffnen des Medien-Pools Ihres Projekts vom Tempospur-Editor aus ❶ erscheint auf den ersten Blick überflüssig. Doch wenn Sie sich den Pool genauer ansehen, stellen Sie fest, dass einige Einträge des Pools eine Tempo- ❷ und eine Taktartangabe ❸ bedingen. Dies ist der Fall, wenn Sie Aufnahmen im Tempo-Modus ausgeführt haben. Für Aufnahmen, die Sie bei eingeschalteter Tempospur-Funktion durchführen und bei denen währenddessen Tempoveränderungen vorkommen, zeigt Ihnen Cubase den Startwert des Aufnahmetempos an.

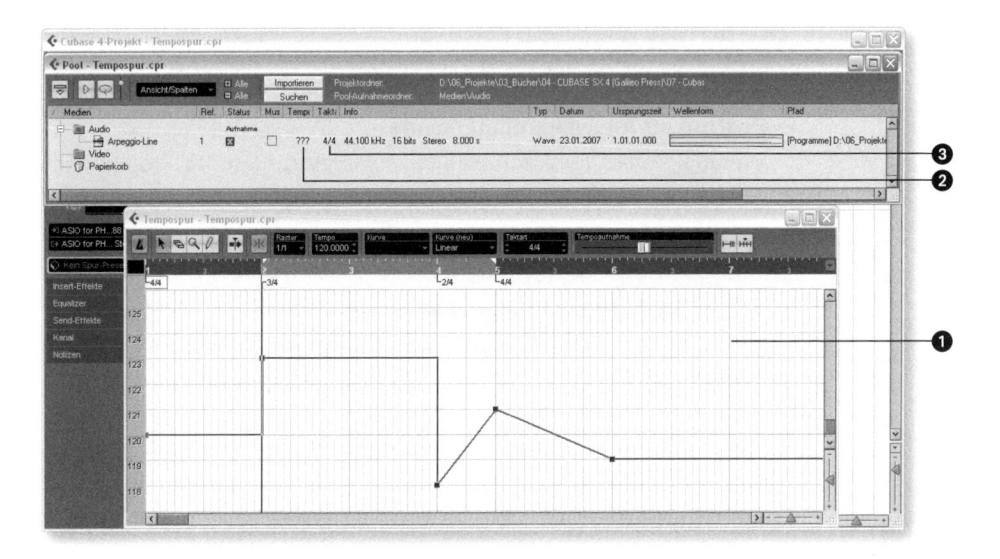

Bei der Erstellung eines komplexen Tempoablaufs für ein längeres Projekt behalten Sie auf diese Weise den Überblick und können gegebenenfalls einzelne Audioaufnahmen aus dem Pool vorhören, um sich zu orientieren. Dies erspart Ihnen lästiges Abspielen, Stoppen und Zurücksetzen Ihres Projekts während der Erstellung komplexer Tempo- und Taktartenumgebungen.

▲ **Abbildung 8.54**
Ein starkes Team – Pool-Fenster und Tempospur

Transport | Hierunter versteckt sich eine Vielzahl von Funktionen, die hier (wie auch im Projektfenster) größtenteils nur verfügbar sind, wenn Sie bereits Events ausgewählt haben. Beachten Sie zudem, dass alle Funktionen sich ausschließlich auf die Auswahl von Events des Tempokurven-Gitters beziehen. Events der Taktartzeile sind hierbei nicht eingeschlossen. Zu den Funktionen des Untermenüs TRANSPORT gehören:

▶ **Locatoren zur Auswahl setzen**
Wählen Sie diese Funktion, wenn Sie möchten, dass der linke und der rechte Locator automatisch an der von Ihnen getroffenen Auswahl von Tempokurvenpunkten oder Tempokurven ausgerichtet wird. Diese Funktion ist besonders dann sinnvoll einsetzbar, wenn Sie nicht mit der Rasterfunktion arbeiten.

▶ **Zum Anfang/Ende der Auswahl positionieren**
Mit dieser Funktion können Sie den Positionszeiger automatisch an den Anfang bzw. das Ende Ihrer Auswahl von Tempokurvenpunkten oder Tempokurven setzen. Vor allem die Funktion ZUM ANFANG DER AUSWAHL POSITIONIEREN ist hilfreich, wenn Sie die Auswirkungen eingegebener Tempo- oder Taktartenänderungen durch Anhören des Projekts testen möchten, aber hierfür nicht auf die Locatoren oder Markerpunkte zurückgreifen können.

- **Zum nächsten/vorigen Event positionieren**
  [Diese Option ist im Tempospur-Editor ohne Funktion.]
- **Postroll ab Auswahlanfang/-ende**
  Wenn Sie diese Funktion wählen, so spielt Cubase Ihr Projekt nach Anwahl der Funktion vom linken bzw. rechten Locator aus ab und stoppt die Wiedergabe automatisch, sobald diese die Dauer des im Transportfeld eingestellten Preroll-Wertes erreicht.
- **Preroll ab Auswahlanfang/-ende**
  Wenn Sie diese Funktion wählen, so spielt Cubase Ihr Projekt nach Anwahl der Funktion von vor dem linken bzw. rechten Locator aus ab und stoppt die Wiedergabe automatisch, sobald der entsprechende Locator der Auswahl erreicht wird. Der Startpunkt vor dem Locator entspricht dabei der Dauer des im Transportfeld eingestellten Postroll-Wertes.
  Diese Funktionen eignen sich gut, um bei der Tempo- oder Taktartenbearbeitung eines Projekts stückchenweise (z. B. jeweils zwei Takte oder jeweils zwei Sekunden) vorzugehen und dabei entweder das Ergebnis sofort abzuhören oder aber über die Tempoaufnahme zu steuern.
- **Wiedergabe ab Beginn/Ende der Auswahl**
  Mit dieser Funktion starten Sie die Wiedergabe des Projektes vom ersten ausgewählten Tempokurvenpunkt bzw. der ersten ausgewählten Tempokurve aus.
- **Wiedergabe ab/bis zum Beginn/Ende der Auswahl**
  Mit dieser Funktion spielen Sie ein Projekt bis zu bzw. von der aktuellen Auswahl aus ab. Die Wiedergabe stoppt automatisch, sobald der Positionszeiger den ersten bzw. letzten ausgewählten Tempokurvenpunkt bzw. die erste oder letzte ausgewählte Tempokurve erreicht.
- **Auswahlbereich wiedergeben**
  Mit Hilfe dieser Funktion starten Sie die Wiedergabe des Projekts vom ersten bis zum letzten ausgewählten Tempospur-Event (also nicht vom linken bis zum rechten Locator).
  Diese Funktion ist bestens dazu geeignet, beispielsweise eine bestehende Auswahl von Tempokurvenpunkten durch eine erneute Tempoaufnahme zu korrigieren.
- **Auswahl geloopt wiedergeben**
  Auf diese Funktion können Sie zurückgreifen, wenn Sie mehrere Durchläufe zur Evaluierung und Bearbeitung von Tempoabläufen benötigen. Zu diesem Zwecke setzt Cubase automatisch die Locatoren auf den Anfang und das Ende Ihrer Auswahl und aktiviert selbsttätig die Cycle-Funktion. Sofern Sie nicht die Postroll-Funk-

tion aktiviert haben, startet die Wiedergabe dabei stets vom linken Locator aus.

8.5.6 Analysefunktionen der Tempokurve

Wenn Sie sich bei der Verwendung der Tempospur umständliches, mehrfaches Umrechnen per Dreisatz ersparen möchten, können Sie auf den Dialog TEMPO BERECHNEN zurückgreifen. Diese Funktion ist besonders für fertig geschnittene Sample-Grooves im Sequenzerbereich geeignet. Mithilfe dieser Funktion können Sie das Tempo eines Projektbereiches unproblematisch an das jeweilige Sample anpassen. Bitte beachten Sie aber, dass Ihnen diese Funktion nicht in der Programmversion Cubase Studio 4 zur Verfügung steht.

[«]

Schritt für Schritt: Tempo berechnen mit dem Tempospur-Dialog

[•]

Auf der Buch-CD finden Sie im Workshop-Ordner zu diesem Kapitel ein Cubase-Projekt mit dem Titel »Schritt für Schritt – Tempo berechnen.cpr«. Beachten Sie, dass das Beispielprojekt aus Kompatibilitätsgründen mit einem DirectX-Treiber arbeitet. Bitte passen Sie deshalb die Auswahl des ASIO-Treibers ggf. an Ihre Hardware-Umgebung an, indem Sie unter GERÄTE • GERÄTE KONFIGURIEREN den von Ihnen gewünschten ASIO-Treiber wählen.

[o]
Schritt für Schritt – Tempo berechnen.cpr

1 *Objektlänge feststellen*
Importieren Sie den gewünschten Sample-Beat und stellen Sie dessen Taktart, Taktlänge und Länge in Sekunden fest. Die Taktart unseres Beispiel-Samples ist 4/4, die Taktlänge beträgt zwei. Um die Sample-Länge in Sekunden zu ermitteln, öffnen Sie den Pool über [Strg]/[⌘] + [P] und schauen in die Spalte INFO. Das Sample in unserem Workshop hat beispielsweise eine Länge von 4,615 Sekunden.

2 *Bereich loopen*
Setzen Sie den linken und rechten Locator auf die Länge des analysierten Bereichs (zwei Takte) und stellen Sie sicher, dass die Taktart an dieser Stelle 4/4 beträgt.

3 Tempospur öffnen

Öffnen Sie die Tempospur über die Tastenkombination [Strg]/[⌘] + [T] oder über PROJEKT • TEMPOSPUR und schalten Sie die Tempospur ein, damit der Button für die Funktion DIALOG ‚TEMPO BERECHNEN' ÖFFNEN anwählbar ist. Klicken Sie dann auf diesen Button.

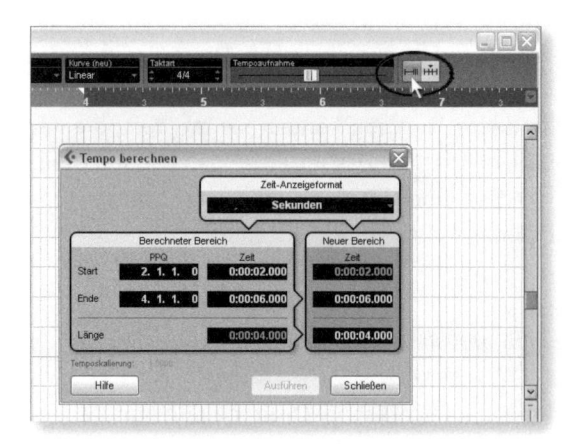

4 Format wählen

Um die Tempoberechnung zu nutzen, müssen Sie zunächst ein Zeit-Anzeigeformat ❶ für die Zeitanzeigen wählen. In unserem Beispiel-Workshop soll dies das Sekundenformat sein.

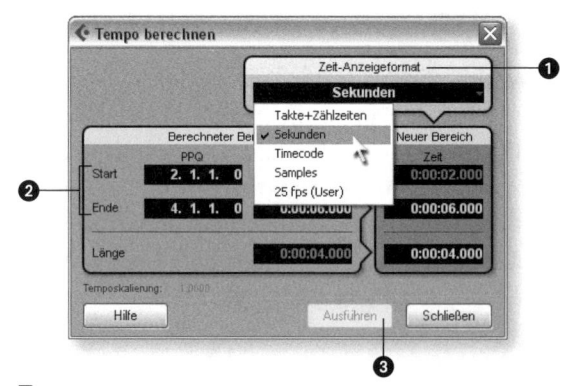

5 Bereich bestimmen

Als Vorgabe für den Bereich der Tempoveränderung gibt Ihnen Cubase den jeweils aktuellen Bereich ❷ zwischen dem linken und rechten Locator an. Verändern Sie den Wert gegebenenfalls per Mausklick oder über Tastatureingabe.

6 Neuen Bereich/Neue Länge bestimmen

Ändern Sie die Länge des neuen Bereichs per Mausklick oder über Tastatureingabe. Der Wert für das Ende des neuen Bereichs wird automatisch angeglichen. Als neue Länge des Bereichs von 4 Takten geben wir 4,615 Sekunden ein.

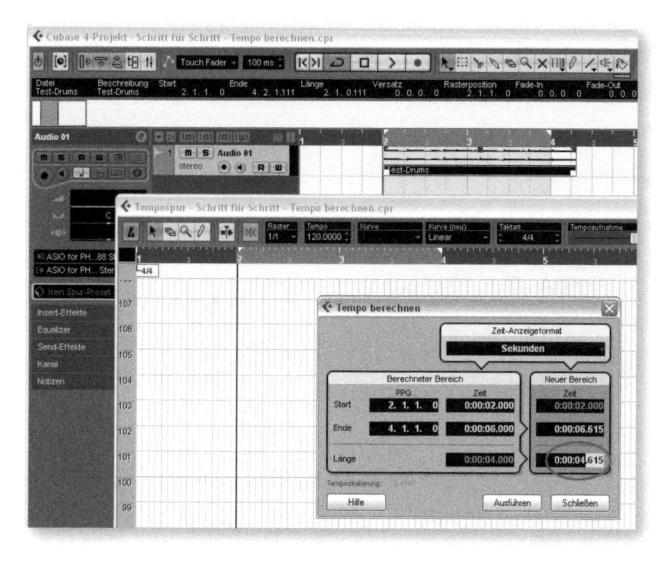

7 Ergebnis anwenden

Betätigen Sie die Schaltfläche AUSFÜHREN ❸, um die eingestellten Berechnungen auf das Projekt anzuwenden. Das Tempo des eingestellten Bereichs wird durch einen zusätzlichen Tempokurvenpunkt automatisch an die von Ihnen eingegebene Bereichslänge angepasst. Durch eine Loop-Wiedergabe des Cycle-Bereichs können Sie überprüfen, ob die Berechnung erfolgreich war (»Schritt für Schritt – Tempo berechnen 2.cpr«).

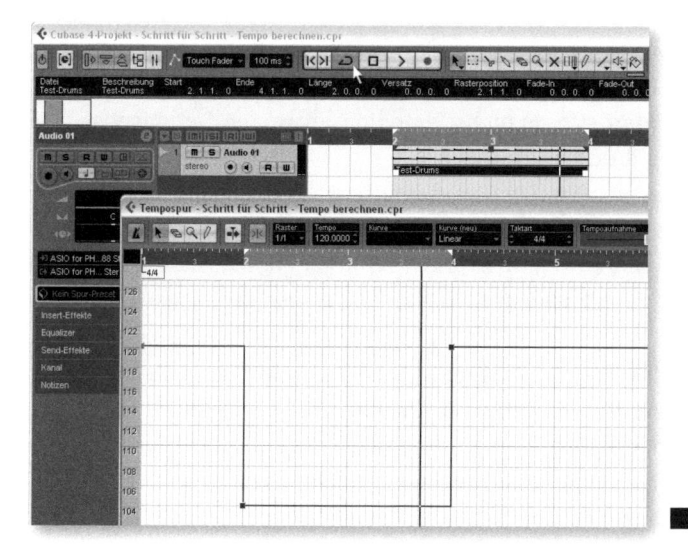

Tempo errechnen | Über PROJEKT • TEMPO ERRECHNEN können Sie einen Dialog öffnen, der Ihnen beim Berechnen von Tempowerten hilft. Somit müssen Sie sich bei Aufnahmen, die ohne Klick eingespielt wurden, nicht erst mühsam an einen Zielwert heranarbeiten. Selbst das Öffnen der Tempospur selbst kann auf diese Weise das ein oder andere Mal entfallen.

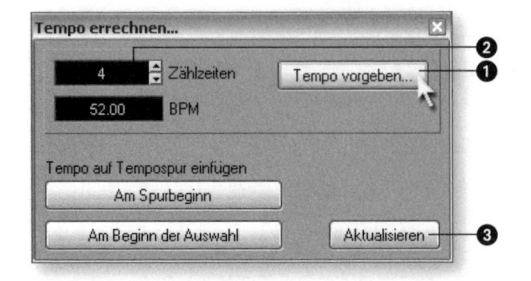

Abbildung 8.55 ▶
Nützliches Tool
– der Dialog TEMPO
ERRECHNEN

Hierfür können Sie beispielsweise ganz einfach die Schaltfläche TEMPO VORGEBEN ❶ wählen.

Abbildung 8.56 ▶
Mit Rhythmusgefühl
Tempo per Leertaste
eingeben

Im sich öffnenden Dialog können Sie ablesen, dass es sich um eine Tap-Hilfe handelt, bei der Sie durch regelmäßiges Drücken der Leertaste oder wahlweise der Maustaste das Zieltempo vorgeben können. Das zugehörige bpm-Fenster zeigt den Durchschnittswert Ihrer Klicks an. Dieser verändert sich, je mehr Tempoinformationen Sie eingeben – je öfter Sie also drücken.

Handelt es sich um ein vorgeschnittenes taktgenaues Sample (z. B. einen Sample-Beat), so können Sie auch zum Zieltempo gelangen, indem Sie die Zählzeiten ❷ des gewünschten Taktes eingeben (im Screenshot »8«, für zwei 4/4-Takte).

Tempo in das Projekt einfügen | Sind Sie mit Ihrer Eingabe fertig, bestätigen Sie Ihre Eingabe mit OK. Sofern Sie im Projekt eine Auswahl getroffen haben, stehen Ihnen zwei Buttons zur Wahl, um das errechnete Tempo in das bestehende Projekt einzufügen:
▶ Am Spurbeginn
▶ Am Beginn der Auswahl

Cubase erzeugt dann in der Tempospur automatisch den für den Tempowechsel benötigten Tempokurvenpunkt.

Werte zurücksetzen | Der Button AKTUALISIEREN ❸ dient übrigens nicht zum Aktualisieren des Projekts, sondern dem Zurücksetzen der Werte sowie der Aktualisierung der Auswahlschaltflächen des TEMPO-ERRECHNEN-Dialogs.

MIDI-Spur als Tempo-Referenz | Mit dieser Funktion haben Sie ein hilfreiches Mittel zum Erstellen einer Tempospur, ohne dass Ihnen Tempoinformationen über bestehende Aufnahmen in einem Projekt vorliegen. In einigen Spielsituationen, wie etwa Intros und Outros kann es vorkommen, dass Sie eine freie, nicht tempogebundene Spielweise bevorzugen. Um dennoch andere Instrumente zu solchen frei eingespielten MIDI-Spuren quantisieren und anpassen zu können, um also automatisch Änderungen in der Tempospur zu erzeugen, die sich nach vorhandenem MIDI-Material richten, gehen Sie wie folgt vor:

Schritt für Schritt: Tempospur aus MIDI-Noten erzeugen

[⚙]

[◉] Schritt für Schritt – Tempospur aus MIDI-Noten.cpr

Auf der Buch-CD finden Sie im Workshop-Ordner zu diesem Kapitel ein Cubase-Projekt mit dem Titel »Schritt für Schritt – Tempospur aus MIDI-Noten.cpr«. Beachten Sie, dass das Beispielprojekt aus Kompatibilitätsgründen mit einem DirectX-Treiber arbeitet. Bitte passen Sie deshalb die Auswahl des ASIO-Treibers ggf. an Ihre Hardware-Umgebung an, indem Sie im Bereich GERÄTE • GERÄTE KONFIGURIEREN den von Ihnen gewünschten ASIO-Treiber wählen.

1 MIDI-Spur erstellen
Legen Sie in Ihrem Projekt eine neue MIDI-Spur an.

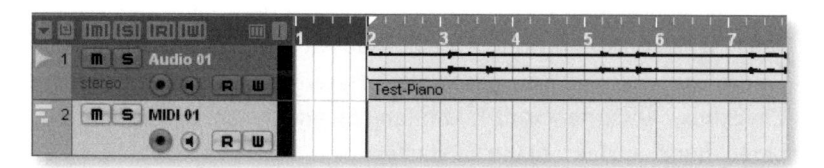

2 MIDI-Noten einspielen
Nehmen Sie während der Wiedergabe des bestehenden Audiomaterials MIDI-Noten im Rhythmus/im Takt zum Audiomaterial auf. Stellen Sie die Zeitbasis der MIDI-Spur im Inspector auf »linear«.

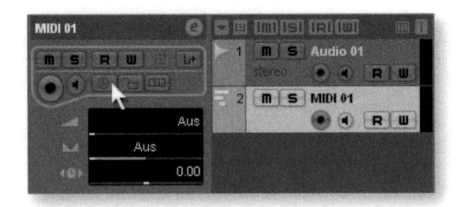

3 Berechnungsgrundlage auswählen

Bestimmen Sie einen Bereich Ihrer MIDI-Aufnahme als Tempo-Referenz und wählen Sie diesen entweder durch Markieren des MIDI-Events oder der MIDI-Noten im MIDI-Editor aus.

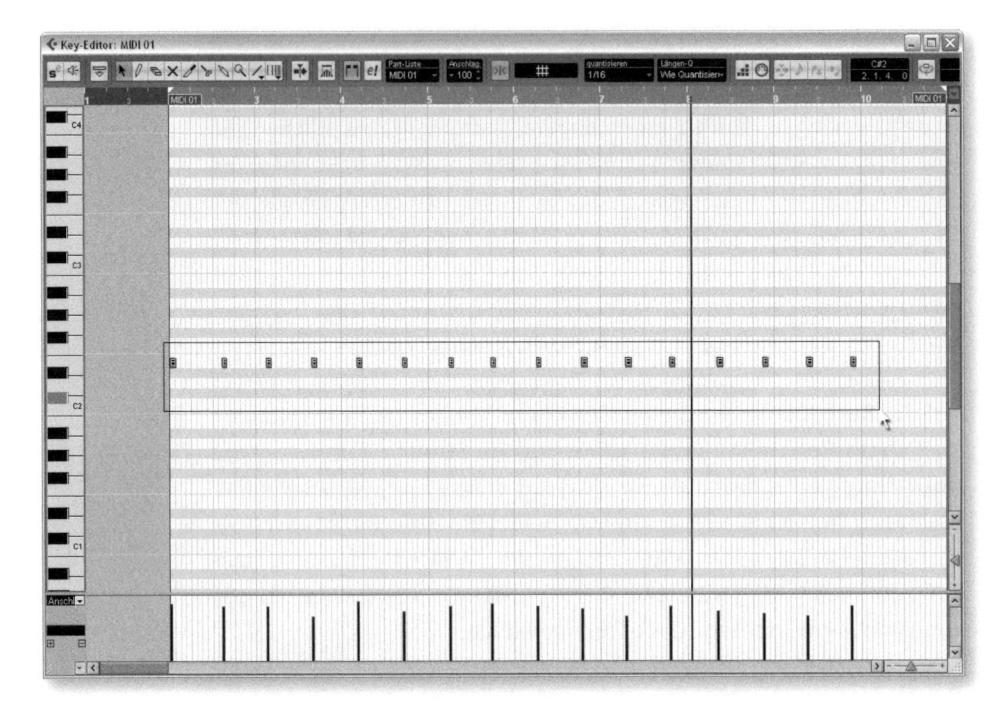

4 Tempo berechnen

Öffnen Sie über den Weg MIDI • FUNKTIONEN den Dialog TEMPO AUS MIDI BERECHNEN und wählen Sie dort aus dem Drop-down-Menü als Referenzwert den zuvor eingespielten Notenwert aus. Wählen Sie die Checkbox der Option »Am Taktanfang beginnen« an, um die Tempoberechnung am Taktanfang zu starten.

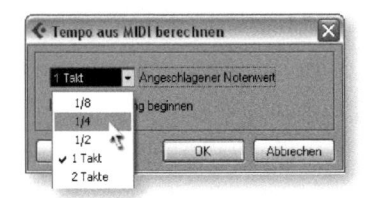

5 Anwenden der Berechnung
Bestätigen Sie im geöffneten Dialog mit der OK-Taste, um die Vorgaben auf die Tempospur anzuwenden.

6 Ergebnis
Im Screenshot sehen Sie, wie jedem der Tastenanschläge ein eigener Punkt auf der Tempospur zugewiesen wurde ❶. Im Sequenzerbereich des Projekts können Sie erkennen, dass dadurch nun die eingespielten MIDI-Noten (und damit auch die zugrunde liegende Audioaufnahme) exakt auf den halben Taktschlägen liegen ❷. So wird es möglich, Aufnahmen zum bestehenden Audio-Objekt zu quantisieren.

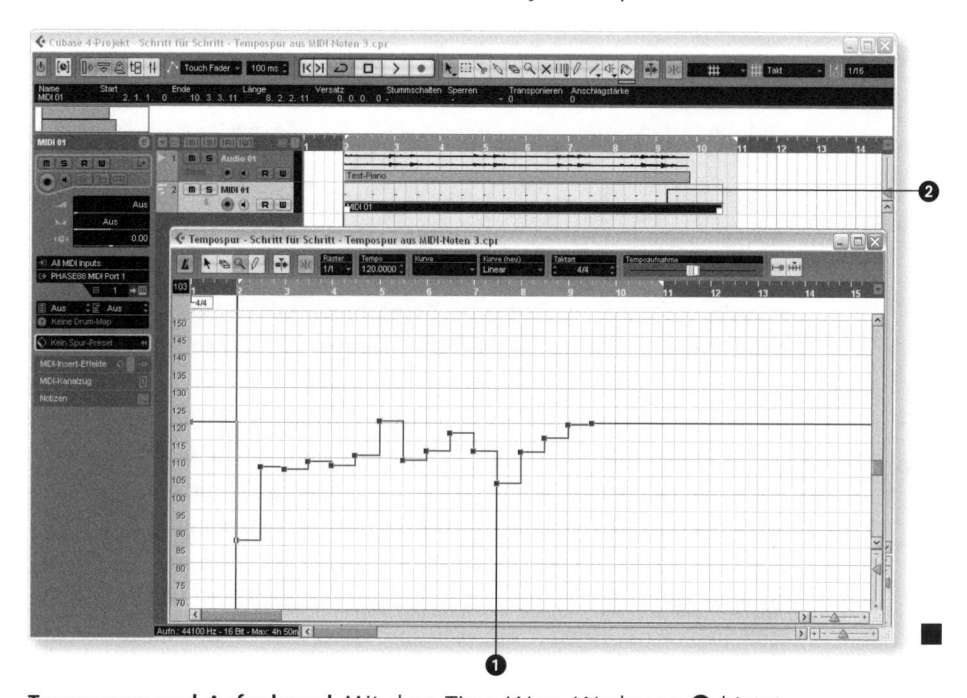

Tempospur und Aufnahme | Mit dem Time-Warp-Werkzeug ❸ bietet Ihnen Cubase in der Werkzeugzeile ein Tool, mit dessen Hilfe Sie die eingeschaltete Tempospur Ihres Projekts an bestehenden Objekten ausrichten und damit z. B. auch an vorhandenem Audiomaterial anpassen können. Dabei verschieben Sie (sozusagen) die Gitterlinien des Projekts, wobei dies nach Vorgabe des Rastertyps geschieht.

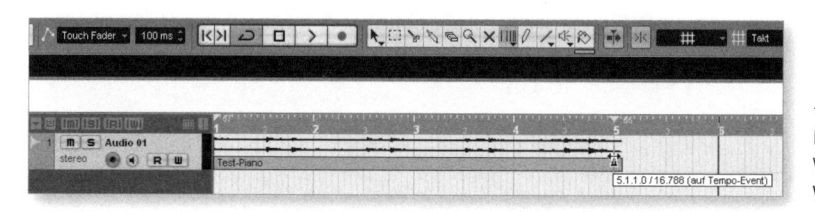

◀ **Abbildung 8.57**
Das Time-Warp-Werkzeug der Werkzeugzeile

Außerdem haben Sie die Möglichkeit, mit so genannten »Hitpoints« zu arbeiten, für den Fall, dass Sie die Tempospur im Zusammenhang mit Audiospuren nutzen möchten, auf die sich wiederum die Tempospur beziehen soll. Je mehr Transienten bzw. eindeutige, perkussive Signalauslenkungen Ihre Aufnahme enthält, desto genauer wird dabei die Erkennung der Hitpoints.

Tempospuren exportieren | Um Ihre (unter Umständen mühsam erarbeiteten) Tempospuren auch in anderen Projekten oder auf anderen DAWs nutzen zu können, haben Sie die Möglichkeit, Tempospuren zu importieren und zu exportieren.

Dies erreichen Sie über das Menü DATEI • EXPORTIEREN • TEMPOSPUR. Im dortigen Dialog können Sie den Ablageordner selbst bestimmen. Die abgelegte Tempospur wird als Steinberg-Masterspur-XML-Datei mit der Dateinamenerweiterung »smt« gespeichert.

Tempospuren importieren | Das Importieren von Tempospuren nehmen Sie analog zum Exportieren über DATEI • IMPORTIEREN • TEMPOSPUR vor. Als Startordner stellt Ihnen Cubase dabei jeweils den aktuellen Projektordner bereit. Durch das Importieren von Tempospur-Informationen werden alle zuvor abgelegten Tempospur-Events gelöscht.

Taktstruktur verändern | Die Funktion TAKTSTRUKTUR VERÄNDERN, die Sie im Tempospur-Fenster aufrufen können, ermöglicht es Ihnen, Takte einzufügen, zu löschen oder auch neu zu definieren, ohne dass nachfolgende Bereiche im Projekt dadurch beeinträchtigt würden. Die verfügbaren Aktionen dieses Dialogs sind selbsterklärend, besondere Beachtung verdient jedoch das Fenster TAKTBEREICH. In diesem können Sie per Mauszeiger die Werte für Start und Länge des gewünschten (Ziel-)Taktbereichs auf die Schnelle modifizieren.

[»] Bitte beachten Sie, dass Ihnen diese Funktion nicht in der Programmausführung Cubase Studio 4 zur Verfügung steht.

Abbildung 8.58 ▶
Seit Cubase 4 möglich – Verändern der Taktstruktur

8.6 CPU-Limits & Workflow-Tipps

Spezielle Wiedergabesituationen erfordern regelmäßig besondere, »vernetzte« Vorgehensweisen oder komplexere Kombinationen. Einige Hinweise dazu, wie Sie Ihre Systemperformance verbessern und Ihren Workflow optimieren können, finden Sie in diesem Abschnitt. Bitte beachten Sie, dass viele der Hinweise tiefergehende Kenntnisse von Programmabläufen und -zusammenhängen voraussetzen.

8.6.1 VST-Leistung anzeigen

Neben der in Abschnitt 6.3.3 beschriebenen Leistungsanzeige der Werkzeugzeile und der Leistungsanzeige im Transportfeld können Sie über das Menü GERÄTE • VST-LEISTUNG ein Leistungstool öffnen, das über eine detailliertere Anzeige verfügt.

◄ **Abbildung 8.59**
Unter VST-LEISTUNG werden CPU- und Festplatten-Auslastung angezeigt.

Auch mit diesem Tool werden Ihnen CPU-Auslastung und Beanspruchung des Festplatten-Caches angezeigt. Bei 100%iger Auslastung leuchtet zudem eine rote Warnleuchte in der entsprechenden Zeile auf.

Gelegentlich melden diese Anzeigen kurzfristig hohe Werte. Im Disk-Bereich kann dies z.B. beim Wiedergabestart durch das Bereitstellen der wiederzugebenden Daten auftreten. Erst bei regelmäßig auftretendem Aufleuchten der Warnleuchten sollten Sie sich um eine nachhaltige Lösung des Problems bemühen.

Problemfall »Zu hohe CPU-Auslastung« | Beim dauerhaften oder regelmäßigen Aufleuchten der CPU-Warnleuchte in der Anzeige VST-LEISTUNG sollten Sie wie folgt vorgehen:

1. **Anzahl der Audiospuren verringern**
   Reduzieren Sie die Anzahl der Wiedergabekanäle durch Zusammenfassen von Audiospuren. Dies gilt besonders für den Fall, dass die Einzelkanäle mit Insert-Effekten versehen sind, die über die gleichen Parametereinstellungen verfügen. Nutzen Sie also nicht vier verschiedene Spuren mit identischen Einstellungen für dasselbe Instrument, sondern verschieben Sie die Objekte gegebenenfalls auf eine einzige Spur, sodass Sie die übrigen Spuren löschen können.

Abbildung 8.60 ▶
Audiospuren vor dem Zusammenfassen

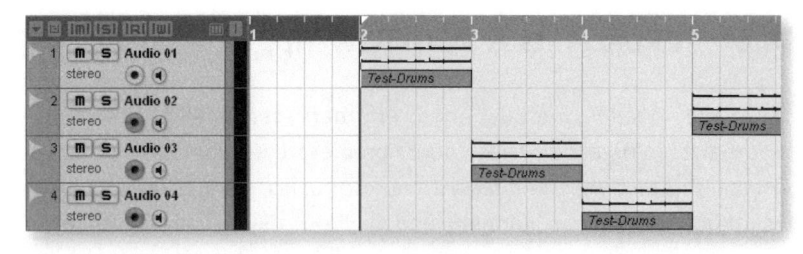

Abbildung 8.61 ▶
Audiospuren nach dem Zusammenfassen

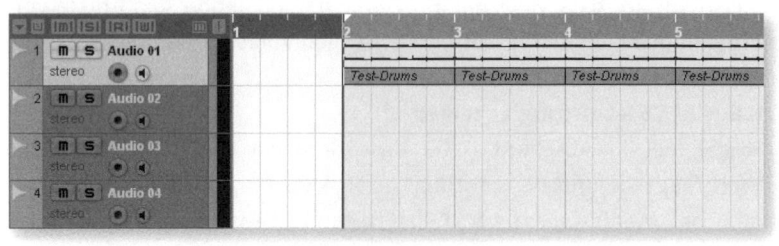

2. **Anzahl der Insert-Effekte verringern**
   Reduzieren Sie die Anzahl der Insert-Effekte oder schalten Sie diese aus, falls nicht aktuell benötigt.
3. **Gruppenkanäle nutzen**
   Routen Sie mehrere, einzelne Audiokanäle mit gleichem oder ähnlichem Signal ❶ (z. B. alle Spuren der Background-Vocals) auf einen Gruppenkanal ❷. Auf diesen wenden Sie dann »global« für alle eingespeisten Kanäle die Insert-Effekte an ❸. Dies verschafft Ihnen durch den Fader des Gruppenkanals ❹ außerdem einen schnellen Zugriff auf den Wiedergabepegel der eingespeisten Kanäle.

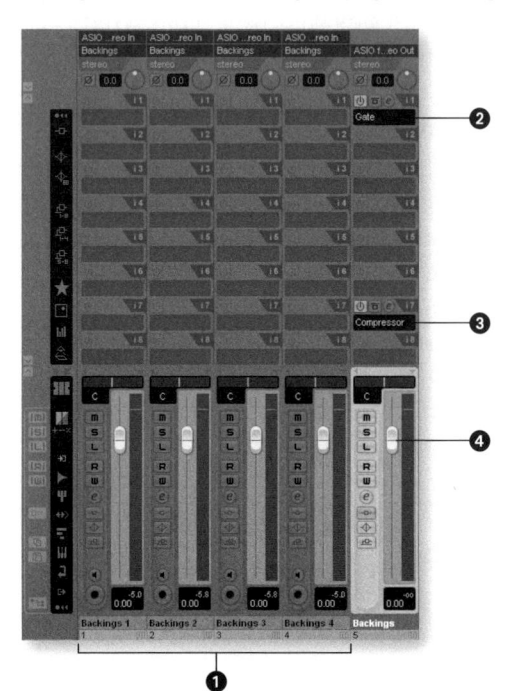

Abbildung 8.62 ▶
Audiokanäle nach Einspeisung in Gruppenkanal

4. **Kanäle einfrieren**

   Entlasten Sie die CPU durch das Einfrieren von Audiokanälen oder VST-Instrumenten.

   Beachten Sie am besten bereits beim Aufbau Ihrer Projekte, dass besonders die Echtzeitberechnung von Hallräumen, Delays, (Multiband-)Kompressoren und Pitchkorrekturen zu einer hohen CPU-Belastung führen kann.

Problemfall »Zu hohe Festplatten-Auslastung« | Im Fall von vereinzelt oder dauerhaft hoher Auslastung der Festplatte(n) leuchtet die rote Warnleuchte im Disk-Bereich der Anzeige in der VST-Leistung auf. Die reibungslose Bereitstellung bzw. das fehlerfreie Aufzeichnen von Audiodaten ist dann nicht mehr gewährleistet. Gehen Sie zur Lösung dieses Problems wie folgt vor:

1. **Samplebasierte VSTi einfrieren**

   Frieren Sie, sofern möglich, solche VST-Instrumente ein, die via Harddiskstreaming auf Samples zurückgreifen (z. B. Drumsampler, Sample-Phrase-Player, Graintable-Synthesizers).

2. **Spuren ausschalten**

   Nutzen Sie die Funktion SPUR AUSSCHALTEN aus dem Menü bzw. dem Quick-Kontextmenü der Spurspalte.

3. **Laufende Anwendungen überprüfen**

   Stellen Sie sicher, dass keine Anwendungen auf Ihrem System laufen, die die Festplatte zusätzlich zu der benötigten Audio-Software belasten.

4. **Festplatte(n) defragmentieren**

   Befolgen Sie die Hinweise zum Defragmentieren der Festplatte, wie in Abschnitt 2.2 angegeben.

5. **Festplatten-Partitionierung überprüfen**

   Stellen Sie sicher, dass die Partitionierung Ihrer Festplatte den Voraussetzungen für ein reibungsloses Arbeiten entspricht. Hierzu gehört unter anderem, dass Partitionen, in welche regelmäßig temporäre Dateien geschrieben werden, ausreichend Platz aufweisen. Ansonsten müssen das Betriebssystem und laufende Programme zum Ablegen von temporären Dateien vor jedem Speichervorgang vorhandenes Datenmaterial löschen, so zusätzliche Bandbreite nutzen und vergrößern die Zugriffszeiten auf die Harddisk.

6. **Festplatten-Geschwindigkeit überprüfen**

   Überprüfen Sie die Geschwindigkeit Ihrer Festplatte(n). Diese sollte 7 200 U/Min. betragen. Ist dies nicht der Fall, ist ein Austausch der Festplatte(n) ratsam.

9 Events und Parts

In diesem Kapitel finden Sie alle wichtigen Hinweise und Erklärungen zum grafischen Kern der Sequenzer-Arbeit in Cubase – den Events und Parts.

9.1 Begriffsüberblick

Events contra Parts | Für die Arbeit mit Cubase ist es notwendig, dass Sie zwischen »Events« und »Parts« unterscheiden. Bei Events handelt es sich stets um konkrete Informationen, die von Cubase als Klang oder Steuerdaten genutzt werden können. Parts sind hingegen die nächsthöhere Organisationsstufe und können Events beinhalten. Parts sind also sozusagen die »Container« für Events, damit Sie diese schnell und unkompliziert bearbeiten können, ohne sie erst mühsam gruppieren zu müssen. Zu den Events zählen beispielsweise auch die Automationsdaten von Spuren sowie die Dateneinträge in der Tempospur oder die Markereinträge einer Markerspur.

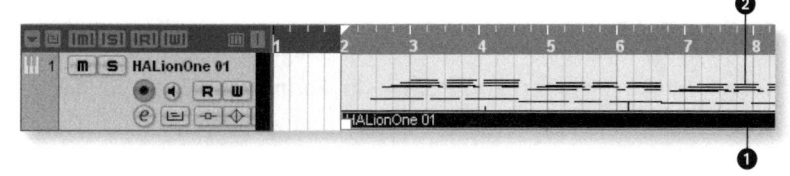

◀ **Abbildung 9.1**
Part und sich darin befindende Events einer MIDI-Spur

Dabei spielt es keine Rolle, ob Sie mit MIDI- oder Audiodaten arbeiten. Dies verdeutlicht auch Abbildung 9.1. Hier sehen Sie einen MIDI-Part ❶ und können in diesem deutlich die enthaltenen MIDI-Events ❷ erkennen. Im Beispiel handelt es sich um Notenwerte auf verschiedenen Tonhöhen.

Unterschiede bei MIDI- und Audiodaten | In Cubase befinden sich die Parts eine Hierarchieebene über den Events. Beides sind Organisationseinheiten für Audio-, MIDI- und Steuerdaten. Die Arbeit mit Audio- und MIDI-Daten macht hierbei sehr schön den Unterschied zwischen Events und Parts deutlich. Während Sie in der Sequenzerumgebung auf MIDI-Spuren Parts einzeichnen, erzeugen Sie in derselben Umgebung auf Audiospuren (wie auch in den Editoren) Events. Warum ist dies so?

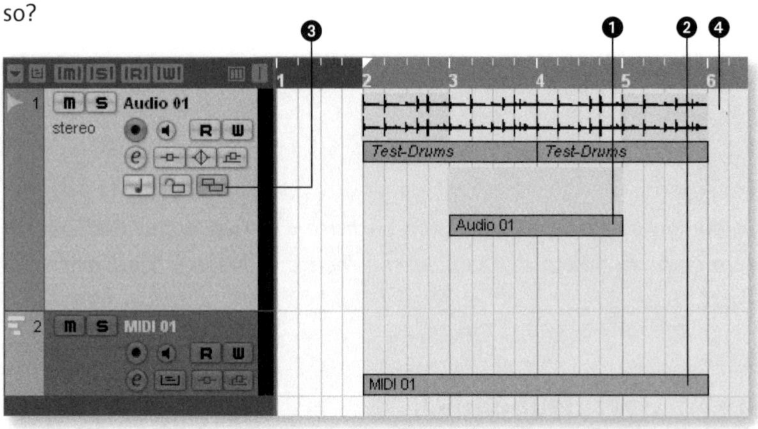

Abbildung 9.2 ▶
Audio-Event contra MIDI-Part

Während Parts nicht selbst »klingen« können, wirken sich Events unmittelbar hörbar oder als Steuerdaten aus. Dies können Sie in Abbildung 9.2 gut erkennen. Dort sehen Sie ein mit dem Stift-Werkzeug eingezeichnetes Audio-Event ❶ und analog dazu einen auf dieselbe Weise generierten MIDI-Part ❷.

Hier existiert ein in der Praxis bedeutenden Unterschied, der besonders gut zu veranschaulichen ist, wenn Sie den im Screenshot gewählten Ebenen-Modus EBENEN (FEST) für die Audiospur ❸ wählen. Während sich das »stumme« Audio-Event unmittelbar auf die Hörbarkeit der anderen Audio-Events, die sich auf derselben Audiospur befinden, auswirkt ❹, benötigt der eingezeichnete MIDI-Part noch weiteren Content, um ins »musikalische Geschehen« einzugreifen. Solange Sie keine Toninformationen oder Steuerdaten in Form von Events in diesen MIDI-Part einfügen, bleibt dieser effekt- und wirkungslos.

Auf diesen Unterschied von Audio-Events und MIDI-Parts im Sequenzerbereich wird zwar im Hilfetext von Cubase nicht hingewiesen, das Umwandeln und Zusammenfassen von Audio-Events in Audio-Parts lässt diese verschiedenen Ebenen aber klar hervortreten (siehe Abschnitt 9.2.2).

9.2 Arbeiten mit Events und Parts

Die Arbeit mit Events und Parts ist komplex und bietet Ihnen viele Variations- und Modifikationsmöglichkeiten. Wie so oft in Cubase, führen Sie auch auf diesem Gebiet verschiedene Wege zum Ziel. Sehen Sie sich deshalb der Reihe nach an, wie Sie Events und Parts nutzen können.

9.2.1 Events erzeugen

Um in einem Projekt Events hinzuzufügen, können Sie auf verschiedene Operationen zurückgreifen. Dies kann beispielsweise geschehen, indem Sie die Events etwa durch das Aufnehmen oder durch das Importieren von MIDI- oder Audiodaten (z. B. auch aus einer Videodatei) erzeugen. Hierzu können Sie bei MIDI-Parts entweder das Stift-Werkzeug des Werkzeugkastens oder den Zwischenspeicher (durch die Tastenkombination [Strg]/[⌘] + [V] oder per Drag & Drop) nutzen.

Events grafisch einzeichnen | Sie können Events auch mit dem Stift-Werkzeug direkt in die Sequenzerumgebung oder innerhalb eines Editors (z. B. Key-Editor) unmittelbar einzeichnen. Für den Start- und Endpunkt gelten dabei die Raster- und Quantisierungseinstellungen des Sequenzerbereichs oder des jeweiligen Editors, mit dem Sie gerade arbeiten.

9.2.2 Parts erzeugen

Wenn Sie mit MIDI-Spuren arbeiten, fügen Sie diesen Parts hinzu, indem Sie das Stift-Werkzeug benutzen oder bestehende Parts kopieren (z. B. per Drag & Drop). Bei der Aufnahme oder dem Importieren von MIDI-Daten werden automatisch umschließende Parts für die aufgenommenen Daten erzeugt. Dabei gelten beim Aufnehmen die Vorgaben von Raster- und Quantisierungseinstellungen, beim Import die Vorgaben der Datei.

Audio-Parts benötigen Content | Bei Audiospuren sieht das Ganze dagegen etwas anders aus. Wie weiter oben bereits beschrieben, benötigen Parts noch Inhalte in Form von Events, um in das Projektgeschehen einzugreifen. Deshalb gebe ich Ihnen hier eine Step-Anleitung, die es Ihnen ermöglicht, »auf die Schnelle« Audio-Parts aus bestehenden Events zu erzeugen.

Schritt für Schritt: Audio-Parts aus Audio-Events erzeugen

Auf der Buch-CD finden Sie im Workshop-Ordner zu diesem Kapitel ein Cubase-Projekt mit dem Titel »Schritt für Schritt – Audio-Parts aus Audio-Events.cpr«. Beachten Sie, dass das Beispielprojekt aus Kompatibilitätsgründen mit einem DirectX-Treiber arbeitet. Bitte passen Sie deshalb die Auswahl des ASIO-Treibers ggf. an Ihre Hardware-Umgebung an, indem Sie im Bereich Geräte • Geräte konfigurieren den von Ihnen gewünschten ASIO-Treiber wählen.

[O] Schritt für Schritt – Audio-Parts aus Audio-Events.cpr

1 Audio-Events markieren

Markieren Sie mithilfe des Mauszeigers oder des Auswahl-Werkzeugs zwei oder mehr Audio-Events im Sequenzerbereich des Projekts.

Beachten Sie, dass die ausgewählten Parts sich auf einer Spur befinden müssen. Ist dies nicht der Fall, erzeugt Cubase für alle ausgewählten Events spurweise Parts.

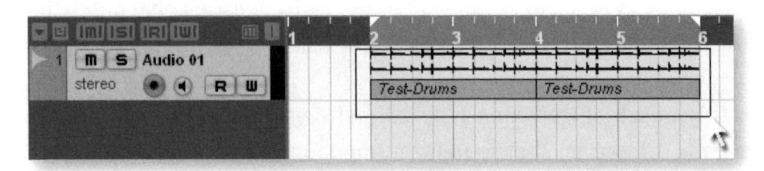

2 Events in Parts wandeln

Wählen Sie aus dem Menü AUDIO • EVENTS IN PART UMWANDELN. Wie im Screenshot zu sehen, erkennen Sie die Umwandlung von Events in Parts an der Darstellung des Objekts in der Audiospur: Der Balken der Objektbezeichnung ist nun durchgehend, außerdem sind die Rasterlinien hinter dem neuen Audio-Part nicht mehr sichtbar.

So wird verdeutlicht, dass es sich bei dem dargestellten Objekt um ein Objekt höherer Ordnung (einen Part) handelt, der Objekte niedrigerer Ordnung (Events) enthält.

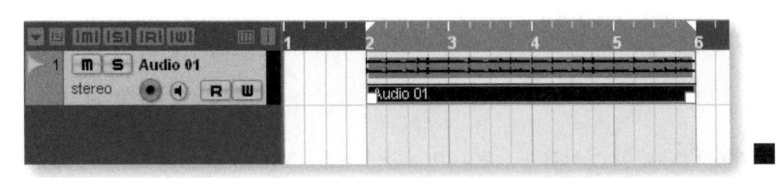

Audio-Parts auflösen | Um das Zusammenstellen von Events in Parts rückgängig zu machen, können Sie diese auflösen. Dazu markieren Sie die betreffenden Parts und wählen über das Menü AUDIO • PARTS AUFLÖSEN.

9.2.3 Events und Parts auswählen

Sie wählen den Balken eines Events aus, indem Sie ihn mit der linken Maustaste anklicken oder das Event/der Part zu einer automatischen Auswahl gehört. Durch Halten der Taste ⬧ können Sie der Auswahl weitere Events hinzufügen. Eine weitere Möglichkeit, mehrere Events zugleich auszuwählen, haben Sie, indem Sie bei gedrückter Maustaste einen Auswahlbereich aufziehen. So wählen Sie all diejenigen Events aus, die sich innerhalb des Auswahlbereichs befinden oder von diesem berührt werden.

Auswahl aufheben | Um eine Auswahl zu deaktivieren, existieren mehrere Varianten: Zum einen können Sie die Events, die Sie deaktivieren möchten, bei gedrückter Taste ⇧ erneut anwählen. Hierdurch wird die Auswahl des Events automatisch deaktiviert. Diese Vorgehensweise ist besonders dann hilfreich, wenn Sie aus einer Vielzahl von bereits ausgewählten Events einzelne entfernen möchten.

Zum anderen können Sie mit dem Mauszeiger und der linken Maustaste auf einen leeren Bereich zwischen vorhandenen Events klicken. Sofern Sie über DATEI • PROGRAMMEINSTELLUNGEN unter TRANSPORT die Funktion POSITIONIEREN BEIM KLICK INS LEERE aktiviert haben, hat diese Methode allerdings den Nachteil, dass bei laufendem Playback der Sequenzer-Cursor an die ausgewählte Stelle springt. Diese Vorgehensweise der Deaktivierung empfiehlt sich deshalb vor allem im Stop-Modus des Sequenzers.

Event-Auswahl durch Cursortasten | Zudem ist ein Anwählen durch die Tasten des Cursorblocks möglich. Dies kann mitunter für eine schnellere Navigation durch Events sorgen, beispielsweise bei sukzessiver Mehrfachbearbeitung verschiedener Events. Probieren Sie es anhand unseres Projekts »Pfadauswahl über mehrere Spuren.cpr« einmal aus: Ist kein Event ausgewählt, so können Sie das erste Event der aktuell ausgewählten Spur anwählen, indem Sie die Cursortaste → benutzen. Zum nahe gelegenen Event der darüber befindlichen Spur gelangen Sie mithilfe der Cursortaste ↑ etc.

[○]
Schritt für Schritt
– Pfadauswahl über mehrere Spuren.cpr

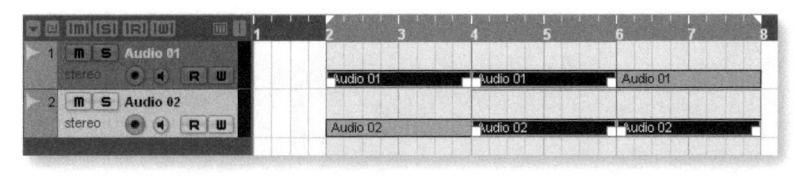

◀ **Abbildung 9.3**
Pfadauswahl per Cursortasten und ⇧

Auch hierbei funktioniert die gehaltene Taste ⇧ wiederum als Multiplikator für die Auswahl mehrerer Events. Diese Mehrfachauswahl funktioniert sowohl horizontal innerhalb einer Spur als auch vertikal über mehrere Spuren hinweg. Die Hierarchie bei der spurenübergreifenden Event-Auswahl ist jedoch gewöhnungsbedürftig. Am ehesten lässt sie sich als »pfadbezogen« beschreiben, denn eine Auswahl von Eventblöcken ist mit dieser Methode nicht möglich. Eine Pfadauswahl durch die vorhandenen Events hindurch ist allerdings möglich.

9.2.4 Events und Parts kopieren

Sowohl über die Funktionen KOPIEREN und BEREICH KOPIEREN im BEARBEITEN-Menü als auch über die Tastenkombinationen Strg/⌘ + C und Strg/⌘ + V und herkömmliches Drag & Drop können Sie Events und Parts vervielfältigen.

Ein echter Workflow-Tipp ist hierfür das Verwenden der Alt -Taste. Wenn Sie sich daran gewöhnen, die Alt -Taste gedrückt zu halten, bevor Sie ein Objekt mit dem Mauszeiger verschieben, können Sie sich einige Arbeit ersparen. Irritierend wirkt zwar zunächst, dass beim Drücken der Alt -Taste das Trennen-Werkzeug erscheint. Aber keine Angst! Wenn Sie die Maustaste vom Ausgangspunkt bis zum Zielort des Events oder Parts gedrückt halten, wird dieser nicht zerschnitten.

9.2.5 Eventbezeichnungen

Neu erzeugte Audio-Events und MIDI-Parts erhalten bis auf weiteres als Bezeichnung den Namen der Spur, auf der sie erstellt wurden.

Umbenennen über die Infozeile | Um MIDI-Parts und Audio-Events oder -Parts umzubenennen, muss die Infozeile eingeblendet sein. Einen anderen Weg für die Umbenennung gibt es nicht. Doppelklicken Sie auf den Eintrag im Bereich DATEI (Audio) bzw. NAME (MIDI) ❶ und geben Sie den gewünschten Event- bzw. Partnamen ein. Außerdem können Sie Objekte auf Audiospuren mit einer Beschreibung versehen ❷. Dadurch können Sie zugleich auch den Dateinamen des zugrunde liegenden Clips weiterhin als Bezeichnung beibehalten.

Abbildung 9.4 ▶
MIDI-Parts und Audio-Events oder -Parts können Sie in der Infozeile umbenennen.

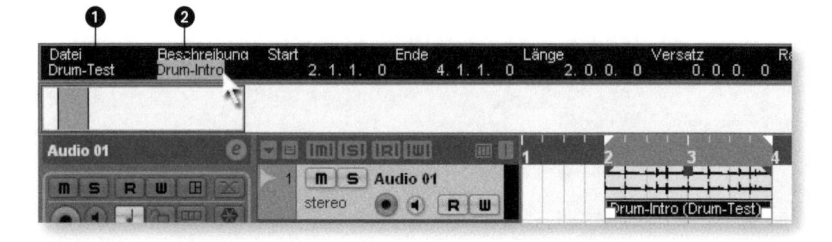

Um mehreren Objekten einer Spur denselben Namen zu geben, können Sie die gewünschten Objekte zu einer Auswahl zusammenfassen und wiederum über das Namensfeld der Infozeile einen neuen gemeinsamen Namen für diese vergeben.

Sofern Sie beabsichtigen, alle Objekte umzubenennen, die sich auf einer Spur befinden, können Sie dies erreichen, indem Sie den Spurnamen ändern und während der Bestätigung durch ⏎ eine der Sonderfunktionstasten ⇧, Strg/⌘ oder Alt gedrückt halten.

9.2.6 Event-Farben

Einzelnen Events und Parts können Sie auch unterschiedliche Farben zuweisen. Darüber hinaus können Sie den Events und Parts einer Spur innerhalb des aktuellen Projekts aber auch eine globale Spurfarbe zuweisen ...

Globale Spurfarbe | Um einer Spur global eine Farbe zuzuweisen, wählen Sie die betreffenden Spuren in der Spurspalte aus. Stellen Sie sicher, dass im Sequenzerbereich keine einzelnen Events mehr ausgewählt sind (z. B. durch Mausklick in einen freien Bereich des Sequenzerbereichs). Nun können Sie in der Kopfzeile des Projektfensters eine globale Spurfarbe festlegen. Sollte das Farbauswahlmenü nicht angezeigt werden, öffnen Sie mit einem Klick der rechten Maustaste in der Kopfzeile das Kontextmenü. Setzen Sie dort einen Haken bei FARBEN-MENÜ.

◄ **Abbildung 9.5**
Das Farben-Menü in der Kopfzeile

Ein weiterer Weg, um globale Event-Farben für eine Spur festzulegen, führt über die Spurspalte und die Inspector-Spalte. Wählen Sie die betreffende Spur wie gewünscht aus. Aktivieren Sie nun im oberen Bereich der Spurspalte die Anzeige der Spurfarben-Auswahl im Inspector. Dafür klicken Sie mit der Maus auf den Button mit den beim Überfahren mit der Maus farbig aufleuchtenden Farbstreifen ❸.

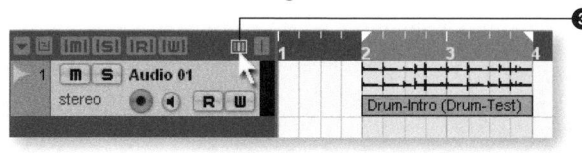

◄ **Abbildung 9.6**
Spurfarben anzeigen

Nun wird Ihnen im oberen Bereich der Inspector-Spalte ein Pfeil ❹ zum Erreichen der Standard-Farbeinstellung für die ausgewählte Spur(en) angezeigt. Dieselbe Wirkung können Sie auch über die entsprechende Auswahl direkt über die Spurfarben-Anzeige erzielen.

◄ **Abbildung 9.7**
Menü für Standard-Farbeinstellung von Spuren

Farbeimer verwenden | Eine weitere Möglichkeit zur Zuweisung von Event-Farben ist folgende: In der Werkzeugzeile und im Werkzeugkasten der rechten Maustaste finden Sie das Farbeimer-Werkzeug. Unterhalb des Farbeimers der Werkzeugzeile befindet zusätzlich ein schmaler Anzeigestreifen ❺, der Ihnen die aktuell ausgewählte Farbe anzeigt, mit der Sie Events durch einen einfachen Klick einfärben können.

▲ **Abbildung 9.8**
Anzeige der aktuellen Farbauswahl in der Werkzeugzeile

Arbeiten mit Events und Parts **299**

Beachten Sie, dass bei der Zuweisung von Farben für einzelne Events die Standardfarbe der jeweiligen Spur für das eingefärbte Event überschrieben wird. In vielen Fällen reicht es aus, wenn Sie anstelle vieler verschiedener Farben für einzelne Objekte auf derselben Spur spurweite Farben vergeben.

Farbvorgaben selbst wählen | Um die vorgegebene Auswahl von Farben und deren Bezeichner zu ändern, können Sie den Dialog EVENT-FARBEN aufrufen. Sie erreichen den Dialog über die Werkzeugzeile und einen Doppelklick auf den Balken unterhalb des Farbeimers oder über einen Klick in das FARBE AUSWÄHLEN-Fenster gefolgt von FARBEN AUSWÄHLEN.

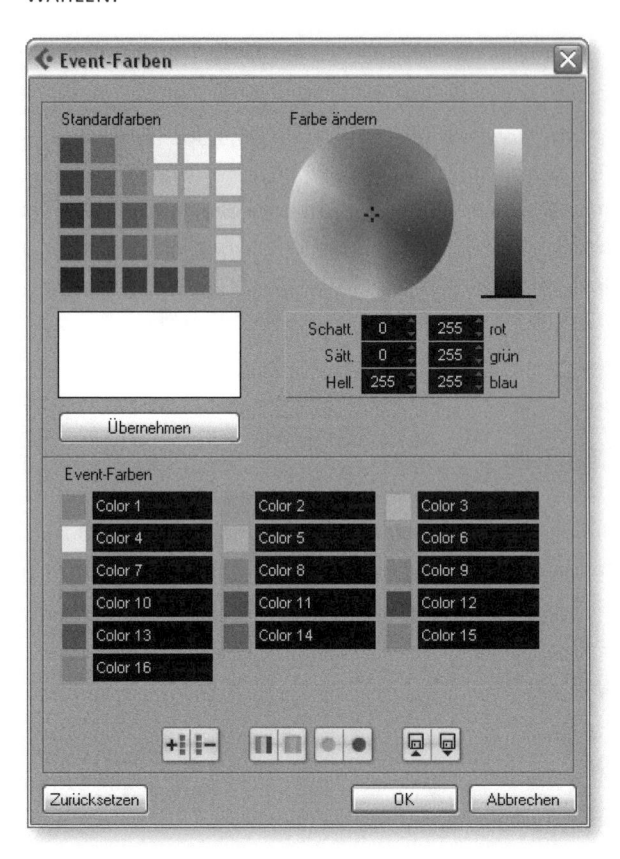

Abbildung 9.9 ▶
Dialog EVENT-FARBEN

Hier wählen Sie nun beispielsweise im unteren Bereich eine Event-Farbe per Doppelklick aus und ändern im Bereich FARBE ÄNDERN (oben rechts) den Farbton wie gewünscht. Wenn Sie auf ÜBERNEHMEN drücken, wird die eingestellte Farbe übernommen. Die neue Farbe steht Ihnen ab dann in den Farbmenüs von Cubase zur Verfügung.

9.3 Das Bearbeiten-Menü

Das Menü BEARBEITEN ist das zentrale Element zur Bearbeitung von Audio-, MIDI- und Steuerdaten. Es lohnt sich deshalb, sich immer mal wieder die Tastatur-Shortcuts anzusehen, die hinter den jeweiligen Einträgen angegeben sind. In beinah allen Fällen können Sie durch Verwenden der Tastaturkürzel Ihre Arbeitsabläufe vereinfachen und beschleunigen.

Bedingte Verfügbarkeit | Beachten Sie, dass die Einträge dieses Menüs nur bedingt verfügbar sind. Wann immer die Auswahl einer Bearbeitungsoption in einer aktuellen Arbeitssituation nicht zugänglich ist, ist diese ausgegraut. Dies ist etwa der Fall, wenn Sie innerhalb von Editoren arbeiten.

Auch die Auswahl von Objekten und Elementen kann entscheidend für die Verfügbarkeit von Bearbeitungsoptionen sein. So wirken sich etwa einige Bearbeitungsvorgänge pauschal auf alle vorhandenen Objekte aus, wenn Sie kein Element ausgewählt haben; andere sind hingegen dann schlichtweg nicht verfügbar. Ich werde Sie im Einzelfall darauf hinweisen. Sehen Sie sich die von Cubase angebotenen Bearbeitungsoptionen genauer an:

Ausschneiden | Über die Bearbeitungsoption AUSSCHNEIDEN können Sie markierte Objekte, wie Parts, Events und Steuerdaten, aus dem Projekt entfernen. Auf diese Weise ausgeschnittene Objekte werden dabei im Zwischenspeicher abgelegt und sind dadurch noch verfügbar. Das Tastaturkürzel für diese Option ist [Strg]/[⌘] + [X]. Beachten Sie, dass diese Funktion im Menü nur dann bereitsteht, wenn Sie mindestens ein Objekt markiert haben.

Kopieren | Mit der Bearbeitungsoption KOPIEREN legen Sie Objekte, wie Parts, Events und Steuerdaten, aus dem Projekt im Zwischenspeicher ab. Das Tastaturkürzel für diese Option lautet [Strg]/[⌘] + [C]. Auch diese Funktion ist im Menü nur dann verfügbar, wenn Sie mindestens ein Objekt markiert haben.

Einfügen | Die Bearbeitungsoption EINFÜGEN legt Objekte im Projekt ab, die sich zuvor im Zwischenspeicher befanden. Der Ablagepunkt im Projekt (bzw. im Editor) ist dabei in der Horizontalen stets die aktuelle Position des Positionszeigers. Sofern Sie eine Auswahl im Zwischenspeicher abgelegt haben, die sich über mehrere Spuren erstreckt, ist der vertikale Ablagepunkt des obersten Objekts stets diejenige Spur, die gerade markiert ist. Das Shortcut für diese Option ist `Strg`/`⌘` + `V`. Die EINFÜGEN-Funktion ist im Menü nur dann verfügbar, wenn Sie zuvor mindestens ein Objekt im Zwischenspeicher abgelegt haben.

An Ausgangsposition einfügen | Auch mit der Bearbeitungsoption AN AUSGANGSPOSITION EINFÜGEN legen Sie Objekte, die Sie zuvor in den Zwischenspeicher aufgenommen haben, im Projekt ab. Die Einfügeposition ist jedoch diejenige, an der Sie das Objekt/die Objekte zuvor ausgeschnitten haben.

Diese Bearbeitungsoption ist vor allem dann sinnvoll einsetzbar, wenn Sie eine Auswahl von Objekten im Zwischenspeicher abgelegt und bereits weitere Arbeitsschritte ausgeführt haben, sodass die Anwendung der Undo-Funktion nicht in Frage kommt.

Das standardmäßige Tastaturkürzel für diese Option ist `Alt` + `V`. Sie ist nur verfügbar, wenn mindestens ein Objekt im Zwischenspeicher ist.

Löschen | Die Bearbeitungsoption LÖSCHEN bewirkt auf den ersten Blick das Gleiche wie die Option AUSSCHNEIDEN. Der entscheidende Unterschied ist jedoch, dass ausgeschnittene Objekte im Zwischenspeicher abgelegt werden, gelöschte jedoch nicht. Das vorgegebene Tastaturkürzel für diese Option ist `←`. Beachten Sie, dass diese Funktion im Menü nur dann verfügbar ist, wenn zuvor mindestens ein Objekt markiert wurde.

Am Positionszeiger zerschneiden | Wenn Sie die Bearbeitungsoption AM POSITIONSZEIGER ZERSCHNEIDEN wählen, so werden Objekte wie Parts bzw. Events an dieser Stelle getrennt. Der vorgegebene Shortcut für diese Funktion lautet `Alt` + `X`. Dass diese Bearbeitungsoption im Menü auch dann verfügbar ist, wenn Sie keine Objekte markiert haben, weist bereits auf eine Besonderheit in der Praxis hin: Sofern Sie keine spezifizierte Auswahl getroffen haben, zerschneiden Sie mithilfe dieser Option nämlich sämtliche Objekte, die sich an der aktuellen Stelle des Positionszeigers befinden. Hier ist also Vorsicht geboten. Andernfalls zerteilen Sie eventuell Objekte, die Sie eigentlich ganz lassen wollten.

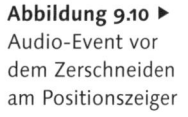

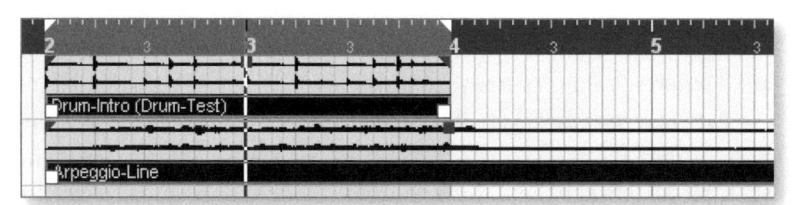

Abbildung 9.10 ▶
Audio-Event vor dem Zerschneiden am Positionszeiger

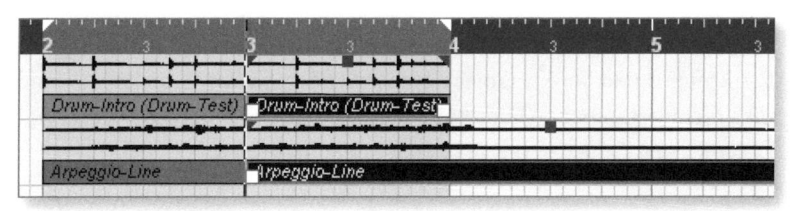

Abbildung 9.11
Audio-Event nach dem Zerschneiden am Positionszeiger

Zumindest für MIDI-Noten ist diese Form des Zerschneidens aber ungefährlich. Die Bearbeitungsoption zerschneidet nur den MIDI-Part, nicht aber die darin befindlichen MIDI-Events. Auf diese Weise bleiben z. B. die Notenlängen innerhalb eines zerschnittenen MIDI-Events erhalten.

9.3.1 Arbeiten mit dem Locator-Bereich

Bei der Bearbeitung von Events und Parts können Sie in Cubase mit Bereichen arbeiten. Hierfür stehen Ihnen zum einen die Locatoren zur Verfügung. Darüber hinaus können Sie aber auch individuelle Bereiche bestimmen und bearbeiten.

Loop-Bereich schneiden | Wählen Sie die Bearbeitungsoption LOOP-BEREICH SCHNEIDEN aus dem Menü BEARBEITEN, wenn Sie Objekte wie Parts oder Events am linken und rechten Locator trennen möchten. Auch diese Bearbeitungsoption ist stets im Menü verfügbar; selbst wenn Sie keine Objekte markiert haben. Somit können Sie auch dann Objekte zerschneiden, wenn Sie zuvor keine genauere Auswahl getroffen haben. Die Bearbeitungsoption wirkt sich dann auf alle Objekte aus, die mit den Locatoren überlappen.

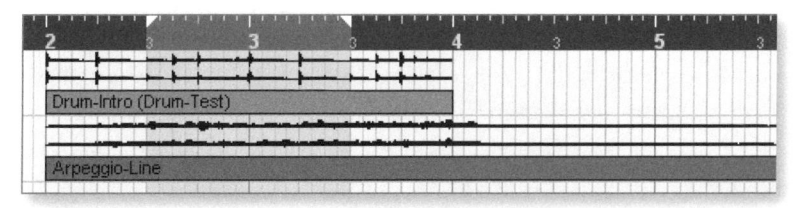

Abbildung 9.12
Audio-Event vor dem Zerschneiden des Loop-Bereichs

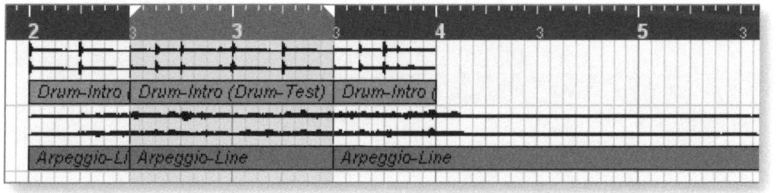

Abbildung 9.13
Audio-Event nach dem Zerschneiden des Loop-Bereichs

Auswahlbereiche bearbeiten | Über die verschiedenen Funktionen im Menü BEARBEITEN • BEREICH finden Sie in Cubase viele nützliche Arbeitshilfen, die sich auf Auswahlbereiche beziehen. Als Auswahlbereich gilt hierbei entweder eine Auswahl, die Sie durch das Auswahlwerkzeug direkt in ein Objekt eingezeichnet haben, oder (sofern Sie dies nicht getan haben) der Bereich zwischen den Locatoren, und zwar dann für alle Objekte, die sich dazwischen befinden.

Bereich kopieren | Mit der Bearbeitungsoption BEREICH KOPIEREN legen Sie den Locator-Bereich aller vorhandenen Spuren im Zwischenspeicher ab. Da diese Bearbeitungsoption für alle Objekte innerhalb des Locatoren-Bereichs gilt, benötigen Sie für ihre Anwendung keinerlei genauere Objektauswahl.

Abbildung 9.14 ▶
Vor dem Kopieren des Bereichs

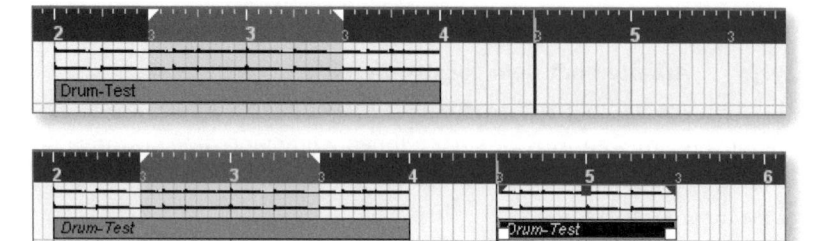

Abbildung 9.15 ▶
Nach dem Kopieren des Bereichs

Mit dieser Bearbeitungsoption können Sie ein Projekt ohne Verwendung einer Projektstrukturspur im Ablauf einfach umgestalten.

Zeit ausschneiden | Um diese Bearbeitungsoption anwählen zu können, müssen Sie zuvor mithilfe des Auswahlbereich-Werkzeugs einen Auswahlbereich für die zu bearbeitenden Objekte festgelegt haben. In Abbildung 9.16 ist dies ein Bereich von einem Takt ❶. Nach dem Ausführen der Bearbeitungsoption ZEIT AUSSCHNEIDEN wird der Auswahlbereich aus dem Objekt entfernt und die nachfolgenden Objektteile rücken zugleich in der Art nach, dass sie unmittelbar an das vorangehende Objekt anschließen. In Abbildung 9.17 sehen Sie, wie dies in der Praxis aussieht ❷. Bei diesem Vorgang wird der ausgeschnittene Objektteil im Zwischenspeicher abgelegt.

Als Shortcut können Sie standardmäßig auf die Tastaturkombination ⌈Strg⌉/⌘ + ⌈⇧⌉ + ⌈X⌉ zurückgreifen.

Abbildung 9.16 ▶
Vor dem Ausschneiden des Bereichs

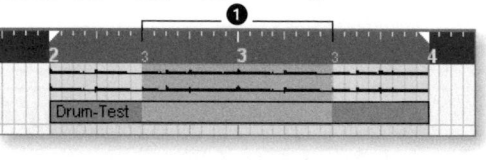

Abbildung 9.17 ▶
Nach dem Ausschneiden des Bereichs

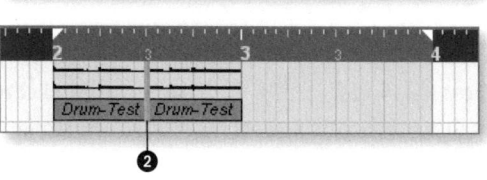

Zeit löschen | Die Bearbeitungsoption ZEIT LÖSCHEN funktioniert auf die gleiche Weise wie die Bearbeitungsoption ZEIT AUSSCHNEIDEN. Im Unterschied zu dieser wird der ausgeschnittene Objektteil hierbei jedoch nicht im Zwischenspeicher abgelegt und steht damit nicht länger zur Verfügung.

Auch für diese Option der Bearbeitung von Objekten gibt es ein Shortcut. Das Tastaturkürzel lautet ⇧ + ←.

Zeit einfügen | Zum Einfügen des kopierten Bereichs können Sie entweder den Positionszeiger an die gewünschte Stelle verschieben oder aber (wie im Screenshot zu sehen) mit dem Auswahlbereichs-Werkzeug einen Auswahlstrich an der gewünschten Einfügen-Position ❸ setzen. Das Tastaturkürzel für diese Option lautet [Strg]/[⌘] + ⇧ + [V].

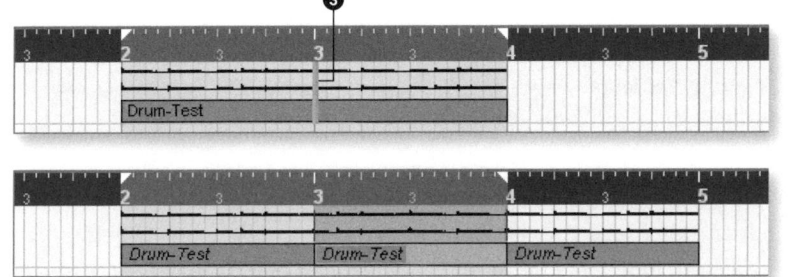

◀ **Abbildung 9.18**
Setzen der Einfügen-Position durch das Auswahlbereich-Werkzeug

◀ **Abbildung 9.19**
Nach dem Einfügen eines Bereichs durch die Bearbeitungsoption ZEIT EINFÜGEN

Zeit an Ausgangsposition einfügen | Wie die Bearbeitungsoption AN AUSGANGSPOSITION EINFÜGEN können Sie auch die Option ZEIT AN AUSGANGSPOSITION EINFÜGEN nutzen, um einen ausgeschnittenen Bereich aus dem Zwischenspeicher wieder an dessen ursprünglicher Stelle abzulegen. Dabei rutschen nachfolgende Objekte automatisch im Projekt an eine spätere Position.

Diese Bearbeitungsoption können Sie besonders gut dann einsetzen, wenn Sie eine Bereichsauswahl ausgeschnitten und bereits weitere Arbeitsschritte ausgeführt haben, sodass Sie das Ausschneiden des Bereichs nicht mehr ohne Weiteres über die Undo-Funktion rückgängig machen können.

Trennen | Mit dieser Bearbeitungsoption können Sie Objekte mithilfe eines Auswahlbereichs an dessen Begrenzungen zerschneiden. Per Tastatur rufen Sie die Bearbeitungsoption über ⇧ + [X] auf.

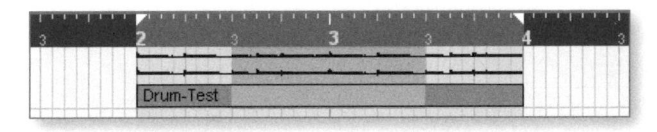

◀ **Abbildung 9.20**
Vor dem Trennen des Objekts an den Bereichsgrenzen

Abbildung 9.21 ▶
Nach dem Trennen des Objekts an den Bereichsgrenzen

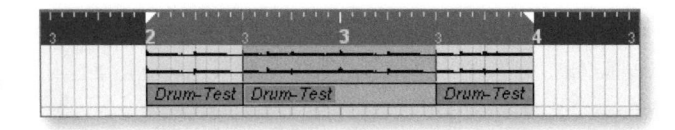

> **Bereichsauswahl auf nicht zusammenhängende Spuren anwenden**
>
> Da sich ein Auswahlbereich für verschiedene Spuren nur über benachbarte Spuren ausweiten lässt, erscheint es auf den ersten Blick nicht möglich, mehrere Spuren, die sich nicht unmittelbar nebeneinander befinden, per Bearbeitungsoption TRENNEN bearbeiten zu können. Mit zwei simplen Zwischenschritten ist dies aber sehr wohl möglich. Sie müssen lediglich vor dem Trennen des Auswahlbereichs die betreffenden Spuren untereinander anordnen. Markieren Sie den entsprechenden (spurenübergreifenden) Bereich und führen Sie die Bearbeitungsoption TRENNEN durch. Nach erfolgreicher Durchführung können Sie nun die Spuren gegebenenfalls wieder an ihre angestammte Stelle zurückschieben. Stellen Sie sich vor, diese Bearbeitungsoption möchten Sie auf zehn oder zwanzig verschiedene, nicht nebeneinander liegende Spuren anwenden … Sie sehen: Manchmal lohnt es sich, »um die Ecke zu denken«.

Freistellen | Die Bearbeitungsoption FREISTELLEN hilft Ihnen dabei, einen durch das Auswahlbereich-Werkzeug definierten Objektteil zu isolieren, indem die betroffenen Objekte an den Rändern der Auswahl getrennt werden, und diejenigen Bereiche, die nicht innerhalb des Auswahlbereichs liegen, automatisch gelöscht werden.

Abbildung 9.22 ▶
Vor dem Freistellen des Objekts an den Bereichsgrenzen

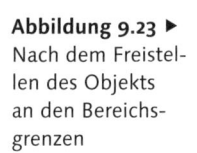

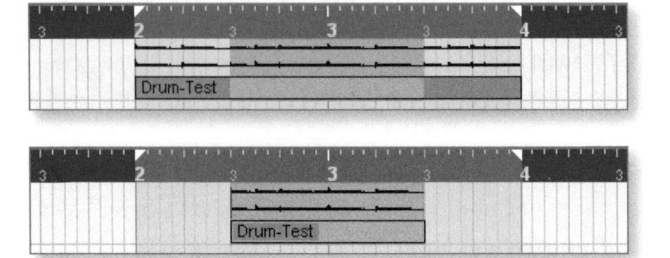

Abbildung 9.23 ▶
Nach dem Freistellen des Objekts an den Bereichsgrenzen

Stille einfügen | Über die Bearbeitungsoption STILLE EINFÜGEN können Sie einen Leerraum innerhalb eines Objekts erzeugen. Wie in den Screenshots zu sehen, bestimmt die Größe des Auswahlbereichs die Länge des eingefügten Freiraums. An der Position der Stille befindliche sowie nachfolgende Objekte werden automatisch von Cubase im Projekt nach hinten verschoben. Das vorgegebene Tastatur-Shortcut hierfür lautet [Strg]/[⌘] + [⇧] + [E].

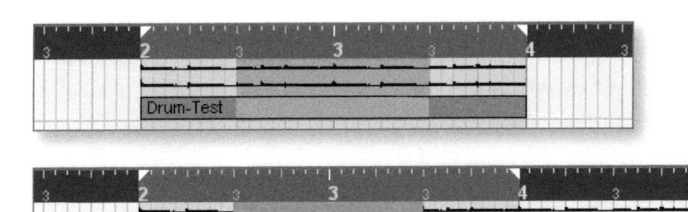

◄ **Abbildung 9.24**
Vor dem Einfügen der Stille

◄ **Abbildung 9.25**
Nach dem Einfügen der Stille

Schritt für Schritt: Bearbeitungsoptionen kombinieren

[**.**]

Auf derBuch-CD finden Sie im Workshop-Ordner zu diesem Kapitel ein Cubase-Projekt mit dem Titel »Schritt für Schritt – Bearbeitungsoptionen kombinieren.cpr«. Beachten Sie, dass das Beispielprojekt aus Kompatibilitätsgründen mit einem DirectX-Treiber arbeitet. Bitte passen Sie deshalb die Auswahl des ASIO-Treibers ggf. an Ihre Hardware-Umgebung an, indem Sie im Bereich GERÄTE • GERÄTE KONFIGURIEREN den von Ihnen gewünschten ASIO-Treiber wählen.

[**o**]
Schritt für Schritt – Bearbeitungsoptionen kombinieren.cpr

Durch die Kombination der verschiedenen Bearbeitungsoptionen können Sie komplexe Arbeitszusammenhänge schaffen sowie Abläufe zeitsparend und reibungslos durchführen. Hier ein Beispiel aus der Praxis.

1 Am Positionszeiger zerschneiden

Stellen Sie den Positionszeiger an die gewünschte Position oder stoppen Sie die Projektwiedergabe an der betreffenden Stelle.

Vergessen Sie nicht, das betreffende Objekt auszuwählen, falls Sie mit mehreren Spuren arbeiten, aber nur ein gesondertes Objekt zerschneiden möchten.

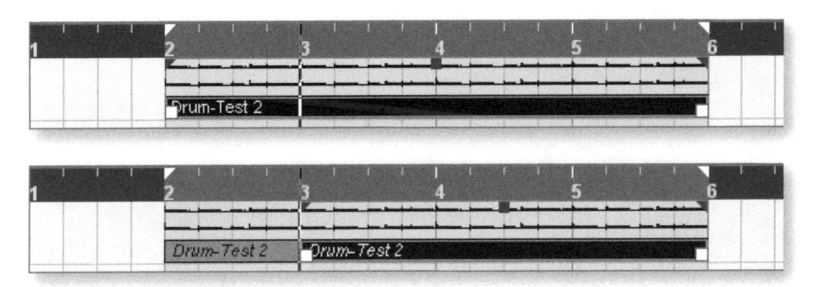

2 Ausschneiden/Kopieren

Markieren Sie das gewünschte Objekt mit dem Objektauswahl-Werkzeug. In unserem Beispiel ist das die linke Hälfte des zerschnittenen

Das Bearbeiten-Menü **307**

Audio-Events. Schneiden Sie das markierte Objekt aus (bzw. kopieren Sie es), damit es im Zwischenspeicher abgelegt wird.

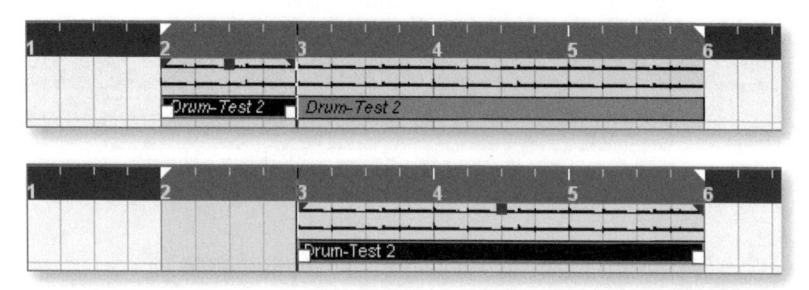

3 *Loop-Bereich schneiden*

Nun schaffen wir Platz für das im Zwischenspeicher abgelegte Audio-Event. Hierzu stellen Sie den Loop-Bereich durch Verschieben der Locatoren an der gewünschten Ablagestelle auf eine entsprechende Breite ein. Wählen Sie nun die Bearbeitungsoption LOOP-BEREICH SCHNEIDEN.

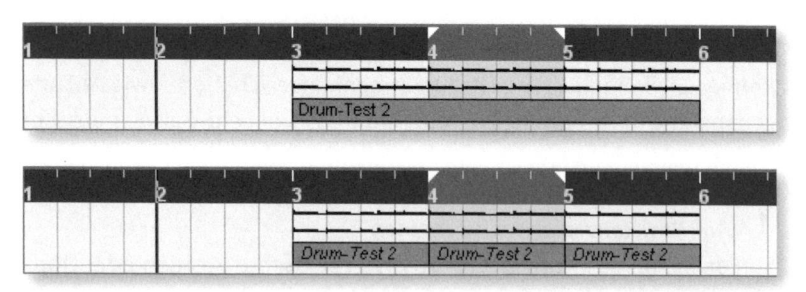

4 *Löschen*

Markieren Sie das durch das Schneiden des Loop-Bereichs entstandene Objekt und entfernen Sie es über BEARBEITEN • LÖSCHEN (keinesfalls AUSSCHNEIDEN wählen!). Auf diese Weise befindet sich das anfangs ausgeschnittene Audio-Objekt noch immer im Zwischenspeicher.

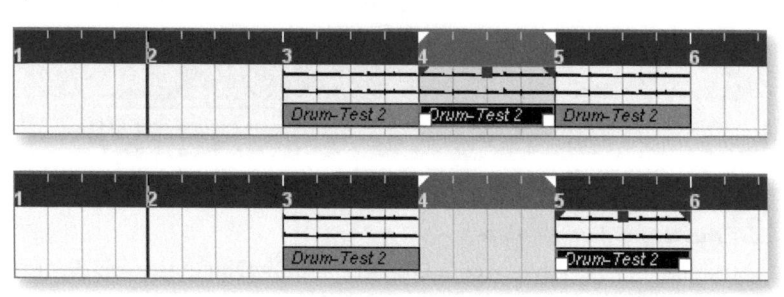

5 Einfügen

Verschieben Sie den Positionszeiger zum linken Locator (z. B. durch Drücken der Taste `Num1`) und wählen Sie die Bearbeitungsoption EINFÜGEN. Das eingangs in den Zwischenspeicher aufgenommene Audio-Event wird nun an der Stelle des Positionszeigers im Projekt abgelegt.

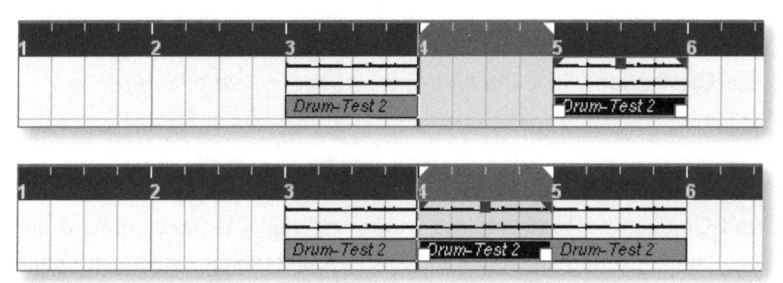

6 Und außerdem ...

Angenommen, Sie entscheiden sich dazu, das Objekt doch lieber kopieren als ausschneiden zu wollen. Indem Sie die Bearbeitungsoption AN AUSGANGSPOSITION EINFÜGEN wählen, wird das kopierte Element wieder am ursprünglichen Ort abgelegt. Ein erneutes Positionieren des Positionszeigers ist dafür nicht notwendig.

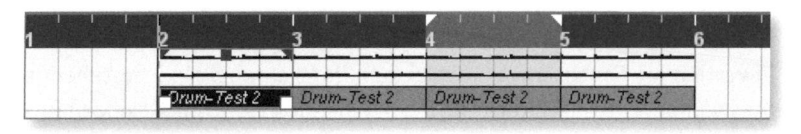

7 Crossfades erzeugen

Besonders reibungslos klingen die Übergänge zwischen nebeneinander platzierten Audio-Events, wenn Sie diese lautstärkemäßig ineinander überblenden.

Hierfür können Sie auf die Crossfade-Funktion zurückgreifen: Markieren Sie die gewünschten Objekte und wählen Sie das Tastaturkürzel [X] oder das Menü AUDIO • CROSSFADE, um eine automatische Überblendung ❶ zwischen den Events zu erzeugen. Genaue Informationen zum Umgang mit Crossfades erhalten Sie in Abschnitt 10.3. ∎

9.3.2 Bestimmen von Auswahlbereichen

Durch Auswahlbereiche innerhalb von Objekten können Sie auch lediglich mit Teilen von den markierten Objekten arbeiten. Neben dem Auswahlbereich-Werkzeug stehen Ihnen hierfür die nachfolgend erläuterten Auswahlmöglichkeiten zur Verfügung. Um auf diese zurückzugreifen, gehen Sie im Programm-Menü den Weg BEARBEITEN • AUSWAHL • [AUSWAHLBEREICH]. Sofern eine Funktion ausgegraut und somit nicht verfügbar sein sollte, ist eine vorausgehende Bedingung notwendig. Diese finden Sie dann im unten stehenden Text erläutert.

Alle/Keine | Über diese Funktion wählen Sie spurübergreifend alle Objekte eines aktivierten Projekts aus oder machen jegliche Bereichs- und Objektauswahl rückgängig. Aber Achtung! Die Auswahl wird nur für Objekte innerhalb des Rahmens »Projektanfang bis Projektende« getroffen. Stellen Sie also sicher, dass sich Objekte nicht etwa noch hinter dem Projektende befinden. Dies kann unter Umständen zu unerwünschten Ergebnissen führen, wenn Sie das Projekt während der Bearbeitung zu einem späteren Zeitpunkt verlängern und Aufnahmen tätigen sollten.

Die Tastaturkombination für das Auswählen aller Objekte lautet [Strg]/[⌘] + [A], diejenige für das Entfernen aller Markierungen [Strg]/[⌘] + [⇧] + [A].

Invertieren | Durch Anwahl dieser Funktion kehren Sie die bestehende Auswahl um: Ausgewählte Objekte verlieren Ihren MARKIEREN-Status und zuvor nicht ausgewählte Objekte werden in eine gemeinsame Auswahl einbezogen.

Die Auswahl-Funktion INVERTIEREN ist nur verfügbar, sofern Sie Objekte, wie Events und Parts, ausgewählt haben. Da Auswahlbereiche sich in der Hierarchie quasi »eine Ebene tiefer« befinden, ist das Umkehren für sie nicht sinnvoll.

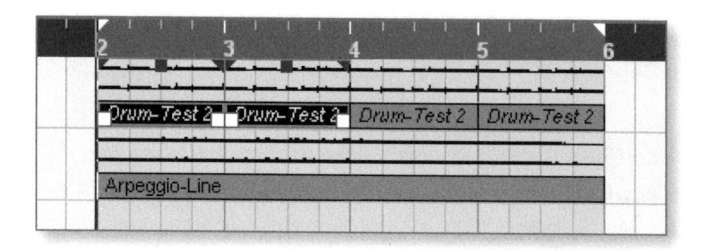

Abbildung 9.26 ▶
Auswahl vor dem Invertieren

◄ **Abbildung 9.27**
Auswahl nach dem Invertieren

> **»Schlechte« Bereiche schnell entfernen**
>
> Setzen Sie die Funktion AUSWAHL • INVERTIEREN ein, wann immer Sie mit Audio- oder MIDI-Daten arbeiten, die Sie qualifizieren wollen. Auf diese Weise können Sie alle diejenigen Objekte, mit denen Sie im Projektablauf zufrieden sind, markieren und nach beendeter Bewertung aller Objekte die Auswahl einfach invertieren, sodass Sie die überflüssigen oder schlechten Daten nun mit einem Klick löschen können. Vor allem bei der Arbeit mit MIDI-Daten in den Editoren (z. B. Key- oder Drum-Editor) können Sie durch Anwenden dieser Funktion viel Zeit sparen.

Im Loop | In Abbildung 9.28 erkennen Sie, wie sich diese Funktion auf die Auswahl von Objekten auswirkt: Mit ihr wählen Sie alle Objekte aus, die sich (zumindest teilweise) innerhalb des Cycle-Bereichs zwischen dem linken und rechten Locator befinden. Die Funktion ist nur dann verfügbar, wenn Sie tatsächlich einen Loop-Bereich gesetzt haben, also nicht bei inversem Loop, wenn sich der rechte Locator zeitlich vor dem linken Locator befindet oder wenn beide Locatoren sich auf derselben Position befinden.

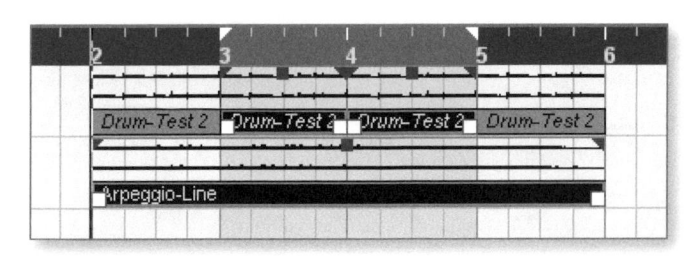

◄ **Abbildung 9.28**
Automatische Auswahl von Objekten im Loop

Vom Anfang bis Positionszeiger/Vom Positionszeiger bis Ende | Wenn Sie die Funktion VOM ANFANG BIS POSITIONSZEIGER wählen, werden alle Objekte ausgewählt, deren Start- und Endpunkt zeitlich vor oder aber auf dem Positionszeiger selbst liegen. Das Gegenteil ist der Fall, wenn Sie die Funktion VOM POSITIONSZEIGER BIS ENDE wählen. Hierbei werden alle Objekte ausgewählt, deren Start- und Endpunkt zeitlich hinter bzw. auf dem Positionszeiger liegen.

Das Bearbeiten-Menü

Abbildung 9.29 ▶
Objekte vom Anfang bis zum Positionszeiger auswählen

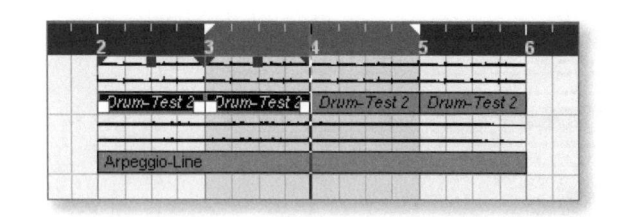

Gleiche Tonhöhe – alle Oktaven/gleiche Oktave | Diese Auswahl-Funktion bezieht sich speziell auf MIDI-Editoren. Den Abbildungen 9.30 und 9.31 können Sie entnehmen, wie sich diese Auswahl auswirkt:

Zuerst einmal muss sich mindestens ein MIDI-Noten-Event in der Objektauswahl befinden. Mit Ausführung der Funktion GLEICHE TONHÖHE – ALLE OKTAVEN markiert Cubase nun für Sie automatisch alle der Auswahl und den Kriterien entsprechenden Tonhöhen innerhalb des geöffneten MIDI-Parts. In den Screenshots sehen Sie zuerst die markierte Note G2 ❶, im nachfolgenden Screenshot dann die hinzugewonnene Auswahl von »Gs«, die sich nicht nur auf derselben Tonhöhe (G2 ❷), sondern auch in der dritten Oktave befinden (❸ und ❹).

Wenn Sie hingegen »lediglich« die Funktion GLEICHE TONHÖHE – GLEICHE OKTAVE wählen, würden in unserem Beispiel die Noten G in der dritten Oktave (❸ und ❹) nicht der Auswahl hinzugefügt.

Besonders dann, wenn Sie mit musikalischen Läufen oder Arpeggios arbeiten, kann diese Auswahl-Funktion von großem Nutzen sein.

Abbildung 9.30 ▼
Einfache Tonauswahl

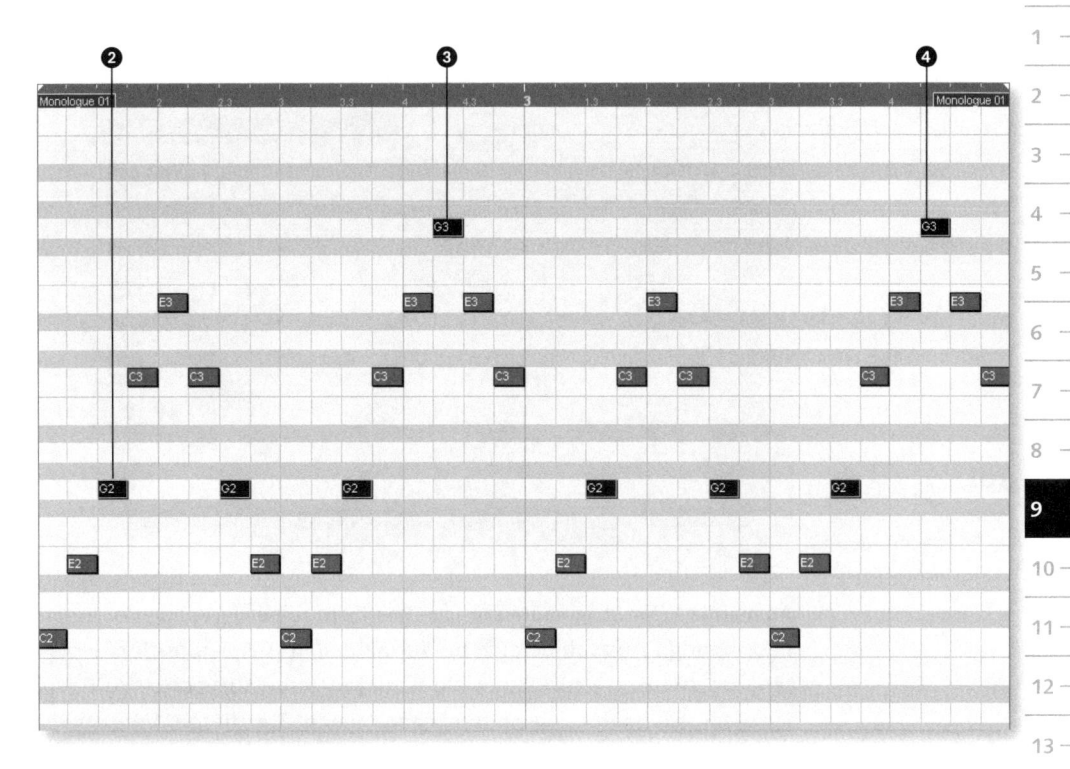

Alle auf ausgewählten Spuren | Eine fantastische Hilfe beim Bearbeiten von Parts auf mehreren Spuren ist vor allem bei aufwändigeren Projekten die Auswahl-Funktion ALLE AUF AUSGEWÄHLTEN SPUREN. Hiermit werden alle Objekte auf den ausgewählten Spuren, die sich innerhalb der Projektgrenzen befinden, zu einer Auswahl hinzugefügt.

▲ **Abbildung 9.31**
Zusätzliche Auswahl über GLEICHE TONHÖHE – ALLE OKTAVEN

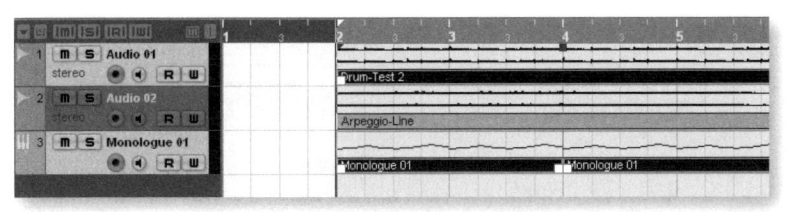

◄ **Abbildung 9.32**
Spurauswahlbezogene Objektauswahl

Wie in Abbildung 9.32 zu sehen, können hierzu auch Automationsdaten gehören. Als Voraussetzung für das automatische Markieren der Steuerdaten gilt jedoch, dass Sie die jeweiligen Automationsunterspuren zuvor separat der Spurauswahl hinzugefügt haben müssen.

Event auswählen | Sofern Sie den Sample-Editor geöffnet haben, ist diese Funktion verfügbar. Dabei markieren Sie mit Auswahl der Funktion denjenigen Ausschnitt einer Audiodatei, der auf der Projektebene im Sequenzerbereich als Objekt definiert ist. Auf diese Weise können Sie im Sample-Editor problemlos samplegenau die Objektausschnitte von Aufnahmen bearbeiten.

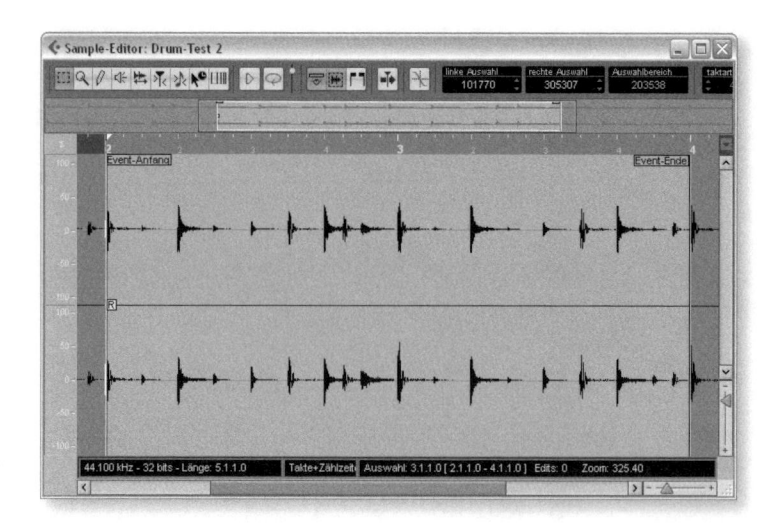

Abbildung 9.33 ▶
Auswahl auf Eventgröße beschränken

Auswahlbeginn/Auswahlende zu Positionszeiger | Wenn Sie einen bestehenden Auswahlbereich bis zur aktuellen Abspielposition erweitern möchten, so kann Ihnen die Funktion AUSWAHLBEGINN ZU POSITIONSZEIGER helfen. Besonders dann, wenn Sie diesen Vorgang in bestimmten Arbeitssituationen sehr häufig wiederholen müssen, ist es einfacher und schneller, das Tastaturkürzel E zu benutzen.

Sofern sich der Positionszeiger zeitlich hinter dem Auswahlbereich befindet, kommt die Funktionsvariante AUSWAHLENDE ZU POSITIONSZEIGER in Betracht. Sie bewirkt analog eine entsprechend entgegengesetzte Bereichsauswahl. Die Kurztaste für diese Funktion ist D.

Abbildung 9.34 ▶
Einfacher Auswahlbereich

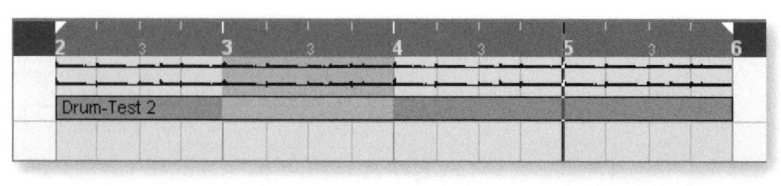

Abbildung 9.35 ▶
Nach ausgeführter Auswahlfunktion
AUSWAHLENDE ZU POSITIONSZEIGER

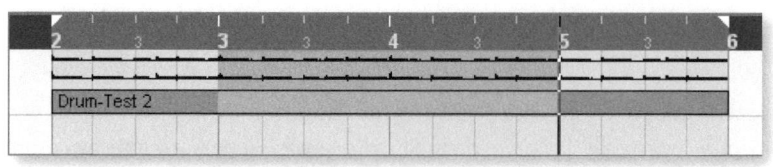

9.3.3 Arbeiten mit auswahlbezogenen Bearbeitungsfunktionen

Ebenfalls im Menü BEARBEITEN enthalten ist eine Liste von Bearbeitungsfunktionen, die Ihnen das Bearbeiten von Auswahlbereichen und Objekten erlauben. Sie finden hier die folgenden Funktionen:

Duplizieren | Wenn Sie einen Auswahlbereich innerhalb eines Objekts festgelegt haben, so wird dieser bei Ausführung der Funktion Duplizieren kopiert und zeitlich hinter diesem in das Projekt eingefügt. Dies ist eine tolle Funktion, um beispielsweise einzelne Teile einer Aufnahme, die sehr gut gelungen sind, unkompliziert und schnell zu vervielfältigen. Sofern Sie keinen Auswahlbereich, sondern ein oder mehrere Objekte ausgewählt haben, werden diese Objekte dupliziert. Das Tastaturkürzel hierfür lautet Strg/⌘ + D.

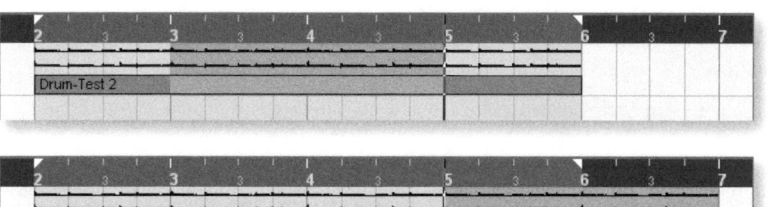

◄ **Abbildung 9.36**
Einfacher Auswahlbereich

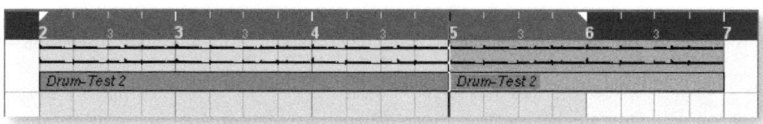

◄ **Abbildung 9.37**
Duplizierter Auswahlbereich

Wiederholen | Die Funktion Wiederholen entspricht im Wesentlichen der Funktion Duplizieren. Sie ist jedoch für das Vervielfältigen, also das mehrfache Duplizieren von Auswahlbereichen oder markierten Objekten zuständig. Sobald Sie die Funktion aufrufen, erscheint ein Dialogfenster, in dem Sie die Anzahl der gewünschten Wiederholungen eingeben können. Diese werden dann nach Bestätigung durch den OK-Button jeweils hintereinander am Auswahlbereich bzw. dem ausgewählten Objekt angefügt. Per Tastatur rufen Sie diese Funktion über Strg/⌘ + K auf.

◄ **Abbildung 9.38**
Markierte Objekte vervielfältigen

Cubase bietet Ihnen auch die Möglichkeit, Wiederholungen mithilfe der Maus im Sequenzerbereich einzuzeichnen. Wie das geht, erfahren Sie in der folgenden Schritt-für-Schritt-Anleitung:

[•] *Schritt für Schritt: Wiederholungen grafisch erzeugen*

1 Startobjekt markieren
Wählen Sie das gewünschte Objekt (Event/Part) im Sequenzerbereich mit dem Objektauswahl-Werkzeug aus und fahren Sie mit dem Mauszeiger über den zugehörigen Objekthandler in der rechten unteren Ecke des Objekts.

2 Wiederholungen einleiten
Das Anlegen von Wiederholungen dieses Objekts leiten Sie ein, indem Sie die [Alt]-Taste drücken. Der Mauszeiger-Pfeil verwandelt sich in ein Stiftsymbol.

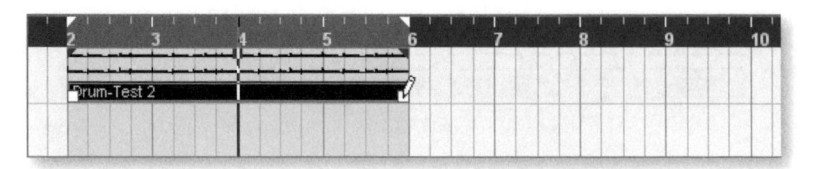

Achtung! Befinden Sie sich nicht auf dem Objekthandler, so erscheint das Scherensymbol. Die hier erläuterte grafische Wiederholung funktioniert dann nicht.

3 Wiederholungen ausführen
Drücken Sie nun bei gehaltener [Alt]-Taste die linke Maustaste. Sobald Sie die Maus bewegen, erscheint ein feiner schwarzer Kasten rings um das Objekt. Eine Tooltip-Anzeige nennt Ihnen die aktuelle Wiederholungsanzahl (»0«).

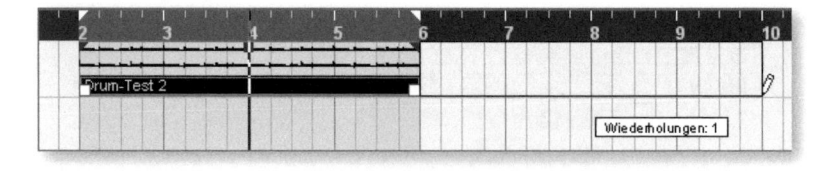

Bewegen Sie die Maus bei gedrückter linker Maustaste im Projekt nach rechts. Mit jedem Mal, wenn Sie die Maus um die Länge des zu wiederholenden Objekts bewegt haben, zeigt Ihnen der Tooltip eine weitere Wiederholung an. Sobald Sie die Maustaste loslassen, erscheinen die erzeugten Wiederholungen als eigenständige Objekte im Projekt.

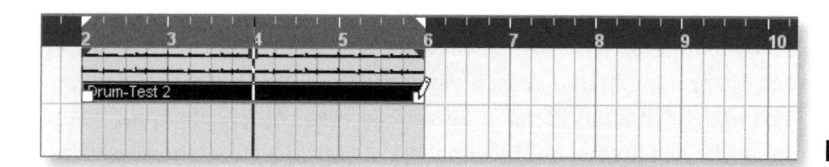

Loop füllen | Um mehrere Wiederholungen eines Objekts anzulegen, die gemeinsam eine bestimmte Länge haben sollen (im Screenshot-Beispiel sind dies fünf Takte), können Sie auch den Beginn des zu kopierenden Objekts mit dem linken Locator versehen und den Cycle-Loop mithilfe des rechten Locators auf die gewünschte Länge der Gesamtwiederholungen einstellen. Wenn Sie nun im Menü den Befehl BEARBEITEN • LOOP FÜLLEN wählen, wird der Bereich zwischen den Cycle-Markern mit Kopien des ausgewählten Objekts aufgefüllt. Wie Sie im Screenshot sehen können, wird das letzte Objekt automatisch abgeschnitten, sofern es nicht mit voller Länge in den Cycle-Loop hineinpassen sollte.

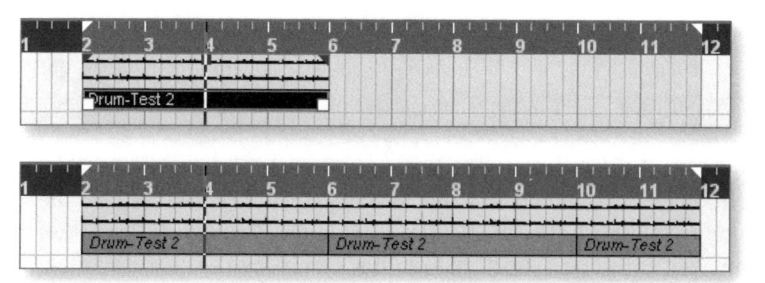

◄ **Abbildung 9.39**
Vor dem Ausführen der LOOP FÜLLEN-Funktion

◄ **Abbildung 9.40**
Nach durchgeführter LOOP FÜLLEN-Funktion

In eigenständige Kopie umwandeln | Sofern in den Programmeinstellungen nicht anders festgelegt, erzeugen Sie beim Kopieren, Duplizieren und Wiederholen von Audio-Objekten stets virtuelle Kopien. Das heißt, dass allen diesen Kopien eine einzige Audiodatei zugrunde liegt.

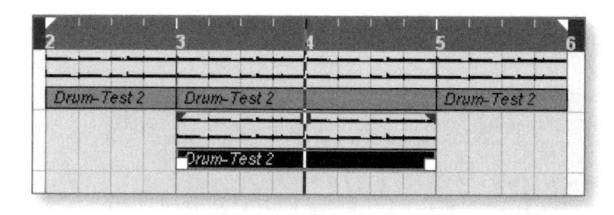

◄ **Abbildung 9.41**
Objekt als virtuelle Kopie

Für einige Arbeitsschritte ist es jedoch sinnvoll, ein Duplikat der zugrunde liegenden Audiodatei anzulegen, welches dann als Ausgangspunkt für weitere virtuelle Kopien herangezogen werden kann. Das Duplikat wird dann als tatsächliche Audiodatei auch im Audio-Pool, nicht aber physikalisch auf der Festplatte abgelegt. Dies ist aber deshalb ein deutlicher Unterschied zu rein virtuellen Kopien, weil Sie den Ursprungsclip und dessen eigenständige Kopien unabhängig voneinander bearbeiten können. Setzen Sie diese Möglichkeit ein, wenn Sie in die Datei einer Audioaufnahme Änderungen hineinrechnen lassen müssen, zugleich aber auch mit der unbearbeiteten Originaldatei arbeiten möchten.

Die Umwandlung erfolgt über die Bearbeitungsfunktion IN EIGENSTÄNDIGE KOPIE UMWANDELN, die Sie im Menü BEARBEITEN finden. Wie im Screenshot zu sehen, trägt die neue Version des Audioclips den gleichen Namen, der jedoch von einer Nummerierung begleitet wird ❶.

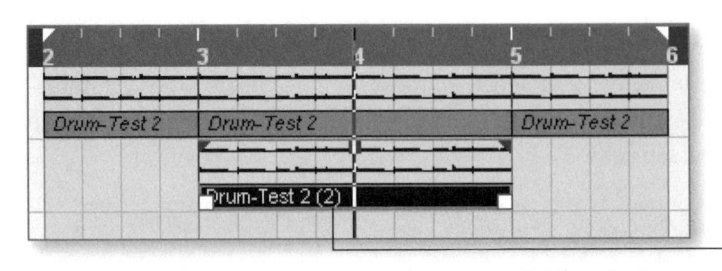

Abbildung 9.42 ▶
Objekt nach Umwandlung in eigenständige Kopie

Wie kann eine neue Datei erzeugt werden?

Wenn Sie statt einer eigenständigen Kopie eine physikalisch vorhandene Kopie eines Audioclips anlegen wollen, können Sie dies über die Audio-Funktion AUSWAHL ALS DATEI im Menü AUDIO ausführen. Auf diese Weise legen Sie ausgewählte Objekte als Dateien im Projektordner ab.

Gruppieren/Gruppierung aufheben | Eine Auswahl von mehreren markierten Objekten (Events/Parts) können Sie über BEARBEITEN • GRUPPIERUNG oder die Tastaturkombination [Strg]/[⌘] + [G] zu einer Gruppe zusammenfassen. An dem Anker-Symbol ❷ in der rechten unteren Ecke eines Objektes erkennen Sie, dass ein Objekt Bestandteil einer Gruppierung ist.

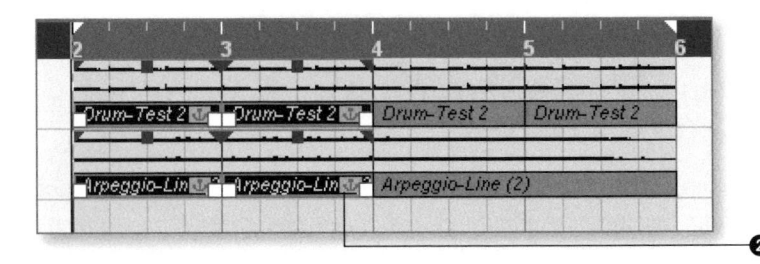

Abbildung 9.43 ▶
Gruppierte Objekte

Die gruppierten Objekte lassen sich dann kinderleicht zusammen bearbeiten, als handele es sich um ein einzelnes Objekt. Auf diese Weise können die Parameter-Handler mehrerer Objekte hervorragend bedient werden, um Lautstärke, Fades oder die Größe mehrerer Objekte zugleich zu bearbeiten. Selbstverständlich wird auch das Verschieben von ganzen Objekt-Blöcken dadurch wesentlich erleichtert. Weitere Bearbeitungsvorgänge, die Sie auf Gruppierungen anwenden können, sind die Auswahl, das Löschen, Sperren, Stummschalten, Wiederholen und Zerschneiden von Objekten.

Objekte einer Gruppierung hinzufügen | Um ein Objekt einer bestehenden Gruppierung hinzuzufügen, markieren Sie diese Gruppierung und das hinzuzufügende Objekt und führen erneut den Befehl GRUPPIEREN aus. Hierdurch entsteht jedoch keine Gruppierung höherer Ordnung, da es für Objekt-Gruppierungen in Cubase nur eine Hierarchieebene gibt. Außerdem steht die GRUPPIEREN-Funktion nur im Sequenzerbereich des Projekts, nicht aber in den MIDI-Editoren oder dem Audio-Part-Editor zur Verfügung.

Selbstverständlich können Sie Objekt-Gruppierungen auch wieder aufheben. Dies geschieht über den entsprechenden Befehl im Menü BEARBEITEN oder die Tastaturkombination [Strg]/[⌘] + [U].

Sperren .../Sperre aufheben | Wenn Sie verhindern möchten, dass ein Objekt versehentlich Änderungen erfährt, können Sie es für eine weitere Bearbeitung über BEARBEITEN • SPERREN sperren. Die dazugehörige Tastaturkombination lautet [Strg]/[⌘] + [⇧] + [L].

Für gesperrte Objekte stehen keine Objekthandler für Größenänderung, Lautstärke- oder Fade-Anpassung zur Verfügung. Außerdem lassen sich gesperrte Objekte nicht im Sequenzerbereich verschieben.

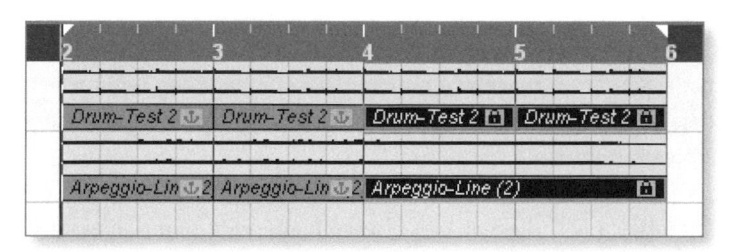

◀ **Abbildung 9.44**
Gesperrte Objekte

Mit dem Shortcut [Strg]/[⌘] + [⇧] + [U] oder aber über den entsprechenden Eintrag im BEARBEITEN-Menü heben Sie die vorgenommene Objektsperrungen wieder auf, sofern Sie diese zuvor markiert haben.

> **Gruppierungen und Sperrungen auf mehreren Ebenen**
>
> Ein echter Praxistipp ist die Kombination von Gruppierungen und Sperrungen auf mehreren Ebenen. So können Sie etwa Objekte zuerst gruppieren und gemeinsam bearbeiten und feinjustieren. Die vorgenommenen Bearbeitungen können Sie durch das Sperren der Gruppierung schützen und so für jede weitere gruppierte Sinneinheit auf einer Spur vorgehen. Haben Sie diese Arbeiten auf einer Spur abgeschlossen, können Sie diese über den SPERREN-Button in der Spurliste oder den Inspector komplett sperren, um eine versehentliche Bearbeitung zu unterbinden.

Stummschalten/Stummschalten aufheben | Stummgeschaltete Objekte erkennen Sie daran, dass diese grau dargestellt werden. Die Tastaturkombination zum Stummschalten von markierten Objekten lautet ⇧ + M, diejenige zum Aufheben der Stummschaltung ⇧ + U. Da der STUMMSCHALTEN-Befehl des Menüs BEARBEITEN 1:1 demjenigen der Werkzeugzeile entspricht (siehe Abschnitt 6.3.11), erläutere ich ihn an dieser Stelle nicht weiter.

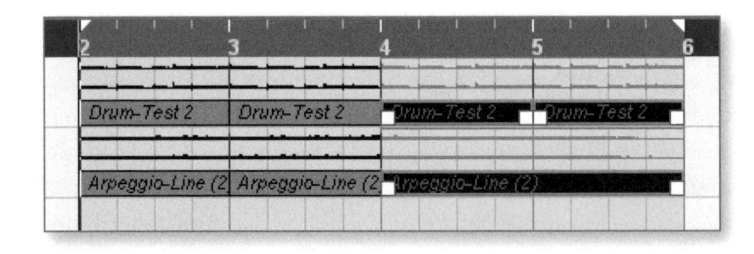

Abbildung 9.45 ▶
Stummgeschaltete Objekte werden ausgegraut dargestellt.

9.3.4 Arbeiten mit den Verschieben-Befehlen

Wenn Sie sich das BEARBEITEN-Menü eines Projekts ansehen, so stellen Sie fest, dass ich bei der bisherigen Beschreibung der Funktionen den Bereich VERSCHIEBEN ausgelassen habe. Diese Funktionen eignen sich besonders gut zum Umordnen von Projektabläufen ohne Verwendung einer Projektstrukturspur.

Positionszeiger | Mit diesem Befehl verschieben Sie eine Objektauswahl mit deren Beginn zum Positionszeiger. Diesen Befehl können Sie auch über die Tastaturkombination [Strg]/[⌘] + [L] aufrufen.

Was in den Abbildungen beinahe »nichtig« wirkt, kann sich für Sie als eine große Arbeitserleichterung herausstellen. Dies kann etwa in einer Arbeitssituation der Fall sein, in der Sie beispielsweise eine große Anzahl von Objekten (u. U. gruppiert und auf verschiedenen Spuren) an eine mit dem Positionszeiger angefahrene Stelle im Projekt verschieben möchten, ohne den Zwischenspeicher benutzen zu wollen.

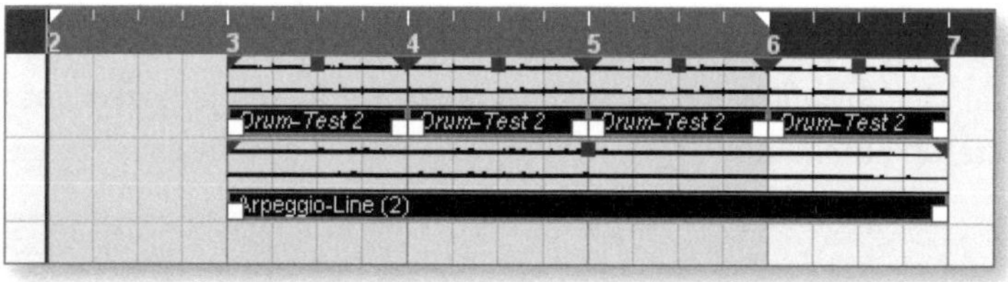

◄ **Abbildung 9.46**
Objektauswahl vor …

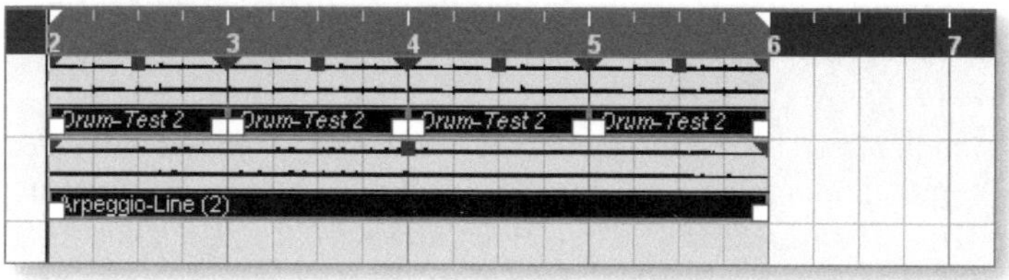

◄ **Abbildung 9.47**
… und nach und dem Verschieben zum Positionszeiger.

Ursprungszeit | Diese Funktion hilft Ihnen dabei, Audio-Events wieder zu ihrer ursprünglichen Position, an der sie bei der Aufnahme erzeugt wurden, in einem Schritt zurückzuschieben.

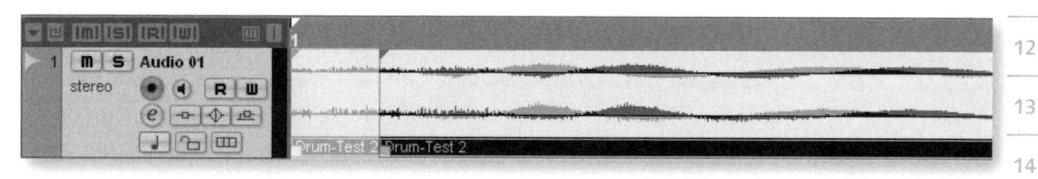

▲ **Abbildung 9.48**
Verschieben eines Objekts zum Ursprungspunkt

In den Vordergrund/Hintergrund | Diese Befehle helfen Ihnen dabei, überlappende Objekte besser zu bearbeiten. Bei Objektüberschneidungen im Sequenzerbereich eines Projekts können Sie damit wieder auf sonst verdeckte Objekthandler zurückgreifen, um beispielsweise die Objektlänge anzupassen. Besonders beim Arbeiten mit Audio-Events innerhalb einer Spur kann dieser Befehl ein entscheidendes Tool sein – sind doch stets nur diejenigen Objektteile zu hören, die sich bei der Überlappung mehrerer Objekte im Vordergrund befinden.

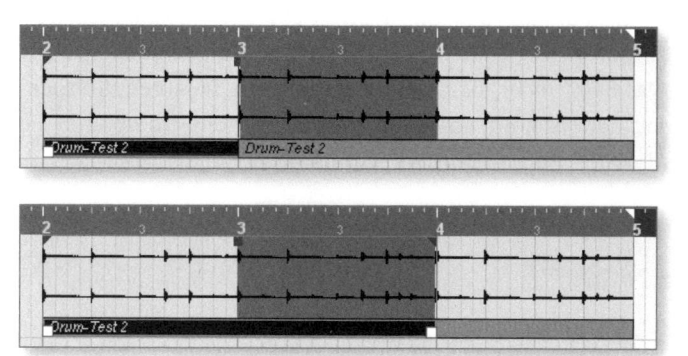

◄ **Abbildung 9.49**
Markiertes Objekt im Hintergrund …

◄ **Abbildung 9.50**
… und im Vordergrund

Das Bearbeiten-Menü

Zwar ist hierfür standardmäßig kein Shortcut vorgegeben, da es sich aber um einen Menübefehl handelt, können Sie diesen jederzeit über die Tastaturkombination [Alt] + [B], [V], [→], [I] ausführen.

> **Lange Kombinationen von Tastenbefehlen**
>
> Wenn Sie überlange Shortcuts wie für den Befehl IN DEN VORDERGRUND/HINTERGRUND häufiger benutzen, können Sie diese auf einem Post-It an Ihrem Monitor vermerken, sodass sie bei Bedarf schnell bereitstehen. Haben Sie erst ein paar Mal darauf zurückgegriffen, werden Sie auch Kombinationen von der Länge [Alt] + [B], [V], [→], [N] (Befehl BEARBEITEN • VERSCHIEBEN • IN DEN HINTERGRUND) aus dem Gedächtnis abrufen können.
>
> Beachten Sie aber, dass für das Durchführen der Menünavigation über die [Alt]-Taste nicht das Projekt-, sondern das Programmfenster selbst, also der äußere Rahmen, aktiviert sein muss.

9.3.5 Optionen für die Bearbeitung

Wenn Sie ein Power-User von Cubase sind, werden Sie um die folgenden Funktionen kaum herumkommen. Denn besonders dann, wenn Sie mit der Programmnutzung bereits recht weit in die Tiefe gehen, stellen sich Ihnen mitunter Probleme, für die Cubase elegante Lösungen bereithält.

Zugriff auf diese Funktionen haben Sie über den Dialog DATEI • PROGRAMMEINSTELLUNGEN • BEARBEITUNGSOPTIONEN und über das BEARBEITEN-Menü.

Automation folgt Events | In einigen Arbeitssituationen kann es sinnvoll sein, mühsam erarbeitete Automationsdaten an Objekte zu »koppeln«, um diese beim Verschieben der Objekte nicht neu erstellen zu müssen. Ist die Funktion AUTOMATION FOLGT EVENTS eingeschaltet, werden die Automationsdaten automatisch mit verschoben. – Aber Achtung! Das heißt nicht, dass beim Löschen von Objekten die zugehörigen Automationsdaten ebenfalls gelöscht werden. Überprüfen Sie gegebenenfalls die Automationsunterspuren!

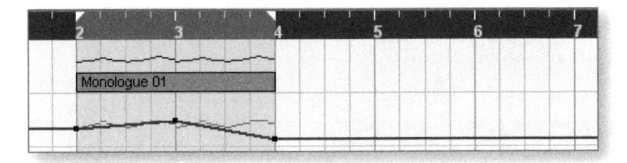

Abbildung 9.51 ▶
MIDI-Part und Automationsdaten ...

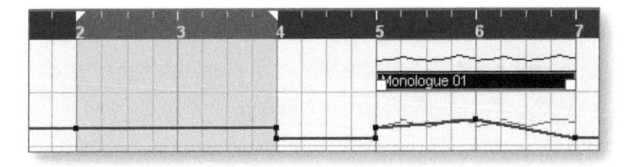

◄ **Abbildung 9.52**
... können gemeinsam verschoben werden.

Da das gemeinsame Verschieben von Objekten und Automationsdaten jedoch nicht in jedem konkreten Fall wünschenswert ist, kann die Funktion über BEARBEITEN • AUTOMATION FOLGT EVENTS auch wieder abgeschaltet werden. (Bei aktivierter Funktion erscheint im Menü hinter dem Eintrag ein Bestätigungshäkchen.)

Vielleicht haben Sie sich jetzt bereits die Frage gestellt, was mit eventuell nachfolgenden Automationsdaten geschieht? Diese werden nicht mit den bereits vorhandenen Automationsdaten gemischt, sondern letztere werden überschrieben.

Events unter Positionszeiger automatisch auswählen | Aktivieren Sie die Funktion EVENTS UNTER POSITIONSZEIGER AUTOMATISCH AUSWÄHLEN werden alle Objekte, die der Positionszeiger überfährt, automatisch zu einer Auswahl zusammengefasst. Sobald der Positionszeiger das Ende eines Objekts überfährt, wird dessen Markierung wieder aufgehoben. Besonders praktisch ist, dass Cubase dies ausschließlich auf ausgewählten Spuren ausführt. In Kombination mit dem Jog-Wheel (z.B. Abspielgeschwindigkeit, Geschwindigkeit erhöhen oder Scrubbing nutzen) haben Sie so die Möglichkeit, auf die Schnelle eine spurenübergreifende Objektauswahl festzulegen.

Wie hilfreich das sein kann, sehen Sie in Abbildung 9.53. Auf den markierten Spuren werden alle Events unterhalb des Positionszeigers markiert (❶ bis ❸). Das Event ❹ auf der letzten Spur wurde dabei nach dem Überfahren durch den Positionszeiger nicht in die Auswahl aufgenommen.

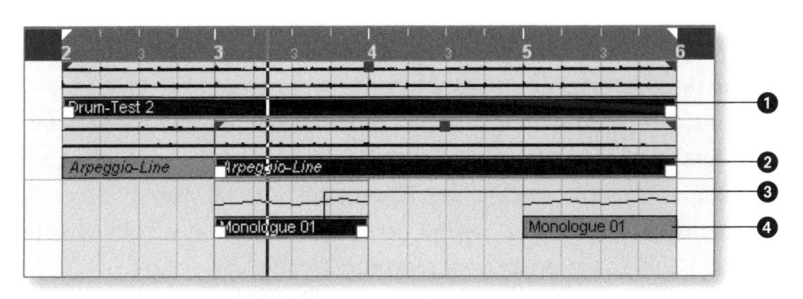

◄ **Abbildung 9.53**
Automatisch markierte Objekte durch die Wiedergabe des Projekts

9.3.6 Zoom-Bearbeitung

Im Menü BEARBEITEN • ZOOM finden Sie eine Vielzahl von Befehlen zum Ändern der Darstellungsgröße von Fenstern, wie etwa dem Projektfenster oder den Editoren. Hierbei lohnt es sich sehr, wenn Sie sich einige der Tastaturkürzel merken, damit Sie sich weite Wege mit der Maus sparen.

Horizontaler Zoom | Die wohl am häufigsten verwendeten Funktionen sind diejenigen zum horizontalen Vergrößern und Verkleinern des jeweiligen Fensters. Die Shortcuts [H] zum Vergrößern und [G] zum Verkleinern des Fensterausschnitts sind deshalb eine große Hilfe.

Alle Objekte sichtbar machen | Wenn Sie den Befehl GANZES FENSTER ([⇧] + [F]) wählen, wird das aktuelle Fenster so weit vergrößert bzw. verkleinert, dass alle Objekte innerhalb des Fensters (horizontal) größtmöglich zu sehen sind.

Analog dazu führen Sie mit dem Befehl GANZE AUSWAHL ([Alt] + [S]) eine Vergrößerung bzw. Verkleinerung des Fensterausschnitts mit Bezug auf die aktuelle Objektauswahl aus. Aber Achtung! Diese betrifft mit der Vertikalen auch die Spurhöhe, was mitunter zu unerwünschten Ergebnissen führen kann. Wenn Sie dies nicht möchten, so können Sie auf den Befehl AUSWAHL VERGRÖSSERN (HORIZ.) ausweichen.

Sofern Sie im Sample-Editor arbeiten, steht auch die Zoom-Funktion GANZES EVENT bereit, mit der Sie die Ansicht auf den kompletten Umfang eines Audio-Events ausweiten/einschränken können.

Vertikaler Zoom und Spurhöhen ändern | Neben zusätzlichen Zoom-Funktionen für die vertikale Vergrößerung und Verkleinerung von Fensteranzeigen können Sie auch die Spurhöhen verändern. Dies geschieht über die Tastaturkombinationen [Alt] + [↓], um eine Spur um einen Schritt zu vergrößern, und [Alt] + [↑], um eine Spur um einen Schritt zu verkleinern. Mit [Strg]/[⌘] + [↓] können Sie zudem alle Spuren, die Sie markiert haben, mit einem einzigen Befehl vergrößern. Die Größe könne Sie dann mittels [Strg]/[⌘] + [↑] anpassen.

Zoom-Undo mit eigener History | Die Funktionen zum Rückgängigmachen bzw. Wiederholen von Zooms sind deshalb besonders wertvoll, weil Änderungen in der Ansicht von Fenstern und Editoren nicht als Bearbeitungsschritte gelten. Die Zoom-Funktion hat also ihre eigene Undo-History, auf welche Sie mit den Funktionen ZOOM RÜCKGÄNGIG MACHEN und ZOOM WIEDERHOLEN zurückgreifen.

10 Audio-Bearbeitung

Ein entscheidender Schritt von der Aufnahme unbearbeiteter Signale hin zum endgültigen Mix ist die Audio-Bearbeitung, durch die Sie die aufgezeichneten Dateien optimieren bzw. modifizieren können. Welch umfangreiche Palette Ihnen hierfür in Cubase zur Verfügung steht, lesen Sie auf den folgenden Seiten.

10.1 Bearbeitungszusammenhänge

Für die Bearbeitung von Audiodaten stehen Ihnen in Cubase verschiedene Ebenen zur Verfügung. Je nach Auswahl der Ebene, auf der Sie die Audiodaten bearbeiten, nutzen Sie dabei entweder den Sample-Editor oder den Audio-Part-Editor. Ein weiterer Weg führt Sie über das Neuberechnen von Audiomaterial im Sequenzerbereich des Projektfensters. Entscheiden Sie stets nach Vorgabe des von Ihnen gewünschten Ziels und Resultats, welche Ebene der Bearbeitung adäquat ist. Um dies festlegen zu können, sollten Sie einen Blick in die folgenden Abschnitte werfen.

Non-destruktive Änderungen | Da sämtliche Änderungen, die Sie vornehmen (sofern nicht ausdrücklich anders angezeigt) non-destruktiv sind, können Sie die von Ihnen vorgenommenen Änderungen am Audiomaterial stets schnell und unkompliziert rückgängig machen. Dies ist der Fall, weil Cubase innerhalb Ihres Projektordners einen eigenen Edits-Ordner anlegt, in dem die bearbeiteten Zwischenstufen einer Audiodatei als eigene Datei gespeichert sind. Auf diese Weise liegen Aufnahmen auch nach etlichen Bearbeitungsschritten in den von Ihnen festgelegten Aufnahme-Ordnern noch als Original vor.

Unbegrenztes Undo | Dies ermöglicht zwar ein unbegrenztes Undo von Bearbeitungsschritten, lässt aber auch die Größe des benötigten Speicherbedarfs auf der Harddisk Ihrer DAW erheblich wachsen. Tragen Sie deshalb Sorge, dass die Festplatte Ihrer DAW regelmäßig defragmentiert wird.

10.1.1 Audio-Bearbeitung und Audiodateien

Wenn Sie Audio-Events verwenden, die geschnitten wurden oder deren Anfangs- bzw. Endpunkte Sie verändert haben, nutzt der dargestellte Bereich des Audio-Events (also derjenige Bereich, den Sie unmittelbar bearbeiten und verändern können) für die Wiedergabe dieses Teils die im Edits-Ordner abgelegten, bearbeiteten Teilabschnitte. Erweitern Sie das Event zu einer der beiden Seiten, so greift Cubase bei der Wiedergabe dieser Teile so lange auf die Originaldatei zurück, bis Sie Änderungen in diese hineinrechnen lassen.

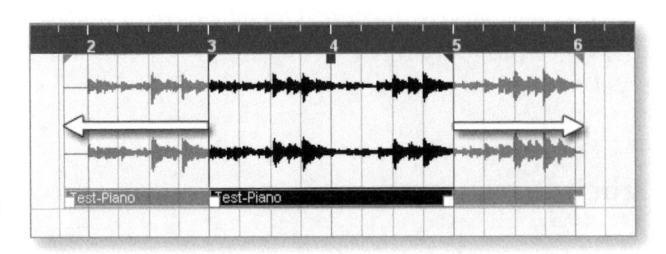

Abbildung 10.1 ▶
Bearbeitungsbereich von Audio-Events

Audio-Bearbeitung im Pool-Fenster | Bearbeitungen an Audio-Events können natürlich nur dann erfolgen, wenn Sie diese ausgewählt haben. Andernfalls bleiben ausgewählte Berechnungen ohne Wirkung. Wählen Sie dagegen ein Audio-Event im Pool-Fenster aus und führen eine Audio-Bearbeitung durch, so ist die gesamte Audiodatei davon betroffen.

Kopierte Audio-Events bearbeiten | Wenn Sie mit kopierten Audio-Events arbeiten, die Sie auch an einer anderen Stelle im Projekt verwenden, so werden Sie vor dem Einrechnen von Veränderungen in bestehende Audiodateien standardmäßig vom Programm gefragt, ob Sie eine neue Datei erzeugen oder die bestehende verändern möchten.

Sofern Sie diese Abfrage umgehen möchten, um das Einrechnen von Änderungen in Dateien stets auf eine vordefinierte Weise vorzunehmen, haben Sie dazu in den Programmeinstellungen die Möglichkeit. Über DATEI • PROGRAMMEINSTELLUNGEN • BEARBEITUNGSOPTIONEN • AUDIO können Sie im ersten Punkt WENN EFFEKTE MEHRFACH VERWENDETE CLIPS BETREFFEN selbst auswählen, ob eine spätere Auswahl bestehen bleiben soll (OPTIONEN-DIALOG ÖFFNEN), generell neue Audiodateien erzeugt werden (NEUE VERSION ERZEUGEN) sollen oder das Einrechnen von Veränderungen in der Originaldatei vorgenommen werden soll (ÜBERGEHEN). Beachten Sie, dass in letztem Fall kein Audio-Undo mehr möglich ist.

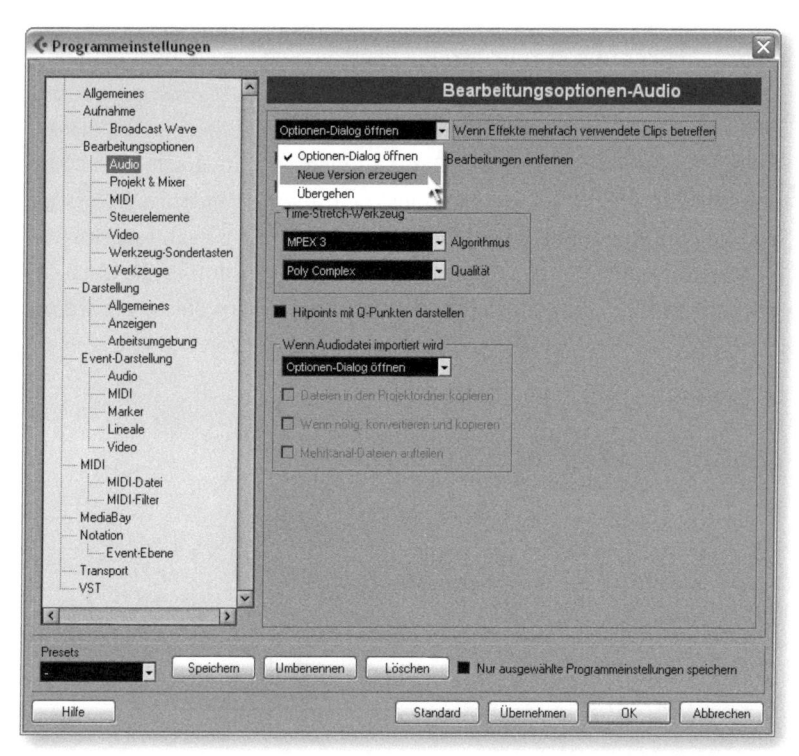

◄ **Abbildung 10.2**
Verhalten für Audio-Bearbeitung auswählen

10.2 Interne Effekte

Im Menü AUDIO • EFFEKTE finden Sie zahlreiche Effekte, die Ihnen Cubase zum Bearbeiten von Audiomaterial anbietet. Sobald Sie einen Effekt anwählen, der parameterbezogen arbeitet, öffnet sich ein Dialog, der im unteren Bereich stets die gleichen Schaltflächen aufweist:

- Durch einen Mausklick auf den HILFE-Button können Sie kontextbezogene Hilfetexte aufrufen.
- Der VORSCHAU-Button ermöglicht es Ihnen, die eingestellten Effekte vorzuhören.
- Sobald Sie den AUSFÜHREN-Button betätigen, nimmt Cubase die gewählte Effektbearbeitung vor.
- Mit der ABBRECHEN-Schaltfläche verlassen Sie den EFFEKTE-Dialog, ohne den Effekt in einen Audio-Event einzurechnen.

Bearbeitungsbereich eingrenzen | Wenn Sie das Auswahlwerkzeug einsetzen, können Sie auch begrenzte Bereiche innerhalb eines Audio-Events mit den bereitstehenden Effekten verändern.

Im Folgenden werde ich die internen Effekte beschreiben, die Ihnen in Cubase bereitstehen.

10.2.1 Hüllkurve

Den Hüllkurven-Effekt rufen Sie über AUDIO • EFFEKTE • HÜLLKURVE auf. Mit ihm können Sie einen grafischen Lautstärkeverlauf (»Hüllkurve«) für ein Audio-Event festlegen. Dafür können Sie auf verschiedene Kurvenarten zurückgreifen, die Sie über die Kurvenart-Buttons links oben im Dialog vorgeben können. Die Auswirkung der gewählten Hüllkurvenart können Sie in der Kurvenanzeige verfolgen, in der Sie auch die Kurvenbearbeitungen vornehmen. Hierzu verändern Sie entweder die Position der bestehenden Hüllkurvenpunkte oder zeichnen neue ein.

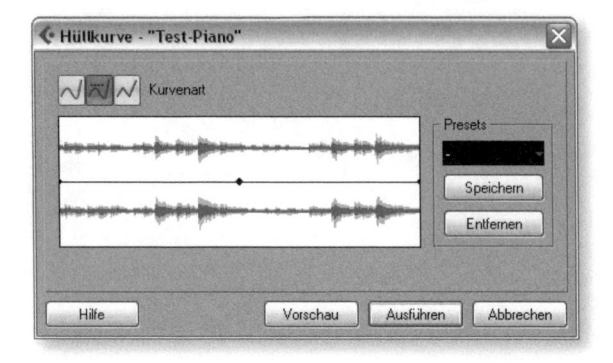

Abbildung 10.3 ▶
Der HÜLLKURVE-Dialog

Hüllkurvenpunkte erzeugen | Neue Hüllkurvenpunkte erzeugen Sie durch einen Klick mit der Maus in die Kurvenanzeige. Der neue Punkt wird sofort in die bestehende Hüllkurve miteinbezogen und die Darstellung der Kurve entsprechend angepasst.

Hüllkurvenpunkte löschen | Um einen Hüllkurvenpunkt zu entfernen, ziehen Sie diesen auf den ersten Hüllkurvenpunkt an der linken Seite, der auch beim Öffnen des Fensters bereits vorhanden ist. Schieben Sie den Hüllkurvenpunkt gegen die linke Begrenzung der Hüllkurvenanzeige, bis der Punkt nicht mehr sichtbar ist. Er ist nun nicht länger verfügbar.

Doppelte Vorschau | Sobald Sie die Hüllkurve durch das Verändern der einzelnen Polygonpunkte verändern, sehen Sie zwei verschiedene Waveform-Darstellungen des Audiomaterials, das Sie bearbeiten. Im Vordergrund eine dunkelgraue Wellenform, welche die durch die Hüllkurve veränderte Form abbildet und im Hintergrund eine hellgraue Wellenform-Darstellung, die das unbearbeitete Originalsignal darstellt. Auf diese Weise können Sie die vorgenommene Bearbeitung in ihrer Wirkung besser einschätzen. Im Zusammenhang mit der VORSCHAU-Funktion zum Vorhören des Bearbeitungsergebnisses verschafft Ihnen die doppelte Darstellung eine hervorragende Übersicht.

Hüllkurvenarten | Auch für den Fall, dass Sie bereits Hüllkurvenpunkte hinzugefügt und deren Position verändert haben, können Sie die Hüllkurvenart noch ändern. Die verschiedenen Hüllkurvenarten unterscheiden sich dabei wie folgt:

- **Lineare Interpolation**
  Bei der linearen Interpolation unterteilen die Hüllkurvenpunkte die Audiodatei in einzelne Segmente und der Anstieg bzw. das Abfallen der Lautstärke erfolgt linear. (Hier spricht man auch von einem Polygonzug mit linearem Spline.)

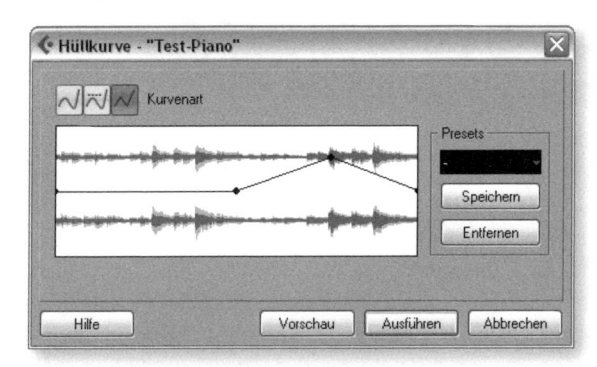

◀ **Abbildung 10.4**
Hüllkurve mit linearer Interpolation

- **Spline-Interpolation (Damped)**
  Bei der gedämpften Spline-Interpolation unterteilen die Hüllkurvenpunkte die Audiodatei in einzelne Segmente und der Anstieg bzw. das Abfallen der Lautstärke erfolgt mit abgeflachten, nicht linearen Kurvensegmenten.

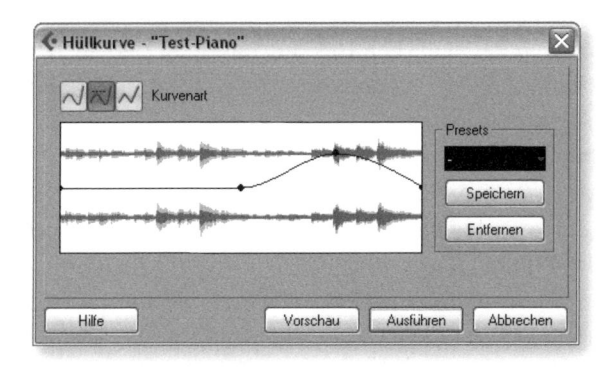

◀ **Abbildung 10.5**
Hüllkurve mit gedämpfter Spline-Interpolation

- **Spline-Interpolation**
  Bei der Spline-Interpolation unterteilen die Hüllkurvenpunkte die Audiodatei in einzelne Segmente und der Anstieg bzw. das Abfallen der Lautstärke erfolgt mit nicht abgeflachten und nicht linearen Kurvensegmenten. »Nicht abgeflacht« heißt, dass die mathematische

Funktion zur Berechnung der Auslenkung sich auch über den ausgewählten Kurvenpunkt hinaus auswirkt.

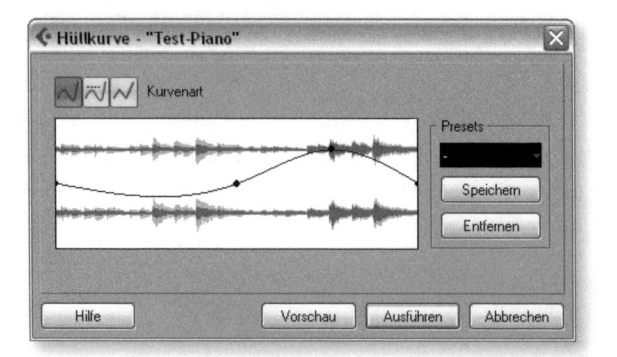

Abbildung 10.6 ▶
Hüllkurve mit Spline-Interpolation

> **Was bedeutet Spline?**
>
> Als »Spline« werden spezielle Analysefunktionen der numerischen Mathematik bezeichnet. Eine solche Funktion setzt sich aus Polynomen mit maximalem Grad zusammen.
>
> Für die Hüllkurvenfunktion in Cubase ist wichtig, dass auch bei der Interpolation von Kurven zwischen deren Kurvenpunkten Splines herangezogen werden können. So geht man vor, weil eine Spline-Interpolation in der Regel weniger Abweichungsprobleme in den Randbereichen der Interpolation einer Kurvenfunktion zeigt.

Effekt-Presets verwalten | An der rechten Seite des Hüllkurven-Dialogs finden Sie außerdem die Preset-Funktionen, über welche Sie häufig verwendete Hüllkurven aufrufen, abspeichern und entfernen können. Machen Sie auch bei einfachen Hüllkurvenformen Gebrauch von der Preset-Funktion. Auf diese Weise sparen Sie viel Zeit und Mühe!

10.2.2 Fade-In und Fade-Out

Wenn Sie das Menü Audio • Effekte • Fade-In bzw. Fade-Out wählen, öffnen Sie einen Dialog zum Einrechnen von Ein- bzw. Ausblendungen für Audio-Events.

Hierfür stehen Ihnen – wie im Hüllkurven-Dialog – die drei bekannten Kurvenarten (Spline, Spline damped und linear) ❶ zur Verfügung. In der Kurvenanzeige können Sie wie beim Hüllkurven-Effekt Kurvenpunkte erzeugen und bearbeiten. Um Ihnen die Arbeit zu erleichtern, zeigt Cubase eine Vorauswahl von acht Linientypen ❷. Diese reichen von schnellem bis zu allmählichem Einsatz und bieten dabei jeweils drei verschiedene Abstufungen sowie eine lineare und eine S-Form-Variante. Dabei schlägt Cubase automatisch die für die jeweilige Kurvenform benötigten Kurvenpunkte zur Bearbeitung vor.

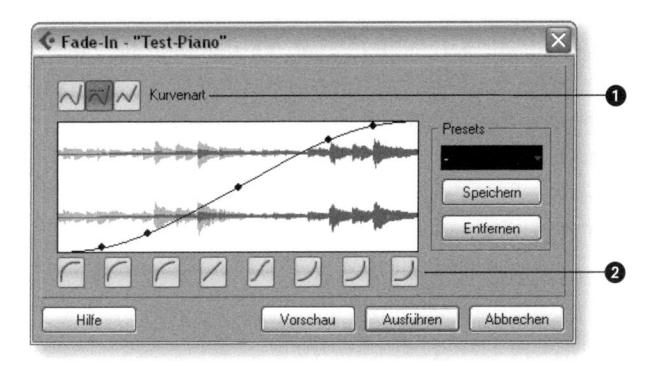

◀ **Abbildung 10.7**
Der FADE-IN-Dialog

Die übrigen Buttons sind die standardmäßig angebotenen Schaltflächen für das Anwenden des Effektes und für die Presets.

10.2.3 Gain

Mit dem Gain-Effekt können Sie den Lautstärkepegel eines Audio-Bereichs erhöhen oder absenken. Die maximale Erhöhung des Lautstärkepegels beträgt 20 dB, die maximale Absenkung setzt den Pegel auf 0 dB herab. Den Grad für die Verstärkung bzw. Absenkung der Lautstärke können Sie sowohl durch den Schieberegler ❸ im Zentrum des Dialogfensters als auch über die Pfeil-Buttons ❹ neben der Pegelanzeige regeln.

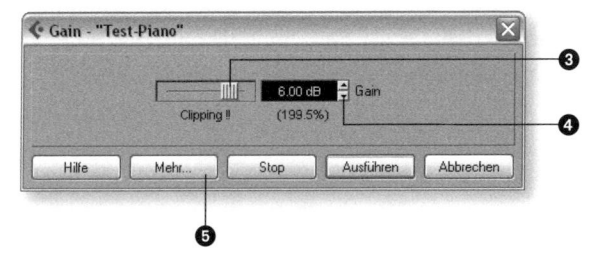

◀ **Abbildung 10.8**
Der GAIN-Dialog

Unterhalb des Schiebereglers finden Sie einen dynamischen Text-Hinweis, der Ihnen Auskunft darüber gibt, ob das bearbeitete Signal durch die zusätzliche Verstärkung übersteuert wird. In einem solchen Fall lautet der Texthinweis »Clipping!«.

Erweiterte Gain-Funktionen | Wenn Sie den Button MEHR... ❺ betätigen, gelangen Sie zu den erweiterten Funktionen des Gain-Effekts (Abbildung 10.9). Hier können Sie festlegen, ob die Signalverstärkung durch ein Fade-In eingeleitet werden und/oder durch ein Fade-Out beendet werden soll. Dies ermöglicht Ihnen, den Effekt erst allmählich bis zum vollen gewählten Wert ansteigen und danach wiederum bis auf den Ursprungswert ausklingen zu lassen. Sofern Sie dies wünschen, aktivieren Sie die jeweilige Funktion über die zugehörige Checkbox

Interne Effekte **331**

❻ vor dem betreffenden Schieberegler. Über die daneben liegenden Schieberegler oder über die Pfeiltasten neben der Anzeige der Crossfadeverzögerung steuern Sie die Länge der Crossfades. Die maximale Crossfade-Länge beträgt 10000 ms (10 Sekunden).

Über die Schaltfläche REDUZIEREN können Sie die erweiterten Funktionen des Gain-Effekts wieder ausblenden.

Abbildung 10.9 ▶
Crossfadeverzögerung

10.2.4 Mit Zwischenablage mischen

Den Effekt MIT ZWISCHENABLAGE MISCHEN aus dem Menü AUDIO • EFFEKTE können Sie nur aufrufen, wenn Sie zuvor im Sample-Editor Audiomaterial in die Zwischenablage kopiert haben. Dieses wird beim Ausführen des Effekts mit dem neu ausgewählten (zu bearbeitenden) Audiomaterial gemischt. Über die Schieberegler des Dialogs können Sie das Verhältnis zwischen dem unbearbeiteten Originalsignal und der sich im Zwischenspeicher befindenden Kopie bestimmen.

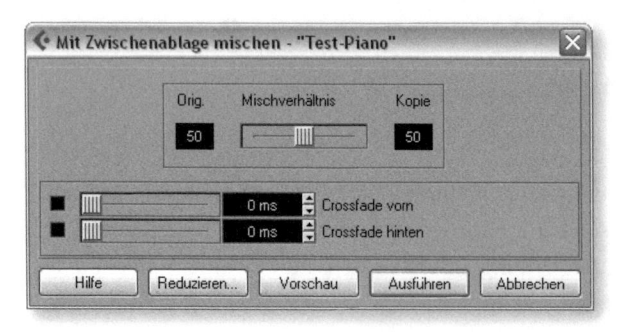

Abbildung 10.10 ▶
Original und Kopie mischen

Hinter dem Button MEHR... verbergen sich auch bei diesem Effekt zusätzliche Crossfade-Optionen für das Ein- und Ausblenden des Audio-Effekts.

10.2.5 Noisegate

Mit einem Noisegate können Sie unerwünschte, leise Anteile (z.B. Rauschen, Übersprechungen, Nebengeräusche) in einem Audiosignal unterdrücken.

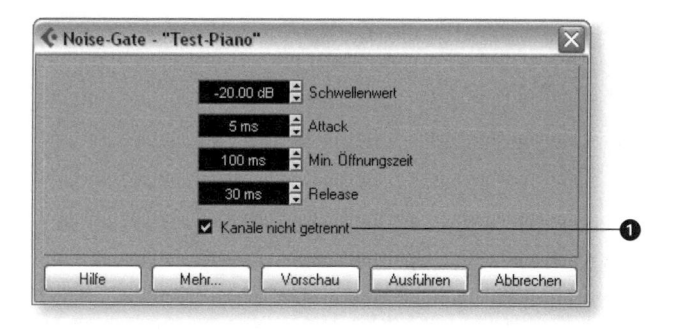

◄ **Abbildung 10.11**
Leise Signalanteile unterdrücken

Das Noisegate ist in etwa vergleichbar mit einem automatisierten Stummschalten-Knopf, dem Sie vorschreiben können, wie er (abhängig vom Audiomaterial) agieren soll. Hierfür stehen Ihnen verschiedene Parameter zur Verfügung:

- **Schwellenwert**
  Mit dieser Auswahl legen Sie fest, ab welchem dB-Wert das Noisegate alle Signalspitzen, die unterhalb des von Ihnen bestimmten Schwellenwertes liegen, so weit zurückgeregelt werden, dass diese nicht mehr hörbar sind. Der Schwellenwert begegnet Ihnen häufig auch unter der Bezeichnung »Threshold«.
- **Attack**
  Über den Attack-Wert bestimmen Sie, wie schnell das Noisegate reagieren soll, nachdem der festgelegte Schwellenwert vom Signalpegel überschritten wurde.
- **Minimale Öffnungszeit**
  Die minimale Öffnungszeit gibt Ihnen ein Mittel, mit dem Sie eine Mindestzeitspanne bestimmen können, die das Noisegate vor dem Öffnen (Release) das Signal unterdrücken soll.
- **Release**
  Der Release-Wert steht für die Zeitspanne, nach der das Noisegate das Zurückregeln des Signalpegels vornehmen soll.

Stereokanäle als Summe bearbeiten | Das Noisegate arbeitet jeweils getrennt für beide Kanäle einer Stereosumme. Sofern Sie mit Stereo-Audiomaterial arbeiten, ist aber die Funktion KANÄLE NICHT GETRENNT ❶ verfügbar. Wenn Sie diese anwählen, wirkt sich das Noisegate auf beide Stereokanäle zugleich aus, sobald der Pegel von beiden oder einem der einzelnen Kanäle unter dem eingestellten Schwellenwert liegt.

Abbildung 10.12 ▶
Erweiterte Funktionen des NOISE-GATE-Dialogs

Dry/Wet-Mix | Hinter dem Button MEHR... verbergen sich auch im NOISEGATE-Dialog erweiterte Bearbeitungsfunktionen. Neben der standardmäßigen Crossfade-Funktion zur Überblendung des eingerechneten Effekts, finden Sie hier auch einen Regler für den Dry/Wet-Mix. Über diesen regeln Sie den Anteil von unbearbeitetem (trockenem/»dry«) und bearbeitetem (»wet«) Signalanteil. In der Voreinstellung ist dieser Regler bereits auf »100 % Wet« eingestellt, damit Sie den Effekt voll nutzen, wenn Sie die erweiterten Funktionen nicht geöffnet haben.

> **Dry/Wet-Verhältnis**
>
> Nutzen Sie den DRY/WET-Regler, wenn Sie sich sicher sind, dass Sie zwar die bestmöglichen Einstellungen für das Noisegate gefunden haben, aber dessen Einsatz Ihnen zu hart erscheint. Indem Sie einen geringen Anteil des Originalsignal hinzumischen, geben Sie dem bearbeiteten Audiosignal ein Stück seiner Natürlichkeit zurück, weil der resultierende Signalpegel nunmehr nicht mehr bei -∞ dB liegt. Diese Vorgehensweise eignet sich besonders beim Bearbeiten von dynamisch facettenreicher Musik, wie beispielsweise klassischer Orchestermusik.

[▪] *Schritt für Schritt: Noisegate in der Praxis*

[○]
Schritt für Schritt – Noisegate in der Praxis.cpr

In diesem Workshop lernen Sie, wie Sie in den Pausen eines Nutzsignals mithilfe der Noisegate-Bearbeitung störende Hintergrundgeräusche entfernen können.

1 *Vorbereitungen*
Wählen Sie das Audio-Objekt mit der Objektauswahl aus. Im Beispiel handelt es sich um eine Gesangsaufnahme, bei der Übersprechungen und andere Nebengeräusche zu hören sind.
  Öffnen Sie das Noisegate-Werkzeug über den Menübefehl AUDIO • EFFEKTE • NOISE-GATE.

2 *Schwellenwert festlegen*
Schalten Sie die MITHÖREN-Funktion für den Noisegate-Effekt über den VORSCHAU-Button ein. Regeln Sie dann den Schwellenwert von

0 dB ausgehend so lange herunter, bis nur noch diejenigen Signalanteile zu hören sind, die Sie weiterhin nutzen wollen (Gesang), und diejenigen Signalanteile, die vom Noisegate unterdrückt werden sollen, tatsächlich nicht mehr zu hören sind (Nebengeräusche). In unserem Beispiel liegt der erforderliche Schwellwert bei etwa −15 dB.

3 Attack-Wert festlegen
Regeln Sie den Attack-Parameter auf einen Wert, der das Zurückregeln des Signalpegels »musikalisch« erscheinen lässt. Hierbei gilt in der Regel: Längere Attack-Zeiten eignen sich gut für musikalische, unrhythmische Signale, kurze Attack-Zeiten dagegen gut zum Bearbeiten von vorwiegend perkussiven Signalanteilen. – Beachten Sie aber, dass zu kurze Attack-Zeiten einen Knacklaut beim Einsetzen des Noisegates verursachen können.

4 Release-Zeit festlegen
Stellen Sie auch den Release-Parameter auf einen Wert, der das Zurückregeln des Signalpegels »musikalisch« wirken lässt. Wählen Sie diesen Wert nicht zu kurz, andernfalls kann es passieren, dass das Noisegate beim Schließen das Ausklingen des Nutzsignals abschneidet. Beim Beispiel-Objekt klingen allerdings die voreingestellten 50 ms für die Release-Zeit wunderbar.

5 Minimale Öffnungszeit festlegen
Je kürzer Sie die Attack- und Release-Zeiten für das Noisegate gewählt haben, desto wahrscheinlicher ist es, dass Sie hier eine Korrek-

tur vornehmen müssen. Bestimmen Sie ggf. die minimale Öffnungszeit so groß, dass das »Arbeiten« des Noisegates nicht zu hektisch erscheint.

6 *Durchführung und Ergebnis*
Schalten Sie die Vorschau durch Klick auf den STOP-Button aus und wählen Sie AUSFÜHREN. Das ehemals durch Nebengeräusche oder Übersprechungen »verunreinigte« Audio-Take ist nun weitestgehend von diesen befreit. ■

10.2.6 Normalisieren

Beim Normalisieren wird der Lautstärkepegel des von Ihnen bearbeiteten Audio-Bereichs an einem von Ihnen vorgegebenen Maximalwert ausgerichtet. Entgegen einer einfachen Lautstärkeanhebung geschieht hierbei Folgendes:

Die NORMALISIEREN-Funktion:
1. Analysiert das zu bearbeitende Audiomaterial hinsichtlich seines Maximalpegels.
2. Errechnet die Pegeldifferenz zwischen dem gewünschten Maximalwert und den momentanen maximalen Pegelspitzen.
3. Hebt den Lautstärkepegel des zu bearbeitenden Audiomaterials um den Differenzwert an.

Abbildung 10.13 ▶
Mit dem Normalisieren-Effekt kann die Lautstärke maximiert werden.

Einsatzgebiete | Auf die NORMALISIEREN-Funktion sollten Sie zurückgreifen, wenn Sie hinsichtlich des Pegels aus Audiomaterial »das Letzte herausholen« wollen. Doch nicht in jeder Situation erreichen Sie mit dem Normalisieren auch ein gutes Ergebnis. Hierzu zwei Praxisbeispiele:

Ist eine Aufnahme generell zu leise, so sollten Sie diese lieber noch einmal durchführen und dabei den jeweiligen Kanaleingang besser aussteuern. Das Normalisieren wäre hier fehl am Platze, da auf diese Weise der Abstand zwischen Nutzsignal und Rauschanteil der Aufnahme gleich bleiben würde und eventuell zu starkem Rauschen im Audiomaterial führt.

Bei Audiodaten mit schnell wechselndem dynamischen Verlauf (z. B. bei Sprach- oder Gesangsaufnahmen) bringt eine Normalisierung oftmals nicht das gewünschte Ergebnis. Um den Lautstärkeeindruck solcher Signale zu verstärken, sollten Sie besser einen Kompressor verwenden.

10.2.7 Phase umkehren

Mit dieser Funktion drehen Sie eine der Kanalphasen, wodurch die betroffenen Wellenformen überall dort ein Tal aufweisen, wo zuvor ein Wellenberg war und andersherum. Dies kann in verschiedenen Arbeitssituationen hilfreich sein, wenn es um Probleme mit phasenverdrehten Signalen geht. Positiv nutzbar ist die Phasenumkehrung zum Beispiel für das Erstellen von Playback-/Karaoke-Tracks aus Stereodateien. Dabei löschen sich die ehemals phasengleichen Anteile der beiden Stereokanäle nach deren Umkehrung. Als Resultat bleibt ein Audio-Track, in dem der Gesang leiser oder (im Optimalfall) ausgelöscht ist.

Bei Mono-Audiomaterial steht Ihnen kein Dialog zur Verfügung, hier wird die vorhandene Phase einfach sofort gedreht.

◄ **Abbildung 10.14**
Der Dialog PHASE UMKEHREN

Schritt für Schritt: Karaoke-Track mithilfe einer Phasendrehung erstellen

1 Audio-Kopie anlegen
Sie benötigen einen Stereo-Musiktrack als Ausgangsmaterial. Kopieren Sie dieses durch Copy und Paste (Strg /⌘ + C sowie Strg /⌘ + V) oder eine beliebige andere Kopierfunktion.

2 Audio-Events anordnen
Erzeugen Sie (falls notwendig) eine weitere Audiospur und verschieben Sie die Kopie des Audio-Tracks exakt unterhalb des Originals auf dessen eigene Spur.

3 *Tiefpass-Filter anwenden*
Wenden Sie auf das kopierte Audio-Event einen EQ mit der Einstellung eines Tiefpass-Filters an. Dieser Filter sollte lediglich Frequenzen unterhalb von 200 Hz durchlassen. (Hierfür können Sie beispielsweise den Filter »Q« über das Menü AUDIO • PLUGINS • FILTER wählen.)

Das resultierende Audio-Event wird im Mix die notwendigen Bässe einbringen, die im Signal des Original-Events durch die folgende Phasendrehung verloren gehen werden.

4 *Phasendrehung*
Führen Sie bei einem der Stereokanäle des Audio-Originals eine Phasenumkehrung durch. Wählen Sie hierzu den Effekt PHASE UMKEHREN aus dem Menü AUDIO • EFFEKTE.

5 *Mix*
Spielen Sie Ihr Projekt zur Karaoke-Bearbeitung ab und entscheiden Sie selbst: Sind Sie zufrieden, so können Sie das Resultat als Audiofile exportieren, andernfalls können Sie noch Veränderungen am Zusammenspiel der beiden Audio-Events einstellen (z. B. mehr/weniger Bass, Lautstärkeverhältnisse angleichen). ■

10.2.8 Pitch-Shift

Der PITCH-SHIFT-Dialog bietet zwei verschiedene Registerkarten zur Bearbeitung der Tonhöhe von Audiomaterial. Zum einen ist dies die Registerkarte TRANSPONIEREN ❶, zum anderen die Registerkarte HÜLLKURVE ❷.

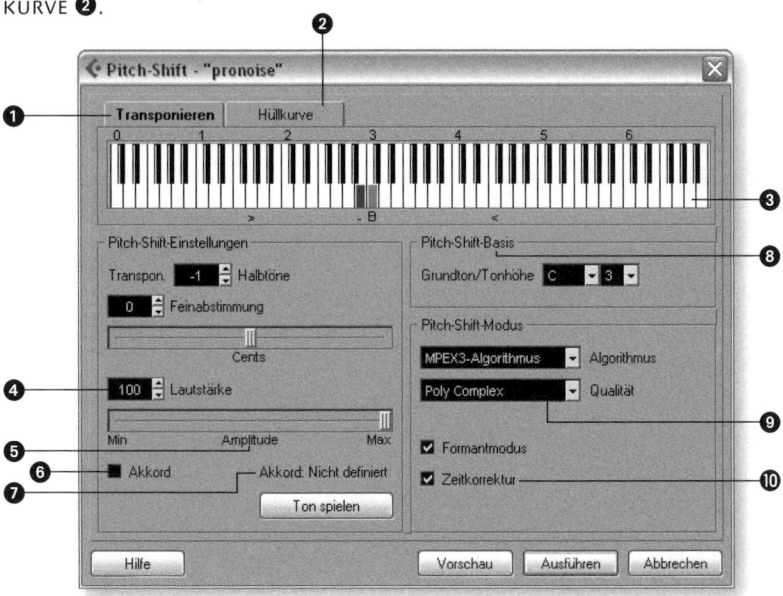

Abbildung 10.15 ▶
Transponieren-Einstellungen im PITCH-SHIFT-Dialog

Konkrete Tonhöhen ändern | Den Bereich TRANSPONIEREN sollten Sie einsetzen, wenn Sie die Tonhöhe von Audiomaterial ändern wollen, das bereits mit einer konkreten Tonhöhe arbeitet (z. B. Instrumentenaufnahmen). Eine Möglichkeit der Steuerung der Pitch-Shift-Funktion bietet Ihnen die Klaviatur ❸. Per Mausklick auf eine der Tasten können Sie dem ausgewählten Audiomaterial eine neue Tonhöhe zuweisen. Die auf diese Weise eingestellte Tonhöhenänderung wird Ihnen dann umgehend im Feld HALBTÖNE im Bereich PITCH-SHIFT-EINSTELLUNGEN angezeigt.

Auch andersherum ist es möglich, Änderungen einzustellen: Stellen Sie in besagter Auswahl die gewünschte Halbtonänderung ein und die Klaviatur zeigt Ihnen die Veränderung der Tonhöhe in Halbtonschritten sofort an. Dabei wird stets die Ausgangstonhöhe rot dargestellt und die Zieltonhöhe blau eingefärbt. Genauere Einstellungen zur Tonhöhenkorrektur nehmen Sie über die Auswahl FEINABSTIMMUNG bzw. über den zugehörigen Schieberegler vor.

Ausgabelautstärke bestimmen | Die Auswahl LAUTSTÄRKE ❹ und der Schieberegler AMPLITUDE ❺ sind miteinander gekoppelt. Beide regeln den Signalpegel des bearbeiteten Signals. Hierbei handelt es sich nicht um einen Wet-Dry-Regler, wie man auf den ersten Blick vermuten könnte. Dies würde auch nicht sinnvoll sein, weil nur das bearbeitete Signal zu hören sein soll.

Mehrfach-Transposition | Wenn Sie die Checkbox AKKORD ❻ aktivieren, haben Sie die Möglichkeit, das Original-Audiomaterial mehrfach zu transponieren. So können Sie z. B. ganze Akkorde aus dem bearbeitetem Material bilden. Hierfür müssen Sie nur die Checkbox aktivieren und können dann in der Klaviatur mehrere Tasten auswählen, die als gemeinsames Ziel für das Transponieren herangezogen werden sollen. Der dadurch entstehende Akkord wird Ihnen in der Anzeige AKKORD ❼ angezeigt.

Die Funktionen der Buttons TON SPIELEN (bzw. AKKORD SPIELEN – bei aktivierter Akkord-Checkbox) sind ohne Funktion, sollten aber ursprünglich dem Abspielen von Testtönen dienen, die Sie als Referenz einsetzen können sollten.

Pitch-Shift-Basis | Als PITCH-SHIFT-BASIS ❽ sollten Sie stets denjenigen Ton festlegen, der Ihnen als Ausgangston für die Tonhöhenänderung oder Akkorderstellung durch die Pitch-Shift-Funktion dienen soll. Auf diese Weise haben Sie stets den vollen Überblick über die durchzuführenden Tonhöhenänderungen.

Pitch-Shift-Modus | Im Bereich PITCH-SHIFT-MODUS stellt Cubase für Sie verschiedene Algorithmen für die Berechnung der Tonhöhenänderungen bereit. Zur Auswahl stehen hier:

- **MPEX3-Algorithmus**
  bessere Audioqualität, langsamere Berechnung, geeignet für leistungsfähige, schnelle DAWs
- **Time-Bandit-Standard**
  schlechtere Audioqualität, schnellere Berechnung, geeignet für weniger leistungsfähige, langsamere DAWs (in älteren Cubase-Versionen vorhanden)

Der MPEX-Modus bietet Ihnen über die Drop-down-Liste QUALITÄT ❾ sieben verschiedene Qualitätseinstellungen. Die Bezeichnungen der verschiedenen Qualitätsstufen verraten bereits, ob sie sich für monophone (SOLO), polyphone (POLY) oder multi-instrumentelle (MIX) Klänge eignen.

> **Was sind Formanten?**
>
> Als Formanten bezeichnet man die für ein Instrument typischen Frequenzverstärkungen. Hierdurch ergeben sich verschiedene Klangcharaktere. Da unser Gehör für gewöhnlich sehr geschult im Interpretieren von Stimmsignalen ist, sollten Sie für das Transponieren von Gesangsmaterial über die Pitch-Shift-Funktion den Formantmodus einschalten. So gewährleisten Sie, dass bei der Umrechnung die Formanten des Stimmsignals mit in die Berechnung einbezogen werden.

Die Zusatzoption ZEITKORREKTUR ❿ verhindert, dass das transponierte Audiomaterial eine andere Länge aufweist als dessen Original. Bei ausgeschalteter Zeitkorrektur führt eine Transposition der Tonhöhe nach oben zu einer Verkürzung des Audiomaterials, eine Transposition nach unten hingegen zu eine Verlängerung.

Tonhöhe per Hüllkurve bearbeiten | Die zweite Registerkarte bietet Ihnen die Chance, die Tonhöhe einer Wellenform per Hüllkurve zu bearbeiten. Dies eignet sich besonders, um allmähliche Tonhöhenänderungen durchzuführen. Für diese tonhöhenbezogene Hüllkurvenbearbeitung stehen Ihnen wiederum die verschiedenen Kurvenfunktionen zur Verfügung, die genau wie beim Hüllkurven-Effekt eingesetzt werden können.

◄ **Abbildung 10.16**
Die Tonhöhe mit der Hüllkurve bearbeiten

Auch die Hüllkurvenanzeige entspricht weitestgehend derjenigen der Hüllkurvenfunktion. Hierbei ist es Ihnen im Hüllkurvenmodus des PITCH-SHIFT-Dialogs jedoch möglich, die dargestellte Weite selbst einzustellen. Dies nehmen Sie im Bereich PITCH-SHIFT-EINSTELLUNGEN über die Auswahl BEREICH vor. Sie können die Auswahl sowohl im positiven wie im negativen Bereich bis auf 16 setzen. Sobald Sie einen Bereichumfang von mehr als einem Halbton einstellen, zeigt Ihnen die Hüllkurvenanzeige ein vertikales Raster an, das Ihnen Anhaltspunkte für das halbtongenaue Einzeichnen von Hüllkurvenpunkten gibt.

Das Erzeugen, Bearbeiten und Löschen von Hüllkurvenpunkten entspricht demjenigen der Hüllkurvenfunktion. Mit der Schaltfläche ZURÜCKSETZEN können Sie alle neu erzeugten Hüllkurvenpunkte mit einem Mal löschen.

Der Bereich PITCH-SHIFT-MODUS bietet dieselben Möglichkeiten wie die Registerkarte TRANSPONIEREN.

10.2.9 DC-Offset entfernen

Diese Funktion bietet keinen eigenen Dialog, wenn Sie sie aufrufen, wird sie ausgeführt. Dabei wird das Signal anhand seiner Signalauslenkungen neu um dessen Nulllinie zentriert.

»DC« steht dabei für »Direct Current«, also Gleichstrom. Als »Offset« wird im angloamerikanischen Raum eine Abweichung bezeichnet. Beim »DC-Offset« handelt es sich nun um die Abweichung der Signalbasis gegenüber der Nulllinie. Da ein DC-Offset unter anderem zu einer vermeidbaren Pegeleinschränkung führen kann, sollten Sie den DC-

Offset optimalerweise als Erstes entfernen, wenn Sie aufgenommene Signale bearbeiten.

10.2.10 Resample

Mithilfe der Resample-Funktion können Sie eine Audioaufnahme, die mit einer falschen Sample-Frequenz durchgeführt wurde, an die aktuelle Arbeitsfrequenz des Projekts anpassen. Dies ist z.B. hilfreich beim Importieren von Audiodateien, die mit einer anderen als der aktuellen Sample-Frequenz aufgezeichnet wurden.

Abbildung 10.17 ▶
Der RESAMPLE-Dialog

Beachten Sie aber, dass ein Audio-Event kürzer wird, sofern Sie eine niedrigere als die Startfrequenz auswählen. Dementsprechend wird der gewählte Bearbeitungsbereich länger, wenn Sie sich für eine höhere Sample-Frequenz entscheiden.

10.2.11 Umkehren

Auch die Funktion UMKEHREN hat keinen Dialog und wird deshalb unmittelbar ausgeführt. Dabei wird der komplette Auswahlbereich umgedreht, sodass der ausgewählte Bereich rückwärts abgespielt wird.

10.2.12 Stille

Auch die Funktion STILLE wird unmittelbar ausgeführt, da Sie über keinen Dialog verfügt. In dem von Ihnen ausgewählten Auswahlbereich oder auch in kompletten Audio-Events können Sie mit dieser Funktion Stille einfügen und vorhandene Signalauslenkungen löschen bzw. genauer gesagt überschreiben.

10.2.13 Stereo-Modifikation

Über diese Funktion können Sie in Stereodateien eingreifen. Das zugehörige Drop-down-Menü bietet Ihnen zu diesem Zweck die folgenden Möglichkeiten:

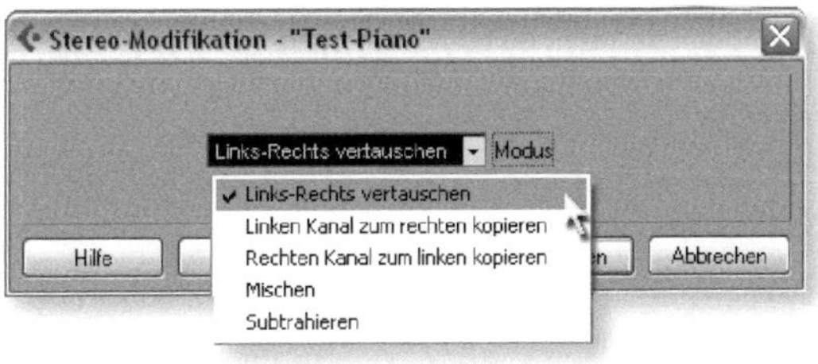

◀ **Abbildung 10.18**
Der Dialog STEREO-MODIFIKATION

- **Links-Rechts vertauschen**
  Wechselt die Stereokanäle gegenseitig aus. Diese Option kann hilfreich sein, wenn Stereoaufnahmen seitenverkehrt durchgeführt wurden, z. B. bei Stereo-Mikrofonie.
- **Linken Kanal zum rechten kopieren**
  Kopiert den linken in den rechten Kanal ein.
- **Rechten Kanal zum linken kopieren**
  Kopiert den linken in den rechten Kanal ein. Diese Optionen sind besonders dann hilfreich, wenn die Signalanteile eines Kanals beispielsweise kurzzeitig Fehler oder schlechte Qualität aufweisen. Das Ergebnis ist dabei stets ein Monosignal.
- **Mischen**
  Beide Kanäle werden addiert und somit zu einem Monokanal zusammengemischt. Dabei wird der linke Kanal zusätzlich in den rechten und der rechte zusätzlich in den linken Kanal kopiert. Diese Option kann Ihnen dabei helfen, künstlich mehr »Fundament« in eine Audiodatei hineinzubekommen. Sehen Sie sich dazu auch die nachfolgende Schritt-Anleitung an.
- **Subtrahieren**
  Beide Kanäle werden subtrahiert. Da durch diese Option die Stereomitte verloren geht (die für gewöhnlich das Stimmsignal eines Mixes enthält), können Sie die Funktion STEREO-MODIFIKATION im ABZIEHEN-Modus zum Erstellen von Karaoke-Tracks nutzen. Der Erfolg ist aber abhängig vom Stereoverhalten des Ausgangsmaterials und deshalb keineswegs garantiert.

Die Funktionen zur Stereo-Modifikation stehen selbstverständlich nur bei der Bearbeitung von Stereodateien zur Verfügung.

Schritt für Schritt: Künstliches Fundament

Sofern Sie eine Audiodatei mit sehr großer Stereoweite vorliegen haben, welcher deshalb die Stereomitte zu fehlen scheint (das Ganze sozusagen klingt, als habe es keine Basis bzw. kein klangtechnisches

Interne Effekte **343**

[o]
Schritt für Schritt
– Künstliches
Fundament.cpr

Fundament), so können Sie dieses mithilfe der Funktion STEREO-MO-DIFIKATION künstlich hinzufügen.

1 Audio-Event/-Bereich kopieren
Hierfür kopieren Sie das betreffende Audio-Event auf eine zusätzliche Audiospur.

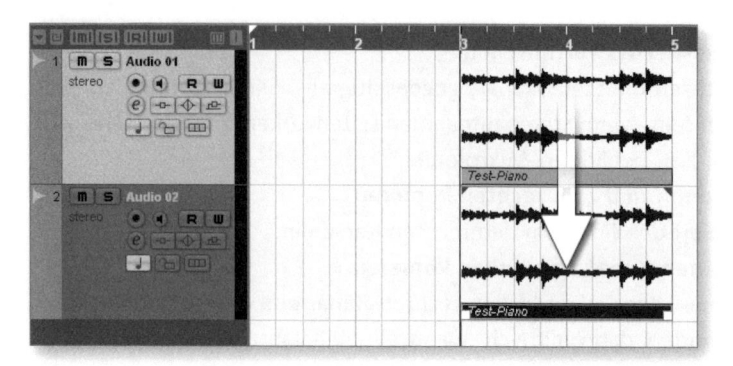

2 Kopie bearbeiten
Bearbeiten Sie die Kopie des Audiomaterials über den Weg AUDIO • EFFEKTE • STEREO-MODIFIKATION mit der Option MISCHEN.

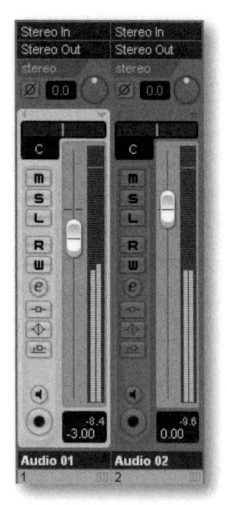

3 Mischverhältnis korrigieren
Richten Sie die Lautstärkepegel von Original und bearbeiteter Kopie so zueinander aus, dass ein ausgewogenes Verhältnis zwischen Stereomitte und Stereobreite herrscht.

4 Ergebnis exportieren
Bestimmen Sie den zu exportierenden Bereich mit dem linken und rechten Locator und schalten Sie die beiden betreffenden Spuren (im Mixer, in der Spurspalte etc.) auf SOLO. Exportieren Sie das Ergebnis über DATEI • EXPORTIEREN • AUDIO-MIXDOWN. Als Ausgang der Audio-Engine legen Sie in diesem Fall STEREO OUT (STEREO) fest.

Nach erfolgreichem Export-Vorgang können Sie die bearbeitete Datei (die nun über eine deutlichere Stereomitte verfügt) wiederum über den Weg DATEI • EXPORTIEREN • AUDIO-DATEI in Ihr Projekt einfügen und die Arbeitsspur mitsamt dem darauf kopierten Audio-Objekt löschen. ■

10.2.14 Time-Stretch

Die Time-Stretch-Funktion bietet Ihnen die Chance, Audiomaterial in seinem Tempo bzw. seiner Länge zu verändern. Der zugehörige Dialog unterteilt sich dabei in verschiedene Bereiche. Im Zentrum des Interesses stehen die ORIGINALLÄNGE ❶ und die RESULTIERENDE LÄNGE ❷. Auf diese nehmen auch die weiteren Einstellmöglichkeiten Einfluss.

▼ **Abbildung 10.19**
Audiotempo- oder -länge mittels Time-Stretch angleichen

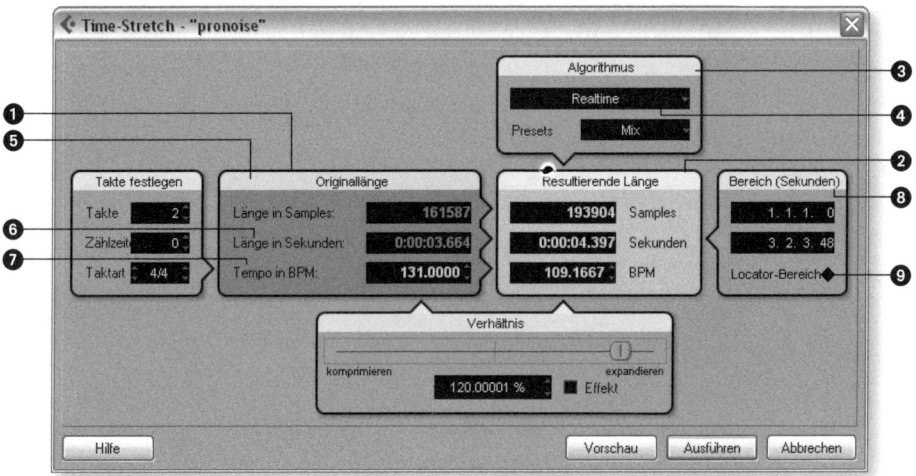

Algorithmus | Im oberen Teil des Dialogs sehen Sie den Bereich ALGORITHMUS ❸. Hier wählen Sie den zugrunde liegenden Algorithmus zur Berechnung des Time-Stretchings sowie unter PRESETS dessen Bearbeitungsqualität in Form von Drop-down-Listen. Die folgenden Algorithmen stehen zur Auswahl:

▶ **MPEX3**
Den MPEX-Algorithmus kennen Sie bereits von der Pitch-Shift-Funktion. Sobald Sie ihn anwählen, stehen Ihnen auch für die Time-Stretch-Funktion wiederum die von der Pitch-Shift-Funktion bekannten sieben verschiedene Qualitätsstufen zur Auswahl. Der MPEX-Algorithmus bietet die beste Bearbeitungsqualität für die Time-Stretch-Funktion. Aufgrund seiner aufwändigeren Arbeitsweise sind seine Presets (mit Ausnahme des Presets PREVIEW) jedoch nicht für die Echtzeit-Vorschau geeignet.

▶ **Realtime**
Dieser Algorithmus ist speziell für einen ressourcenschonenden Echtzeit-Einsatz ausgelegt. Auch den Realtime-Algorithmus können

Interne Effekte **345**

Sie für das zu bearbeitende Audiomaterial einrichten. Hierfür stehen verschiedene Presets bereit: SCHLAGZEUG, GEZUPFT, PADS, GESANG, MIX, ERWEITERT und SOLO.

Eine Besonderheit stellt hier das Preset für den erweiterten Realtime-Algorithmus dar. Sobald Sie diesen über ❹ anwählen, erscheint der Dialog ERWEITERTE WARP-OPTIONEN. In diesem können Sie neben dem Körnungsgrad, der die Genauigkeit der Bearbeitungssegmente festlegt, und dem Überlappungswert (zuständig für das Crossfade einzelner bearbeiteter Time-Stretch-Segmente) auch den Grad der Abweichung in Prozent angeben. Bei einer Einstellung von 0 % erzeugt der Algorithmus ein Time-Stretch-Ergebnis, das deutliche Artefakte enthält. Je weiter Sie diesen Wert an 100 % annähern, desto weniger Artefakte enthält das Ergebnis. Der Klang des resultierenden Audiomaterials wirkt dabei allerdings zunehmend »weicher« und »verwaschener«.

Abbildung 10.20 ▶
Optionen des erweiterten Realtime-Algorithmus

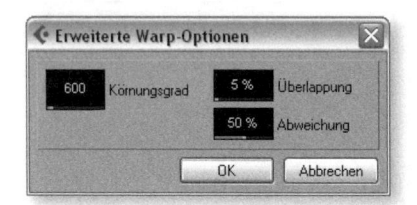

Takte festlegen/Originallänge | Im Bereich TAKTE FESTLEGEN können Sie die Anzahl der Takte und Zählzeiten sowie die Taktart des zu bearbeitenden Materials bestimmen. Diese Werte dienen dann als Grundlage für die automatische Errechnung der Tempowerte in den Bereichen ORIGINALLÄNGE ❶ und RESULTIERENDE LÄNGE ❷.

Resultierende Länge/Bereich | Im Bereich RESULTIERENDE LÄNGE können Sie nun neue Zielwerte eingeben. Dabei kann es sich wahlweise um eine neue Samplelänge ❺, eine neue Länge in Sekunden ❻ oder um eine Tempoänderung ❼ handeln. Demgegenüber geben Sie in den Bereichs-Auswahlen ❽ eine Länge für den gewünschten Bearbeitungsbereich ein. Einige Arbeit kann Ihnen hierbei aber der Button LOCATOR-BEREICH ❾ abnehmen. Sofern Sie den zu bearbeitenden Bereich zuvor mit dem linken und rechten Locator eingegrenzt haben, übernimmt die Bereichs-Auswahl mit Betätigen dieses Feldes die Positionen der Locatoren.

Verhältnis | Sobald Sie Werteänderungen im Bereich RESULTIERENDE LÄNGE vornehmen, wird die Anzeige des prozentualen Time-Stretch-Verhältnisses »on the fly« aktualisiert. Auch die Änderung der Werte der resultierenden Länge mittels direktem Eingriff in das Time-Stretch-Verhältnis ist möglich.

Über die Checkbox EFFEKT erweitern Sie den möglichen Time-Stretch-Umfang der Funktion. Sofern Sie den Effekt-Modus anwählen, können Sie einen Time-Stretch-Faktor zwischen 10 und 1000% nutzen, andernfalls lediglich einen Faktor zwischen 75 und 125%. Warum gibt es diese Unterteilung? In »herkömmlichen« Arbeitssituationen werden Sie Audiomaterial geringfügig ändern und an das Projekt anpassen wollen. In bestimmten Situationen lässt sich die Time-Stretch-Funktion jedoch auch hervorragend als Effekt nutzen. Zu diesem Zweck setzen Sie dann einen Haken bei der EFFEKT-Checkbox. Die Folge ist allerdings ein weitaus sensiblerer Schieberegler als bei ausgeschalteter Effekt-Funktion. Für eine schnelle Bearbeitung zum Angleichen von Audiomaterial eignet sich dieser dann nur noch bedingt. Sie sollten also den Time-Stretch-Umfang und damit auch die Regler-Sensibilität stets für Ihre konkrete Bearbeitungssituation adäquat wählen. – Sofern Sie den Effekt-Modus abgewählt haben, steht der Schieberegler bei einem Time-Stretch-Wert von 100% in Mittelposition.

10.3 Crossfades

In den früheren Programmausführungen von Cubase VST war es noch notwendig, Fades zwischen Objekten manuell zu erstellen oder aber Audio-Objekte so zu schneiden, dass diese Schnitte sich auch tatsächlich an Nulldurchgängen der darin enthaltenen Wellenformen befanden. Hielt man sich nicht daran, gab es unschöne Knackser, die jedem Laien deutlich machten, dass hier editiert wurde. Mittlerweile sieht das aber anders aus. Und so kommt es, dass Cubase Ihnen eine Auswahl von Fade-Möglichkeiten zur Seite stellt, mit denen Sie Objekte beinahe beliebige ineinander überblenden können.

Wir betrachten hier zum einen den Dialog AUTO-FADES näher, mit dem Sie projektweit vorgeben können, dass Audio-Objekte generell ein- oder ausgeblendet werden können. Zum anderen schauen wir auf den Crossfade-Bereich des Menüs AUDIO, mit dem Sie manuell erstellte Crossfades modifizieren können.

10.3.1 Crossfades erstellen und bearbeiten

Das herkömmliche Ineinanderüberblenden von zwei oder mehr Objekten ist in Cubase derart kinderleicht, dass es sich nicht einmal lohnt, in diesem Buch einen eigenen Workshop dafür durchzuführen: Audio-Objekte markieren, Taste [X] drücken. Fertig! Vorausgesetzt, die

Objekte liegen neben- oder übereinander, kann dabei eigentlich nichts schief gehen.

Abbildung 10.21 ▶
Überlappende Audio-Events vor ...

Abbildung 10.22 ▶
... und nach dem Erstellen von Crossfades

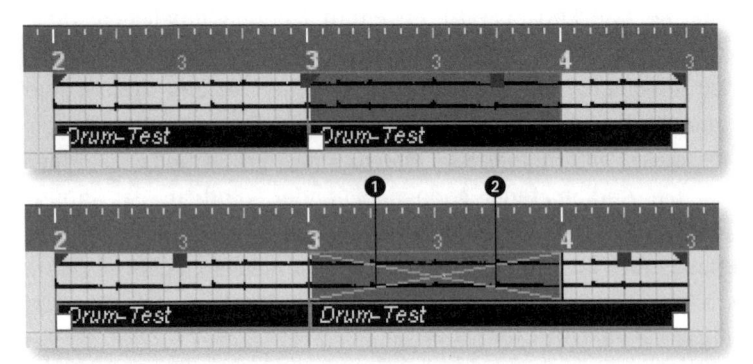

In Abbildung 10.22 sehen Sie anhand der Linien den Lautstärkeverlauf der Fades in beiden Objekten: Die eine Linie strebt aufwärts ❶ (Einblenden), die andere abwärts ❷ (Ausblenden). Wenn Sie die Start- und Endpunkte der Objekte verschieben, so bleibt die Crossfade-Überblendung erhalten und wird von Cubase automatisch an die neue Objektgröße angepasst.

Crossfade-Dialog | Eine weitere Möglichkeit besteht darin, den Dialog CROSSFADE zu öffnen. Dies geschieht entweder über das Menü AUDIO • CROSSFADE, schneller durch erneutes Drücken der [X]-Taste oder durch einen Doppelklick auf die Crossfade-Stelle, die Sie modifizieren möchten.

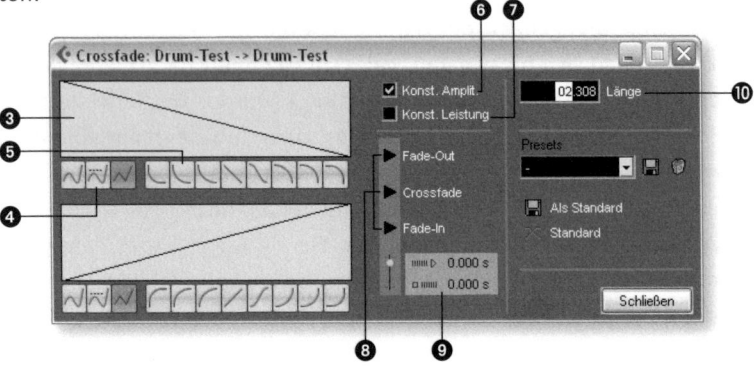

Abbildung 10.23 ▶
CROSSFADE-Dialog

Hier ist nun eine feine Auswahl an Optionen verfügbar. Neben den bereits bekannten Fenstern für den Fadeverlauf ❸, den Optionen für die Kurvenart ❹ und die Kurvenform ❺ sind auch einige neue Auswahlpunkte mit an Bord. Hierzu gehören folgende Optionen:

▶ **Konstante Amplitude** ❻
Automatische Fade-Kurve mit dem Resultat einer gleich bleibenden Amplitude vor, während und nach dem Crossfade

▸ **Konstante Leistung** ❼
automatische Fade-Kurve mit dem Resultat eines gleich bleibenden Fade-An- und -Abstiegs

Wenden Sie Crossfades mit konstanter Leistung dort an, wo das Crossfade deutlich hörbar ist, weil es die Dynamik stört. Dies kann beispielsweise bei mehreren kurz aufeinander folgenden Crossfades der Fall sein.

Vorschau des Crossfades | In der Mitte des Dialogs finden Sie Vorschau-Buttons in Form von Dreieck-Symbolen ❽. Hier können Sie das Bearbeitete Fade-In/Fade-Out entweder separat vorhören oder aber die Melange des Crossfade-Ergebnisses beurteilen. In diesem Zusammenhang können Sie auch die unscheinbar wirkenden Pre- und Postroll-Schaltflächen ❾ nutzen. Man sieht es ihnen kaum an, aber hinter den Symbolen verstecken sich tatsächlich Schaltflächen. Wenn Sie mit der Maus darüber fahren, werden diese gehighlighted. Mit einem Doppelklick auf die Zeitanzeige von Pre-/Postroll des Crossfade-Previews können Sie per Tastatur Vor- und Nachlaufzeit eingeben, falls Sie diese zur Beurteilung des Crossfades benötigen. Eine besondere Rolle spielt hier noch die Auswahl LÄNGE ❿. Hier können Sie nachträglich die Feinjustierung für die Crossfade-Transition der Audio-Objekte in Stunden, Minuten, Sekunden und Ticks vornehmen.

Vorgaben speichern | Eine nette Hilfe für das regelmäßige Anwenden bestimmter Crossfade-Einstellungen stellt natürlich auch hier der Preset-Bereich dar. In ihm können Sie auch ein selbst erstelltes Set von Einstellungen als Vorgabe STANDARD speichern. Mit dem Schließen des Dialogs werden alle vorgenommenen Crossfade-Einstellungen übernommen.

10.3.2 Auto-Fades

Wenn Sie generell vorgeben möchten, dass Audio-Objekte ein- oder ausgeblendet werden sollen, dann können Sie dies über Auto-Fades realisieren, deren Einstellungen Sie über das Menü AUDIO • AUTO-FADE-EINSTELLUNGEN öffnen. Hier finden Sie zwei Registerkarten vor, eine für die Vorgaben der Fade-Ins und Fade-Outs ❶ (Abbildung 10.24) sowie eine für die Crossfade-Einstellungen ❷.

Abbildung 10.24 ▶
Auto-Fades-Dialog

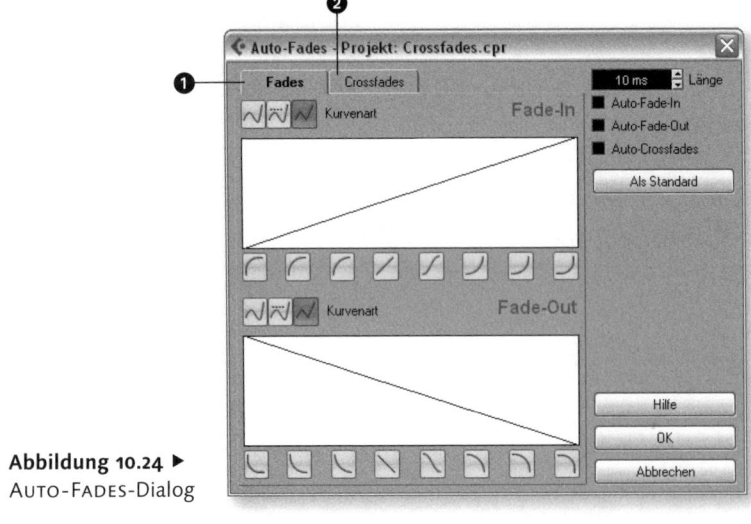

Wie Sie es mit diesen Einstellungen erreichen können, die Auto-Fade-Vorgaben für ein gesamtes oder auch für zukünftige Projekte festzulegen, erfahren Sie im Folgenden.

[▪] Schritt für Schritt: Projektübergreifende Vorgaben für Auto-Fades

1 Dialog öffnen
Öffnen Sie den Dialog Auto-Fades über das Menü Audio • Auto-Fade-Einstellungen.

2 Fade-Bereich auswählen
Wählen Sie, welche automatische Bearbeitung Sie während der Wiedergabe wünschen. Hierfür treffen Sie rechts oben die Auswahl für Auto-Fade-In, Auto-Fade-Out und/oder Auto-Crossfades.

3 Länge einstellen
Geben Sie in der Auswahl Länge eine feste Länge für die gewünschten Fade-Optionen vor.

4 Fades einrichten
Legen Sie über die Kurveneditoren auf der Registerkarte Fades fest, wie die Form der Fade-Ins/-Outs aussehen soll. Bestimmen Sie mit den Editierfunktionen, wie die Crossfades beschaffen sein sollen.

5 Einstellungen für weitere Projekte verwenden
Zwar ist für die Auto-Fade-Einstellungen keine Preset-Funktion vorgesehen. Dennoch können Sie die Vorgaben wieder verwenden. Be-

tätigen Sie den Button ALS STANDARD, wenn die gewählten Auto-Fade-Einstellungen auch für zukünftige, neu angelegte Projekte gelten sollen. ∎

> **Nur in ausgewählten Projekten**
>
> Nutzen Sie Auto-Fades nicht generell und in jedem Projekt, sondern stets nur dort, wo es sinnvoll ist. Bedenken Sie unbedingt: Auto-Fades fressen CPU-Leistung. Auch bei DAWs mit schnellen CPUs kann es zu einer erheblichen Beanspruchung der Rechenleistung und damit zu Beeinträchtigungen an anderen Stellen der Audio-Bearbeitung kommen. Als Beispiel: Bei einem AMD 3200 64-bit-Prozessor sprang im Test die CPU-Belastung von 5% auf 20%. Und das beim Mix eines Standard-Drumkits auf acht Spuren!

10.4 Sample-Editor

Um die Daten Ihrer Audio-Musikaufnahmen nachzubearbeiten, können Sie den Sample-Editor benutzen. Sie öffnen ihn durch einen Doppelklick auf Audio-Events und -Parts. Der Editor ist z.B. eine große Hilfe, wenn Sie Audio mit den internen Effekten bearbeiten. Sie haben dann eine genauere Ansicht der Wellenformen und können noch dazu einige spezielle Funktionen des Sample-Editors nutzen.

▼ **Abbildung 10.25**
Der Sample-Editor in Cubase

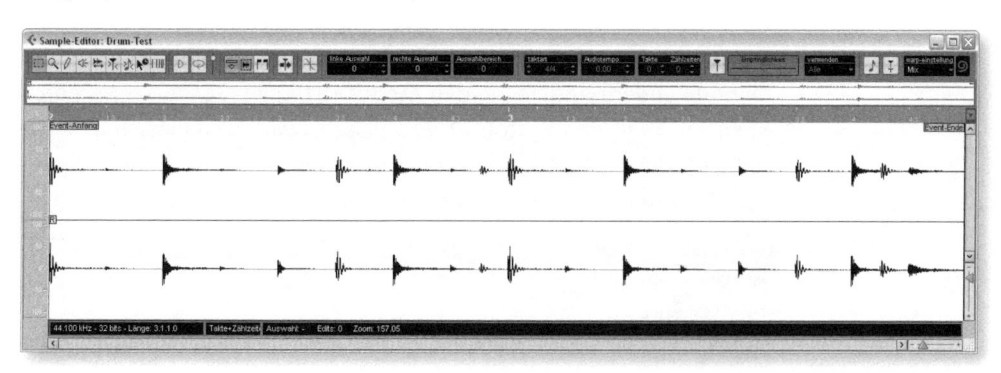

Sehen Sie sich zunächst die Werkzeugzeile des Sample-Editors an. Neben einigen alten Bekannten aus anderen Fenstern gibt es hier einige ganz spezielle Tools, die Ihnen bei der Arbeit an und mit Audiodaten helfen.

10.4.1 Werkzeuge

Die Werkzeugleiste des Sample-Editors enthält viele altbekannte Schaltflächen, die Sie bereits aus der Werkzeugzeile des Projektfensters kennen, wie die Werkzeuge AUSWAHLBEREICH ❶, ZOOM ❷, STIFT ❸. Die Optionen des Spielen-Buttons sind im Sample-Editor separat als SPIELEN- ❹ und als SCRUBBEN-Button ❺ angeordnet. Sie erinnern sich: Mit ihm können Sie das Objekt vorwärts als auch rückwärts anhören, indem Sie den Mauszeiger (das Scrubben-Symbol) bei gedrückter linker Maustaste über den gewünschten Bereich der Clip-Wellenform im Sample-Editor fahren.

Abbildung 10.26 ▶
Werkzeuge des Sample-Editors

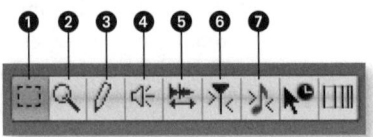

Doch es sind auch einige neue Gesichter darunter. Diese stelle ich Ihnen im Folgenden kurz vor.

Audio-Clip in Slices unterteilen | Hitpoints sind Markierungspunkte innerhalb eines Audio-Clips, die Sie von Cubase automatisch errechnen lassen können. Cubase setzt diese dann an die Stellen, an denen in einem Clip Transienten auftauchen. Mithilfe von Hitpoints können Sie einen Audio-Clip in einzelne Scheibchen, so genannte Slices, unterteilen. Ist ein Clip erst in Slices unterteilt, können Sie einzelne Slices untereinander austauschen, deren Tempo unabhängig von der Tonhöhe ändern. Indem Sie den Modus HITPOINT-BEARBEITUNG durch einen Klick auf den Button ❻ einschalten, wird automatisch der Hitpoint-Modus eingeschaltet und die einzelnen Hitpoints können innerhalb des Audio-Clips verschoben werden.

> **Was sind Transienten?**
>
> Bei Transienten handelt es sich um die Signalspitzen im Einschwingbereich einer Wellenform. Bei diesen ersten Spitzenpegeln von ansteigenden Wellenformen handelt es sich zumeist um diejenigen Punkte innerhalb einer Aufnahme, die den musikalischen Einsatz des zugrunde liegenden Instruments anzeigen.

Aufgrund der Beschaffenheit von Transienten sind besonders Schlagzeug- und Percussion-Instrumente für eine Hitpoint-Bearbeitung geeignet. Schlecht eignen sich hingegen Audioclips mit eingerechnetem Delay, da dieses sozusagen »falsche« Transienten beinhalten kann.

Sehen Sie sich in diesem Zusammenhang auch den Abschnitt 10.4.4, Hitpoint-Optionen, an.

Tempo, Takt und Länge anpassen | Mit dem Werkzeug AUDIOTEMPO-DEFINITION ❼ können Sie Tempo, Taktart und auch die musikbezogene Länge eines Audio-Clips anpassen. Diese Anpassung von Clips ist die Grundvoraussetzung für den Einsatz des im Kapitel über den Medien-Pool beschriebenen Musik-Modus, der den Audio-Clip automatisch an Tempoänderungen anpasst.

Die Funktion AUDIOTEMPO-DEFINITION ist in der Regel nur dort sinnvoll einsetzbar, wo mit Audio-Loops gearbeitet wird. Ich habe für Sie den Track »Drum-Test« auf der Buch-CD schon einmal als Loop vorbereitet. Sehen Sie sich einmal an, wie die Audiotempo-Definition im Einzelnen vonstatten geht …

Schritt für Schritt: Audiotempo für einen Audio-Clip definieren　　[▪]

1 Sample-Editor öffnen
Laden Sie das Beispielprojekt von der Buch-CD. Es enthält bereits den Audio-Clip »Drum-Test 2«, der jedoch nicht so recht in das 120 Beats schnelle Projekt passen will. Das werden wir nun ändern.

[○]
Schritt für Schritt
– Tempo für Audio-
Clip definieren.cpr

Öffnen Sie deshalb den Sample-Editor per Doppelklick auf das Audio-Event im Sequenzerbereich.

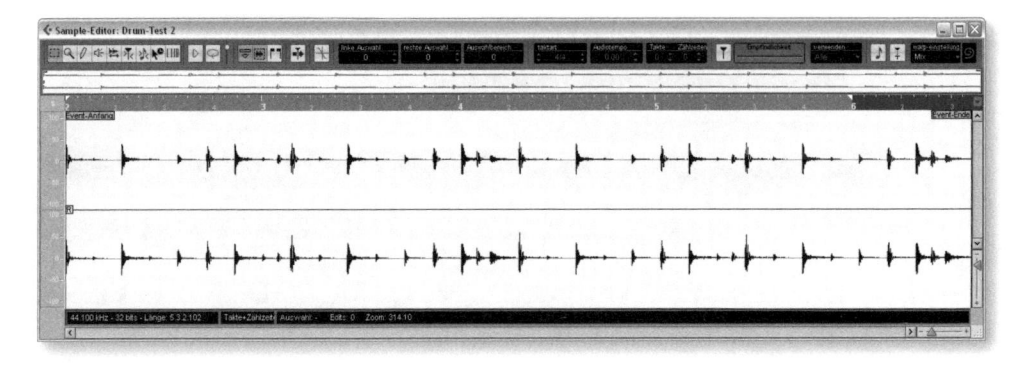

Sample-Editor　**353**

2 Audiotempo-Definition aktivieren

Aktivieren Sie das Werkzeug AUDIOTEMPO-DEFINITION ❶ über die Werkzeugzeile des Sample-Editors. Achten Sie darauf, wie sich die Linealzeile des Sample-Editors dabei verändert. Sie ist nun königsblau eingefärbt und weist andere Einteilungen auf als noch zuvor. Die Linealzeile stellt nun nicht mehr einen projektbezogenen Ausschnitt aus dem Hauptlineal dar, sondern bereits ein auf den Audio-Clip bezogenes Lineal.

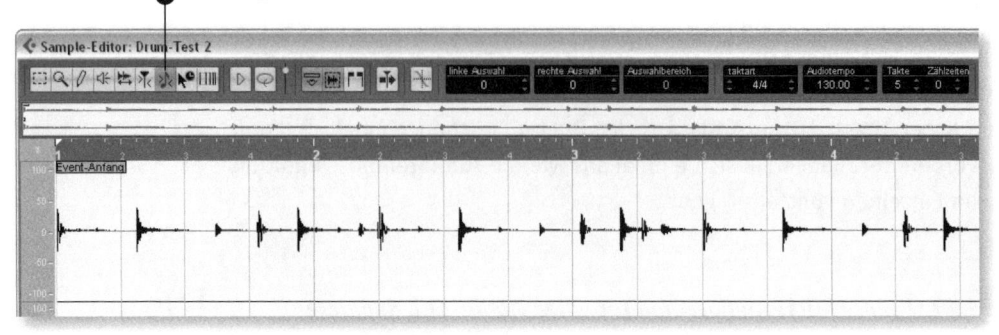

3 Musikbezogene Optionen justieren

Da dieses Lineal aber auch die Einstellungen der musikbezogenen Optionen (Taktart, Audiotempo, Takte, Zählzeiten) der Werkzeugzeile berücksichtigt, müssen Sie diese nun zunächst justieren.

Die Änderungen der taktbezogenen Optionen und des Tempobereichs beeinflussen sich dabei gegenseitig. In unserem Beispiel stimmt die Audiotempo-Definition noch nicht ganz, weil die musikbezogenen Optionen 5 TAKTE anzeigen, unser Loop aber nur vier Takte lang ist.

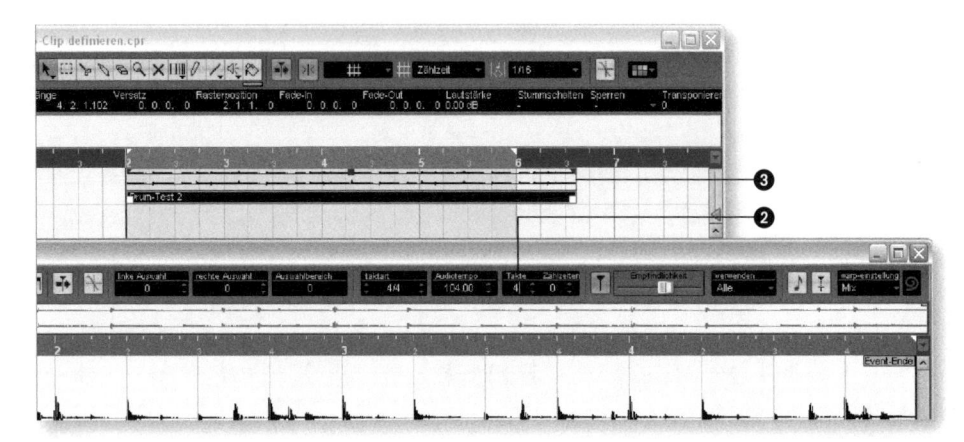

Sobald Sie den Wert in 4 TAKTE ändern ❷, wird der Wert des Audiotempos automatisch angepasst und auch die Linealeinstellungen zeigen Ihnen nun die richtige Taktunterteilung. Dennoch hat sich beim

Audio-Clip im Sequenzerbereich noch nichts getan ❸. Seine Länge passt immer noch nicht zur Projekteinteilung.

4 Musikmodus aktivieren

Klicken Sie nun auf die Schaltfläche MUSIK-MODUS ❹ in der Werkzeugzeile des Sample-Editors. Sie sehen, dass das Event-Ende automatisch angepasst wird, mit dem Audio-Clip selbst hat sich jedoch nichts verändert. Werfen Sie jedoch einen Blick in den Sequenzerbereich, so stellen Sie fest, dass das dortige Audio-Objekt nun das Symbol des Musik-Modus ❺ zeigt und sich die Anzeige der Wellenform verändert hat. Es hat also geklappt: Der Audio-Clip wurde im Tempo automatisch angepasst.

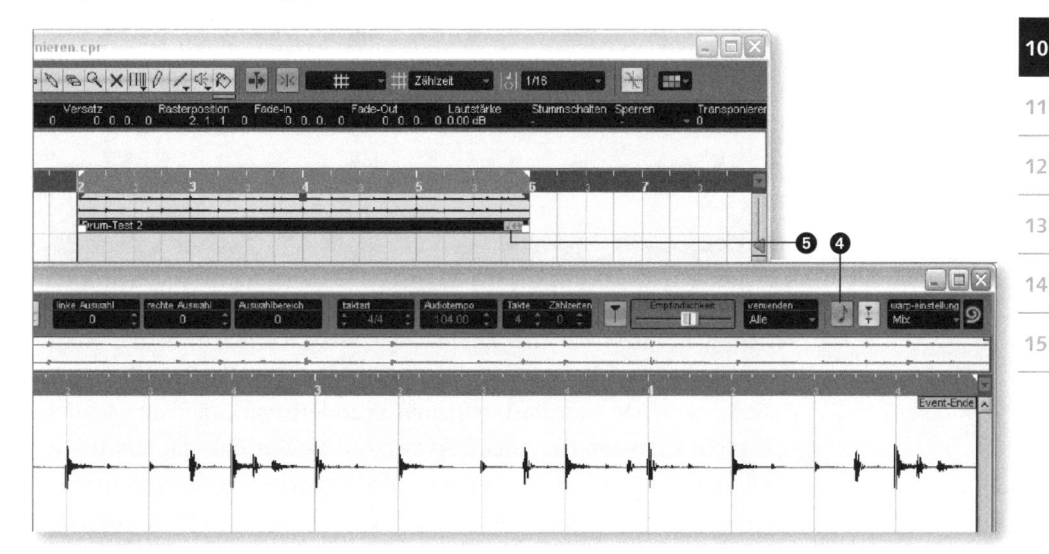

5 Ergebnis anhören

Da die Transport-Funktionen der Tastatur bei geöffnetem Sample-Editor ausschließlich für diesen gelten, müssen Sie die Wiedergabe des Projekts entweder über das Transportfeld ausführen oder aber den Sample-Editor schließen, wenn Sie das Ergebnis anhören möchten. Andernfalls hören Sie den Sample-Editor-Ausschnitt, nicht aber die ans Projekt angepasste Wiedergabe des Audio-Clips im Sequenzerbereich.

Das Audiotempo des Audio-Clips wurde also erfolgreich an die bestehende Projektumgebung angepasst. ■

Raster manuell ausrichten | Eine weitere hilfreiche Funktion möchte ich Ihnen nicht vorenthalten: Um das Raster des Sample-Editors während der Audiotempo-Definition manuell auszurichten, können Sie

Abbildung 10.27 ▼
Metronom-Tool der Audiotempo-Definition im Sample-Editor

es bei gedrückter gehaltener linker Maustaste über den Mauszeiger in seiner Relation zum Inhalt des Sample-Editors vergrößern und verkleinern. Schauen Sie sich den Mauszeiger an, er wird in diesem Modus durch ein Metronom-Symbol ❶ ersetzt. Als Bezugspunkt für das Verschieben der Rasterlinien dient eine blaue Bezugslinie, die jeweils auf den Rasterlinien einrastet.

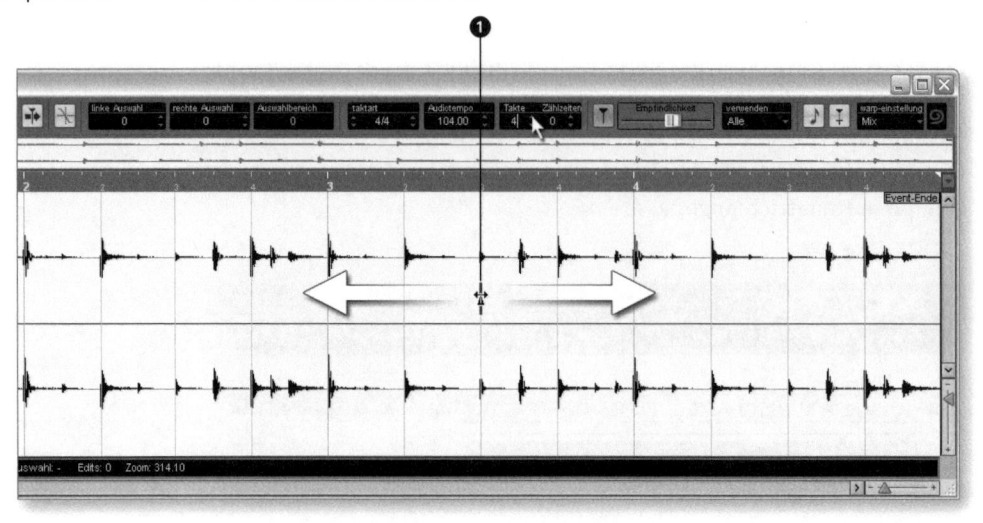

Wichtig ist, dass Sie sich klarmachen, dass hierbei nicht das Raster nach rechts und links verschoben wird, sondern das komplette Verhältnis zwischen den Rasterstrichen geändert wird. Nutzen Sie diese Möglichkeit, wenn das Anpassen des Audio-Clips über die Werte-Einstellungen nicht so recht zu einem gut klingenden Ergebnis führen will. Das manuelle Verändern des Sample-Editor-Rasters können Sie jederzeit über das herkömmliche Undo rückgängig machen. Sie können also bei Bedarf einfach ein wenig ausprobieren!

Einzelne Beats anpassen | Wenn Sie mithilfe der Schritt-für-Schritt-Anleitung von Abschnitt 10.4.1 bereits die Audiotempo-Definition für einen Audio-Clip erstellt haben, kann es vorkommen, dass das Tempo dennoch innerhalb des Loops so stark schwankt, dass die Beats (Transienten) des Audio-Clips beim projektbezogenen, angepassten Abspielen im Musik-Modus nicht mit dem Raster übereinstimmen oder einfach nicht zu den übrigen Spuren passen wollen.

Eine Lösung kann dann das Werkzeug SAMPLES MANIPULIEREN ❷ darstellen. Mit ihm können Sie einen ausgewählten Punkt des Audio-Clips verschieben: Mit einem Klick in den Audio-Clip legen Sie diese Bearbeitungsposition (den so genannten Warp-Anker) fest. Bei gehaltener linker Maustaste können Sie ihn zeitlich verschieben.

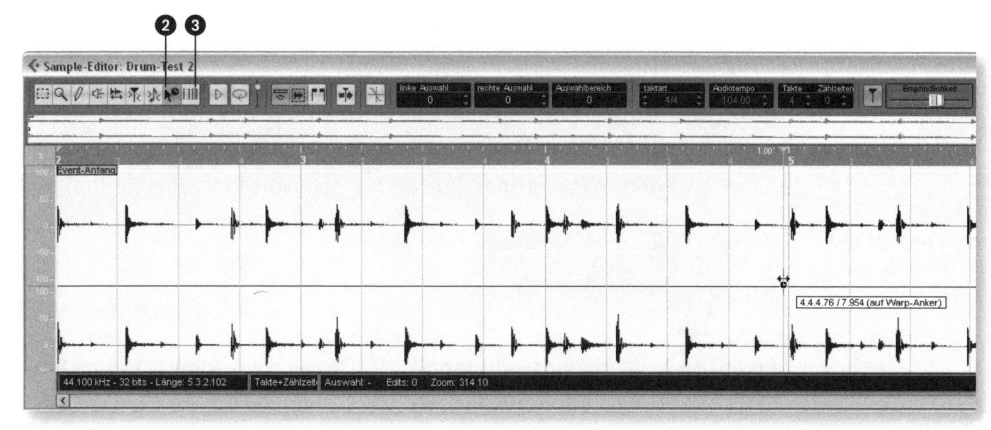

▲ **Abbildung 10.28** Samples im Sample-Editor manipulieren

Warp-Anker verschieben | Wenn wir einmal davon ausgehen, dass Sie den Bearbeitungspunkt des Audio-Clips im Sample-Editor nach links (also zeitlich »nach vorn«) verschieben, werden dabei alle dem Bearbeitungspunkt vorangehenden Audio-Inhalte des Clips gestaucht, alle nachfolgenden Inhalte gestreckt. Verschieben Sie den Bearbeitungspunkt nach hinten (rechts), so geschieht das Gegenteil. Dabei wird aber stets nur derjenige Bereich verändert, der zwischen zwei Warp-Ankern liegt. Sie können also durch das Setzen von Warp-Ankern bestimmen, welche Transienten im Audio-Clip bereits zu Ihrer Zufriedenheit sind.

Raster und Inhalt anpassen | In seiner Handhabung funktioniert das Werkzeug zum Samples manipulieren damit ähnlich wie das Metronom-Tool der Audiotempo-Definition. Während Sie mithilfe des Metronom-Tools der Audiotempo-Definition aber das Raster an den Audio-Clip anpassen, passen Sie mit dem Werkzeug SAMPLES MANIPULIEREN im Gegenteil dazu den Inhalt an das Raster an. Probieren Sie es einmal aus. Sie werden sehen: Das Werkzeug SAMPLES MANIPULIEREN ist ein nützliches kleines High-Tech-Tool, dass viel Zeit beim Überarbeiten und Anpassen von Audio-Aufnahmen erspart.

Audio-Events an Hauptlineal anpassen | Der Button TIME WARP ❸ ist Ihnen schon in der Projektumgebung begegnet. Im Sample-Editor ist er umso sinnvoller, weil Sie hier in der Regel etwas genauer und detaillierter arbeiten werden als im Sequenzerbereich. Da ich Ihnen bereits das Werkzeug SAMPLES MANIPULIEREN vorgestellt habe, gibt es hier nicht mehr sehr viel zu beschreiben. Im Grunde funktionieren beide Werkzeuge gleich, wobei die Time Warp-Funktion jedoch nicht durch die Warp-Anker begrenzt wird, sondern sich auf den kompletten Audio-Clip bezieht.

Um die Arbeit mit den Warp-Funktionen etwas übersichtlicher zu gestalten und zu vereinfachen, finden Sie einen Warp-Bereich in der

Werkzeugzeile des Sample-Editors. Wenn Sie die vorhandenen Warp-Anker im Sample-Editor ein- bzw. ausblenden möchten, können Sie dies über die betreffende Schaltfläche ❶ durchführen, die Sie unmittelbar neben dem Aktivierungs-Button für den Musik-Modus finden.

Abbildung 10.29 ▶
Optionen für die Warp-Bearbeitung

Erweiterte Warp-Einstellungen | Im Drop-down-Menü WARP-EINSTELLUNGEN ❷ finden Sie Presets mit Voreinstellungen für verschiedene Arbeitssituationen, wie etwa dem Bearbeiten von Audio-Clips mit dem Inhalt SCHLAGZEUG, MIX usw. Diese unterscheiden sich durch verschiedene Umsetzungsparameter.

Abbildung 10.30 ▶
Feinjustierung der Warp-Funktion

Welche Parameter dies im Einzelnen sind, erfahren Sie, wenn Sie in diesem Menü ERWEITERT wählen. Es öffnet sich ein Optionen-Dialog, der demjenigen der Crossfade-Einstellungen ähnelt. Hier können Sie die Warp-Parameter KÖRNUNGSGRAD, ÜBERLAPPUNG und ABWEICHUNG selbst einstellen.

Der KÖRNUNGSGRAD bestimmt die Anzahl der Segmente, in die Cubase einen Audio-Bereich während eines Time-Stretch-Vorgangs intern zerlegt (so genannte »Grains«). Er bestimmt also die Qualität des Warp-Ergebnisses. Der Wert ÜBERLAPPUNG bestimmt die Größe der Maskierungsbereiche an den Übergängen. Beim Parameter ABWEICHUNG erzeugen hohe Werte weiche Übergänge zwischen den einzelnen Grains, können jedoch zu einem leicht »verwaschenen«, undeutlichen Sound führen. Bei niedrigen Werten kann es hingegen zu Artefakten kommen.

10.4.2 Weitere Funktionen und Optionen

Über den Bereich AUSWAHL-OPTIONEN können Sie den Start- und Endpunkt einer Auswahl entweder per Mausklick um ein Sample nach vorn oder nach hinten verschieben. Da wie oben beschrieben einige wichtige Funktionen des Sample-Editors auf Grain-Bearbeitung beruhen, werden auch die Auswahlbereiche des Sample-Editors in Samples angegeben. Das Feld AUSWAHLBEREICH zeigt Ihnen dabei die Länge des Auswahlbereichs in Samples an.

◀ **Abbildung 10.31**
Auswahl-Optionen der Werkzeugzeile

Vorschau und Ansichtsoptionen | Einige weitere grundlegende Funktionen des Sample-Editors kommen hinzu. Hierzu gehört der Bereich der Vorschau-Funktionen und Ansichtsoptionen.

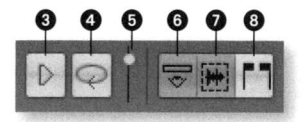

◀ **Abbildung 10.32**
Vorschau-Funktionen und Ansichtsoptionen des Sample-Editors

- **Wiedergabe** ❸
  Mit diesem Button spielen Sie den Audio-Clip im Sample-Editor ab (und nur hier, nicht etwa im Zusammenhang mit dem Projekt). Beachten Sie auch, dass die Tastatur-Transportfunktion WIEDERGABE bei geöffnetem Sample-Editor auch (und ausschließlich) für diesen gilt.
- **Auswahl als Loop wiedergeben** ❹
  Nutzen Sie den Loop-Modus für die Wiedergabe im Sample-Editor, wenn Sie hier mit sehr kurzen Auswahlbereichen arbeiten. Das erleichtert Ihnen die Beurteilung des Materials und erspart Ihnen viel Mühe durch lästige Tastendrück- und Mausklickorgien.
- **Lautstärke** ❺
  Über diesen Miniaturregler modifizieren Sie den Pegel der Sample-Editor-Vorschau. Besonders bei Audio-Clips, deren Signale Sie erst durch Lautstärkeveränderung im Sequenzerbereich oder Mixereinfluss (z. B. mittels Kompressor und Fader) auf einen gewissen Arbeitslevel gebracht haben, lohnt sich hier das Nachregeln.
- **Info einblenden** ❻
  Diesen Button kennen Sie ja bereits aus dem Projektfenster. Dieser hier blendet jedoch Informationen ein, die für den Audio-Clip spezifisch sind.
- **Audio-Event anzeigen** ❼
  Ist dieser Button aktiv, so werden Ihnen im Sample-Editor die Start- und Endpunkte des Audio-Events angezeigt, wie sie im Sequenzerbereich Verwendung finden. Die Start- und Endpunkte werden dann als vertikale blaue Linien mit Bezeichnungsfeldern dargestellt.

▶ **Regionen anzeigen** ❽

Um im Sample-Editor mit Audio-Clips so komfortabel wie möglich umgehen zu können, haben Sie in Cubase die Möglichkeit, innerhalb von Audio-Clips mit immer gleichen Regionen zu arbeiten, die Sie selbst definieren können. Die Extra-Felder werden im Sample-Editor durch den Button REGIONEN ANZEIGEN eingeblendet.

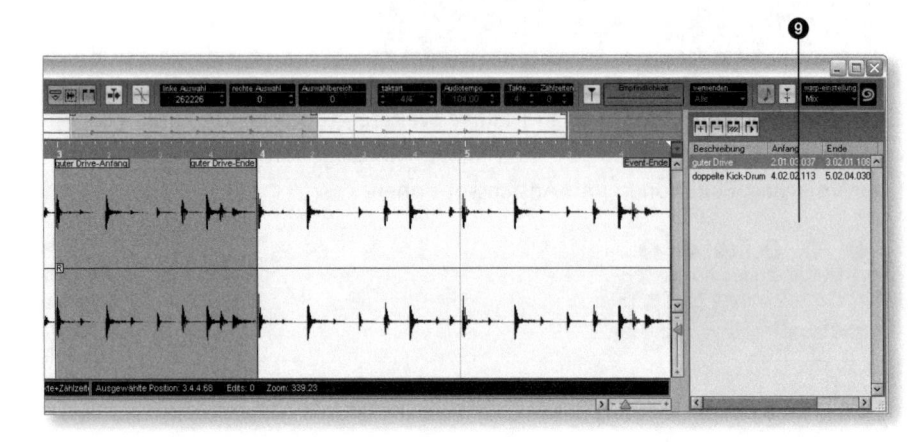

Abbildung 10.33 ▲
Etwas versteckt, aber äußerst praktisch – das REGIONEN-Menü im Sample-Editor

Für das Hinzufügen, Entfernen, Auswählen und Wiedergeben dieser Regionen stehen Ihnen dort dann separate Schaltflächen zur Verfügung. In der zugehörigen Regionen-Liste ❾ können Sie diese noch zusätzlich individuell bezeichnen, falls Ihnen die Angabe von Anfangs- und Endpositionen der Regionen zur eindeutigen Identifikation nicht ausreicht. Außerdem können Sie durch einen simplen Mausklick auf einen Eintrag in der Regionen-Liste unmittelbar einen Auswahlbereich im Sample-Editor erzeugen. Na, wenn das keine Arbeitserleichterung ist ...

10.4.3 Nulldurchgänge finden

Gleich neben der Ihnen bekannten Schaltfläche AUTOMATISCHER BILDLAUF finden Sie diesen hilfreichen Button. Wie wir bereits festgestellt haben, gibt es in Cubase ein gut ausgestattetes Crossfade-Menü. Was aber, wenn Crossfades nicht den gewünschten Effekt bringen? Da Sie eine Wellenform nicht einfach an einer beliebigen Stelle schneiden können, ohne üble Knackser zu erzeugen, können Sie auf die Sample-Editor-Funktion NULLDURCHGÄNGE FINDEN zurückgreifen. Auch für absolute Produktions-Puristen, Hardcore-Sound-Freaks und fanatische Anhänger von Old-School-Produktionstechniken ist diese Funktion sicher eine wahre Offenbarung. Hat man doch vor Jahren noch etliche Stunden seiner kostbaren Arbeitszeit damit verbracht, diese besagten Nullstellen in manueller Feinarbeit herauszufinden.

▲ **Abbildung 10.34**
Nulldurchgänge finden

Perfekte Auswahlbereiche erzeugen | Sobald Sie den Button NULL-DURCHGÄNGE FINDEN aktivieren, wird das Auswahlwerkzeug im Sample-Editor an den Nulldurchgängen der Wellenform ausgerichtet. Auf diese Weise erzeugen Sie »perfekte« Auswahlbereiche, deren Wellenformen an Anfang und Ende nahtlos aneinander passen.

Einsatzbereiche | Für diese Funktion gibt es viele verschiedene Anwendungsbeispiele: Stellen Sie sich vor, Sie möchten einen kleinen Teil eines Audio-Clips stummschalten, ohne dass dadurch Knackser entstehen. Es ist auch denkbar, die Event-Begrenzungen für Beginn und Ende an Nullstellen auszurichten, um einen reibungslosen Loop zu erzeugen. Dies ist sinnvoll, wenn ein geschnittenes Audio-Event beim Abspielen Knackser verursacht. (Was umso ärgerlicher ist, wenn das Objekt z. B. mehrfach kopiert hintereinander im Projekt vorkommt!)

10.4.4 Hitpoint-Optionen

Wie weiter oben beschrieben, handelt es sich bei Hitpoints um Markierungspunkte innerhalb eines Audio-Clips, anhand derer Sie verschiedene Bearbeitungsschritte durchführen können. Wie Cubase die Transienten erkennt und entsprechende Hitpoints setzt, können Sie über die Hitpoint-Optionen beeinflussen.

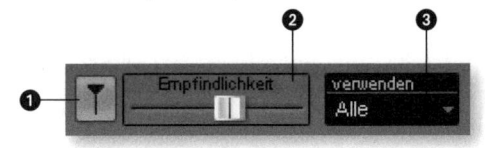

◀ **Abbildung 10.35**
Optionen für die Hitpoint-Bearbeitung

- **Hitpoint-Modus** ❶
  Sobald Sie den Hitpoint-Modus im Sample-Editor einschalten, werden Ihnen die Hitpoints nach Vorgabe der Optionswerte angezeigt.
- **Empfindlichkeit** ❷
  Über diesen Schieberegler können Sie den Schwellenwert der Transienten-Erkennung bestimmen. Je höher die Empfindlichkeit (je weiter sich der Regler also rechts befindet), desto schwächere Transienten werden erkannt. Dementsprechend setzt Cubase mehr Hitpoints.
- **Verwenden-Auswahl** ❸
  Im Drop-down-Menü VERWENDEN stehen Ihnen verschiedene Voreinstellungen zur Verfügung. Sobald Sie hier eine Auswahl treffen, werden diejenigen Hitpoints ausgeblendet, die nicht der gewählten Auswahl von Rasterwerten, wie z. B. 1/4, 1/8, entsprechen. Dies ist besonders dann hilfreich, wenn Sie beispielsweise mit perkussiven und Schlagzeug-Audioclips arbeiten, die Sie mithilfe von Hitpoints

in einzelne Slices unterteilen möchten: Dort gibt die Hitpoint-Erkennung aber aufgrund eines notwendig niedrigen Schwellenwertes der Empfindlichkeit zu viele Hitpoints aus, als dass sinnvolle Slices daraus entstehen würden. Beachten Sie, dass es für diese Art der Bearbeitung ganz besonders sinnvoll ist, zuvor eine Audiotempo-Definition des Audio-Clips durchgeführt zu haben.

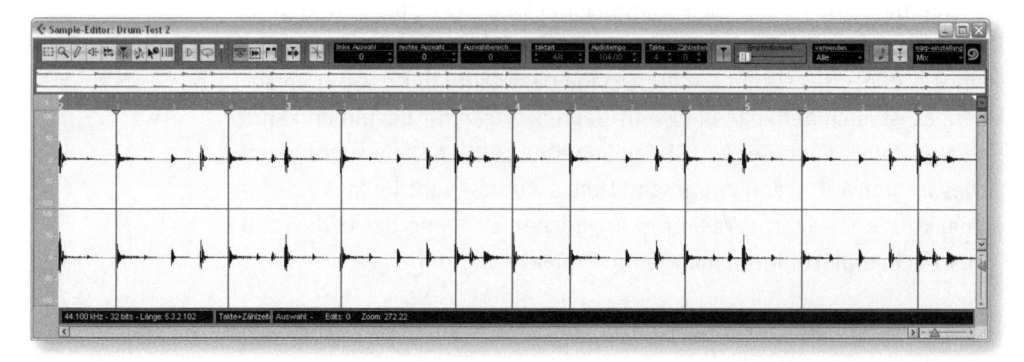

Abbildung 10.36 ▼
Eingeschränkte Anzeige von Hitpoints

Hitpoint-Bearbeitungsoptionen | Sind die Hitpoints erst einmal erkannt, können Sie die Hitpoint-Bearbeitungsfunktionen aus dem Audio-Menü von Cubase auf sie anwenden. Hier können Sie z. B. einzelne Audio-Slices oder auch eine Groove-Quantisierung aus den Hitpoints erstellen. Dies ermöglicht Ihnen das Anlegen von Groove-Maps, mit deren Hilfe Sie MIDI-Material am Timing von Audio-Clips ausrichten lassen können. Es handelt sich bei dieser Funktion also nicht um eine Bearbeitungsfunktion für die Hitpoints selbst.

Sie können ebenso Marker aus den gefundenen Hitpoints erzeugen. Hierfür legen Sie eine Markerspur an und wählen aus dem Hitpoint-Menü Audio • Hitpoints den Eintrag Marker aus Hitpoints erzeugen. Die neuen Marker finden Sie dann in der Markerspur des Projektfensters wieder, sodass Sie beispielsweise andere Audio-Objekte oder auch Automationsdaten an diesen ausrichten können.

Zeitkorrigiertes Material an Hitpoints teilen | Während Sie bei dem Zerschneiden von Audio-Events in Slices den Musik-Modus ausgeschaltet haben müssen, finden Sie im Menü Audio • Hitpoints die Möglichkeit, zeitkorrigiertes Material an Hitpoints zu teilen, sodass Ihnen dadurch einzelne, im Tempo angepasste Audio-Objekte zur Verfügung stehen (sozusagen »Audio-Objekt-Slices«).

Sehen Sie sich in einem praktischen Beispiel an, wie Sie Hitpoints einsetzen. Eine typische Anwendungssituation ist – wie gesagt – das Unterteilen von Audioclips mithilfe von Hitpoints.

Schritt für Schritt: Audio-Events mittels Hitpoints in Sinneinheiten zerschneiden [▪]

1 Sample-Editor öffnen
Öffnen Sie den Sample-Editor für das Audio-Objekt durch einen Doppelklick darauf.

[○]
Schritt für Schritt
– Audio-Events
in Sinneinheiten
schneiden.cpr

2 Hitpoints erstellen
Lassen Sie die Hitpoints für den Audio-Clip berechnen, indem Sie den Hitpoint-Modus einschalten ❶ und die Empfindlichkeit für unser Beispiel etwa auf 1/4 justieren ❷.

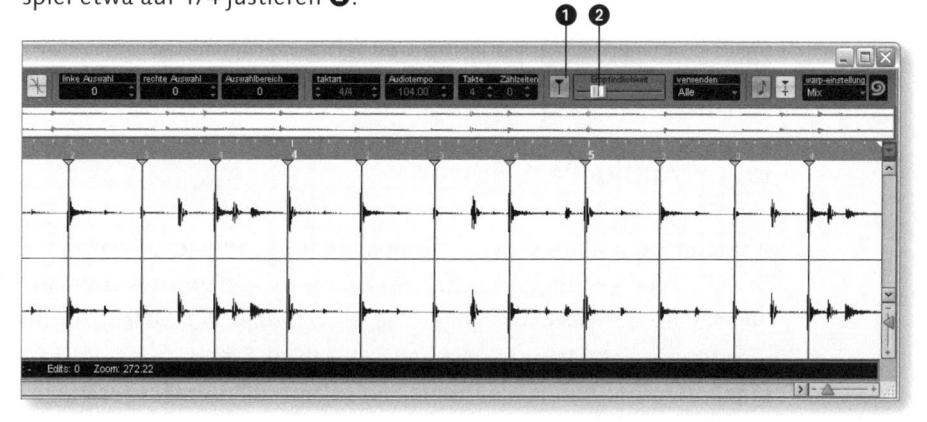

3 Audio-Clip
Wählen Sie aus dem Menü AUDIO • HITPOINTS den Befehl AUDIO-EVENTS AN HITPOINTS TEILEN. Wie Sie sehen, konnten Sie den Befehl auch ohne eingeschalteten Musik-Modus durchführen. Trotzdem werden die einzelnen entstandenen Audio-Objekte weiterhin automatisch durch diesen korrigiert und können nun im Sequenzerbereich wie Objekt-Slices verwendet werden.

■

Tempospur auf Audio-Clips beziehen | Sie können auch mit Hitpoints arbeiten, wenn sich die Tempospur auf Hitpoints innerhalb von Audio-Clips beziehen soll. Bedenken Sie aber, dass für die Arbeit mit Hitpoints generell gilt, dass deren Erkennung umso genauer wird, je mehr Transienten bzw. eindeutige, perkussive Signalauslenkungen Ihre Aufnahme enthält.

> **Echtzeit-Extras**
>
> An dieser Stelle darf der Hinweis auf einige Funktionen für die Hardcore-Anwender unter Ihnen nicht fehlen: Im Menü Audio • Echtzeitbearbeitung verstecken sich noch weitere hilfreiche Funktionen. Mit Ihnen können Sie beispielsweise Audio-Clips anhand eingefügter Warp-Anker (ähnlich wie MIDI-Daten) zum Raster quantisieren oder Hitpoints in Warp-Anker umwandeln.
>
> Beachten Sie auch, dass sämtliche Warp-Funktionen, die Sie vornehmen, stets in Echtzeit berechnet werden. Dies kann zu einer ordentlichen CPU-Belastung Ihrer DAW führen. Um dies zu verhindern, können Sie die Bearbeitungsschritte von Cubase in die Audio-Clips einrechnen lassen. Führen Sie hierfür den Menübefehl Audio • Echtzeitbearbeitung • Time-Stretch und Transponierung festsetzen aus.

10.5 Audio-Part-Editor

Während Sie Audio-Events im Sample-Editor bearbeiten, steht Ihnen für in Parts umgewandelte Events der Audio-Part-Editor zur Verfügung. Um das nachzuvollziehen, fügen Sie einmal über den Befehl Audio • Events in Part umwandeln zwei beliebige Events zu einem Part zusammen. Sie können die Events hierfür auch mit dem Kleben-Werkzeug verbinden.

Auch wenn Sie manuell ein Objekt auf einer Audiospur erzeugen, ist dies stets ein Part und nicht (wie bei einer Aufnahme) ein Event. Wenn Sie nun mit der linken Maustaste auf einen solchen neu entstandenen Part doppelklicken oder den Tastaturbefehl [Strg]/[⌘] + [E] verwenden, öffnet sich nicht der Sample-, sondern der Audio-Editor. Aber worin unterscheiden die beiden sich? Und was genau können Sie mit dem Audio-Editor anstellen?

Detailliertere Spur-Darstellung | Während Sie mit dem Sample-Editor stets einzelne Ausschnitte (»Samples«) bearbeiten, handelt es sich beim Audio-Part-Editor um eine Art detaillierterer Spur-Darstellung, die Ihnen die Bearbeitung erleichtert.

So können Sie etwa Aufnahmen, die Sie im Stacked-Modus (also auf mehreren Spur-Ebenen) durchgeführt haben, über den Bearbeitungsschritt Audio • Events in Parts umwandeln vorteilhaft im Audio-Part-Editor bearbeiten.

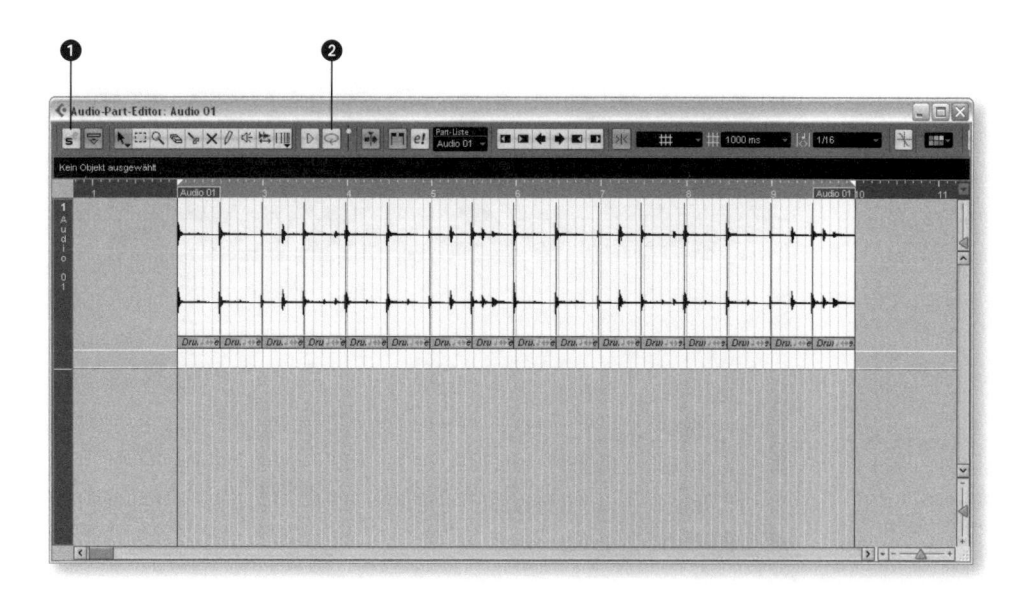

▲ **Abbildung 10.37**
Feinarbeit mit Parts
– der Audio-Part-Editor

Werkzeugzeile des Audio-Part-Editors | Die Werkzeugzeile des Audio-Part-Editors entspricht weitestgehend derjenigen des Projektfensters. Deshalb an dieser Stelle nur kurz einige Beschreibungen zu den Funktionen, die hier neu auftauchen:

Mit dem Solo-Button ❶ können Sie mit einem Klick alle übrigen Spuren stummschalten, ohne den Audio-Part-Editor verlassen zu müssen – eine sinnvolle Ergänzung zu den Wiedergabefunktionen, die Sie bereits aus dem Sample-Editor kennen.

Hilfreich beim Abhören von Audio-Parts ist auch die Funktion Spur-Loop ❷. Diese ermöglicht es Ihnen, auch in längeren Audio-Parts einzelne Passagen gezielt zu bearbeiten, ohne dafür Ihre Projekt-Arbeitsumgebung verändern zu müssen.

Mehrere Audio-Parts öffnen | Wenn Sie im Sequenzerbereich des Projekts mehrere Parts ausgewählt haben und diese im Audio-Part-Editor öffnen, können Sie im Dropdown-Menü Part-Liste wählen, welches Sie aktuell bearbeiten möchten. Das klingt auf den ersten Blick simpel, stellt aber bei größeren Projekten mit vielen Audio-Parts eine deutliche Erleichterung gegenüber der manuellen Auswahl per Mausklick dar. In Kombination mit der Schaltfläche Nur aktiven Part bearbeiten, haben Sie so die Möglichkeit, einzelne Audio-Bearbeitungen gezielt ausschließlich auf einzelne Parts anzuwenden. Für den Button Part-Grenzen anzeigen kann ich Ihnen nur empfehlen, diesen stets aktiviert zu lassen, um einen perfekten Überblick über die Struktur Ihrer Parts zu behalten.

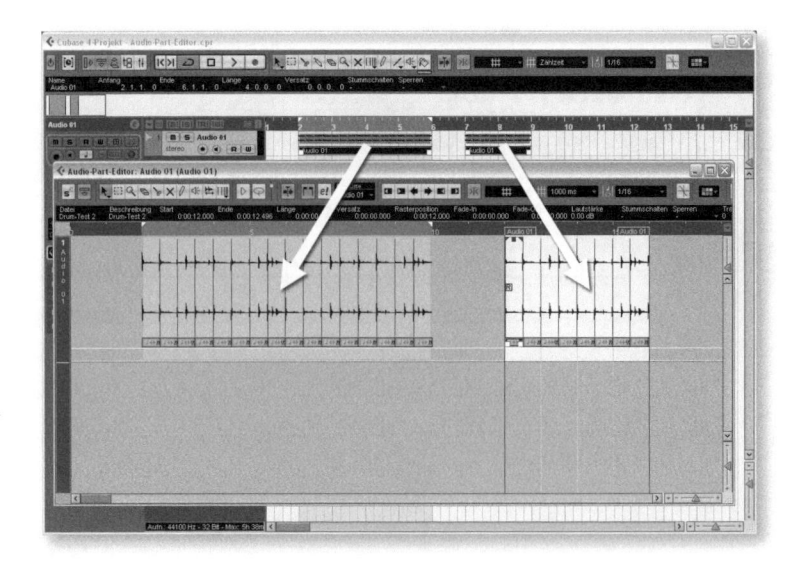

Abbildung 10.38 ▶
Schneller Zugriff auf verschiedene Audio-Parts im Audio-Part-Editor

Ebenen des Audio-Part-Editors nutzen | Sie können im Audio-Part-Editor auch auf mehreren Ebenen arbeiten. Diese verhalten sich dann quasi wie eine »Spur in der Spur«. Sie kennen das bereits aus dem Ebenen-Modus von der Arbeit mit Audio-Objekten auf Spuren. Ziehen Sie einfach ein Audio-Event innerhalb eines Parts mit gehaltener [Alt]-Taste auf den freien Bereich unterhalb der bereits bestehenden Events. Et voilà: Das Event wurde erfolgreich kopiert und Sie nutzen nun eine weitere Ebene innerhalb des Audio-Parts. Dabei ist stets das untere Event zu hören und verdeckt (»maskiert«) die über ihm stehenden. Probieren Sie es aus und nutzen Sie mehrere Ebenen zugleich. Das vereinfacht die Arbeit mit überlappenden Events innerhalb von Audio-Parts enorm.

Abbildung 10.39 ▼
Arbeit auf mehreren Ebenen im Audio-Part-Editor

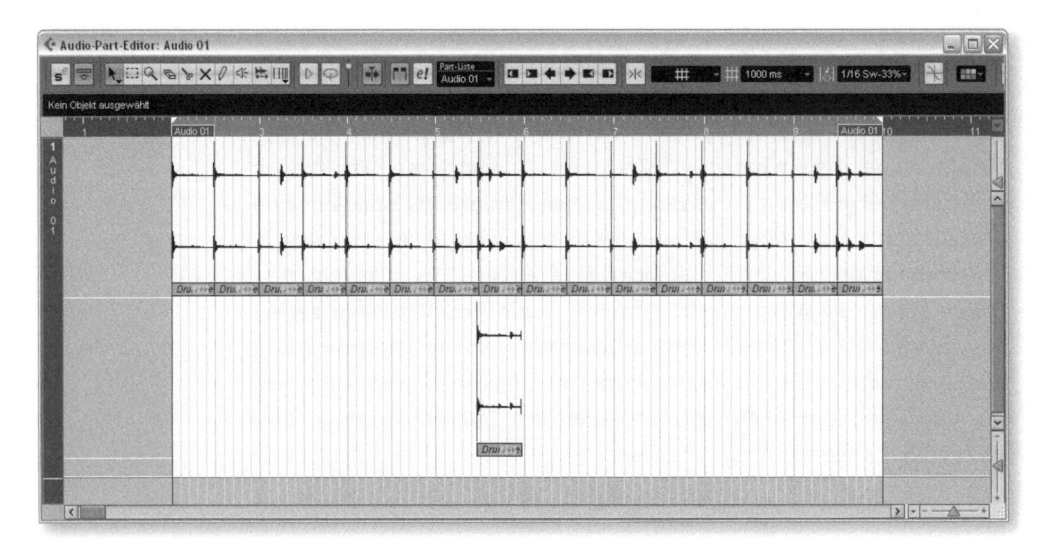

10.6 Workflow-Tipps

Hier noch zwei Tipps für die tägliche Praxis, die Ihre Arbeit mit Cubase-Projekten beschleunigen und erleichtern sollen.

10.6.1 Zeitbasis nutzen

Bei den allgemeinen Parametern des Inspectors finden Sie die Schaltfläche zum Umschalten der Zeitbasis. Hierbei wählen Sie zwischen musikalischer ❶ und linearer ❷ Zeitbasis.

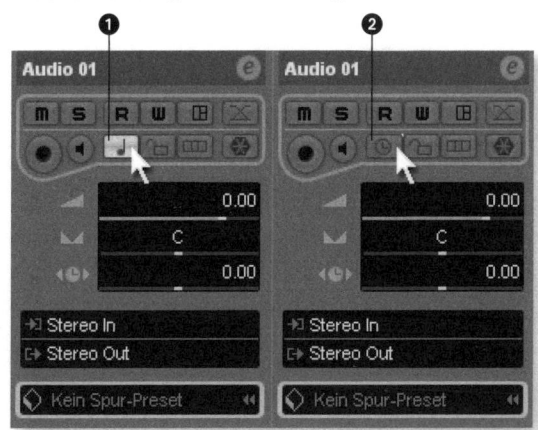

◀ **Abbildung 10.40**
Zeitbasis, musikalisch (links) und linear (rechts)

Absolute Startpunkte | Mit Anwahl der linearen Zeitbasis für eine Spur beziehen sich die Startpunkte der Events dieser Spur auf konkrete zeitliche Positionen innerhalb des Zeitablaufs des Projekts. Das heißt in der Praxis, dass die Positionen der Events dieser Spur nicht durch später vorgenommene Tempoänderungen beeinflusst werden. Dies kann hilfreich sein, wenn beispielsweise Tempoänderungen keinen Einfluss auf Events mit nicht musikalischen/nicht rhythmischen Inhalten haben sollen (etwa das Sound-FX eines Song-Intros u. Ä.).

Relative Startpunkte | Ist die musikalische Zeitbasis angewählt, beziehen sich Events tempo-unabhängig auf musikalische Rastereinheiten, wie Takte und Zählzeiten. Tempoänderungen wirken sich dann auf die Events so aus, dass die Startpunkte der Events früher oder später abgespielt werden.

> **Standardvorgaben**
>
> Die standardmäßige Voreinstellung für die Zeitbasis neu angelegter Spuren können Sie im Dialog DATEI • PROGRAMMEINSTELLUNGEN • BEARBEITUNGSOPTIONEN festlegen.

Zeitbasis-Besonderheiten | Beachten Sie, dass die Einstellung der Zeitbasis immer nur für die jeweilige Spur gilt, für die die Auswahl getroffen wurde. Beim Duplizieren einer Spur wird die Zeitbasis mitkopiert.

Ein notwendiger technischer Hinweis ist, dass Sie die Zeitbasis für eine Spur nicht allzu oft umstellen sollten. Steinberg weist im Cubase-Handbuch ausdrücklich darauf hin, dass die bei der Umstellung automatisch vom Programm vorgenommenen Umrechnungen der Skalierungswerte Ungenauigkeiten entstehen lassen können, die sich negativ auf das Timing der Event-Startpositionen der betroffenen Spur auswirken können.

10.6.2 Events anhand von Rasterpunkten ausrichten

Eine echte Arbeitserleichterung stellen Rasterpunkte dar. Events werden beim Verschieben standardmäßig mit ihrem Anfangspunkt am Raster ausgerichtet. Durch Rasterpunkte können Sie nun innerhalb von Audio-Events zusätzliche Stellen festlegen, an denen das Event ins Raster gefasst wird. Rasterpunkte legen Sie in Audio-Venets an, indem Sie den Befehl AUDIO • RASTERPUNKT ZUM POSITIONSZEIGER ausführen.

Abbildung 10.41 ▼
Ausrichtung eines Audio-Events mittels Rasterpunkt

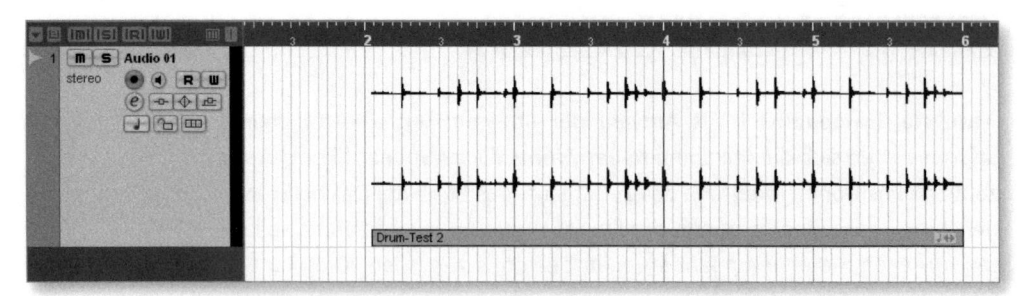

11   Arbeiten mit MIDI-Daten

Oft totgesagt, aber immer noch ohne ernst zu nehmende Konkurrenz, bieten Ihnen MIDI-Daten ein leicht zu bedienendes Tool, um externe bzw. virtuelle Instrumente und deren Controller anzusteuern. Lesen Sie auf den nächsten Seiten, wie Sie die MIDI-Funktionen in Cubase für Ihre Produktionen effektiv nutzen können.

11.1   MIDI-Editoren

Zahlreiche der Bearbeitungsfunktionen für MIDI-Events, die sich auf einer MIDI-Spur im Sequenzerbereich befinden, können Sie mit den Werkzeugen des Projektfensters bearbeiten. Für manchen Arbeitsschritt reicht die Genauigkeit dieses Bereichs jedoch nicht aus. Dann schlägt die Stunde der MIDI-Editoren, mit deren Hilfe Sie die Daten grafisch bearbeiten können. Das ist eine enorme Arbeitserleichterung. Je nach Arbeitssituation und Art der MIDI-Daten (aber auch abhängig von Ihren persönlichen Vorlieben) können Sie dann auf den Key-, den Drum-, den Listen- oder den Noten-Editor zurückgreifen.

11.1.1   Key-Editor
Der Standard-Editor für die Bearbeitung von MIDI-Daten ist der Key-Editor. Sie öffnen ihn durch einen Doppelklick auf einen MIDI-Part oder über das Menü MIDI • KEY-EDITOR ÖFFNEN.

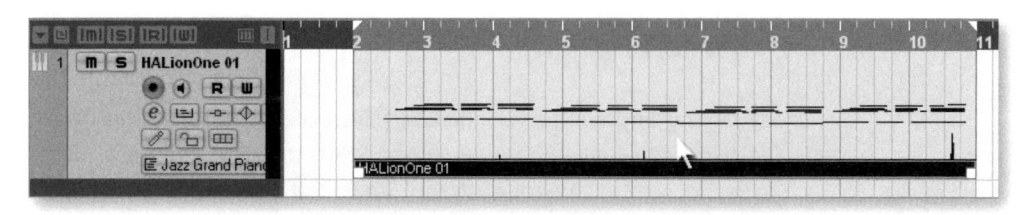

▲ **Abbildung 11.1**
Öffnen des Key-Editors durch Doppelklick auf MIDI-Part im Sequenzerbereich

Elemente des Key-Editors | Der Key-Editor bietet Ihnen altbekannte aber auch neue Elemente. Während Sie oben die Werkzeugzeile ❶ sehen, die Sie wie gewohnt per Quick-Kontextmenü der rechten Maustaste modifizieren können, sehen Sie darunter die ebenfalls bereits bekannte Linealzeile ❷. Doch dann kommt der spezifische Teil dieses

Abbildung 11.2 ▼
Grafische MIDI-Bearbeitung im Key-Editor

Editors. An der linken Seite sehen Sie eine Klaviatur ❸, anhand der Sie ablesen können, auf welcher Tonhöhe sich die MIDI-Events im Rasterbereich ❹, dem Hauptteil des Editors, befinden. Diese Tonhöhe wird standardmäßig auch in den MIDI-Balken angezeigt ❺.

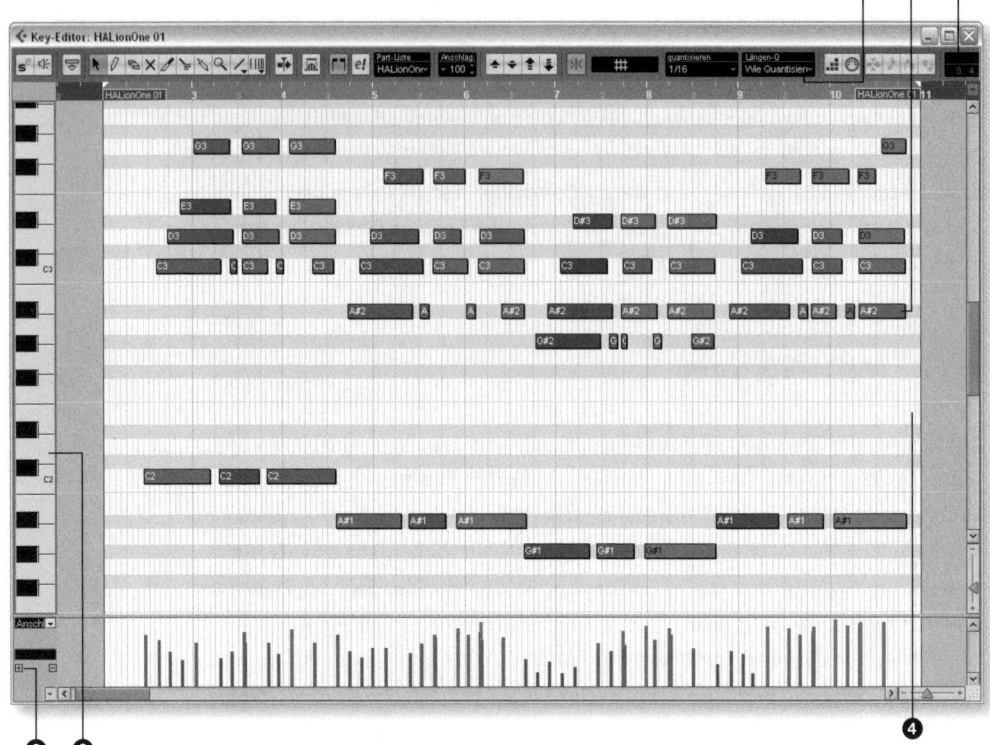

MIDI-Eventbalken verschieben | Durch die Aufnahme von MIDI-Daten oder manuelles Einzeichnen mit dem Stift-Werkzeug erzeugen Sie Eventbalken im Rasterbereich des Key-Editors. Diese Eventbalken können Sie per Maus horizontal (zeitlich) und vertikal (tonhöhenbezogen) im Rasterbereich verschieben. Sofern die Funktion RASTER aktiv ist (Schaltfläche in der Werkzeugzeile), erfolgt dies gemäß der Rastereinstellungen.

Start- und Endpunkte verschieben | Gleiches gilt auch für die Note-On-/Note-Off-Befehle, die durch den Start- und Endpunkt der Eventbalken dargestellt werden. Wenn Sie mit dem Mauszeiger darüber fahren, wechselt das Symbol des Mauszeigers zu einem Doppelpfeil, der verdeutlicht, dass Sie die Start- und Endpunkte verschieben können. Somit lassen sich nicht nur falsche Tonhöhen korrigieren sondern auch das Timing einer MIDI-Aufnahme ändern/verbessern. Auch für die Event-Enden können Sie bei Bedarf die Rasterwerteinstellungen verwenden.

Anschlagstärke der MIDI-Events | Die Farbgebung der Eventbalken stellt dabei die Anschlagstärke des jeweiligen MIDI-Events dar. Von schwarz über blau und lila bis hin zu dunkelrot und hellrot können Sie auf diese Weise ablesen, welche Töne eventuell zu laut oder zu leise sind und eine Bearbeitung erforderlich machen. Weil die grafische Darstellung dieses Bereichs an ein altertümliches automatisches Klavier mit Lochwalze (engl.: »Pianoroll«) erinnert, werden Editoren dieser Machart auch als »Pianoroll-Editor« bezeichnet. Unterhalb des Rasterbereichs können weitere MIDI-Parameter angezeigt werden. Standardmäßig werden hier die Event-Parameter desjenigen MIDI-Controllers angezeigt, der wohl am häufigsten bearbeitet wird – die Anschlagstärke.

Weitere Parameter anzeigen | Wenn Sie in diesem Bereich andere oder weitere Controller anzeigen lassen oder eine Parameteranzeige wieder ausschalten möchten, können Sie diese über die Plus- und Minustasten links ❻ hinzufügen oder entfernen.

Controller-Daten bearbeiten | Ähnlich wie die Balken der MIDI-Events im Rasterbereich des Key-Editors, so können Sie auch die Parameterbalken der Controller unmittelbar bearbeiten. Sobald Sie mit dem Mauszeiger in den Bereich fahren erscheint das Stift-Werkzeug, mit dem Sie die Höhe der Balken verändern können.

▼ **Abbildung 11.3**
Automatisches Stift-Werkzeug für die Parameterbalken

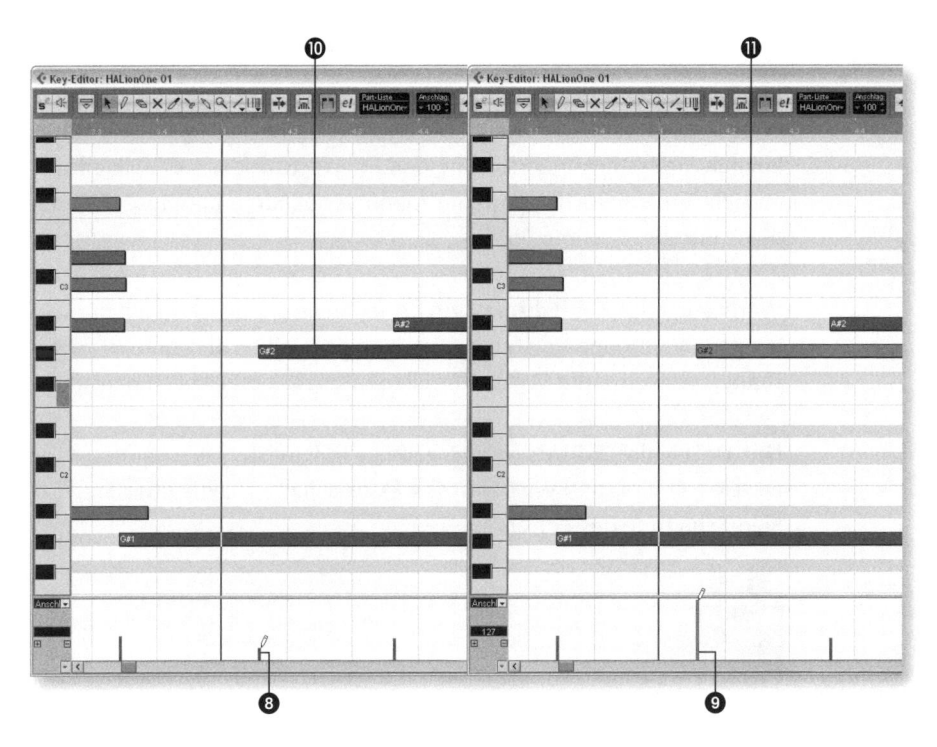

MIDI-Editoren **371**

Wenn Sie sich einmal nicht sicher sein sollten, wie weit Sie einen Balken nach oben »aufziehen« sollen, können Sie dessen aktuellen Wert in der Werteanzeige unterhalb der Dropdown-Auswahl auf der linken Seite ablesen. Mit der Veränderung der Höhe des Balkens im Parameterbereich (von ❽ nach ❾ in Abbildung 11.3) verändert sich auch dessen Farbe sowie die des zugehörigen MIDI-Events im Rasterbereich des Key-Editors von blau ❿ nach rot ⓫.

Controller für Wertedarstellung auswählen | Welcher Parameter angezeigt werden soll, können Sie durch das Dropdown-Menü ❶ in unserem Beispiel bestimmen. Sternchen hinter einem Eintrag zeigen an, dass dieser Parameter im geöffneten MIDI-Part enthalten ist, weil er z. B. durch eine Aufnahme hinzugefügt wurde.

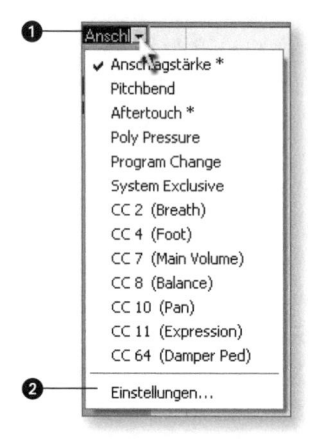

Abbildung 11.4 ▶
Dropdown-Menü der MIDI-Controller im Key-Editor

Welche Controller-Einträge in dieser Liste zur Verfügung stehen sollen, können Sie festlegen, indem Sie den EINSTELLUNGEN… ❷ wählen und im sich öffnenden Dialog die im Menü verfügbaren und ausgeblendeten Controller bestimmen.

Werkzeuge des Key-Editors | An dieser Stelle werde ich Ihnen nur diejenigen Werkzeuge vorstellen, die hier gegenüber den bereits vorgestellten Fenstern und Werkzeugzeilen in Cubase tatsächlich neu sind.

Nur Daten des Editors wiedergeben | Indem Sie die Funktion NUR DATEN DES EDITORS WIEDERGEBEN ❸ einschalten, aktivieren Sie eine Solo-Schaltung des Editors.

Abbildung 11.5 ▶
Schaltflächen
NUR DATEN …
und MITHÖREN

Mithören | Bei eingeschalteter Mithören-Funktion ❹ hören Sie beim Anklicken bestehender MIDI-Events im Editor per Maus deren zugewiesenen Klang. Dasselbe gilt für neu erzeugte MIDI-Events.

Controller automatisch auswählen | Sofern Sie diese Funktion aktivieren, werden bestehende Controller-Daten, wie etwa Pitch- oder Modulationswerte, stets mit deren Noten-Events zusammen verschoben.

◂ **Abbildung 11.6**
Controller-Daten und MIDI-Events koppeln

Part-Bearbeitung | Mit den Schaltflächen im Bereich der Part-Bearbeitung können Sie die Anzeige von Part-Grenzen aktivieren/deaktivieren ❺. Diese werden Ihnen im Key-Editor als Balken angezeigt, welche den Partnamen enthalten. Mit dem Button NUR AKTIVEN PART BEARBEITEN ❻ können Sie erzwingen, dass sich Bearbeitungsfunktionen bei einer Mehrfachauswahl von Parts nur auf den aktiven Part auswirken. Um zu einem anderen Part innerhalb einer Mehrfachauswahl von Parts zu gelangen, können Sie blitzschnell zu diesem über die Part-Liste navigieren ❼. Um zu einem sichtbaren Part innerhalb einer Mehrfachauswahl zu gelangen, können Sie auch im Key-Editor mit der Maus in einen Bereich des gewünschten Parts klicken, um diesen für die Bearbeitung zu aktivieren.

◂ **Abbildung 11.7**
Optionen für die Part-Bearbeitung

Anschlagstärke für neu erzeugte MIDI-Events | Über diese Auswahl können Sie bestimmen, welche Anschlagstärke Eventbalken aufweisen sollen, die Sie per Stift-Werkzeug erzeugen. Hinter dem Pfeil an der linken Seite verbirgt sich eine Dropdown-Liste für einen schnellen Direktzugriff auf voreingestellte Werte. Über den EINSTELLUNGEN-Dialog können Sie eigene Werte für die Vorgaben eingeben und sogar Presets für verschiedene Arbeitssituationen oder Instrumente speichern.

◂ **Abbildung 11.8**
Dropdown-Liste für neu erzeugte MIDI-Events

Transponieren | Mit den Tastern des standardmäßig ausgeblendeten Bereichs TRANSPONIEREN weisen Sie markierten MIDI-Events im Key-Editor eine neue Tonhöhe zu. Konkret stehen die Taster der Reihe nach für EINEN TON RAUF, EINEN TON RUNTER, EINE OKTAVE HINAUF und für EINE OKTAVE RUNTER. Sollten die Taster nicht eingeblendet sein, können Sie sie über das Kontextmenü der Werkzeugzeile anzeigen lassen.

Abbildung 11.9 ▶
Tonhöhenänderung per Knopfdruck

Gegenüber dem manuellen Verschieben der MIDI-Events auf dem Raster des Key-Editors liegt der entscheidende Vorteil darin, dass die Startpunkte der MIDI-Events bei diesem Vorgang in jedem Fall exakt dieselben bleiben. Der Einsatz dieser Schaltflächen eignet sich deshalb besonders dafür, MIDI-Events in der Tonhöhe zu versetzen, die Sie mit viel Kleinarbeit und Zeitaufwand rhythmisch bereits korrigiert haben.

Längen-Quantisierung | Über diese Auswahl stellen Sie die Werte für die Längen-Quantisierung markierter MIDI-Events ein. Die Längen-Quantisierung selbst führen Sie über den Menübefehl MIDI • ERWEITERTE QUANTISIERUNG • LÄNGEN QUANTISIEREN aus.

Abbildung 11.10 ▶
Längen-Quantisierung

In der Dropdown-Liste der Auswahl stehen Ihnen binäre, ternäre und punktierte Notenwerte zur Verfügung. Diese stehen jedoch nicht für die Gesamtlänge der Events, sondern für die Rasterwerte, an denen die Endpunkte markierter MIDI-Events ausgerichtet werden.

Noten schrittweise eingeben | Mithilfe dieses Werkzeug-Sets können Sie einzelne MIDI-Events und auch ganze Akkorde schrittweise per Tastenklick oder über Ihr Masterkeyboard neu eingeben oder bestehende MIDI-Events korrigieren.

Abbildung 11.11 ▶
Schrittweises Eingeben von MIDI-Events

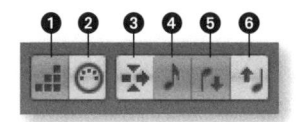

▶ **Step-Eingabe aktivieren** ❶
Mit diesem Button aktivieren Sie die schrittweise Eingabe neuer MIDI-Events per Masterkeyboard. Bei der Step-Eingabe regelt der

Quantisierungswert die Schrittgröße, mit welcher die Step-Eingabe voranschreitet, der Wert der Längen-Quantisierung bestimmt die Länge der erzeugten MIDI-Events.

▶ **MIDI-Eingabe aktivieren** ❷
Gegenüber der Step-Eingabe, die neue MIDI-Events erzeugt, können Sie mit dieser Arbeitsfunktion lediglich die Parameter bereits bestehender MIDI-Events über Ihr Masterkeyboard ändern. Den EINFÜGE-Modus können Sie selbstverständlich nicht zusammen mit dieser Arbeitsfunktion nutzen.

▶ **Einfüge-Modus (spätere Events werden verschoben)** ❸
Alle eingegebenen Noten/Akkorde verschieben bestehende Noten automatisch um deren eigene Länge nach rechts.

▶ **Tonhöhe aufnehmen** ❹
Schalten Sie diese Option ein, um auch die Tonhöhe bei der Schritteingabe aufzunehmen. Diese Option ist besonders in Zusammenhang mit der Arbeitsfunktion MIDI-Eingabe sinnvoll, da Sie auf diese Weise selbst entscheiden können, ob Sie auch den Tonhöhenwert bestehender MIDI-Events neu aufzeichnen oder lediglich die Spielparameter verändern möchten.

▶ **Note-On-/Off-Anschlagstärke aufnehmen** ❺/❻
Ist diese Option eingeschaltet, zeichnen Sie die Anschlagstärke zum Zeitpunkt des Note-On bzw. Note-Off mit auf.

Sie fragen sich »wofür das alles«? Besonders schwierig zu spielende Passagen mit identischen Notenwerten (z. B. Arpeggioläufe oder auch komplexe Akkordprogressionen) können Sie auf diese Weise kinderleicht erstellen. Wie das im Einzelnen vonstatten geht, lesen Sie in der folgende Schritt-für-Schritt-Anleitung:

Schritt für Schritt: Step- und MIDI-Eingabe [▪]

1 *Spur erstellen und virtuelles Instrument zuweisen*
Erzeugen Sie innerhalb eines Projekts eine MIDI-Spur und weisen Sie dieser ein virtuelles Instrument zu. In unserer Beispieldatei ist das für Sie bereits erledigt.

[●]
Schritt für Schritt
– Step- und MIDI-Eingabe.cpr

2 *Step-Eingabe aktivieren*
Erzeugen Sie einen MIDI-Part und öffnen Sie anschließend durch einen Doppelklick darauf den Key-Editor. Aktivieren Sie in dessen Werkzeugzeile die Step-Eingabe ❶.

MIDI-Editoren **375**

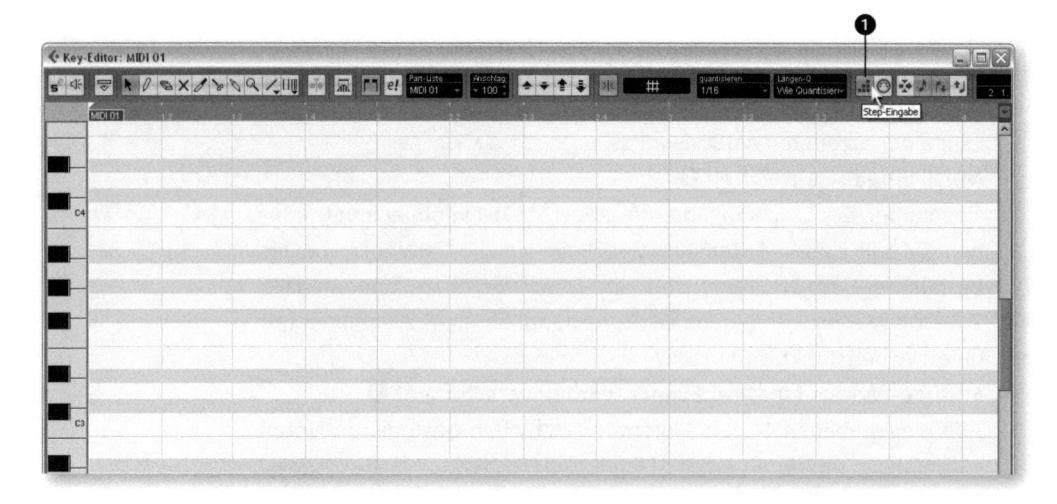

3 Modi der Step-Eingabe aktivieren

Schalten Sie nun diejenigen Modi ein, die Sie für Ihre Step-Eingabe nutzen möchten. Wenn Sie sowohl die Tonhöhen- als auch die Note-On- und Note-Off-Informationen aufzeichnen möchten, sollten Sie die drei rechten Modi aktivieren.

Sofern Sie sich für das Aufnehmen der Step-Anschlagstärke entscheiden, wird die von Ihnen auf dem Masterkeyboard gespielte Anschlagstärke und nicht diejenige der Werkzeugzeile (ANSCHLAGSTÄRKE NEUE NOTEN) für die auf diese Weise neu erzeugten Events herangezogen.

Dies sind auch die Einstellungen für unseren Workshop.

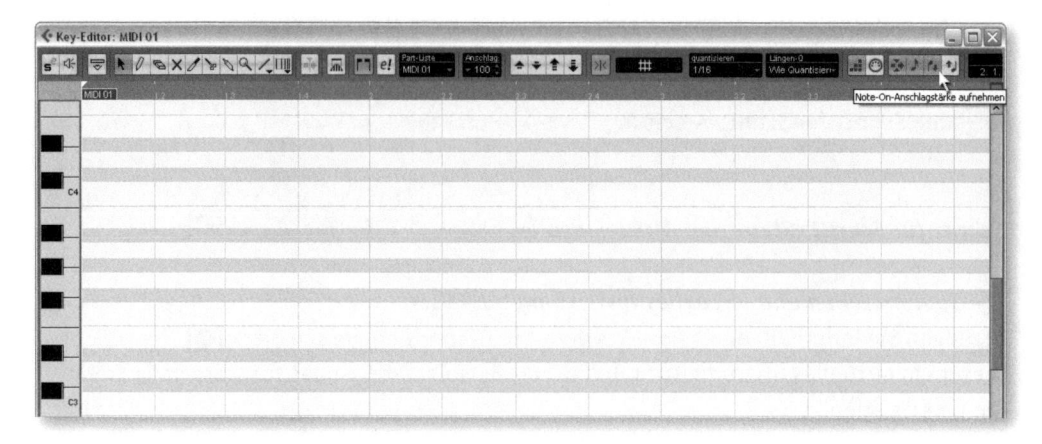

4 Einspielen per Step-Eingabe

Spielen Sie nun die gewünschten Tonfolgen/Akkordfolgen nacheinander ein. Die Abstände und Tonlängen sind absolut perfekt, da sie nach konkreten Vorgaben vorgenommen wurden und Ihren Spielinformationen quasi als Schablone übergestülpt werden …

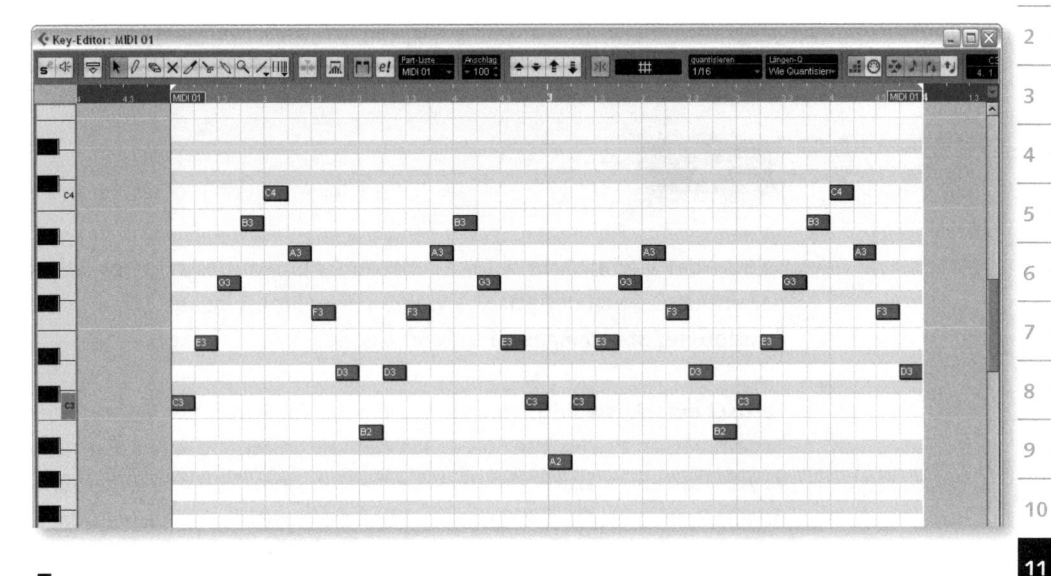

5 Position der Step-Eingabe

Am Beginn des MIDI-Parts erscheint im Key-Editor eine blaue Linie, die Ihnen die momentane Position der Step-Eingabe anzeigt und somit während der Step-Eingabe mitwandert. Sie können diese Linie auch gemäß der Rasterwertvorgaben per Mausklick verschieben oder in der Linealzeile ❷ durch Klicken und Ziehen mit der Maus verschieben. Andernfalls wird die Step-Eingabe stets an der Stelle fortgesetzt, an der sie zuletzt endete. ■

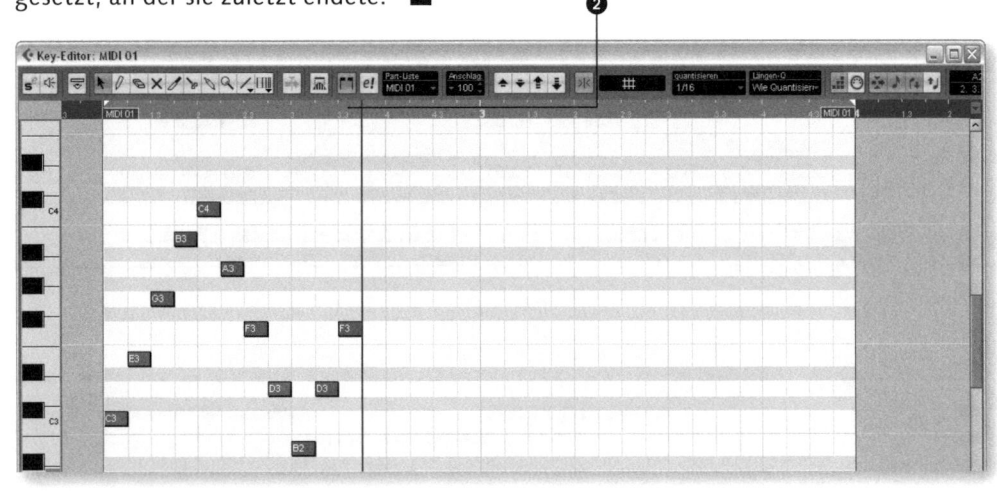

Maus-Notenwert/-Zeitwert | Hier können Sie ablesen, an welcher Position sich die Maus innerhalb des Key-Editors befindet. Die vertikale Position wird in Form der Tonhöhe im oberen Bereich, die horizontale Position des Mauszeigers wird als Zeit- bzw. Positionswert (je nach Wahl der primären Zeitanzeige) im unteren Teil angezeigt. Die

Anzeigen helfen Ihnen speziell beim Einzeichnen neuer MIDI-Events und dem Modifizieren von Event-Längen.

Abbildung 11.12 ▶
Exakte Angabe der Mauspositon in der Werkzeugzeile

Wie in der letzten Schritt für Schritt-Anleitung zu lesen, zeigt Ihnen der untere Bereich der Anzeige während der Step-Eingabe die aktuelle Position des Step-Eingabe-Postionszeigers.

Farbschema-Auswahl | Um die einzelnen MIDI-Events während der Arbeit besser zu differenzieren, können sie innerhalb eines Parts im Key-Editor eingefärbt werden. Welche Kriterien für diese Einfärbung herangezogen werden, können Sie über die Farbschema-Auswahl ❶ in der Werkzeugzeile selbst bestimmen.

Mein Tipp: Machen Sie Gebrauch von dieser Funktion, weil es Ihre Arbeit durch mehr Übersicht erheblich beschleunigt. Haben Sie sich erst einmal daran gewöhnt, dass beispielsweise die Anschlagstärken unterschiedlich dargestellt werden, geht es schon nach kurzer Zeit nicht mehr ohne, das verspreche ich Ihnen.

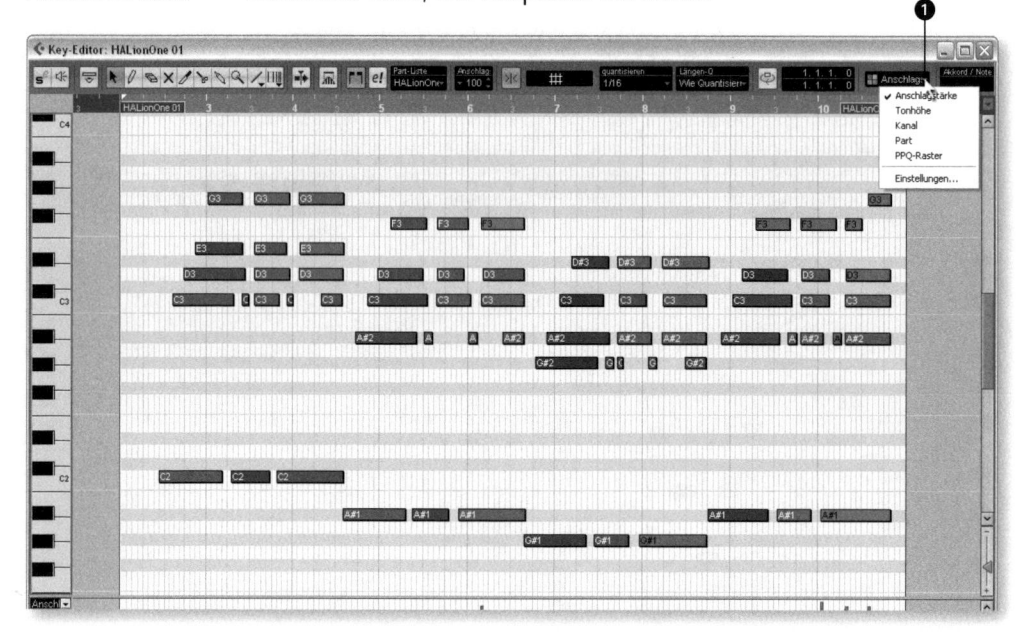

Abbildung 11.13 ▼
Farbschema
ANSCHLAGSTÄRKE

Akkordsymbol+Notenanzeige | Die Anzeige AKKORDSYMBOL+NOTEN-ANZEIGE gibt Auskunft darüber, welcher Akkord bzw. welche Einzeltonhöhe im geöffneten MIDI-Part am Positionszeiger »anliegt«. In Abbildung 11.14 ist das zum Beispiel der Akkord C9 ❷.

VST-Instrument bearbeiten | Mit der Schaltfläche VST-INSTRUMENT BEARBEITEN ❸ öffnen Sie das Bedienfeld des MIDI-Geräts, das den aktuellen MIDI-Part abspielt. Auf diese Weise haben Sie z. B. einen blitzschnellen Zugriff auf dasjenige virtuelle Instrument, das den aktuellen MIDI-Part abspielt, um dessen Geräteparameter zu modifizieren und an die Spielweise innerhalb des MIDI-Parts anzupassen. In unserem Beispiel in Abbildung 11.15 ist dies der in Cubase mitgelieferte Sampler »HALionOne«.

▲ **Abbildung 11.14**
Cubase zeigt an, welcher Akkord gespielt wird.

▲ **Abbildung 11.15**
Schneller Zugriff – Button VST-INSTRUMENT BEARBEITEN

Key-Editor anpassen | Über DATEI • PROGRAMMEINSTELLUNGEN • EVENT-DARSTELLUNG • MIDI können Sie die Voreinstellung für den standardmäßigen MIDI-Editor ändern, der sich beim Doppelklick auf einen MIDI-Part öffnet. Cubase erkennt automatisch, ob es sich um

MIDI-Editoren **379**

eine Schlagzeugspur handelt (auf MIDI-Kanal 10), und öffnet die darauf befindlichen MIDI-Parts deshalb bei Doppelklick automatisch im Drum-Editor.

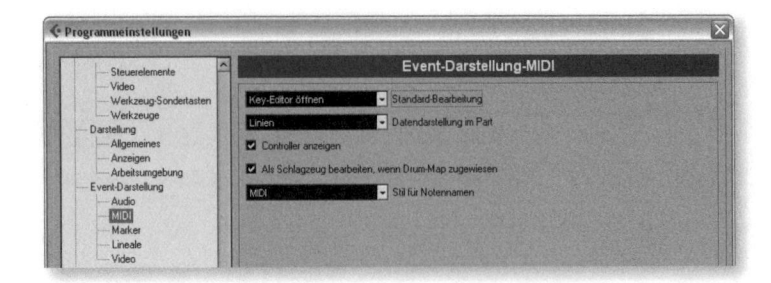

Abbildung 11.16 ▶
Standard für Doppelklick auf MIDI-Parts festlegen

11.1.2 Schlagzeug-Editor

Der Schlagzeug- oder Drum-Editor stellt Ihnen eine besondere Darstellung für MIDI-Events zur Verfügung, denen in erster Linie perkussive Klänge zugewiesen werden. Da durch sie Schlagzeug- oder Percussion-Sounds oder -Samples angesprochen und abgerufen werden, ist die Länge dieser MIDI-Events in den meisten Fällen nicht entscheidend. Der Drum-Editor trägt diesem Umstand Rechnung, indem er in seinem Rasterbereich lediglich **für den Moment des Anschlags** eines perkussiven Instruments eine Raute als Platzhalter nutzt.

Sie öffnen den Drum-Editor, indem Sie ein MIDI-Event im Sequenzerbereich markieren und anschließend das Menü MIDI • SCHLAGZEUG-EDITOR ÖFFNEN wählen.

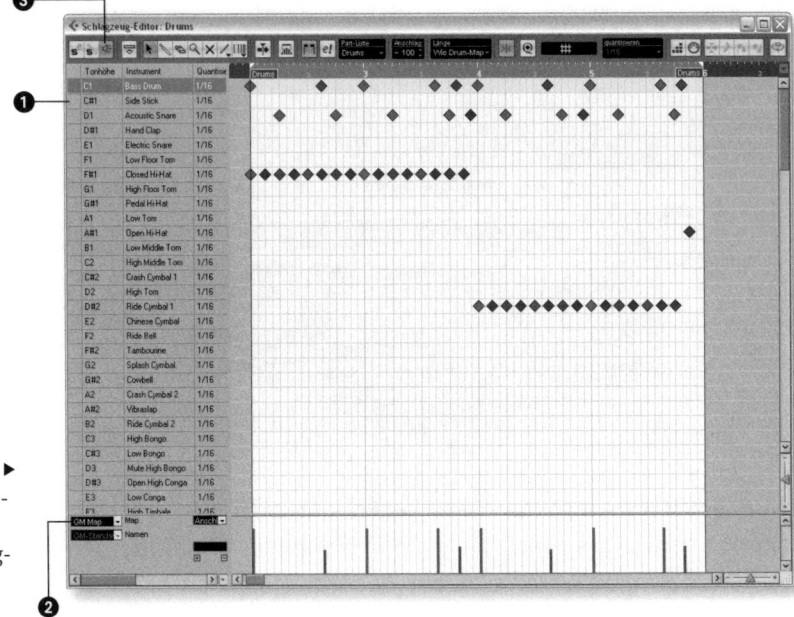

Abbildung 11.17 ▶
Tool für den richtigen Rhythmus – der Schlagzeug-Editor

Drum-Maps | Außerdem bietet der Drum-Editor in der vertikalen Unterteilung statt verschiedener Tonhöhen (wie beim Key-Editor) unterschiedliche Einzelinstrumente ❶ an. Da diese jedoch von (virtuellem) Instrument zu Instrument unterschiedlich sind, müssen für das jeweilig genutzte Percussion-Instrument zunächst so genannte Drum-Maps ❷ geladen werden, welche die richtige Belegung dieser »Unterinstrumente« im Drum-Editor sichern.

> **Drum-Map laden**
>
> Wenn Sie noch keine spezielle Drum-Map für das Instrument Ihrer Wahl vorliegen haben, laden Sie am besten die GM-Map. Sie ermöglicht Ihnen einen schnellen Einstieg und ist in der Regel auch ein guter Startpunkt für das Erstellen eigener Schlagzeug-Maps.

Neue Schläge erzeugen | Im Drum-Editor erzeugen Sie neue Schläge, indem Sie diese mit dem Schlagzeugstock oder Stick-Werkzeug in den Rasterbereich einzeichnen. Wenn Sie die MITHÖREN-Funktion ❸ aktivieren, behalten Sie stets den Überblick, für welches Unterinstrument Sie gerade Schläge erzeugen oder welche Schläge Sie aktuell tatsächlich bearbeiten. So vermeiden sie rechtzeitig Fehler und behalten entspannt den Überblick.

Werkzeugzeile des Drum-Editors | Die Werkzeugzeile des Drum-Editors entspricht im Wesentlichen derjenigen des Key-Editors. Der Drum-Editor bietet jedoch auch einige neue Werkzeuge und Werkzeug-Optionen.

◀ **Abbildung 11.18**
Wiedergabe-Optionen des Drum-Editors

- **Instrument Solo**
  Mit der Schaltfläche INSTRUMENT SOLO können Sie eine einzelne Zeile innerhalb der Einzelinstrumentenauswahl des Drum-Editors separat abhören, denn alle außer der aktuell ausgewählten (im Editor dunkler dargestellt) werden dabei stumm geschaltet.

▲ **Abbildung 11.19**
Solo-Funktion für die »Spur in der Spur«

- **Schlagzeugstock**
  Anstelle des Stift-Werkzeugs finden Sie in der Werkzeugzeile des Drum-Editors das Schlagzeugstock-Tool. Wenn Sie dieses anwählen, können Sie im Rasterbereich des Editors neue MIDI-Events erzeugen.

▲ **Abbildung 11.20**
Womit wird Schlagzeug gespielt …?

MIDI-Editoren

▲ **Abbildung 11.21**
Button für die globale Quantisierung

▶ **Globale Quantisierung verwenden**
Sofern Sie diesen Button aktivieren, gilt für das Arbeiten mit dem Raster des Drum-Editors nicht mehr das übergeordnete Raster der Linealzeile, sondern dasjenige der Rasterauswahl der Werkzeugzeile.

Unabhängiger Cycle-Loop | Unabhängig von den Einstellungen des (globalen) Cycle-Modus können Sie hier einen individuellen Loop für die Arbeit mit Ihrem Material im Drum-Editor aktivieren ❶.

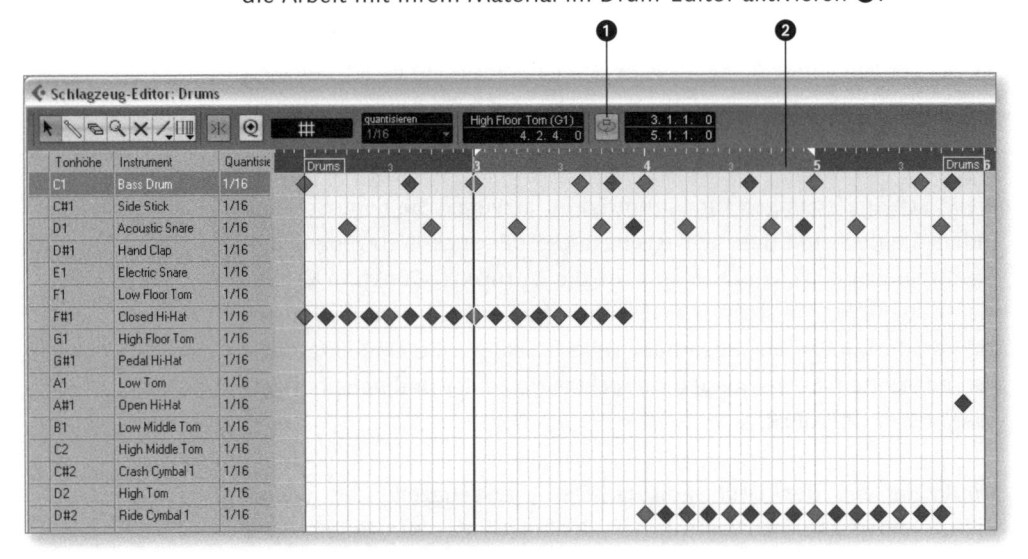

▲ **Abbildung 11.22**
Eigenständiger Loop durch Aktivierungs-Button und Positionen des Spur-Loops

Besonders in Verbindung mit der Funktion NUR DATEN DES EDITORS WIEDERGEBEN ist dieses Feature sinnvoll, wenn Sie komplexe Schlagzeug- oder Percussion-Parts arrangieren, die klanglich ganz oder teilweise von anderen Instrumenten maskiert werden. Durch diese Funktion lässt sich das Problem der Maskierung beheben. Durch Verwenden eines speziellen Loop-Bereichs können Sie gegebenenfalls feinere Wiederholungsunterteilungen nutzen, ohne den (Haupt-)Cycle verändern zu müssen. Bei aktiviertem Spur-Loop wird dessen Bereich im Hauptlineal durch eine lila Farbgebung gekennzeichnet ❷.

Optionen der Einzelinstrumente | Wenn Sie mit dem Mauszeiger über die Trennlinie zwischen dem Rasterbereich des Drum-Editors und dem Bereich mit den Werteanzeigen für die Einzelinstrumente fahren, erscheint ein Doppelpfeil-Symbol. Es zeigt Ihnen an, dass Sie diese Trennlinie verschieben können.

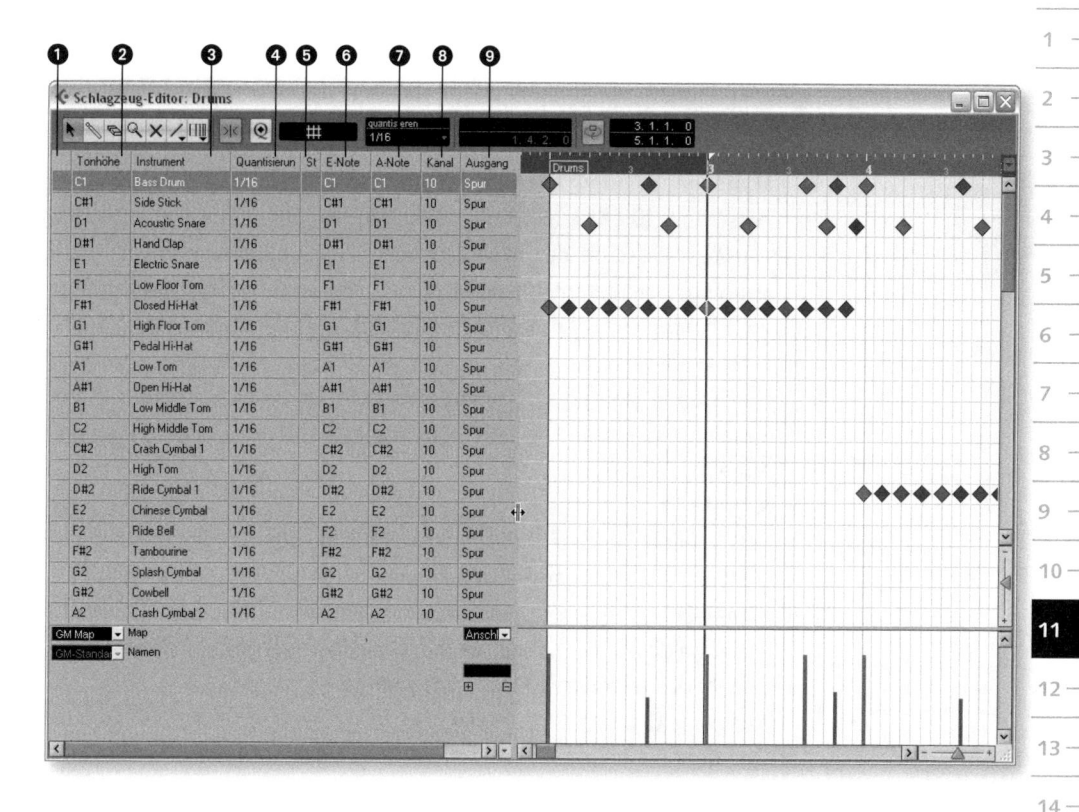

▲ **Abbildung 11.23**
Trennlinie verschieben bringt Optionen ans Licht

So erscheinen im linken Bereich weitere, bisher versteckte Optionen. Insgesamt stehen Ihnen die folgenden Optionen und Anzeigen zur Verfügung:

▶ **Aktivierungsfeld ❶**

Klicken Sie auf dieses Feld, wenn Sie ein Einzelinstrument markieren und/oder Sie den ihm zugewiesenen Klang hören möchten.

▶ **Tonhöhe ❷**

Über die Felder in dieser Spalte können Sie den Notenwert für ein Einzelinstrument einstellen, indem Sie die Zuordnung NOTENWERT ZU EINZELINSTRUMENT vornehmen. Das heißt, dass Sie einem Einzelinstrument (z. B. Snare, Kick) innerhalb eines Schlagzeug- oder Percussionkits (das stets aus einer Vielzahl verschiedener Instrumente besteht) eine spezifische Note zuweisen können, über die Sie das Einzelinstrument abrufen können.

▶ **Instrument ❸**

Hier können Sie eine Beschreibung für das jeweilige Einzelinstrument eingeben.

▶ **Quantisierung ❹**

Sofern Sie innerhalb eines MIDI-Parts für verschiedene Einzelinstrumente unterschiedliche Quantisierungsraster benötigen, können Sie deren Wert in den Zeilen dieser Spalte auswählen. Die grafische Darstellung des Rasters wird automatisch angepasst.

MIDI-Editoren **383**

▶ **Stummschalten** ❺
Nutzen Sie diese Funktion, wenn Sie ein Einzelinstrument von der aktuellen Wiedergabe ausschließen möchten. Das erspart Ihnen zwischenzeitliches, testweises Löschen. Wenn Sie die Funktion INSTRUMENT SOLO in der Werkzeugzeile des Schlagzeug-Editors wählen, wird bei allen nicht markierten Einzelinstrumenten automatisch die STUMMSCHALTEN-Funktion aktiviert.

▶ **E-Note** ❻
Hier stellen Sie den MIDI-Notenwert ein, der vom Editor/der MIDI-Spur an das zuständige MIDI-Instrument gesendet wird (Eingangs-Note).

▶ **A-Note** ❼
Hier stellen Sie den MIDI-Notenwert ein, der für die Wiedergabe zuständig ist (Ausgangs-Note).

▶ **Kanal** ❽
Auswahl des MIDI-Kanals für die Klangansteuerung durch die MIDI-Events des jeweiligen Einzelinstruments.

▶ **Ausgang** ❾
Der Bereich AUSGANG ermöglicht Ihnen die Ausgabe einzelner Instrumente auf separaten Kanälen. In der Einstellung STANDARD werden hierfür die Spureinstellungen für die Ausgabe herangezogen.

> **Unterschiedliche Notenwerte für Tonhöhe, Ein- und Ausgang**
>
> Durch unterschiedliche Notenwerte haben Sie beispielsweise die Möglichkeit, andere Tasten für das Einspielen zu verwenden als diejenigen der Zuweisung NOTENWERT ZU EINZELINSTRUMENT. Wenn Sie z. B. für ein Einzelinstrument die Tonhöhe »C1«, im Bereich »E-Note« den Notenwert »C2« und im Bereich »A-Note« den Wert »C3« auswählen würden, so geschähe Folgendes: Wenn Sie auf dem Keyboard die Taste C2 spielen, wird in der Arbeitsumgebung Drum-Editor der Notenwert C1 verwendet sowie das angeschlossene MIDI-Instrument über den Notenwert C3 angesprochen.
>
> Vor allem zum Anpassen der Übersichtlichkeit von Drum-Maps an bestehende Instrumente, aber auch für das Anpassen von Keyboards an Drum-Maps oder Klangerzeuger eignen sich die Modifikationen dieser Werte hervorragend. Experimentieren Sie einfach ein wenig herum, sobald Ihnen der Einsatz der Werteveränderungen in diesem Bereich sinnvoll erscheint. Das Prinzip erschließt sich schnell und ist unkomplizierter, als es beim ersten Lesen klingt.

Zuweisung von Notenwerten zu Instrumenten | Der Drum-Editor bietet – wie bereits oben angesprochen – auch die Möglichkeit, Drum-Maps zu laden und abzuspeichern. Dadurch laden Sie Zuweisungen von Notenwerten zu Instrumenten sowie deren Bezeichnungen in den Drum-Editor. Sehen Sie sich an, welche Bereiche dafür zuständig sind: An der linken Seite finden Sie unten im Drum-Editor Auswahlfelder für die Arbeit mit Drum-Maps. Wählen Sie einfach aus der Liste den passenden Eintrag oder erstellen Sie über die Auswahl DRUM-MAP-EINSTELLUNGEN… individualisierte Drum-Maps, die Sie für Ihre eigenen Instrumente maßschneidern.

Neue Drum-Maps erstellen | Wenn Sie eine Drum-Map erstellen, müssen Sie keine Angst haben, dass diese beim Schließen eines Projekts verloren geht (sofern Sie sie nicht separat abspeichern), denn Drum-Maps werden auch intern im Projekt abgespeichert. So können Sie stets auf alle Drum-Maps zurückgreifen, die Sie in einem gespeicherten Projekt angelegt haben.

▼ **Abbildung 11.24**
Dialog zum Einstellen der Drum-Maps

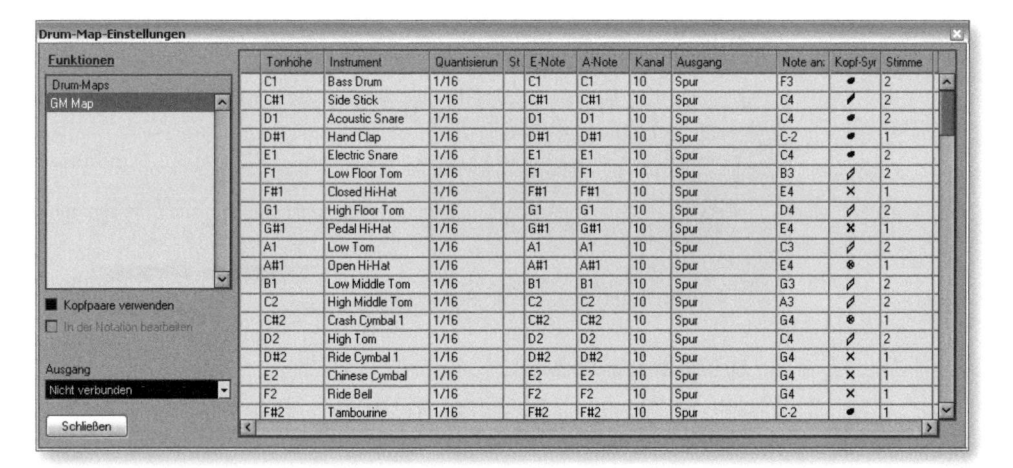

Schritt für Schritt: Grooves erstellen mit dem Schlagzeug-Editor [**▪**]

1 MIDI-Spur und -Instrument anlegen

Erzeugen Sie in der Spurspalte eine neue MIDI-Spur und öffnen Sie im Bereich VST-INSTRUMENTE ein virtuelles Schlagzeuginstrument (z. B. den mitgelieferten Sampleplayer LM-7).

[**○**]
Schritt für Schritt
– Grooves erstellen mit dem Schlagzeug-Editor.cpr

MIDI-Editoren **385**

2 MIDI-Spur benennen

Versehen Sie die Spur mit einer eindeutigen Bezeichnung, die auf ihren Inhalt hinweist (z. B. »Drums«).

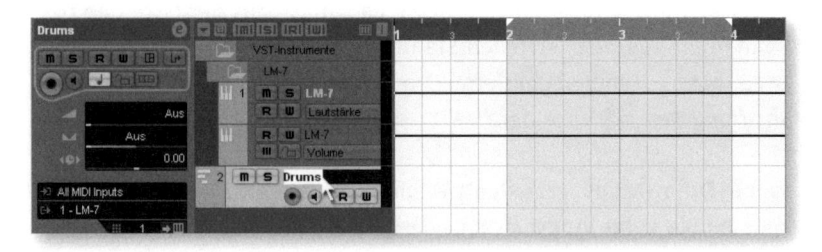

3 MIDI-Part anlegen

Legen Sie im Sequenzerbereich des Projektfensters einen MIDI-Part auf der Schlagzeugspur an. Dies geschieht entweder durch Maus-Doppelklick zwischen die zuvor platzierten Locatoren oder mittels des Stift-Werkzeugs.

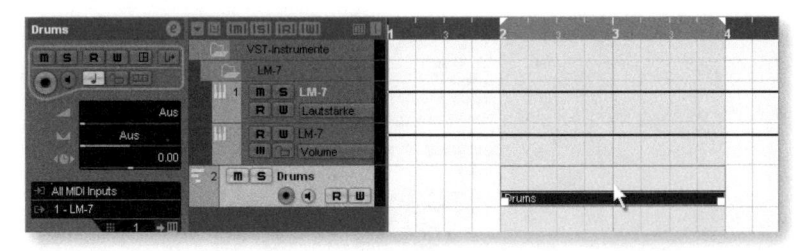

4 Drum-Map zuordnen

Weisen Sie der neu angelegten MIDI-Spur im Inspector im Bereich MAP eine Drum-Map zu (z. B. »GM-Map«). Hierdurch weiß Cubase, dass es sich bei der neu angelegten Spur um eine Schlagzeugspur handelt.

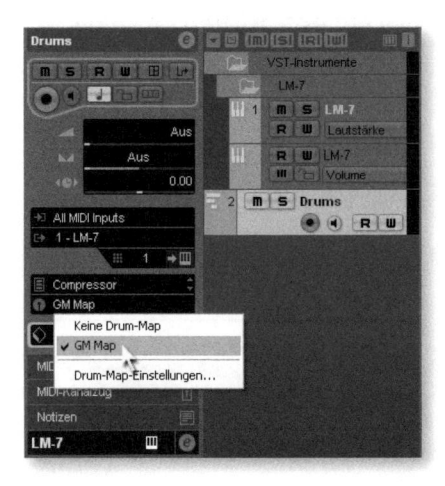

5 Schlagzeug-Editor öffnen

Öffnen Sie den Schlagzeug-Editor durch einen Doppelklick auf den zuvor angelegten MIDI-Part. Weil Sie der Spur zuvor eine Drum-Map zugewiesen haben, öffnet Cubase nun automatisch den Schlagzeug-Editor und nicht etwa den Key-Editor.

6 Stift-Werkzeug wählen

Wählen Sie aus dem Werkzeugkasten oder der Werkzeugzeile das Werkzeug »Schlagzeugstock« und zeichnen Sie damit an den gewünschten Punkten MIDI-Events ein. ■

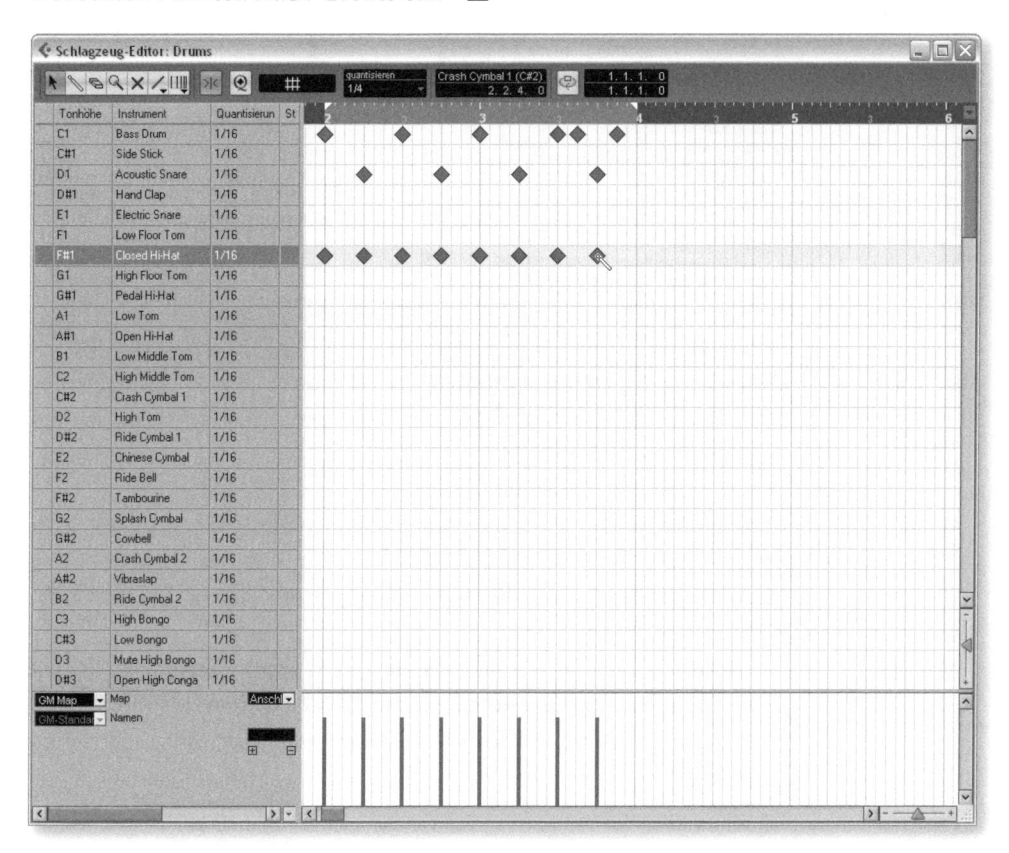

11.1.3 Listen-Editor

Der Listen-Editor führt alle MIDI-Events in der Reihenfolge ihres Auftretens auf und zeigt Ihnen die zugehörigen Werte an. Dadurch eignet er sich in der Praxis hervorragend zur Korrektur bestehender Daten. Dies wir nicht zuletzt auch durch die für ihn typischen Funktionen unterstrichen. Nach einer kurzen Übersicht über die grafische Oberfläche stelle ich Ihnen diese vor.

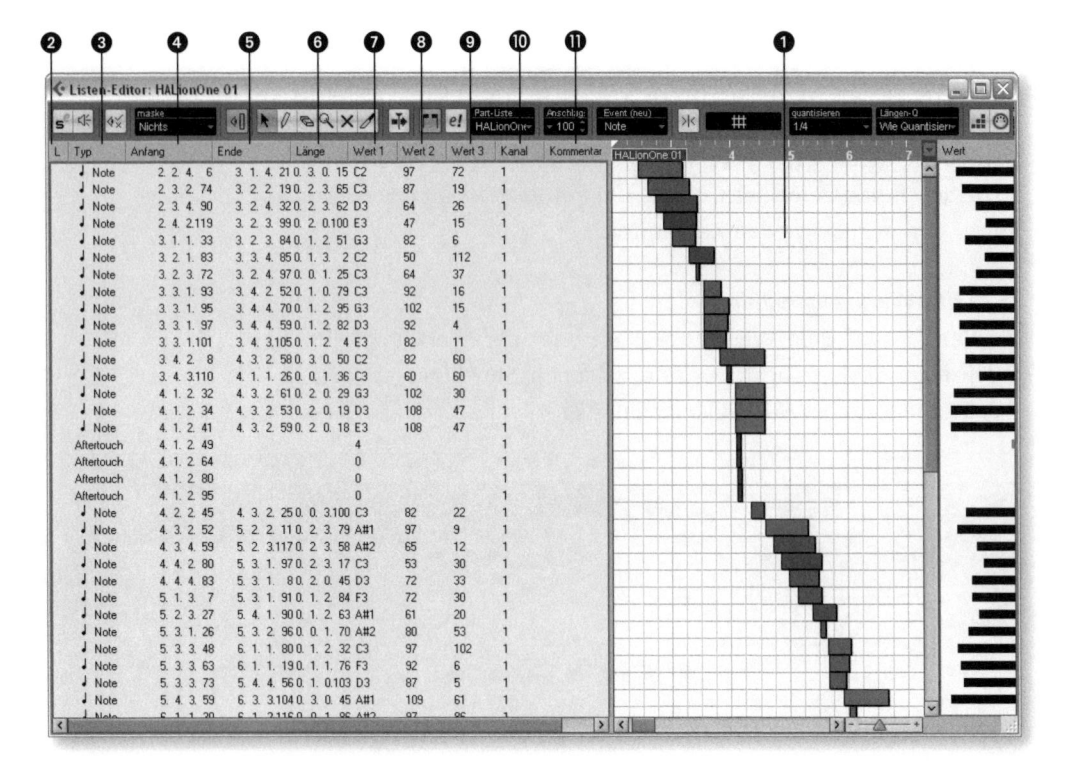

▲ **Abbildung 11.25**
Schrittweise Darstellung aller MIDI-Events im Listen-Editor

Rasterbereich | Den Hauptteil des Listen-Editors macht der Rasterbereich ❶ aus. In ihm sehen Sie die MIDI-Events in Form von Balken dargestellt.

Parameterbereich | Links davon befindet sich der Parameterbereich, in dem Sie die Werte der MIDI-Events ablesen und verändern können. Im Einzelnen finden Sie hier die folgenden Spalten:

▶ **L**
Klicken Sie in diese Spalte ❷, um den Positionszeiger zu einem bestimmten MIDI-Event in der Liste zu verschieben. Ein Pfeilsymbol wird Ihnen vor demjenigen MIDI-Event angezeigt, das unmittelbar links vor der gewählten Position liegt.

▶ **Typ**
Zeigt Ihnen an ❸, um welche Art Wert (Note-Befehl, Controller, Programmwechsel etc.) es sich bei dem MIDI-Event handelt.

▶ **Anfang/Ende/Länge**
Diese Felder ❹, ❺ und ❻ zeigen die Start- und Endpositionen der MIDI-Events sowie die daraus errechnete Event-Länge an. Hier können Sie unmittelbar Veränderungen an den Event-Werten vornehmen.

▶ **Wert 1/Wert 2/Wert 3**
Abhängig von der Art des MIDI-Events werden diese Werte ❼, ❽ und ❾ angezeigt. In Abbildung 11.25 sehen Sie zum Beispiel größtenteils Noten-Eventangaben für die Werte TONHÖHE, ANSCHLAGSTÄRKE und ANSCHLAGSTÄRKE BEIM NOTE-OFF.

▶ **Kanal**
Hier ❿ finden Sie den (durch die Spur definierten) MIDI-Kanal, auf welchem das MIDI-Event gesendet und verarbeitet wird.

▶ **Kommentar**
Sofern Sie sich Notizen zu Events machen wollen, können Sie diese hier ablegen ⓫.

Werkzeugzeile | Wie weiter oben bereits angedeutet hat die Werkzeugzeile des Listen-Editors einige Spezial-Tools zu bieten, die ich Ihnen hier näher bringen möchte:

Filteransicht anzeigen/Event-Filter anzeigen | Über den FILTERANSICHT-Button können Sie unterhalb der Werkzeugzeile eine zusätzliche Zeile einblenden. In dieser Zeile werden Ihnen neun vordefinierte Filter angeboten, mit deren Hilfe Sie bestimmen können, welche Art MIDI-Daten angezeigt werden sollen.

◀ **Abbildung 11.26**
Button für die Filteransicht

Beachten Sie aber, dass Sie mit der Auswahl eines der Filter nicht etwa für die Darstellung der angewählten Werte sorgen, sondern die Darstellung dieser MIDI-Event-Art unterbinden. So ist es zum Beispiel sinnvoll, beim ausschließlichen Bearbeiten von Aftertouch-Daten die Filteransicht zu aktivieren und alle Checkboxen außer AFTERTOUCH anzuwählen.

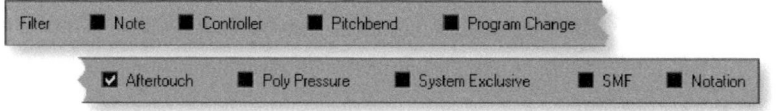

◀ **Abbildung 11.27**
Auswahlfelder der Filteransicht (geteilt)

Event-Typ-Maske | Ähnlich der Filteransicht funktioniert auch die Dropdown-Auswahl EVENT-TYP-MASKE in der Werkzeugzeile. Allerdings wählen Sie hier aus, welche Event-Arten angezeigt werden sollen. In Abbildung 11.28 sehen Sie eine Auswahl von Funktionen, die Ihnen hier zur Verfügung stehen.

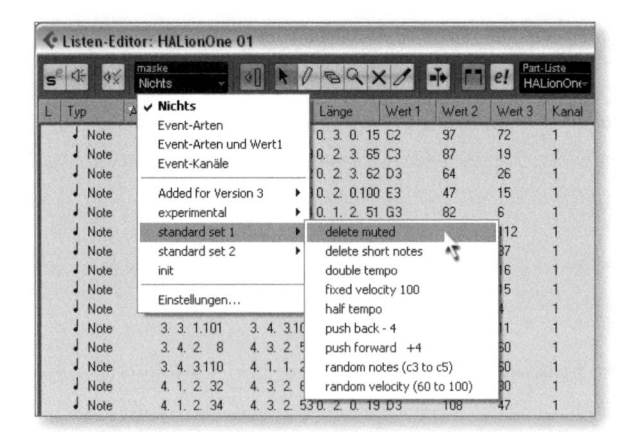

Abbildung 11.28 ▶
Auswahl eines Event-Typs für die Masken-Funktion

Sicher fällt Ihnen auf, dass es ich dabei nicht nur um Anzeige-Optionen, sondern auch um Funktionen handelt. Dies sind Funktionen des Logical-Editors, den Sie dann auch über EINSTELLUNGEN... öffnen können, um die Einträge der Dropdown-Liste zu modifizieren (siehe Abschnitt 11.1.4).

Werte-Anzeige einblenden | Durch einen Klick auf den Button WERTE-ANZEIGE EIN- BZW. AUSBLENDEN werden an der rechten Seite des Listen-Editors die Werte der jeweiligen MIDI-Events in Balkenform dargestellt. Um den Wert 2 auf die Schnelle zu ändern, können Sie mit dem Mauszeiger darüber fahren, der sich automatisch in einen Bleistift verwandelt, und die Balkengröße verändern.

Abbildung 11.29 ▶
Schafft Platz fürs Wesentliche auf dem Bildschirm – Button für die Werte-Anzeige

Typ neu eingefügter Events | Über diesen Dialog können Sie die Art der MIDI-Events bestimmen, die für im Listen-Editor neu erzeugte Events gilt. Diese können Sie mit dem Bleistift-Werkzeug einzeichnen. Auf diese Weise lassen sich beispielsweise zuerst eine Reihe von Noten-Events und dann deren Aftertouch-Events erzeugen. Eine wirklich praktische Option!

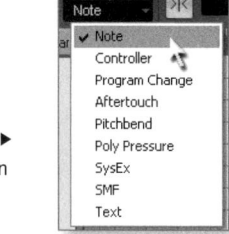

Abbildung 11.30 ▶
So einfach wählen Sie neue Event-Typen aus

390 Arbeiten mit MIDI-Daten

Einfügezeit anzeigen | Die Anzeige der Einfügezeit unter MAUSPOSITION ❶ ist selbsterklärend. Wählen Sie einfach das Bleistift-Werkzeug ... und los geht's.

◀ **Abbildung 11.31**
Übersicht per Einfügezeit

11.1.4 Special – Der Logical-Editor

Gegenüber der grafischen Editoren bietet Ihnen der Logical-Editor die Möglichkeit, Daten nach eigenen Vorgaben zu filtern und dann zu bearbeiten. Die typische Kette der Bearbeitungsoptionen sieht dabei wie folgt aus: Filterbedingungen, Funktionen, Aktionen. Da es sich beim Logical-Editor um ein sehr spezielles Thema handelt, möchte ich an dieser Stelle auf die Hilfe und Dokumentation von Cubase verweisen, die hervorragende Auskunft über Funktionsweise und Handhabung bereithält.

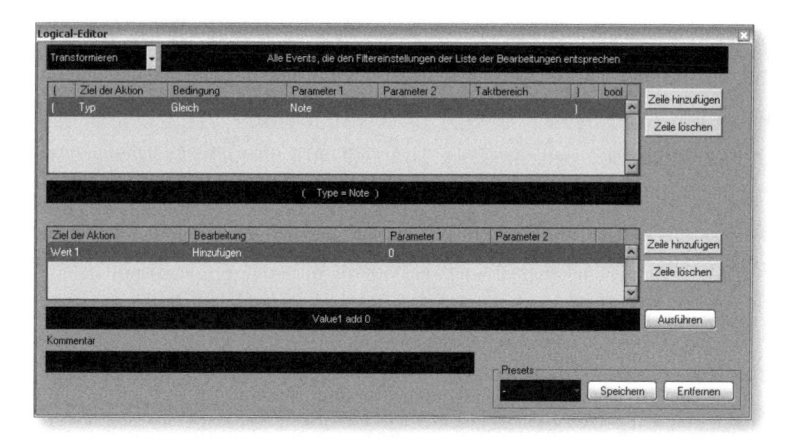

◀ **Abbildung 11.32**
Änderungen durch logische Verknüpfungen – der Logical-Editor

11.1.5 Noten-Editor

Dieser Editor zeigt Ihnen die MIDI-Noten von MIDI-Parts in Form einer Partitur an, deren Darstellung Sie selbst bestimmen können. Selbstverständlich wirken sich im Noten-Editor vorgenommene Änderungen am Notenmaterial ebenfalls im zugrunde liegenden MIDI-Part aus.

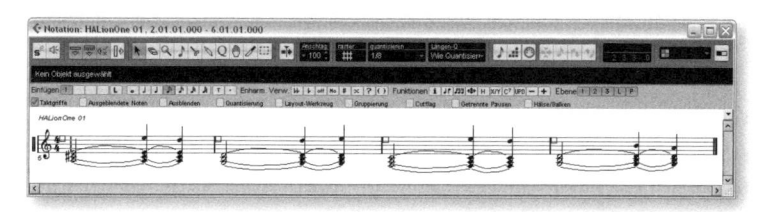

◀ **Abbildung 11.33**
Partituransicht im Noten-Editor

MIDI-Editoren **391**

▼ **Abbildung 11.34**
Die allgemeine Werkzeugzeile des Noten-Editors

Werkzeugzeilen des Noten-Editors | Das Besondere am Noten-Editor ist, dass er zwei unterschiedliche Werkzeugzeilen aufweist – eine standardmäßige und eine spezielle. Ich stelle beide kurz vor:

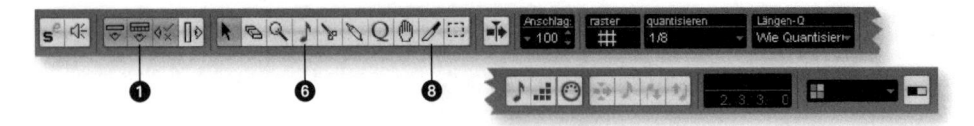

Spezielle Werkzeugzeile einblenden | Mit der Schaltfläche WERKZEUGZEILE ANZEIGEN ❶ blenden Sie die spezielle Werkzeugzeile des Noten-Editors unterhalb der Infozeile ein. Gegenüber der allgemeinen Werkzeugzeile bietet Ihnen die spezielle ausschließlich Tools zur Notenbearbeitung und -darstellung an. So können Sie etwa den Notenwert neu eingefügter Noten bestimmen ❷, enharmonische Verwechslungen vornehmen ❸ und Funktionen wie NOTENHÄLSE UMKEHREN, NOTEN GRUPPIEREN oder auch AKKORDSYMBOLE ERZEUGEN ausführen ❹.

▼ **Abbildung 11.35**
Spezielle Werkzeugzeile im Noten-Editor (geteilt)

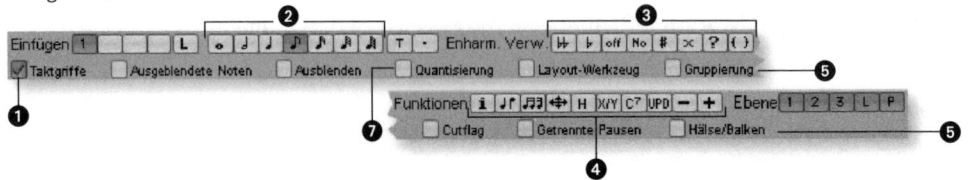

Filteransicht anzeigen | Ähnlich dem Listen-Editor verfügt auch der Noten-Editor über verschiedene Filter ❺. Mit ihrer Hilfe können Sie gezielt einzelne Elemente der Notation ein- und ausblenden. Hierzu zählen etwa ausgeblendete Noten, Gruppierungen und so genannte Cutflags, die Ihnen anzeigen, an welcher Stelle Sie zuvor Notenwerte geschnitten haben.

Neue Noten zur Partitur hinzufügen | Über dieses Werkzeug ❻ fügen Sie neue Noten in die Partitur ein. Wählen Sie einen neuen Notenwert in der speziellen Werkzeugzeile aus, so geht Cubase davon aus, dass Sie neue Noten erzeugen wollen, und aktiviert automatisch das Werkzeug NOTE EINFÜGEN.

Darstellung der Partitur verbessern | Sobald Sie die ANZEIGEQUANTISIERUNG ❼ anwählen, wird ein Dialog geöffnet, in dem Sie festlegen, mit welchen Parametern das Werkzeug agieren soll. Sobald Sie die Änderungen übernommen haben, können Sie mit dem »Q-Zeiger« auf die gewünschten Stellen innerhalb der Partitur klicken, die Sie nach diesen Vorgaben überarbeiten möchten. Besonders bei nicht quantisierten sowie frei eingespielten MIDI-Parts ist die Darstellung der Noten ansonsten in der Regel recht unübersichtlich. Am besten probieren Sie verschiedene Einstellungen aus, um herauszufinden, welche für den eingespielten Part geeignet sind.

◄ **Abbildung 11.36**
Optionen für die Anzeigequantisierung

Noten trennen | Das Messer-Werkzeug ❽ wenden Sie an, wenn Sie Noten- und Pausenwerte in zwei mathematisch gleich große Einzelteile zerschneiden möchten.

Darstellungsgenauigkeit der Partitur anpassen | Der Noten-Editor ist letztlich nicht derart gebräuchlich, als dass er an dieser Stelle ausführlich erläutert werden sollte. Ohne den Noten-Editor von Cubase herabwürdigen zu wollen, sei an dieser Stelle doch erwähnt, dass es für das Erstellen von Partituren (auch aus bestehenden MIDI-Files) leistungsfähige Spezial-Software (wie etwa Sibelius, Finale, Capella oder Encore) gibt, welche diese Aufgabe weitaus flexibler erfüllen kann.

Ein wichtiger Hinweis am Rande: Gefällt Ihnen das Layout aufgezeichneter Notenwerte in Cubase nicht auf Anhieb, können Sie mit einem Doppelklick links neben das Notensystem einen Options-Dialog öffnen, in welchem Sie u. a. die Darstellungsgenauigkeit und viele weitere Werte anpassen können.

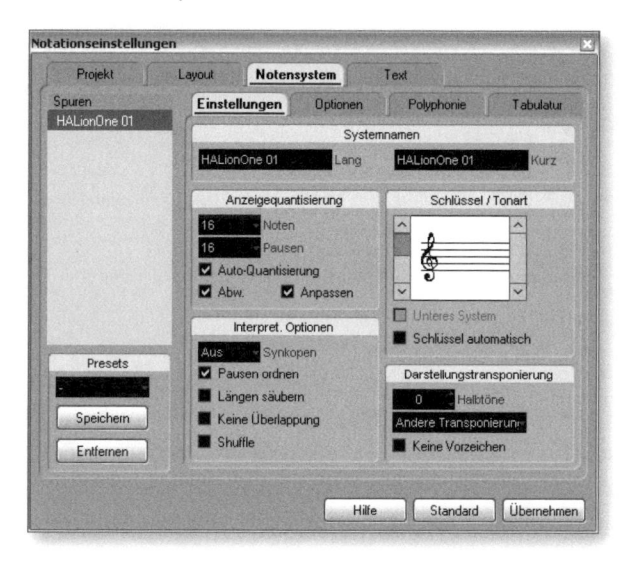

◄ **Abbildung 11.37**
Endlich Übersicht – Einstellungen für Notensysteme

Zahlreiche weiterführende Funktionen finden Sie selbstverständlich noch im Menü NOTATION. Am besten, Sie testen hier einmal die verschiedenen Funktionen aus. Literatur über Notensatz per Computer gibt es nur wenig. Hierzu zählt etwa »Finale in der Praxis« von Martin Gieseking und Harald Wingerter (Ppv Medien, ISBN 978-3932275753).

11.1.6 Kontext-Editor

Innerhalb des Sequenzerbereichs können Sie für MIDI-Spuren mit der Schaltfläche IM KONTEXT BEARBEITEN ❶ eine vereinfachte Version des Key-Editors einblenden. Das ist wirklich praktisch! Automatisch ändert sich die Höhe der MIDI-Spur und ein Pianoroll-Editor mit zugehöriger Controller-Spur wird Ihnen angezeigt. Hier können Sie nun in etwa der gleichen Art und Weise mit dem MIDI-Notenmaterial arbeiten wie im Key-Editor. Der Vorteil ist jedoch das Arbeiten im Kontext, da Sie gegebenenfalls nicht nur die MIDI-Events des bearbeiteten Parts sehen können, sondern zugleich auch die Events und Parts anderer Spuren.

▼ **Abbildung 11.38**
Vereinfachter Key-Editor

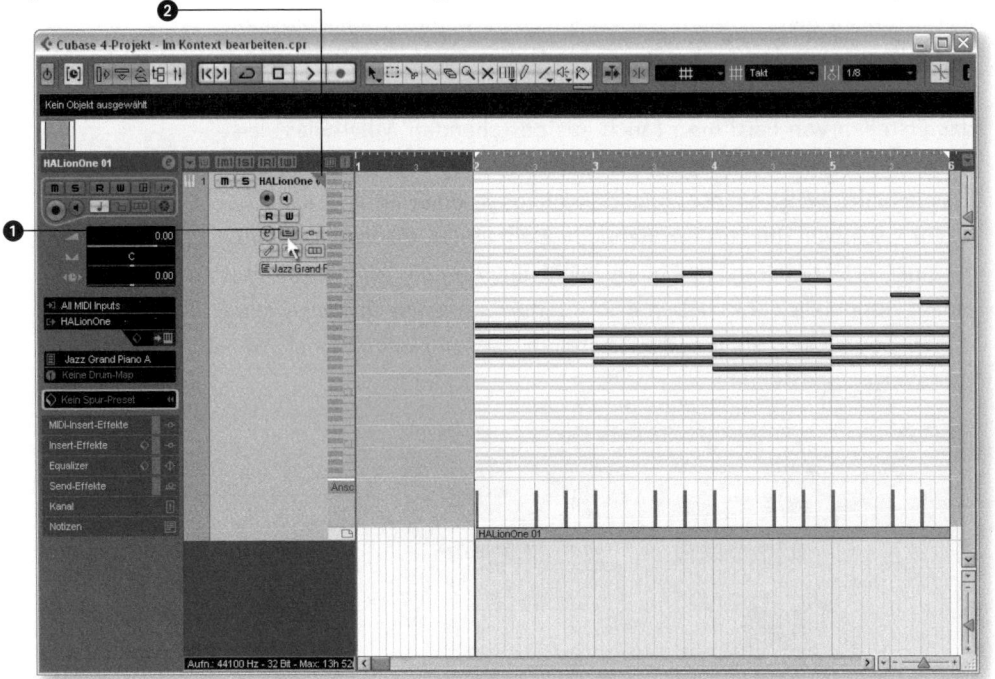

Werkzeugzeile des Kontext-Editors einblenden | Mit einem Klick auf das Dreieck ❷ in der rechten oberen Ecke des Spurlisten-Eintrags öffnen Sie eine zur Kontextbearbeitung gehörige Werkzeugzeile ❸ mit den Werkzeugen AKUSTISCHES FEEDBACK ❹, NUR AKTIVEN PART BEARBEITEN/PARTLISTE ❺, ANSCHLAGSTÄRKE NEU ❻, LÄNGEN-QUANTISIERUNG ❼ und FARBSCHEMA ❽. Erläuterungen zu diesen Funktionen haben Sie ja bereits in den vorangegangenen Beschreibungen der Editoren kennen gelernt.

Werkzeugzeile dauerhaft einblenden | Wenn Sie die Strg/⌘-Taste beim Klick auf das Dreieck gedrückt halten, erscheint rings um die Werkzeugzeile ein breiterer Rand als bei »normalem« Mausklick. Dies zeigt Ihnen an, dass die Werkzeugzeile der Kontextbearbeitung nun dauerhaft angezeigt wird.

Transponieren | Klicken Sie mit der rechten Maustaste in diese Werkzeugzeile, so öffnen Sie auch hier ein Kontextmenü, in dem Sie die angezeigten Werkzeuge auswählen können. Standardmäßig ist hier ein weiteres Werkzeug ausgeblendet: TRANSPONIEREN ❾. Ein individualisiertes Menü für diese Werkzeugzeile können Sie unter EINSTELLUNGEN... anlegen.

▼ **Abbildung 11.39**
Kontextmenü der Werkzeugzeile im Kontext-Editor

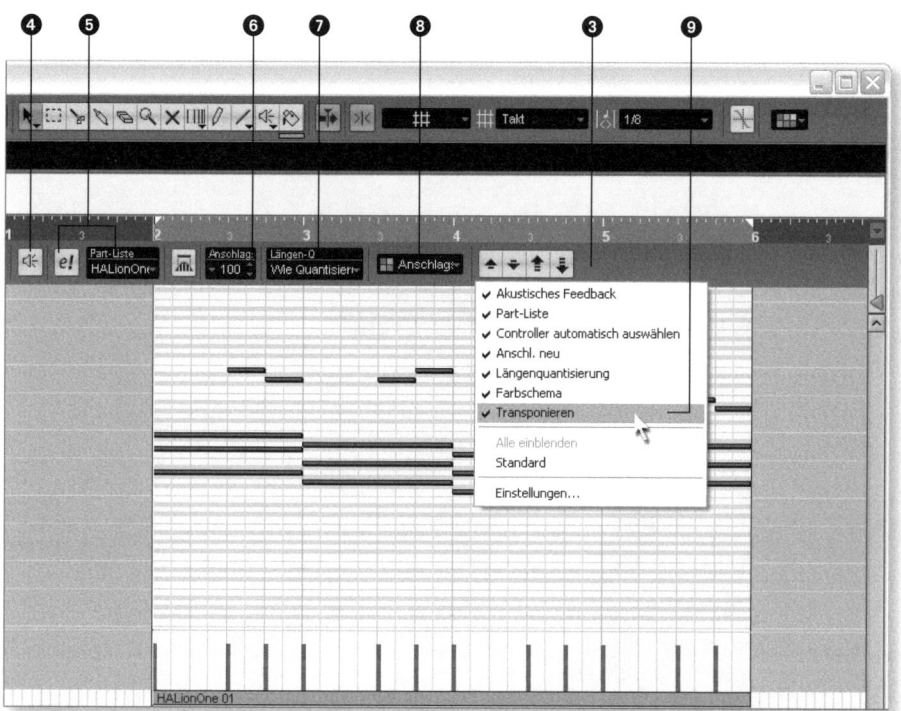

Um die Werkzeugzeile der Kontextbearbeitung zu schließen, klicken Sie erneut auf das Dreieck oder mit der linken Maustaste auf eine beliebige freie Stelle im Sequenzerbereich.

Arbeiten im Kontext-Editor | Wie auch im Key-Editor ändert sich Ihr Auswahlwerkzeug beim Halten der Alt-Taste in das Stift-Werk-

MIDI-Editoren

zeug, mit dem Sie MIDI-Noten direkt in den Kontext-Editor einzeichnen können. Alle anderen Werkzeuge der Haupt-Werkzeugzeile und des Kontextmenüs haben innerhalb der Kontextbearbeitung dieselbe Funktion wie bei der Arbeit innerhalb des Key-Editors.

Sie können also beispielsweise mit der TRENNEN-Funktion einzelne MIDI-Noten zerschneiden, nicht aber das komplette aktuell in der Kontextbearbeitung angezeigte MIDI-Event.

Mit dem von Ihnen in der Haupt-Werkzeugzeile ausgewählten Rasterwert legen Sie zugleich die Anzeigegenauigkeit des Rasters der Kontextbearbeitung fest. Die Quantisierung der MIDI-Noten erfolgt jedoch nach Maßstab des Eintrags in der Werkzeugzeile der Kontextbearbeitung.

Weitere Controller-Daten anzeigen | Standardmäßig öffnet sich der Editor zur Kontextbearbeitung mit der Controller-Spur ANSCHLAGSTÄRKE (Velocity). Um weitere Controller-Spuren anzuzeigen, können Sie das zugehörige Kontextmenü öffnen. Drücken Sie hierzu die linke Maustaste, wenn sich der Mauszeiger im Namensbereich einer Controller-Spur befindet ❶. Über das dort angezeigte Menü können Sie ebenso angezeigte Controller-Spuren schließen.

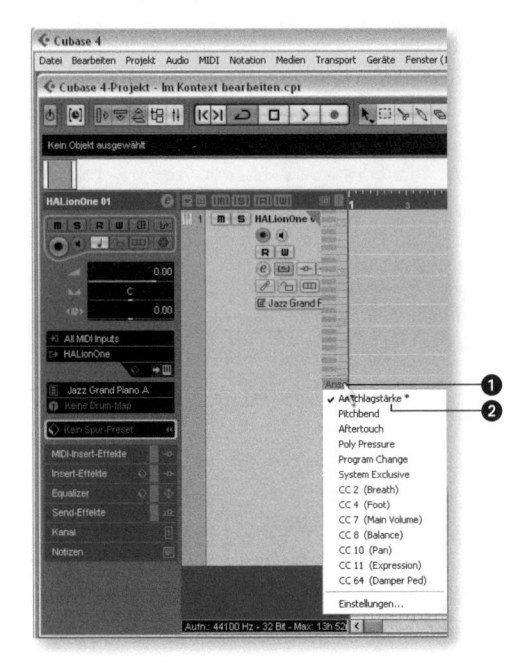

Abbildung 11.40 ▶
Weitere Controller im Kontext-Editor anzeigen

Eine mögliche Option, die Controller-Anzeige zu ändern, führt über einen Mausklick auf die Bezeichnung einer aktuell angezeigten Spur ❷. Dadurch öffnen Sie eine Auswahlliste zur Direktanwahl eines anderen Controllers. Der aktuell ausgewählte Controller ist dabei mit einem Sternchen gekennzeichnet.

Die Auswahlliste zeigt jedoch nicht alle verfügbaren, sondern lediglich die gebräuchlichsten Controller an. Über EINSTELLUNGEN ... können Sie selbst bestimmen, welche Controller in der Auswahlliste angezeigt werden sollen und welche Sie nicht benötigen.

Im unteren Bereich der Kontextbearbeitung sehen Sie ein Registersymbol ❸. Durch einen Klick hierauf öffnen Sie das Auswahlmenü für die Anzeige der Controller-Spuren. Neben den selbsterklärenden Einträgen KEINE CONTROLLER-SPUREN und NUR ANSCHLAGSTÄRKE sowie VERWENDETE CONTROLLER ANZEIGEN finden Sie im unteren Abschnitt dieses Auswahlmenüs die Funktion EINFÜGEN. Hierüber fügen Sie diesem Auswahlmenü ein User-Preset zu, das die aktuell angezeigte Auswahl von Controller-Spuren enthält und in einem eigenen Bereich über den Funktionseinträgen angezeigt wird. Über den Menüpunkt VERWALTEN... können Sie dann die User-Presets umbenennen, löschen oder auswählen.

Anzeigengröße der Kontextbearbeitung | Sie können die Anzeige der Kontextbearbeitung auch vergrößern. Gehen Sie dazu mit dem Mauszeiger in die linke Hälfte der Tastenanzeige des Editors. Sobald der Mauszeiger in ein Handsymbol gewechselt hat, können Sie bei gedrückter linker Maustaste mit einer Mausbewegung nach oben (bzw. unten) den angezeigten Notenbereich vertikal verschieben. Wenn Sie hingegen bei gedrückter ⇧-Taste eine Mausbewegung nach links oder rechts vornehmen, vergrößern bzw. verkleinern Sie die angezeigte Auswahl vertikal.

▼ **Abbildung 11.41**
Verkleinerte Ansicht im Kontext-Editor

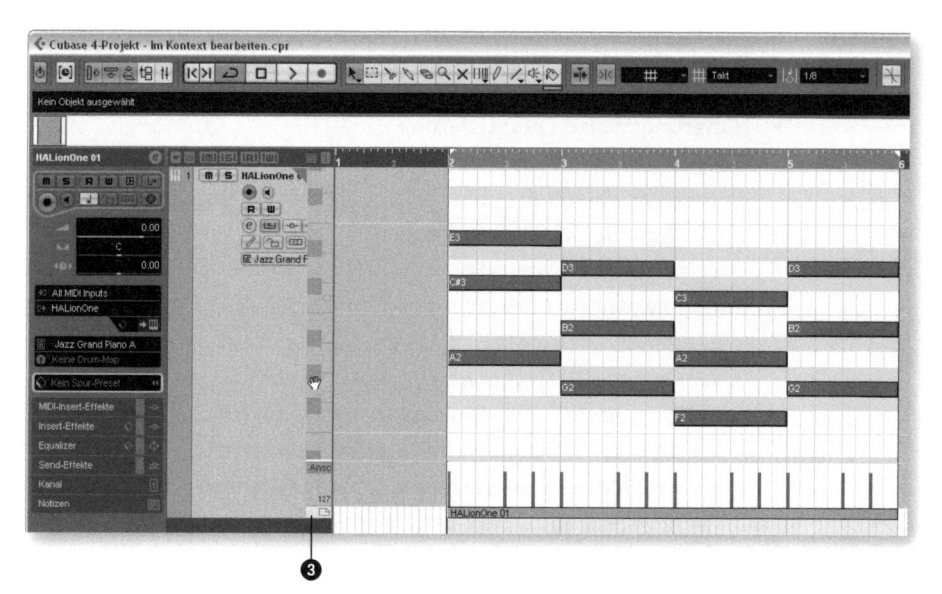

MIDI-Editoren **397**

> **Scrollrad-Tipp**
>
> Um eine quasi versteckte Funktion handelt es sich bei der Scrollrad-Sensitivität des angezeigten Pianoroll-Bereichs. Denn obwohl der Editor der Kontextbearbeitung Ihnen keine Scrollbalken anzeigt, können Sie zumindest in der Vertikalen mit dem Scrollrad Ihrer Maus den angezeigten Bereich verschieben. Das stellt eine erhebliche Arbeitserleichterung dar! Beachten Sie aber, dass hierzu die Spur ausgewählt sein und der Mauszeiger sich über dem Spurlisteneintrag oder aber im Sequenzerbereich befinden muss.

11.2 MIDI-Daten bearbeiten

11.2.1 Quantisierung

Beim Quantisieren von MIDI-Noten werden MIDI-Events, die Sie aufgezeichnet haben, an das jeweils gewählte Raster und dessen Werte angepasst.

Die Quantisierung der MIDI-Noten kann entweder exakt, näherungsweise oder nach Vorgabe rhythmischer Anhaltspunkte erfolgen. Dabei können Sie über den Dialog QUANTISIERUNGSEINSTELLUNGEN (siehe Abbildung 11.42) selbst wählen, ob die zugehörigen Controller mitsamt den Noten quantisiert werden sollen oder nicht. Sie erreichen den Dialog über das Menü MIDI • QUANTISIERUNGSEINSTELLUNGEN.

Zugriff auf die verschiedenen Quantisierungsarten haben Sie über einen eigens dafür vorgesehenen Bereich innerhalb des Menüpunktes MIDI. Hier finden Sie die folgenden Quantisierungsfunktionen:

- **Standard-Quantisierung**
  Richtet sich nach den aktuellen Rasterwerten des Editors und verschiebt alle (oder markierte MIDI-Events) mathematisch exakt auf das Rastergitter.
- **Näherungsweise Quantisierung**
  Richtet sich zwar ebenfalls nach den aktuellen Rasterwerten des Editors, verschiebt aber alle (oder markierte MIDI-Events) lediglich in die Nähe der exakten Rasterwerte.
- **Erweiterte Quantisierung**
  Unter ERWEITERTE QUANTISIERUNG finden Sie einige Spezialfälle:
  - **Längen quantisieren**: Die Quantisierung findet nach Vorgabe der Werte in der Editorauswahl LÄNGEN-Q statt.
  - **Enden quantisieren**: Die Quantisierung findet nach Vorgabe der Werte in der Editorauswahl QUANTISIEREN statt.
  - **Quantisierung festsetzen**: Da sich die Quantisierung von MIDI-Events stets auf deren Ursprungsposition bezieht, können Sie

nicht mehrfach hintereinander quantisieren, um etwa ein besseres Ergebnis zu erzielen. In einem solchen Fall müssen Sie die aktuelle Quantisierung erst »festsetzen«, bevor Sie sie ein weiteres Mal quantisieren können. – Achtung! Für diesen Befehl gibt es kein Undo!

- **Quantisierung rückgängig machen**: Die Quantisierung kann jederzeit rückgängig gemacht werden, mit Ausnahme der Funktion QUANTISIERUNG FESTSETZEN.
- **Part zu Groove**: Mit dieser Funktion entlehnen Sie die Rasterwerte der Quantisierungseinstellungen aus einem MIDI-Part. In Abbildung 11.42 sehen Sie, dass Sie den neu angelegten »Quantisierungs-Groove« im Dialog MIDI • QUANTISIERUNGSEINSTELLUNGEN innerhalb der Dropdown-Liste PRESETS ❶ finden können. Auf diese Weise können Sie Groves einspielen, die als Quantisierungsgrundlage für weiteres Material dienen können. – Einmal das richtige Groove-Feeling, immer das richtige Groove-Feeling!

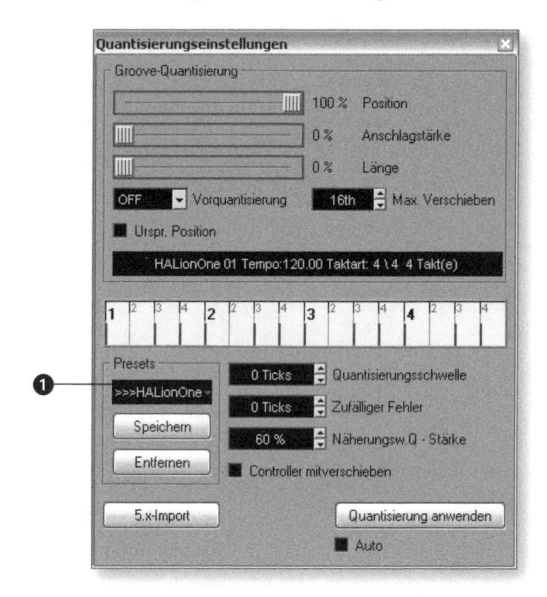

◀ **Abbildung 11.42**
Quantisierungsgrundlagen aus MIDI-Part entlehnen

Eine Aufnahme, die ein katastrophales Timing hat, kann z. B. auf diese Weise nachträglich gerettet werden. Aber Vorsicht! Werden in einer Aufnahme **alle** Passagen **sämtlicher** Instrumente quantisiert, wirkt die gesamte Musik schnell tot, klinisch, einfach allzu mathematisch exakt. Ein bisschen Feeling dürfen Sie in Ihren Aufnahmen also durchaus übrig lassen.

Das alles klingt viel komplizierter, als es letztlich ist. Am besten Sie probieren es mit der folgenden Schritt-für-Schritt-Anleitung einmal selbst aus.

[■] Schritt für Schritt: Schlagzeugaufnahme quantisieren

[●]
Schritt für Schritt
– Schlagzeugaufnahme quantisieren.cpr

1 MIDI-Daten aufnehmen
Zeichnen Sie die gewünschten MIDI-Daten auf – z.B. eine Klavierpassage per Masterkeyboard oder (wie in unserem Beispiel) einen Drumtrack.

2 MIDI-Part öffnen
Lassen Sie sich die aufgezeichneten MIDI-Events von Cubase im Drum-Editor anzeigen. Hören und sehen Sie sich nun den Part an und beurteilen Sie, welche (ggf. alle) Events Sie quantisieren möchten. Markieren Sie diejenigen MIDI-Events, die Sie im nächsten Schritt per Quantisierung korrigieren möchten.

In unserem Beispiel sollen etwa lediglich alle HiHat-Schläge ❶ korrigiert werden.

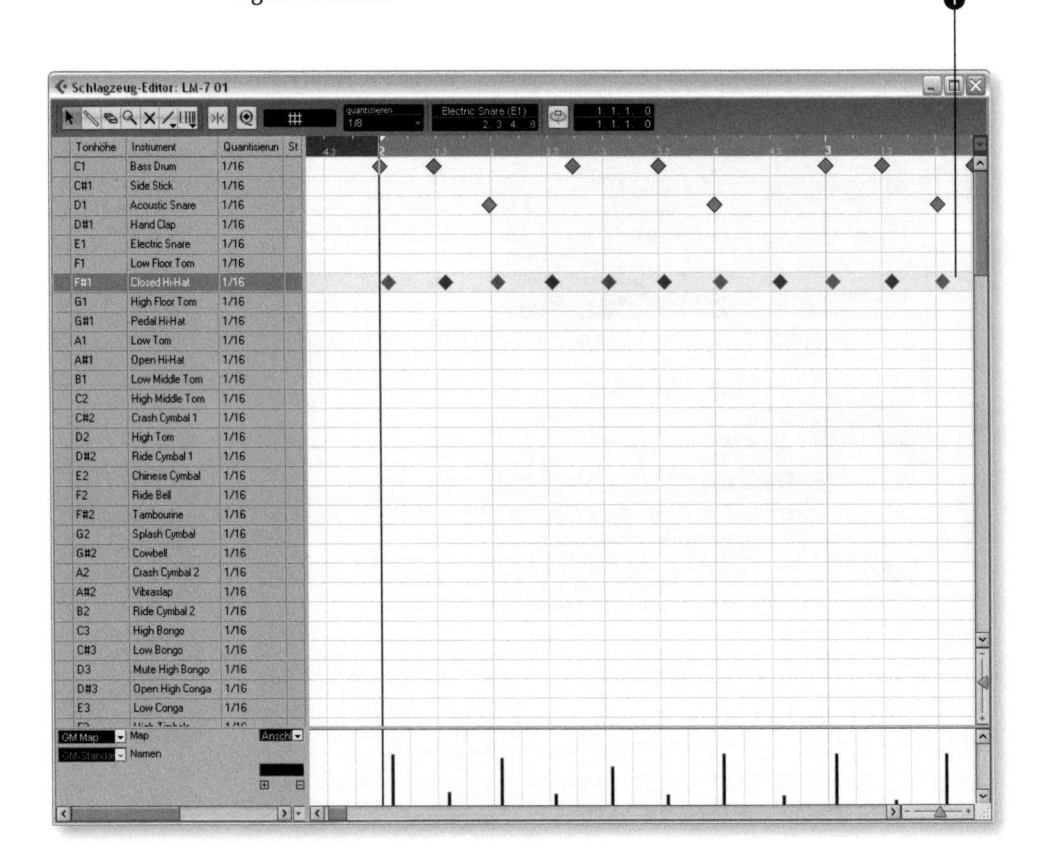

(Bedenken Sie, dass »Quantisieren« keineswegs automatisch gleichzusetzen mit »Verbessern« ist. Nicht jede Aufnahme muss quantisiert werden.)

3 Quantisieren

Wählen Sie in der Werkzeugzeile des Editors aus der Auswahl QUANTISIEREN ❷ den gewünschten Rasterwert für die Quantisierung. Achten Sie dabei darauf, dass dieser in der Regel der kleinsten Zähleinheit – Mikrotime – des zu quantisierenden MIDI-Materials entspricht. Im Beispiel ist etwa die HiHat in Achtel-Noten gespielt, deshalb wähle ich für deren Quantisierung den Rasterwert »1/8«.

Führen Sie nun die gewünschte Quantisierung durch, indem Sie MIDI • STANDARD-QUANTISIERUNG auswählen oder den Dialog MIDI • QUANTISIERUNGSEINSTELLUNGEN nutzen.

4 Nachbearbeiten

Im Beispiel sehen Sie, dass alle HiHat-Events ❸ exakt auf die Rasterwerte verschoben wurden und sich deshalb nun kurz hinter den jeweiligen Kick- ❹ und Snare-Schlägen ❺ befinden. Durch die Quantisierung bekommt der Beispiel-Groove erheblich mehr Drive. Wären **alle** Events quantisiert worden, so wäre dieser Effekt ausgeblieben – das Material würde »statisch« klingen.

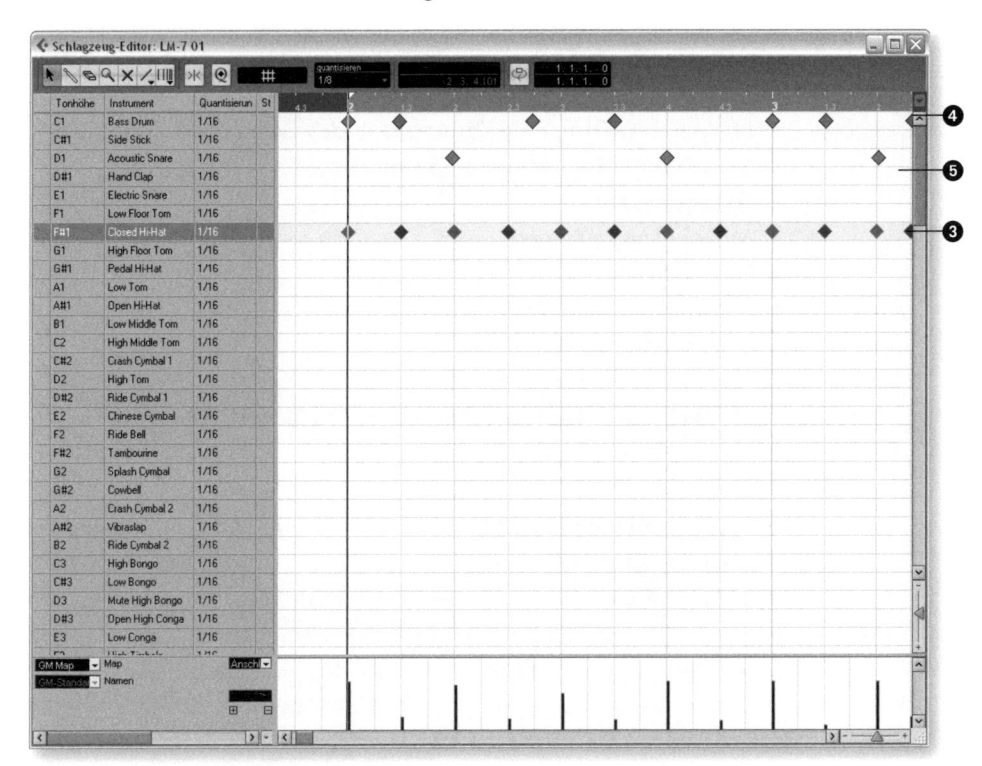

Hören Sie sich das quantisierte MIDI-Material an und entscheiden Sie, ob einzelne Events oder ganze Bereiche noch weiter angepasst werden müssen. In manchen Arbeitssituationen kann es vorkommen, dass ein Part »unrund« klingt, wenn nur einzelne Bereiche daraus quantisiert werden.

5 Quantisierung festsetzen
Sofern Sie mit dem Ergebnis zufrieden sind, können Sie die bisherige Quantisierung über MIDI • QUANTISIERUNG FESTSETZEN als neues Ausgangsmaterial festlegen. ■

11.2.2 Bearbeitungsfunktionen
Es gibt Arbeitssituationen, in denen eine manuelle Bearbeitung von MIDI-Daten nicht in Frage kommt. Dies ist in erster Linie der Fall, wenn die Events nicht programmiert, sondern per Masterkeyboard oder z. B. auch per E-Drums live eingespielt wurden.

Unter Umständen wird eine Fülle von Controllern dabei aufgezeichnet, die (neben dem hohen quantitativen Event-Aufkommen polyphoner MIDI-Instrumente) eventuell für einige Arbeit hinsichtlich Anpassung und Optimierung der Werte sorgen. Deshalb schlägt spätestens dann, wenn das zu bearbeitende Datenvolumen schlicht zu groß ist, um es manuell anzugehen, die Stunde der zahlreichen MIDI-Bearbeitungsfunktionen.

Im Menü MIDI finden Sie unterhalb des zweiten Trennstrichs den Bereich der MIDI-Funktionen. Es sind dies:

- ▶ Transponieren
- ▶ MIDI in Loop mischen
- ▶ Parts auflösen
- ▶ A-Noten-Umwandlung
- ▶ Loop wiederholen

Im Bereich FUNKTIONEN finden Sie noch einmal 15 weitere Funktionen, die ich später vorstelle.

Transponieren | Sobald Sie MIDI-Events in eine Auswahl aufgenommen haben, können Sie diese Funktion im Menü MIDI anwählen. Mithilfe des oberen Bereichs können Sie die markierten Noten-Events um den angegebenen Wert in der Tonhöhe verschieben/verändern. Sofern Sie die MIDI-Noten nicht in ihrem Verhältnis zueinander belassen wollen, sondern sie sich in ihrer Struktur an eine neue Tonart anpassen sollen, können Sie hierfür im mittleren Bereich des Dialogs eine Zieltonart eingeben.

▸ **Abbildung 11.43**
Tonhöhenänderung von MIDI-Daten

Ober- und Untergrenze festlegen | Durch Aktivieren der Funktion NOTEN AN BEREICH BINDEN können Sie eine Ober- und Untergrenze für die Transposition festlegen. Dies ist vor allem dann interessant, wenn Sie mit Sampleklängen realer Instrumente arbeiten, die (natürlicherweise) auf einen bestimmten Tonbereich beschränkt sind. So gewährleisten Sie, dass Ihr MIDI-Instrument seinem realen Vorbild hinsichtlich des Tonumfangs auch tatsächlich nahe kommt. Aber Achtung! Kann eine Note nicht weiter nach oben oder unten transponiert werden, weil sie sonst den Grenzwert überschreiten würde, so wird diese Note auf den Wert der obersten bzw. untersten Grenznote transponiert! Dies kann zu unerwünschten Ergebnissen führen. Hier ist also zunächst Vorsicht geboten und später eventuell ein wenig manuelle Nacharbeit erforderlich.

MIDI in Loop mischen | Mit diesem Befehl erzeugen Sie einen MIDI-Part, der alle MIDI-Events innerhalb des aktuellen Cycle-Loops enthält. Am besten legen Sie hierfür zunächst eine neue Spur an, auf der Cubase dann nach Ausführen der Funktion automatisch den neuen Part erstellt.

Parts auflösen | Es kann vorkommen, dass einige MIDI-Parts Daten auf unterschiedlichen Kanälen verwenden. Dies ist z. B. bei den typischen MIDI-Songfiles der Fall. Mit dem Befehl PARTS AUFLÖSEN teilen Sie einen Part nach den in ihm verwendeten Kanälen in mehrere Einzelparts auf, die Cubase automatisch auf verschiedene MIDI-Spuren verteilt.

A-Noten-Umwandlung | Wie Sie im Abschnitt über den Drum-Editor bereits erfahren haben, muss die Anschlagsnote nicht unbedingt auch der Eingangsnote entsprechen (A-Note/E-Note). Um dieses Dilemma aufzulösen und das »Chaos« einer mitunter recht komplexen Zuordnung in einen wieder verwertbaren MIDI-Part zu überführen, existiert diese MIDI-Funktion. Haben Sie einer Spur eine Drum-Map zugewiesen, so können Sie sich darauf befindende MIDI-Parts mit der Funktion A-Noten-Umwandlung eindeutig zuweisen. Das garantiert eine bessere Übersicht und später eine leichte Weiterverarbeitung.

Loop wiederholen | Wählen Sie diese Funktion, so werden die Events im Loop so oft wiederholt, bis das Ende des MIDI-Parts erreicht ist. Aber Achtung! Befindet sich der Loop nicht am Ende des Parts, so können unter Umständen bestehende Events überschrieben werden. Überprüfen Sie nach dem Ausführen dieser Funktion also unbedingt stets das Ergebnis.

11.2.3 Funktionen

Im Menü MIDI • Funktionen stehen Ihnen folgende Möglichkeiten zur MIDI-Bearbeitung zur Verfügung:

- Legato
- Feste Länge
- Doppelte Noten löschen
- Controller-Daten löschen und Kontinuierliche Controller-Daten löschen
- Noten löschen...
- Polyphonie begrenzen
- Pedal zu Notenlängen
- Überlappung löschen (Mono) und Überlappung löschen (Poly)
- Anschlagstärke
- Feste Anschlagstärke
- Daten ausdünnen
- Umkehren
- Tempo aus MIDI berechnen

Legato | Wählen Sie diese Funktion aus, wenn Sie möchten, dass das Ende einer MIDI-Note nahtlos an die Folgenote anschließt. Diese Funktion ist sinnvoll bei der Arbeit mit Pad-Sounds mit eher kurzem Sustain. Auch für die Arbeit mit einigen Synthesizersounds ist die Legato-Funktion interessant, um beim Einsetzen eines neuen Tons bestimmte Soundänderungen zu vermeiden.

Feste Längen | Mit dieser Funktion können Sie eine Auswahl von MIDI-Noten mit einem Klick auf einen festgelegten Wert einstellen. Maßgebend ist dabei der Wert in der Auswahl Längen-Q der Werkzeugzeile des jeweiligen MIDI-Editors.

Doppelte Noten löschen | Aufgrund von MIDI-Übertragungsfehlern, Quantisierungsvorgängen oder auch nach der Verwendung bestimmter Cycle-Aufnahme-Modi kann es zu doppelten Noten innerhalb eines MIDI-Parts kommen, der dennoch weiterverwendet werden soll oder muss. Um diese doppelten Noten zu entfernen, können Sie den betroffenen Bereich markieren und die doppelten Noten durch diese Funktion entfernen.

Controller-Daten löschen und Kontinuierliche Controller-Daten löschen | Sie sind zufrieden mit dem Timing eines eingespielten Parts, doch Controller wie Pitchbend oder Modulation sollen neu aufgezeichnet werden? Kein Problem. Entfernen Sie alle im MIDI-Part enthaltenen Controller-Events mit dieser Funktion und schon geht's weiter.

Noten löschen ... | Wurden beim Einspielen kurzzeitig falsche Tasten gespielt oder kam es zu Übersprechungen bei der Aufnahme eines E-Drum-Kits, so kann Ihnen diese Funktion behilflich sein, die entstandenen MIDI-Parts auszubessern. Selbstverständlich können Sie MIDI-Noten-Events auch manuell per Radiergummi-Werkzeug oder mittels Markieren und [Entf]-Taste löschen. Doch warum stundenlang an einem aufwändigen MIDI-Part herumwerkeln, wenn es auch eine halbautomatische Lösung gibt? Sobald Sie NOTEN LÖSCHEN... aufrufen, öffnet Cubase einen Dialog, in dem Sie festlegen können, welche Noten entfernt werden sollen.

◀ **Abbildung 11.44**
Noten nach eigenen Vorgaben löschen

Im oberen Bereich des Dialogs ❶ können Sie bestimmen, wie lang eine Note sein soll, um **nicht** gelöscht zu werden. Die Länge wird dabei in Ticks angegeben. Auch die grafische Takt-Skala ❷ gehört zu diesem Bereich. Hier können Sie die Länge der Noten gemessen am Taktanteil (also: am Notenwert) einstellen. Der Wert der Notenlänge in Ticks wird dabei on the fly aktualisiert. Auf diese Weise bekommen Sie schnell einen Überblick darüber, wie viele Ticks z. B. einer 16-tel Note entsprechen.

Darunter befindet sich eine Auswahl für die minimale Anschlagstärke ❸ derjenigen Noten, die **nicht** gelöscht werden sollen. Dieser Bereich eignet sich hervorragend zum Löschen von MIDI-Events, die etwa durch Übersprechungen bei der Aufnahme mit MIDI-Triggern entstanden sind.

Sofern (wie in Abbildung 11.44 zu sehen) beide Funktionen gleichzeitig eingeschaltet sind, können Sie im Bereich ENTFERNEN, WENN UNTERHALB ❹ außerdem wählen, ob für das Löschen der Noten beide Kriterien zutreffen müssen oder schon eines ausreicht.

Polyphonie begrenzen | Mit Anwahl dieser Funktion öffnen Sie einen Dialog, in dem Sie die maximale Anzahl gleichzeitig klingender Noten einstellen können. Diese Funktion kann Ihnen etwa helfen, bei einem natürlicherweise monophonen Instrument, das Sie per polyphonem Masterkeyboard eingespielt haben, eine natürlichere Spielweise zu erzeugen. Dabei werden versehentliche Überlappungen oder unbeabsichtigt eingespielte Noten reduziert. Da stets die obersten Noten verbleiben und ausschließlich die Noten darunter gelöscht werden, können Sie diese Funktion auch einsetzen, um mühelos mit einem einzigen Klick die Oberstimme aus einem mehrstimmigen Satz (z. B. einem Orchesterpart) herauszufiltern.

Pedal zu Notenlängen | Haben Sie die Controller-Daten eines Haltepedals aufgezeichnet, können sie diese Funktion einsetzen, um MIDI-Parts zu optimieren, bei denen die Länge der Noten nicht diejenige des Haltepedals überschreiten soll. Dies kann bei einigen Sounds von Synthesizern und Samplern durchaus entscheidend für den Klangverlauf sein.

Überlappung löschen (Mono)/Überlappung löschen (Poly) | Immer wieder kann es dazu kommen, dass sich MIDI-Noten-Events überlappen. Das kann z. B. der Fall sein, wenn Sie zu einem bestehenden MIDI-Part weitere Noten aufzeichnen. Durch die Überlappung treten bei einigen Klangerzeugern »unnatürliche«, fehlerhafte Spielweisen des Instruments auf, das diese MIDI-Daten empfängt. Dieses Problem können Sie mit dieser Funktion lösen.

▶ Wählen Sie die Mono-Variante, so werden ausschließlich Noten gekürzt, die sich auf derselben Tonhöhe befinden.
▶ Wählen Sie die Poly-Variante, so werden alle Noten so gekürzt, dass keinerlei Überlappungen mehr auftreten.

> **Überlappung (Poly) contra Legato-Funktion**
>
> Auch wenn der Einsatz der Funktion ÜBERLAPPUNG LÖSCHEN (POLY) in einigen Arbeitssituationen (z. B. auf Arpeggios angewendet) zu einem ähnlichen/identischen Ergebnis wie die Funktion LEGATO führen kann, so sind doch beide Funktionen in ihrer Grundausrichtung unterschiedlich. Lesen Sie sich vor dem Einsatz dieser Funktionen noch einmal deren Beschreibung weiter oben durch und machen Sie sich unbedingt deren Unterschied klar, um ihn bei der Auswahl der passenden Funktion beachten zu können (Mono = Notenkürzungen gleicher Tonhöhe mit Überlappungen im Resultat; Poly = generelle Notenkürzungen ohne jegliche Überlappungen im Ergebnis).

Anschlagstärke ... | Mit dieser Funktion bietet Ihnen Cubase ein hilfreiches Werkzeug, um die Anschlagstärke mehrerer MIDI-Noten auf einmal zu verändern bzw. anzugleichen. Wählen Sie die Funktion an, so öffnet sich der im Screenshot abgebildete Dialog. Hier stehen Ihnen drei verschiedene Funktionstypen zur Verfügung.

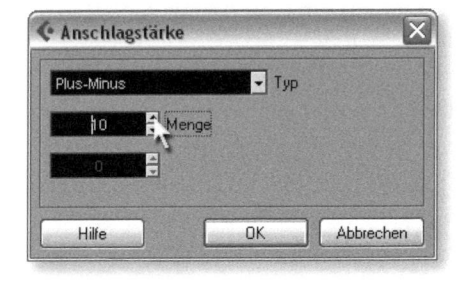

◀ **Abbildung 11.45**
Nie mehr balkenweise Stück für Stück bearbeiten ...

▶ **Plus-Minus**
Nutzen Sie diesen Funktionstyp, um die Anschlagstärke mehrerer MIDI-Noten in nur einem Schritt um ein bestimmtes Maß anzuheben/abzusenken. Die Größe der Veränderung bestimmen Sie über die Pfeiltasten im Bereich MENGE.

▶ **Komprimieren/Expandieren**
Bei diesem Funktionstyp wird Ihnen für die Werteauswahl in der Mitte des Dialogs die Prozentanzeige VERHÄLTNIS angeboten. Im Bereich von 0 bis 100 % komprimieren Sie die Anschlagstärken, d. h., sie werden im Verhältnis zueinander gestaucht, sodass letztlich die Differenz zwischen den unterschiedlichen Anschlagstärken weniger groß ist.

Wählen Sie einen Prozentwert oberhalb von 100 %, so expandieren Sie die Anschlagstärken, d. h., sie »driften« auseinander, sodass letztlich die Differenz zwischen den unterschiedlichen Anschlagstärken größer ist als zuvor.

> **Grenze**
> Wählen Sie diesen Funktionstyp aus, so stehen Ihnen zwei Auswahlfelder zur Verfügung, in denen Sie festlegen können, wie groß der niedrigste und höchste Wert der Anschlagstärke für die ausgewählten MIDI-Noten sein soll.

Die Funktion ANSCHLAGSTÄRKE... bietet sich beispielsweise an, wenn Sie mit Multi-Layer-Samples arbeiten, die eine besondere Anschlagstärke benötigen, um einen bestimmten Sound abzurufen. Doch auch bei der Arbeit mit Synthesizern kann es extrem hilfreich für die tatsächliche klangliche Entwicklung eines Sounds sein, den Umfang der Anschlagstärke zu begrenzen oder zu erweitern. Die Vorgabe eines Bereichs ist ein hilfreiches Mittel beim Einsatz von Sample-Instrumenten in bestimmten musikalischen Stilen und Situationen. So werden Sie etwa auf dem Arrangement-Höhepunkt eines »knalligen« Rocksongs a là Meat Loaf die Sample-Streicher im Hintergrund selten leise und unmerklich spielen lassen wollen, sondern den Bereich beschränken oder die Anschlagstärke mit dieser Funktion so weit anheben, dass Sie den gewünschten Bombast-Sound erhalten.

Feste Anschlagstärke | Über diese Funktion weisen Sie einer Auswahl von Noten den Anschlagstärkenwert zu, den Sie in der Werkzeugzeile mit der Auswahl ANSCHLAGSTÄRKE NEU vorgeben. Eine unverzichtbare Funktion zum nachträglichen »Einebnen« von Anschlagswerten (z. B. für das Einspielen und Nachbearbeiten eines Schlagzeugs im Stil eines 80er-Jahre-Drum-Computers).

Daten ausdünnen | Wenn Sie diese Funktion anwählen, löscht Cubase automatisch kontinuierliche Controller-Daten, die in ihrer Abfolge gemeinhin keine Änderungen bewirken und deshalb lediglich das Aufkommen des MIDI-Datenverkehrs belasten.

Umkehren | Durch Einsatz dieser Funktion kehren Sie die Abfolge von MIDI-Events um. Der einzig sinnvolle praktische Einsatz, der mir für diese Funktion einfällt, ist das schnelle Erstellen von so genannten »Krebsen« (die zeitliche Spiegelung eines musikalischen Motivs).

Zum Ansteuern von Reverse-Sounds, um ein rückwärts spielendes virtuelles Instrument zu erstellen (etwa ein Sample-Schlagzeug) eignet sich diese Funktion jedoch nicht, da hierbei nicht der Zeitpunkt des Note-On-Befehls, sondern stets derjenige des Sustain-Endes des Klangs ausschlaggebend ist.

Tempo aus MIDI berechnen | Beim freien Einspielen eines MIDI-Parts ohne Click-Track, also ohne vorgegebenes Einspieltempo, ist es in der Praxis häufig schwierig, nachträglich das passende Tempo zu finden, mit dem weitere Aufnahmen zum MIDI-Part synchronisiert werden. Einen Ausweg aus diesem Dilemma bietet die Funktion TEMPO AUS MIDI BERECHNEN. Sie hilft Ihnen dabei, eine Tempospur zu erstellen, die sich nach dem Material eines bestehenden MIDI-Parts Ihrer Wahl richtet.

Bei Anwahl dieser Funktion öffnet sich der Dialog MIDI – MISCHEN-OPTIONEN. Über diesen wählen Sie, welche Art Notenwerte im MIDI-Part enthalten sind (1/8, 1/4, halbe, ganze oder zweitaktige). Durch Bestätigen über die OK-Taste werden die Notenwerte als Tempoinformation herangezogen, sofern sie im möglichen Bereich der Tempospur liegen. Überprüfen Sie unbedingt das Ergebnis, indem Sie nach dem Durchführen der Funktion die Tempospur öffnen und aktivieren.

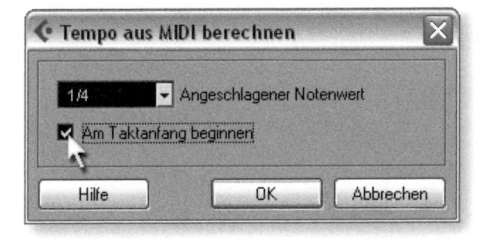

◄ **Abbildung 11.46**
Tempoberechnung aus MIDI-Notenwerten

12   Mixer

Das Herzstück eines jeden Studios ist zweifelsohne die Mixing-Konsole. Wie diese in Cubase aufgebaut ist und wie Sie sich in den verschiedenen Bereichen des Software-Mixers zurechtfinden, erläutere ich Ihnen in diesem Kapitel.

▲ **Abbildung 12.1**
Kanäle und Sektionen im Cubase-Mixer

Vorweg eine kurze Erläuterung zum »Lesen« des Mischpults. In der Vertikalen erkennen Sie jeweils einzelne Kanäle. In der Horizontalen sehen Sie Sektionen. Bei gleichen Kanaltypen finden Sie jeweils identische Sektionen, und zwar die Regelungsmöglichkeiten beispielsweise für Equalizer, Send- und Insert-Effekte.

Das Wissen um diese Zusammenhänge erleichtert es Ihnen, den Signalfluss des Mixers zu verfolgen und das Zusammenspiel der Kanäle beurteilen zu können.

> **Was bedeutet Signalfluss?**
>
> Unter Signalfluss versteht man den Bearbeitungsweg, den der in Information (elektrische Spannungen oder digitale Daten) gewandelte Instrumentenschall vom Eingang bis zur Klangausgabe per Membran durchläuft. Der Signalfluss einer Klanginformation kann umgeleitet, abgezweigt, unterbrochen und bearbeitet werden.

12.1 Grundfunktionen

12.1.1 Mixer öffnen

Cubase hält mehrere verschieden konfigurierbare, parallele Mixer für Sie bereit. Den Haupt-Mixer öffnen Sie entweder über das Menü GERÄTE • MIXER 1, über die Schaltfläche im Bereich ANSICHTEN/FENSTER in der Werkzeugzeile ❶ oder mittels der Taste [F3]. Mixer 2 und Mixer 3 können Sie ausschließlich über das GERÄTE-Menü öffnen, so lange Sie keine neue Tastaturzuweisung vorgenommen haben.

Abbildung 12.2 ▶
Mixer-Schaltfläche in der Werkzeugleiste

Sehr vorteilhaft ist, dass die Mixer stets an derjenigen Stelle des Bildschirms wieder geöffnet werden, an der Sie sie zuletzt geschlossen haben. Auch die konkrete Anzeige (dargestellte Kanäle und Sektionen) wird von Cubase gespeichert und mit dem nächsten Öffnen eines Mixers wieder auf diesen angewendet.

Geräte-Liste verwenden | Auch die Geräte-Liste können Sie verwenden, um auf die Mixer zurückzugreifen. Sie können sie über GERÄTE • LISTE ANZEIGEN aktivieren. Bei der Liste handelt es sich um ein Floating-Fenster, das deshalb stets im Fenstervordergrund bleibt.

12.1.2 Mixer- und Kanalaufbau

Der Grundaufbau des Cubase-Mischpults besteht aus den folgenden Bereichen. Mehrere vertikale Kanäle oder Kanaltypen reihen sich nebeneinander.

▲ **Abbildung 12.3**
Die Geräte-Liste

Mixer-Vertikale – Kanaltypen | Dabei sind beim Cubase-Mixer die folgenden Kanaltypen zu unterscheiden:

- Einzelkanäle für Monosignale
- Stereokanäle, die zwei Kanäle zugleich verarbeiten

- Effektkanäle, die durch Einzel-, Stereo- und Gruppenkanäle gespeist werden können
- Gruppenkanäle, die Einzel-, Stereo- und Effektkanäle zusammenfassen können
- Monitoring-Kanäle, die dem Abhören von Signalen dienen
- Einen Masterkanal, der die Summe aller Kanäle ausgibt

Außerdem finden Sie im Cubase-Mixer noch zusätzliche Kanäle für ReWire- und VST-Instrumente, sofern Sie diese eingebunden haben sollten. Und eine weitere Kanalart ist nicht zu vernachlässigen: die Eingangskanäle.

Zusammenhang von Mixer und Spuren | Mit Ausnahme der Ein- und Ausgangskanäle legen Sie jeden dieser Kanaltypen im Mixer automatisch an, indem Sie entweder in der Spurspalte des Projektfensters eine entsprechende neue Spur erzeugen oder aber im Mixer einen neuen Kanal öffnen.

Für die Ein- und Ausgangskanäle gilt: Sie entsprechen den im Fenster VST-VERBINDUNGEN eingerichteten Ein- und Ausgängen. Mit folgender Anleitung bekommen Sie kinderleicht Zugriff auf alle verfügbaren Hardware-Eingänge und benötigten Ausgänge.

Schritt für Schritt: Ein- und Ausgangskanäle im Mixer anzeigen

Auf der Buch-CD finden Sie im Workshop-Ordner zu diesem Kapitel ein Cubase-Projekt mit dem Titel »Schritt für Schritt – Ein- und Ausgangskanäle im Mixer anzeigen.cpr«. Beachten Sie, dass das Beispielprojekt für das Audio-Interface Terratec Phase 88 erstellt wurde. Das Projekt ist deshalb unter Umständen nicht kompatibel mit Ihrem Audio-Setup. Bitte passen Sie deshalb die Schritte dieses Workshops an Ihre Hardware-Umgebung an.

[O] Schritt für Schritt – Ein- und Ausgangskanäle im Mixer anzeigen.cpr

1 *Voraussetzungen schaffen*
Stellen Sie sicher, dass unter GERÄTE KONFIGURIEREN • GERÄTE • VST-AUDIOSYSTEM der richtige ASIO-Treiber für Ihre Mehrkanalkarte/Ihr Audio-Interface ausgewählt ist.

2 *Busse anlegen*
Öffnen Sie das Fenster VST-VERBINDUNGEN über das Menü GERÄTE • VST-VERBINDUNGEN oder den Shortcut F4. Legen Sie dort alle benötigten Eingangsbusse an.

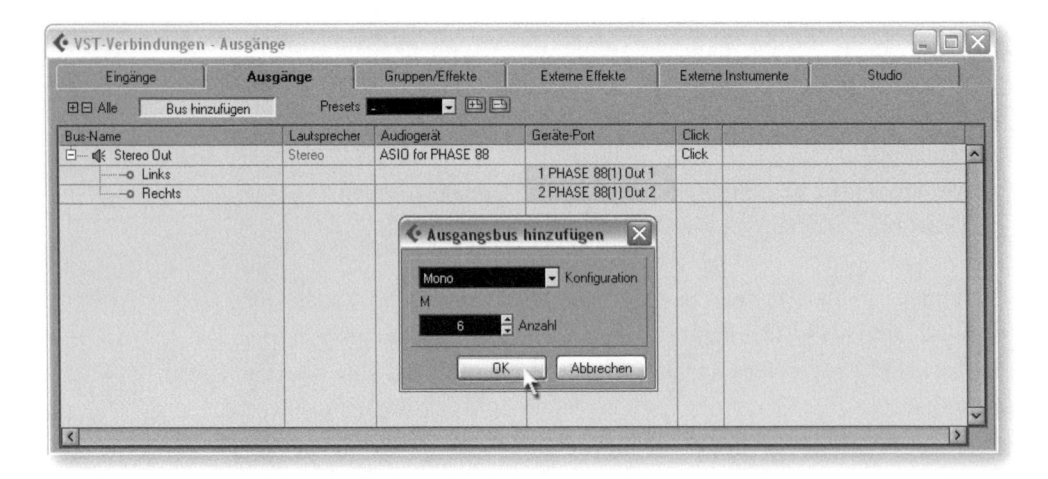

3 *Busse bezeichnen*

Vergeben Sie im Einrichtungsfenster für die Busse für jeden Eingang einen Namen. Da die Bezeichnungen der Busse im Fenster VST-VERBINDUNGEN denjenigen entsprechen, die auch im Mixer angezeigt werden, sollten Sie sich hier unbedingt um eindeutige Bezeichnungen mit Bezug auf die Hardware bemühen – also etwa »[Hardware] 3/4« statt »Stereo 2«.

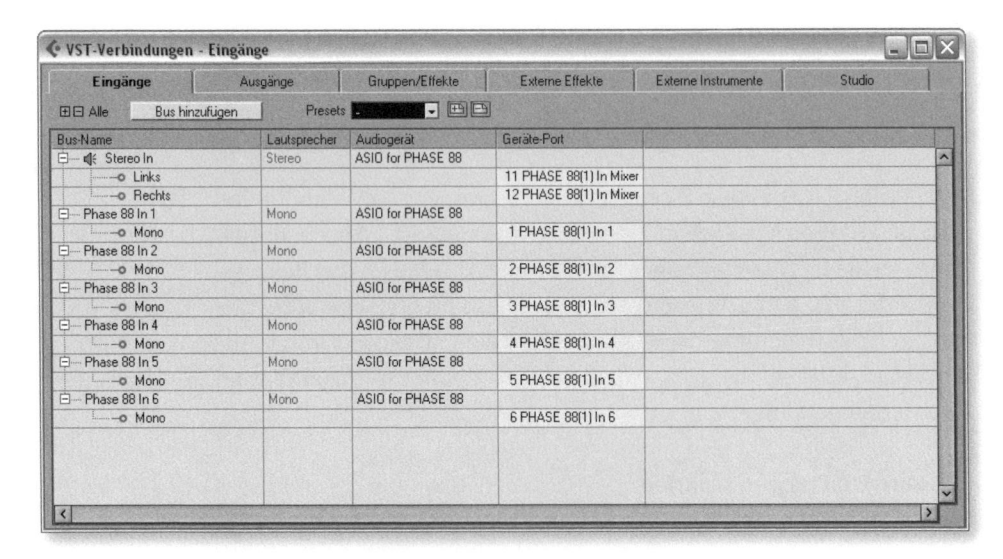

4 *Ausgangsbusse anlegen und bezeichnen*

Wiederholen Sie ggf. die beiden vorangehend erläuterten Schritte auch für die Ausgangsbusse. Legen Sie also die entsprechenden Busse an und benennen Sie sie. Achten Sie auch hier wieder (wie schon bei den Eingangsbussen) auf eindeutige Bezeichnungen für jeden einzelnen Bus.

5 Mixer anpassen

Öffnen Sie den Hauptmixer [F3]. Links sehen Sie die Eingangskanäle ❶, rechts die Ausgangskanäle ❷. Sollte jeweils nur ein Kanal in diesem Bereich angezeigt werden, so können Sie die Darstellung des Mixers problemlos anpassen.

Gehen Sie hierfür mit dem Mauszeiger auf den Trennbalken zwischen den Eingangs- und Spurenkanälen und verschieben Sie diese Trennlinie bei gehaltener linker Maustaste nach rechts, bis die gewünschte Anzahl von Eingangs- bzw. Ausgangskanälen sichtbar ist.

Nun können Sie sowohl die Eingänge als auch die Ausgänge in separaten Bereichen darstellen lassen. ■

Mixer-Horizontale – Sektionen | In der Horizontalen befinden sich (je nach Kanaltyp) die folgenden Sektionen:
- Eingangsbus
- Phasendrehung/Eingangsverstärkung
- Pre- und Post-Fader-Inserts
- Equalizer
- Send-/Aux-Wege
- Panning
- Fader mit Funktionsschaltflächen

> **Aux-Wege**
>
> »Aux« steht für »Auxiliary« – Aux-Wege sind damit Hilfswege, die zur zusätzlichen Bearbeitung von Kanalsignalen herangezogen werden können. Diese werden meistens zum Versorgen von Send-Effekten mit abgezweigten Audio-Signalen von Einzel-, Stereo- oder Gruppenkanälen eingesetzt.

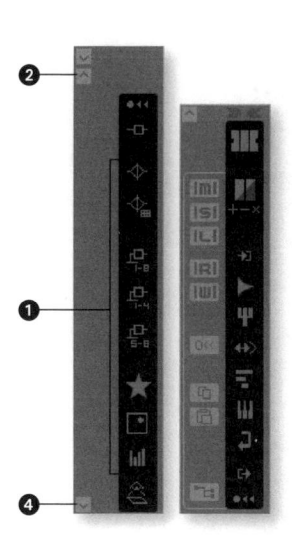

◀ **Abbildung 12.4**
Schaltflächen für die Ansicht von Kanalsektionen (geteilt)

Mixeransicht | Nicht alle diese Sektionen sind im Cubase-Mixer gleichzeitig sichtbar und nicht alle Sektionen sind auch von Anfang an bereits geöffnet. Zum Umschalten der Ansicht von Sektionen finden Sie ebenso Schaltflächen vor ❶ wie zum Erweitern der Mixer-Anzeige um weitere Sektionen. Hierfür stehen zum einen Maximierungspfeile bereit, zum anderen eine Sektions-Schaltfläche.

▶ Eingangs-/Ausgangseinstellungen anzeigen ❷ (Busse einblenden)
▶ Mixerdarstellung groß ❸ (FX- und EQ-Sektionen einblenden)
▶ Mixerdarstellung klein ❹ (nicht abwählbar)

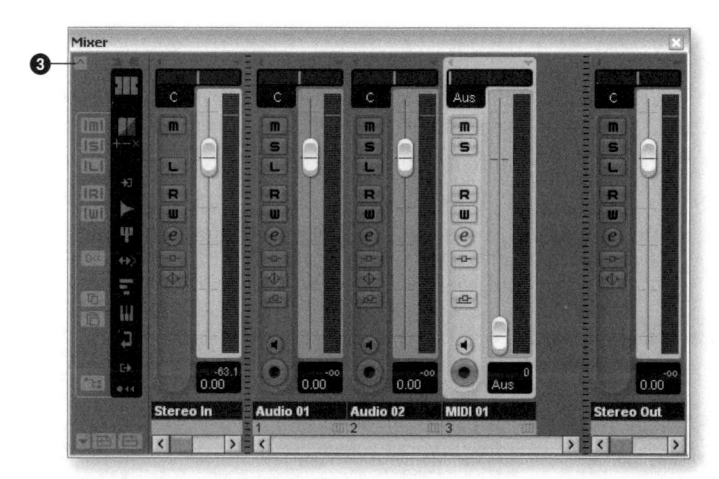

◀ **Abbildung 12.5**
Mixer 1 – Ansicht mit verringerter Höhe

Mixerdarstellung erweitern | In Abbildung 12.5 sehen Sie eine Ansicht des Hauptmixers mit verringerter Höhe. Um dessen Darstellung maximal zu erweitern, sodass alle gleichzeitig darstellbaren Elemente angezeigt werden, können Sie mit dem Mauszeiger jeweils auf die Erweiterungspfeile ❸ an der linken Seite klicken.

Grundfunktionen **417**

Abbildung 12.6 ▶
Mixer 1 – maximierte Ansicht

▼ **Abbildung 12.7**
Arbeiten mit mehreren Mixern auf zwei Monitoren

Abbildung 12.7 zeigt Ihnen zur Veranschaulichung eine Fensteranordnung, wie Sie mit der Nutzung von zwei Monitoren möglich ist. Auf diese Weise steht dem Hauptmixer der Platz eines kompletten Monitors zur Verfügung. Das hilft Ihnen beim Arbeiten mit vielen Spuren und Kanälen ganz erheblich. In der linken Hälfte sehen Sie zusätzlich Mixer 2, der eine eigene Darstellungsgröße und Konfiguration hat.

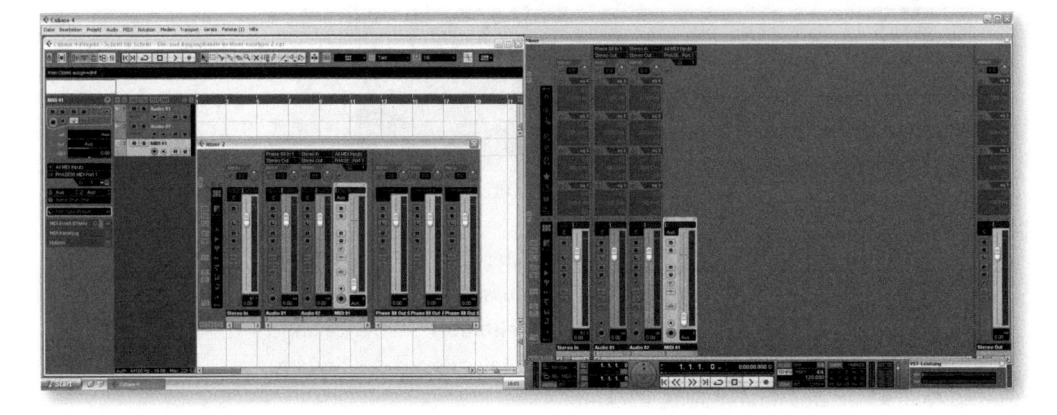

12.1.3 Kanal-Schaltflächen

Auch dann, wenn Sie die Mixerdarstellung noch nicht über das Maximierungskreuz erweitert haben, sehen Sie am linken Rand eine Anordnung von Schaltflächen. In der rechten Hälfte dieser Anordnung finden Sie Schaltflächen, um schnell auf bestimmte Kanaltypen zurückgreifen zu können. Diese dienen dabei zum Ein- und Ausblenden verschiedener Kanaltypen. Das verschafft beim Arbeiten mit dem Mixer mehr Übersicht und ist eine schier unerlässliche Hilfe beim Mix großer Projekte, bei denen Sie auf viele Spuren und Kanäle der unterschiedlichsten Art zurückgreifen.

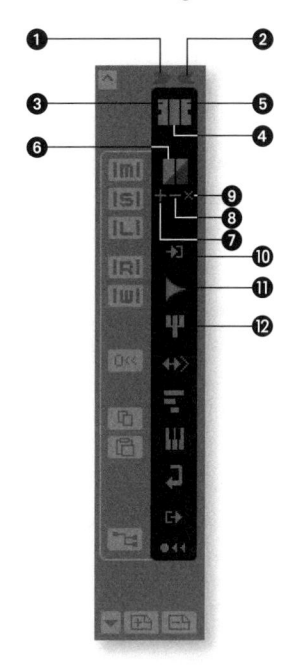

◀ **Abbildung 12.8**
Schaltflächen für die Ansicht horizontaler Kanäle

Die folgenden Optionen stehen Ihnen hierfür zur Verfügung:
- Alle Bearbeitungsziele breit/schmal ❶, ❷
- Befehle anwenden auf
    - Alle außer Eingangskanäle ❸
    - Ausgewählte Kanäle ❹
    - Alle außer Ausgangskanäle ❺
- Bereich »Ausblendbare Kanäle ausblenden« ❻
    - Kanalstatus AUSBLENDBAR für Ziel-Kanäle einschalten ❼
    - Kanalstatus AUSBLENDBAR von allen Ziel-Kanäle entfernen ❽
    - Kanalstatus AUSBLENDBAR von allen Kanälen entfernen ❾
- Eingangskanäle ausblenden ❿
- Audiokanäle ausblenden ⓫
- Gruppenkanäle ausblenden ⓬

Grundfunktionen **419**

- ReWire-Kanäle ausblenden ⑬
- MIDI-Kanäle ausblenden ⑭
- VST-Instrumentenkanäle ausblenden ⑮
- Effektkanäle ausblenden ⑯
- Ausgangskanäle ausblenden ⑰
- Alle Kanäle anzeigen ⑱

Mixerweite Kanalfunktionen | Die linke Hälfte der Schaltflächen bietet Ihnen einen globalen Zugriff auf einzelne Funktionen. Somit müssen Sie nicht erst mühsam sämtliche Spuren durchklicken und ein- bzw. ausblenden, um beispielsweise den STUMMSCHALTEN-Befehl für alle Spuren zugleich zu deaktivieren. Bei den Funktionen, auf die Sie hierbei mixerweit zurückgreifen können, handelt es sich um:

- **Stummschaltung für alle ausschalten** ⑲
  Sobald Sie für eine beliebige Spur im Mixer die Mute-Funktion aktiviert haben, leuchtet der globale Button MUTE auf. Indem Sie ihn deaktivieren, wird die Mute-Funktion für alle Spuren im Projekt aufgehoben.
- **Solo-Funktion für alle ausschalten** ⑳
  Für die Solo-Funktion gilt das Gleiche wie für die Mute-Funktion. Sobald Sie sie für einen Kanal aktiviert haben, leuchtet der globale Button SOLO auf. Deaktivieren Sie ihn, so wird die Solo-Funktion für alle Spuren im Projekt ausgeschaltet.
- **Listen-Funktion für alle ausschalten** ㉑
  Hier können Sie für alle Kanäle mit einem einzigen Knopfdruck das Abhören von Kanälen über den Listen-Bus deaktivieren.
- **Alle Automationsdaten lesen** ㉒
  Wenn Sie diesen Knopf betätigen, so aktivieren Sie für alle Kanäle im Projekt gleichzeitig die Read-Funktion für Automationsdaten.
- **Alle Automationsdaten schreiben** ㉓
  Benutzen Sie diesen Button, um zugleich für alle Kanäle im Projekt die Write-Funktion zu aktivieren und auf diese Automationsdaten schreiben zu können.
- **VST-Verbindungen anzeigen** ㉔
  Mithilfe dieses Tasters öffnen Sie das Fenster VST-VERBINDUNGEN. Wann immer Sie einen schnellen Zugriff auf die Konfiguration der VST-Eingänge, -Ausgänge, Gruppen/Effekte, Externe Effekte und Studioverbindungen haben möchten, sollte dies Ihre erste Wahl sein, um die Anzeige zu öffnen.
- **Mixer zurücksetzen** ㉕
  Mit dieser Funktion können Sie die Einstellungen von Kanälen wahlweise für die ausgewählten oder auch alle Kanäle des Mixers mit

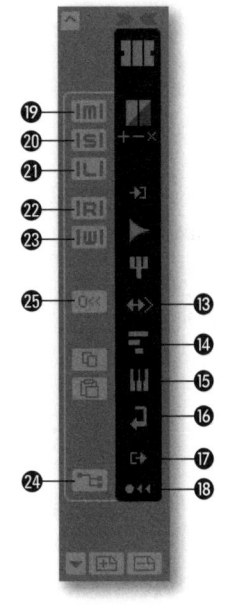

▲ **Abbildung 12.8**
Schaltflächen für die Ansicht horizontaler Kanäle (Wdh.)

einem einzigen Schritt zurücksetzen. Im Screenshot sehen Sie den Dialog mit der Optionsabfrage für diese Funktion. Mit dem Button NEIN können Sie die Aktion abbrechen.

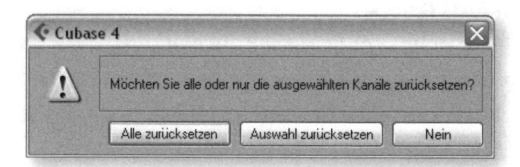

◄ **Abbildung 12.9**
Den Mixer zurücksetzen

12.1.4 Sektions-Schaltflächen

Über die Anwahl der Sektions-Schaltflächen bestimmen Sie, welche Sektionen im Mixer angezeigt werden bzw. auf welche Weise diese dargestellt werden sollen. Ausgenommen von diesen Darstellungsänderungen sind die Eingangs- und Ausgangskanäle sowie der Kanalzug des Audition-Busses. Außerdem gelten alle Änderungen der Sektionsdarstellungen nur für breit dargestellte Kanalanzeigen.

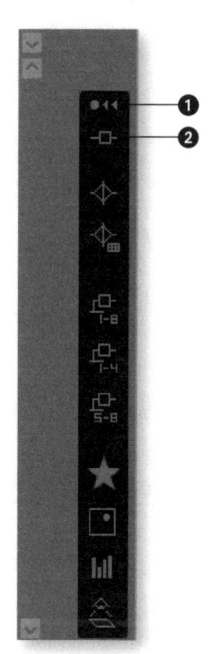

◄ **Abbildung 12.10**
Schaltflächen für die Ansichten der Sektionen

- **Kanalansichten löschen ❶**
  Mit diesem Taster unterbinden Sie für das komplette Mischpult die Anzeige aller Kanalelemente zwischen Eingangsbus (bzw. Kanalverstärkung) und den Darstellungsoptionen.
- **Alle Inserts einblenden ❷**
  Über diesen Taster blenden Sie mit einem Klick die Insert-Sektion für alle Kanäle ein.

▶ **Alle Equalizer einblenden ❸**
Mit einem Klick auf diesen Taster blenden Sie für alle Kanäle die Equalizer-Sektion ein.

▶ **Alle EQs mit Kurven anzeigen ❹**
Wählen Sie diese Schaltfläche, wenn Sie die Auswirkung der Equalizer auf den Frequenzverlauf aller Kanäle sehen möchten. Diese Funktion eignet sich besonders gut, um einen Einblick in die Funktionsweise und den Wirkungsgrad der EQs in Cubase zu bekommen.

▶ **Alle Sends einblenden ❺**
Mit diesem Button machen Sie alle Slots für Send-Effekte sichtbar. Bei dieser Darstellung wird aufgrund des zur Verfügung stehenden Platzes kein Wert für die Sendpegel angezeigt.

▶ **Sends 1 – 4 anzeigen ❻ / Sends 5 – 8 anzeigen ❼**
Platz für die Darstellung der Sendpegel gibt es aber bei den Anzeigen von »Viererpaketen« von Send-Effekten. Wahlweise stehen diese für die Sends 1 bis 4 bzw. 5 bis 8 bereit. Mit diesem Button stellen Sie jeweils eines dieser Viererpakete von Send-Effekten dar.

[»] ▶ **Studio-Sends anzeigen ❽**
Hierüber aktivieren Sie die Anzeige der bis zu vier Studio-Sends zum Anlegen eines Cue-Mixes in Cubase (nicht verfügbar in Cubase Studio 4).

[»] ▶ **Surround-Panner anzeigen (wo benötigt) ❾**
Nicht immer können Surround-Panner eingeblendet werden. Wo möglich (also bei Audio-, Effekt- und Gruppenkanälen in Cubase), können Sie diese aber mithilfe dieses Buttons anzeigen lassen (nicht verfügbar in Cubase Studio 4).

▶ **Große Pegelanzeigen einblenden ❿**
Bei diesem Taster erscheint zwar als Tooltip der Text ALLE ANZEIGEN EINBLENDEN, doch steckt etwas ganz anderes dahinter: eine große Pegelanzeige, die eine genauere Bearbeitung von Kanalpegeln erlaubt.

▶ **Kanalübersicht anzeigen ⓫**
Wenn Sie über diese Schaltfläche die Kanalübersichten aktivieren, können Sie anhand dieser auf einen Blick sehen, in welchem Kanal Sie Insert- ⓬ und Send-Effekte ⓭ verwenden und in welchem Kanal Sie Equalizing ⓮ nutzen. Leuchtet ein Eintrag auf, so ist der entsprechende Effekt/EQ in Benutzung und greift aktiv in den Klang des Signals im Kanal ein. Mit einem Mausklick auf diese Anzeige können Sie den jeweiligen Effekt oder Equalizer auch ausstellen, um den Klang des Kanals ohne diesen Bearbeitungsschritt anzuhören.

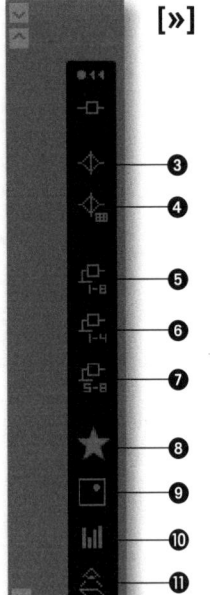

▲ **Abbildung 12.10**
Schaltflächen für die Ansichten der Sektionen

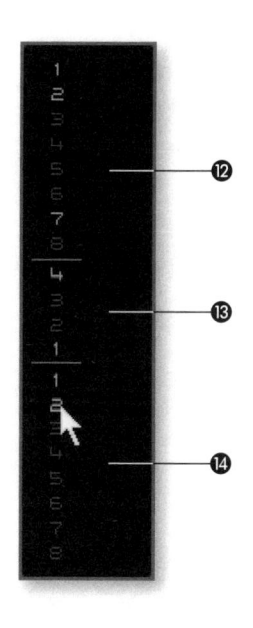

◀ **Abbildung 12.11**
Kanalübersicht für
Inserts, EQs und
Sends

12.2 Kanaloptionen

12.2.1 Auswahl von Kanälen

Kanäle wählen Sie im Mixer aus, indem Sie entweder mit dem Mauszeiger auf den gewünschten Kanal gehen und einen Klick mit der linken Maustaste ausführen oder aber die zugehörige Spur im Projektfenster auswählen.

Ist ein Kanal ausgewählt, so bestimmen Sie damit automatisch auch dessen Spuren-Pendant im Projektfenster. Aus diesem Grund sollten Sie im Zusammenhang mit dem Kanalauswahl-Button vorsichtig mit der [Entf]-Taste umgehen.

Mehrere Kanäle auswählen | In manchen Arbeitssituationen ist es sinnvoll, mehrere Kanäle zugleich auszuwählen. Dies erreichen Sie, indem Sie die [Strg]/[⌘]-Taste drücken, während Sie den neuen, zusätzlichen Kanal auswählen. Um mehrere nebeneinander liegende Kanäle in nur zwei Schritten auszuwählen, gehen Sie wie folgt vor: Bestimmen Sie, wo die Reihe von nebeneinander liegenden Kanälen beginnt, die Sie gemeinsam auswählen möchten, indem Sie den äußersten Kanal (z. B. äußerst links) per Mausklick anwählen.

Zu beachten gilt es, dass diese Funktion leider nicht für die Eingangs-, Ausgangs- oder Audition-Kanäle gilt. Halten Sie die [⇧]-Taste gedrückt, während Sie per Mausklick bestimmen, bei welchem Kanal die Auswahl enden soll. Alle Kanäle zwischen den beiden markierten werden nun automatisch der Kanalauswahl hinzugefügt.

Abbildung 12.12 ▼
Mehrfachauswahl von Kanälen im Mixer

Beachten Sie, dass die ausgewählten Kanäle automatisch scharfgeschaltet werden. Um einen einzelnen Kanal wieder aus der Auswahl zu entfernen, klicken Sie diesen bei gehaltener [Strg]/[⌘]-Taste mit der Maus an – fertig.

12.2.2 Kanaldarstellung

Oberhalb des Panning-Reglers finden Sie bei jedem Kanalzug im Cubase-Mixer eine Anordnung von Schaltflächen für die Optionen des jeweiligen Kanals.

Abbildung 12.13 ▶
Auswahl für Kanalbreite ❶, Kanalstatus ❷ und Auswahl des erweiterten Kanalstatus ❸

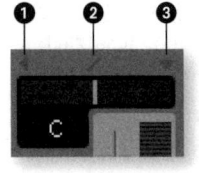

Über die Kanalbreiten-Schaltflächen ❶ können Sie wählen, ob ein Kanal schmal oder breit dargestellt werden soll. Die Dreiecks-Symbole zeigen deshalb entweder

- nach rechts (schmale Darstellung aktiviert) oder
- nach links (breite Darstellung aktiviert).

◀ **Abbildung 12.14**
Anzeige der Kanalbreiten-Schaltfläche

Bei der Arbeit mit schmalen Kanaldarstellungen lassen sich zwar mehr Kanäle zugleich auf dem Monitor anzeigen, doch aufgrund der verkleinerten Darstellung gibt es auch Nachteile. So werden bei Kanälen in schmaler Darstellung etwa die Eingangs- und Ausgangsbusse sowie die Kanalverstärkung nicht angezeigt. Außerdem ist bei schmalen Kanälen anstelle von FX- oder EQ-Ansichten ausschließlich die Kanalübersicht verfügbar.

▼ **Abbildung 12.15**
Unterschiedliche Kanalweiten und ihre Darstellung

12.2.3 Kanäle verbinden

Zu den weiteren Kanalfunktionen gehört unter anderem das Verbinden von Kanälen. Verbundene Kanäle können Sie durch einen einzigen Klick auf einen einzelnen der zur Kanalverbindung gehörenden Kanäle alle gemeinsam verändern.

Dies ist zum Beispiel sehr hilfreich beim Einstellen von Lautstärkeverhältnissen: Haben Sie für einige Kanäle bereits eine optimale Einstellung gefunden? Dann verbinden Sie sie und regeln Sie sie im Mix gemeinsam. Dies setzen Sie um, indem Sie die Kanäle in einer Auswahl zusammenfassen und auf die Kanäle die Quick-Kontext-Funktion KANÄLE VERBINDEN anwenden.

[■] *Schritt für Schritt: Kanäle verbinden*

1 Kanäle einstellen

[○]
Schritt für Schritt
– Kanäle verbinden.
cpr

Stellen Sie sicher, dass die grundlegenden Kanalparameter, wie Lautstärke und Panning, bei den zu verbindenden Kanälen (vorerst) nach Ihren Wünschen eingestellt sind. In unserem Beispieltrack stellen Sie die Lautstärke für Kanal 2 auf –3 dB, für Kanal 3 auf –6 dB und für Kanal 4 auf –9 dB ein.

2 Kanäle auswählen

Fassen Sie die Kanäle 2 bis 4 in einer Auswahl zusammen, um diese miteinander verbinden zu können. Das Zusammenfassen erfolgt entweder durch Drücken der [Strg]/[⌘]-Taste während der Anwahl eines neuen Kanalauswahl-Buttons oder indem Sie eine zusammenhängende Kanalauswahl durch gehaltene [⇧]-Taste erzeugen.

3 Ausgewählte Kanäle verbinden

Öffnen Sie mit einem Klick auf die rechte Maustaste das Quick-Kontextmenü des Mixers. Hier wählen Sie KANÄLE VERBINDEN.

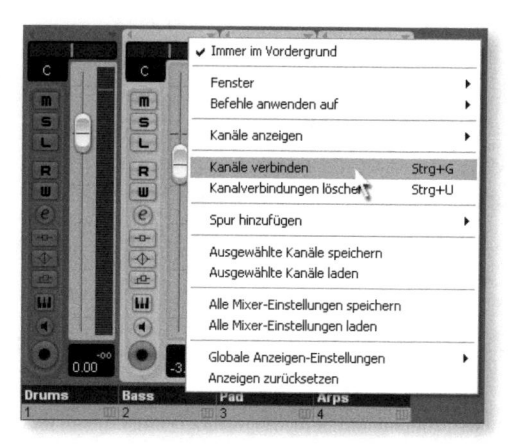

4 Einstellungen vornehmen

Nun können Sie für die verbundenen Kanäle Aktionen im Verbund durchführen. Bewegen Sie einen der Kanalfader nun auf- oder abwärts. Sie werden feststellen, dass diese Aktion auf allen verbundenen Kanälen zugleich ausgeführt wird.

Innerhalb eines Kanalverbundes können Sie einzelne Kanäle separat neu justieren, indem Sie den Kanalfader bei gehaltener Alt-Taste bewegen. Um den Verbund im Ganzen aufzuheben, wählen Sie aus dem Quick-Kontextmenü einfach KANALVERBINDUNGEN LÖSCHEN. ■

Logarithmischer Verbund

Eine Besonderheit gibt es noch beim Bewegen der Lautstärkefader von verbundenen Kanälen: Wenn diese sich an unterschiedlichen Lautstärkepositionen befinden, werden Sie zueinander nicht etwa linear, sondern automatisch im logarithmischen Verhältnis geführt. Das hat mit der Beschaffenheit des menschlichen Gehörs, den allgemeinen Hörgewohnheiten und vor allem mit dem Lautstärkeeindruck von Pegelwerten zu tun.

Probieren Sie es aus: Je mehr sich die Regler im unteren, leiseren Bereich bewegen, desto enger werden sie geführt – je weiter Sie die Fader hochfahren, desto größer wird deren Abstand zueinander.

Leider gibt es nur eine Ebene für Kanalverbindungen und nicht etwa eine hierarchische Staffelung mehrerer Kanalverbindungen. Auch das parallele Nutzen mehrerer Kanalverbindungen ist leider nicht möglich. Sollte Ihnen aus diesen Gründen das herkömmliche Verbinden von Kanälen nicht genügen, so sind andere Mix-Techniken gefragt.

Hierarchische Kanalverbindungen/-kombinationen | Eine Lösung zum Erstellen einer hierarchischen Kanalverbindung kann es sein, Gruppenkanäle anzulegen, in welche Sie jeweils mehrere Einzelkanäle einspeisen. Die Pegel der Einzelkanäle richten Sie dabei innerhalb der Gruppen aneinander aus. Die Pegel der Gruppenkanäle stellen Sie wiederum aufeinander ab. Wenn Sie diese nun miteinander verbinden, können Sie mit diesem kleinen Trick die gruppierten Einzelspuren gemeinsam regeln.

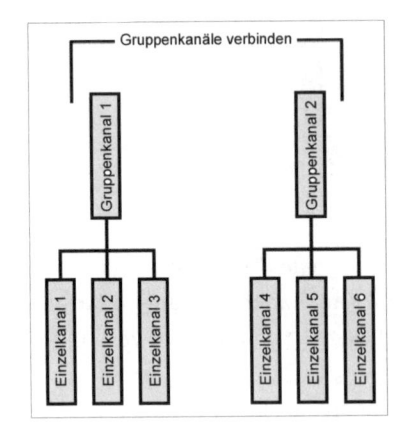

Abbildung 12.16 ▶
Hierarchische Kanalverbindung

12.3 Globale Anzeigen-Einstellungen

Im Quick-Kontextmenü des Mixers finden Sie unter GLOBALE ANZEIGEN-EINSTELLUNGEN ein Untermenü, mit dessen Hilfe Sie die Darstellungsgrundlage der Pegelanzeigen und deren Verhalten bei der Anzeige von Spitzenpegelwerten bestimmen können.

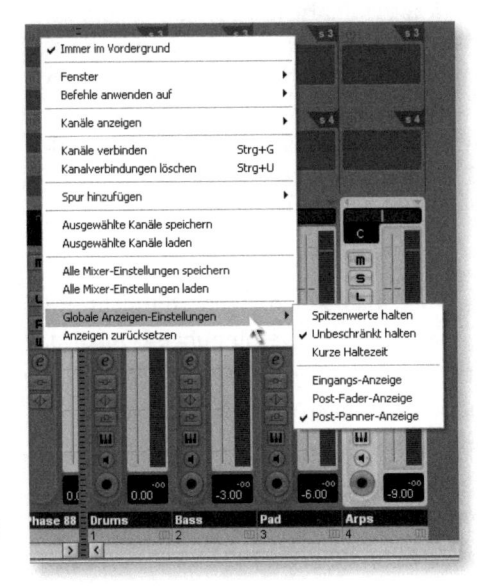

Abbildung 12.17 ▶
Quick-Kontextmenü des Mixers

12.3.1 Spitzenwert-Verhalten der Pegelanzeigen

Im Screenshot in Abbildung 12.18 sehen Sie, dass über den Anzeigeblöcken der Lautstärkeanzeigen bei einigen Kanälen waagerechte Striche zu erkennen sind. Hierbei handelt es sich um gehaltene Pegelspitzen. Die waagerechten Striche geben also an, wie hoch der maximale Pegel eines Kanals zuletzt war.

◀ **Abbildung 12.18**
Gehaltene Spitzenwertanzeige

Signalübersteuerungen erkennen | Das hilft Ihnen dabei, kurzzeitige Signalübersteuerungen auch dann zu erkennen, wenn die betreffende Position im Projekt längst durchlaufen ist. Für das Schaffen einer digitalen Aussteuerungsreserve (dem so genannten Headroom) ist zudem das Halten der Pegelspitzen beim Einstellen digitaler Pegel von Vorteil.

Spitzenwertanzeige einstellen | Im Quick-Kontextmenü des Mixers stehen Ihnen verschiedene Einstellungen für die Spitzenwertanzeige zur Auswahl:

▶ **Spitzenwerte halten**
  Setzen Sie hier einen Haken, wenn Sie möchten, dass die Spitzenwertanzeige aktiv sein soll.
▶ **Unbeschränkt halten**
  Wenn Sie diese Option anwählen, werden die äußersten Pegelspitzen sowohl während der Wiedergabe als auch beim Stoppen des Projekts gehalten. Die Spitzenwertanzeige wird während der Wiedergabe nur dann erneuert, wenn ein höherer Spitzenwert auftritt. Nach dem Stoppen wird er erneuert, wenn die Wiedergabe startet.
▶ **Kurze Haltezeit**
  Durch Anwahl dieser Option veranlassen Sie, dass die Anzeige der Spitzenwerte nach einer kurzen Haltezeit erneuert wird. Dadurch

Globale Anzeigen-Einstellungen

kommen in der Regel auch Korrekturen der Spitzenwertanzeigen nach unten vor.
Achtung! Damit diese Option funktioniert, muss zwar als Voraussetzung die Option SPITZENWERTE HALTEN aktiviert, aber es darf nicht zugleich die Option UNBESCHRÄNKT HALTEN angewählt sein.

Die Spitzenwertanzeige wird bei einem Kanal automatisch gelöscht, wenn Sie dessen Lautstärke verändern oder in das Feld des Pegelwertes klicken.

12.3.2 Darstellungsgrundlage der Pegelanzeigen

Die Pegelanzeige der Kanäle kann sich auf verschiedene Grundlagen beziehen – je nachdem wo im Signalfluss das Signal abgegriffen wird. Folgende Grundlagen können Sie für die Darstellung der Pegelanzeigen wählen:

- **Eingangs-Anzeige**

  Wählen Sie diese Option, wenn Sie möchten, dass die Pegelanzeigen Ihnen die Lautstärke des Eingangssignals (nach Eingangsverstärkung) anzeigen sollen. Auf diese Weise können Sie vermeiden, dass Sie übersteuerte Signale aufnehmen. Diese führen bei digitalen Aufnahmen zu unerwünschten Clippings, die sich in einem Klicklaut äußern, der Audio-Signale in der Regel unbrauchbar macht.

- **Post-Fader-Anzeige**

  Standardmäßig ist diese Option als Darstellungsgrundlage für die Pegelanzeigen voreingestellt. Die Pegelanzeigen zeigen hierbei die Lautstärke des Audio-Signals eines Kanals an, nachdem Sie es mit dem Lautstärkefader reguliert haben. Die Stereoverteilung des Signals durch das Panning wirkt sich jedoch nicht auf die Pegelanzeigen aus.

- **Post-Panner-Anzeige**

  Mit dieser Einstellung zeigen die Pegelanzeigen die Signallautstärke des Kanals hinter dem Panning an. Somit geben die Pegelanzeigen also auch wieder, wie sich die Stereoverteilung des Kanalsignals lautstärketechnisch auswirkt.

[»] Bitte beachten Sie, dass die Option POST-PANNER-ANZEIGE nicht in der Programmausführung Cubase Studio 4 verfügbar ist.

12.4 Preset-Verwaltung

Neu in Cubase 4 ist die Möglichkeit, Presets für Insert-Belegungen und Equalizer-Einstellungen sowie für komplette Spureinstellungen anlegen zu können. Diese können für Audio-, MIDI- oder auch Instrumentenspuren verwendet werden und machen die für den Klang einer Spur relevanten Parameter abrufbar.

In diesem Unterkapitel finden Sie Erläuterungen zu diesen Presets. Wenn Sie sich für das Anlegen von Mixer-Presets für einzelne oder mehrere Kanäle oder auch für Presets von globalen Mixer-Einstellungen interessieren, sollten Sie hingegen einen Blick in den Abschnitt 12.5, Speicher- und Kopierfunktionen des Mixers, werfen.

Obwohl die Buttons für die Anwahl der Preset-Funktion des Mixers ausschließlich im Inspector zu finden sind, thematisiere ich diese Buttons erst hier, da sich deren Einfluss unmittelbar auf den Mixer auswirkt und die Kenntnis der Grundfunktionen des Cubase-Mixers und seiner Kanaloptionen voraussetzt.

12.4.1 Spur-Presets

Bei den verschiedenen Spurtypen werden unterschiedliche Parameter in den Spur-Presets gespeichert. Welche Parameter dies bei neu angelegten Spur-Presets konkret sind, können Sie der folgenden Tabelle entnehmen.

	Audiospur	Instrumentenspur	MIDI-Spur
Audio-Inserts	✔	✔	–
Audio-Equalizer	✔	✔	–
Faderposition	✔	✔	–
Stereo-Panorama	✔	✔	–
Eingangs-Gain	✔	✔	–
Eingangs-Phase	✔	✔	–
MIDI-Inserts	–	✔	✔
MIDI-Spurparameter	–	✔	✔
Parameter des Eingangsumwandlers	–	✔	✔
VSTi-Parameter	–	✔	✔
Parameter des Notensystems	–	✔	✔
Farbeinstellungen	–	✔	✔

◄ Tabelle 12.1
Gespeicherte Einstellungen in Spur-Presets nach Spurtyp

> **Multispur-Presets**
>
> Sie können auch mehrere Spuren zugleich auswählen und deren Einstellungen als Multi-Spur-Preset speichern. Im Unterschied zu den herkömmlichen Speicherfunktionen des Mixers, für den die Zielspuren in ihrer Art und Beschaffenheit bereits zuvor bereitstehen müssen, werden beim Aufrufen von Multispur-Presets automatisch die benötigten Spurtypen geöffnet.

Zur Auswahl von Spur-Presets steht Ihnen beim Klick auf das Feld SPUR-PRESET ANWENDEN der SoundFrame-Browser zur Verfügung.

Abbildung 12.19 ▶
Öffnen des SoundFrame-Browsers für Spur-Presets

Hierin finden Sie die folgenden Bereiche zur Navigation durch mögliche Presets.

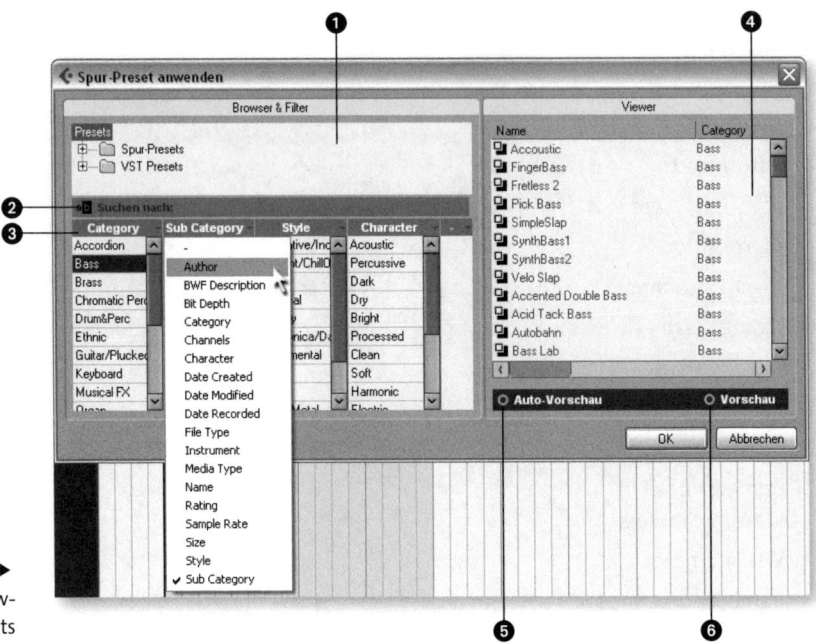

Abbildung 12.20 ▶
SoundFrame-Browser für Spur-Presets

Browser | Im Browser-Bereich ❶ können Sie bestimmen, welche Art von Spur-Presets im Viewer angezeigt werden soll. Dadurch können

Sie die Anzahl der dort angezeigten Spur- und VST-Presets einschränken. Wählen Sie beispielsweise im Browser den Ordner SPUR-PRESETS an, so werden im Viewer automatisch alle VST-Presets ausgeblendet. Um eine Gesamtansicht der verfügbaren Presets zu erhalten, sollte hier deshalb (wie im Screenshot zu sehen) der Oberordner PRESETS ausgewählt sein.

Filtersuche | Die Filtersuche ❷ erleichtert Ihnen das Stöbern nach Presets, indem Sie Suchbegriffe eingeben können, nach welchen die Filtersuche die Kategorien, Subkategorien usw. der Presets durchsucht.

Kategoriesuche | Mithilfe der Kategoriesuche ❸ der Filterfunktion können Sie die Auswahl der im Viewer angezeigten Sound-Presets genauer spezifizieren und dadurch in ihrer Anzahl einschränken. Zu diesem Zweck stehen Ihnen die verschiedenen Spalten des Filters zur Verfügung. Hier werden Eigenschaften der Presets nach den vorgegebenen Gruppen KATEGORIE, SUBKATEGORIE, STILE und (Klang-)CHARAKTER unterschieden. Über diese Vorgabe hinaus können Sie aber auch eine eigene Auswahl für die Klassifizierung von Presets wählen. Dies ist vor allem beim Anlegen und Aufrufen eigener Presets hilfreich. So können Sie aus der Dropdown-Liste für ein Filterkriterium z. B. auch nach Autor eines Presets unterscheiden.

Weiterführende Hinweise und Workshops, z. B. zur Detailsuche, finden Sie in Kapitel 13.

Viewer | Um Presets auszuwählen, können Sie den Viewer ❹ heranziehen. Ob es sich dabei um ein Spur- oder ein VST-Preset handelt, stellen Sie anhand des Symbols vor dem Namen eines Presets fest.

Auto-Vorschau | Bei aktivierter Auto-Vorschau ❺ hören Sie, wie sich das ausgewählte Preset auf den Klang der Spur auswirkt. Hierbei handelt es sich um einen Button, dessen Funktion auch beim Schließen des SoundFrame-Browsers aktiv bleibt.

Vorschau | Entgegen der Auto-Vorschau handelt es sich bei dem Vorschau-Button ❻ um einen Taster, über den Sie einen Eindruck davon bekommen, wie das ausgewählte Preset klingen wird.

Für beide Vorschau-Funktionen muss vor der Auswahl des Presets im Viewer das Projekt abgespielt werden (z. B. bei eingeschaltetem Cycle-Modus). Auf der betreffenden Spur müssen sich selbstverständlich wiederzugebende Daten befinden. Die Vorschau-Funktionen für Multispur-Presets sind aufgrund deren Architektur nicht verfügbar.

12.4.2 Insert-Presets

Bei Audio- und Instrumentenspuren finden Sie im Inspector auf der Registerkarte INSERT-EFFEKTE einen Button mit dem SoundFrame-Symbol ❶. Mit einem Mausklick hierauf öffnen Sie ein Auswahlmenü für die Verwaltung von Insert-Presets. Über dieses Menü können Sie:

- Presets aus einer selbst angelegten Liste aufrufen ❷
- Presets speichern ❸
- Presets entfernen ❹
- Presets umbenennen ❺
- Aus bestehenden Spur-Presets extrahieren ❻

Beim Aufrufen des letzten Punkts wird der SoundFrame-Browser geöffnet. Bei Auswahl eines Presets werden dann solche Parameter eines Spur-Presets auf die ausgewählte Spur angewendet, die sich auf die Verwendung von Insert-Effekten beziehen.

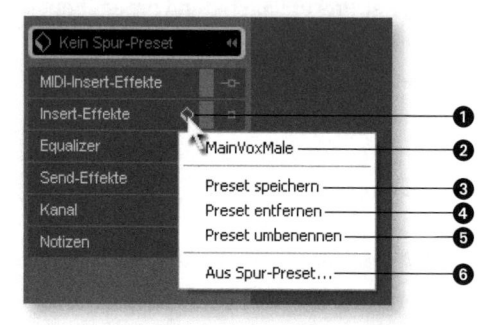

Abbildung 12.21 ▶
Verwaltung von Insert-Presets

> **Presets bei MIDI-Spuren**
>
> Bei Verwendung von MIDI-Spuren finden Sie analog zu den Insert-Presets der Audio- und Instrumentenspuren ein Menü für Presets von MIDI-Insert-Effekten.

[■] *Schritt für Schritt: Insert-Preset anwenden*

[●]
Schritt für Schritt
– Insert-Presets
anwenden.cpr

1 *SoundFrame-Browser öffnen*
Öffnen Sie das zugehörige Cubase-Projekt zu diesem Workshop und klicken Sie dann für die Spur DRUMS im Inspector auf der Registerkarte INSERT-EFFEKTE auf den Button mit dem SoundFrame-Symbol ❶. Aus dem sich öffnenden Menü wählen Sie den Eintrag AUS SPUR-PRESET ... ❷.

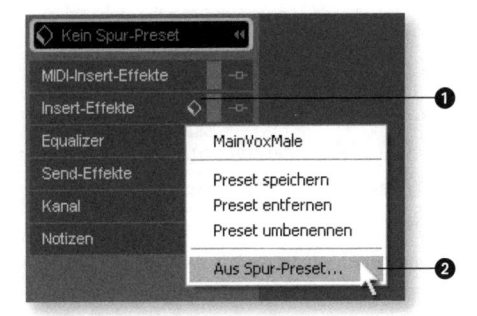

2 Preset-Filter nutzen

Schränken Sie die Anzahl der im Viewer angezeigten Presets durch die Vergabe von Filterkriterien ein. In unserem Fall klicken Sie mit der Maus unter CATEGORY auf DRUM&PERC ❸ sowie unter SUB CATEGORY auf DRUMSET ❹. Der Viewer ❺ enthält nun alle verfügbaren Spur-Presets für Drumsets.

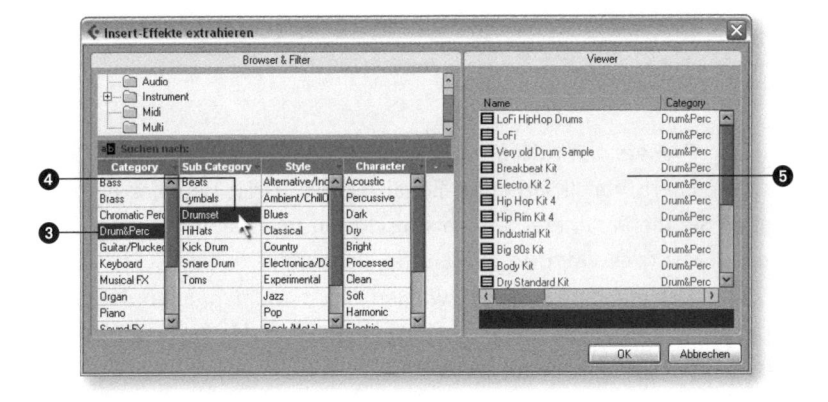

3 Preset auswählen

Wählen Sie aus dem Viewer des SoundFrame-Browsers ein Preset, aus welchem die Insert-Effekte extrahiert werden sollen. Für die Schlagzeugspur in unserem Beispielprojekt wählen Sie das Preset POWER STANDARD KIT.

4 Ergebnis überprüfen

Hören Sie sich das Klangresultat an und entscheiden Sie, ob für Ihren persönlichen Geschmack die geladenen Einstellungen des Presets noch modifiziert werden könnten. In unserem speziellen Fall ist das Ergebnis ein satterer Schlagzeugsound, der nun druckvoller ist und mehr räumliche Tiefe bietet. ■

12.4.3 Equalizer-Presets

Das Aufrufen und Anlegen von Equalizer-Presets funktioniert wie dasjenige von Insert-Presets. Allerdings stehen Ihnen, sozusagen »von Hause aus«, beim Klick auf das SoundFrame-Logo auf der Registerkarte EQUALIZER deutlich mehr vorgegebene Presets zur Verfügung, aus denen Sie wählen können.

Ein ausgewähltes, also »aktives« Preset erkennen Sie am Auswahlhaken in der Preset-Liste.

```
Be a Bass
Guitar Limiter
Guitar Limiter 2
Phoneline
Bass Boost
✓ Drum-Percussion

Preset speichern
Preset entfernen
Preset umbenennen

Aus Spur-Preset...
```

Abbildung 12.22 ▶
Auswahl der Equalizer-Presets

12.4.4 Presets verwalten

Das Speichern von Insert- und Equalizer-Presets ist denkbar einfach. Stellen Sie die Parameter wie gewünscht ein und wählen Sie aus dem Menü PRESETVERWALTUNG den Eintrag PRESET SPEICHERN.

Zum Löschen eines Presets wählen Sie dementsprechend PRESET ENTFERNEN. Vergewissern Sie sich aber anhand des Auswahlhakens, dass das richtige Preset ausgewählt ist.

12.4.5 SoundFrame

Das mit Cubase 4 eingeführte SoundFrame-Konzept ermöglicht es Ihnen, mit einem einzigen Browser sowohl Presets für Audio-, Instrumenten- und MIDI-Spuren als auch für VST-Instrumentenkanäle sowie Kanalverbindungen (Multispur-Presets) zu verwalten.

Dadurch können Sie Mediendateien verwalten, indem Sie ihnen zusätzlich zur Dateibezeichnung weitere eindeutige Bezeichner zuweisen, so genannte »Tags«. Die Kategorisierung von Presets erfolgt in der MediaBay von Cubase und ermöglicht Ihnen auch die Suche nach einem bestimmten Klang von Presets. Dies gelingt, indem Sie mithilfe des SoundFrame-Browsers nach Preset-Attributen wie beispielsweise »Dark«, »Soft«, »Dissonant«, »Bright« o. Ä. suchen.

SoundFrame-Funktionen erkennen Sie am zugehörigen Symbol.

▲ **Abbildung 12.23**
SoundFrame-Symbol

12.5 Speicher- und Kopierfunktionen des Mixers

Durch zahlreiche Speicherfunktionen haben Sie in Cubase die Möglichkeit, den kompletten Mixer oder auch einzelne Kanäle oder Kanalgruppen abzuspeichern und in anderen Projekten wieder zu öffnen. Das ist eine unwahrscheinliche Arbeitserleichterung, die außerhalb der virtuellen Mixing-Welt nur bei Digital-Mischpulten zur Verfügung steht. Dort spricht man vom »Total Recall«, wenn ein Mischpult alle Parameter abspeichern und auch wieder laden kann. Auch das ist in Cubase möglich.

12.5.1 Kanäle speichern und laden

Das Abspeichern und Laden der kompletten Einstellungen einzelner Kanäle und ganzer Kanalverbünde ist in Cubase kinderleicht. Probieren Sie es einfach selbst einmal aus.

Schritt für Schritt: Einzelne Mixerkanäle speichern [.]

1 Kanäle bestimmen
Legen Sie fest, welche Kanäle Sie abspeichern möchten. Treffen Sie hierzu wie gewohnt Ihre Auswahl von einem oder mehreren Mixerkanälen über die Kanalauswahl-Button und die ⌐⇧⌐- bzw. die ⌐Strg⌐/⌐⌘⌐-Taste. In unserem Beispielfall soll dies der Kanal DRUMS sein.

[O]
Schritt für Schritt – Einzelne Mixerkanäle speichern.cpr

2 Kanäle speichern
Öffnen Sie über die rechte Maustaste das Quick-Kontextmenü für den Mixer und wählen Sie AUSGEWÄHLTE KANÄLE SPEICHERN.

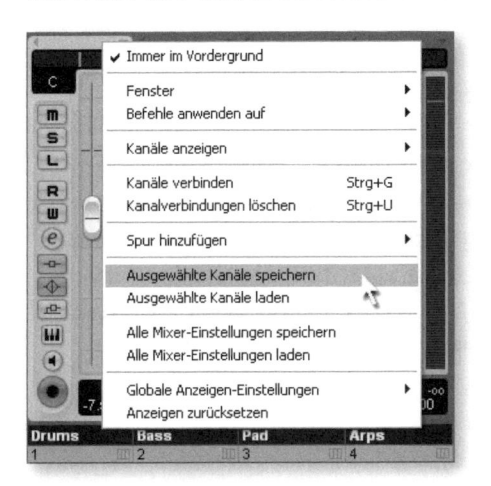

3 Datei anlegen

Bestimmen Sie einen Dateinamen mit Wiedererkennungswert für die abzuspeichernden Kanaleinstellungen, wie in unserem Beispiel »LoFi-Drums«. Diese werden als File mit der Dateinamenerweiterung ».vmx« abgelegt.

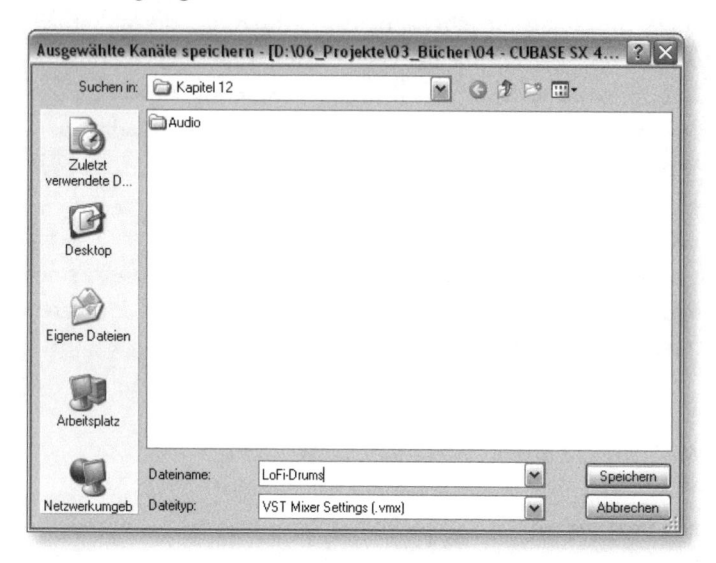

Vorteilhaft ist es auch, wenn Sie einen zentralen Ordner für sämtliche abgespeicherte Mixerkanäle anlegen. So können Sie auch bei der Arbeit mit zukünftigen Projekten auf bewährte Kanaleinstellungen sowie deren Insert- und EQ- oder sogar Send-Einstellungen zurückgreifen. Vergessen Sie in letzterem Fall nicht, den Effektkanal gleich mit der Kanalauswahl abzuspeichern. ■

Wenn Sie gespeicherte Kanäle laden möchten, so gehen Sie dazu wie folgt vor …

Schritt für Schritt: Mixerkanäle laden

1 Kanal auswählen

Wählen Sie für einige Parameter des Kanals DRUMS andere Werte, um für dieses Beispiel eine typische Bearbeitungssituation zu imitieren. Sie können hier beispielsweise auch die Insert-Effekte entfernen. Wählen Sie dann den Kanal DRUMS aus, um die zuvor abgespeicherten Einstellungen für diesen Kanal laden zu können.

2 Kanal laden
Öffnen Sie über die rechte Maustaste das Quick-Kontextmenü für den Mixer und wählen Sie AUSGEWÄHLTE KANÄLE LADEN.

3 Datei öffnen
Wählen Sie die Datei »LoFi-Drums.vmx« und bestätigen Sie mit ÖFFNEN. Nun können Sie mit den geladenen Kanaleinstellungen weiterarbeiten. ■

12.5.2 Mixer-Einstellungen speichern und laden
Das Speichern und Laden der Parameter des kompletten Mixers ist in Cubase ebenfalls möglich. Da dies per definitionem alle Kanäle umfasst, müssen Sie hierfür keine Kanäle auswählen, sondern können direkt aus dem Quick-Kontextmenü den Eintrag ALLE MIXER-EINSTELLUNGEN SPEICHERN bzw. ALLE MIXER-EINSTELLUNGEN LADEN wählen.

Sollte der bestehende virtuelle Mixer nicht über die gleiche Anzahl von Kanälen verfügen wie der Mixer, dessen Einstellungen Sie laden, so werden nur die ersten Kanäle geladen, nicht aber neue Kanäle erzeugt. Ein automatisches Hinzufügen von Kanälen beim Laden ist also nicht möglich.

12.5.3 Mixerdarstellung speichern
Auch das Abspeichern von Presets für die konkrete Darstellung des kompletten Mixers ist in Cubase möglich und denkbar einfach. Hierfür wählen Sie die Funktion MIXER-ANSICHT-PRESET SPEICHERN. Beachten Sie, dass es sich hierbei lediglich um Darstellungs-Presets handelt. Es werden zwar Mixer-Aufteilung, eingeblendete Sektionen u. Ä. gespeichert, nicht aber die Einstellungen von Kanalparametern.

Zum Löschen von Presets für die Mixeransicht wählen Sie analog zum Anlegen der Presets das Blatt-Symbol mit dem Minuszeichen. Dadurch wird das aktuelle verwendete Preset aus der Liste gelöscht und ist fortan nicht mehr verfügbar. Aber Vorsicht: Es ist kein Undo möglich!

Schritt für Schritt: Mixer-Preset speichern

1 Speicherung vorbereiten
Öffnen Sie den Mixer und richten Sie die Anzeigen wie gewünscht ein. Öffnen Sie dann den Dialog MIXER-ANSICHT-PRESET SPEICHERN mit einem Mausklick auf das Blatt-Symbol mit dem Pluszeichen ❶.

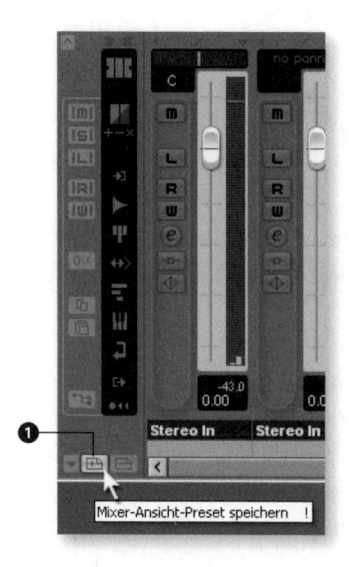

2 Preset speichern

Speichern Sie das Preset, indem Sie ihm im sich öffnenden Dialog einen Namen zuweisen und mit OK bestätigen.

Sie können auch zwischen verschiedenen Presets wechseln, indem Sie auf die Auswahl MIXER-ANSICHT-PRESETS klicken und dort das Preset Ihrer Wahl laden.

12.5.4 Kanaleinstellungen kopieren

Wie wäre es, wenn Sie die mühsam erarbeiteten Einstellungen eines Kanals kopieren und für einen anderen Kanal im Mixer nutzen könnten? In Cubase kein Problem. Zu den kopierten Parametern gehören nicht nur die Bus-Einstellungen eines Kanals, sondern über die grundlegenden Parameter Eingangsverstärkung, Panning und Lautstärke hinaus auch alle Equalizer-Einstellungen, Send-Routings sowie sogar die integrierten Insert-Effekte. Kanaleinstellungen können Sie in Cubase kopieren, indem Sie einen Kanal so einrichten, dass er Ihnen als Grundlage für weitere Kanäle dienen kann (z. B. für mehrere Gesangsspuren).

Die Kanaleinstellungen kopieren Sie, indem Sie den als Grundlage dienenden Kanal auswählen und die Schaltfläche mit dem Symbol eines doppelten Blattes ❷ betätigen. Hinter dem Button mit dem doppelten Blatt versteckt sich die Funktion EINSTELLUNGEN DES ERSTEN ausgewählten Kanals kopieren. (Das Kopieren von Kanälen über die Tastaturkombinationen [Strg]/[⌘] + [C] und [Strg]/[⌘] + [V] ist in Cubase 4 leider nicht mehr möglich.) Die kopierten Kanaleinstellungen befinden sich jetzt im Zwischenspeicher. Wählen Sie nun den Zielkanal aus und fügen Sie die Einstellungen aus der Zwischenablage mittels Tastatur-Shortcuts ein. Mit einem Klick auf den Button mit dem Clipboard-Symbol können Sie dann nachfolgend die Aktion Einstellungen auf ausgewählte Kanäle anwenden durchführen.

Beachten Sie beim Kopieren von Kanaleinstellungen auch die Kompatibilität von Kanälen: Nicht alle Parameter eines Kanals sind auf beliebige andere Kanaltypen anwendbar.

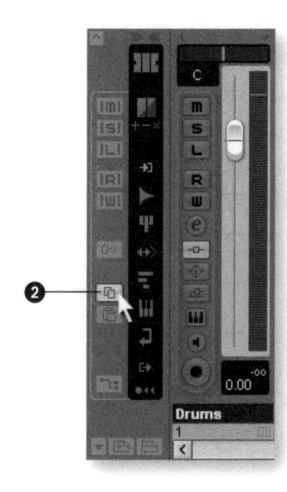

◀ **Abbildung 12.24**
Kopieren von Kanaleinstellungen

Kanäle schnell ansteuern | Die Arbeit mit der Kanal-Liste eignet sich besonders bei der Arbeit mit sehr vielen Kanälen zum schnellen Ansteuern eines Kanals im Mixer. Denn sobald Sie einen Kanal in der Liste ausgewählt haben, wird der horizontale Scrollbalken des Mixers so weit verschoben, dass Sie den ausgewählten Kanal im Mixer sehen können.

> **Strategische Auswahl treffen**
>
> Um zu vermeiden, dass die Mixer-Ansicht Ihrer Produktionen allzu unübersichtlich wird, sollten Sie auf Alternativen zurückgreifen, wie etwa das Routing mehrerer Einzelkanäle in einen Gruppenkanal, der die benötigten Effekte enthält, oder auch das Nutzen des Ebenenmodus von Spuren. Denn gleichartige Spuren sind manches Mal nicht wirklich ausgelastet und können bei effizienterer Nutzung das Anlegen von zusätzlichen (gleichartig »bestückten«) Spuren überflüssig machen.

12.6 Spezialfunktionen

Neben auf den ersten Blick ersichtlichen Bedienfunktionen des Cubase-Mischpultes verstecken sich auch noch einige weitere hilfreiche Tools für den Mixer hinter Schaltflächen und Tastaturkombinationen. Diese möchte ich Ihnen hier näher vorstellen.

12.6.1 Kanäle ausblenden

Das abwärts zeigende Dreiecks-Symbol über jedem Kanal symbolisiert nicht nur die Auswahl für eine individualisierte Direktanwahl der Kanaldarstellung (z. B. Inserts, EQ, Sends), sondern auch eine Auswahlmöglichkeit für die Ausblendbarkeit von Mixerkanälen. Dies kann Ihnen besonders dann zu mehr Übersicht verhelfen, wenn Sie mit sehr vielen und mit vielen verschiedenen Kanälen arbeiten.

Damit Mixerkanäle ausgeblendet werden können, müssen diese zunächst als »ausblendbar« deklariert werden. Dazu öffnen Sie beim betreffenden Kanal über die Schaltfläche mit dem Dreiecks-Symbol ❶ das Menü zum Individualisieren des auszublendenden Kanals und wählen dort die Kanaleigenschaft AUSBLENDBAR an.

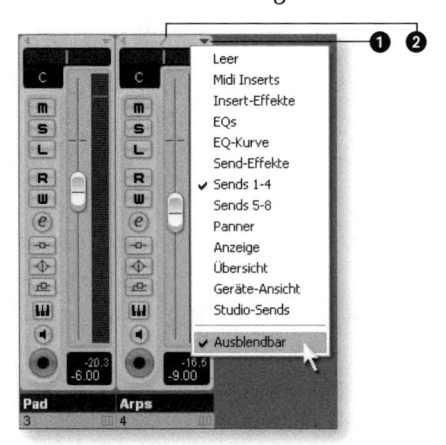

Abbildung 12.25 ▶
AUSBLENDBAR-Status von Mixerkanälen aktivieren

Ausblendbare Kanäle werden im Mixer durch einen schrägen Balken oberhalb des Panning-Reglers gekennzeichnet ❷. Bei gehaltener Alt -Taste können Sie hierüber auch eine direkte Umstellung des Status AUSBLENDBAR durch einen Klick auf den Button AUSBLENDEN ausführen. Sofern inaktiv, wird dieser Button jedoch erst gehighlighted, sobald Sie mit dem Mauszeiger darüber fahren.

Haben Sie diesen Status aktiviert, können Sie über die Schaltfläche AUSBLENDBARE KANÄLE AUSBLENDEN alle Kanäle, für die Sie die Eigenschaft AUSBLENDBAR aktiviert haben, mit einem Klick zum Verschwinden bringen.

◀ **Abbildung 12.26**
Anzeige aller ausblendbaren Kanäle deaktivieren

12.6.2 Solo ablehnen

Mit einem Mausklick auf den Solo-Button eines Kanals bei gleichzeitig gehaltener [Alt]-Taste schließen Sie den betroffenen Kanal von der automatischen Stummschaltung aus, sobald die Solo-Funktion eines anderen Kanals ausgeführt wird. Die Solo-Schaltfläche eines Kanals, für den die Solo-Funktion abgelehnt wird, leuchtet bei aktiviertem Solo ablehnen orange und enthält den Buchstaben D, der für »deny« (englisch: verweigern) steht. Diese Funktion ist in komplexen Arrangements hilfreich, wenn bestimmte Kanäle stets »offen«, also hörbar, sein sollen.

◀ **Abbildung 12.27**
Solo-Button im Status Solo ablehnen

12.7 Control Room

Der in Cubase 4 neu vorgestellte Mixer-Bereich »Control Room« ermöglicht es Ihnen, mehrere Monitormixes zu erstellen, welche Sie den Musikern (z. B. per Kopfhörersignal) zur Verfügung stellen können. Praktischerweise können Sie die Kanäle des Control Rooms auch mit Insert-Effekten, wie etwa einem Kompressor, versehen.

[»] Bitte beachten Sie, dass Ihnen diese Funktion ausschließlich in Cubase, nicht jedoch in der Programmausführung Cubase Studio 4 zur Verfügung steht.

12.7.1 Control Room aktivieren

Im Control Room sind nur solche Kanäle sichtbar, die Sie diesem zuvor auch zugewiesen haben. Bevor Sie jedoch im Menü GERÄTE den Control Room-Mixer bzw. die Control-Übersicht anzeigen lassen können, müssen Sie den Control Room einschalten. Dies geschieht, indem Sie im Menü GERÄTE • VST-VERBINDUNGEN auf der Registerkarte STUDIO den Button CONTROL ROOM AUSSCHALTEN ❶ deaktivieren. Dadurch wird die Schaltfläche KANAL HINZUFÜGEN ❷ freigegeben.

Abbildung 12.28 ▼
Control Room aktivieren

Mit einem Klick auf die Schaltfläche KANAL HINZUFÜGEN erscheint eine Auswahl für den neu zu erstellenden Control Room-Kanal. Dabei sind die Geräte-Ports von Eingängen gelb, von Ausgängen türkis hinterlegt.

Abbildung 12.29 ▶
Auswahl der Kanäle für den Control Room-Mixer

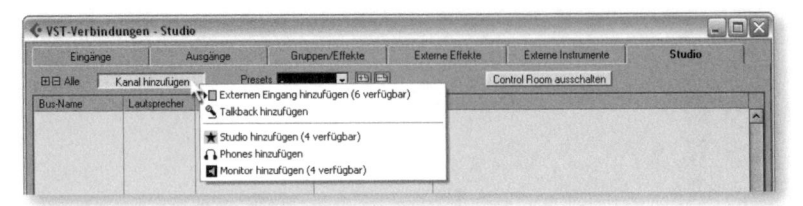

Für das Hinzufügen von Kanälen stehen Ihnen die folgenden Optionen zur Auswahl:

▶ **Externen Eingang hinzufügen**
Erzeugt bis zu sechs Kanäle für externe Eingänge, die zum Abhören von externen Klangquellen, wie etwa Abspielgeräten, dienen.

▶ **Talkback hinzufügen**
Erzeugt einen Monoeingang, der einen Talkback-Kanal speist, über welchen der Techniker mit den Musikern sprechen kann.

▶ **Studio hinzufügen**
Erzeugt bis zu vier Kanäle für eigenständige Cue-Mixes, die Sie den Musikern bereitstellen können.

▶ **Phones hinzufügen**
Erzeugt einen Stereoausgang zum Abhören der Cue-Mixes, der Signalsumme oder der externen Eingänge.

▶ **Monitor hinzufügen**
Erzeugt bis zu vier Kanalgruppen zum Abhören von Signalen über verschiedene Monitor-Konfigurationen, wie Mono-, Stereo- oder Surround-Setups.

◀ **Abbildung 12.30**
Neu hinzugefügte Kanäle für den Control Room

Achtung, doppelte Belegung möglich!

Zwar können Studiokanäle keinen Hardware-Ein- und Ausgängen zugewiesen werden, die bereits von externen Effekten oder externen Instrumenten verwendet werden. Jedoch können Ein- und Ausgänge zugewiesen werden, welche bereits als Ein- bzw. Ausgang in Verwendung sind. Überprüfen Sie deshalb stets, ob die auf der Registerkarte STUDIO vergebenen Geräte-Ports tatsächlich noch ungenutzt sind, um unangenehme Überraschungen zu vermeiden.

12.7.2 Main-Mix festlegen

Bei Verwendung von mehr als nur einem Stereopaar als Ausgangskanäle müssen Sie im Fenster VST-VERBINDUNGEN festlegen, welcher Ausgang als »Main Mix« auch durch den Control Room geleitet wird.

Hierfür wählen Sie aus dem Menü GERÄTE • VST-VERBINDUNGEN und lassen dort die Registerkarte AUSGÄNGE anzeigen. Öffnen Sie nun mit der rechten Maustaste das Kontextmenü desjenigen Busses, den Sie als Main Mix bestimmen möchten, und wählen Sie für diesen den Punkt [BUSNAME] ALS MAIN MIX DEFINIEREN an. Fertig!

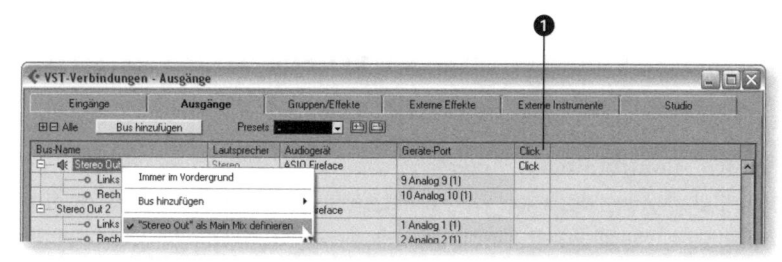

◀ **Abbildung 12.31**
Ausgangsbus als Main Mix festlegen

Control Room **445**

12.7.3 Click einem Bus zuweisen

Auch den Click können Sie einem Ausgangsbus fest zuweisen. In Abbildung 12.31 sehen Sie, dass der Click beispielsweise über den Bus STEREO OUT ausgegeben wird. Sobald Sie in der Zeile eines Bus-Namens in das Feld der Spalte CLICK ❶ klicken, wird dieser für den jeweiligen Bus aktiviert bzw. deaktiviert. Dieselbe Zuweisung ist auch unmittelbar über den Control Room-Mixer möglich.

12.7.4 Control Room-Übersicht

Über das Menü GERÄTE • CONTROL ROOM-ÜBERSICHT können Sie sich ein Diagramm des aktuell verwendeten Control Room-Setups anzeigen lassen. Dabei werden angelegte Control Room-Kanäle dunkelblau dargestellt ❷, nicht zugewiesene optionale Kanäle hellblau ❸. Aktive Signalfluss-Verbindungen werden als kleine grüne Kästchen angezeigt ❹. Die Darstellung der Control Room-Übersicht findet »on the fly« statt, bedarf also keiner manuellen Aktualisierung. Da die Oberfläche der Control Room-Übersicht interaktiv ist, können Sie Signalfluss-Verbindungen hier auch direkt per Mausklick aktivieren/deaktivieren.

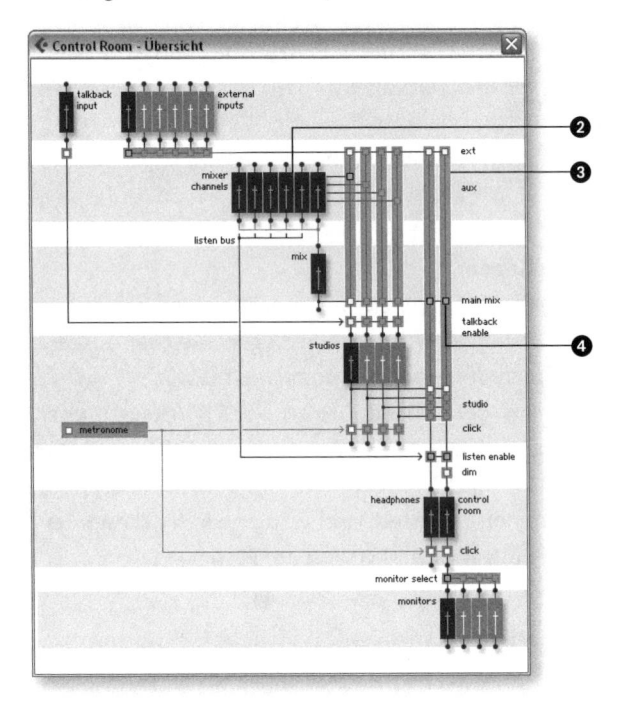

Abbildung 12.32 ▶
Control Room-Übersicht

12.7.5 Control Room-Mixer

Wie beim Mixer des Projekts, so haben Sie auch beim Control Room-Mixer die Möglichkeit, mithilfe der Erweiterungspfeile ❺ zu einer erweiterten Ansicht zu gelangen.

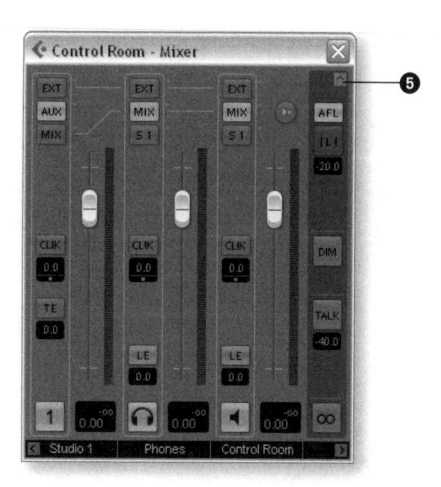

◀ **Abbildung 12.33**
Control Room-Mixer in Standardansicht

Bei voller Ansicht (Abbildung 12.34) sehen Sie der Reihe nach von links nach rechts angeordnet die externen Eingänge ❶, die Studio-Kanäle, den Phones- und den Control Room-Kanal. Rechts davon finden Sie eine Sektion mit Schaltflächen für verschiedene Abhörfunktionen ❷ sowie rechts außen einen Bereich zur Modifikation der verwendeten Busse für Monitor-Lautsprecher ❸.

Inserts im Control Room-Mixer anzeigen | Um die Slots für den Einsatz von Insert-Effekten anzeigen zu lassen, müssen Sie mit der Maus auf den Button mit dem Anzeigen-Symbol ❹ klicken. Für die Ausgabekanäle stehen Ihnen sowohl sechs Pre-Fader- als auch zwei Post-Fader-Inserts zur Verfügung. Externe Eingänge besitzen ausschließlich sechs Pre-Fader-Inserts, da für sie kein Fader zur Verfügung steht.

Externe Quelle auswählen | Neu gegenüber dem Projekt-Mixer ist die direkte Auswahlmöglichkeit einer externen Quelle ❺ für die Kanäle des Control Room-Mixers. Hier wählen Sie zunächst aus, welcher Bus für die externe Signalspeisung herangezogen werden soll.

Quelle für Studio-Kanäle auswählen | Für jeden Kanal des Control Room-Mixers finden Sie eine Button-Sektion ❻ vor, in welcher Sie dessen Signalquelle festlegen können. Hierbei handelt es sich wahlweise um
- die in ❺ ausgewählte externe Quelle (Button EXT)
- die Aux-Sends (Button AUX)
- den Main Mix (Button MIX)
- die Studio-Sends (Button S1 bis S4, je nach Anzahl der angelegten Studio-Busse)

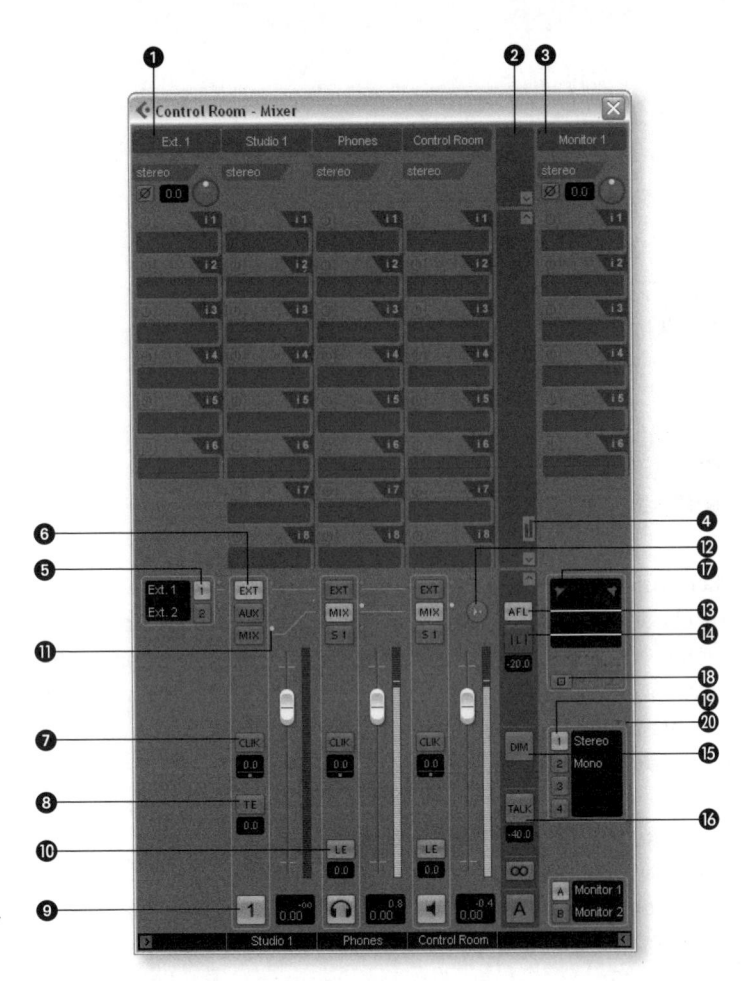

Abbildung 12.34 ▶
Control Room-Mixer in erweiterter Ansicht

Click für Control Room-Kanäle | Mit dem CLICK-Button ❼ können Sie den Click für jeden Wiedergabekanal einschalten. Im Feld darunter regeln Sie für jeden Kanal individuell die Lautstärke des Clicks sowie dessen Panorama.

Talkback für Control Room-Kanäle | Für die Studio-Kanäle, welche die Cue-Mixes für die Musiker bereitstellen, können Sie sowohl die Talkback-Funktion ❽ für diesen Kanaltyp aktivieren als auch den Lautstärkeanteil des Talkbacks bestimmen.

Aktivierung von Kanälen | Sobald Sie im Menü GERÄTE • VST-VERBINDUNGEN • STUDIO Verbindungen für die Busse von Kanälen anlegen, sind diese auch im Control Room-Mixer vorhanden und aktiv. Wenn Sie einzelne Kanäle vorübergehend deaktivieren möchten, ohne deren Kanalverbindungen zu löschen, so haben Sie die Möglichkeit, diese einfach mittels des Kanalbuttons ❾ zu deaktivieren bzw. danach problemlos wieder zu aktivieren.

Listen-Funktion für Ausgang | Wenn Sie diesen Button ❿ für den Kanal CONTROL ROOM oder PHONE aktivieren, so können Sie darauf die Signale derjenigen Kanäle des Projekt-Mixers hören, für welche Sie die Listen-Funktion (Button L) aktiviert haben. Unmittelbar unter dem Aktivierungsknopf können Sie außerdem die Lautstärke für das hinzugemischte Listen-Signal regeln.

Überprüfen des Control Room-Mixers auf anliegende Signale | Um zu überprüfen, ob im Control Room-Mixer ein Signal an einem bestimmten Kanal anliegt, können Sie sich einige kleine virtuelle Lämpchen ⓫ zunutze machen. Sie aktivieren diese Funktion, indem Sie im Dialog DATEI • PROGRAMMEINSTELLUNGEN unter VST • CONTROL ROOM den Punkt SIGNALANZEIGEN aktivieren.

Referenzpegel verwenden | Mit diesem Button ⓬ können Sie auf die Schnelle für die Control Room-Ausgabe auf einen Referenzpegel umschalten, der sich von den vorgegeben 0 dB unterscheidet. Die Voreinstellung hierfür nehmen Sie über DATEI • PROGRAMMEINSTELLUNGEN • CONTROL ROOM • REFERENZPEGEL vor.

After-Fader-Listen | Der Button AFL ⓭ gibt Ihnen die Chance, das Listen-Signal mit »After Fader Level« zu hören. Das heißt, dass das Signal der Kanäle, für welche die Listen-Funktion aktiv ist, von hinter dem Lautstärkeregler des Quellkanals eingespeist wird. Bei nicht aktiviertem AFL-Button erfolgt die Einspeisung des Signals in den Phones- bzw. Control Room-Kanal dementsprechend mit PFL, also mit »Pre-Fader Level«.

Listen-Funktion | Mit diesem Button ⓮ können Sie mit einem Mal die Listen-Funktion für alle Kanäle des Projekt-Mixers deaktivieren. Darunter finden Sie eine Pegelanwahl zum Einstellen des Dim-Pegels für die Listen-Funktion. Dieser bestimmt, wie laut der Main Mix wiedergegeben wird, wenn die Listen-Funktion für einen oder mehrere Kanäle eingeschaltet ist. Dadurch haben Sie die Möglichkeit, mit der Listen-Funktion abgehörte Kanäle im Kontext mit dem Main Mix zu hören. Wenn Sie hier einen Wert von minus unendlich einstellen, sind nur die Kanäle zu hören, für die die Listen-Funktion aktiv ist. Bei allen anderen Einstellungen ist der Main Mix mit niedrigerem Pegel hörbar.

Signal dimmen | Der DIM-Button ⓯ ermöglicht Ihnen das Herunterregeln der Lautstärke auf einen vorgegebenen Wert, ohne dabei den eingestellten Monitorpegel zu verlieren. Standardmäßig liegt die gedimmte Signallautstärke bei -30 dB. Wie schon für den Referenzpegel des Control Room-Kanals, so können Sie auch den Wert des Dim-Pegels in den Programmeinstellungen bestimmen. Hierfür gehen Sie über DATEI • PROGRAMMEINSTELLUNGEN • CONTROL ROOM • DIM-PEGEL.

Talkback aktivieren | Dieser Button ❿ aktiviert die Einspeisung des Signals des Talkback-Kanals in diejenigen Kanäle des Control Rooms, für welche das Talkback eingeschaltet ist. Unmittelbar unterhalb des Buttons können Sie den Talkback-Pegel regeln.

Wenn Sie in den Programmeinstellungen unter DATEI • PROGRAMMEINSTELLUNGEN • CONTROL ROOM den Punkt TALKBACK WÄHREND DER AUFNAHME AUSSCHALTEN aktivieren, so können die Musiker nicht durch Signale des Talkback-Kanals gestört werden.

Lautsprecher getrennt abhören | Durch Anklicken der Symbole einzelner Lautsprecher in der Übersichtsanzeige ⓱ können Sie diese auf SOLO stellen und separat über diese abhören. Um die Funktion aufzuheben, können Sie den Button SOLO FÜR LAUTSPRECHER AUFHEBEN ⓲ betätigen.

Bei Surround-Konfigurationen stehen Ihnen außerdem Funktionen zur Verfügung, die es Ihnen ermöglichen, verschiedene Lautsprecher-Sets getrennt abzuhören (z. B. nur Front, nur Rear).

Nächstes Down-Mix-Preset auswählen | Über diesen Button ⓳ können Sie zwischen den verschiedenen Down-Mix-Presets wechseln. Sie finden die Down-Mix-Presets rechts unten im erweiterten Control Room-Mixer. Hier haben Sie auch direkt die Möglichkeit, zwischen verschiedenen Konfigurationen von Monitor-Setups auszuwählen. Die verschiedenen Down-Mix-Presets können über unterschiedliche Einstellungen und Bestückungen für Eingangsparameter und Inserts verfügen. Um dies zu verdeutlichen, wird hier auch die Bezeichnung »Preset« verwendet.

Eine Besonderheit versteckt sich noch als unscheinbarer kleiner Dreicksbutton ⓴ in der rechten oberen Ecke im Bereich der Down-Mix-Presets. Über diesen Button können Sie das MixConvert-Fenster des Control Rooms aufrufen. Hierüber können Sie die verschiedenen Down-Mix-Konfigurationen für Mehrkanalsignale im Detail bearbeiten (z. B. von 5.1 auf Stereo).

◀ **Abbildung 12.35**
Ausgabe von Surround-Kanälen auf Stereo-Setups

12.8 Automation

Bei der vorhandenen Vielzahl von Möglichkeiten, um die Regler sämtlicher Kanalparameter im Mixer einzustellen, ist es von Vorteil, dass Sie in Cubase beinahe alle Regelvorgänge abspeichern und wieder abrufen können. Damit meine ich nicht nur statische Zustände, sondern auch ganze Verläufe von Regelungsvorgängen. Auf diese Weise verfügen Sie virtuell über eine schier unendliche Anzahl von Händen, die regeln, verschieben und einstellen können. Das kann zwar auch zum absoluten »FX-Overkill« führen, wenn zu viele vordergründige Dinge laufend im Mix verändert werden, aber eine gewisse »Lebendigkeit« macht zumindest in der Produktion von Popmusik heutzutage oftmals einen fesselnden Mix aus.

12.8.1 Automationsdaten aufnehmen und wiedergeben

Hierbei hilft Ihnen die Mixer-Automation, mit der Sie Steuervorgänge des Cubase-Mixers, wie etwa Lautstärkeänderungen, Panning, Effektverhältnisse und vieles mehr, abspeichern und wiedergeben können.

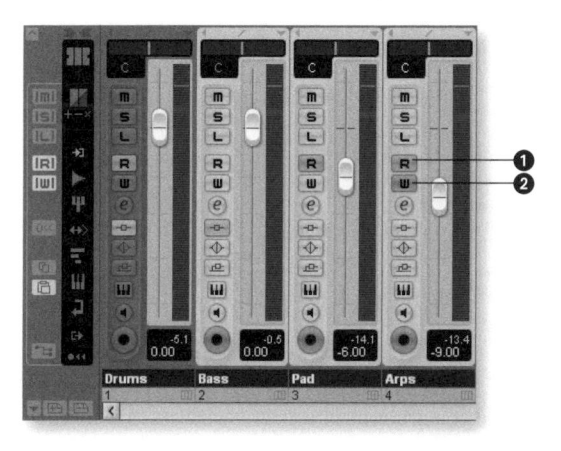

◀ **Abbildung 12.36**
READ- ❶ und
WRITE-Schaltfläche
❷ im Mixer

Write-Funktion | Hier als Beispiel eine kurze Step-Anleitung, mit deren Hilfe Sie sich an einer einfachen Automation eines Lautstärkeverlaufs versuchen können. Dabei werden Sie die Lautstärke eines Kanals ausblenden und diese Lautstärkeveränderung aufnehmen:

[▪] *Schritt für Schritt: Automationsdaten des Mixers aufzeichnen*

1 Automationsvorbereitungen

[○]
Schritt für Schritt
– Automationsdaten des Mixers aufzeichnen.cpr

Führen Sie testweise einen Vorgang durch, in dem Sie ausprobieren, wie das gewünschte Automationsergebnis klingen soll. Hierbei bewegen Sie als Beispiel während der Wiedergabe des Projekts den Panning-Regler des Pad-Kanals. Auf diese Weise können Sie die Signalauslenkungen, deren Bewegungen aufgezeichnet werden sollen, ausprobieren, bis Ihnen das Soundergebnis gut gefällt.

2 Spur auf bestehende Daten prüfen

Stellen Sie rechtzeitig über die zugehörige Automations-Unterspur im Sequenzerbereich sicher, dass sich auf der gewünschten Spur keine Automationsdaten befinden, die Sie beibehalten wollen, oder wählen Sie einen anderen Automationsmodus (siehe weiter unten).

Die Prüfung erfolgt durch Öffnen der ersten Automations-Unterspur der Pad-Spur und einen Blick in die Parameterliste. Wurden für diese Spur/diesen Kanal bereits Automationsdaten aufgezeichnet, so erscheint ein Sternchen vor dem Eintrag des aufgezeichneten Parameters.

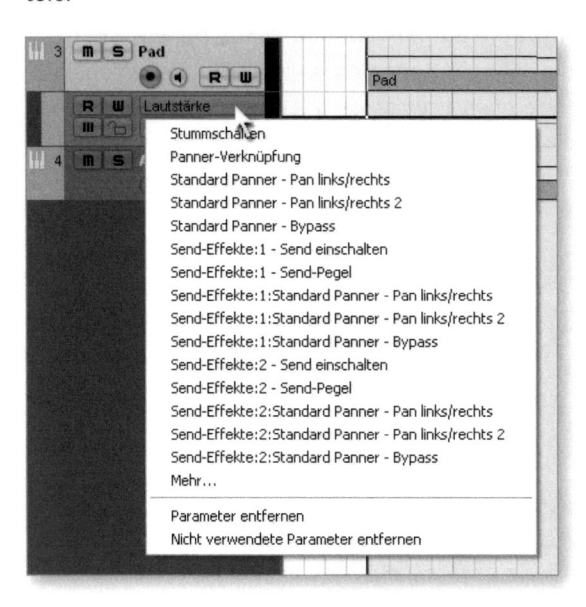

3 Startposition festlegen

Um den Automationsverlauf rechtzeitig ausführen zu können, benötigen Sie in der Regel eine gewisse Vorlaufzeit (Preroll). Stellen Sie diesen Wert im Transportfeld des Beispieltracks auf einen Takt ein und aktivieren Sie das Preroll ❶.

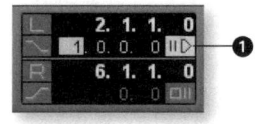

4 Schreiben der Automationsdaten aktivieren

Schalten Sie beim Pad-Kanal den WRITE-Button für das Schreiben von Automationsdaten ein.

5 Projekt abspielen

Indem Sie das Projekt abspielen, startet die Aufnahme der Automationsdaten. Diese werden auf den entsprechenden Automations-Unterspuren derjenigen Spur abgelegt, die zum Mixerkanal gehört, für den Sie die Automations-Aufnahmebereitschaft aktiviert haben.

Bewegen Sie während der Wiedergabe den Panning-Regler zuerst nach ganz links, dann langsam bis zur äußersten rechten Position.

(Zum Aufzeichnen von Automationsdaten müssen Sie **nicht** den Aufnahmeknopf betätigen! Andernfalls löschen Sie ggf. den Inhalt der jeweiligen Spur.)

6 Write-Funktion deaktivieren

Stoppen Sie die Wiedergabe des Projekts und schalten Sie die Write-Funktion für den Pad-Kanal aus. ■

Die vorgenommene Automation lässt sich selbstverständlich über die Automations-Unterspuren im Sequenzerbereich des Projektfensters auch noch nachträglich korrigieren. Sie müssen also einen Automationsverlauf nicht zwangsläufig sofort absolut perfekt durchführen. Oftmals geht es deutlich schneller, wenn Sie einen »näherungsweisen« Durchlauf aufzeichnen und diesen dann über Automations-Unterspuren verbessern oder sogar komplett nachbilden.

Read-Funktion | Damit die Regler des Mixers sich wie von Geisterhand bewegen und die geschriebenen und bearbeiteten Automationsdaten also gelesen werden können, müssen Sie nur die Lesen-Funktion für die entsprechende Spur bzw. den entsprechenden Kanal einschalten. Dies geschieht über den mit R bezeichneten READ-Button im Mischpult, dem Spureneintrag, dem Inspector-Menü oder aber über das Fenster der VST-Kanaleinstellungen.

[●]
Schritt für Schritt
– Automationsdaten des Mixers aufzeichnen 3.cpr

Paralleles Read und Write | Der Write-Modus sollte nur dann zusätzlich zum Read-Modus eingeschaltet sein, wenn Sie beabsichtigen, bereits geschriebene Automationsdaten während ihres Abrufs »on the fly« abzuändern. Andernfalls sollten Sie sich einschärfen, den Write-Modus nach dem Aufzeichnen stets auszuschalten!

Probieren Sie das Abrufen und Abspielen aufgezeichneter Automationsdaten einmal mit unserem DVD-Track »Schritt für Schritt – Automationsdaten des Mixers aufzeichnen 3.cpr« aus. Aktivieren Sie einfach den Read-Modus des Pad-Kanals und lauschen Sie dem Ergebnis …

12.8.2 Automationsmodus wählen

Die Werkzeugzeile zeigt standardmäßig ein Auswahlmenü der zur Verfügung stehenden Automationsmodi an. In der Dropdown-Liste ❶ stehen Ihnen fünf verschiedene Modi zur Verfügung, anhand derer Sie vorgeben können, wie aufgezeichnete Automationsdaten verarbeitet werden sollen. Verwechseln Sie das Aufzeichnen von Automationsdaten per Write-Funktion aber nicht mit der Funktion der Audio- oder MIDI-Aufnahme! Dies sind zwei grundverschiedene Vorgänge.

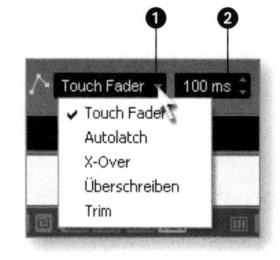

Abbildung 12.37 ▶
Automationsmodus-Auswahlmenü der Werkzeugzeile

Unmittelbar neben der Auswahl der Automationsmodi finden Sie die Anzeige für die AUTOMATIONS-REAKTIONSGESCHWINDIGKEIT ❷. Dieser Wert gibt an, mit welcher Reaktionszeit vom aktuell aufgezeichneten Automationswert zur ursprünglichen Automationskurve zurückgekehrt werden soll, sobald die Aufnahme beendet wird.

Touch-Fader | In diesem Modus zeichnen Sie Automationsdaten auf, sobald Sie ein Steuerelement anklicken. Ebenso, wie die Aufnahme berührungs-sensitiv beginnt, stoppt sie auch beim Loslassen des Steuerelements.

Das Gleiche gilt auch für das Ansprechen von Steuerelementen über externe DAW-Controller, wie beispielsweise Steinberg Houston, Yamaha 01x oder ähnliche.

Autolatch | Mit der Auswahl des Autolatch-Modus zeichnen Sie ebenfalls Automationsdaten auf, sobald Sie ein Steuerelement berühren. In diesem Modus stoppt die Aufnahme der Automationsdaten allerdings erst, wenn Sie die Wiedergabe beenden oder die Write-Funktion für Automationsdaten ausschalten.

> **Aufzeichnen im Autolatch-Modus**
>
> Ein Vorteil des Autolatch-Modus ist beispielsweise das vereinfachte Aufnehmen längerer Passagen mit demselben Parameterwert. Während Sie im Touch-Fader-Modus den entsprechenden Regler (z. B. einen EQ-Gain-Regler) für die gewünschte Dauer halten müssten, können Sie ihn im Autolatch-Modus loslassen und lediglich die Aufnahme an der gewünschten Stelle stoppen.

X-Over | Der X-Over-Modus ermöglicht Ihnen das Schaffen nahtloser Übergänge von Automationsdaten während der Aufnahme. Dem Grundsatz nach funktioniert die Aufnahme der Daten wie im Autolatch-Modus. Werden jedoch bestehende Automationsdaten erreicht, schaltet sich die Aufnahme automatisch aus.

Überschreiben | Der Überschreiben-Modus bezieht sich ausschließlich auf die Automation von Kanalpegeln. In diesem Modus überschreiben Sie vorhandene Automationsdaten. Ähnlich dem Autolatch-Modus müssen Sie die Fader dabei nicht permanent halten oder berühren, um die Automationsdaten zu schreiben. Es genügt das Starten der Wiedergabe. Der Aufnahmevorgang stoppt mit dem Deaktivieren der Write-Funktion. Hier ist also Vorsicht geboten!

> **Achtung beim Verwenden des Überschreiben-Modus**
>
> Die aufgezeichneten Pegeldaten werden tatsächlich so lange geschrieben, bis die Write-Funktion deaktiviert wird. Das heißt, dass selbst dann aufgezeichnet wird, wenn Sie keinen der betroffenen Fader mit Fingern oder Maus berühren.

Trim | Wie schon beim Überschreiben-Modus, so ist auch der Trim-Modus nur für das Schreiben von Pegelwerten zuständig. Wählen Sie den Modus TRIM, so können Sie bestehende Automationsdaten nachträglich anpassen. Die Bewegungen des Kanalfaders werden hierbei nicht absolut, sondern relativ aufgezeichnet. Aus diesem Grund wird der Fader bei Aufnahme von Automationsdaten im Trim-Modus automatisch auf die Mittelposition gesetzt. Die aufgezeichneten Bewegungen des Faders korrigieren dabei die bereits vorhandenen Pegel-Automationsdaten in Echtzeit nach oben (+ dB) oder unten (- dB).

Sie können in diesem Modus auch aufzeichnen, ohne die Wiedergabe laufen zu lassen. Als Handler dienen dabei die Kanalfader. Dabei bearbeiten Sie jeweils die Pegel-Automationsdaten zwischen den Locatoren. Die Einfädelung und Rückführung der neuen Werte in die bereits vorhandenen Werte der Automationsdaten, die sich vor und hinter dem Locatoren-Bereich befinden, wird dabei ebenfalls durch die Automations-Reaktionszeit bestimmt.

> **Praxis-Tipp zum Trim-Modus**
>
> Die Anwendung dieses Automationsmodus eignet sich besonders, um innerhalb eines Mixes bereits geschriebene, komplexe Pegelverläufe an andere Pegel anzupassen, ohne die bestehenden, komplexen Einstellungen zu verlieren.

[»] Beachten Sie, dass die letztgenannten Automationsmodi nicht in der Programmausstattung von Cubase Studio 4 verfügbar sind. Dort ist ausschließlich der Modus TOUCH FADER vorhanden und voreingestellt.

12.8.3 Automationsdaten bearbeiten

Für das Arbeiten mit den Automationsdaten ergeben sich sämtliche Schritte unmittelbar aus der Arbeit mit Objekten, also Events und Parts. Auch bei den Punkten von Automationsverläufen handelt es sich um Events – eben »Automations-Events«. Diese Objekte haben jedoch an sich keine Ausdehnung und sind gerade deshalb sehr einfach zu handhaben.

Automations-Events setzen | Wie oben beschrieben, können Sie Automationsdaten nicht nur durch das Aufnehmen der Bewegung von Mixerreglern erzeugen, sondern diese auch grafisch in eine Automations-Unterspur einzeichnen. Wie einfach das geht, können Sie mithilfe der nachfolgenden Step-Anleitung ausprobieren.

Schritt für Schritt: Automationspunkte hinzufügen [▪]

1 Werkzeug auswählen
Bei geöffneter Automations-Unterspur müssen Sie (entgegen der Erwartung) nicht erst das Stift-Werkzeug auswählen. Bei eingeschaltetem Read-Modus können sie auch mit dem Objektauswahl-Werkzeug (Pfeil) in die Automationsspur klicken, um neue Automationsdaten einzuzeichnen. Sie müssen diese dann nicht bei laufender Wiedergabe per Mixerbewegung aufzeichnen.

[●] Schritt für Schritt – Automationspunkte hinzufügen.cpr

2 Automations-Event einzeichnen
Nun können Sie mit einfachen Mausklicks in die Automations-Unterspur neue Automations-Events erzeugen oder auch bestehende Automations-Events markieren und per [Entf]-Taste löschen.
    Probieren Sie es einmal aus und erzeugen Sie manuell eine zusätzliche Signalauslenkung in der Panning-Automation.

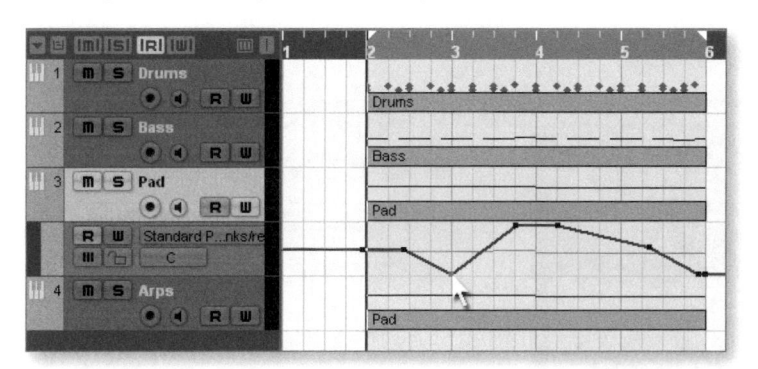

3 Anker-Events
In unserem Beispiel habe ich für Sie in der Workshopdatei »Schritt für Schritt – Automationspunkte hinzufügen 3.cpr« Anker-Events erzeugt, welche den Beginn und das Ende des Lautstärke-Automationsverlaufs für den Pad-Kanal definieren sollen.

[●] Schritt für Schritt – Automationspunkte hinzufügen 3.cpr

Automation **457**

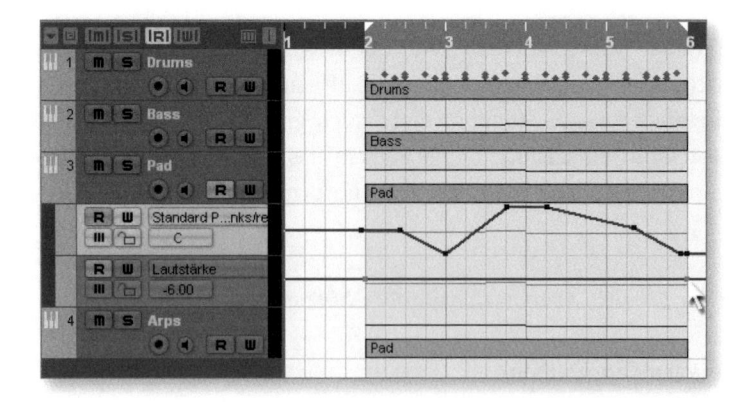

Wenn Sie diese Events weglassen, verschieben Sie mit einem einzelnen eingezeichneten Automations-Event lediglich den gesamten Regler. Denn geben Sie auf einer Spur nur ein Automations-Event ein, bildet dieses keinen Automationsverlauf, sondern markiert einen Reglerzustand. Für einen Automationsverlauf benötigen Sie stets mindestens zwei Automations-Events, zwischen deren Reglerpositionen/Zuständen gewechselt werden soll.

4 *Automationsbewegung einzeichnen*
Wechseln Sie jetzt zum Pfeil-Auswahlwerkzeug und klicken Sie mit diesem bei der Markierung von Takt vier auf die Automationslinie der Lautstärke für den Pad-Kanal. Ein Automations-Event wird erzeugt und markiert. Sie erkennen die Markierung daran, dass das Event rot eingefärbt ist.

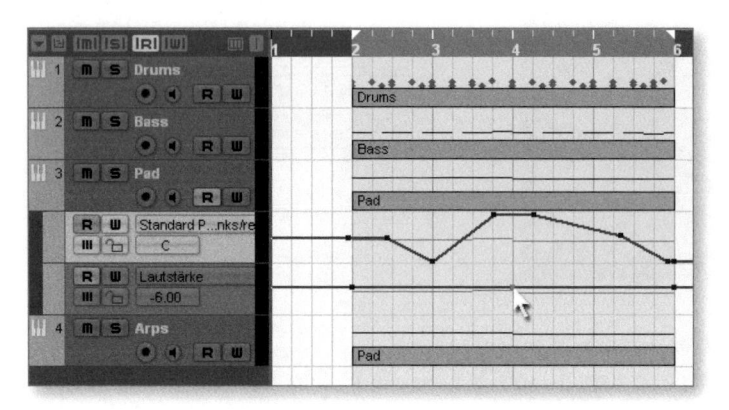

5 *Automations-Event verschieben*
Verschieben Sie das Event vertikal auf etwa +4 dB, um den gewünschten Automationseffekt zu erzielen.

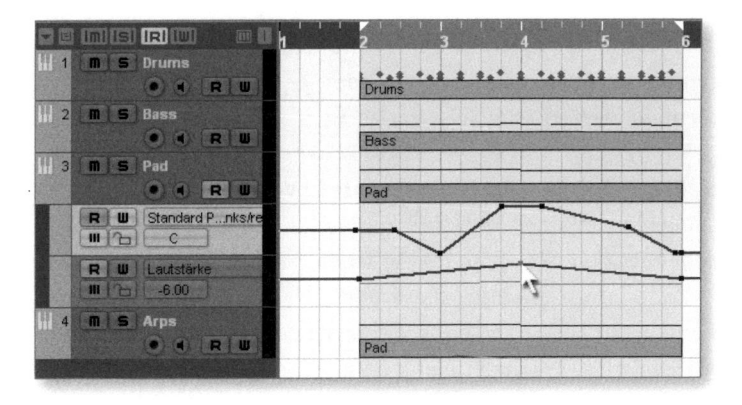

Im Beispiel verwende ich das Pfeil-Auswahlwerkzeug zum Erzeugen von Automations-Events, weil dieses Werkzeug einen entscheidenden Vorteil gegenüber dem Stift-Werkzeug hat: Mit ihm können Sie gerade erzeugte Automationspunkte bei gehaltener Maustaste verschieben. Dadurch können Sie die Position neuer Automations-Events ggf. sofort korrigieren. Nutzen Sie zu diesem Zweck auch die Rasterfunktionen, um das horizontale Positionieren der Automations-Events zu erleichtern.

6 Anpassen der Automationsumgebung

Im Tooltipp des Werkzeugs zeigt Ihnen Cubase den aktuellen Wert des jeweiligen Zielparameters an, den Sie mit dem Automations-Event festlegen. Sollte die Werte-Einteilung für Sie nicht ausreichen, so können Sie dieses Problem ganz einfach lösen: Ändern Sie einfach die Höhe der betreffenden Automations-Unterspur so weit, bis die Werte-Einteilung fein genug ist.

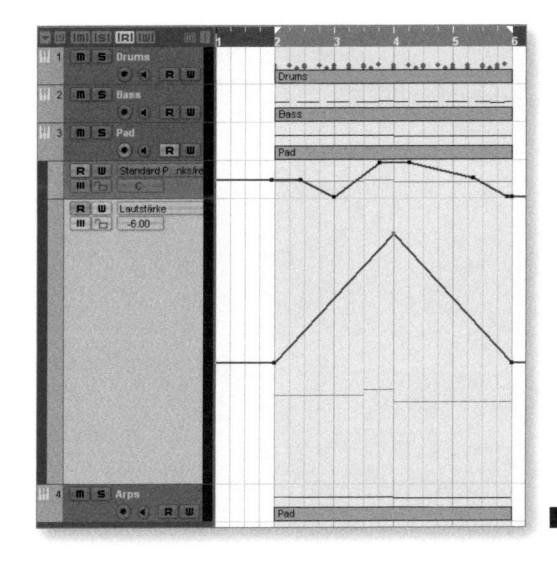

Automations-Events entfernen | Um Automations-Events zu löschen, markieren Sie sie und wählen `Entf`- oder `←`-Taste oder wenden das Radiergummi-Werkzeug an.

Copy & Paste von Automations-Events | Wenn Sie Automations-Events hingegen mit der Tastaturkombination `Strg`/`⌘` + `X` ausschneiden, befinden sich diese im Zwischenspeicher. Wie bei anderen Objekten, so können Sie auch diese über `Strg`/`⌘` + `C` kopieren, wenn Sie sie nicht ausschneiden, sondern stattdessen mit dem Tastenkürzel `Strg`/`⌘` + `V` wieder einfügen möchten.

Einfügeposition von Automations-Events | Als Einfügeposition gilt beim Copy & Paste stets der aktuelle Wert des Positionszeigers. Beachten Sie auch, dass für das Einfügen von Automationsdaten ebenfalls die Automations-Modi gelten, wie sie auch bei der Aufnahme wirksam sind. Auf diese Weise können Sie mit Copy & Paste sowohl Automationsdaten ergänzen als auch ersetzen.

13   Medienverwaltung

Dieses Kapitel wirft einen genaueren Blick auf die interne Verwaltung von Audioaufnahmen und Videodateien. Dabei gebe ich Ihnen wichtige Tipps, wie die zahlreichen Programmfunktionen Ihre Arbeit vereinfachen können.

Sehen Sie sich zu diesem Zweck das Fenster des Pools etwas genauer an. In früheren Cubase-Versionen hatte dieses Sammelbecken verwendeter Dateien die Bezeichnung »Audio-Pool«. Da in Cubase mittlerweile aber auch Videodateien importiert werden können, wandelte sich der Audio-Pool zum schlichten »Pool«. Die Dateien, die Cubase auf der Festplatte ablegt, wenn Sie auf einer Audiospur aufzeichnen, werden alle im so genannten Pool abgelegt und verwaltet. Dieser gilt jedoch stets nur projektweit. Möchten Sie Aufnahmen aus einem anderen Projekt verwenden, so müssen Sie erst in den Pool des aktuellen Projekts importieren, bevor Sie sie benutzen können.

13.1   Die Oberfläche des Medien-Pools

Sie öffnen den Pool über MEDIEN • POOL-FENSTER ÖFFNEN, mit der Tastaturkombination [Strg]/[⌘] + [P] oder über die POOL-Schaltfläche in der Werkzeugzeile des Projekts. Allein die Tatsache, dass Cubase einen eigenen Menüpunkt für den Pool bereithält, vermittelt Ihnen den richtigen Eindruck: nämlich, dass die Arbeit mit dem Pool bei Bedarf äußerst umfangreich sein kann.

▲ **Abbildung 13.1**
Pool über die Werkzeugzeile des Projekts öffnen

In der Kopfzeile des Pool-Fensters (Abbildung 13.2) finden Sie neben Werkzeugschaltflächen zur Wiedergabesteuerung ❶ auch Möglichkeiten zur Modifikation der Pool-Ansicht ❷ sowie Buttons, die dem Datei-Import und der Dateisuche dienen ❸, zusätzlich eine Ordner-Anzeige ❹ des aktuellen Pool-Ordners.

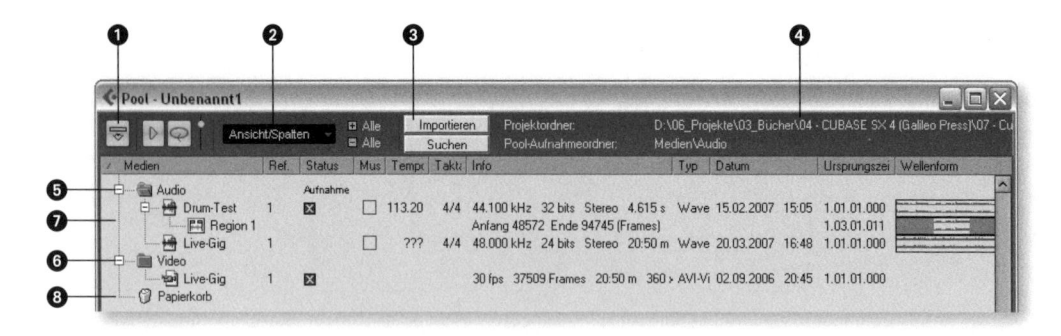

Abbildung 13.2 ▲
Das Pool-Fenster

▲ **Abbildung 13.3**
Audio-Clip-Symbol

▲ **Abbildung 13.4**
Region/Take-Symbol

▲ **Abbildung 13.5**
Video-Clip-Symbol

Darunter finden Sie die Clips aufgenommener und importierter Audio- ❺ und Videodateien ❻ in eigens dafür vorgesehenen Ordnern. Regionen innerhalb von Audiodateien werden diesen untergeordnet ❼. Jeder dieser Einträge wird durch ein eigenes Platzhalter-Symbol angezeigt (Abbildungen 13.3–13.5).

Außerdem existiert ein Pool-Papierkorb ❽, in dem Sie diejenigen Clips wieder finden, die Sie zwar aufgenommen oder importiert haben, deren Objekt-Pendants Sie aber im Sequenzerbereich aus dem Projekt gelöscht haben. Die im Cubase-Pool bereitgestellten Funktionen helfen Ihnen bei der Dateiverwaltung, aber auch dabei, Dateiformate unkompliziert zu wandeln oder Clips umzubenennen und vieles mehr.

> **Was unterscheidet Datei und Clip?**
>
> Bei einem Clip handelt es sich um das Projekt-Pendant einer Datei. Während ein Clip nur virtuell existiert, befindet sich die Datei tatsächlich physikalisch auf Ihrer Festplatte, wenn Sie diese durch eine Aufnahme erzeugt haben. Da Clips demgegenüber nicht physikalisch sind, löschen Sie keine Dateien von der Festplatte, wenn Sie Clips aus Ihrem Projekt entfernen. Die Unterscheidung von Clips und Dateien ist also eine ganz entscheidende, auf der die Dateiverwaltung des kompletten Softwarestudios Cubase basiert.

13.1.1 Werkzeugzeile des Pools

Die Werkzeugzeile hält größtenteils neue Elemente für Sie bereit, die Sie noch nicht aus anderen Fenstern oder Editoren kennen.

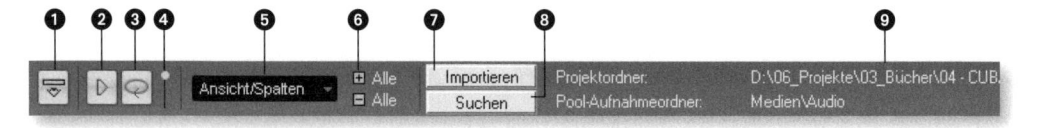

▲ **Abbildung 13.6**
Werkzeugzeile des Pools

▶ **Info einblenden** ❶ (Abbildung 13.6)
Mithilfe dieser Schaltfläche blenden Sie die Infozeile am Fuß des Pool-Fensters ein. Mehr dazu im folgenden Abschnitt.

- **Clip vorhören ❷**

  Wenn Sie diesen Button auswählen, können Sie einen Clip vorhören, dessen Eintrag Sie zuvor im Audio-Pool ausgewählt haben.
  Eine weitere Möglichkeit Clips vorzuhören besteht übrigens darin, dass Sie den Pfeil per Mausbewegung auf der Wellenformdarstellung des gewünschten Clips platzieren und mit der linken Maustaste hineinklicken. Der so ausgewählte Clip wird dann ab derjenigen Stelle wiedergegeben, an der sich der Mauszeiger befindet.

- **Clip loopen ❸**

  Aktivieren Sie diesen Button, wenn Sie möchten, dass die Clip-Wiedergabe beim Vorhören im Pool-Fenster im Loop erfolgen soll. Diese Funktion eignet sich besonders gut für das Vorhören von sehr kurzen Clips, wie beispielsweise einzelnen Schlagzeugschlägen.

- **Lautstärkeregler Clipvorschau ❹**

  Dieser Regler ist die Miniaturausgabe des Lautstärkereglers, der automatisch eingeblendet wird, wenn Sie den Miniaturregler mit der Maus anklicken und bewegen wollen. Über diesen Fader regeln Sie die Wiedergabelautstärke für das Vorhören von Audio-Clips.

- **Ansicht/Spalten ❺**

  Hier können Sie wählen, welche Spalten im Pool angezeigt werden sollen.

- **Maximieren und Minimieren ❻**

  Über diese Schaltflächen können Sie alle Erweiterungskreuze öffnen bzw. schließen. Dies ist nützlich, wenn Sie etwa eine schnelle Übersicht über das gesamte vorhandene Material wünschen oder aber verschiedene Takes eines Clips miteinander vergleichen möchten.

- **Importieren ❼**

  Hierüber rufen Sie den IMPORTIEREN-Dialog des Pools auf. Er entspricht dem Menübefehl MEDIEN • MEDIUM IMPORTIEREN, zu dem Sie im folgenden Abschnitt eine Schritt-für-Schritt-Anleitung finden.

- **Suchen-Button ❽**

  Mithilfe dieser Schaltfläche öffnen Sie in der unteren Hälfte des Pool-Fensters einen SUCHEN-Dialog, der demjenigen des Menübefehls MEDIEN • MEDIEN SUCHEN entspricht.

- **Pfadangaben ❾**

  Neben den Buttons für das Importieren und Suchen von Mediendateien finden Sie die Pfadangaben für den Projektordner und den Pool-Aufnahmeordner. Dies erleichtert Ihnen die Suche nach Mediendateien mitunter ganz erheblich.

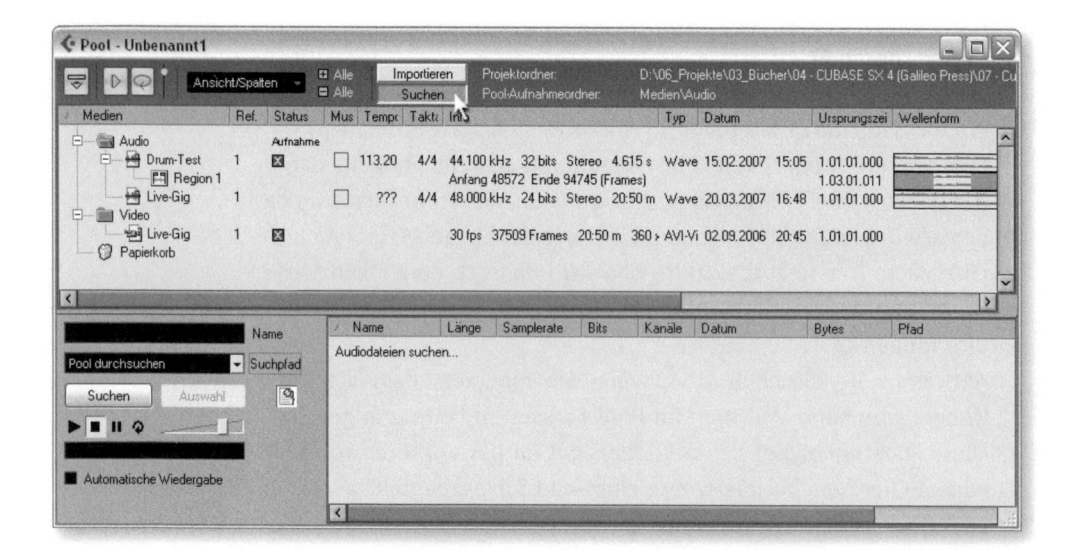

▲ **Abbildung 13.7**
Suchfunktion des Medien-Pools

13.1.2 Pool-Spalten

Die einzelnen Spalten des Pool-Fensters können Sie mit einem Klick auf deren Überschriften-Felder auf- bzw. absteigend sortieren. Hier werden Ihnen die folgenden Parameter angezeigt:

▶ **Medien**

In dieser Spalte finden Sie die Bezeichnung des jeweiligen Clips und darunter (versteckt hinter einem Erweiterungskreuz ❶) die Bezeichnung der jeweiligen Regionen, bzw. Takes. Sie können Audio-Clips über diese Einträge auch umbenennen: Ein Doppelklick mit der Maus in das Bezeichnungsfeld reicht aus, und schon können Sie einen neuen Titel für den Clip eingeben. Nutzen Sie stets ausschließlich diese Möglichkeit zum Umbenennen von Clips, da Cubase sonst die zugrunde liegenden Audiodateien nicht finden kann.

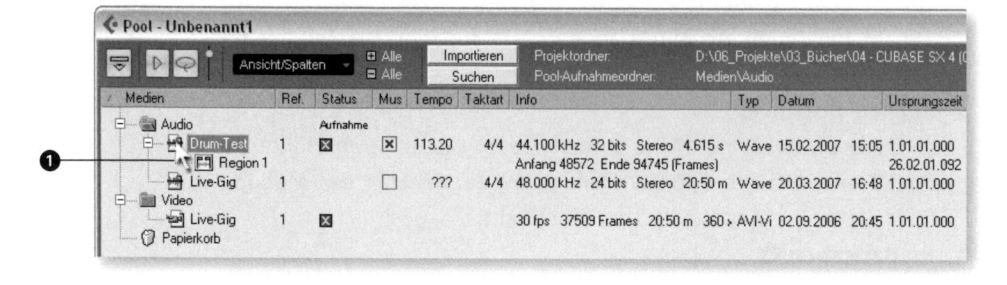

Abbildung 13.8 ▲
Schneller Zugriff auf den Sample-Editor

Wenn Sie die verwendeten Clips per Audiobearbeitung verändern möchten, können Sie zahlreiche Funktionen aus dem Menü AUDIO unmittelbar auf markierte Pool-Einträge anwenden. Wenn Sie eine genauere Bearbeitung wünschen, führt Sie Ihr Weg jedoch über den Sample-Editor. Die einfachste und schnellste Variante, dies zu bewerkstelligen, ist ein Doppelklick mit dem Mauszeiger auf das Symbol desjenigen Clips, den Sie bearbeiten möchten – der Sample-Editor wird geöffnet und Sie können den Clip direkt bearbeiten.

▶ **Ref. (Referenzzähler)**
Einträge in dieser Spalte geben an, wie oft Sie einen Clip im Projekt verwenden.

▶ **Status**
In dieser Spalte werden Symbole dargestellt, die Ihnen Auskunft über den Bearbeitungszustand von Clips geben. Die folgenden Zustände können dabei angezeigt werden:

Symbol	Zustand
Aufnahme	Aufnahmeordner des Pools
Rote Waveform	Clip wurde verändert
Fragezeichen	fehlende Datei zu verwendetem Clip
Cyanfarbenes X	externe Datei
Rotes R	Clip wurde nach letztem Öffnen des Projekts aufgezeichnet

◀ **Tabelle 13.1**
Bearbeitungszustände von Clips

▶ **Musikalisches Tempo (Musik-Modus)**
Klicken Sie hinter dem Eintrag eines Audio-Clips in den Bereich dieser Spalte, um den Musik-Modus anzuschalten. Ist dem Clip bisher kein Tempo zugeordnet worden, so werden Sie beim Aktivieren des Musik-Modus dazu aufgefordert, das Originaltempo des Clips einzugeben. Nach bestätigter Eingabe des Tempos erscheint in der MUSIK-MODUS-Spalte ein weißes Kreuz in einem schwarzen Kästchen für diesen Clip-Eintrag.

◀ **Abbildung 13.9**
Eingabeaufforderung für den Musik-Modus

Was bewirkt der Musik-Modus?

Das Tempo von Audio-Clips, für die Sie den Musik-Modus aktiviert haben, wird von Cubase automatisch an das jeweilige Projekt-Tempo angepasst. Aus diesem Grund müssen Sie vor der Aktivierung des Musik-Modus entweder nachträglich die Tempoinformation angeben oder aber Dateien verwenden, die bereits diese Information beinhalten.

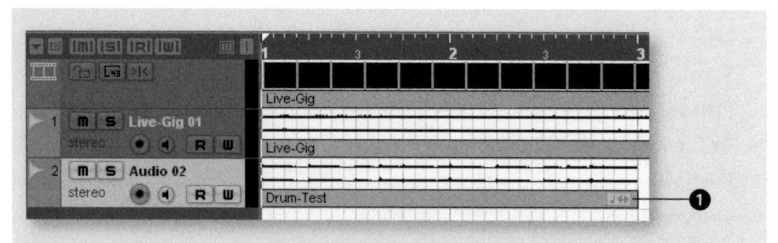

Objekte, die auf Audio-Clips verweisen, für die Sie den Musik-Modus eingeschaltet haben, werden im Sequenzerbereich mit einem Time-Warp-Symbol gekennzeichnet ❶.

▸ **Tempo**
Sofern Sie einem Audio-Clip über die Definition eines Audiotempos im Sample-Editor einen festen Tempowert zugewiesen haben, wird dieser hier angezeigt. Erscheint hier stattdessen die Anzeige »???«, so wurde dem Audio-Clip bisher kein Tempo zugeordnet. Mit einem Klick in den Spalteneintrag können Sie über die Tastatur eine eigene Eingabe für das Tempo vornehmen.

▸ **Signature (Taktart)**
Hier können Sie für einen Audio-Clip eine Taktart angeben. Standardmäßig steht dieser Wert auf 4/4. Leider wird die Taktart nicht automatisch aufgezeichnet – auch dann nicht, wenn Sie die Tempospur nutzen und darin feste Taktartvorgaben machen.

▸ **Info**
Dieser Eintrag enthält Informationen zur Beschaffenheit eines Audio-Clips wie Sample-Frequenz, Bit-Tiefe, Kanalanzahl und die Länge des Audio-Clips in Sekunden. Bei Regionen/Takes stehen an dieser Stelle die Beginn- und Endposition der Region innerhalb des Audio-Clips (angegeben in Frames).

▸ **Typ**
Hier finden Sie die Angabe des Dateiformats eines Clips (z.B. »Wave«, »AIFF«, »MP3« oder ähnliche).

▸ **Datum**
Hier finden Sie das Erstellungsdatum der im Pool verwendeten Clips.

▸ **Ursprungszeit**
In dieser Spalte können Sie die Position ablesen, an welcher ein Clip ursprünglich aufgezeichnet wurde. Das Anzeigeformat richtet sich dabei danach, welches Format Sie als primäre Zeitanzeige gewählt haben.

▸ **Wellenform**
Diese Anzeige zeigt Ihnen die Waveformdarstellung von Audio-Clips und/oder deren Regionen. Wenn Sie mit dem Mauszeiger in den

Clip hineinklicken, können Sie ihn ab der angeklickten Stelle vorhören. Dabei schaltet sich automatisch der Clip-Wiedergabe-Button ein. Um die Wiedergabe zu stoppen, müssen Sie den Button selbstverständlich erst wieder deaktivieren.

▶ **Pfad**
In dieser Spalte finden Sie den Pfad, unter dem Sie die einem Audio-Clip zugrunde liegende Datei auf Ihrer Festplatte finden können.

13.1.3 Infozeile des Pools

Über die INFO EINBLENDEN-Schaltfläche in der Werkzeugzeile lässt sich am Fuß des Pool-Fensters eine Infozeile einblenden. Hier finden Sie eine Anzeige mit den folgenden Informationen:

▶ Anzahl der aufgenommenen/importierten Audiodateien im Pool
▶ Anzahl der verwendeten Audiodateien im Projekt
▶ Gesamtgröße der Audiodateien im Pool
▶ Anzahl externer Dateien, die sich außerhalb des Projektordners befinden

Diese Angaben können Ihnen helfen, um z. B. rechtzeitig die Notwendigkeit für ein »Ausmisten« im Pool festzustellen bzw. Engpässe bei der Festplattenkapazität zu erkennen.

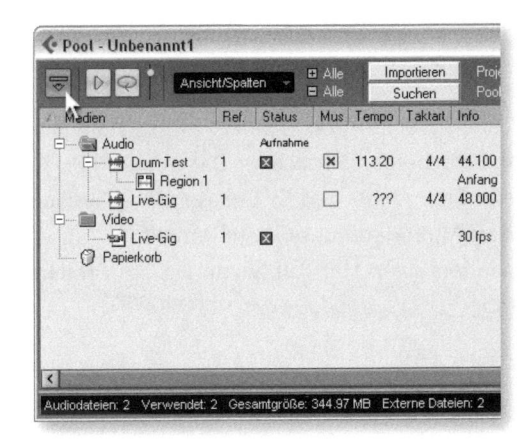

◀ **Abbildung 13.10**
Infozeile des Pools

13.2 Clips importieren und exportieren

Wie einseitig wäre die Projekterstellung in Cubase, wenn es neben der Aufnahme von Audiodaten nicht auch ein umfangreiches Paket zum Importieren und Exportieren von Dateien geben würde. Welche Funktion Sie in welcher Situation einsetzen sollten und wie Sie importierte Daten optimal nutzen, erfahren Sie hier.

13.2.1 Medien importieren

Wenn Sie Dateien in Cubase verwenden möchten, die Sie entweder nicht mit Cubase aufgezeichnet haben oder deren Aufzeichnung aus einem anderen Cubase-Projekt stammt, können Sie sich freuen. Das Importieren von Dateien ist kinderleicht und Cubase importiert alles, was Rang und Namen hat:

- Sämtliche Wave-Formate (Normal, Broadcast, Wave64)
- MP2 und MP3
- AIFF und compressed AIFF (AIFC)
- Ogg Vorbis
- WMA

Außerdem können spezielle Sampler-Formate importiert werden:

- Rex und Rex2 (Recycle, Reason »Dr.Rex«)
- Sound Designer II

Um Medien in den Pool Ihres Projekts zu importieren, wählen Sie POOL • MEDIEN IMPORTIEREN oder betätigen die entsprechende Schaltfläche in der Werkzeugleiste des Pools ❶.

Abbildung 13.11 ▶
Importieren über das Pool-Fenster

Import-Optionen | Bevor die Datei im Pool landet, müssen Sie die Import-Optionen festlegen. Entscheiden Sie sich für DATEI IN DEN PROJEKTORDNER KOPIEREN, wenn Sie möchten, dass Cubase eine physikalische Kopie der importierten Audiodatei unter dem Projektpfad ablegen soll. Dies ist ganz besonders dann sinnvoll, wenn Sie das Projekt später archivieren möchten.

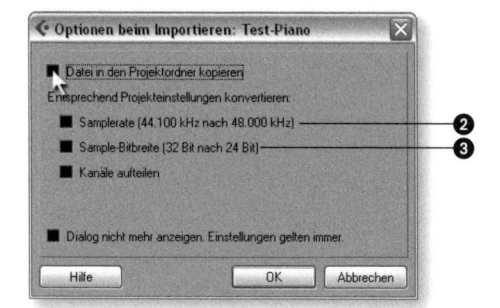

Abbildung 13.12 ▶
Dialog für die Import-Optionen

Samplerate und Bitbreite | Entsprechen Samplerate und Bitbreite der zu importierenden Audiodatei denen der Projekteinstellungen, sind die im Screenshot zu sehenden Felder (❷/❸) für die Konvertierung ausgegraut.

Stimmen diese Samplerate und Bitbreite nicht mit den Projekteinstellungen überein, sollten Sie sich für eine Konvertierung der Datei entscheiden. Denn würde die Frequenz der Samplerate nach dem Import eine andere sein als in den Projekteinstellungen, so würden Tonhöhe und Geschwindigkeit des Audio-Clips falsch wiedergegeben. Wäre die Bittiefe in Bit geringer als diejenige der Projekteinstellungen, würden Sie Interpolationsfehler hören, die den Klang des Audio-Clips verschlechtern. Der dabei entstehende Klang lässt sich am ehesten als »digitaler LoFi-Effekt« beschreiben.

Stereodatei importieren | Wenn Sie eine Stereodatei separieren und im Projekt auf zwei getrennte Mono-Clips zurückgreifen möchten, können Sie die Option KANÄLE AUFTEILEN wählen.

Einstellungen speichern | Mit der Auswahl der Checkbox DIALOG NICHT MEHR ANZEIGEN. EINSTELLUNGEN GELTEN IMMER sollten Sie vorsichtig sein. Was auf den ersten Blick als hilfreich erscheint, kann sich als nachteilig erweisen, wenn Sie größere Mengen von Audiodateien mit unterschiedlichen Spezifikationen importieren möchten.

Nachträgliche Konvertierung | Nach dem Import steht Ihnen die Audiodatei fertig konvertiert als Clip im Cubase-Pool zur Verfügung. Aber keine Angst: Sollten einzelne Konvertierungseinstellungen dennoch nicht so sein wie gewünscht, können Sie diese auch nachträglich ändern. Hierfür gibt es in Cubase zwei verschiedene Wege:
▶ Anpassen von Dateien an die Projekteinstellungen
▶ Konvertieren von Dateien nach eigenen Vorgaben

Dateien an Projekteinstellungen anpassen | Wählen Sie das Menü MEDIEN • DATEIEN AN PROJEKTEINSTELLUNGEN ANPASSEN oder den entsprechenden Eintrag aus dem Quick-Kontextmenü des Pools. Entgegen älterer Cubase-Versionen werden Sie nicht mehr gefragt, ob Sie die Original-Dateien beibehalten möchten und mit konvertierten Kopien weiterarbeiten möchten oder die Original-Dateien ersetzt werden sollen. Stattdessen arbeitet Cubase automatisch und ausschließlich mit konvertierten Kopien. Auf diese Weise bleiben die Original-Dateien in jedem Fall erhalten. Eine kleine, aber äußerst sinnvolle Neuerung.

Dateien nach eigenen Vorgaben konvertieren | Wählen Sie MEDIEN
• DATEIEN KONVERTIEREN oder den entsprechenden Eintrag aus dem

Quick-Kontextmenü des Pools. Im daraufhin erscheinenden Dialog können Sie alle einzelnen Parameter der Audiodatei individuell über Dropdown-Menüs festlegen. Zur Anwahl des Menüpunktes muss der Pool geöffnet und zuvor eine Datei mit projektfremden Einstellungen als Clip importiert worden sein (z. B. mit falscher Bitrate oder falscher Sample-Frequenz).

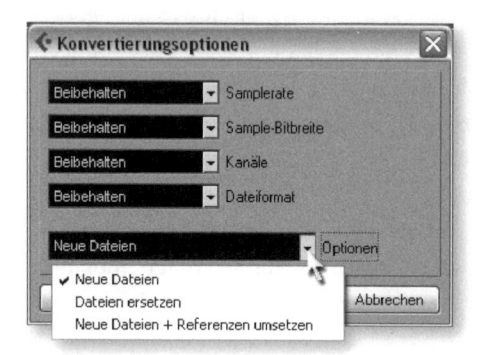

Abbildung 13.13 ▶
Konvertierungs-
optionen

Besondere Beachtung muss hierbei das Dropdown-Menü OPTIONEN finden. Die drei Einträge bewirken tatsächlich grundsätzlich Verschiedenes:

- Wählen Sie NEUE DATEIEN, wenn Sie mit einer konvertierten Kopie der Original-Datei arbeiten, die unkonvertierte Datei aber ebenfalls noch nutzen möchten. Alle Referenzen auf diese Ursprungsdatei bleiben dabei erhalten.
- Sollen die Verweise aktualisiert werden und sich auf die neue, umgewandelte Datei beziehen, so sollten Sie NEUE DATEIEN UND REFERENZEN UMSETZEN wählen.
- Wählen Sie DATEIEN ERSETZEN, wenn Sie mit der konvertierten Original-Datei arbeiten möchten. Alle Referenzen auf die Ursprungsdatei werden von Cubase nach dem Speichern des Projekts aktualisiert.

13.2.2 Pool exportieren

[»] In der Programmausführung Cubase ist es möglich, den kompletten Pool zu exportieren und ihn in einem anderen Projekt per Import-Funktion zu nutzen. Die Befehle hierfür finden Sie im Pool-Menü sowie im Quick-Kontextmenü des Pools.

Beim Exportieren des Pools werden jedoch nicht die Dateien selbst, sondern lediglich die Verweise der Audio-Clips auf die ihnen zugrunde liegenden Dateien exportiert. Sollten Sie diese Funktion des Öfteren nutzen, lohnt es sich, wenn Sie sich über die Arbeit mit projektunabhängigen Pools, den Bibliotheken, informieren (siehe Abschnitt 3.6.1).

13.3 Clips und Mediendateien verwalten und bearbeiten

Für die Verwaltung von aufgenommenen und importierten Mediendateien stehen Ihnen eine Menge Bearbeitungsmöglichkeiten zur Verfügung. Sie erleichtern es, Clips zu erstellen, zu löschen, zu kopieren, zu konvertieren und vieles mehr.

13.3.1 Clips löschen

Cubase bietet Ihnen die Möglichkeit, Clips aus dem Pool zu löschen, ohne das physikalische Pendant (die Audiodatei) auf der Festplatte zu löschen. Dies kann sinnvoll sein, wenn Sie auf die Datei in einem anderen Projekt noch zurückgreifen möchten oder andere Projekte bereits diese Datei für Clips nutzen.

Wählen Sie dazu die zu löschenden Clips im Pool aus und drücken Sie die Taste ⌊Entf⌋ bzw. ⌊←⌋. Alternativ wählen Sie den Befehl BEARBEITEN • LÖSCHEN. Sofern der zu löschende Clip im Projekt noch verwendet wird, wird Ihnen zur Sicherheit ein Dialog angezeigt, der Sie darauf hinweist, dass mit dem nächsten Schritt alle Referenzen aus dem Projekt entfernt werden. Bestätigen Sie über die Schaltfläche ENTFERNEN.

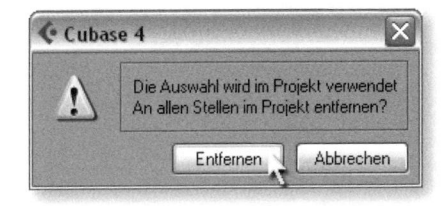

◄ **Abbildung 13.14**
Sicherheitsabfrage beim Entfernen von Referenzen

Medien von Festplatte löschen | Um Mediendateien zu löschen, die den Clips in Cubase zugrunde liegen, müssen Sie allerdings einen anderen Weg gehen. Sehen Sie sich dazu die folgende Schritt-für-Schritt-Anleitung an:

Schritt für Schritt: Mediendatei von Festplatte löschen

Um diesen Workshop durchführen zu können, müssen Sie zuvor den Workshop-Ordner auf Ihre Festplatte kopieren und die zugehörige Projektdatei von dort aus starten.

[**■**]

[**O**]
Schritt für Schritt
– Mediendatei
von Festplatte
löschen.cpr

1 Pool öffnen

Öffnen Sie dann den Pool über das Menü MEDIEN • POOL-FENSTER ÖFFNEN, die Tasten [Strg]/[⌘] + [P] oder die Schaltfläche in der Werkzeugleiste.

2 Clip aus Pool löschen

Wählen Sie die zu löschenden Clips aus, drücken Sie [Entf] und schließen Sie den Löschvorgang im folgenden Dialog mit einem Klick auf ENTFERNEN ab.

3 Papierkorb öffnen

Öffnen Sie den Papierkorb des Pools, indem Sie auf dessen Erweiterungskreuz ❶ klicken. Wenn Sie diese Schritte nicht in einer Beispieldatei, sondern bei Ihren eigenen Projekten vornehmen, sollten Sie sich genau anschauen, ob die den Clips zugrunde liegenden Dateien nicht auch von anderen Projekten verwendet werden. Sonst werden diese Projekte nicht mehr auf die gelöschten Dateien zurückgreifen können.

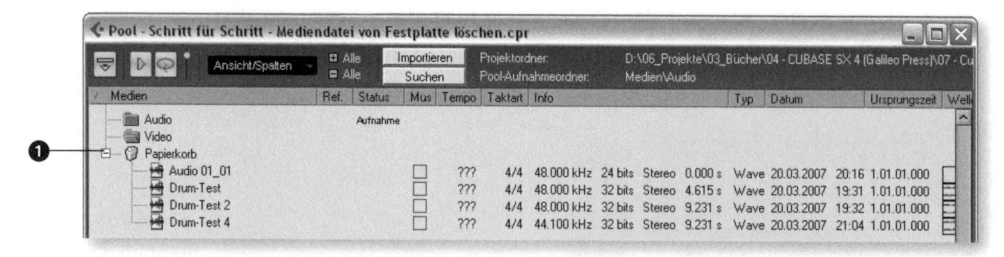

4 Papierkorb leeren

Wählen Sie MEDIEN • PAPIERKORB LEEREN oder den entsprechenden Befehl aus dem Quick-Kontextmenü des Pools.

Da es für das Löschen der Papierkorb-Inhalte kein Undo gibt, erscheint zuvor ein Dialog, in dem Sie bestätigen müssen, dass Sie diesen Schritt wirklich ausführen möchten. Hier haben Sie noch einmal die Möglichkeit, sich für das ausschließliche ENTFERNEN ❷ der Clips zu entscheiden. Die den Clips zugrunde liegenden Dateien werden dann nicht von der Festplatte gelöscht. Wählen Sie hingegen LÖSCHEN ❶, so werden auch die physikalischen Pendants der Clips auf der Harddisk gelöscht.

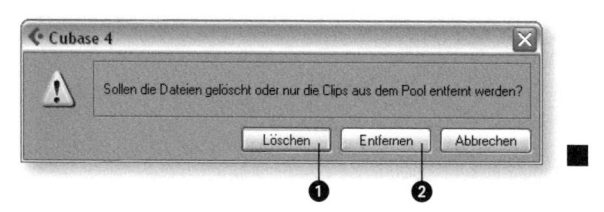

13.3.2 Unbenutzte Medien entfernen

Das Löschen von Clips über den Papierkorb hat den entscheidenden Nachteil, dass Sie keine einzelnen Clips und damit deren Dateien auswählen können, die Sie von der Festplatte löschen möchten. In Cubase haben Sie aber noch eine weitere Möglichkeit, um Audiodateien aus dem Pool zu entfernen oder sogar von der Festplatte zu löschen. Dazu steht der Befehl UNBENUTZTE MEDIEN ENTFERNEN bereit.

Das Entfernen von Medien funktioniert dabei ähnlich wie das Löschen von Clips. Wählen Sie aus dem Pool-Menü den Befehl MEDIEN • UNBENUTZTE MEDIEN ENTFERNEN oder den entsprechenden Befehl aus dem Quick-Kontextmenü des Pools. In dem dann erscheinenden Dialogfenster können Sie sich entscheiden, ob Sie die Clips lediglich in den Papierkorb verschieben oder aber aus dem Pool entfernen möchten.

◄ **Abbildung 13.15**
Unbenutzte Medien verschieben oder entfernen

Clips, die Sie in den Papierkorb verschoben haben, können Sie von dort aus auch auf der Festplatte löschen. Die physikalischen Dateien der Clips, die Sie lediglich aus dem Pool entfernen, bleiben hingegen auf der Harddisk erhalten.

Hilfreich ist in diesem Zusammenhang, dass der Vorgang des Verschiebens unbenutzter Clips in den Papierkorb auch rückgängig gemacht werden kann. So können Sie im Pool die volle Kontrolle über die verwendeten Clips und Dateien behalten.

13.3.3 Dateien rekonstruieren

Das Rekonstruieren von Dateien ist in mancher Situation Ihre letzte Rettung, wenn Cubase eine fehlende Datei für einen Clip des Pools nicht auf der Festplatte finden kann. Wenn Cubase die Datei wiederherstellen kann, finden Sie in einem solchen Fall den Eintrag REKONSTRUIERBAR in der Statusspalte. Sie können dann den Befehl MEDIEN • REKONSTRUIEREN anwenden. Der Trick dabei ist, dass Cubase auf den Edits-Ordner zurückgreift, um eine neue Datei aus bestehendem Material wiederherzustellen.

[▪] *Schritt für Schritt: Fehlende Dateien rekonstruieren*

1 *Pool öffnen*
Öffnen Sie den Pool über MEDIEN • POOL-FENSTER ÖFFNEN, die Tasten
[Strg]/[⌘] + [P] oder die Werkzeugleisten-Schaltfläche.

2 *Clip/Datei markieren*
Markieren Sie den Eintrag des Clips, für den die physikalische Datei als fehlend, aber rekonstruierbar angezeigt wird.

3 *Rekonstruieren*
Wählen Sie MEDIEN • REKONSTRUIEREN oder den entsprechenden Befehl aus dem Quick-Kontextmenü des Pools.
 Die Datei sollte nun wieder zur Verfügung stehen und wird von Cubase automatisch in den entsprechenden Ordnern auf der Festplatte abgelegt. ■

Sollte dies keine erfolgreiche Lösung sein, so können Sie auch aus dem Pool-Menü oder dem Quick-Kontextmenüs des Pools die Funktionen NICHT GEFUNDENE DATEIEN SUCHEN und NICHT GEFUNDENE DATEIEN ENTFERNEN nutzen, um den Pool aufzuräumen und von verwaisten Verweisen zu befreien.

13.3.4 Audio aus Videodatei extrahieren

Umständliches Tüfteln mit verschiedenen Tools war gestern – heute können Sie mit Cubase ganz problemlos Audiostreams aus Videodateien filtern und in Ihren Projekten nutzen. Dies geschieht über das Menü MEDIEN • AUDIO AUS VIDEODATEI EXTRAHIEREN importieren. Der Audiostream wird automatisch konvertiert und an die Projekteinstellungen angepasst.

13.3.5 Ordnerstruktur anlegen

Cubase ermöglicht es Ihnen, den Pool, in den alle aufgenommenen und importierten Audio-Clips abgelegt werden, durch das Anlegen von Ordnern besser zu strukturieren. Nutzen Sie diese Strukturhilfe rechtzeitig, um beispielsweise die Audio-Clips verschiedener Instrumente in dafür bereitgestellten Ordnern unterzubringen. Auf diese Weise finden Sie sich bei stetig wachsenden Projekten besser im Pool zurecht.

Neuen Ordner anlegen | Wählen Sie das Menü MEDIEN • NEUER ORDNER oder den entsprechenden Befehl aus dem Quick-Kontextmenü des Pools. Sie sehen nun im Pool einen Ordnereintrag, den Sie sofort benennen können. Die gewünschten Dateien können Sie einfach per Drag & Drop in den neu angelegten Ordner verschieben.

◄ **Abbildung 13.16**
Ordnung und Übersicht durch eine eigene Ordnerstruktur

Aufnahmeordner ändern | Wenn Sie dies wünschen, können Sie einen neu angelegten Ordner auch als neuen Aufnahmeordner festlegen. Alle Clips neu aufgenommener Audiodateien werden dann automatisch in diesem abgelegt. Hierfür markieren Sie einfach den gewünschten Ordner und wählen über das Menü MEDIEN den Befehl AUFNAHMEORDNER IM POOL SETZEN. Als Anzeige für eine erfolgreiche Änderung wechselt der rote Punkt ❶, der den Aufnahmeordner kennzeichnet, nun zum ausgewählten Ordner.

◄ **Abbildung 13.17**
Ein roter Punkt kennzeichnet den Aufnahmeordner.

13.3.6 Archivierung vorbereiten

Wenn Sie ein Projekt abgeschlossen haben oder einen wichtigen Meilenstein beendet haben, können Sie das Projekt archivieren. Hierbei hilft Ihnen die Funktion MEDIEN • ARCHIVIERUNG VORBEREITEN…, bei der Cubase alle Audiodateien, die sich nicht im Projektordner befinden, in diesen kopiert und auch gleich deren Verweise aktualisiert. Außerdem können Sie an Audio-Clips durchgeführte Bearbeitungen festsetzen, damit Sie nicht den Edits-Ordner mit archivieren müssen. Das spart je nach Arbeitsweise unter Umständen viel Archivierungsplatz. Letztlich müssen Sie nur noch die Projektdatei und den Projektordner archivieren.

Aber Achtung! Dies ist nur bei reinen Audioaufnahmen möglich. Sobald Sie mit Samplern arbeiten, sieht die Sache schon anders aus. Auch bei der Arbeit mit synchronisierten externen Geräten und Software-Slaves (z. B. Propellerhead Reason über ReWire-Schnittstelle) wird eine Archivierung nicht ganz so einfach. Hier ist der Aufbau einer eigenen Datei- und Ordner-Organisation gefragt.

13.3.7 Datei minimieren

Im Screenshot des Sample-Editors in Abbildung 13.18 können Sie hervorragend sehen, dass von manchen Audio-Clips nur geringe Ausschnitte in den Objekten des Sequenzerbereichs verwendet werden. Mit der Funktion DATEI MINIMIEREN aus dem Pool-Menü können Sie die nicht verwendeten Bereiche aus diesen Clips von Cubase automatisch löschen lassen. Das spart mitunter einiges an Speicherplatz. Speziell für das Archivieren nach getaner Arbeit ist diese Funktion sinnvoll einsetzbar.

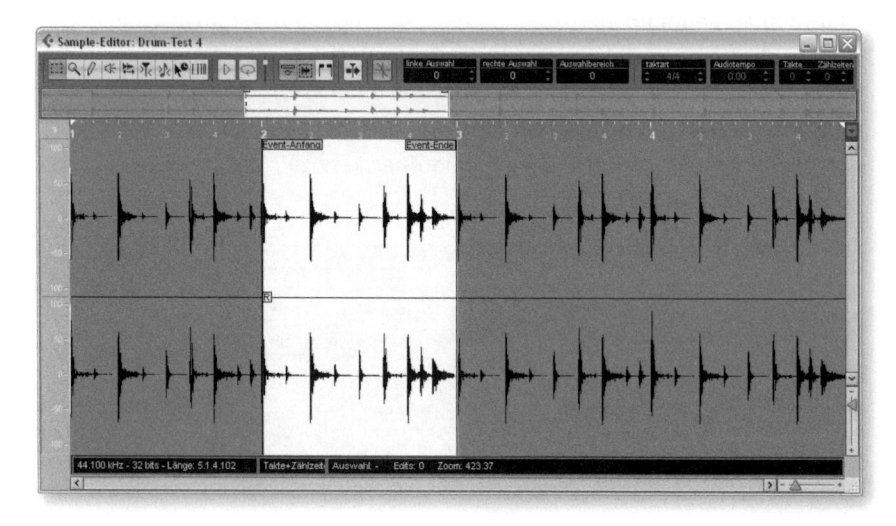

▲ **Abbildung 13.18**
Verwendeter Bereich des Audio-Clips (weiß)

Aber Vorsicht! Hier ist kein Undo möglich. Sie sollten sich also tatsächlich hundertprozentig sicher sein, dass Sie die gelöschten Audio-Bereiche absolut nicht mehr benötigen.

Der Vorgang des Minimierens selbst ist einfach: Markieren Sie im Pool die zu minimierenden Dateien und wählen Sie den Befehl DATEI MINIMIEREN. Nach zwei Bestätigungsfenstern ist der Vorgang bereits abgeschlossen.

13.3.8 Clips kopieren

Auch das Kopieren von Clips im Pool ist möglich. Nicht leicht zu finden, versteckt sich diese Funktion in Cubase hinter dem Pool-Befehl NEUE VERSION.

Wählen Sie dazu den Clip, den Sie kopieren möchten, im Pool aus und anschließend im Menü MEDIEN • NEUE VERSION. In Klammern hinter dem Clipnamen finden Sie die Versionsnummer. Die Ursprungsdatei auf der Festplatte bleibt unverändert erhalten, beide Clips verweisen auf diese Datei, können aber unabhängig voneinander bearbeitet werden.

13.3.9 Medien in das Projekt einfügen

Wenn Sie Clips aus dem Pool im Projekt hinzufügen möchten, können Sie dazu einen der beiden Befehle aus dem Menü MEDIEN • IN DAS PROJEKT EINFÜGEN nutzen:

- **Am Positionszeiger**
  Neu eingefügte Clips werden am Positionszeiger eingefügt.
- **Zur Ursprungszeit**
  Neu eingefügte Clips werden an deren ursprünglicher Aufnahmeposition eingefügt.

Neben der Möglichkeit, das Pool-Menü zu nutzen, können Sie Einträge aus dem Pool-Fenster aber auch ganz einfach per Drag & Drop in den Sequenzerbereich des Projekts ziehen.

Schritt für Schritt: Clips aus dem Pool in das Projekt einfügen [**.**]

1 *Positionszeiger setzen*

Sofern Sie die Funktion MEDIEN • IN DAS PROJEKT EINFÜGEN / AM POSITIONSZEIGER nutzen möchten, sollten Sie diesen vor dem Öffnen des Pools bereits an die gewünschte Position versetzt haben. Hierbei kann Ihnen die Rasterfunktion eine große Hilfe sein, um den Positionszeiger framegenau zu platzieren.

[o]
Schritt für Schritt
– Clips aus Pool in
Projekt einfügen.cpr

Im Beispiel soll das Audio-Objekt bei Takt 2 loslegen, weshalb der Positionszeiger dorthin verschoben wird.

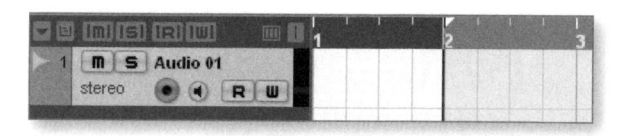

2 *Zielspur auswählen*

Sofern nicht bereits ausgewählt, markieren Sie im Projektfenster die Einfügespur »Audio 01«. Wenn Sie keine Spur auswählen, erzeugt Cubase automatisch eine neue Spur mit entsprechender Kanalanzahl (mono/stereo).

3 Pool öffnen

Öffnen Sie den Pool über das Menü MEDIEN • POOL-FENSTER ÖFFNEN, [Strg]/[⌘] + [P] oder über die Pool-Schaltfläche in der Werkzeugleiste.

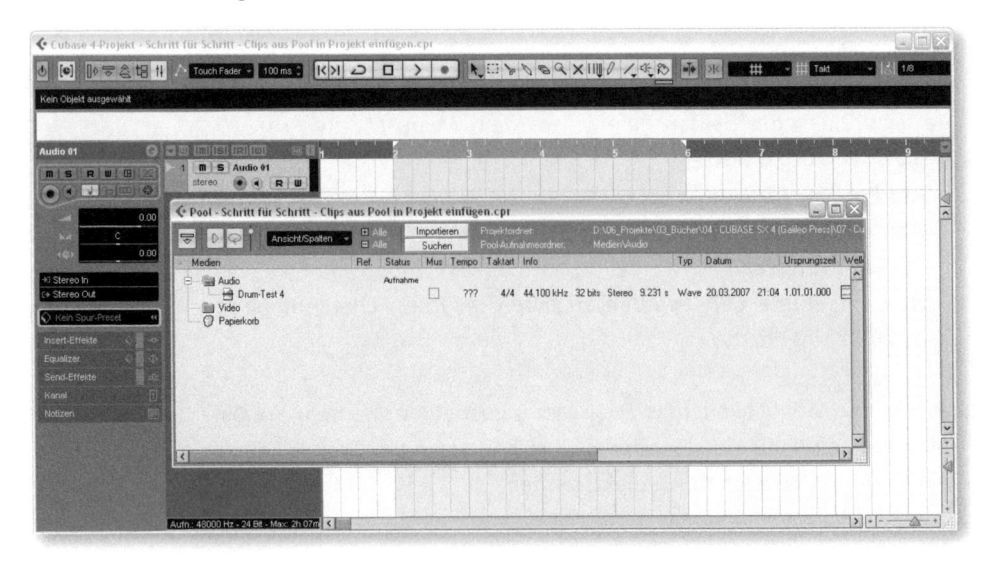

4 Clip einfügen

Wählen Sie den einzufügenden Clip »Drum-Test 4« im Pool mit der Maus aus und fügen Sie ihn dann über MEDIEN • IN DAS PROJEKT EINFÜGEN • AM POSITIONSZEIGER in das Projekt ein. Der Clip ist nun als Audio-Event im Sequenzerbereich des Projekts verfügbar. ■

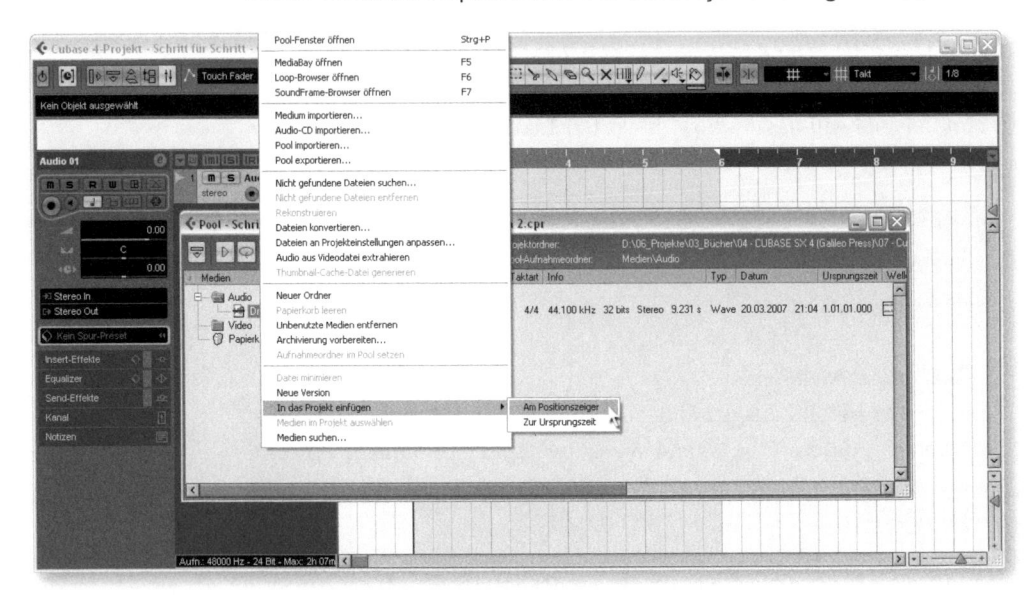

13.3.10 Medien im Projekt auswählen

In größeren, mehrspurigen Projekten kann es vorkommen, dass Sie die Clips im Audio-Pool nicht mehr eindeutig den Objekten im Sequenzerbereich des Projekts zuordnen können. Hier schafft der Befehl MEDIEN IM PROJEKT AUSWÄHLEN Abhilfe. Wenn Sie ihn ausführen, werden alle diejenigen Objekte, die einen bestimmten Clip nutzen, von Cubase in eine Auswahl gestellt und markiert. So können Sie auf einen Blick sehen, wo und wie oft ein Clip im Projekt verwendet wird.

Clips im Projekt finden | Ein Anwendungsbeispiel ist die Verwendung eines sehr kurzen Ausschnitts eines langen Clips. Steht Ihnen dieser Ausschnitt beinahe identisch auch aus einem anderen Clip zur Verfügung, so können Sie mithilfe des Befehls MEDIEN IM PROJEKT AUSWÄHLEN den Bedarf für den langen Clip im Projekt umgehend erfassen und gegebenenfalls den verwendeten kurzen Clip-Ausschnitt durch einen gleichwertigen aus einer anderen Aufnahme ersetzen. Die lange Datei des zuvor verwendeten Clips könnte dann vollständig von der Festplatte gelöscht werden.

Schritt für Schritt: Clips aus dem Pool im Projekt finden

[■]

1 Pool öffnen
Öffnen Sie den Pool über MEDIEN • POOL-FENSTER ÖFFNEN, `Strg`/`⌘` + `P` oder die Schaltfläche in der Werkzeugleiste.

[O]
Schritt für Schritt
– Clips aus Pool in
Projekt finden.cpr

2 Clips auswählen
Wählen Sie im Pool einen oder mehrere Clips aus, den/die Sie im Projekt finden möchten.

3 Mediensuche durchführen
Wählen Sie im Menü MEDIEN • MEDIEN IM PROJEKT AUSWÄHLEN oder den entsprechenden Befehl aus dem Quick-Kontextmenü des Pools.

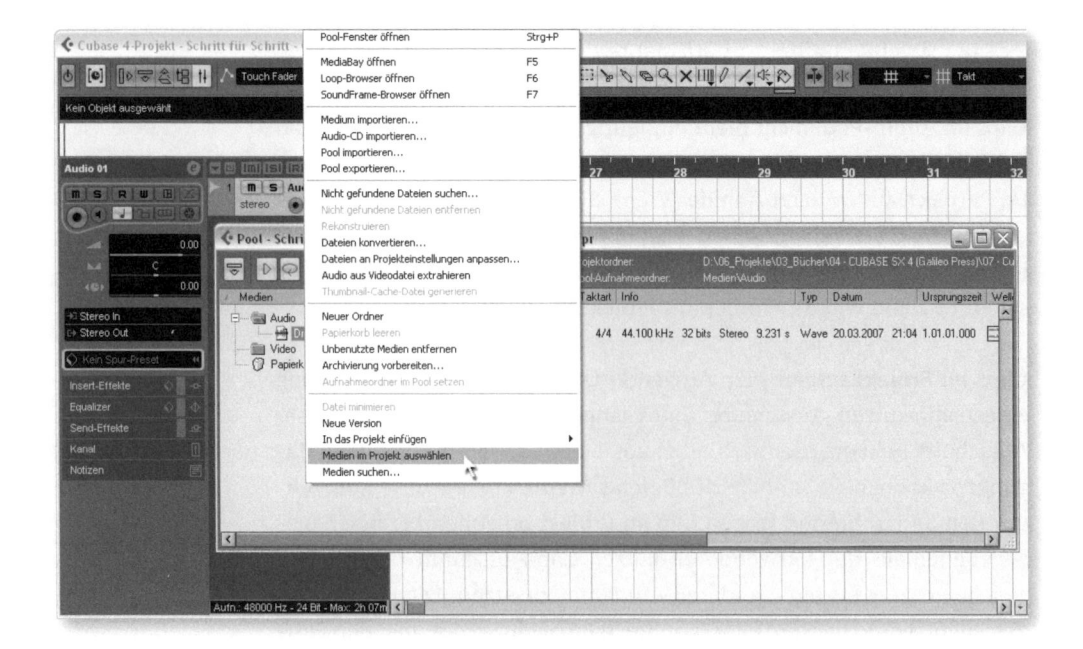

4 *Suchergebnis*
Nach dem Ausführen des Befehls sehen Sie im Sequenzerbereich des Projekts, dass alle Objekte, die die markierten Clips nutzen, von Cubase markiert worden sind und der sichtbare Projektbereich ggf. unmittelbar an die Markierung angepasst wurde. ∎

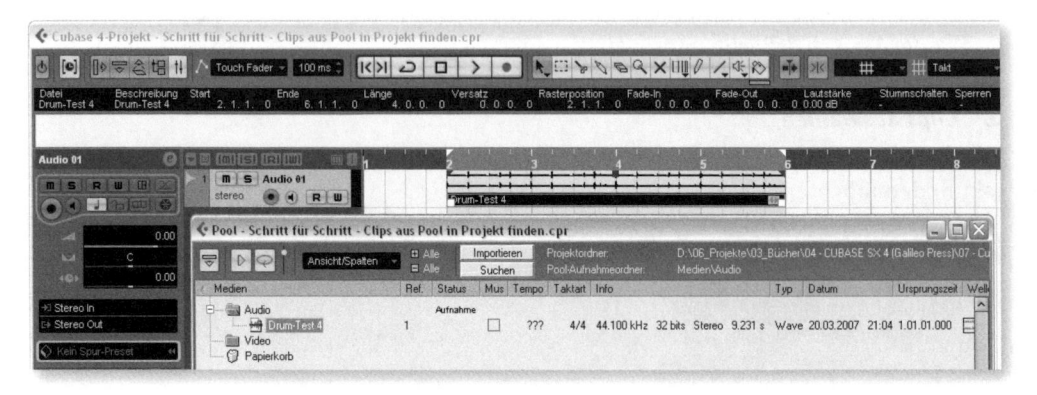

Clips im Pool finden | Auch eine entgegengesetzte Suche ist möglich. Sie können also auch Audio-Objekte im Sequenzerbereich von Cubase markieren, um Sie im Pool schneller wieder zu finden. Das ist vor allem bei komplexen Projekten mit sehr vielen Audio-Clips eine große Arbeitserleichterung.

Schritt für Schritt: Objektauswahl im Pool suchen [↯]

1 *Objekt markieren*
Markieren Sie im Sequenzerbereich des Projekts das Objekt, dessen Clip Sie im Pool finden möchten.

2 *Auswahl suchen*
Wählen Sie das Menü AUDIO • AUSWAHL IM POOL FINDEN. Der Pool wird automatisch geöffnet und die der Auswahl zugrunde liegenden Clips werden durch eine Markierung hervorgehoben. ■

13.3.11 Medien suchen

Wenn Sie sehr viele Audiodateien und Clips verwenden und aus diesen im Pool einen bestimmten suchen, kann Ihnen der Befehl MEDIEN SUCHEN eine große Hilfe sein. Hierfür gehen Sie wie folgt vor:

Schritt für Schritt: Clips im Pool suchen [↯]

1 *Suchfenster öffnen*
Öffnen Sie den Pool und wählen im Menü MEDIEN • MEDIEN SUCHEN oder den entsprechenden Befehl aus dem Quick-Kontextmenü des Pools. Das im Screenshot zu sehende Fenster wird angezeigt.

Alternativ zu diesem zusätzlichen Suchfenster können Sie auch den SUCHEN-Button des Pools betätigen und den Suchbereich des Pool-Fensters nutzen. Für den Fall, dass Sie in einer Arbeitssituation ohnehin gerade mit dem Pool arbeiten, ist dies die übersichtlichere Alternative.

2 *Datei-/Clip-Namen eingeben*
Geben Sie in das Namensfeld ❶ den gesuchten Clip/Datei-Namen ein und wählen Sie aus dem Dropdown-Menü SUCHPFAD ❷ diejenige Festplatte oder Partition, die Sie für die Suche heranziehen möchten. Belassen Sie die Auswahl wie vorgegeben, wenn Sie ausschließlich Clips innerhalb des Pools suchen wollen.

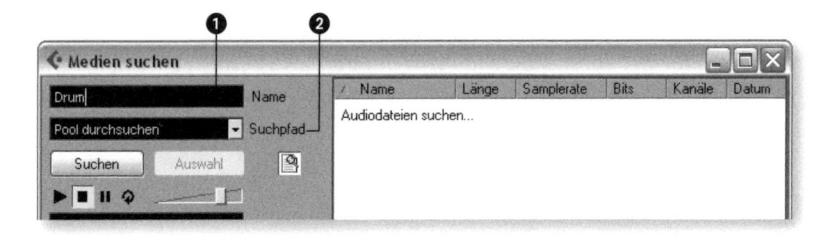

Der Eintrag im Namensfeld muss dabei nicht dem gesamten Suchnamen entsprechen. Im Screenshot sehen Sie als Beispiel den Eintrag DRUM im Feld NAME. Mit diesem Suchstring können wir auch nach der gewünschte Datei mit der Bezeichnung »Drum-Test 4« suchen.

3 Clip/Datei suchen

Wenn Sie nun den SUCHEN-Button betätigen, erscheinen in der Liste rechts diejenigen Dateien/Clips, deren Bezeichnungen die von Ihnen eingegebene Zeichenfolge enthalten..

Per AUTOMATISCHER WIEDERGABE ❸ oder über die Wiedergabefunktionen des Suchfensters ❹ können Sie in ausgewählte Clips hineinhören.

Praxis-Tipp: Schalten Sie den Wiedergabe-Loop ❺ ein, um kurze Clips anhören zu können.

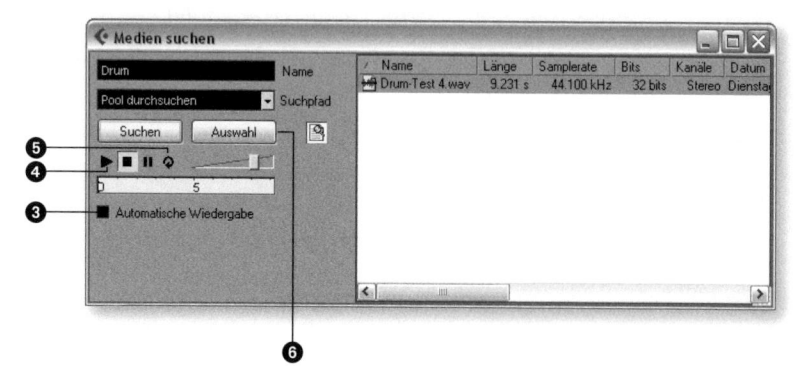

4 Clips im Pool anzeigen

Wenn Sie möchten, dass die gefundenen Dateien im Pool automatisch markiert werden sollen (z. B: um diese über die Mediensuche im Projekt finden zu können), so können Sie den Button AUSWAHL ❻ betätigen. ∎

Suchfilter | Das Suchfenster des Pools (wie auch der Mediensuche) birgt ein kleines »Geheimnis«, das sich nicht auf den ersten Blick offenbart: Wenn Sie mit dem Mauszeiger über die Feldbezeichnung NAME fahren, erscheint ein Auswahlfeld für ein Dropdown-Menü. Hier haben Sie die Möglichkeit, ein anderes Suchkriterium auszuwählen ❶ (Abbildung 13.19), weitere Suchkriterien ❷ über zusätzliche Filter nutzbar zu machen oder diese Zusammenstellungen als Presets abzuspeichern ❸. Hierzu gehört etwa die Suche nach bestimmten Dateigrößen und Längen.

◄ **Abbildung 13.19**
Weitere Suchfilter der Mediensuche,

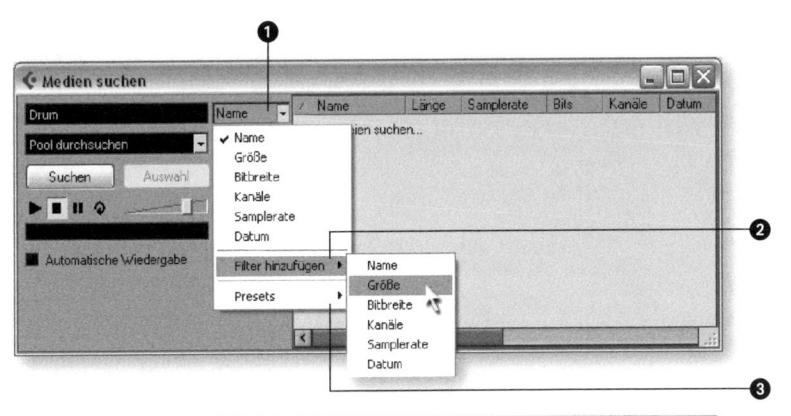

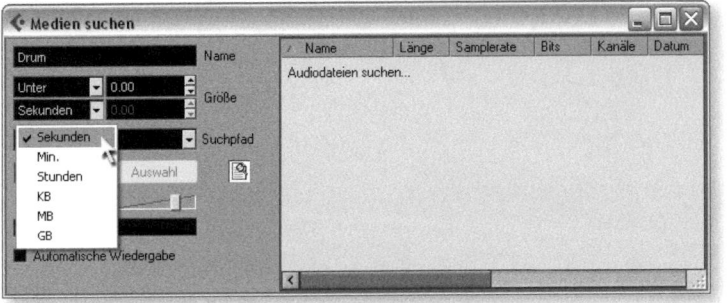

◄ **Abbildung 13.20**
z. B. Suche nach Dateigröße und -länge

13.4 MediaBay

Ein vollkommen neues Feature in Cubase 4 ist die MediaBay. Hierbei handelt es sich um einen Browser, in welchem Sie Sounds, Samples, Presets sowie jedwede andere Form von Audio-, MIDI- und Videodateien für die SoundFrame-Suche verwalten können. Dies ist etwa hilfreich, wenn Sie vorhandene Mediendateien ordnen möchten. Während Ihnen Mac OS Finder und Windows Explorer keine Auskunft über die klangliche Beschaffenheit von Dateien geben, können Sie diese mithilfe der MediaBay jederzeit als Entscheidungs- oder Ordnungskriterium hinzuziehen. Auf diese Weise bringen Sie nicht nur Ordnung auf Ihre Festplatte(n), sondern ermöglichen durch das Einpflegen von Tags zudem noch ein schnelleres Auffinden von Dateien.

Denn Sie können die MediaBay nicht nur zur Klassifizierung von Mediendateien, sondern auch zu ihrer Suche nutzen. Sie öffnen die MediaBay über das Menü MEDIEN • MEDIABAY ÖFFNEN oder mittels der Funktionstaste F5. Der aktuelle Status der MediaBay wird übrigens stets mit der Projektdatei gespeichert.

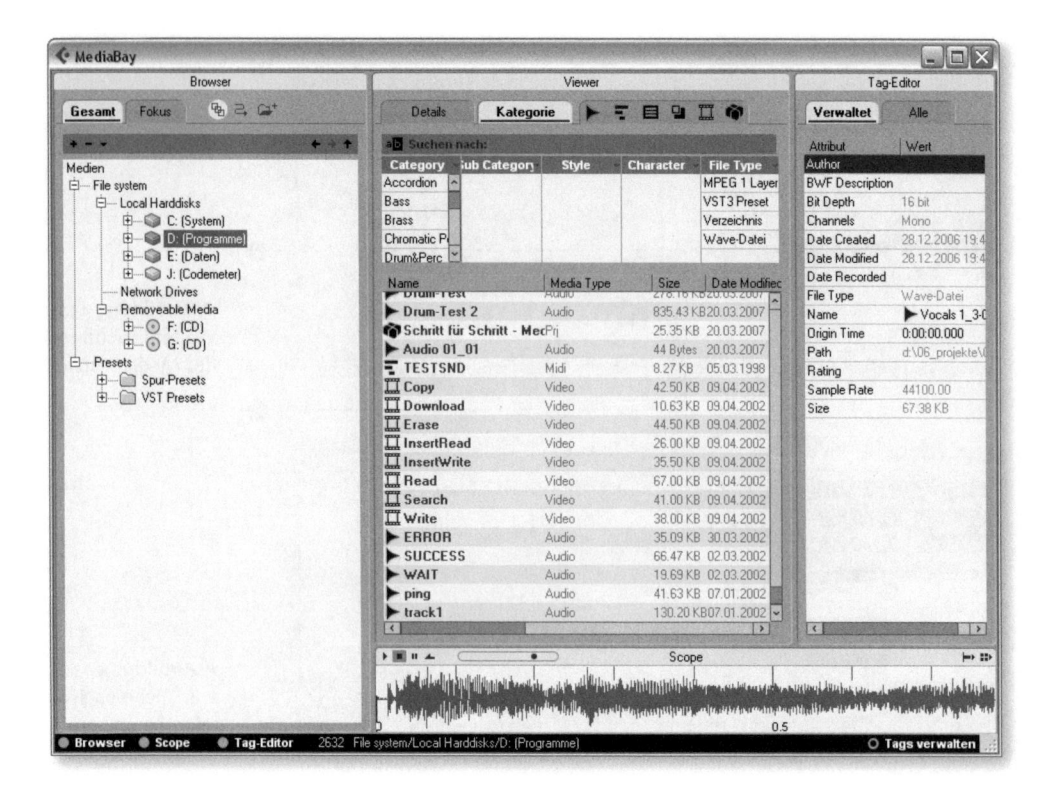

▲ **Abbildung 13.21**
Dateiverwaltung komplett – die MediaBay

13.4.1 Unterstütze Dateiformate

Über die MediaBay können Sie nahezu alle verbreiteten Dateiformate für Mediendateien verwalten. Dies sind im Einzelnen MIDI-Dateien (.mid), Audiodateien (.aifc, .aiff, .mp2, .mp3, .ogg, .rex, .rx2, .sd2, .wav, .w64 sowie unter Windows auch .wma-Files) und Videodateien (.avi, .mov, .mpg, .qt sowie unter Windows auch Dateien mit der Datei-Endung .wmv). Darüber hinaus sind auch Steinberg-eigene Dateitypen, wie etwa Projektdateien von Cubase und Nuendo (.cpr, .npr), Spur-Presets (.trackpreset) und VST-Presets (.vstpreset) mit der MediaBay verwaltbar.

13.4.2 Bedienelemente der MediaBay

Die verschiedenen Bereiche der MediaBay geben Ihnen Auskunft über bestimmte Parameter verfügbarer Mediendateien auf Ihrem System.

Browser | Im Browser der MediaBay finden Sie die durchsuchbaren Ordner Ihrer DAW. Der Browser funktioniert im Grunde wie der Mac OS-Finder oder der Windows Explorer, hält mit der Zusatzansicht Fokus jedoch einen spezialisierten Ansichtsmodus bereit, der Ihnen ausschließlich die Unterordner des aktuell in der Ansicht Gesamt angewählten Ordners anzeigt.

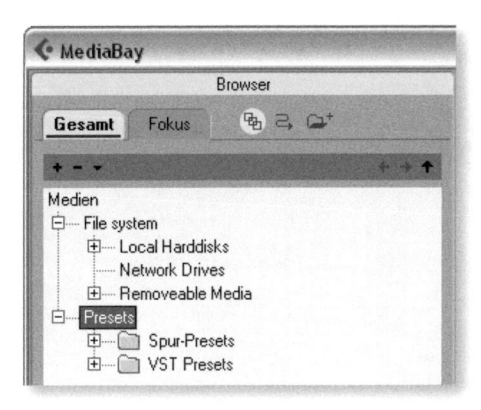

◀ **Abbildung 13.22**
Gesamtansicht im MediaBay-Browser

In beiden Darstellungsmodi finden Sie oben im Browser zur Arbeitserleichterung drei Buttons. Hier können Sie über ALLE DATEIEN festlegen, dass im Viewer auch Dateien angezeigt werden, die sich in Unterordnern eines ausgewählten Ordners befinden. Der Button AUSGEWÄHLTEN ORDNER AUTOMATISCH AUF ÄNDERUNGEN ÜBERPRÜFEN veranlasst dagegen das automatische Scannen eines Ordners bei dessen Anwahl. Außerdem steht Ihnen der Button NEUEN ORDNER ERZEUGEN zur Verfügung, über den Sie einen neuen Pfad für Dateien anlegen können.

Dabei zeigen Ihnen verschiedene Farbgebungen der dargestellten Ordner an, welchen Scan-Status dieser Ordner aktuell besitzt:

- **Roter Ordner:** wird aktuell gescannt
- **Hellblauer Ordner:** Scan beendet
- **Gelber Ordner:** Inhalt noch nicht gescannt
- **Orangefarbener Ordner:** Scan unterbrochen

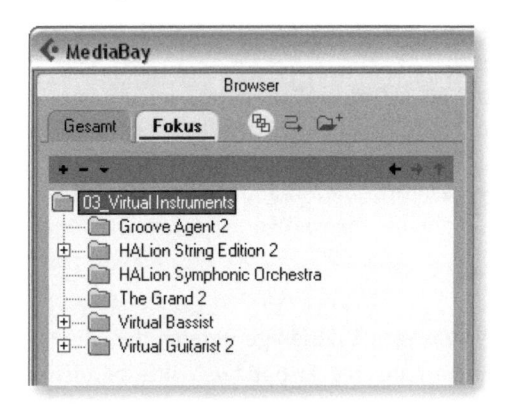

◀ **Abbildung 13.23**
Fokus-Ansicht des MediaBay-Browsers

Falls Ihnen das automatische Scannen zu zeitintensiv ist, können Sie es auch deaktivieren und Ordnerinhalte bei Bedarf manuell aktualisieren. Hierzu öffnen Sie das Kontextmenü eines Ordners, indem Sie mit der rechten Maustaste auf diesen klicken. Dort wählen Sie AKTUALISIEREN, und schon startet der Scan-Vorgang.

MediaBay **485**

Abbildung 13.24 ▶
Manuelle Aktualisierung von Ordnerinhalten

Links oben im MediaBay-Browser können Sie Favoriten für einen direkten Zugriff auf untergeordnete Ordner anlegen. Dies geschieht in Form von Presets und kann eine große Arbeitserleichterung sein.

Abbildung 13.25 ▶
Direkter Preset-Zugriff auf untergeordnete Ordner

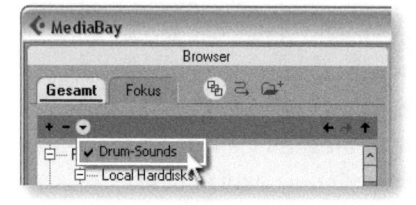

Die Navigation durch die Ordner im Browser können Sie übrigens auch anhand der Navigations-Buttons rechts oben im Browser-Bereich sowie mit den Pfeiltasten der Computertastatur vornehmen.

> **Presets schneller finden**
>
> Neben dem Dateisystem Ihrer DAW (im MediaBay-Browser »File system« genannt) finden Sie im Darstellungsmodus GENERELL auch einen virtuellen PRESETS-Ordner. Hierdurch ermöglicht Ihnen der Media-Bay-Browser einen schnellen Zugriff auf vorhandene Presets, ohne dass Sie diese erst mühsam in den (häufig weit verzweigten) Ordnern suchen müssen.

Viewer – Filterfunktion | Der Viewer ist derjenige Bereich der Media-Bay, der Ihnen (Medien-)Dateien anzeigt. Er hat zwei Unterbereiche: den Filter oben und darunter das Hauptfenster.

Die Filtersuche finden Sie standardmäßig im Modus KATEGORIE vor. In diesem Modus können Sie die Anzahl der im Viewer angezeigten Mediendateien auf eine Auswahl von solchen mit bestimmten Werten einschränken. Diesen Modus der Filterfunktion kennen Sie bereits vom SoundFrame-Browser.

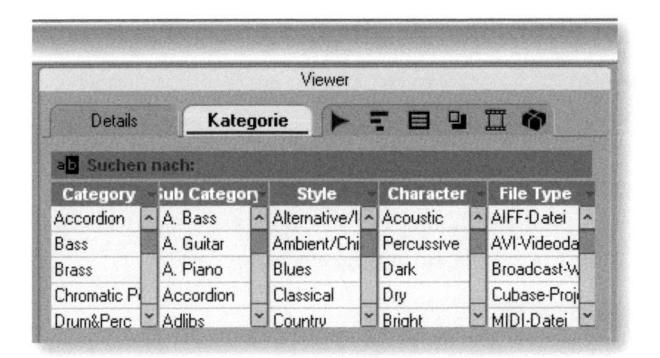

◄ **Abbildung 13.26**
Kategorie-Modus
der Filtersuche

Weitere nützliche Features sind die Auswahl von Dateitypen sowie die Detailansicht. Die Auswahl von Dateitypen führen Sie über die Symbole im rechten oberen Bereich des Viewers durch. Hier können Sie wählen, ob im Viewer ausschließlich Audio- und/oder MIDI-Dateien, Spur- und/oder VST-PlugIn-Presets oder auch Video- und/oder Projektdateien angezeigt werden sollen. Auch eine Mehrfachauswahl von Dateitypen ist hier möglich.

In der Detailansicht steht Ihnen dann eine detaillierte Filtersuchfunktion zur Verfügung, mit deren Hilfe Sie das Durchsuchen von Dateiattributen durch Wertebereiche oder Suchstrings genauer spezifizieren können.

Bitte beachten Sie, dass Ihnen die Detailsuche der MediaBay nicht in der Programmausführung Cubase Studio 4 zur Verfügung steht.

[«]

Schritt für Schritt: Detailsuche der MediaBay anwenden

[▪]

In diesem Workshop schauen wir uns an, welche Schritte notwendig sind, um Ihren Bestand von Mediendateien mit der Detailsuche der MediaBay gezielt nach Datei-Attributen zu durchfiltern. Exemplarisches Ziel dieser Schrittanleitung ist es, dass Sie an deren Ende ausschließlich solche Dateien im Viewer angezeigt sehen, deren Bit-Tiefe 24 Bit beträgt. Dies entspricht praktisch z. B. einer Qualifizierung von relevanten Dateien für 24 Bit-Produktionen.

1 MediaBay öffnen
Öffnen Sie die MediaBay über MEDIEN • MEDIABAY ÖFFNEN oder über die Funktionstaste [F5].

2 Filtermodus aktivieren
Aktivieren Sie den Filtermodus DETAIL, indem Sie mit der Maus auf den gleichnamigen Reiter klicken.

3 Tags bestimmen

Indem Sie auf den Pfeil rechts im Feld BELIEBIGES ATTRIBUT klicken, öffnen Sie die Dropdown-Liste für die Auswahl der Tags.

Aus der Liste wählen Sie das gewünschte Attribut für Ihre Detailsuche aus. In unserem Beispiel ist dies das Attribut Bit-Tiefe (BIT DEPTH).

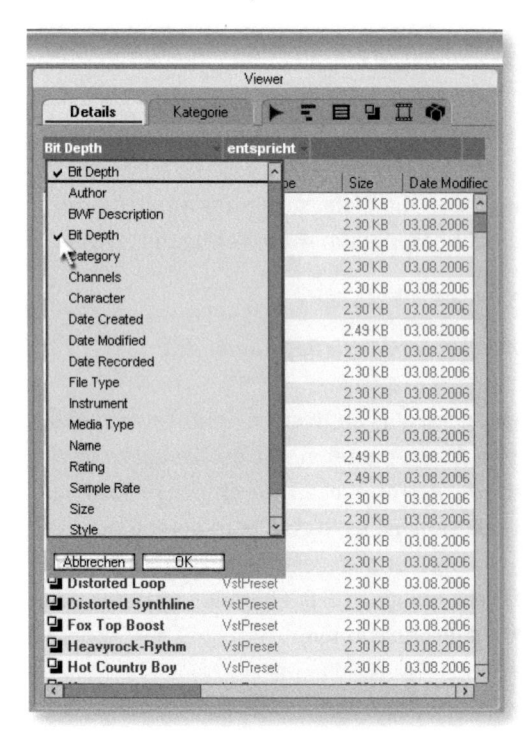

4 Operanden wählen

Legen Sie im nächsten Schritt im Bereich ENTSPRICHT fest, welche Operanden Sie anwenden möchten. In unserem konkreten Fall soll dies der Eintrag ENTSPRICHT sein.

5 Wertebereich bestimmen

Als Letztes geben Sie im freien Feld rechts daneben den Suchwert als Zahl an: 24. Die Ansicht des Viewers stellt Ihnen augenblicklich alle Dateien zusammen, die eine Bit-Tiefe von 24 Bit aufweisen und in demjenigen Ordner abgelegt sind, der im Browser-Fenster ausgewählt ist. ■

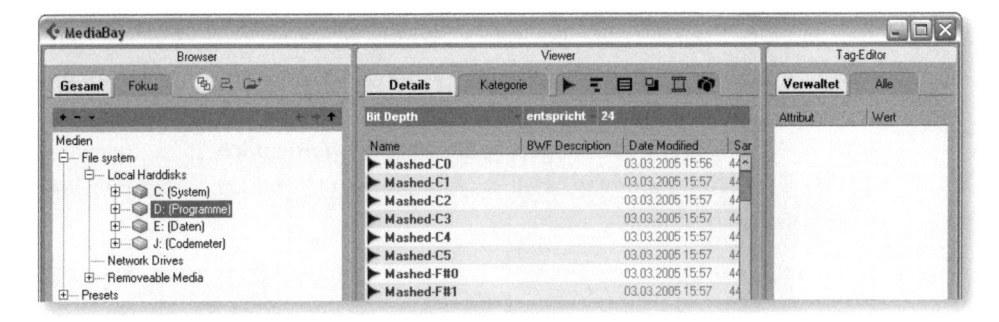

Sie können im Wertefeld der Detailsuche auch mehr als nur ein Tag angeben. Setzen Sie mehrere gleichberechtigte Suchbegriffe oder Werte ein, so müssen Sie diese durch ein Leerzeichen trennen. Im Viewer werden dann solche Dateien angezeigt, die alle aufgeführten Werte (also Zeichenfolgen oder Zahlenwerte) enthalten.

Außerdem ist es möglich, dass Sie für Ihre Suche bis zu fünf verschiedene Attribute kombinieren. Diese Funktion ist im Layout von Cubase ein wenig versteckt. Um eine neue Zeile für die Detailsuche anzulegen, fahren Sie mit dem Mauszeiger ganz rechts außen über das letzte Feld in der Suchzeile und klicken auf das Erweiterungskreuz, welches beim Überfahren mit der Maus erscheint.

◀ **Abbildung 13.27**
Attribut zur Detailsuche hinzufügen

MediaBay **489**

Um den Filter wieder zurückzusetzen, müssen Sie nur den dafür zuständigen Button anklicken. Je nach Darstellungsweite der MediaBay-Fenster ist dieser jedoch manchmal nicht sichtbar. Ändern Sie in einem solchen Fall die Fensterbreite des Viewers nach rechts, um den Button vollständig sichtbar zu machen.

Abbildung 13.28 ▶
Button FILTER ZURÜCKSETZEN

Hinweise zur Kategoriesuche finden Sie im Abschnitt 12.4.

Viewer – Hauptfenster | Der Viewer der MediaBay zeigt Ihnen die auf Ihrer DAW verfügbaren Mediendateien. Sie werden inklusive vieler datei-eigener Parameter angezeigt, wie Dateiname, BWF-Beschreibung, Datum der letzten Änderung, Sample-Frequenz, Bit-Tiefe, Kanalanzahl, Dateiart, Erstellungszeitpunkt und Pfadangabe. Außerdem finden Sie unter den Dateiparametern in der Spalte RATING eine Klassifizierung der angezeigten Dateien hinsichtlich ihrer Relevanz. Dieses Rating umfasst null bis fünf Sterne (*) und kann über den Tag-Editor bestimmt werden.

> **Anzahl angezeigter Dateien**
>
> Standardmäßig ist die Anzahl der dargestellten Dateien im Viewer auf 10000 begrenzt. Diese Anzahl können Sie in den Programmeinstellungen unter DATEI • PROGRAMMEINSTELLUNGEN • MEDIABAY bis auf 100000 Dateien erhöhen. Bedenken Sie aber, dass durch das Erhöhen der Dateianzahl im Viewer das Scannen von Ordnern auf der ersten Hierarchie-Ebene deutlich länger dauern kann (eben bis zu etwa zehnmal so lang).

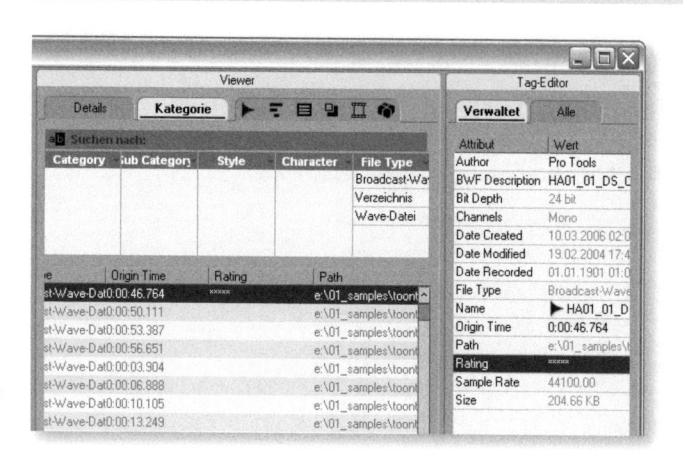

Abbildung 13.29 ▶
Rating-Kriterium für Mediendateien

Wenn Sie den genauen Speicherort eines Presets oder einer Datei wissen möchten, so können Sie diese im Viewer anwählen und aus dem Kontextmenü den Eintrag IM EXPLORER ÖFFNEN wählen. Daraufhin öffnet sich der Mac OS-Finder bzw. der Windows Explorer im entsprechenden Ordner mit der gesuchten Datei in der Auswahl.

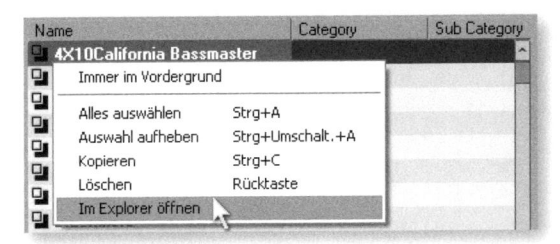

◀ **Abbildung 13.30**
Funktion zum Verfolgen des exakten Speicherorts

Tag-Editor | Die Metadaten von Mediendateien, die Auskunft über Dateigröße, Dateiursprung, Dateibeschaffenheit etc. geben können, werden in der MediaBay von Cubase als so genannte »Tags« zur Filtersuche herangezogen. Mit dem Tag-Editor können Sie für die in der MediaBay standardmäßig verwalteten Attribute die zugehörigen Werte vergeben. Diese Werte können Ihnen bei der Filtersuche dann als Filterkriterien dienen. Um einem Attribut einen neuen Wert zuzuordnen, klicken Sie einfach mit der Maus in das Wertefeld der entsprechenden Attributzeile und treffen Ihre Wahl.

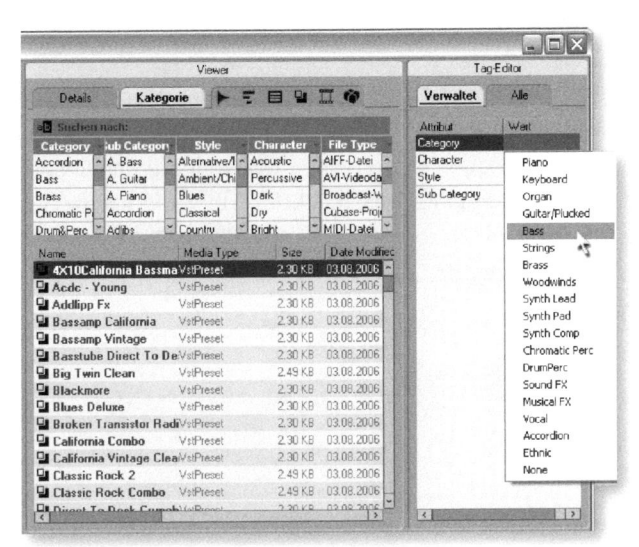

◀ **Abbildung 13.31**
Werte für verwaltete Attribute vergeben

Während Sie auf der Registerkarte VERWALTET diejenigen Attribute finden, die von der MediaBay zur Filtersuche herangezogen werden, sehen Sie auf der Registerkarte ALLE sämtliche relevanten Daten einer im Viewer ausgewählten Datei. Dabei sind die Tags stets vom Typ der

Datei abhängig. Denn in unterschiedlichen Dateitypen werden auch unterschiedliche Meta-Informationen gespeichert. Ausgegraute Angaben kennzeichnen, dass diese Werte nicht änderbar sind (z. B. Herstellerangaben oder Angaben zur Dateigröße).

Abbildung 13.32 ▶
Tag-Übersicht auf der Registerkarte ALLE

Zum Verwalten der Tags haben Sie die Möglichkeit, auf einen eigens dafür vorgesehenen Dialog zurückzugreifen. Sie öffnen ihn über den Button TAGS VERWALTEN, den Sie rechts unten in der Infozeile der MediaBay finden.

Abbildung 13.33 ▶
Button zum Öffnen des Dialogs zur Tag-Verwaltung

Hier können Sie nun bestimmen, welche Tags von der MediaBay zur Filtersuche herangezogen werden sollen. Der Reihe nach bestimmen Sie über die Filtersymbole oben ❶ zuerst den Dateityp, für den Sie die zugrunde liegenden Tags modifizieren möchten. Über die Kreuzchen der Checkboxen ❷ können Sie sodann festlegen, ob ein Tag innerhalb des Filters, des Viewers oder des Tag-Editors verfügbar sein soll.

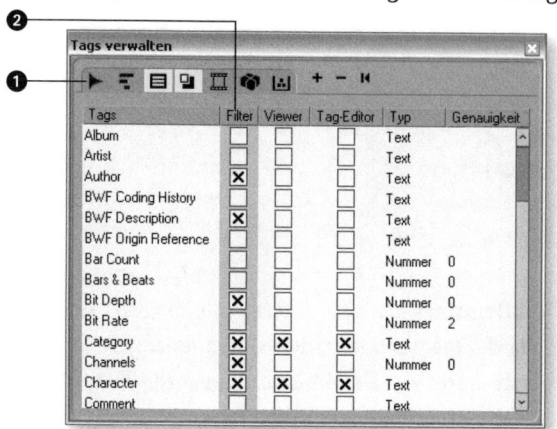

Abbildung 13.34 ▶
Dialog zur Tag-Verwaltung

492   Medienverwaltung

Außerdem finden Sie noch zwei Spalten zur genaueren Bestimmung der Tags. In der Typspalte finden Sie Informationen, ob ein Tag aus Text, aus einer Zahl (Nummer) oder aus einer Aussage (Ja/Nein) besteht. Außerdem können Sie die Nachkommastellen für numerische Tag-Werte in der Spalte GENAUIGKEIT festlegen.

> **Tags im Viewer bearbeiten**
>
> Falls Sie Tags nicht nur über den Tag-Editor, sondern direkt in der Anzeige im Viewer editieren möchten, dann aktivieren Sie die standardmäßig ausgeschaltete Funktion BEARBEITUNG IM VIEWER ZULASSEN, die Sie in den Programmeinstellungen unter DATEI • PROGRAMMEINSTELLUNGEN • MEDIABAY finden.

Bitte beachten Sie, dass Ihnen die Tag-Verwaltung nicht in der Programmausführung Cubase Studio 4 zur Verfügung steht.

Scope | Sofern Sie im Viewer eine Datei ausgewählt haben, sehen Sie im Scope-Bereich deren Wellenform und können diese hier auch vorhören, sofern es sich nicht um Video- oder Projektdateien handelt. Bei MIDI-Dateien müssen Sie zudem ein Ausgangsgerät festlegen, über das die MIDI-Daten der ausgewählten Datei zum Vorhören wiedergegeben werden sollen.

Zur Verfügung stehen Ihnen hier Transportfunktionen, wie START, STOP, PAUSE und CYCLE sowie ein Regler zur Steuerung der Vorschau-Lautstärke und Options-Buttons für automatische Wiedergabe und die Wiedergabe im Projekt-Kontext.

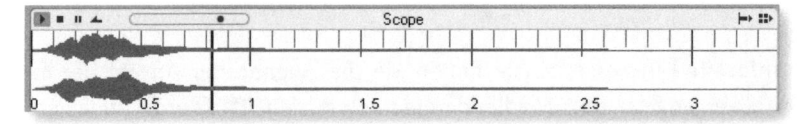

◀ **Abbildung 13.35**
Mediendateien vorhören im Scope-Bereich

Schritt für Schritt: Scope-Wiedergabe im Kontext

In diesem Workshop sehen wir uns an, welche Schritte erforderlich sind, damit Sie Mediendateien im Kontext des Projekts vorhören können.

1 *Abspielposition festlegen*
Platzieren Sie zunächst den Positionszeiger an der gewünschten Stelle im Projekt, an welcher die Mediendatei wiedergegeben werden soll.

2 MediaBay öffnen

Öffnen Sie die MediaBay über das Menü MEDIEN • MEDIABAY ÖFFNEN oder über die Funktionstaste [F5].

3 Mediendatei auswählen

Markieren die gewünschte Mediendatei im Viewer, indem Sie sie mit der Maus auswählen.

4 Kontext-Wiedergabe starten

Wählen Sie im Scope-Bereich den Button IM KONTEXT WIEDERGEBEN an

5 Kontext-Wiedergabe wird ausgeführt

Cubase startet nun das Vorhören der Mediendatei und spielt zugleich das Projekt von der gewählten Position aus ab. ■

Wenn Sie im Viewer ein VST-PlugIn-Preset auswählen, können Sie dessen Klang im Scope vorhören, indem Sie zum einen selbst musizieren und MIDI-Noten über den MIDI-Eingang eingeben. Hierfür müssen Sie zuvor den Radio-Button MIDI-EINGANG aktivieren. Zum anderen können Sie aber auch eine MIDI-Datei öffnen, die vom gewählten Preset wiedergegeben werden soll. Die MIDI-Aktivität erkennen Sie in beiden Fällen am Aufblinken des Lämpchens, das sich rechts im Scope-Bereich befindet.

Abbildung 13.36 ▶
VST-PlugIn-Presets im Scope-Bereich vorhören

Infozeile | In der Infozeile finden Sie die Angabe der Anzahl der im Viewer angezeigten Mediendateien sowie den Pfad, unter welchem die angezeigten Dateien zu finden sind.

Individuelle Darstellung der MediaBay

Möchten Sie die Darstellung der MediaBay an Ihre Gewohnheiten zur Dateiverwaltung oder -suche anpassen, so können links im Fuß der MediaBay die entsprechenden Buttons für die Bereiche BROWSER, SCOPE und TAG-EDITOR einfach abwählen. Um die Größe der verschiedenen Bedienbereiche aufeinander abzustimmen, haben Sie die Möglichkeit, die Trennlinien zwischen diesen mit dem Mauszeiger zu verschieben.

13.4.3 Weitere SoundFrame-Dialoge

In Cubase existieren auch spezialisierte Ausführungen von Browsern: Dies sind der Loop-Browser und der bereits vorgestellte SoundFrame-Browser.

Loop-Browser | Der Loop-Browser richtet sich an Anwender, die größtenteils mit Audiodaten arbeiten. Sie öffnen ihn über MEDIEN • LOOP-BROWSER ÖFFNEN oder mit der Funktionstaste F6 . Der Loop-Browser durchsucht Ihre Festplattenordner nach Dateien.

SoundFrame-Browser | Der SoundFrame-Browser ist spezialisiert auf das Auffinden von Presets. Sie öffnen ihn über MEDIEN • SOUNDFRAME-BROWSER ÖFFNEN oder über die Funktionstaste F7 . Der Bereich, der vom SoundFrame-Browser durchsucht wird, ist identisch mit dem Preset-Bereich im Browser der MediaBay.

14 Tipps

Für die tägliche Arbeit mit einem Software-Studio empfiehlt es sich, die Arbeitsumgebung optimal an die eigenen Bedürfnisse anzupassen. Das heißt, Sie sollten nicht nur die gebräuchlichsten Setups abspeichern, sondern darüberhinaus auch Workflow-Dokumentationen anlegen oder Tastatur-Belegungen frühzeitig individualisieren. Wie Sie dies vornehmen können, zeige ich Ihnen in diesem Kapitel.

14.1 Programmeinstellungen speichern

Besonders, wenn Sie mit mehreren Anwendern auf Cubase zurückgreifen (z. B. Projektstudios), kann es vorteilhaft sein, die Arbeitsumgebung an die Wünsche und Anforderungen des jeweiligen Nutzers anzupassen. Auch wenn Sie in einem fremden Studio mit der Software arbeiten, können Sie Ihre persönliche Arbeitsumgebung in Dateiform mitnehmen und dort einrichten. Auf diese Weise lassen sich Arbeitsabläufe erheblich beschleunigen.

Programmeinstellungen als Preset speichern | Nicht alle der von Ihnen vorgenommenen Änderungen werden zusammen mit dem Projekt gesichert. Sind Sie mit Ihren Programmeinstellungen zufrieden, können Sie sie als Preset abspeichern. Dazu gehen Sie wie folgt vor:
1. Wählen Sie unter DATEI • PROGRAMMEINSTELLUNGEN den Button SPEICHERN ❶.

▼ **Abbildung 14.1**
Programmeinstellungen als Preset speichern

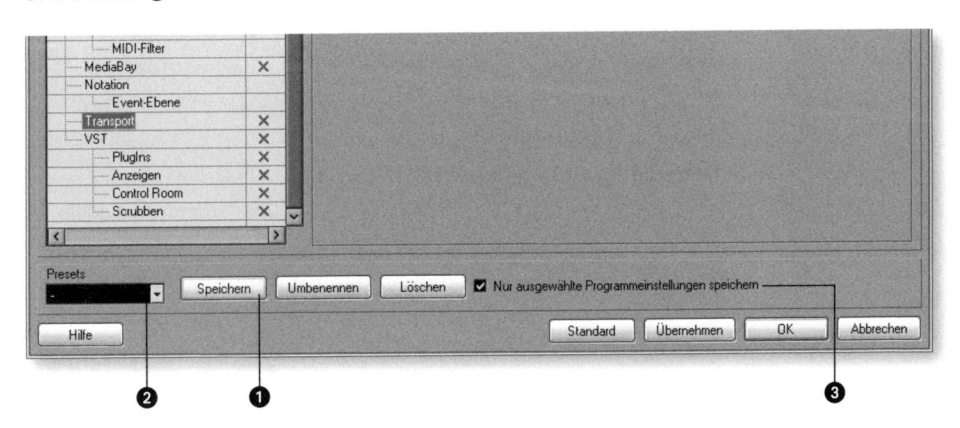

2. Im daraufhin erscheinenden Dialogfenster geben Sie einen Namen für Ihr Preset an.
3. Sie bestätigen mit OK.
4. Danach können Sie das Preset Ihrer Programmeinstellungen unter DATEI • PROGRAMMEINSTELLUNGEN im Drop-down-Menü PRESETS aufrufen ❷.

Wollen Sie nicht die komplette Arbeitsumgebung mit sämtlichen Parametern speichern, sondern lediglich eine bestimmte Auswahl daraus, so setzen Sie einen Haken für die Funktion NUR AUSGEWÄHLTE PROGRAMMEINSTELLUNGEN SPEICHERN ❸.

In den Presets der Programmeinstellungen werden also mehrere Unterbereiche zusammengefasst, die wiederum auch in separaten Dateien mit der Dateinamenerweiterung »xml« abgelegt werden können.

Da die Speicherorte für diese Dateien unterschiedlich sind, finden Sie hier eine Übersichtstabelle über die Dateien, in welchen die jeweiligen Individualisierungen gespeichert sind, und den Speicherpfad, unter dem diese standardmäßig abgelegt werden. Dies gibt Ihnen die Möglichkeit, auf anderen Rechnern auch einzelne Bereiche Ihrer individuellen Programmeinstellungen zu laden. Die Speicherorte sind für Sie beispielsweise dann von Bedeutung, wenn Sie Sicherheitskopien der ursprünglichen Einstellungs-Dateien anlegen möchten o. Ä.

Tabelle 14.1 ▶
Programmeinstellungen (Dateien, Bezeichnungen und Speicherorte)

Presets für ...	werden gespeichert als ...	in Pfad/Ordner ...
Aktuelle Programmeinstellungen	Defaults.xml	ANWENDUNGSDATEN\STEINBERG\CUBASE 4\
Aktuelle Tastaturbefehle	Key Commands.xml	ANWENDUNGSDATEN\STEINBERG\CUBASE 4\
Aktuelle Werkzeug-Sondertasten	Edit Modifiers.xml	ANWENDUNGSDATEN\STEINBERG\CUBASE 4\
Arbeitsbereiche	(im Projekt-File)	[Projektordner]
Arbeitsbereiche, globale	Window Layouts.xml	ANWENDUNGSDATEN\STEINBERG\CUBASE 4\
Benutzervorlagen	[Dateiname].cpr	[Installationspfad]\STEINBERG\CUBASE 4\TEMPLATES\
Crossfades	RAMPresets.xml	[Installationspfad]\STEINBERG\CUBASE 4\PRESETS\

◀ **Tabelle 14.1**
Programmeinstellungen (Dateien, Bezeichnungen und Speicherorte) (Forts.)

Presets für ...	werden gespeichert als ...	in Pfad/Ordner ...
Drum-Maps	(im Projekt) oder als [Dateiname].drm	[Projektordner] oder (individuell)
EQs	RAMPresets.xml	[Installationspfad]\ STEINBERG\CUBASE 4\ PRESETS\
Farbeinstellungen	(im Projekt-File)	[Projektordner]
Installierte MIDI-Geräte	Midi Devices.bin	ANWENDUNGSDATEN\ STEINBERG\CUBASE 4\
Logical-Editor	[Dateiname].xml	[Installationspfad]\ STEINBERG\CUBASE 4\ PRESETS\LOGICAL EDIT\
MIDI-Effekt	[Dateiname].xml	ANWENDUNGSDATEN\ STEINBERG\CUBASE 4\ PRESETS\[PLUGIN]\und [Installationspfad]\ STEINBERG\CUBASE 4\ PRESETS\[PLUGIN]\
Mixer-Ansicht	(im Projekt-File)	[Projektordner]
Programmeinstellungen	[Dateiname].xml	ANWENDUNGSDATEN\ STEINBERG\CUBASE 4\ PRESETS\ CONFIGURATIONS\
Quantisierung	RAMPresets.xml	[Installationspfad]\ STEINBERG\CUBASE 4\ PRESETS\
Spurbedienelemente	RAMPresets.xml	[Installationspfad]\ STEINBERG\CUBASE 4\ PRESETS\
Tastaturbefehle	[Dateiname].xml	[Installationspfad]\ STEINBERG\CUBASE 4\ PRESETS\ KEY COMMANDS\
Transportfeld	RAMPresets.xml	[Installationspfad]\ STEINBERG\CUBASE 4\ PRESETS\
VST-Verbindungen	RAMPresets.xml	[Installationspfad]\ STEINBERG\CUBASE 4\ PRESETS\
Zoom	RAMPresets.xml	[Installationspfad]\ STEINBERG\CUBASE 4\ PRESETS\

Abbildung 14.2 ▼
Programmeinstellungen – Allgemeines

Im Einzelnen können Sie im Dialog PROGRAMMEINSTELLUNGEN auf der Registerkarte ALLGEMEINES ❶ die folgenden Eigenschaften modifizieren:

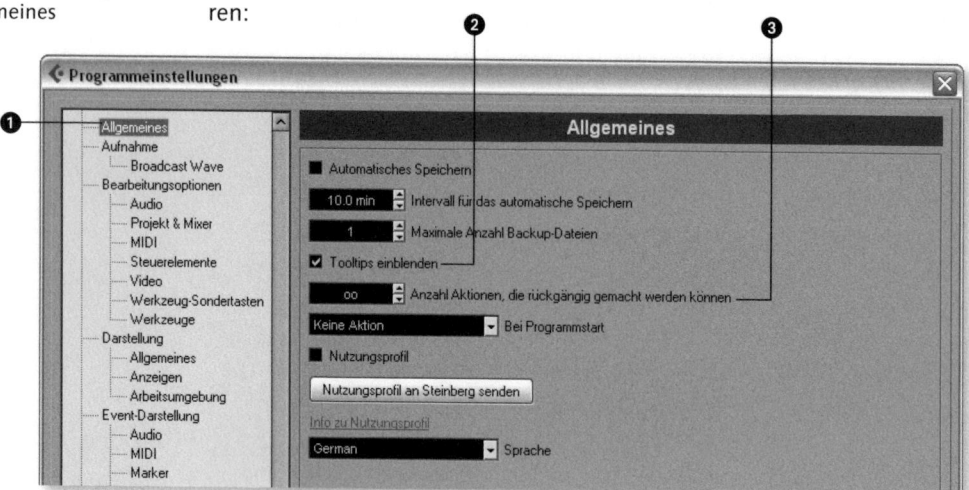

Tool-Tips einblenden | Sie haben die Möglichkeit festzulegen, ob bei dem Überfahren eines Steuerelements mit der Maus ein Hinweistext eingeblendet werden soll, der Ihnen die Funktion des jeweiligen Elements erläutert. Wenn Sie dies wünschen, setzen Sie ein Häkchen bei TOOLTIPS EINBLENDEN ❷.

Undo-Schritte festlegen | Darunter befindet sich eine numerische Auswahlmöglichkeit für die ANZAHL DER AKTIONEN, DIE RÜCKGÄNGIG GEMACHT WERDEN KÖNNEN ❸. Hiermit legen Sie fest, wie viele Undo-Schritte zwischengespeichert werden sollen. Per Default ist für diesen Parameter der Wert »∞« (unendlich) eingestellt.

> **Bearbeitungsschritte einsehen**
>
> Sie können die Liste der Bearbeitungsschritte über das Menü BEARBEITEN • LISTE DER BEARBEITUNGSSCHRITTE ... einsehen. Dabei sehen Sie zwischen den Einträgen eine blaue Linie ❹, sofern Sie mindestens eine der von Ihnen durchgeführten Aktionen über die Menüauswahl BEARBEITEN • RÜCKGÄNGIG oder [Strg]/[⌘] + [Z] rückgängig gemacht haben.
>
> ▶ Oberhalb der blauen Linie ❺ sind die zuletzt durchgeführten Aktionen aufgelistet, wobei der oberste Eintrag für die allerletzte Aktion steht.
> ▶ Unterhalb der blauen Linie ❻ sind die zuletzt rückgängig gemachten Aktionen aufgelistet, wobei der unterste Eintrag für die zuletzt rückgängig gemachte Aktion steht.

◄ **Abbildung 14.3**
Liste der Bearbeitungsschritte

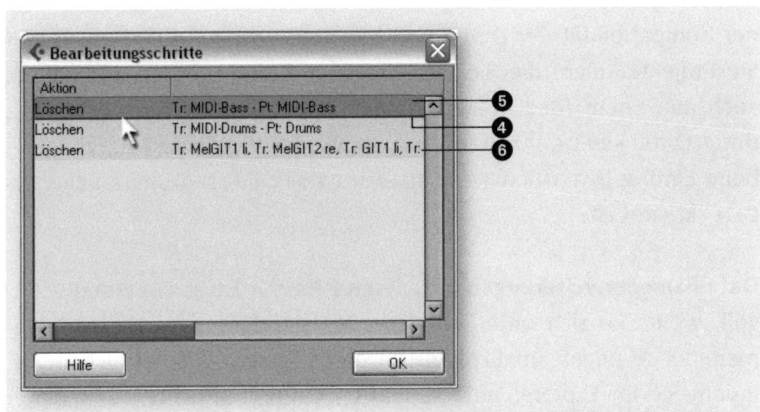

Durch das Verschieben der Trennlinie innerhalb der Liste der Bearbeitungsschritte können Sie mehrere Aktionen auf einmal rückgängig machen oder aber mehrere rückgängig gemachte Aktionen wiederherstellen. Klicken Sie in der Liste zwischen zwei Einträge, so verschieben Sie die Trennlinie an diese Stelle. All dies geschieht »on the fly«, also mit sofortiger Wirkung in den geöffneten Fenstern.

Im Bereich ALLGEMEINES können Sie außerdem festlegen, ob beim Programmstart eine bestimmte Aktion ausgeführt werden soll. Hierfür stehen Ihnen in einem Drop-down-Menü die folgenden Optionen zur Verfügung:

- **Keine Aktion**
  Cubase startet, ohne ein Projekt zu laden.
- **Letztes Projekt laden**
  öffnet beim Programmstart das zuletzt gespeicherte Projekt.
- **Template ‚Default' laden**
  öffnet beim Programmstart das Standard-Projekt.
- **Öffnen-Dialog anzeigen**
  zeigt beim Programmstart den Dialog ÖFFNEN an.
- **Neues Projekt erzeugen**
  zeigt beim Programmstart den Dialog NEUES PROJEKT an.
- **Startup-Dialog öffnen**
  zeigt beim Programmstart den Dialog CUBASE STARTUP-OPTIONEN an.

14.2 Kompatibilität von Projekten (PC und Mac)

Sollten Sie zu denjenigen Nutzern gehören, die Ihre Daten auf mehr als einem Rechner, auf anderen Systemen (Mac) oder mit anderen Software-Studios weiterverarbeiten, können von Zeit zu Zeit Probleme mit der Kompatibilität der Daten und der Datenstruktur auftreten. Damit Sie Projektdateien, die Sie mit Cubase auf einem PC erstellt haben, auch auf einem Mac nutzen können, muss sichergestellt sein, dass unter DATEI • PROGRAMMEINSTELLUNGEN der standardmäßig vorgegebene Eintrag DATEINAMENERWEITERUNGEN IN DATEI-DIALOG VERWENDEN aktiviert ist.

Dateinamenerweiterungen aktivieren | Hierfür ist es außerdem sinnvoll, wenn Sie sich unter Windows XP standardmäßig die Dateinamenerweiterungen im Explorer anzeigen lassen. Dies erreichen Sie, indem Sie im Explorer unter EXTRAS • ORDNEROPTIONEN den Reiter ANSICHT wählen und unter ERWEITERTE EINSTELLUNGEN für DATEIEN UND ORDNER den Haken bei ERWEITERUNGEN BEI BEKANNTEN DATEITYPEN AUSBLENDEN entfernen.

14.3 Startup-Optionen

Drücken Sie während des Programmstarts die [Strg]-Taste (PC) oder [⌘]-Taste (Mac), so erscheinen die CUBASE STARTUP-OPTIONEN. Die Liste gibt Ihnen eine Auswahlmöglichkeit aus den zuletzt von Ihnen geöffneten Dokumenten. Dabei können Sie in der Liste einen Eintrag markieren und öffnen, ein in der Liste nicht aufgeführtes Projekt suchen und öffnen oder aber ein neues Projekt anlegen.

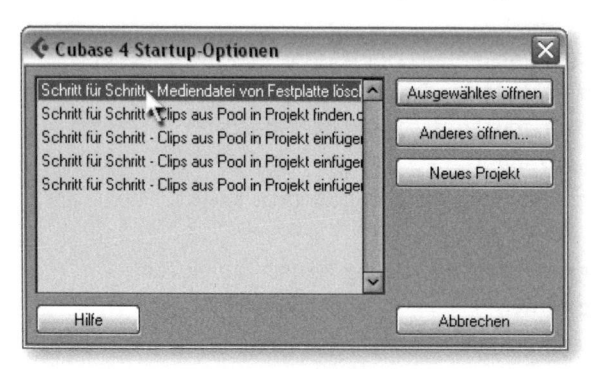

Abbildung 14.4 ▶
Startup-Optionen

14.4 Links

http://www.steinberg.de – Hersteller von Cubase. Auf dieser Homepage finden Sie nicht nur stets die neuesten Steinberg-Produkte, sondern auch Hinweise zu Cubase-Updates und neuen Programmversionen.

http://forum.steinberg.net – mehrsprachiges Support-Forum des Herstellers. Hier finden Sie Hilfe von fachkundigen Nutzern und auch Mitarbeitern der Firma Steinberg.

http://www.syncrosoft.de – Vertrieb des Lizenz Kontroll Centers. Dies sollte Ihre erste Anlaufstelle bei Problemen mit dem Kopierschutzstecker oder Lizenzen sein.

http://www.galileo-press.de – Homepage des Buchverlags. Hier finden Sie weitere spannende Bücher zum Thema Arbeiten mit Multimedia-Produkten.

http://www.carstenkaiser.de – Homepage des Autors. Schauen Sie auf meiner Homepage vorbei, um zu sehen, was ich selbst mit Cubase so alles anstelle.

15 Glossar

Aftertouch MIDI-Parameter, der den Wechsel des Tastendrucks nach erfolgtem Anschlag auswertet. Einige Klangerzeuger werten diese Information für ihre Klanggestaltung aus. Unterscheidbar sind weiterhin Channel Aftertouch (Channel Pressure), welches Druckunterschiede kanalweise verwertet, und Polyphonic Aftertouch (Polyphonic Key Pressure), das Druckunterschiede einzelner Tasten auswertet.

AIFF Audio Interchange File Format. Für Macintosh-Computer entwickeltes Audio-Dateiformat (Containerformat), welches unkomprimierte LPCM-Audiodateien speichert.

ASIO Audio Stream Input/Output. Von der Firma Steinberg entwickeltes plattformunabhängiges Protokoll für mehrkanaligen Audiodatentransfer. Viele professionelle Soundkarten und Audio-Interfaces nutzen ASIO, um geringe Latenzzeiten zu erzielen.

Auflösung/Bit-Tiefe Die Auflösung beschreibt die Anzahl der für die Digitalisierung eines analogen Signals zur Verfügung stehenden kleinsten Informationseinheiten (Bits). Je größer die Bit-Tiefe ist, d.h., je mehr Bits verwendet werden, desto mehr Dynamik-Information ist im digitalisierten Audiosignal enthalten. Ein digitalisiertes Audiosignal mit einer Auflösung von 24 Bit kann deshalb einen größeren Dynamikumfang besitzen als das gleiche Signal bei einer Auflösung von 16 Bit. Eine Erhöhung der Bitrate verbessert vielfach den Signal-Rausch-Abstand eines Systems.

Automation Beim Automatisieren werden die Parameterveränderungen von Audio-Produktionsumgebungen gespeichert. Hierzu können beispielsweise das Verändern von Lautstärken, des Stereo-Panoramas oder der Soundauswahl von Klangerzeugern zählen. Viele zeitgemäße Rock- und Pop-Produktionen ziehen einen Großteil ihrer »Lebendigkeit« aus den fortwährenden Veränderungen von Produktionsparametern, welche durch Mixer-Automation realisiert werden.

Broadcast-Wave-Format (BWF) 1997 von der European Broadcast Union (EBU) entwickeltes plattformunabhängiges Dateiformat, das vorwiegend im Bereich Film- und TV-Produktion verwendet wird. Dateien im BW-Format enthalten zahlreiche Metadaten mit Produktionsinformationen, wie Dateibeschreibung, Autor und Zeitreferenz.

Bus In einer Software-Produktionsumgebung wie Cubase können Busse als virtuelle Leitungen zur Datenübertragung erstellt und gelöscht werden. Das Vorhandensein von Bussen als virtuelle »Leitungen« ermöglicht erst das Anbinden externer Audioein- und -ausgänge.

Click Periodisches Referenzsignal zur Timing-Beurteilung von musikalischen oder produktionstechnischen Events, wie etwa Audio-, MIDI- oder Automationsdaten (etwa zum timinggenauen Einspielen einer musikalischen Aufnahme). Häufig in Form von Taktschlägen, wobei für gewöhnlich der erste Taktschlag hinsichtlich Lautstärke oder Klang herausgestellt wird, um einen Orientierungspunkt zu bieten.

Controller Ein Begriff, der sowohl MIDI-Controller als Kategorie für MIDI-Parameter (Footswitch, Breath, Control u. Ä.) bezeichnet, sowie auch als Begriff für Steuergeräte verwendet wird, die diese Daten senden. So kann ein MIDI-Fußschalter, der Controller-Daten sendet, beispielsweise selbst als Controller bezeichnet werden.

Crossfade Lautstärketechnische Kreuzblende der Pegel zweier Audiosignale (ein Signal wird ein-, das andere ausgeblendet).

Cue-Mix Signal mit separaten Mischverhältnissen. Mithilfe verschiedener Cue-Mixes können die Musiker bei einer Aufnahme unterschiedliche, für sie persönlich erstellte Mixes hören. Cubase stellt zu diesem Zweck einen eigenen Bereich im Control Room-Mixer und den VST-Verbindungen bereit.

Cycle Bereich eines Projektes, der bei der Wiedergabe automatisch wiederholt werden kann. Im Unterschied dazu bezeichnet »Loop« einen ebenfalls wiederholbaren, jedoch festen Bereich innerhalb einer Audiodatei.

DC-Offset Gleichspannungsabweichung bei AD-Wandlern, bei der die Basislinie eines Audiosignals nicht auf der Nulllinie liegt. DC-Offset schränkt in der Regel die Dynamik eines Signals ein und sollte deshalb durch Hilfsmittel frühzeitig innerhalb der digitalen Signalkette korrigiert werden.

DirectX Paket von Softwareschnittstellen zur Kommunikation zwischen Programmen. Bestandteil sind u. a. DirectSound, DirectMusic (für MIDI-Daten) und DirectShow (für Audio-/Videodaten).

Drum-Map Zuordnungstabelle, die das Nutzen von Schlagzeug- und Percussion-Instrumenten auf MIDI-Basis erleichtert.

Einfrieren Kombination aus Speichern der Klangerzeugung eines virtuellen Instruments nebst Abschaltung desselben. Der Einfriervorgang ist in Cubase auch für Spuren möglich, die auf Effekte zurückgreifen. Der Vorgang des Einfrierens kann Ressourcen für CPU, RAM und HD-Streaming freigeben.

EQ Abkürzung für »Equalizer«. Klangfilter, mit dessen Hilfe einzelne Frequenzbereiche verstärkt oder abgeschwächt werden können.

Externe Effekte/Instrumente Hardware-Effektgeräte bzw. klangerzeugende Hardware, deren Audiosignale via Soundkarte/Audio-Interface in den Signalfluss von Cubase integriert werden können.

Fade-In/Fade-Out Ein- bzw. Ausblenden eines Audiosignals.

Gain Eingangsverstärkung eines Kanals. Dient zur Aussteuerung/zum Einpegeln des Signalpegels auf Arbeitsniveau.

Geräte-Port Hardware-Anschluss, der einem virtuellen Bus zugewiesen werden kann und somit in Cubase zur Verfügung steht.

Groove Begriff zur Beschreibung von Rhythmuszusammenhängen, bei denen kaum bewusst wahrnehmbare, aber beabsichtigte Ungenauigkeiten den rhythmischen Ablauf lebhafter gestalten als bei einer mathematisch exakten Abfolge von Noten.

Gruppenkanal Kanaltyp, der durch die Signale von Einzelkanälen gespeist wird. Oft auch als »Subgruppe« bezeichnet.

Hitpoint Markierungspunkt an Transienten (Spitzenpegel eines Signals während seiner Einschwingphase), der zur Erstellung von Slices (etwa Stück, Teil, Ausschnitt, »Scheibchen«) dient. Die Berechnung von Hitpoints nehmen Sie in Cubase im Sample-Editor vor.

Hüllkurve Pegelverlauf in grafischer Form. Zumeist als Abkürzung für die Funktion der Hüllkurvenmodulation verwendet, bei welcher die Hüllkurvenanteile Attack (Einschwingen), Decay (Abklingen), Sustain (Halten) und Release (Ausklingen) verändert werden können.

Latenz Systemabhängige Signalverzögerung zwischen Ein- und Ausgang bzw. zwischen Klanganforderung und Klangausgabe, hervorgerufen durch interne Arbeitsschritte von Schnittstellen, Bearbeitungsvorgängen sowie Rechenoperationen innerhalb von Audio-Hardware bzw. -Software.

Loop Wiederholte Wiedergabe eines festen Bereichs innerhalb einer Audiodatei. Im Gegensatz dazu bezeichnet »Cycle« einen Projektbereich, der bei der Wiedergabe automatisch wiederholt werden kann.

(L)PCM (Linear) Pulse Code Modulation – Audio-Dateiformat, welches anstelle von Kompression mit binärer Codierung analoger Signale arbeitet und somit den schlichten digitalen Wert eines Audiosignals speichert/wiedergibt.

MIDI Musical Instruments Digital Interface. Digitale Schnittstelle für Musikinstrumente, die zum Übertragen von Informationen zur Spielweise und Klangerzeugung von MIDI-fähigen Instrumenten dient.

Monitoring Abhören von Signalen zwecks qualitativer Beurteilung.

MPEX Minimum Perceived Loss Time Compression/Expansion. Von der Firma Prosoniq entwickelter Algorithmus, der eine äußerst genaue Veränderung von Tonhöhen und der zeitlichen Dauer von Audiodateien ermöglicht. Die Basis des MPEX-Algorithmus bildet dabei ein künstliches neuronales Netzwerk.

Noise-Gate Effekt aus der Gattung Dynamikbearbeitung, der nur solche Signale hörbar passieren lässt, die oberhalb eines bestimmten Signalpegel-Schwellenwerts liegen.

Normalisieren Relative Anhebung eines Signalpegels, in der Regel bis zu dessen maximal möglicher verzerrungsfreier Anhebung.

Nulldurchgang Durchgang, bei welchem die Spannung eines Audiosignals gleich Null ist. In der Wellenformdarstellung befinden sich bei einem Audiosignal Nulldurchgänge stets an denjenigen Punkten, an denen der Verlauf der Wellenform die Nulllinie kreuzt bzw. sich auf dieser befindet.

Ogg-Vorbis-Dateien Komprimierte Dateien in diesem Format haben die Dateinamenerweiterung ».ogg«. Sie haben eine recht hohe Qualität bei relativ geringer Größe.

OMF-Dateien Dateien zur OMFI-Verwendung (Open Media Framework Interchange), also für den plattformunabhängigen Austausch von Mediendateien (z. B. zwischen den Softwarestudios Cubase und Logic).

Panning Auslenkung eines Audiosignals im Stereo- oder Surroundbild (z. B. rechts/links oder vorne/hinten).

Phase Bestimmt den Schwingungszustand (positiv/negativ) einer Welle (angegeben im Winkelmaß Grad).

Pitch-Shift Änderung der Tonhöhe eines Audiosignals mittels technischem Equipment.

PlugIn Programm, das in einer übergeordneten Programmumgebung ausgeführt und von dieser gesteuert wird.

Post-Fader/Pre-Fader Bezeichnung für einen Zugriffspunkt innerhalb des Signalflusses eines Mischpultes. Dabei kennzeichnet »Post-Fader« den Zugriff auf das Signal nach der Lautstärkeregelung durch den Schieberegler (»Fader«) und »Pre-Fader« demgegenüber den Zugriff vor erfolgter Lautstärkeregelung des Schiebereglers.

Precount Vorzähler. Periodisches Referenzsignal, welches das Tempo für eine Aufnahme vorgibt.

Preroll/Postroll Bereich innerhalb eines Audioprojekts, um welchen der Cycle-Bereich beim Starten (Preroll) bzw. Stoppen der Aufnahme (Postroll) erweitert wird. Pre- und Postroll ermöglichen es Musikern und Aufnahmeverantwortlichen, den musikalischen Gesamtzusammenhang eines Takes besser wahrzunehmen.

Punch-In/Punch-Out Automatisches Ein- bzw. Abschalten der Aufnahmeaktivität während der Wiedergabe eines Projektes.

Q-Punkte Q-Punkte sind Quantisierungspunkte einzelner Hitpoints in Audiomaterial. Der Q-Punkt wird für das Hinzufügen eines Warp-Ankers herangezogen, um das Audiomaterial anhand dieses Ankers auf eine Rasterposition zu quantisieren.

Quantisieren Automatisches Ausrichten von Audio- oder MIDI-Daten an einem vorgegebenen Raster oder rhythmischen Muster.

ReWire 1998 von der Firma Propellerhead entwickeltes Software-Protokoll zur Echtzeitübertragung von Audio- und Controller-Daten zwischen Musikprogrammen. Dabei arbeitet ein Programm als Host und kann die Steuerung verschiedener Slaves ausführen.

Sample Für eine flexible Wiedergabe angelegter Ausschnitt einer digitalisierten Tonaufnahme. Neben Einzelsamples (z. B. Sound-Effekt) sind auch komplette Sample-Bibliotheken käuflich erhältlich. Diese enthalten eine Großzahl der auf einem Instrument spielbaren Töne in sämtlichen Spielweisen (z. B. bei Libraries gesamter Orchester). Das Erstellen, Modifizieren und Abrufen von Samples erfolgt durch eigens dafür konzipierte Hard- oder Software, so genannte Sampler.

Samplerate Die Samplerate gibt an, wie viele Samples bei der Digitalisierung eines Audiosignals von diesem abgetastet werden. Je größer die Samplerate, desto größer der Frequenzumfang der digitalisierten Aufnahme. Dies macht sich vor allem im Bereich der Obertöne in hohen Frequenzen bemerkbar.

Slice (etwa Stück, Teil, Ausschnitt, »Scheibchen«) Unabhängig verwendbarer Abschnitt einer zumeist als Sequenz vorliegenden digitalisierten Audioaufnahme. So lassen sich etwa einzelne Slices, die aus einem Schlagzeugrhythmus erstellt wurden, oftmals nahtlos zu einem völlig neuen Beat zusammenfügen.

Synchronisation Abstimmung von technischen Geräten oder Softwareprogrammen aufeinander, damit diese im Verbund gemeinsam Ton- und/oder Bildinformationen aufzeichnen bzw. wiedergeben können.

Take Aufnahme-Einheit, die zumeist aus einem textlichen oder musikalischen Sinnabschnitt besteht. In der Produktionspraxis wird ein Take von einem Künstler häufig mehrmals bei einer Aufnahme durchlaufen, bis Künstler und Tonverantwortliche mit dem Ergebnis zufrieden sind.

Talkback Separater Mono-Kanal eines Mischpults, der für die Kommunikation zwischen Künstler und Tonverantwortlichen eingerichtet wird. Über den Talkback-Kanal können dem Künstler Informationen zur Bewertung und zum Verlauf seiner Aufnahmen gegeben werden.

Tempospur Eigenständige Aufzeichnungsumgebung für wechselnde Tempo- und Taktangaben, die in Cubase eine Automation des Projekt-Tempos und eine automatische Anpassung von Linealen und Rastern ermöglicht.

Timecode auch »Zeitstempel«. Fortlaufende Zeitinformation im Format »Stunde:Minute:Sekunde:Frame«, die zum Synchronisieren verschiedener Audio- oder auch verschiedener Audio-/Videogeräte dient.

Time-Stretch Funktion zur Veränderung der Länge und/oder des Tempos von Audiodaten ohne Beeinflussung der Tonhöhe.

VST Virtual Studio Technology. Von der Firma Steinberg entwickelte Softwareschnittstelle, welche die Kommunikation zwischen VST-Hosts und deren VST-PlugIns (z. B. Cubase und Software-Instrumenten oder -Effekten) ermöglicht.

VST System Link Signalstandard für den Zusammenschluss mehrerer digitaler Audio-Workstations in einem Ring-Netzwerk. Zweck ist die Erhöhung der Gesamtleistung des Systems.

Warp-Anker An Zeitpositionen gebundener Marker innerhalb von Audio-Events in Cubase. Warp-Anker dienen zur zeitlichen Korrektur von Audioaufnahmen durch Stauchen oder Strecken der Abstände zwischen Warp-Ankern.

Wave- und Wave64-Dateien Dateiformat zur Speicherung digitalisierter Audioinformationen. Konkret handelt es sich um ein Containerformat, welches häufig unkomprimierte PCM-Daten enthält.

Wellenform Grafische Darstellung des Amplituden- und Phasenverlaufs eines Audiosignals in Form einer Kurve.

Index

A

Abtastrate 47
A/D-Wandler 63
AIFF-Datei 48
Akkordsymbol 378
   erzeugen 392
Alle Events auswählen 143
Am linken und rechten Locator trennen 303
Am Positionszeiger zerschneiden 302
An Ausgangsposition einfügen 302
Anschlagstärke 371, 407
   aufnehmen 375
   Grenze 408
   Komprimieren/Expandieren 407
   Plus-Minus 407
Anzeigequantisierung 392
Anzeigeversatz 46
Arbeitsbereich 38
   IDs 40
   Neuen anlegen 39
   per Tastatur aktivieren 39
   sperren 39
   verwalten 39
Arbeitsoberfläche 29
Arbeitspegel 93
Arbeitsspeicher 24
Archivierung 475
ASIO-Multimedia-Treiber 74
ASIO-Treiber 23, 74, 75
   im Hintergrund 77
Athlon 24
Attack 333
Attribute sperren 149
Audio
   Auswahl als Datei 318
   Effekte 327
Audioaktivität 216
Audio-Bearbeitung 325
   Effekte 327
   im Pool-Fenster 326
   Zeitbasis 367

Audio-Clip in Slices unterteilen 352
Audio-Daten
   Digitalisierung 63
   Information 63
   Preload 79
Audio-Events 31
   an Hauptlineal anpassen 357
   an Hitpoints teilen 363
   bearbeiten 326
   Infozeile 197
   kleben 181
   mit Hitpoints zerschneiden 363
   zusammenfassen 32, 295
Audio-Events bearbeiten 326
Audio-Image 237
Audio-Interface 68
   einrichten 76
Audio-Part-Editor 325, 364
   Ebenen 366
   Solo-Schalter 365
   Spur-Loop 365
Audio-Parts 295
   auflösen 296
Audio-Sampler
   Linealeinstellungen 354
Audio-Slices 362
Audio-Spur 114, 116
   einrichten 97
Audio-Verbindungen 73
Audioausgabe 241
Audio aus Videodatei 474
Audiodateien minimieren 52
Audio-Hardware verbinden 73
Audiokanal einfrieren 151
Audiolautstärke 216
Audiomaterial mehrfach transponieren 339
Audiopriorität 78
Audioprozesse festsetzen 53
Audiosignale, Aufnahmeformat 47
Audiotempo 353
Audition-Bus 96

Aufnahme 219
   Audio-Wellenformen 237
   ersetzen 231
   Keep Last 232
   Linear 230
   mischen 231
   Mix (MIDI) 231
   Overwrite (MIDI) 232
   Performance 237
   Stacked 232
   Stacked 2 (no Mute) 233
   Takes behalten 232
   Unterschiedliche Spurarten 220
   Vorlauf 225
   Vorzähler 230
Aufnahme-Dateityp 48
Aufnahmeaktivierung 122, 219
Aufnahmeart 223
   AutoQ 228
   normal 224
   Punch-In 225
   Punch-Out 226
Aufnahmeende
   automatisch 226
Aufnahmefunktion 219
Aufnahmelatenz berücksichtigen 80
Aufnahmemodi 230
Aufnahmemodus
   Cycle 231, 235
   Linear 230
Aufnahmeordner
   ändern 475
   definieren 145
Aufnahmesignal mithören 122
Aufnahmestart
   ab linkem Locator 224
   während Wiedergabe 225
Aufnahmestopp 226
Ausblenden 330
Ausschneiden 301
Aussteuerungsreserve 429
Auswahl
   alles 310
   aufheben 297, 310

bis Positionszeiger erweitern 314
im Loop 311
invertieren 310
Oktaven 312
Sample-Editor 313
Tonhöhe 312
umkehren 310
Auswahlbeginn zu Positionszeiger 314
Auswahlbereich
    bearbeiten 314
    duplizieren 315
    mehrfach duplizieren 315
    wiederholen 315
Auswahlende zu Positionszeiger 314
Auswahl im Pool finden 481
Auto-Fade 349
Auto-Fade-Einstellungen 349
Autolatch 455
Automation 123, 124, 451
    anzeigen 143
    ausblenden 143
    Dreieck 186
    folgt Events 322
    Kanalpegel 455
    Lautstärkeverlauf 452
    Linie 185
    Linien-Werkzeug 184
    Parabel 185
    Pegelwerte 455, 456
    Rechteck 186
    Sinus 185
Automations-Event 31
    Einfügeposition 460
    entfernen 460
    kopieren 460
Automations-Reduktionsfaktor 184
Automations-Unterspur 123, 124
Automationsdaten
    an Objekte koppeln 322
    aufnehmen 451
    aufzeichnen 455
    bearbeiten 456
    schreiben 122
    wiedergeben 451
Automationsmodus 176, 454
Automationsumgebung anpassen 459
Automatische Aufnahmeaktivierung 220
Automatischer Bildlauf 188, 250

Automatisches Mithören 221, 223
Automatisches Speichern 50
AutoQ 228
Aux-Wege 416

B

Backup-Dateien 50
Bank Select 66
Bearbeitung
    Original 325
Bearbeitungsoptionen 322
Bearbeitungsschritte 500
Beats anpassen 356
Bereich
    kopieren 304
    markieren 254
Bereichsauswahl
    nicht-zusammenhängende Spuren 306
Bibliotheken 55
    öffnen 56
    speichern 56
Bildwechselfrequenz 45
Bitauflösung 48
Bitbreite 468
Bittiefe 47
Breakout-Box 68
Broadcast-Wave-Datei 48
Bus-Presets speichern 86
Bus-System
    als Preset speichern 86
    einrichten 82
Busanzahl 84
Busbezeichnungen 85
Busse 82
    entfernen 86
    externe Effekte 88
    externe Instrumente 94
    Gruppen/Effekte 87
    löschen 86
    Rubriken erstellen 88
    Studio 96
Bustypen 87

C

Click On/Off 229
Clip 462
    exportieren 467
    finden 480
    im Pool finden 480
    im Pool kopieren 476
    importieren 467
    im Projekt finden 479, 481

löschen 471
Originaltempo eingeben 465
Clipping 216, 331
Clipping-Anzeige
    bleibt stehen 216
Clock-Quelle 81
Controlle-Spuren, User-Preset 397
Controller neu aufzeichnen 405
Controller-Daten bearbeiten 371
Control Room 443
    Kanal hinzufügen 444
    Main-Mix 445
Control Room-Mixer 446
Control Room-Übersicht 446
cpr-Dateien 41
CPU 174
Crossfade 347
    Amplitude 348
    erstellen 347
    Leistung 349
    Knackser 360
    Nulldurchgänge 360
    Vorschau 349
Crossfadeverzögerung 332
Cubase zu externer Quelle synchronisieren 44
Cubase-Projekt 41
Cubase-Versionen 17
Cubase SX 2, parallele Installation 26
Cutflags 392
Cycle-Aufnahme 231, 235
    Events + Regionen erzeugen 237
    Events erzeugen 237
    Regionen erzeugen 235
Cycle-Bereich heranzoomen 257
Cycle-Funktion 243, 252
Cycle-Marker 137, 254
    hinzufügen 256
Cycles 208

D

Datei
    an Projekteinstellungen anpassen 469
    konvertieren 469
    minimieren 476
    rekonstruieren 473
Dateiname anzeigen 200
Dateinamenerweiterung
    .bak 50

.cpr 41
.xml 498
Dateiverwaltung 55
Datentransferrate 24
DAW-System 61
   Verbindungsplan 61
DC-Offset entfernen 341
De-Clicker 103
Defragmentierung 25
Delay 100
Digital Audio Workstation 61
DirectSound-Treiber 75
Direct Thru 223
DirectX-Treiber 23, 75
Direktes Mithören 223
Dongle 23, 26
   Lizenz 27
   Probleme 27
Downmix-Files 151
Drop-In 224
Drop-Out 224
Drum-Editor 380
   Unabhängiger Cycle-Loop 382
Drum-Map-Einstellungen 385
Drum-Maps 381
   erstellen 385
Dry/Wet-Mix 334
Dry/Wet-Verhältnis 334
Dual-Monitor-System 24
Dual Head 24
Dual Head-Grafikkarte 24
Durchschleifen 65
DVD-ROM-Laufwerk 23

E

e-Schalter 147
Ebenen-Darstellungsart 150
Echtzeit-Spielen
   Latenz 173
Echtzeitbearbeitung 364
Echtzeiteffekte 24
Edits-Ordner 325
Effekt 327
   Verbindungsart 99
Effektgerät einbinden 89
Effekt gruppieren 102
Effektkanal-Spur 114, 130
Effektliste ordnen 102
eigenständige Kopie 318
Einblenden 330
Einfrieren 151
   aufheben 152
   Ausklingzeit festlegen 152
   Post-Fader-Effekte 151

Pre-Fader-Effekte 151
Einfügen 301
   am Positionszeiger 477
   zur Ursprungszeit 477
Eingang und Ausgang simultan
   abhören 221
Eingangsbusse einrichten 83
einzelne Beats anpassen 356
Enden quantisieren 398
enharmonische Verwechslungen 392
EQ-Status 129
Equalizer
   Bypass-Funktion 129
   im Inspector 158
Equalizer-Kurve
   im Inspector 158
Equalizer-Presets 436
Event 31, 293
   ausrichten 190, 368
   auswählen 296, 313
   Bearbeitung sperren 149
   benennen 122
   einzeichnen 295
   erzeugen 295
   Farben zuweisen 187
   in Part umwandeln 296
   kopieren 297
   mehrere trennen 181
   Rasterpunkte 368
   Reihenfolge verändern 191
   sperren 149
   Startpunkt verschieben 187
   stummschalten 183
   unter Positionszeiger automatisch auswählen 323
   umbenennen 298
   verschieben 187
   von Auswahl entfernen 297
   zerschneiden 181
   zusammenfügen 181
Event-Auswahlwerkzeug 179
Event-Farben 187, 371
Event-Typ-Maske 389
Eventbezeichnung 298
Eventfarben 298
Expander 64
Externe Effekte 88
   als Insert-Effekt 93
   als Send-Effekt 93
   ansprechen 94
   Bus-Performance 90
   Bus-Zuweisung 91
   einbinden 91

Geräte-Port 91
   hinzufügen 88, 89
   MIDI-Geräte kombinieren 93
   Return-Busse 90
   Send-Busse 89
Externe Effektgeräte
   Arbeitspegel 93
   Eingangspegel 94
   Gerätelatenz 90
externe Instrumente 94
   ansteuern 95
   Audioausgänge 94
   MIDI-Steuerung 95
   Return-Busse 94
Externes Gerät
   Timecode 46
Externes Mithören 223

F

Fade-In 330
   Linientypen 330
Fade-Out 330
Fade rastergenau 202
Farbeimer-Werkzeug 299
Farben-Menü 194
Farben-Werkzeug 187
fehlende Dateien 473
Fenster
   anordnen 57
   immer im Vordergrund 58
Fensteraktionen 58
Fensteranordnung 57
Festplatte 24
   Geschwindigkeit 24, 291
   Kapazität 24
   Partitionierung 291
Festplatten-Cache 174
Filteransicht 389
Firewire 67
Formate 468
fortlaufende Versionsnummer
   speichern 51
Framerate 45
   benutzerdefiniert 46
Freiraum einfügen 306
Freistellen 306
Frequenzumfang festlegen 47
Frequenzverstärkung 340
Full Duplex-Betrieb 75

G

Gain 331
   Fade-In 331

General-MIDI-Standard 63, 64
General-MIDI-Belegung 167
Geräte-Ansicht im Inspector 162
Geräte-Bedienfelder öffnen 148
Geräte-Erkennung 77
Geräte-Liste 412
Geräte-Port 91
Gerätekonfiguration
   VST-Ausgänge 81
Gerätelatenz 90
Geräusche unterdrücken 332
geschnittene Audio-Events 326
Ghostnotes 171
Gleiche Tonhöhe 312
Globale Anzeigen-Einstellungen 428
Globale Quantisierung 382
GM 63
Grafikkarte 24
grafischer Lautstärkeverlauf 328
Grains 358
Groove-Maps 362
Groove-Quantisierung 362
Größenänderung
   Daten verschieben 180
   normal 180
   Time-Stretch 180
Größe sperren 204
Gruppen bearbeiten 318
Gruppen-Spur 114, 133
   im Inspector 165
   Parameter 165
Gruppierung 318
   auf mehreren Ebenen 320
   aufheben 319
GS 63

H

Hall 100
Haltepedal 406
Hardware
   einrichten 76
   installieren 74
   zuweisen 82
Hardware-Ausgänge,
   Übersicht 81
Hardware-Synthesizer 72
Headroom 429
Hierarchie 321
Hilfszeile 30
Hitpoint 352
   Audio-Events teilen 363
   Schwellenwert 361
   Tempospur 363

Hitpoint-Bearbeitung 352
Hitpoint-Bearbeitungsoptionen 362
Hitpoint-Optionen 361
Horizontal anordnen 57
Hüllkurve 328
   Bereichumfang 341
   Kurvenarten 328
   Lineare Interpolation 329
   Pitch-Shift 338
   Spline-Interpolation 329
   Spline-Interpolation (Damped) 329
Hüllkurvenarten 329
Hüllkurvenpunkte erzeugen 328
Hüllkurvenpunkte löschen 328

I

Im Kontext bearbeiten 394
Import, Konvertierung 469
Import-Optionen 468
In den Hintergrund 321
In den Vordergrund 321
In eigenständige Kopie
   umwandeln 318
Info-Spalte 29
Infozeile 29, 197
   absolute Änderungen 199
   anzeigen 175
   Anzeigemöglichkeiten 200
   Beschreibung 200
   Dateiname 200
   einblenden 212
   Einstellungen 205
   Fade-In 202
   Fade-Out 202
   Feinstimmung 204
   Lautstärke 203
   Mehrfachauswahl 205
   Name von MIDI-Objekten 201
   Objekt-Handler 202
   Objekte verschieben 201
   Objektlänge anzeigen 201
   Rasterposition 202
   relative Änderungen 199
   Sonderfunktionen 205
   Standard herstellen 205
   Stummschalten 203
   Transponieren 204
   Werte modifizieren 198
Insert-Effekt 99
   ausschalten 157
   Bearbeitungsansicht öffnen 158

Bypass 158
   einbinden 100
   im Inspector 157
   Singalflusswegen 158
   umgehen 157
Insert-Effekt 7 und 8 152
Insert-Kanaleinbindung
   Cubase SL 102
   Cubase SX 102
Insert-Presets 434
Insert-Slot 100
Inserts 100
Inserts-Bypass 128
Inserts-Status 127
Inspector 31, 146
   einblenden 146
   Equalizer 158
   Equalizer-Kurve 158
   Geräte-Ansicht 162
   individuelle Ansichten 156
   Insert-Effekt 157
   Kanal 161
   Marker-Übersicht 260
   Notizen 162
   Pan 154
   Send-Effekte 158
Inspector-Register 146
Inspector-Spalte 29
   alle Registerkarten öffnen 147
   einblenden 146
   mehrere Registerkarten 147
Inspector anzeigen 175
Installation 23, 25
   Dongle 26
Installationsverzeichnis 26
Instrumentenspur 134
Interne Effekte 327
Interne FX-Verbindungen 99
Internes Mithören 221
Internet-Upgrade 27
Interne VSTi-Verbindungen 105
Interpolationsausgleich 204

J

Jog-Wheel 247
Jog/Scrub 247

K

Kanal
   addieren 343
   ansteuern 441
   ausblenden 442
   auswählen 423

gemeinsam regeln 425
im Inspector 161
mischen 343
Parameter kopieren 441
subtrahieren 343
verbinden 425
von Solo-Funktion ausschließen 443
Kanal-Schaltflächen 419
Kanalaufbau 412
Kanalauswahl
Outboard-Equipment 166
Kanaldarstellung 424
Kanaleinstellungen
bearbeiten 127, 147
kopieren 440
sichern 437
Kanalliste 441
Kanaloptionen 423
Kanalsektionen 417
Kanaltypen 419
Kanalübersicht 161
Kanalverbindung 428
Karaoke-Track 337
Kein Ton 215
Key-Editor 369
anpassen 379
Gerät öffnen 379
virtuelles Instrument 379
Kicker-Taster 247
Kleben 181
Knackser 204
Kompressor 100, 103
Kontext-Bearbeitung
Anzeigengröße 397
Kontext-Editor 394
Anschlagstärke 396
Controller-Spuren 396
Werkzeugzeile 394
Kontinuierliche Controller-Daten
entfernen 408
konvertieren 469
Konvertierungsoptionen 470
Kopieren 301
Kopierschutzstecker 23, 26, 27
Kopierte Audio-Events 326
Krebse 408
Kurven
Linientypen 330
kürzere Latenzzeiten erzwingen 80

L

Längen quantisieren 398
Länge verändern 345
Latenz 174
Lautstärke
auf 0dB setzen 153
maximieren 336
normalisieren 336
Verlauf 328
Lautstärkepegel 331
Lautstärke verändern
rastergenau 203
Lautstärkeverlauf 452
Leeraum erzeugen 306
leeres Projekt 41
Legato 404
Levelmeter 125
Limiter 100, 103
Lineal
benutzerdefiniert 209
Samples 209
Sekunden 209
Takte+Zählzeiten 209
Tempolinear 209
Timecode 209
Zeitlinear 209
Lineal-Spur 114, 139
Anzeigeformat 139
mehrere Maßeinteilungen 140
Linealmodus
Tempolinear 274
Zeitlinear 273
Linealzeile 29, 207
Locatoren 208
Linien-Werkzeug 184
Linien-Arten 185
Links-Rechts vertauschen 343
Listen-Editor 387
Event-Typ 390
Events einfügen 390
L 388
Parameterbereich 388
Werkzeuge 389
Lizenz 27
Lizenz-Kontroll-Center 27, 503
Locator 176, 208, 251
ansteuern 253
setzen 208
Tastaturkürzel 253
verschieben 208, 252
Locatoren-Anzeige
musikalisch 176
zeitbezogen 176

Logarithmischer Verbund 427
Logical-Editor 390, 391
Loop-Bereich schneiden 303
Loop-Funktion 252
Loop-Wiedergabe aktivieren 243
Loop füllen 317
Löschen 182, 302
Lupe 37, 182

M

Main-Mix 445
Marker 179, 251
ansteuern 253, 255
auslesen 253, 255
bearbeiten 255
Beschreibungen 259
einfügen 258
hinzufügen 255
löschen 258
setzen 136
suchen 256
Tastaturkürzel 260
verwalten 244, 258
Zeitbasis umschalten 256
Marker-Fenster 258
Marker-ID ändern 259
Marker-Übersicht 245
Markerposition anspringen 244
Markerspur 114, 136
Inspector 260
Marker bearbeiten 255
Markertypen 251
Markierungspunkte 352
Master 45
Maximale Pegelspitzen 429
MediaBay 483
Bedienelemente 484
Browser 484
Dateiformate 484
Detailsuche 487
Scope 493
Tag-Editor 491
Viewer 486
Medien
im Projekt auswählen 479
importieren 468
in das Projekt einfügen 477
suchen 463, 481
von Festplatte löschen 471
Medien-Pool 461
Medienverwaltung 109
Mehrfachausgänge 109
mehrkanaliges Audio-Interface 76

Metainformationen 49
Metronom-Tool 356, 357
Metronom aktivieren 229
Metronomeinstellungen 229
MIDI
   A-Noten-Umwandlung 403
   Aktivität 214
   Anschlagstärke 407
   Ausgabegeräte 64
   Ausgangs-Note 384
   automatisch quantisieren 228
   Controller-Daten löschen 405
   Daten ausdünnen 408
   Doppelte Noten löschen 405
   Drum-Editor 380
   Eingabegerät 64
   Eingangs-Note 384
   Feste Längen 404
   Feste Anschlagstärke 408
   Geräte-Parameter 379
   im Kontext bearbeiten 394
   in Loop mischen 403
   Kanalzuweisung 66
   Key-Editor 369
   Kontinuierliche Controller-
      Daten löschen 405
   Legato 404
   Listen-Editor 387
   Loopbereich auffüllen 404
   Loop wiederholen 404
   Maximallautstärke 171
   MIDI-Port 23
   MIDI-Schnittstelle 23
   Mindestlautstärke 171
   Multimode 66
   Noten-Bereiche ausschlie-
      ßen 172
   Noten-Editor 391
   Noten-Limit 171
   Noten eingeben 374
   Noten löschen 405
   Outboard-Equipment 166
   Partitur 391
   Parts auflösen 403
   Polyphonie begrenzen 406
   Quantisieren 398
   Quantisierungsarten 398
   synchronisieren 67
   Tempo 409
   Tonhöhe 374
   Tonhöhe ändern 403
   Tonhöhen korigieren 370
   Transponieren 374, 402
   Überlappungen 406
   Umkehren 408
   Verbindungsarten 69
   MIDI-Adapter 64
   MIDI-Anschlüsse 64
   MIDI-Aufnahme
      Monitoring 110
      Timing 370
   MIDI-Aufnahmen 228
   MIDI-Ausgang einrichten 72
   MIDI-Bänke 167
   MIDI-Bearbeitung 369
   MIDI-Controller 67
   MIDI-Daten
      Information 63
   MIDI-Daten bearbeiten 369, 398
   MIDI-Editor 369
   MIDI-Eingabe 375
   MIDI-Eingang einrichten 70
   MIDI-Events 31, 63
      Anschlagstärke 371
      Endpunkt 370
      kleben 182
      Länge angleichen 404
      Masterkeyboard 374
      Parameter bearbeiten 371
      Startpunkt 370
      Tastenklick 374
      verschieben 370
   MIDI-Geräte
      Verkabelung 64
      verketten 67
   MIDI-Geräte konfigurieren 73
   MIDI-In 65
   MIDI-Interface 66, 69
   MIDI-Kanäle 66
   MIDI-Kontrolle 214
   MIDI-Noten
      aneinander anknüpfen 404
      Länge ändern 169
      Wiedergabebereich eingren-
         zen 170
      zerschneiden 303
   MIDI-Objekt
      Name anzeigen 201
   MIDI-Out 65
      Microsoft GS Wavetable SW
         Synth 72
      MPU-401 72
   MIDI-Parameter 63, 371
   MIDI-Parts
      Kanäle aufteilen 403
   MIDI-Schnittstelle
      ansprechen Klangquelle 66
      Gameport 64
   MIDI-Signalfluss überprüfen 215
   MIDI-Spur 114, 134
      Anschlagsstärken-Limit 171
      Anschlagsstärken-Filter 171
      Anschlagsstärke verändern 169
      Anschlagstärkekompression
         169
      Bankauswahl 167
      Bypass 168
      Drum-Map-Auswahl 167
      Eingangsgerät zuweisen 70
      Eingangsumwandler 165
      Geräte-Bedienfelder 165
      im Inspector 165
      Kanal 166
      Kanalauswahl 166
      Längenkompression 169
      Noten-Filter 172
      Parameter im Insoector 168
      Presets 434
      Programmauswahl 167
      Tonhöhenbereich 171
      Tonhöhen verändern 169
      Transponieren 169
      Zufallsgenerator 170
   MIDI-Thru 65
      Einstellungen 71
      Geräteanzahl 67
   MIDI-Verbindung 62
      einrichten 71
      externe 64
      interne 70
      Übersicht 73
   MIDI-Verkabelung 65
   Mischpult 412
   Mithören 96, 220
      Bandmaschinenmodus 222
      Direkt 223
      Extern 223
      Intern 221
      Latenz 173, 222
      Manuell 221
      Während der Aufnahme 222
      Wenn Aufnahme aktiviert ist
         221
   Mithörfunktion 122
   Mit MIDI-Gerät verknüpfen 93
   Mit Zwischenablage mischen 332
   Mixer 411
      Alle Equalizer einblenden 422
      Alle Inserts einblenden 421
      Alle Sends einblenden 422
      Aufbau 412
      Automation 451

Eingangskanäle 413
Globale Anzeigen-Einstellungen 428
Große Pegelanzeigen 422
Kanalansichten löschen 421
Kanaleinstellungen 440
Kanäle laden 437, 438
Kanäle speichern 437
Kanaltypen 412
Kanaltypen einblenden 419
Kanalübersicht anzeigen 422
komplett speichern 439
Mute-Schalter 420
öffnen 176, 412
Parameter speichern 437
Pegelanzeigen 430
Quick-Kontextmenü 428
Pegelanzeigen 429
Read-Funktion 420
Routingsektion 98
Sektionen 416
Solo-Funktion 420
Spezialfunktionen 442
Stummschalten 420
Surround-Panner 422
Virtuelle Instrumente 108
VST-Verbindungen 420
Write-Funktion 420
zurücksetzen 420
Mixer-Ansicht 417
Preset löschen 439
Preset speichern 439
Mixer-Preset speichern 439
Mixerdarstellung 439
Mixereinstellungen 439
Mixerkanäle ausblendbar 442
Monitorauflösung 24
Monitor-Knopf 122
Monitorboxen 223
Monitoring 220
Mono/Stereo-Angabe 122
Monokanal 343
Motiv spiegeln 408
MPEX-Algorithmus 340
Multi-Prozessor-Modus 80
Multimedia-Soundkarte 68
Multimedia-Treiber 74
Multispur-Presets 432
Musical Instruments Digital Interface 62
Musik-Modus 356, 465
Musikalisches Tempo 465
Mute 118

N

Nebengeräusche 332
neues Projekt anlegen 41
neue Version 476
Noisegate 100, 103, 332
Normalisieren 336
Noten-Editor 391
 Filteransicht 392
 Werkzeuge 392
Notenanzeige 378
Notendauer
 Haltepedal 406
Noten gruppieren 392
Notenhälse umkehren 392
Noten
 halb-automatisch löschen 405
 Kriterien 406
 löschen 405
 Minimale Anschlagstärke 406
 Notenlänge 406
 trennen 393
Notizen
 im Inspector 162
npr-Dateien 54
Nuendo-Projekte öffnen 54
Nulldurchgänge finden 360
Nummernfeld
 Transportfunktionen steuern 217

O

Oberstimme herausfiltern 406
Objekt-Inhalt verschieben 201
Objektauswahl 179
Objekte
 anordnen 321
 auswählen 179
 cycle-genau trennen 303
 entfernen 301
 löschen 302
 stummschalten 320
 verschieben 322
 zerschneiden 305
Objektteile isolieren 306
OmniMode 66
Ordner-Parts 132
Ordnerspur 114, 131
 hierarchische Farbgestaltung 164
 Spuren hinzufügen 132
 verschachteln 131
Overdub-Modus 231

P

Panning verändern 154
Panning-Arten 154
Papierkorb leeren 472
Part-Grenzen 365
Partitur
 Darstellungsgenauigkeit 393
 Darstellung verbessern 392
 Neue Noten 392
Partiturdarstellung 391
Part 32
 auflösen 296
 ausrichten 190
 auswählen 296
 erzeugen 184, 295
 kopieren 297
 manuell erzeugen 183
 Reihenfolge verändern 191
 stummschalten 183
 umbenennen 298
Part zu Groove 399
Pedal zu Notenlängen 406
Pegelanzeigen 430
 Eingangs-Anzeige 430
 Post-Fader-Anzeige 430
 Post-Panner-Anzeige 430
Pegelspitzen halten 429
Pentium 24
Perkussionsinstrumente 167
Phase umkehren 337
physikalische Kopie 318
Pianoroll-Editor 371
Pitch-Shift 338
 Ausgabelautstärke 339
 Transponieren 338
Pitch-Shift-Basis 339
Pitch-Shift-Modus 340
PlugIn-Verzögerung 80, 110
Pool 461
 Aufnahmeordner 475
 Clip loopen 463
 Clip löschen 471
 Clip vorhören 463
 exportieren 470
 Infozeile 467
 Ordnerstruktur 474
 öffnen 176
 Ref. 465
 rekonstruieren 474
 Spalten 464
 suchen 463
 Tempo 466
 Unbenutzte Medien 473

Pool-Fenster öffnen 278
Pool-Papierkorb 462
Positionieren
   beim Klick ins Leere 249
Positionsanzeige 249
Positionsmarker 136
Position sperren 204
Positionsregler 242
Positionszeiger 178, 245
   ansteuern 179
   Anzeige 251
   ausrichten 246
   außerhalb des Projektbereichs setzen 247
   automatisch zentrieren 249
   finden 250
   framewelse verschieben 248
   im Transportfeld 242
   manuell setzen 246
   Scrolling 247
   verbreitern 251
   verschieben 241, 242, 247
   verschwunden 250
   zentriert in der Bildmitte 249
   Zusatzfunktion 249
Post-Fader-Inserts 103
Postroll 227
   einstellen 227
Pre-Fader 151, 508
Precount/Click 230
Preroll 225
   einstellen 226
Preset 497
Preset-Verwaltung 431, 436
Problembehandlung
   Kein Ton (MIDI) 215
Program Change 66
Programmeinstellungen 497
   Presets 498
Projekt
   abhören 248
   aktivieren 173
   archivieren 475
   duplizieren 52
   in neuem Ordner speichern 52
   Grundeinstellungen 43
   letzte Version 55
   öffnen 54
   speichern 42
   zu externem Timecode synchronisieren 214
Projekt-Fenster 29
   anordnen 57
   maximieren 57

   organisieren 57
   zoomen 32
Projekt-Setup als Vorlage speichern 51
Projektanfang 44
   Anzeigeversatz 46
Projektausschnitt 206
Projekteinstellungen 43
Projektlänge 44
Projektordner auswählen 42
Projektstruktur 138
   Wiederholung 138
Projektstruktur-Bedienelemente 177
Projektstruktur-Editor öffnen 138
Projektstruktur-Modus aktivieren 138
Projektstruktur-Modus einschalten 177
Projektstruktur-Part 138
Projektstruktur-Spur 114, 138
Projektstruktur-Transportschalter 177
Prozessor 24
Punch-Funktionen modifizieren 227
Punch-In 224
   automatischer Vorlauf 225
   bei Stop aktivieren 228
   manuell 224
Punch-Out 224, 226

Q

Quantisierung 188, 194, 228, 398, 401
   festsetzen 398
   nachbearbeiten 401
   Part zu Groove 399
   rückgängig machen 399
Quantisierungsgrundlage 399
Quantisierungstyp 194
Quantisierungswert 194
Quick-Kontextmenü 142, 211
   Funktionen 212
   Werkzeuge 212

R

Radiergummi-Werkzeug 182
RAM 24
Raster 188
   einschalten 189
Rasterfunktion aktivieren 189
Rastermodus 189

Events 190
Events + Positionszeiger 192
Events + Raster + Positionszeiger 193
Magnetischer Positionszeiger 191
Raster + Positionszeiger 192
Relatives Raster 189
Shuffle 191
Rastertyp 194
Rasterwert 193
Rauschen 332
Read 122, 148, 454
Realtime-Algorithmus 345
Regedit 28
Registry 28
Rekonstruieren 473
Resample 342
rückgängig 500
Rücklauf 247
rückwärts abspielen 248, 342

S

Sample-Editor 325, 351
   Audio-Events anzeigen 359
   Audiotempo 353
   Raster ausrichten 355
   Regionen anzeigen 360
   Vorschau 359
   Werkzeuge 351
Sample-Frequenz anpassen 342
Samplelänge verändern 346
Sampler-Formate 468
Samplerate 47, 468
   CD-Qualität 47
Samples 63
Samples manipulieren 356
Schlagzeug-Editor 380
Schlagzeugaufnahme quantisieren 400
schneiden 303
Schneller Rücklauf 243
Schneller Vorlauf 243
Schwellenwert 333
Scope 493
Scrubben 187, 248
   Geschwindigkeit 187
   Wiedergaberichtung 187
Send-Effekte
   Bypass 160
   Einbinden 103
   im Inspector 158
   Pre Fader 158
Send-Pegel regulieren 104

Sends 103
Sends-Status 129
Sequenzer-Bereich
   Anzeigebereich ändern 206
   ausrichten 190
   Bereiche markieren 181
   Projektausschnitt 206
Sequenzerbereich 29, 31
Shuttle-Geschwindigkeit 248
Shuttle-Wheel 247
Signal vor Cubase abgreifen 223
Signal-Verzögerung 90
Signalbasis an Nulllinie ausrichten 341
Signalfluss 412
Signalrouting
   Insert-Effekte 152
Signalübersteuerungen 429
Signalverstärkung 331
Signature 466
simultan abhören 221
Slave 45
Slices 352
smt 288
Software-Synthesizer 72
Solo 117, 420
   ablehnen 443
Soundbank 66
SoundFrame 436, 495
Soundkarte 23
   einrichten 76
   Gameport 64
Speicherbedarf optimieren 52
Speichern 50
   automatisches Speichern 50
   Dateiname 42
   in neuem Ordner 52
   neue Version 51
Sperren 149, 203, 319
   aufheben 150
Sperren-Attribute 204
Sperrung auf mehreren Ebenen 320
Spielen 186
Spielparameter 63
Spitzenwertanzeige 429
Spline? 330
Spur 113
   Aktivitätsanzeige 125
   ausschalten 144
   auswählen 116
   benennen 121
   duplizieren 143
   einschalten 145

entfernen 144
erzeugen 113, 115
für Aufnahme aktivieren 122
gemeinsam aufzeichnen 220
Größe verändern 126
in Ordnerspur verschieben 132
löschen 146
mehrere hinzufügen 114
Navigation 116
Parameter öffnen 148
Quick-Kontextmenüs 143
Resize 126
Scharfschalten 122
separat abhören 118
Spurhöhe 36
Stummschalten 118
verschieben 117
vertikal zoomen 35
Spur-Presets 431
Spur-Spalte
   Quick-Kontextmenü 142
Spuranordnung 118
Spurbedienelemente 144
Spurenanzahl 113
Spurenbezeichnung 121
Spurennummer 117
Spurfarbe 126, 299
Spurliste 31
   Größe 126
   teilen 120
   zusammenführen 121
   zusätzliche erzeugen 120
Spurname 122
Spurspalte 29, 31
Standard-Aufnahmeart 224
Standard-Marker 254
Standard-Projekt 53
Standard-Quantisierung 398
Startposition ändern 202
Stationärer Positionszeiger 188
Step-Eingabe 374
Stereo-Kanäle
   als Summe bearbeiten 333
   aufteilen 469
   wechseln 343
Stereo-Aufnahmen seitenverkehrt 343
Stereo-Datei importieren 469
Stereo-Pan-Modus 49
Stereo Balance Panner 154
Stereo Combined Panner 154
Stereo Dual Panner 154
Stift-Werkzeug 183
Stille 342

Stummschalten 118
Stummschalten-Status ändern 203
Stummschalten-Werkzeug 183
Sub-Busse einrichten 96
Subgruppen-Routings 134
Suchfilter 483
Surround-Busse 96
Surround-Kanäle abhören 96
Synchronisation 67
   Anzeigeversatz 46
   Audio-Interface 68
   Framerate 45
   MIDI-Interfaces 69
   Projektanfang 44
   Projektlänge 44
   Slave-Modus 45
   Statusanzeige 214
synchronisieren 44
Systemauslastung 214

T

Take 233
   auswählen 236
   Grundlage für Zusammenschnitt 239
   schneiden 233
Taktart 466
   bearbeiten 275
   erstellen 274
   hohe Zählerwerte 275
   löschen 275
Taktart-Events 275
Taktversatz 46
Tastaturbefehle modifizieren 39
Tempo 466
   aus MIDI berechnen 409
   berechnen 272
   errechnen 284
   verändern 345
Tempo-Events 263
Tempoänderungen aufzeichnen 271
Tempoaufnahme 271
Tempokurven 264
Tempokurven-Gitter 263
Tempokurvenpunkte 264
   einzeichnen 268
Tempolineal 272
Temposchwankungen 356
Tempospur 262
   an MIDI-Material ausrichten 409
   Aufnahme 287

aus MIDI-Noten 285
Auswahl 277
Auswahlbereich wiedergeben 280
 bearbeiten 262, 277
 Events 263
 exportieren 288
 geloopt wiedergeben 280
 im Loop auswählen 277
 importieren 288
 Kurvenart 271
 Linealmodus 273
 Linealzeile 272
 Löschen 265
 mehrere bearbeiten 264
 Objektauswahl 264
 Postroll 280
 Preroll 280
 Quick-Kontextmenü 275
 Rasterfunktion 269
 Rasterwerte 269
 Taktart 271
 Taktartzeile 274
 Tempowert 269
 Tempowert korrigieren 270
 Transport 279
 Werkzeugzeile 264
 Zoom 267, 277
Tempoverlauf
 grafische Darstellung 263
Tempowert-Anzeige 272
Tempowert
 ändern 270
 errechnen 284
Threshold 333
Ticks 170
Time-Bandit-Standard 340
Time-Stretch 345
 Algorithmus 345
Time-Stretch-Effekt 347
Time-Stretch-Verhältnis 346
Time-Warp-Werkzeug 287
Timecode-Synchronisation 214
Time Warp 183, 357
Timing 399
Tonhöhe
 aufnehmen 375
 Hüllkurve 340
 transponieren 339
 verändern 338
Tool-Tips 500
Touch-Fader 455
Transienten 352
 verschieben 357

Transienten-Erkennung 361
Transponieren 339
 Noten an Bereich binden 403
Transportfeld 212
 Anzeigeauswahl 213
 Anzeigeoptionen 213
 Audioaktivität 216
 Audiolautstärkeregler 216
 Einstellungen 213
 Marker 244
 MIDI-Aktivität 214
 Positionsfeld 242
 Presets 213
 Projektstruktur 243
 Zusatzfunktionen 245
Transportfunktion 243
 Einen Takt vor 245
 Shortcuts 245
 Start/Stop-Vorschau 245
Transportschalter 177
Transposition 403
Treiber
 Latenzzeit 74, 75
 Performance verbessern 78
Trennen 181, 302, 305
 am Locator 303
 cycle-genau 303
Trim 456

U

Überlappungen 57
 Knackser 360
Überlappung löschen (Mono) 406
Überlappung löschen (Poly) 406
Überschreiben 455
Übersichtsanzeige einblenden 175
Übersichtszeile 29
 Darstellung 207
 einblenden 206
 Größe 207
Übersprechungen 332
Übersteuern 216, 331
 verhindern 103
Umkehren 342
Unbenutzte Medien entfernen 473
Undo 500
unterschiedliche Quantisierungsraster 383
Update 27
Upgrade 27
USB 23, 24, 67

V

Velocity 169
Versatz-Anzeige 201
Verschieben 320
 Positionszeiger 320
 Ursprungszeit 321
Vertikal anordnen 57
Verwendete Automation anzeigen 143
Verzögerungsausgleich 110
 PlugIn 238
Verzögerungsausgleich einschränken 173, 222
Verzögerungswert 155
Video
 Audio extrahieren 474
Video-Events 31
Video-Spur 114, 140
Videomaterial importieren 140
Virtuelle Instrumente 105
 im Mixer 108
 Mehrfachausgänge 109
Virtuelle Klangerzeger 105
vmx-Datei 438
Vorhören 463
 ohne Wiedergabemodus 186
Vorlagen speichern 51
Vorlauf 247
Vorzähler 230
VST-Ausgänge 81, 87
VST-Eingänge 83
VST-Instrumente
 laden 106
 Studio 96
VST-Leistung 289
VST-Verbindungen
 einrichten 82
 Externe Effekte 88
 Externe Instrumente 94
 Gruppen/Effekte 87
 Rubriken 88
VST Audiobay 77
 Standard herstellen 80
VSTi 24, 105
 Aktivitätsanzeige 107
 Bypass 106
 entfernen 108
 getrennte Einzelausgänge 109
 Klangsets 107
 Latenz 110
 Mixerkanäle 108
 Patchauswahl 107
 Preset-Sounds 107
 Troubleshooting 110

VSTi-Spuren 141
VSTi-Verbindungen 105
   Maximale Anzahl 105
VSTi-Wiedergabe
   Probleme 110

W

Warp
   Körnungsgrad 358
   Qualität 358
Warp-Anker 356
   einblenden 358
Warp-Bearbeitung 358
Warp-Einstellungen 358
Wave-64-Datei 48
Wave-Datei 48
Wellenformen anzeigen 237
Werkzeuge 179
Werkzeugkasten 210
Werkzeugpalette 210
Werkzeugsondertasten 212
Werkzeugzeile 29, 172
   Alle einblenden 196
   Darstellungsoptionen 197
   Einstellungen 196
   Presets 196
   Standard herstellen 196
Wiedergabe 241
   bis zum nächsten Marker 246
   Tempospur 243
Wiedergabe-Scrubbing 247
Windows Multimedia-Treiber 23
Write 122, 452

X

X-Over 455

Z

Zeit
   an Ausgangsposition einfügen 305
   ausschneiden 304
   einfügen 305
   löschen 305
Zeitanzeige
   Maßeinheiten 178
   primäre 241
   sekundäre 241
Zeitbasis 367
   umschalten 149
Zeitbasis-Schalter 149
Zieltempo vorgeben 284
Zoom 182
   Ganze Auswahl 324
   Ganzes Fenster 34, 324
   Horizontal 33, 324
   Lineal 38
   Locator-Bereich anzeigen 34
   Presets ablegen 35
   rückgängig machen 277, 324
   Spurhöhen ändern 324
   Tastaturbefehle 182
   Vertikal 35, 324
   Voreinstellung 182
   wiederholen 324
Zuletzt geöffnete Projekte 54
Zur letzten Version zurückkehren 55
Zwischenspeicher 301, 305

Mit Profitipps, die man sich sonst in jahrelanger Arbeit aneignen muss

Geeignet für alle Schnittprogramme

Mit Übungsfilm auf DVD

ca. 256 S., 2. Auflage, mit DVD, 29,90 Euro
ISBN 3-89842-833-8

Die Videoschnitt-Schule

www.galileodesign.de

mit Infoklappen

Axel Rogge

Die Videoschnitt-Schule

Tipps und Tricks für spannendere und überzeugendere Filme

»Die Videoschnitt-Schule ist in einem Satz rundrum gelungen. Man spürt beim Lesen, dass hier ein Profi aus dem Nähkästchen plaudert.«
ComputerVideo, Feb. 2006

Machen Sie mehr aus Ihrem Videofilm und erfahren Sie, wie Sie mit einfachen Mitteln unterhaltsamere, überzeugendere, spannendere Filme präsentieren können. Hier lernen Sie, worauf Sie schon beim Dreh achten können, welche Szenen Sie auswählen sollten und welche Videoeffekte, Übergänge und Hintergrundmusik am besten geeignet sind. Erzeugen Sie durch einen geschickten Schnitt mehr Emotionen und Tempo, bauen Sie Erholungsphasen ein und fesseln Sie so Ihre Zuschauer!

>> www.galileodesign.de/1324

Schritt für Schritt zum ersten Flash-Film

Mit Einführung in ActionScript

Mit Video-Lektionen auf DVD

Empfehlung der c't

ca. 408 S., 3. Auflage, mit DVD und Infoklappen,
24,90 Euro, 41,90 CHF
ISBN 978-3-89842-890-3, August 2007

Einstieg in Flash CS3

www.galileodesign.de

Tobias Gräning

Einstieg in Flash CS3

Dieser Bestseller für Flash-Einsteiger führt Sie anhand von Praxisbeispielen intuitiv in Flash CS3 ein. Nach einem ersten Praxiskurs steigen Sie tiefer in die Materie ein, zeichnen und bearbeiten Objekte, lernen den Umgang mit der Bibliothek, fügen Sound und Video hinzu und setzen ActionScript für beeindruckende Effekte ein.

>> www.galileodesign.de/1410

Immer gut informiert ...

www.galileo-press.de

Aktuelles zu unseren Büchern und rund um unser Programm.

- ✓ Ausführliche Leseproben zu allen Büchern
- ✓ Komplette <openbooks> im HTML-Format
- ✓ Volltextsuche in allen Büchern mit dem Buchscanner
- ✓ Kostenlose Lektionen aus unseren Video-Trainings
- ✓ Newsletter und RSS-Feed
- ✓ Webshop: schnelle Lieferung – versandkostenfrei innerhalb von Deutschland und Österreich

Galileo Press
Professionelle Bücher. Auch für Einsteiger.

Der Name Galileo Press geht auf den italienischen Mathematiker und Philosophen Galileo Galilei (1564–1642) zurück. Er gilt als Gründungsfigur der neuzeitlichen Wissenschaft und wurde berühmt als Verfechter des modernen, heliozentrischen Weltbilds. Legendär ist sein Ausspruch Eppur se muove (Und sie bewegt sich doch). Das Emblem von Galileo Press ist der Jupiter, umkreist von den vier Galileischen Monden. Galilei entdeckte die nach ihm benannten Monde 1610.

Gerne stehen wir Ihnen mit Rat und Tat zur Seite:
katharina.geissler@galileo-press.de bei Fragen und Anmerkungen zum Inhalt des Buches
service@galileo-press.de für versandkostenfreie Bestellungen und Reklamationen
ralf.kaulisch@galileo-press.de für Rezensions- und Schulungsexemplare

Lektorat Katharina Geißler
Korrektorat Holger Schmidt, Bonn
Herstellung Steffi Ehrentraut
Typografie und Layout Vera Brauner
Einbandgestaltung Hannes Fuß, www.exclam.de
Satz SatzPro, Krefeld
Druck Koninklijke Wöhrmann, Zutphen, NL

Dieses Buch wurde gesetzt aus der Linotype Syntax (9,5/14 pt) in Adobe InDesign CS2. Gedruckt wurde es auf chlorfrei gebleichtem Offset-Papier.

Bibliografische Information der Deutschen Bibliothek
Die Deutsche Bibliothek verzeichnet diese Publikation in der Deutschen Nationalbibliografie; detaillierte bibliografische Daten sind im Internet über http://dnb.de abrufbar.

ISBN 978-3-89842-770-8

© Galileo Press, Bonn 2007
1. Auflage 2007

Das vorliegende Werk ist in all seinen Teilen urheberrechtlich geschützt. Alle Rechte vorbehalten, insbesondere das Recht der Übersetzung, des Vortrags, der Reproduktion, der Vervielfältigung auf fotomechanischem oder anderen Wegen und der Speicherung in elektronischen Medien.
Ungeachtet der Sorgfalt, die auf die Erstellung von Text, Abbildungen und Programmen verwendet wurde, können weder Verlag noch Autor, Herausgeber oder Übersetzer für mögliche Fehler und deren Folgen eine juristische Verantwortung oder irgendeine Haftung übernehmen.
Die in diesem Werk wiedergegebenen Gebrauchsnamen, Handelsnamen, Warenbezeichnungen usw. können auch ohne besondere Kennzeichnung Marken sein und als solche den gesetzlichen Bestimmungen unterliegen.

Hat Ihnen dieses Buch gefallen?
Hat das Buch einen hohen Nutzwert?

Wir informieren Sie gern über alle
Neuerscheinungen von Galileo Design.
Abonnieren Sie doch einfach unseren
monatlichen Newsletter:

www.galileodesign.de

Galileo Design

Die Marke für Kreative.